DIREITO ECONÔMICO E DESENVOLVIMENTO

ENTRE A PRÁTICA E A ACADEMIA

CLAUDIO XAVIER SEEFELDER FILHO
Coordenador-Geral

Prefácio
Gilmar Ferreira Mendes

Apresentação
Ricardo Morishita Wada

DIREITO ECONÔMICO E DESENVOLVIMENTO
ENTRE A PRÁTICA E A ACADEMIA

Belo Horizonte

2023

© 2023 Editora Fórum Ltda.

É proibida a reprodução total ou parcial desta obra, por qualquer meio eletrônico, inclusive por processos xerográficos, sem autorização expressa do Editor.

Conselho Editorial

Adilson Abreu Dallari
Alécia Paolucci Nogueira Bicalho
Alexandre Coutinho Pagliarini
André Ramos Tavares
Carlos Ayres Britto
Carlos Mário da Silva Velloso
Cármen Lúcia Antunes Rocha
Cesar Augusto Guimarães Pereira
Clovis Beznos
Cristiana Fortini
Dinorá Adelaide Musetti Grotti
Diogo de Figueiredo Moreira Neto (*in memoriam*)
Egon Bockmann Moreira
Emerson Gabardo
Fabrício Motta
Fernando Rossi
Flávio Henrique Unes Pereira

Floriano de Azevedo Marques Neto
Gustavo Justino de Oliveira
Inês Virgínia Prado Soares
Jorge Ulisses Jacoby Fernandes
Juarez Freitas
Luciano Ferraz
Lúcio Delfino
Marcia Carla Pereira Ribeiro
Márcio Cammarosano
Marcos Ehrhardt Jr.
Maria Sylvia Zanella Di Pietro
Ney José de Freitas
Oswaldo Othon de Pontes Saraiva Filho
Paulo Modesto
Romeu Felipe Bacellar Filho
Sérgio Guerra
Walber de Moura Agra

FÓRUM
CONHECIMENTO JURÍDICO

Luís Cláudio Rodrigues Ferreira
Presidente e Editor

Coordenação editorial: Leonardo Eustáquio Siqueira Araújo
Aline Sobreira de Oliveira

Rua Paulo Ribeiro Bastos, 211 – Jardim Atlântico – CEP 31710-430
Belo Horizonte – Minas Gerais – Tel.: (31) 99412.0131
www.editoraforum.com.br – editoraforum@editoraforum.com.br

Técnica. Empenho. Zelo. Esses foram alguns dos cuidados aplicados na edição desta obra. No entanto, podem ocorrer erros de impressão, digitação ou mesmo restar alguma dúvida conceitual. Caso se constate algo assim, solicitamos a gentileza de nos comunicar através do *e-mail* editorial@editoraforum.com.br para que possamos esclarecer, no que couber. A sua contribuição é muito importante para mantermos a excelência editorial. A Editora Fórum agradece a sua contribuição.

Dados Internacionais de Catalogação na Publicação (CIP) de acordo com ISBD

D598	Direito Econômico e Desenvolvimento: entre a prática e a academia / coordenado por Claudio Xavier Seefelder Filho. - Belo Horizonte : Fórum, 2023.
	544 p. ; 17cm x 24cm
	Inclui bibliografia.
	ISBN: 978-65-5518-487-7
	1. Direito Econômico. 2. Desenvolvimento. 3. Direito. I. Seefelder Filho, Claudio Xavier. II. Título.
	CDD 341.378
2022-3257	CDU 34:33

Elaborado por Odilio Hilario Moreira Junior - CRB-8/9949

Informação bibliográfica deste livro, conforme a NBR 6023:2018 da Associação Brasileira de Normas Técnicas (ABNT):

SEEFELDER FILHO, Claudio Xavier (coord.). *Direito Econômico e Desenvolvimento*: entre a prática e a academia. Belo Horizonte: Fórum, 2023. 544 p. ISBN 978-65-5518-487-7.

À amizade.

Aos Professores da 1ª Turma do Mestrado Profissional em Direito do IDP e aos restaurantes de Brasília.

Para o estudo racional do direito, é possível que o homem de toga preta seja o homem do presente, porém o homem do futuro é o homem da estatística e o conhecedor da economia..., todos os advogados deveriam procurar compreender a economia. Com sua ajuda aprendemos a considerar e a pesar os fins da legislação, os meios de alcançá-los e os custos envolvidos. Aprendemos que para obter algo é necessário abrir mão de outra coisa, aprendemos a comparar a vantagem obtida com a vantagem que renunciamos e saber o que estamos fazendo quando escolhemos.

(HOLMES, Oliver Wendell Jr. The Path of the Law)

SUMÁRIO

PREFÁCIO
GILMAR FERREIRA MENDES.. 21

NOTA DO COORDENADOR-GERAL DA OBRA
DIREITO ECONÔMICO E DESENVOLVIMENTO: ENTRE A PRÁTICA
E A ACADEMIA
CLAUDIO XAVIER SEEFELDER FILHO.. 23

APRESENTAÇÃO
RICARDO MORISHITA WADA.. 25

MODULAÇÃO DE EFEITOS EM MATÉRIA TRIBUTÁRIA
ANDRÉ TORRES DOS SANTOS.. 27
1   Introdução 27
2   Estado de Direito, tributação e modulação de efeitos na jurisdição constitucional.. 28
3   A modulação de efeitos em matéria tributária: fundamentos e pressupostos de aplicação 31
4   Aplicabilidade da modulação de efeitos no controle de constitucionalidade em matéria tributária... 34
5   Os pressupostos de aplicação da modulação de efeitos em matéria tributária na jurisprudência do Supremo Tribunal Federal 38
6   Conclusão 43

PRESTAÇÃO DE CONTAS PÚBLICAS POR MODELO PREDITIVO:
UMA ABORDAGEM A PARTIR DE *LAW AND ECONOMICS*
ANDREY DE SOUSA NASCIMENTO... 45
1   Introdução 45
2   Referencial teórico.. 47
2.1   Federalismo fiscal brasileiro.. 47
2.2   Prestação de contas.. 49
2.3   Mineração de dados... 51
2.4   Análise econômica do Direito... 53
2.5   Malha fina de convênios 54
3   Metodologia 55
4   Resultados – AIL e a IN nº 5 de 2018 56
       Conclusão 61

A COLABORAÇÃO PREMIADA E O PRINCÍPIO DA LEGALIDADE
BERNARDO FENELON 65
1   Introdução 65
2   A colaboração premiada atualmente 66
2.1   Lei dos Crimes Hediondos (Lei nº 8.072/1990) 67
2.2   Lei do Crime Organizado (Lei nº 9.034/1995) 68
2.3   Lei dos Crimes Tributários e Econômicos (Lei nº 9.080/1995) 69
2.4   Lei de Lavagem de Dinheiro (Lei nº 9.613/1998) 70
2.5   Lei de Proteção das Vítimas e Testemunhas (Lei nº 9.807/1999) 70
2.6   Lei de Combate ao Tráfico de Drogas (Lei nº 11.343/2006) 71
2.7   Lei de Combate ao Crime Organizado (Lei nº 12.850/2013) 72
2.8   Constatações finais sobre evolução legislativa 73
3   Os efeitos práticos do Pacote Anticrime na colaboração premiada e o reforço do princípio da legalidade 78
4   Conclusão 82

OS IMPACTOS DAS ALTERAÇÕES DA LEI DE INTRODUÇÃO ÀS NORMAS DO DIREITO BRASILEIRO NAS AÇÕES DE IMPROBIDADE ADMINISTRATIVA
CAROLINE MARIA VIEIRA LACERDA 85
    Introdução 85
I   Constitucionalização do Direito Administrativo 87
I.I   Limites necessários à aplicação dos princípios constitucionais 88
II   A Lei de Improbidade Administrativa como concretização do princípio da moralidade 90
III   A nova Lei de Introdução às Normas de Direito Brasileiro como concretização do princípio da segurança jurídica 91
IV   Releitura da Lei de Improbidade Administrativa a partir dos parâmetros da nova Lei de Introdução às Normas de Direito Brasileiro 93
V   Conclusão 96

O CRIME DE GESTÃO TEMERÁRIA DE INSTITUIÇÕES FINANCEIRAS E A APLICABILIDADE DO PARÁGRAFO ÚNICO DO ARTIGO 4º DA LEI Nº 7.492/86 ÀS CONDUTAS COM RESULTADO ECONÔMICO POSITIVO
CLAUDENIR BRITO PEREIRA 99
    Introdução 99
1   Revisão de literatura 100
1.1   Bem jurídico tutelado 100
1.2   Sistema Financeiro Nacional: delimitação 102
1.3   Gestão de instituição financeira: definição 104
1.4   Gestão fraudulenta e temerária: diferenças 106
2   Análise jurisprudencial da gestão temerária à luz da doutrina estudada 106
3   Análise do resultado econômico das operações consideradas temerárias 110

3.1	Aplicabilidade do parágrafo único do artigo 4º da Lei nº 7.492/86 às condutas com resultado econômico positivo	113
	Conclusão	114

IGUALDADE NA JURISDIÇÃO CONSTITUCIONAL TRIBUTÁRIA
CLAUDIO XAVIER SEEFELDER FILHO 117

1	Introdução	117
2	Jurisdição constitucional e a força do precedente do STF	118
2.1	Da equiparação dos efeitos das decisões do Plenário do Supremo Tribunal Federal no controle concentrado e no controle difuso de constitucionalidade	122
3	Eficácia da coisa julgada nas relações jurídico-tributárias de trato continuado	131
4	Segurança jurídica nas relações dinâmicas e convergência dos princípios constitucionais	136
5	Conclusão	141

A LAVAGEM DE DINHEIRO COMO UM *POST FACTUM* IMPUNÍVEL, UMA ANÁLISE DO SEXTO EMBARGOS INFRINGENTES NA AP 470-STF
CLEBER JAIR AMARAL 145

1	Introdução	145
2	A lavagem de dinheiro sendo um *post factum* impunível, análise crítica ao julgamento do Sexto Embargos Infringentes pelo STF na AP 470	146
3	Concurso aparente de norma: existe ou não relação de contingência típica entre corrupção e lavagem de dinheiro? Análise dos elementos objetivos e subjetivos do tipo para consunção	146
4	A movimentação financeira anterior ao recebimento, como ato de lavagem de dinheiro: possibilidade ou impossibilidade, na visão do STF, no Sexto Embargos Infringentes na AP 470	153
5	Prova do desvio de dinheiro público utilizado na AP 470/STF para reconhecimento da materialidade dos ilícitos	155
6	Conclusão	158

CONTEÚDO JURÍDICO DAS AÇÕES NEUTRAS: A RESPONSABILIDADE CRIMINAL DO SUBORDINADO PELAS CONDUTAS COTIDIANAS NA EMPRESA
DANIELA RODRIGUES TEIXEIRA 161

1	Introdução	161
2	O crime em concurso de agentes na legislação do Brasil	164
3	A doutrina sobre as ações neutras – posições existentes	167
3.1	A obra de Luís Greco (2004): "Cumplicidade através de ações neutras, a imputação objetiva na participação"	167
3.2	A obra de José Danilo Tavares Lobato: "Teoria da participação criminal e ações neutras: uma questão única de imputação objetiva"	169
3.3	A obra de João Daniel Rassi (2014): "Imputação das ações neutras e o dever de solidariedade no Direito Penal"	170

4	Estudo de casos já examinados pelo Poder Judiciário sobre ações neutras de funcionários subordinados	172
4.1	Aquele que deve ser o primeiro acórdão brasileiro que trata de ação neutra	172
4.2	Julgamento da AP 470 pelo Supremo Tribunal Federal: a absolvição da "funcionária mequetrefe" – conduta típica do subordinado no contexto da relação de emprego	174
4.3	Julgamento da AP 470 pelo Supremo Tribunal Federal: a absolvição do "mero funcionário burocrático"	178
	Conclusões	180

O TRIBUNAL DE CONTAS DA UNIÃO E A LEI DA SEGURANÇA JURÍDICA (LEI Nº 13.655, DE 25 DE ABRIL DE 2018) – ANÁLISE SOBRE A APLICAÇÃO DA NORMA PELA CORTE DE CONTAS ENTRE JANEIRO DE 2019 E DEZEMBRO DE 2020

EDUARDO MAIA DA SILVEIRA 183

1	Introdução	183
2	Metodologia a apresentação dos dados coletados	185
2.1	Metodologia de coleta de dados	186
2.2	Apresentação dos dados coletados	187
3	Análise das decisões do TCU que utilizaram, em suas razões, os novos artigos da LINDB	188
3.1	Caso nº 1, art. 20 da LINDB: Acórdão nº 1.045/2020-Plenário. Relator: Ministro Benjamin Zymler	189
3.2	Caso nº 2, art. 22 da LINDB: análise em bloco	190
3.3	Caso nº 3, art. 24 da LINDB: Acórdão nº 4.179/2020-Primeira Câmara. Relator: Ministro Vital do Rêgo	195
3.4	Caso nº 4, art. 28 da LINDB: análise em bloco	196
4	Considerações finais	202

CREDENCIAMENTO COMO HIPÓTESE DE INEXIGIBILIDADE DE LICITAÇÃO EXPRESSAMENTE PREVISTA NA LEI Nº 14.133, DE 2021

ELDER LOUREIRO DE BARROS CORREIA 205

1	Introdução	205
2	Alicerces fundamentais prévios à análise do instituto	205
3	O credenciamento na doutrina	209
4	O credenciamento na legislação	211
5	O credenciamento no Poder Legislativo federal	215
6	O credenciamento na jurisprudência do Supremo Tribunal Federal	219
7	Considerações finais	223

REGIME JURÍDICO DO CRÉDITO: O ACESSO DE MICRO E PEQUENAS EMPRESAS E A CONCRETIZAÇÃO NORMATIVA
EMÍLIO CARLO TEIXEIRA DE FRANÇA 225

1 Introdução 225
2 Contextualização do Sistema Financeiro Nacional – SFN 226
2.1 Taxas de juros, *spread* bancário e novos instrumentos (pix, *open banking*, central de recebíveis, *fintechs* e *sandbox* regulatório)... 228
3 Programa normativo da legislação do crédito para as micro e pequenas empresas ... 237
3.1 Instrumentos legais de crédito para micro e pequenas empresas 238
4 Âmbito normativo do acesso ao crédito para micro e pequenas empresas 243
5 Concretização das normas de acesso ao crédito das micro e das pequenas empresas 244
5.1 Regime jurídico, elementos legais e regulatórios para a concretização da norma diante do acesso ao crédito por micro e pequenas empresas 245
6 Conclusão 248

ASPECTOS CONTROVERTIDOS DA DISTRIBUIÇÃO DE *ROYALTIES* DE PETRÓLEO E GÁS SOB A ÉGIDE DAS LEIS Nº 7.990/89 E Nº 9.478/97. A INCLUSÃO DA SDV – *SHUT DOWN VALVE* NO CRITÉRIO DE INSTALAÇÕES DE EMBARQUE E DESEMBARQUE
FREDERICO MOTA DE MEDEIROS SEGUNDO 251

1 Introdução 251
2 *Royalties* – compensações financeiras e a Constituição Federal de 1988 253
2.1 Conceito de *royalties* 253
2.2 *Royalties* em sentido amplo e estrito 254
2.3 A natureza jurídica dos *royalties* – compensações financeiras e participações 255
2.4 Da natureza financeira de receita originária 257
3 Os *royalties* e a constituição de 1988 259
3.1 Os critérios de participações e distribuição dos *royalties* 260
3.2 Do caráter interpretativo da alteração promovida pela Lei nº 12.734/12 263
4 Do conceito de SDV – *Shut Down Valve* e seu enquadramento como instalação de embarque e desembarque 264
5 Conclusão 266

A NEGOCIAÇÃO DO PRODUTO DO ILÍCITO E O ENTENDIMENTO DO SUPREMO TRIBUNAL FEDERAL NO *HABEAS CORPUS* Nº 127.483/PR
IURI DO LAGO NOGUEIRA CAVALCANTE REIS 269

1 Introdução 269
2 O devido processo penal consensual e a legislação local 271
3 O que a legislação internacional tem a dizer? 274
4 O entendimento adotado pelo STF no caso concreto: o HC nº 127.483/PR 275
5 Abordagem crítica da decisão e conclusão 279

(IM)POSSIBILIDADE DE SUPRESSÃO DAS GARANTIAS REAIS: O IMPACTO DA MODIFICAÇÃO DA JURISPRUDÊNCIA DO SUPERIOR TRIBUNAL DE JUSTIÇA NOS CRÉDITOS BANCÁRIOS
JULIA DE BAÉRE C. D'ALBUQUERQUE, MARLON TOMAZETTE 287

    Introdução 287
1. As garantias reais e seu limite 288
2. A concessão da recuperação judicial e o credor com garantia real: o credor com garantia real deve ou não se curvar ao plano de recuperação judicial aprovado e homologado, sem sua aprovação? 289
3. Jurisprudência sobre o tema: modificação da interpretação do artigo 50, §1º, da Lei de Recuperação de Empresas e Falências, no âmbito do Superior Tribunal de Justiça 294
4. Impacto na concessão de créditos bancários: modificação dos contratos bancários em razão da instável jurisprudência do Superior Tribunal de Justiça 300

    Conclusão 304

AS CONEXÕES DE CONFIANÇA ENTRE CONSUMIDORES E FORNECEDORES: A BOA-FÉ OBJETIVA NOS ATENDIMENTOS DAS OUVIDORIAS DE SEGUROS
KÉDINA DE FÁTIMA GONÇALVES RODRIGUES 305

1. Introdução 305
2. A boa-fé objetiva e as ouvidorias de seguros 306
3. A confiança como corolário do princípio da boa-fé 309
4. A análise dos dados: reclamações de seguro de vida no consumidor.gov.br e seguros de vida para os anos de 2018, 2019 e 2020 310

    Demandas não resolvidas e bem avaliadas 311

    Demandas resolvidas e mal avaliadas 312

5. Rol das conexões de confiança e boas práticas 314
5.1 Transparência 314
5.2 Informação clara 316
5.3 Reparação devida 317
5.4 Acolhimento e empatia 318
5.5 Conduta ética 319
6. Conclusão 321

PRETENSÃO PUNITIVA NO LANÇAMENTO TRIBUTÁRIO
LEANDRO CABRAL E SILVA 323

1. Introdução 323
2. Raízes da pretensão punitiva no lançamento tributário 323
2.1 Anteprojeto do CTN 323
2.2 Projeto de 1954 326
2.3 Projeto de 1966 327
2.4 Código Tributário Nacional 328
3. Interação entre teoria e prática da pretensão punitiva prevista no art. 142 do CTN ... 329

3.1	Proposição *versus* imposição da penalidade pela autoridade fiscal	329
3.2	Discussões de multas tributárias com repercussão geral reconhecida no STF	334
4	Conclusão	339

RELEITURA DO MECANISMO DA REPACTUAÇÃO DE PREÇOS DOS CONTRATOS DE SERVIÇOS CONTÍNUOS PRESTADOS MEDIANTE DEDICAÇÃO EXCLUSIVA DE MÃO DE OBRA
LUIZ FELIPE BEZERRA ALMEIDA SIMÕES 343

1	Introdução	343
2	O Estado da arte do mecanismo da repactuação	345
2.1	Espécie ou critério de reajustamento de preços	346
2.2	Âmbito de aplicação do instrumento	347
2.3	Observância da anualidade e marco para contagem	349
2.4	Exigências para o pleito e início dos efeitos	351
3	Repactuação como espécie de revisão e não de reajuste	352
3.1	Características que aproximam a repactuação da revisão	352
3.2	Assunção de fato dos novos custos de mão de obra	359
3.3	Técnica híbrida de reequilíbrio econômico-financeiro	361
4	Conclusão	363

ASSOCIAÇÕES PARA FINS LÍCITOS: ESTUDO SOBRE A LEGALIDADE DAS ASSOCIAÇÕES DE PROTEÇÃO VEICULAR
MÁRCIO MESSIAS CUNHA 367

1	Introdução	367
2	O direito constitucional à livre associação	368
3	Os princípios constitucionais e a liberdade de associação	371
4	Requisitos essenciais para uma associação lícita	372
5	Associações de proteção veicular: conceito e objetivo	373
6	O caráter não lucrativo das associações e o seu campo de atuação	375
7	Atuação da Superintendência de Seguros Privados frente às associações de proteção veicular	377
8	A (i)legalidade das associações de proteção veicular	378
9	Regulamentação das associações no Estado de Goiás	380
10	Considerações finais	381

A UTILIZAÇÃO DO LABORATÓRIO DE INOVAÇÃO, INTELIGÊNCIA E OBJETIVOS DE DESENVOLVIMENTO SUSTENTÁVEL (LIODS) DO CONSELHO NACIONAL DE JUSTIÇA COMO INSTRUMENTO PARA AUXILIAR NA PREVENÇÃO DE CONFLITOS E NA DESJUDICIALIZAÇÃO DO PODER JUDICIÁRIO
PAULA FERRO COSTA DE SOUSA 385

1	Introdução	385
2	Conselho Nacional de Justiça	386

3	Laboratório de Inovação, Inteligência e Objetivos de Desenvolvimento Sustentável – LIODS	387
4	Política Judiciária de Gestão da Inovação no Poder Judiciário – RenovaJud	390
5	Inovação aplicada ao Direito	391
5.1	O que é inovação?	391
6	A utilização do LIODS como instrumento para auxiliar na prevenção de conflitos e na desjudicialização do Poder Judiciário	394
6.1	Auxílio emergencial	396
7	Conclusão	402

GUERRA FISCAL DO ITCMD NA LAVRATURA DE INVENTÁRIOS EXTRAJUDICIAIS: CONFLITO DE COMPETÊNCIA NA TRIBUTAÇÃO DE BENS MÓVEIS
PAULO HENRIQUE MARINHO BORGES 405

1	Introdução	405
2	A federação entre o estado de guerra e o de cooperação	406
3	A guerra fiscal do ITCMD	411
	Conclusão	421

O PAPEL DA AUTORIDADE NACIONAL DE PROTEÇÃO DE DADOS E OS COLEGITIMADOS NA DEFESA DOS TITULARES DE DADOS PESSOAIS
RAFAEL SILVEIRA GARCIA 423

1	Introdução	423
2	A interpretação dos conceitos e regulamentação da LGPD	424
3	A cooperação entre os demais colegitimados e a ANPD	425
4	A coordenação entre os demais colegitimados e a ANPD	427
5	A ANPD como órgão capaz de dirimir eventuais conflitos na defesa dos titulares de dados pessoais	429
6	Conclusão	432

SIGILO FISCAL NO ESTADO DEMOCRÁTICO DIGITAL
REBECA DRUMMOND DE ANDRADE MÜLLER E SANTOS 435

1	Introdução	435
2	Informações fiscais sigilosas	436
3	Privacidade *lato* e *stricto sensu*, intimidade e a equalização pelo sigilo	438
4	O sigilo fiscal pelo Supremo Tribunal Federal: entre a quebra e a transferência	441
4.1	Julgamento de 2016 e a proteção da arrecadação tributária: Tema nº 225 da Repercussão Geral e ADIs nºs 2.390, 2.386 e 2.397	442
4.2	Julgamento de 2019 e a persecução penal: RE nº 1.055.941, Tema nº 990 da Repercussão Geral	446
5	Conclusão	451

O ÂMBITO DA NORMA DOS OBJETIVOS ESPECÍFICOS DA RECUPERAÇÃO JUDICIAL
TADEU ALVES SENA GOMES 455
1   Introdução 455
2   A "meta-análise" da norma 457
3   Direito e empirismo 459
4   A manutenção da fonte produtora 463
5   A manutenção do emprego dos trabalhadores 464
6   O interesse dos credores 469
7   Conclusão 470

O DIREITO À LICENÇA-MATERNIDADE PARA CASAIS HOMOAFETIVOS FEMININOS
TULIUS MARCUS FIUZA LIMA 473
1   Introdução 473
2   O programa normativo 474
3   O âmbito normativo 480
3.1 O direito à licença-maternidade para mães que compõem uma relação homoafetiva 481
3.2 A maternidade e os avanços médicos, tecnológicos e científicos 484
3.3 O aleitamento materno como direito fundamental da criança, da mulher e da família homoafetiva do sexo feminino 486
4   Considerações finais 488

A INDISPONIBILIDADE DE BENS DA PESSOA JURÍDICA NA MEDIDA CAUTELAR FISCAL
VICTOR RIBEIRO FERREIRA 491
1   Introdução 491
2   A indisponibilidade do ativo permanente 492
3   A extensão da indisponibilidade aos gestores da empresa 494
4   A proteção dos bens da pessoa jurídica no ordenamento jurídico brasileiro 497
5   Sanções políticas e o bloqueio de bens na medida cautelar fiscal 501
6   Conclusão 507

PENALIDADE ADMINISTRATIVA DE ADVERTÊNCIA EM COMPARAÇÃO À SANÇÃO PECUNIÁRIA: UMA ATUALIZAÇÃO DO TIPO DE PUNIÇÃO ADMINISTRATIVA?
WALDIR JOÃO FERREIRA DA SILVA JUNIOR 509
1   Introdução 509
2   A Administração Pública sancionatória e o regime disciplinar 511
2.1 Legitimidade do poder punitivo pelo Estado 511
2.2 A repressão no Direito Administrativo: de ontem, hoje e amanhã 512
2.3 Direito Administrativo Sancionatório 515

3	Análise econômica do Direito no âmbito disciplinar	517
4	O diagnóstico e propostas: penas de advertência e pecuniária	521
	Conclusão	524

A (IM)POSSIBILIDADE DA PACTUAÇÃO DE PRÊMIOS NÃO PREVISTOS NA LEI Nº 12.850/13: UMA ANÁLISE DIALÉTICA À LUZ DA LEI Nº 13.954/19
YURI COELHO DIAS 525

	Introdução	525
1	Aspectos legais da colaboração premiada – um breve panorama sobre os aspectos jurídicos do instituto	524
1.1	A colaboração premiada como meio de obtenção de prova	527
2	Dos prêmios estipulados pela Lei nº 12.850/13	530
3	A possibilidade do oferecimento de prêmios não previstos na Lei nº 12.805/13 – um sistema de colaboração premiada que permite às partes o poder de pactuação sobre os prêmios	532
3.1	Do princípio da obrigatoriedade como possibilidade da pactuação de benefícios não previstos em lei	534
4	A impossibilidade do oferecimento de prêmios extralegais – a colaboração premiada deve ser guiada por um regime estritamente legal em face do ordenamento jurídico	535
4.1	O princípio da *nulla poena sine judicio*	537
5	Conclusões	538

SOBRE OS AUTORES 541

PREFÁCIO

O programa de pós-graduação em Direito do Instituto Brasileiro de Ensino, Desenvolvimento e Pesquisa (IDP) tem se tornado referência nacional. Não por outro motivo que temos testemunhado os excelentes resultados, o acelerado crescimento das qualificadas produções acadêmicas e a formação de especialistas nas diversas searas do Direito.

Trata-se, portanto, de um projeto muito exitoso, que qualifica o discente para o exercício da prática profissional avançada. No IDP, os estudantes são preparados – através de uma metodologia única de ensino – para as mais variadas e complexas demandas do mercado jurídico e da sociedade.

Como não poderia deixar de ser, esta obra coletiva é mais uma comprovação do sucesso e da excelência do nosso programa.

Composto por vinte e sete trabalhos da lavra dos mestrandos da *1ª Turma do Mestrado Profissional em Direito (2019/2021)*, o livro perpassa por temas instigantes do Direito. Neste compilado, o leitor poderá encontrar ensaios sobre assuntos centrais do "Direito Econômico e Desenvolvimento", bem como sobre questões que tangenciam essa agenda de pesquisa e que são igualmente relevantes.

As visões experientes dos mestres que, com muito orgulho, formamos no IDP certamente servirão como grandes contribuições para os estudos de acadêmicos e profissionais do Direito.

Desejo a todos uma excelente leitura.

Gilmar Ferreira Mendes
Ministro do Supremo Tribunal Federal. Doutor em Direito pela Universidade de Münster, Alemanha. Professor de Direito Constitucional nos cursos de graduação e pós-graduação do Instituto Brasileiro de Ensino, Desenvolvimento e Pesquisa (IDP).

NOTA DO COORDENADOR-GERAL DA OBRA

DIREITO ECONÔMICO E DESENVOLVIMENTO:

ENTRE A PRÁTICA E A ACADEMIA

A presente obra é composta por vinte sete artigos derivados das dissertações dos mestrandos da 1ª Turma do Mestrado Profissional em Direito do Instituto Brasileiro de Ensino, Desenvolvimento e Pesquisa (IDP), 2019/2021.

O programa do mestrado profissional em Direito do IDP possuía quatro áreas, eram elas: Direito Administrativo Contemporâneo: Estado e Mercado; Direito Penal Econômico, Combate à Corrupção e *Compliance*; Direito Tributário e Desenvolvimento Econômico; e, por fim, Direito da Empresa, dos Negócios e do Consumo.

Uma turma eclética formada por profissionais qualificados dos mais diversos setores (iniciativa privada, Poder Executivo, Poder Legislativo, Poder Judiciário, dentre outros) e de diferentes áreas do Direito (Penal, Civil, Tributário, Administrativo, etc.) que se uniram para compartilhar suas experiências profissionais em ambiente de pesquisa acadêmica visando enfrentar os problemas concretos objetos de suas dissertações de mestrado.

Como resultado, temos um produto rico e diversificado composto de vinte e sete artigos derivados dessas dissertações, comprovando que a experiência profissional somada à pesquisa acadêmica é um bom caminho para a construção de uma academia sólida.

Esse profícuo e prazeroso convívio ocorreu antes da covid-19, com aulas presenciais quinzenais ocorridas durante o ano de 2019, sempre às sextas-feiras à tarde e à noite e aos sábados pela manhã e à tarde. A turma era composta por muitos colegas de fora de Brasília. Em razão disto, começamos a convidar os colegas "de fora" para almoços de sábado para conversarmos. Todo sábado era escolhido um restaurante novo. Começamos no Faisão Dourado e passamos pelo Fred, Roma, Libanus, Manara, Dom Francisco, Tete a Tete, BSB Grill, Fausto Manoel do Pontão, Xique-Xique, Armazém do Ferreira, Il Pandrino, Fogo de Chão, Chicago e Piselli. Como resultado ficou uma grande amizade que persiste até hoje. Essa amizade é a principal responsável pela realização da presente obra, motivo mais que suficiente para ensejar mais um encontro dos queridos amigos da 1ª Turma do Mestrado Profissional em Direito do IDP.

A obra conta com o prefácio do Professor Doutor Ministro Gilmar Ferreira Mendes do Supremo Tribunal Federal, o qual ministrou Aula Magna de encerramento das aulas da 1ª Turma do Mestrado Profissional em Direito do IDP. Para a apresentação da obra convidamos o Professor Doutor Ricardo Morishita Wada, Diretor de Projetos e Pesquisas no Instituto Brasiliense de Direito Público – IDP, em uma singela homenagem ao exemplo de Professor presente, zeloso e generoso com os alunos que integram a presente obra.

Ansioso por encontrá-los, agradeço imensamente a todos os amigos que participaram desse projeto coletivo: Bernardo, Rebeca, Yuri Dias, Emílio, Cleber (Presidente), Elder, Tadeu, André, Waldir, Caroline, Daniela, Luiz Felipe, Eduardo, Andrey, Tulius, Julia, Kédina, Paula, Rafael, Márcio, Leandro Cabral, Paulo Henrique, Claudenir, Fred II, Victor e Iuri Cavalcante Reis.

Que a presente obra possa contribuir com uma maior profusão do conhecimento prático aliado à pesquisa acadêmica na importante missão de enfrentar os problemas reais de nosso País, tornando mais concreta a contribuição da ciência jurídica à aplicação do Direito e a realização da tão almejada Justiça.

Brasília, 10 de setembro de 2022.

Claudio Xavier Seefelder Filho
Coordenador-Geral.

APRESENTAÇÃO

É com muita alegria que recebi o convite para elaborar a apresentação da obra "*Direito Econômico e Desenvolvimento*: entre a Prática e a Academia". Trata-se de uma consolidação das pesquisas realizadas no âmbito do mestrado profissional em Direito do Instituto Brasileiro de Ensino, Desenvolvimento e Pesquisa – IDP.

A reunião de temas tão diversos, tais como as discussões de natureza constitucional, administrativa, tributária, penal, empresarial, de relações de consumo e civil, reflete as linhas gerais de nosso programa de pesquisa e, sobretudo, os interesses de nossos aluno pesquisadores.

É célebre a afirmação de Arnold Toybee sobre a correlação existente entre o desenvolvimento e o declínio das sociedades. Haverá expansão na medida em que a sociedade for capaz de dar respostas aos problemas que vivencia, sejam eles de ordem econômica, política ou social. Do mesmo modo, a ausência de respostas, inevitavelmente, levará ao declínio de grupos, do Estado ou da sociedade como um todo.

Por isso, a vocação de uma Escola de Direito é buscar respostas para os desafios da sociedade. É assegurar possibilidades que permitam o desenvolvimento dos indivíduos e de toda a coletividade. É necessário produzir conhecimento para depois poder reproduzi-lo.

Michel Foucault, quando examinou as fontes do poder, concluiu que ele não se constitui de uma fonte única como o Estado ou uma determinada classe ou elite. O poder é a expressão de várias fontes reveladas no dia a dia, havendo, em torno de si, uma microfísica, a qual pressupõe não haver exercício de poder desprovido de algum tipo de saber, tampouco saber que seja desprovido de poder.

A transformação e o desenvolvimento da sociedade estão vinculados à produção de conhecimento. Como origem de poder, o conhecimento exige sempre uma imensa responsabilidade de todos os que participam de seu processo de construção. Demanda capacidade técnica, talento, compromisso e, principalmente, uma ética atrelada, de forma indissociável, à proteção da pessoa, da democracia e do Estado de Direito.

A formação de estudantes e pesquisadores não deve limitar-se às atividades obrigatórias do programa do curso. O desempenho acadêmico individual é necessário e importante. No entanto, para além da metódica individual, estudos recentes apontam que o desenvolvimento de atividades voluntárias e coletivas produz resultados extraordinários. É a integração entre as atividades individuais dos discentes, as iniciativas conjuntas com os demais estudantes e a troca com seus professores que estimulam a apropriação do conhecimento com potencial transformador do ser e da sociedade.

A experiência de integração agrega ao desenvolvimento individual o sentido de coletividade, de algo diferente das descobertas baseadas em literatura ou em ações individuais. A convivência com o outro é fundamental. Ela revela nossos limites e traça as oportunidades de crescimento. Na ciência, a alteridade é fonte de novos conhecimentos.

Por isso, a elaboração de uma obra conjunta, por iniciativa dos discentes, possui um significado especial. É a expressão de um valor de nossa Escola de Direito.

Uma escola de pensamento não se mantém viva apenas com grandes pensadores. Eles são necessários e imprescindíveis. Porém, a força de transformação e do poder de uma escola reside, especialmente, no empenho, envolvimento e engajamento de seus alunos ao levar adiante os conhecimentos produzidos e disponibilizá-los como sementes boas para semear os valores da justiça, da democracia e do Estado Constitucional de Direitos.

A alegria em escrever esta apresentação soma-se ao fato de ser esta obra fruto de nossa primeira turma de mestrado profissional em Direito, a qual, com muita união, integração e interação, proporcionou grandes, calorosas e sempre respeitosas discussões que, ao fim e ao cabo, contribuíram com a produção de novos saberes e a elaboração deste livro.

Deixo, por fim, meu público cumprimento aos autores e ao coordenador desta obra, ao tempo que celebro, em nossos mestres recém-formados, o potencial transformador de suas atuações em nossa sociedade.

Convido os leitores a apreciar o trabalho elaborado ao longo da jornada acadêmica de cada autor, retratada nos artigos sistematizados e coordenados sobre Direito Econômico e desenvolvimento – uma experiência vivida entre a prática e a academia.

Brasília, 26 de setembro de 2022.

Ricardo Morishita Wada
Professor do programa de pós-graduação em Direito – PPGD/IDP

MODULAÇÃO DE EFEITOS EM MATÉRIA TRIBUTÁRIA

ANDRÉ TORRES DOS SANTOS

1 Introdução

Este artigo se propõe a investigar o comportamento do Supremo Tribunal Federal no uso da técnica da modulação de efeitos em matéria tributária. Busca-se avaliar em que medida o Tribunal, ao recorrer ao uso desse instrumento na jurisdição constitucional, relaciona-se com a concretização dos objetivos constitucionais observados sob a ótica do Sistema Tributário Nacional instituído pela Constituição Federal de 1988.

Adota-se como ponto de partida a investigação quanto ao papel institucional atribuído ao controle de constitucionalidade no Estado de Direito, de modo a situar a atuação da Corte Constitucional (e a modulação de efeitos nela inserida) à luz dos seus pressupostos basilares. Busca-se identificar, assim, os pontos de contato entre os elementos que o compõem e o papel exercido pela tributação nesse modelo de Estado, considerado em sua concepção Estado Social Democrático de Direito, expressamente instituído pela Constituição Federal de 1988. Essa abordagem tem por objetivo identificar as balizas da jurisdição constitucional em matéria tributária, isto é, de que maneira e em que medida, na garantia da supremacia da Constituição, as normas tributárias devem ser interpretadas – e os efeitos das decisões, eventualmente, modulados – para que sejam atingidos os objetivos constitucionais em sua máxima eficácia.

Para tanto, far-se-á necessário identificar o conteúdo passível de ser atribuído a cada um dos pressupostos materiais de aplicação da modulação de efeitos, considerando-se acepções amplas dos conceitos de "segurança jurídica" e "interesse social", presentes nos regramentos que preveem o instituto. A partir das intersecções entre esses conceitos e as premissas do Estado de Direito, pretende-se encontrar parâmetros para a aplicabilidade da modulação de efeitos na jurisdição constitucional em matéria tributária, identificando-se seus limites e sua compatibilidade com o arranjo estrutural em que está inserida.

A investigação se dirige, ao final, à análise dos precedentes do Plenário do Supremo Tribunal Federal em matéria tributária nos quais houve debate sobre a possibilidade de utilização da técnica da modulação de efeitos, buscando identificar de que forma os pressupostos materiais de aplicação dessa técnica vêm sendo interpretados pelo Tribunal, bem como em que medida essa interpretação se aproxima ou se afasta das premissas teóricas que a legitimam e fundamentam, analisando-se criticamente a jurisprudência da Corte.

2 Estado de Direito, tributação e modulação de efeitos na jurisdição constitucional

A concepção da modulação de efeitos na jurisdição constitucional em matéria tributária pressupõe a prévia compreensão dos institutos jurídicos que a viabilizam, fundamentam e justificam. É dizer que, para adentrar no estudo das origens, pressupostos e requisitos desse instrumento, revela-se imprescindível contextualizá-lo no paradigma do Estado Social Democrático de Direito.

Na clássica obra *Teoria da Constituição*,[1] Carl Schmitt pontua que a concepção das constituições modernas, erigidas como instrumentos de limitação do poder absoluto do Estado, decorreu da necessidade de afirmação de valores individualistas burgueses, tipicamente liberais, face aos abusos do Estado. Daí decorre o conteúdo e a própria função dessas Cartas, que introduzem detalhados métodos de controle dos atos estatais, criam freios ao exercício do poder público, delimitam competências rigidamente definidas e asseguram garantias de liberdade ao indivíduo. Esses pressupostos históricos figuraram como diretrizes para a sistematização da estrutura teórica e organizacional do Estado de Direito.[2]

Do pressuposto relativo à delimitação de competências rígidas, decorre a teoria da separação de poderes, que se volta à persecução da própria garantia dos direitos fundamentais individuais, na medida em que, ao se buscar estabelecer um sistema de controles recíprocos entre as diferentes esferas de poder estatal, visa-se a assegurar a plena realização desses direitos. Todos esses elementos conduzem à concepção de superioridade da lei, sem a qual o indivíduo não teria meios de se sobrepor ao Estado, e de supremacia da Constituição, de modo que o instrumento basilar da formação do Estado, no qual estão previstos e protegidos os direitos e garantias individuais, funcione como pedra fundamental de todo o sistema de leis.[3]

É com base em todos os pressupostos da formação do Estado e, em especial, da formação do Estado brasileiro (Democrático de Direito), que se insere o estudo do controle de constitucionalidade. O controle de constitucionalidade figura como consequência lógica e necessária das Constituições rígidas[4] e constitui requisito obrigatório de uma ordem constitucional; na medida em que resulta do reconhecimento da supremacia da Constituição e de sua força normativa vinculante sobre os poderes públicos, alcança-se a compreensão de que o papel da jurisdição constitucional, em sua essência, consiste na materialização dos próprios elementos constitutivos do Estado de Direito, quais sejam, primordialmente, a separação de poderes (que decorre da delimitação de competências

---

[1] SCHMITT, Carl; AYALA, Francisco. *Teoría de la constitución*. Madrid: Alianza, 1996.
[2] BONAVIDES, Paulo. *Teoria geral do estado*. 10. ed. São Paulo: Malheiros, 2015.
[3] KELSEN, Hans. *Teoria pura do direito*. 5. ed. São Paulo: Martins Fontes, 1996.
[4] BONAVIDES, Paulo. *Curso de direito constitucional*. 26. ed. São Paulo: Malheiros, 2011.

estatais rigidamente circunscritas) e a proteção aos direitos e garantias fundamentais do indivíduo frente ao Estado.

Daí o raciocínio de que, se a Constituição, no Estado de Direito, existe para limitar o poder estatal, o controle de constitucionalidade tem o papel de assegurar essa limitação, o que concretiza a própria realização dos objetivos constitucionais.[5] Se essa limitação, por sua vez, manifesta-se na preservação das competências rigidamente delimitadas e na proteção dos direitos e garantias individuais e fundamentais, esse também deverá ser o sentido do controle de constitucionalidade – e, consequentemente, da legítima manipulação dos efeitos das decisões tomadas em sede de jurisdição constitucional.

É sob essa ótica que se analisam os pressupostos materiais presentes em ambas as hipóteses nas quais a modulação de efeitos, no ordenamento jurídico brasileiro, é expressamente prevista e autorizada: declaração de inconstitucionalidade de lei e modificação de jurisprudência. Observa-se que, seja nas Leis nºs 9.868/1999 e 9.882/1999, que regulam as ações diretas de inconstitucionalidade e as arguições de descumprimento de preceito fundamental, seja no artigo 927, parágrafo 3º, do Código de Processo Civil, na Lei nº 11.417/2006, que regula a edição de súmulas vinculantes, ou mesmo nas alterações promovidas na Lei de Introdução às Normas do Direito Brasileiro pela Lei nº 13.655/2018, o legislador ordinário buscou fundamentá-las, materialmente, nos princípios (alçados ao patamar constitucional) da segurança jurídica e do interesse social – embora, especialmente em relação a este último, denotem-se diferentes denominações,[6] as quais não interferem na materialidade dos elementos de justificação da modulação de efeitos, que são extraídos do próprio texto constitucional.[7]

Nesse contexto, independentemente da delimitação dos pressupostos formais e materiais eleitos pelo legislador ordinário para delimitar as hipóteses nas quais a modulação de efeitos é expressamente prevista e autorizada, bem como da evolução legislativa no sentido de sua ampliação, a atribuição de eficácia prospectiva às decisões de constitucionalidade não admite o afastamento da finalidade precípua de se assegurar a máxima realização da pauta axiológica constitucional. Isso porque, enquanto inserida

---

[5] BONAVIDES, Paulo. *Curso de direito constitucional*. 26. ed. São Paulo: Malheiros, 2011.

[6] Enquanto nas Leis nºs 9.868/1999 e 9.882/1999 o legislador se refere a "razões de excepcional interesse social", na Lei nº 11.417/2006, que regula a edição de súmulas vinculantes, fundamenta-se a possibilidade de modulação de efeitos em "razões de excepcional interesse público". Na Lei nº 13.105/2015, por sua vez, que instituiu o Código de Processo Civil, o legislador se refere unicamente ao "interesse social", sem qualificá-lo em sua excepcionalidade, a exemplo das disposições anteriores. As alterações promovidas na Lei de Introdução às Normas do Direito Brasileiro pela Lei nº 13.655/2018, que, como já referido, não se referem expressamente à expressão "modulação de efeitos", mas veiculam normas que asseguram regras de transição e de proteção de situações já constituídas em relação a mudanças de orientação no âmbito da administração pública como um todo (incluindo o Poder Judiciário), utilizam-se do termo "interesse geral" em diversos de seus dispositivos.

[7] Entende-se que a compatibilidade entre a técnica da modulação de efeitos e o ordenamento constitucional dependerá do alinhamento de sua utilização à persecução dos objetivos constitucionais. Como consequência, uma vez vinculada à realização da pauta axiológica constitucional e à garantia de sua máxima eficácia, a modulação de efeitos deverá ter fundamento, necessariamente, em elementos que se relacionem a esses objetivos. Assim, a opção terminológica exercida perde relevância em face do conteúdo que a eles deverá ser necessariamente atribuído: interesse público, interesse social, interesse geral, excepcional ou não, deverá ser sempre aquele que resultará na máxima eficácia do todo principiológico constitucional, feitas as ponderações necessárias em determinada hipótese concreta. A materialidade desses requisitos, portanto, prevalecerá sobre a terminologia adotada.

na jurisdição constitucional, a modulação de efeitos somente encontrará legitimidade quando alinhada ao sentido por ela proposto e aos objetivos e conteúdos a ela inerentes.

Constata-se, nesse cenário, que os pressupostos materiais da segurança jurídica e do interesse social, ainda que referidos em expressões diversas e vinculados a terminologias distintas em cada uma das hipóteses legais regulamentadoras do uso da técnica da modulação de efeitos, devem ser lidos a partir da irradiação da pauta axiológica constitucional sobre as aplicações concretas do instituto.

Por meio desse raciocínio, afastam-se as críticas[8] à própria constitucionalidade da técnica, em si, pautadas na aplicação irrestrita da teoria da nulidade da lei inconstitucional – vista pelos críticos como instrumento de garantia da supremacia da Constituição. A superação dessas críticas se dá com base na compreensão de que, pelas balizas aqui propostas, voltadas à persecução da máxima eficácia das normas constitucionais, a modulação de efeitos encontrará legitimidade na solução de conflitos entre princípios constitucionais de equivalente envergadura, frente aos quais será necessário um juízo de ponderação. Constata-se, portanto, que, nesse caso, não haverá qualquer limitação do princípio da supremacia da Constituição, mas, antes, sua máxima realização possível, considerado que, em alguma medida, determinado aspecto de seu conjunto normativo e principiológico será inevitavelmente restringido.[9][10]

Uma vez identificados os pressupostos legitimadores da modulação de efeitos, direciona-se a investigação à análise dos pontos de contato entre a sua utilização na jurisdição constitucional exercida pelo Supremo Tribunal Federal, considerada enquanto instrumento garantidor da supremacia da Constituição, e o papel da tributação no Estado Social Democrático de Direito, nos moldes em que estabelecido pela Constituição Federal de 1988.

À luz do desenvolvimento do conceito de Estado Fiscal[11] e do pressuposto de que não há Estado de Direito (Liberal, Democrático ou Social) sem o fenômeno da tributação

---

[8] Para além de críticas no âmbito doutrinário (FERREIRA FILHO, Manoel Gonçalves. A Reforma do Judiciário: observações sobre o parecer do relator. Aula inaugural proferida na Faculdade de Direito da USP. *Coleção Estudos Documentos e Debates do Irs*. São Paulo: [s.n.], 1997, p. 14), o instituto da modulação de efeitos também foi objeto de insurgência, na ADI nº 2.258/DF, ajuizada pelo Conselho Federal da Ordem dos Advogados do Brasil, os artigos 11, §2º, e 21 da Lei nº 9.868/99, os quais preveem, respectivamente, a possibilidade de que a decisão tomada pelo Supremo Tribunal Federal em sede de medida cautelar em Ações Diretas venha a afastar a repristinação automática da legislação anterior, e a possibilidade de que o Tribunal determine, em sede liminar de Ação Declaratória de Inconstitucionalidade, a suspensão dos processos que envolvam a aplicação da Lei ou do ato normativo até o julgamento definitivo da Ação. Na ADI nº 2.154/DF, ajuizada pela Confederação Nacional das Profissões Liberais, questiona-se, ainda, a inconstitucionalidade por omissão em face da inexistência de previsão de contraditório, e a inconstitucionalidade do artigo 26 da mesma Lei, que veda o ajuizamento de ações rescisórias contra decisões tomadas pela Corte no âmbito das referidas ações.

[9] MENDES, Gilmar Ferreira; BRANCO, Paulo Gustavo Gonet. *Curso de direito constitucional*. 17. ed. São Paulo: Saraiva, 2022.

[10] Esdras Boccato pontua que a utilização da ponderação de princípios como método de aplicação da modulação de efeitos temporais das declarações de inconstitucionalidade está associada ao próprio fundamento de sua inserção no ordenamento jurídico brasileiro e vem sendo tratada pela doutrina como elemento indissociável daquela, embora o Autor apresente proposta de modelo alternativo, inspirado nos institutos de Direito Penal, pela utilização da técnica de subsunção, considerando existir indesejável discricionariedade na técnica da ponderação. Para maior aprofundamento, ver BOCCATO, Esdras. *Modulação dos efeitos temporais da declaração de inconstitucionalidade*: ponderação, subsunção e dosimetria. 2013. Dissertação (Mestrado em Direito do Estado) – Faculdade de Direito da Universidade de São Paulo, São Paulo, 2013.

[11] FUCK, Luciano Felício. *Supremo Tribunal Federal e a concretização dos direitos fundamentais no sistema constitucional tributário brasileiro*. 2014. Tese (Doutorado em Direito) – Faculdade de Direito da Universidade de São Paulo, São Paulo, 2014.

(que viabiliza a concretização das funções estatais, financiando-as), bem como da noção em torno da existência de um dever fundamental de pagar tributos,[12] identifica se que os pilares fundantes desse modelo estrutural de Estado são refletidos no Sistema Tributário Nacional concebido pela Constituição Federal de 1988.

Tais pilares encontram seus pontos de conexão com o fenômeno da tributação tanto na proteção dos direitos individuais e fundamentais dos contribuintes, veiculados pelas limitações constitucionais ao poder de tributar, quanto na delimitação rígida de competências tributárias, na medida em que será por meio do exercício dessas competências que será alcançado o necessário financiamento das atividades essenciais do Estado, inclusive as necessárias a garantir a eficácia dos direitos fundamentais.

Consequência natural dessa constatação resulta na compreensão de que o exercício do controle de constitucionalidade em matéria tributária – e, portanto, a modulação de efeitos na jurisdição constitucional nessa seara – deverá se orientar no sentido da concretização desses pontos de contato entre o sistema constitucional tributário e os direitos fundamentais, estes vistos de forma multifacetada, isto é, tanto diretamente, nas garantias individuais dos contribuintes, formais e materiais, quanto indiretamente, na rígida delimitação de competências tributárias e na garantia de seu exercício dentro desses limites. Sob perspectivas complementares, ambas se voltam, em última análise, ao propósito da limitação do poder de tributar.

3 A modulação de efeitos em matéria tributária: fundamentos e pressupostos de aplicação

Uma vez compreendidos os institutos jurídicos que viabilizam e fundamentam o uso da modulação de efeitos na jurisdição constitucional exercida pelo Supremo Tribunal Federal em matéria tributária, bem como contextualizados os seus pressupostos à luz dos elementos-base do Estado de Direito e, especificamente, do Estado Democrático de Direito instituído pela Constituição Federal de 1988, assim como do conceito de Estado-Fiscal, passa-se ao exame do conteúdo material de seus elementos autorizadores, quais sejam, a segurança jurídica e o excepcional interesse social – este traduzido como a máxima realização dos objetivos constitucionais e da pauta axiológica que os informa.

Como visto, as diferentes opções terminológicas exercidas pelo legislador ordinário em cada uma das hipóteses legais autorizadoras do uso da técnica constituem fator irrelevante face ao conteúdo que a eles deverá ser, necessariamente, atribuído. Viu-se que tais princípios, de conteúdo semântico indeterminado, abrangente e generalizante, compreendem, sob seus respectivos campos semânticos, uma pluralidade de subprincípios, valores, pressupostos e mesmo normas que deverão, necessariamente, ser extraídas do Texto Constitucional.

Nesse contexto, a segurança jurídica constitui elemento indissociável da própria concepção de Estado de Direito,[13] figurando como subprincípio deste e, ao mesmo tempo,

---

[12] NABAIS, José Casalta. *O dever fundamental de pagar impostos*. 3. reimpr. Coimbra: Almedina, 2012.
[13] SARLET, Ingo Wolfgang. A eficácia do direito fundamental à segurança jurídica: dignidade da pessoa humana, direitos fundamentais e proibição do retrocesso social no direito constitucional brasileiro. *Revista Eletrônica sobre a Reforma do Estado (RERE)*, Salvador: Instituto Brasileiro de Direito Público, n. 21, p. 1-39, mar./abr./maio 2010. Disponível em: https://www.olibat.com.br/documentos/SARLET.pdf. Acesso em: 12 jun. 2020.

como sobreprincípio[14] de toda a ordem jurídica, pilar fundamental de sua existência e de sua validação. Dela decorre, ou com ela se confunde, a noção de interesse social, ou interesse público, cuja materialização deverá resultar na concretização da própria segurança jurídica[15] e possui intrínseca vinculação com o princípio da dignidade da pessoa humana, que também figuraria como pedra fundamental do ordenamento e diretriz da interpretação constitucional.[16] A partir de cada um deles, será empreendida a correlação com o Direito Tributário, de modo que, nas intersecções entre seus pressupostos e elementos próprios, possa ser identificado de que forma a modulação de efeitos poderá ser compatível com as decisões proferidas em sede de controle de constitucionalidade de normas tributárias.

Debruçando-se sobre a segurança jurídica, parte-se da premissa, aqui construída, de que a limitação do poder estatal pela subordinação de seu exercício às balizas da Constituição conduz à compreensão de que a previsibilidade das ações estatais figura como decorrência lógica da própria estrutura do Estado de Direito. Chegou-se, assim, à compreensão de que o conteúdo, a extensão e os pressupostos da segurança jurídica estão indissociavelmente vinculados ao arranjo estrutural do Estado de Direito.

Esse raciocínio permite concluir que seus reflexos na seara tributária serão percebidos, justamente, nos instrumentos constitucionais voltados à proteção dos direitos dos contribuintes frente ao poder de tributar do Estado – sendo concretizada, justamente, na garantia da eficácia das normas constitucionais que veiculam limitações ao poder de tributar e que delimitam rígidas competências para o exercício desse poder estatal.

Nesse contexto, recorre-se à decomposição estrutural desse princípio proposta por Humberto Ávila,[17] que o distingue em inúmeros aspectos e dimensões. Observa-se que, enquanto sua dimensão objetiva, de um lado, vincula-se à noção de segurança jurídica enquanto norma geral, abstrata e protetiva de interesses coletivos, em sua dimensão subjetiva, de outro, relaciona-se à segurança jurídica enquanto norma protetiva concreta, orientada à proteção de confianças específicas. A partir dessa distinção, constata-se que a aplicação de ambas as dimensões, por serem antagônicas, deve ser harmonizada, já que, em determinadas situações, a garantia de uma pode levar à supressão da outra, uma vez que a proteção da confiança (dimensão subjetiva) figuraria mais como uma limitação da segurança jurídica (considerada em sua totalidade) do que, propriamente, uma decorrência lógica daquele princípio.

No que se refere ao conteúdo semântico atribuível ao conceito de interesse social, ou interesse público, nota-se que a dogmática contemporânea,[18] mediante a releitura dos institutos do Direito Administrativo empreendida a partir da pauta axiológica da

---

[14] CARVALHO, Paulo de Barros. *Direito tributário*: linguagem e método. 5. ed. São Paulo: Noeses, 2013.
[15] ÁVILA, Humberto. *Teoria da segurança jurídica*. 4. ed. São Paulo: Malheiros, 2016. p. 9-10: "Interesse para quem? Para toda a sociedade ou para algum segmento dela? Excepcional no juízo de quem? De toda a sociedade ou de um de seus segmentos? Haveria outras perguntas a fazer, mas este não é o lugar apropriado. O que quero ressaltar é que, em nome de um 'excepcional interesse social' se atinja a segurança do contribuinte".
[16] OTERO, Paulo. *Manual de direito administrativo*. Coimbra: Almedina, 2013. v. I.
[17] ÁVILA, Humberto. *Teoria da segurança jurídica*. 4. ed. São Paulo: Malheiros, 2016. p. 145-146.
[18] BINENBOJM, Gustavo. *Uma teoria do direito administrativo*: direitos fundamentais, democracia e constitucionalização. São Paulo: Renovar, 2008. p. 72; MEDAUAR, Odete. *Direito administrativo moderno*. 21. ed. Belo Horizonte: Fórum, 2018. p. 127-128; BARROSO, Luís Roberto. Neoconstitucionalismo e constitucionalização do direito (o triunfo tardio do direito constitucional no Brasil). *Boletim da Faculdade de Direito*, Universidade de Coimbra, v. 81. p. 233-289, 2005. p. 271.

Constituição Federal de 1988 e do Estado Social Democrático de Direito nela estabelecido, dissocia o clássico conceito administrativista de *interesse público* dos interesses privados do Estado. Identificou-se que o interesse público (ou interesse social) possui como elemento calibrador de sua realização o princípio da dignidade da pessoa humana, o que conduz à conclusão de que, no Estado Social Democrático de Direito, não poderá existir interesse público que esteja dissociado da persecução da máxima realização da segurança jurídica, de modo que, se está voltado à persecução dos direitos fundamentais da coletividade, também se volta, naturalmente, à garantia da segurança jurídica.[19]

Vislumbra-se, assim, uma aproximação direta entre a realização do interesse público (ou interesse social) e a dimensão objetiva da segurança jurídica. A exemplo da relação paradoxal existente entre as dimensões objetiva e subjetiva da segurança jurídica, o mesmo se verifica também quanto ao interesse público ou interesse social, diante da necessária ponderação a ser empreendida quando da sua realização mediante a prestação de deveres estatais de proteção e de promoção de interesses coletivos, os quais podem resultar, eventualmente, na restrição de direitos fundamentais em seus aspectos individuais.

A técnica da modulação de efeitos, portanto, uma vez utilizada pelo Supremo Tribunal Federal em sede de jurisdição constitucional, vê-se, automaticamente, inserida nesse contexto: ao passo que, de um lado, é invocada para preservar a segurança jurídica sobre determinada situação fática a ser impactada pela atividade do Poder Judiciário, sua utilização, de outro, não poderá resultar em violação da segurança do sistema jurídico como um todo, orgânica e universalmente considerado. O interesse social amolda-se ao mesmo raciocínio, na medida em que a adoção da técnica em nome da preservação de excepcional interesse social não poderá resultar, ao final, na restrição de aspectos ou dimensões que compõem o interesse da coletividade, tampouco da própria segurança das relações jurídicas.

Tais constatações permitem que se conclua que o uso da técnica de modulação de efeitos consubstancia o exercício de um juízo de ponderação,[20] a partir do qual se deve buscar identificar qual eficácia (se prospectiva, se retroativa) se revelará mais adequada à promoção dos objetivos constitucionais. Essa ponderação, por sua vez, terá como parâmetro a realização da segurança jurídica em sua inteireza, considerado o equilíbrio entre todas as suas dimensões e perspectivas – nas quais se insere, indissociavelmente, o próprio interesse social.

Diante dessa constatação, tem-se que a sua utilização, por resultar, essencialmente, na manutenção de efeitos passados de atos normativos contrários ao Direito, acaba por violar, naturalmente, a segurança jurídica em sua dimensão objetiva, isto é, nos aspectos da credibilidade e da estabilidade do direito. Por essa razão, dada a presunção de que, de uma forma ou de outra, o espectro (globalmente considerado) da segurança jurídica será quebrado, alcança-se a compreensão de que se deve buscar, consequentemente, a

---

[19] ÁVILA, Humberto. *Teoria da segurança jurídica*. 4. ed. São Paulo: Malheiros, 2016. p. 9-10: "Interesse para quem? Para toda a sociedade ou para algum segmento dela? Excepcional no juízo de quem? De toda a sociedade ou de um de seus segmentos? Haveria outras perguntas a fazer, mas este não é o lugar apropriado. O que quero ressaltar é que, em nome de um 'excepcional interesse social' se atinja a segurança do contribuinte".

[20] ÁVILA, Humberto. *Teoria da segurança jurídica*. 4. ed. São Paulo: Malheiros, 2016. p. 574: "É preciso saber qual dos dois efeitos promove mais a Constituição – a nulidade da lei (*Nichtigkeit*) ou a sua manutenção (*Normerhaltung*)".

menor extensão possível dessa quebra, por meio do juízo de ponderação que resulte na máxima possível dos objetivos constitucionais.

Nesse cenário, estabelecendo-se um paralelo aplicável ao Direito Tributário, a partir das noções inerentes ao conceito de Estado Fiscal, constata-se que a persecução do interesse social, no âmbito do controle de constitucionalidade em matéria tributária, além de vinculada à garantia da segurança jurídica em sua dimensão objetiva, também se conecta à necessidade de manutenção das estruturas institucionais do Estado financiadas pelo exercício da tributação.

4 Aplicabilidade da modulação de efeitos no controle de constitucionalidade em matéria tributária

Partindo-se para a investigação da aplicabilidade desses pressupostos ao controle de constitucionalidade exercido pelo Supremo Tribunal Federal em matéria tributária, adota-se como ponto de partida a compreensão, ora desenvolvida, de que a concretização dos direitos fundamentais dos contribuintes ocorrerá por meio do exercício de uma jurisdição constitucional que atribua, tanto às garantias individuais quanto às competências tributárias rigidamente delimitadas, significação extraída da pauta axiológica constitucional e de seu contexto de formação, de modo que a modulação de efeitos, enquanto inserida no controle de constitucionalidade, estará vinculada às mesmas balizas e aos mesmos pressupostos, voltando-se à maximização da eficácia dos objetivos constitucionais. Passa-se, assim, à análise de sua materialização, investigando-se sua aplicabilidade nas principais hipóteses previstas pelo legislador ordinário – declaração de inconstitucionalidade e alteração de jurisprudência dominante.

Nos casos de declaração de inconstitucionalidade (examinados à luz das leis de natureza tributária), identifica-se que a legitimação do uso da técnica estará vinculada à existência de lacunas normativas decorrentes dos efeitos das declarações de inconstitucionalidade, cogitando-se de sua utilização nas hipóteses em que não há, no ordenamento jurídico positivo, instrumento jurídico adequado para recepcionar, de modo satisfatório, as consequências jurídicas da pronúncia de inconstitucionalidade, instaurando-se, assim, o estado de inconstitucionalidade.[21]

Essas premissas se colocam como contraponto necessário às preocupações de que a modulação de efeitos pode vir a representar um incentivo ao comportamento violador da Constituição por parte do Estado no futuro, promovendo-se a insegurança pela perda da vinculatividade e da inteligibilidade do Direito, e, portanto, imprimem força restritiva ao juízo de ponderação a ser feito nas hipóteses de declaração de inconstitucionalidade de lei tributária, reduzindo sua amplitude, na medida em que, ao delimitar competências tributárias rígidas, a Constituição Federal confere poder aos entes políticos para instituir

---

[21] SANTI, Eurico Marcos Diniz de. *Modulação de efeitos no controle de constitucionalidade de normas que instituem tributos*: na jurisprudência do STF, a segurança jurídica está em respeitar a legalidade como limitação constitucional ao poder de tributar. FISCOSOFT, 2014/3411. Disponível em: http://www.fiscosoft.com.br/a/6i4s/modulacao-de-efeitos-no-controle-deconstitucionalidade-de-normas-que-instituem-tributos-na-jurisprudencia-do-stf-aseguranca-juridica-esta-em-respeitar-a-legalidade-como-limitacao-constitucional-ao. Acesso em: 5 maio 2021.

tributos, mas não determina a obrigatoriedade do exercício dessa competência, tampouco confere liberdade de configuração material ao legislador, já que as hipóteses materiais de incidência tributária já são previamente definidas no texto constitucional.[22] Pondera-se, ainda, que a eventual declaração de nulidade de lei instituidora de tributo não deixa, necessariamente, de restaurar o estado de constitucionalidade, já que, por se tratar de competência que pode não ser exercida, a eliminação da lei, por si só, não gera um estado de inconstitucionalidade ou uma lacuna normativa.

De outro lado, a análise multidimensional da segurança jurídica, em seus múltiplos aspectos, incluindo aqueles que se relacionam à realização do interesse social ou interesse público, permite que se avance para o reconhecimento da legitimidade constitucional do denominado princípio da proteção da confiança orçamentária,[23] estritamente vinculado às noções que compõem o conceito de Estado Fiscal e à necessidade de financiamento dos custos de implementação dos direitos fundamentais por meio da tributação. Admite-se como legítima a associação entre a garantia da segurança jurídica em seu sentido objetivo, bem como do interesse social, por meio da modulação de efeitos, e as consequências práticas decorrentes do impacto financeiro e orçamentário da decisão, desde que comprovado o impacto relevante na estrutura de garantia de direitos fundamentais pelo ente estatal.[24]

Como elementos a serem sopesados no exercício do juízo de ponderação, devem ser invocados institutos de Direito Financeiro (tais como aqueles que se relacionam à composição do orçamento público e às normas que regulam os passivos contingentes e outros riscos capazes de afetar as contas públicas, assim como a previsão de medidas de enfrentamento da eventual implementação desses riscos).[25] Todos esses instrumentos, em certa medida, constituem instrumentos próprios para a absorção de consequências das decisões tomadas em sede de jurisdição constitucional, figurando como contraponto à exigência de que se façam presentes lacunas normativas ou estado de inconstitucionalidade.

Diante desse quadro, alcança-se a concepção de que a modulação de efeitos no controle de constitucionalidade em matéria tributária, muito embora sempre orientada à preservação das garantias fundamentais dos contribuintes, poderá resultar, em determinadas situações, na manutenção dos efeitos pretéritos de lei tributária declarada inconstitucional, ainda que isso venha a ocasionar, pontualmente, a supressão do direito de restituição em relação aos contribuintes que recolheram aquele tributo inconstitucional, desde que empreendida com fundamento na garantia da segurança jurídica (e do interesse social a ela adjacente) em sua inteireza, considerado o papel social da arrecadação no financiamento das atividades de concretização de direitos fundamentais e do próprio funcionamento do Estado de Direito.

---

[22] ÁVILA, Humberto. *Teoria da segurança jurídica*. 4. ed. São Paulo: Malheiros, 2016.
[23] ÁVILA, Humberto. *Teoria da segurança jurídica*. 4. ed. São Paulo: Malheiros, 2016.
[24] PISCITELLI, Tathiane. Contingências e impacto orçamentário no caso da inclusão do ICMS na base de cálculo do PIS/COFINS: argumentos consequencialistas e modulação de efeitos em matéria tributária. *Revista dos Tribunais*, São Paulo, v. 980, ano 106, p. 35-48, jun. 2017. p. 39.
[25] PISCITELLI, Tathiane. Contingências e impacto orçamentário no caso da inclusão do ICMS na base de cálculo do PIS/COFINS: argumentos consequencialistas e modulação de efeitos em matéria tributária. *Revista dos Tribunais*, São Paulo, v. 980, ano 106, p. 35-48, jun. 2017.

Avança-se para a rejeição das concepções teóricas que classificam tais hipóteses como *modulação de efeitos em favor do Estado*,[26] na medida em que, mesmo nos casos em que se entende admissível a modulação de efeitos fundada em argumentos econômico-orçamentários, o fundamento dessa modulação deverá estar vinculado à promoção das garantias dos contribuintes sob uma ótica externa, global, sistêmica, na medida em que pautada na dependência material do Estado em relação à tributação para que sejam mantidas as estruturas institucionais de proteção dessas garantias.

Conclui-se, assim, que se trata de reconhecer que a restrição a determinados aspectos ou dimensões da segurança jurídica (mediante a desconsideração ocasional das normas que regulam a declaração de inconstitucionalidade, de sua validade e de seus efeitos) é autorizada quando esses próprios elementos se veem em risco pela eventual atribuição de eficácia *ex tunc* à declaração de inconstitucionalidade. Nesse cenário, a modulação de efeitos de decisão que declara a inconstitucionalidade de lei tributária será admissível quando a estabilidade e a credibilidade do sistema possam vir a ser comprometidas pelo potencial colapso das estruturas do Estado, na medida em que assegurar-lhes a preservação (juridicamente) e esvaziar, na prática, suas próprias bases de financiamento e sustentação, não atende ao postulado da segurança jurídica.

Estabelecidas essas premissas, podem ser identificados parâmetros a serem observados na análise da aplicabilidade da modulação de efeitos nas hipóteses de declaração de inconstitucionalidade de lei tributária, concluindo-se pela necessidade de que sejam considerados, em conjunto, fatores como: (i) a existência de instrumentos concebidos pelo próprio ordenamento jurídico já voltados para a materialização da segurança jurídica e do interesse social, tais como os prazos de prescrição e de decadência, a coisa julgada, a proteção ao direito adquirido, entre outros; (ii) a existência de regulamentação legal e constitucional da dotação orçamentária, na qual devem ser computados os riscos fiscais, formadas reservas de contingenciamento e estabelecidos planos de enfrentamento de possíveis realizações de riscos; (iii) a diversidade das fontes de custeio das atividades estatais no Direito Financeiro e tributário brasileiros, considerada a multiplicidade de tributos existentes, em especial sob a competência arrecadatória da União; (iv) a baixa probabilidade de que uma lei tributária, ao ser declarada inconstitucional pelo Supremo Tribunal Federal, não tenha sido debatida perante o Poder Judiciário por tempo suficiente a viabilizar a mitigação dos efeitos da surpresa, de modo a permitir o prévio contingenciamento e o planejamento de contenções e de medidas de compensação.

Nesse cenário, a modulação de efeitos fundada no impacto orçamentário, nos casos de declaração de inconstitucionalidade de lei tributária, será legitimamente admitida nos casos em que se possa demonstrar, com base em dados e cálculos efetivos, a ocorrência de impactos concretos na estrutura institucional do Estado, os quais, por razões excepcionais, não poderiam ser evitadas pelos mecanismos inerentes ao sistema jurídico ou por quaisquer das medidas de contenção concebidas pelas Leis Orçamentárias, tampouco absorvidas pelo contingenciamento delas decorrente, sendo insuficiente ou impraticável, ainda, a adoção imediata de providências de compensação da arrecadação tributária por

---

[26] CHAMBARELLI, Guilherme; ROLIZ, Thales Maciel. A modulação de efeitos em matéria tributária. *In*: CHAMBARELLI, Guilherme; BANDEIRA, Octávio Morgado de Souza (org.). *Temas de processo tributário*. Rio de Janeiro: Lumen Juris, 2019.

meio do incremento de outros tributos – o que se mostraria mais factível, por exemplo, na hipótese de declaração de inconstitucionalidade de tributo cujo produto da arrecadação é vinculado à realização de determinada finalidade estatal cujos custos de implementação, por sua vez, superam a capacidade de suas demais fontes de financiamento.

Ao se examinar as modificações de jurisprudência, por sua vez, retoma-se a decomposição estrutural do princípio da segurança jurídica, segregando-se suas dimensões, para vincular a essas hipóteses, essencialmente, o aspecto subjetivo, voltado à proteção da confiança. Retoma-se, também, a tensão existente entre ambas as dimensões, na medida em que, ao se protegerem direitos decorrentes de comportamentos passados de indivíduos cujas expectativas legítimas se revelam dignas de proteção, dada a caracterização dos elementos autorizadores da proteção da confiança, estar-se-á, em certa medida, restringindo o aspecto objetivo da segurança jurídica, considerada globalmente. Tudo isso conduz à conclusão de que, também nas modificações de jurisprudência, a modulação de efeitos deverá se orientar pela necessidade de harmonização entre essas dimensões conflitantes, minimizando o conflito, de modo a se atingir a máxima realização possível da segurança jurídica, considerada em sua inteireza, e do interesse social a ela subjacente.

A despeito de divergências doutrinárias de índole formal ou terminológica, percebe-se existir consistência entre os posicionamentos teóricos no que diz respeito à necessidade de preservação, em nome da segurança jurídica, de situações jurídicas consolidadas, ainda que não estejam acobertadas por regras constitucionais objetivas de materialização do princípio (tais como as de proteção ao ato jurídico perfeito, à coisa julgada, ao direito adquirido e ao fato gerador ocorrido, no âmbito do Direito Tributário).[27] Constrói-se, sobre essa premissa, o racional de que a modulação de efeitos, nessas hipóteses, encontrará legitimidade diante da presença dos requisitos que legitimam a proteção da confiança, voltados à existência de uma razoável base de confiança (manifestação estatal passível de gerar legítimas expectativas) e ao seu efetivo exercício por parte daquele que se pretende proteger. No caso de decisões judiciais, vincula-se a formação de uma base de confiança aos precedentes qualificados, que possuem relevante grau de vinculatividade, pretensão de definitividade e capacidade de generalização, sendo passíveis de orientar condutas.

É possível concluir, ainda, serem aplicáveis às hipóteses de alteração de jurisprudência dominante as mesmas considerações alcançadas em torno da utilização da modulação de efeitos em favor do ente estatal, desde que, a rigor, em última análise, o sentido da manipulação da eficácia da decisão tomada em sede de jurisdição constitucional se oriente para a realização máxima dos objetivos constitucionais, à luz dos pressupostos do Estado Fiscal, ponderados pelos mesmos parâmetros.

---

[27] BARROSO, Luís Roberto. Mudança da jurisprudência do Supremo Tribunal Federal em matéria tributária: segurança jurídica e modulação dos efeitos temporais das decisões judiciais. *Revista de Direito do Estado*, ano 1, n. 2, p. 261-288, abr./jun. 2006; DERZI, Mizabel Abreu Machado. *Modificações da jurisprudência no direito tributário*: proteção da confiança, boa-fé objetiva e irretroatividade como limitações ao poder de tributar. São Paulo: Noeses, 2009.

5 Os pressupostos de aplicação da modulação de efeitos em matéria tributária na jurisprudência do Supremo Tribunal Federal

Passa-se, portanto, à análise do comportamento do Supremo Tribunal Federal na concretização dos pressupostos materiais da modulação de efeitos em matéria tributária, empreendida, para fins epistemológicos, a partir da segregação extraída dos pressupostos formais estabelecidos pelo legislador ordinário para que o uso da técnica seja respaldado: declaração de inconstitucionalidade de lei ou ato normativo e mudança de jurisprudência. Tal metodologia encontra justificação na circunstância de que os pressupostos materiais da modulação de efeitos (segurança jurídica e interesse social ou interesse público) são, usualmente, conjunta e indissociavelmente tratados pela jurisprudência da Corte.

Vê-se que mesmo essa segregação, muitas vezes, não é observada com clareza nas ocasiões em que o Tribunal se debruça sobre o uso da técnica da modulação de efeitos em matéria tributária, observando-se hipóteses em que a plena caracterização de qualquer desses requisitos formais é relegada a segundo plano, de modo a se adentrar no debate quanto à modulação dos efeitos diante da presença independente, assim entendida, dos pressupostos materiais voltados à proteção da segurança jurídica ou do interesse social – fenômeno compreendido como resultado da complexidade das relações sociais e jurídicas submetidas ao Tribunal.

Analisando-se o preenchimento do conteúdo semântico desses pressupostos materiais, constata-se que, nas hipóteses de declaração de inconstitucionalidade de lei tributária, a jurisprudência do Supremo Tribunal Federal vem se orientando no sentido de associar a preservação da segurança jurídica e o atendimento ao interesse social a três elementos centrais: a proteção da saúde financeira dos entes federados, a preservação das expectativas normativas decorrentes da presunção de constitucionalidade das normas que vigoraram por significativo lapso temporal e, por fim, o resguardo de direitos vindicados mediante o exercício do direito de ação, seja na esfera judicial ou administrativa, em legítima e tempestiva manifestação de inconformismo diante de determinado quadro de inconstitucionalidade.[28]

O exame das manifestações da Corte nessa seara revela que as referências a esses princípios são, regra geral, empreendidas de forma genérica e superficial,

---

[28] Foram examinados, para se alcançar essas conclusões, os seguintes julgados, todos envolvendo declaração de inconstitucionalidade de lei tributária: Recursos Extraordinários nºs 556.664/RS, 559.882/RS e 560.626/RS, Rel. Min. Gilmar Mendes, DJe 14.11.2008; Recurso Extraordinário n. 353.657. Pleno. Rel. Min. Marco Aurélio. DJ 07.03.2008; Recurso Extraordinário n. 370.682-9. Pleno. Rel. Min. Ilmar Galvão. DJ 19.12.2007; Recurso Extraordinário n. 363.852/MG. Pleno. Rel. Min. Marco Aurélio. DJ 23.04.2010; Recurso Extraordinário n. 559.937 – ED /RS. Rel. Min. Ellen Gracie. Rel. p/ acórdão Min. Dias Toffoli. DJ 14.10.2014; Recurso Extraordinário n. 595.838 – ED / SP. Rel. Min. Dias Toffoli. Pleno. DJ 08.10.2014; ADI 4.171/DF. Pleno. Rel.: Min. Ellen Gracie. Rel. p/ Acórdão: Min. Ricardo Lewandowski. DJ 21.08.2015; Recurso Extraordinário com Agravo n. 957.650 – ED / AM. Pleno. Rel. Min. Teori Zavascki. Pleno, DJ 18.11.2016; Recurso Extraordinário n. 704.292/PR. Pleno. Rel. Min. Dias Toffoli. DJ 03.08.2017; Ação Direta de Inconstitucionalidade n. 2.908/SE. Pleno. Rel. Ministra Carmen Lúcia. DJ 06.11.2019; Ação Direta de Inconstitucionalidade n. 5.469/DF. Pleno. Relator Ministro Dias Toffoli. DJ 25.5.2021; Recurso Extraordinário n. 1.287.019/DF. Pleno. Relator Ministro Marco Aurélio. Rel. p/ acórdão Min. Dias Toffoli. DJ 25.5.2021; Ação Direta de Inconstitucionalidade n. 3.550/RJ. Pleno. Rel. Ministro Dias Toffoli. DJ 06.03.2020; Ação Direta de Inconstitucionalidade n. 5.481/DF. Pleno. Rel. Ministro Dias Toffoli. DJ 04.05.2021; Recurso Extraordinário n. 669.196-ED/DF. Pleno. Rel. Min. Dias Toffoli. DJ 07.05.2021; Ação Direta de Inconstitucionalidade n. 6.074/RR. Pleno. Rel. Ministra Rosa Weber. DJ 08.03.2021; Ação Direta de Inconstitucionalidade n. 1.945/MT. Pleno. Rel. Ministra Carmen Lucia. Rel. p/ acórdão Ministro Dias Toffoli. DJ 20.05.2021; Ação Direta de Inconstitucionalidade n. 5.659/MG. Pleno. Rel. Ministro Dias Toffoli. DJ 20.05.2021.

desacompanhada de problematização voltada à análise conjunta de todas as dimensões da segurança jurídica (e mesmo do interesse social) que estariam sob risco e, portanto, justificariam o uso da técnica da modulação de efeitos. Observam-se, na maior parte das oportunidades em que o Tribunal se debruçou sobre a sua utilização, análises isoladas e limitadas a aspectos específicos e imediatos dos efeitos das decisões tomadas em sede de jurisdição constitucional, dissociadas de uma desejável contextualização em face do arranjo estrutural (globalmente considerado) desses princípios em suas respectivas irradiações no sistema jurídico como um todo.

Constata-se, também, não existir, na maior parte das discussões, o efetivo declínio das razões do juízo de ponderação entre situações de inconstitucionalidade, de concorrentes restrições entre princípios e valores de estatura constitucional, cujo exercício, em face do racional construído nessa pesquisa, constitui premissa do uso da técnica da modulação de efeitos. São recorrentemente ausentes, nas manifestações da Corte, fundamentos que demonstrem a restrição, consciente e refletida, de determinados aspectos da segurança jurídica e do interesse social, justificado pela realização máxima possível dos objetivos constitucionais. Em outras palavras, nota-se a ausência de um exame em perspectiva do caráter multidimensional desses princípios, do declínio de quais aspectos e dimensões da segurança jurídica estariam sendo realizados e quais estariam sendo suprimidos, assim como das eventuais lacunas a serem preenchidas em decorrência da decisão, ou de qual estado de inconstitucionalidade estaria sendo remediado.

Observa-se que a atuação do Tribunal, nesse aspecto, não se mostrou uniforme ao longo dos aproximadamente 14 anos desde que o uso da técnica da modulação de efeitos em matéria tributária foi discutido e decidido pela primeira vez pelo Plenário da Corte, o que decorre tanto de evoluções legislativas nesse período, com a inserção de novas hipóteses de modulação de efeitos e da consolidação da teoria da vinculação aos precedentes no ordenamento jurídico brasileiro, quanto do próprio amadurecimento do uso do instituto e, ainda, da renovação da composição da Corte ao longo dos anos.

Ao passo que, em determinadas situações, o Tribunal rejeitou propostas de modulação de efeitos em matéria tributária com base em considerações voltadas à compreensão da segurança jurídica em seu aspecto objetivo, global, vinculada à manutenção da credibilidade e da estabilidade do ordenamento jurídico; em outras, o uso da técnica foi admitido mesmo diante de hipóteses nas quais não se vislumbrava lacuna normativa ou mesmo a ausência de instrumentos jurídicos já existentes passíveis de absorver os efeitos da decisão, tais como prazos de prescrição e decadência, limitações temporais à repetição de indébito, coisa julgada e limitação temporal para ação rescisória, dentre outros.

Buscando-se traçar uma linha evolutiva da modulação de efeitos na jurisprudência da Corte nas hipóteses de declaração de inconstitucionalidade em matéria tributária, identifica-se uma crescente aproximação dos conceitos de segurança jurídica e de interesse social à necessidade de preservação das finanças públicas, de modo a assegurar que não venha a ser exercido o direito de repetição de indébito, geralmente por aqueles que não exerceram, até o momento da decisão, o direito de ação visando a questionar judicial ou administrativamente a cobrança respectiva. Vale pontuar que esse raciocínio enfrenta o contraponto de estabelecer situações desvantajosas aos que confiaram na presunção de constitucionalidade da norma, bem como de causar estímulo à litigiosidade, enfraquecendo aspectos objetivos da segurança jurídica.

À luz da consideração de que a ressalva dos casos pendentes e do próprio caso concreto em que proferida a decisão resguarda aspectos subjetivos da segurança jurídica vinculados à proteção da confiança legítima, conclui-se que, nos casos de declaração de inconstitucionalidade de lei tributária, não se vislumbra equivalência em relação às hipóteses de modificação de jurisprudência, em que a ressalva de casos judicializados se justifica. Isso porque, contrariamente ao que se verifica nas alterações de jurisprudência dominante (em que a interpretação jurisprudencial pauta condutas), nas declarações de inconstitucionalidade, não se pode afirmar que o contribuinte, ao deixar de ajuizar uma ação judicial, deixou de exercer confiança na base que lhe era posta (qual seja, a própria lei em si), na medida em que não se trata de relação jurídica que dependeria do reconhecimento pelo Poder Judiciário.

Alcança-se, assim, o entendimento de que, nas declarações de inconstitucionalidade de lei tributária, a preservação dos contribuintes que exerceram seu direito de ação resguarda apenas alguns aspectos da segurança jurídica, mas essa ressalva, feita apenas em relação a eles, não se mostra suficiente ao atendimento do princípio em todas as dimensões, na medida em que, ao impor situação mais gravosa aos contribuintes que não ingressaram em juízo, mutilam-se os pressupostos da cognoscibilidade e da calculabilidade inerentes ao mesmo princípio, pondo-se em xeque a credibilidade do próprio ordenamento, além de estabelecer situações distintas entre contribuintes em situação jurídica equivalente.

A crescente aproximação em relação ao denominado princípio da confiança orçamentária, vinculado à preservação dos interesses econômico-orçamentários dos entes estatais, também pode ser contraposta à observância de que, regra geral, o Tribunal não vem exigindo a vinculação desse fundamento aos parâmetros aqui construídos em torno da necessária demonstração de que os referidos impactos resultariam, efetivamente, no comprometimento das estruturas estatais de provimento e de concretização de direitos fundamentais. Constata-se que o risco à segurança jurídica e a necessidade de preservação do interesse social, na interpretação da Corte, vem sendo entendidos como presumidos nas hipóteses das quais resulta relevante impacto orçamentário. Não foram considerados, nas ocasiões mais recentes em que esse argumento foi acolhido para fins de se modularem os efeitos das decisões tomadas em sede de jurisdição constitucional, elementos de Direito Financeiro que figuram como instrumentos próprios do ordenamento jurídico para a absorção dos impactos financeiros das decisões judiciais, tampouco as circunstâncias de que, na maior parte das discussões, há diversidade das fontes de custeio das atividades estatais eventualmente impactadas pela decisão, bem como de que as demandas judiciais tributárias, no Brasil, perduram por aproximadamente duas décadas,[29] o que mitiga o elemento da surpresa para efeitos de planejamento orçamentário.

Conclui-se, nesse cenário, que a delimitação simplista do argumento de natureza econômico-orçamentária, dissociada de elementos materiais concretos, em especial nas hipóteses em que figura como elemento central ou isoladamente considerado para fundamentar a atribuição de eficácia prospectiva à decisão tomada em sede de

---

[29] Sobre duração do processo judicial tributário no Brasil, estudo capitaneado pelo Instituto Brasileiro de Ética Concorrencial, em parceria com a Ernest Young Brasil Consultoria, concluiu que, em média, as demandas de natureza tributária permanecem 19 anos em curso no Brasil. Sobre os detalhes da pesquisa, ver: INSTITUTO BRASILEIRO DE ÉTICA CONCORRENCIAL e ERNEST YOUNG. *Os desafios do contencioso tributário brasileiro*. São Paulo, 2019. Disponível em: https://www.etco.org.br/wp-content/uploads/Estudo-Desafios-do-Contencioso-Tributario-ETCO-EY.pdf, acesso em: 7 maio 2021.

jurisdição constitucional, dissocia-se dos pressupostos de legitimação do uso da técnica da modulação de efeitos construídos neste trabalho. Além disso, ainda que presentes elementos suficientes à caracterização da hipótese de se invocar a proteção da confiança orçamentária, os elementos que o justificam devem ser sopesados com os demais critérios aqui investigados, tais como a existência de instrumentos próprios no ordenamento para a absorção de consequências, a existência de lacuna normativa ou a instauração de estado de inconstitucionalidade, entre outros. Esse juízo de ponderação, todavia, não vem sendo declinado pelo Tribunal de forma satisfatória.

Ainda no que diz respeito às declarações de inconstitucionalidade de lei tributária, observa-se que a jurisprudência do Tribunal possui contornos específicos em relação às declarações de inconstitucionalidade de benefícios fiscais, especialmente no que se refere à jurisdição constitucional no âmbito da guerra fiscal. Nota-se ausência de uniformidade em relação a se modularem os efeitos das decisões nesses casos, mesmo em hipóteses materialmente semelhantes. Esse cenário conduz à constatação de que a adoção da técnica prospectiva, nessas hipóteses, deve ser ponderada com extrema cautela, já que, uma vez considerada a segurança jurídica em todos os seus aspectos e dimensões, a modulação de efeitos, nesses casos, poderá não resultar na realização completa dos objetivos constitucionais e, ainda, mitigar elementos importantes do sistema jurídico, tal como a definição de competências rigidamente delimitadas pela Constituição, a qual figura como um dos pilares fundantes do próprio Estado de Direito.

Também se observam peculiaridades próprias nos casos em que a declaração de inconstitucionalidade se dá de modo a solucionar conflitos de competência tributária entre entes federados (usualmente em disputas entre estados e municípios envolvendo ICMS e ISS sobre o mesmo serviço). Constata-se que, nesses casos, o Tribunal tem associado a realização da segurança jurídica à redução da litigiosidade, muito embora desse entendimento decorram inconsistências à luz do racional construído neste artigo, enfraquecendo a legitimidade do uso da técnica da modulação de efeitos.

Nas hipóteses de alteração de jurisprudência dominante, nota-se sucessiva evolução da jurisprudência do Supremo Tribunal Federal em matéria tributária no sentido da ampliação do conteúdo atribuído ao conceito de *jurisprudência dominante*, evoluindo de manifestações iniciais nas quais se adotou rigor na definição do conceito (restringindo-o aos parâmetros da coisa julgada, da prolação da decisão pelo próprio Plenário da Corte e da aderência estrita ao objeto de discussão) para posicionamentos voltados ao reconhecimento da eficácia normativa (e da consequente aptidão para gerar pautas de conduta) de decisões proferidas em contextos diversos, por outros órgãos prolatores e desvinculadas do requisito da coisa julgada.

Ainda se observa, contudo, inconsistências nesse processo e a necessidade de parametrização dos precedentes passíveis de constituir uma base de confiança legítima para fins de autorizar a modulação de efeitos, a ser feita a partir dos critérios objetivos vinculados à teoria da vinculação aos precedentes[30] inserida no ordenamento jurídico brasileiro.[31]

---

[30] Sobre as características e pressupostos da adoção da teoria da vinculação aos precedentes pelo Código de Processo Civil de 2015, ver: FARIA, Luiz Alberto Gurgel de. O Novo CPC e a vinculação aos precedentes: breves considerações. *In*: ARAUJO, Raul; MARCONI, Cid; ASFOR ROCHA, Tiago (org.). *Temas atuais e polêmicos na justiça federal*. Salvador: Juspodivm, 2018; MARINONI, Luiz Guilherme. *Precedentes obrigatórios*. 4. ed. São Paulo: Revista dos Tribunais, 2016.

[31] Foram examinados, para se alcançar essa conclusão, os seguintes julgados, todos envolvendo modificação de jurisprudência em matéria tributária: *Recurso Extraordinário n. 353.657*. Pleno. Rel. Min. Marco Aurélio. DJ

Isso porque, hodiernamente em nosso sistema, há instrumentos no próprio ordenamento jurídico que conferem eficácia normativa a decisões judiciais proferidas em determinados procedimentos, prolatadas por determinados órgãos julgadores ou vinculadas a determinados conteúdos, e essas são as que poderão, legitimamente, figurar como pauta de conduta e base de confiança. Constata-se que não se enquadram nesse conceito decisões não submetidas a esses procedimentos ou que não adentraram o mérito de determinadas questões jurídicas tributárias, por considerá-las extravagantes ao âmbito de competência do Supremo Tribunal Federal, muito embora a Corte venha reconhecendo, por vezes, força normativa a esses julgados.

A análise da evolução da modulação de efeitos na jurisprudência do Supremo Tribunal Federal em matéria tributária permite concluir, ainda, que a Corte vem admitindo desvincular-se das balizas formais expressamente previstas pelo legislador ordinário para a utilização da técnica prospectiva, adotando-a em hipóteses nas quais não se operou qualquer pronúncia de inconstitucionalidade e, ao mesmo tempo, não se verificou modificação de jurisprudência. Trata-se de hipóteses em que, no entender da Corte, faz-se presente a necessidade de se assegurar os elementos materiais da segurança jurídica e do interesse social, autonomamente configurados, à luz da irradiação da própria pauta axiológica constitucional, independentemente de ter se operado qualquer das hipóteses concebidas pelo legislador ordinário.

Tal postura consolida a gradativa modificação do entendimento do Tribunal que, em suas primeiras manifestações sobre o tema, restringia o uso da técnica da modulação de efeitos às hipóteses de declaração de inconstitucionalidade, a ela vinculando os requisitos da segurança jurídica e do interesse social, mesmo em casos nos quais havia se operado uma alteração de jurisprudência, a qual, somente em um segundo momento, passou a ser reconhecida como fundamento legítimo e autônomo para a modulação de efeitos, independentemente da declaração de inconstitucionalidade.

O exame dessas hipóteses permite a constatação de que, muito embora a legítima utilização da técnica da modulação de efeitos exija a existência de um estado de inconstitucionalidade a ser, por meio dela, remediado, é possível que se identifique esse estado mesmo em situações nas quais não se operou uma modificação de jurisprudência ou se declarou a inconstitucionalidade, diretamente, de uma lei tributária, como nos casos em que o Tribunal se deparou com a solução de antinomia entre as incidências do ISS e do ICMS, reconhecendo a constitucionalidade da incidência de um e afastando, por consequência, mas indiretamente, a validade de legislações que impunham a incidência do outro. Ainda, da mesma forma, na hipótese de declaração de constitucionalidade de norma federal relativa ao ICMS que resultou, indiretamente, na invalidação de legislações dos estados concessoras de benefícios fiscais do imposto.

07.03.2008; *Recurso Extraordinário n. 370.682-9*. Pleno. Rel. Min. Ilmar Galvão. DJ 19.12.2007; *Recurso Extraordinário n. 377.457/PR*. Pleno. Rel. Min. Gilmar Mendes. DJ 19.12.2008; *Recurso Extraordinário n. 381.964/MG*. Pleno. Rel. Min. Gilmar Mendes. DJ 13.03.2009; Recurso Extraordinário nº 723.651/PR. Pleno. Rel. Min. Marco Aurélio. DJ 05.08.2016; *Recurso Extraordinário n. 593.849 – ED-segundos / MG*. Pleno. Rel. Min. Edson Fachin. DJ 21.11.2017; *Recurso Extraordinário n. 838.284/SC*. Pleno. Relator Ministro Dias Toffoli. DJ 22.09.2017; *Recurso Extraordinário n. 601.720/RJ*. Pleno. Relator Min. Edson Fachin. Relator p/ acórdão Min. Marco Aurélio. DJ 05.09.2017; *Recurso Extraordinário n. 718.874 – ED/RS*. Pleno. Relator Min. Alexandre de Moraes. DJ 12.09.2018; *Recurso Extraordinário n. 635.688 – ED / RS*. Pleno. Rel. Min. Gilmar Mendes. DJ 30.05.2019; *Recurso Extraordinário n. 643.247–ED/SP*. Pleno. Rel. Min. Gilmar Mendes. DJ 30.05.2019; *Recurso Extraordinário n. 851.108/SP*. Pleno. Relator Min. Dias Toffoli. DJ 20.04.2021; Recurso Extraordinário nº 574.706-ED/PR. Pleno. Rel. Ministra Cármen Lúcia. DJ 12.08.2021.

Conclui-se que a atuação do Tribunal fora dos parâmetros formais estabelecidos pelo legislador ordinário não resulta em necessária ilegitimidade da atuação da Corte, o que se alinha à conclusão de que os requisitos definidos na legislação não poderão se sobrepor à materialidade das próprias normas constitucionais, em si, que os informam, conferindo-lhe sentidos possíveis, sob pena de se cogitar da interpretação da Constituição à luz da lei ordinária, invertendo-se a lógica do sistema.

6 Conclusão

Todo o cenário exposto revela que ainda falta ao Supremo Tribunal Federal, no uso da técnica da modulação de efeitos em matéria tributária, sistematização, o que vem levando os precedentes da Corte sobre o tema a oscilarem e, relativamente a determinadas matérias (tais como a declaração de inconstitucionalidade de normas instituidoras de benefícios fiscais de ICMS no âmbito da guerra fiscal, por exemplo), a revelarem aleatoriedade e casuísmo.

Apesar disso, identificam-se hipóteses em que o Tribunal se aproxima dos pressupostos de legitimidade do uso da técnica considerado face ao arranjo estrutural do Estado de Direito e ao papel exercido pelo controle de constitucionalidade na concretização dos objetivos desse modelo de Estado, em especial o Estado Social Democrático de Direito estabelecido pela Constituição Federal de 1988.

Tais hipóteses, alinhadas aos critérios investigados e identificados nesta pesquisa, apresentam-se como vetores para o desenvolvimento da jurisprudência do Tribunal nas modulações de efeitos em matéria tributária, aperfeiçoando-a, aproximando-se dos limites e das condições para que sua utilização se revele não apenas legítimas, mas, também e principalmente, necessária para se assegurar a máxima eficácia do Sistema Constitucional Tributário, mediante a concretização dos direitos fundamentais do contribuinte, diretamente, pela concretização das limitações ao poder de tributar, ou indiretamente, por meio da garantia do regular exercício das competências tributárias e da manutenção das estruturas estatais de provimento desses direitos.

Informação bibliográfica deste texto, conforme a NBR 6023:2018 da Associação Brasileira de Normas Técnicas (ABNT):

SANTOS, André Torres dos. Modulação de efeitos em matéria tributária. *In*: SEEFELDER FILHO, Claudio Xavier (coord.). *Direito Econômico e Desenvolvimento*: entre a prática e a academia. Belo Horizonte: Fórum, 2023. p. 27-43. ISBN 978-65-5518-487-7.

PRESTAÇÃO DE CONTAS PÚBLICAS POR MODELO PREDITIVO: UMA ABORDAGEM A PARTIR DE *LAW AND ECONOMICS*

ANDREY DE SOUSA NASCIMENTO

1 Introdução

Por direcionamento constitucional, submete-se ao dever de prestar contas toda pessoa que utilize, arrecade, guarde, gerencie ou administre dinheiros, bens e valores públicos ou pelos quais a União responda, ou que, em nome desta, assuma obrigações de natureza pecuniária. Por certo, o comando do parágrafo único do artigo 70 proclama obrigações de extrema abrangência, as quais caminham ao compasso do que na moderna Administração Gerencial se convenciona intitular por "dever de prestar contas" ou, no termo anglo-saxão, *accountability*.

Todavia, a fórmula de arrecadação do poder público, e sua distribuição, na dinâmica do federalismo fiscal brasileiro, com o intuito de fazer frente à adequada prestação de serviços à sociedade pelos mais diversos entes federados, deve necessariamente passar por um processo de transferência de valores, produto da tributação, no âmbito da União, ente de maior poder arrecadatório, conforme competências destinadas pela Constituição, transferindo os montantes aos demais entes federados, como Estados, DF e Municípios.

Desse modo, o processo de transferência de valores da União a Estados e Municípios passa a se concretizar a partir de modelagem comum às políticas públicas descentralizadas. Contudo, os parâmetros dessas políticas continuam a ser desenvolvidos no âmbito da União, gerando obrigações aos entes federados para o alcance dos objetivos traçados nacionalmente.

Assim, prosseguindo na análise do processo de prestação de contas, os entes que tenham recebido estas transferências apresentam resultados à União, que os acata, ou não, como satisfatórios. Ao não os recepcionar como adequados, a União deve cobrar os valores que julgar necessários, no âmbito do processo de contas, ou no âmbito de uma tomada de contas especial, processo de exceção próprio dessa dinâmica. Com fórmula convergente de ideais e valores, o convênio, instrumento com algumas semelhanças de pactos contratuais, busca formalizar o direcionamento da transferência da União, para o cumprimento de determinada política pública.

Contudo, para que tal política pública tenha aferido seu adequado funcionamento, é necessária uma análise das contas recepcionadas. Em função do elevado número de contas recepcionadas e não analisadas, gerando um verdadeiro estoque de prestações de contas a analisar, a União tem lançado mão de modelos preditivos, como o fez por meio da Instrução Normativa Interministerial MP/MF/CGU n. 5, de 6 de novembro de 2018. Dentre as alegações por tais modelos, encontra-se, além de economia processual, também alegação de "vantajosidade" econômico-financeira.

Por meio de trilhas de auditoria (questionários e respostas quanto aos pontos de controle comuns às prestações de contas), a União passou a utilizar um modelo preditivo supervisionado, o qual, por meio de algoritmos estatísticos de aprendizado de máquina, passou a correlacionar dados, classificando transferências voluntárias, com notas de risco. E, com subsídio em tais notas, considerado o apetite ao risco da Administração, foram determinados os instrumentos que deveriam ser submetidos a uma análise de prestação de contas detalhada e os que teriam um arquivamento, sob condicionante de os últimos serem submetidos a uma retomada para análise, no surgimento de fatos novos.

Como problema de pesquisa, tem-se, dessa forma, a necessidade de investigar se a Instrução Normativa Interministerial MP/MF/CGU nº 5, de 6 de novembro de 2018 (IN nº 5/2018), com alterações posteriores, de fato se traduz na dinâmica operacional que se pretende, de modelo preditivo, para conclusão da maior parte das análises de contas em que não se apresente risco elevado, direcionando o gasto público com o processo de análise sobre aquelas em que se prevê a maior incidência de casos onde não se atinja o objetivo da política pública planejada, e operacionalizada por meio da transferência ocorrida.

Desse modo, ter-se-iam como possíveis hipóteses: (a) a IN nº 5/2018 traz economicidade no direcionamento do gasto da Administração, ao analisar de forma conclusiva a maior parte do estoque de prestações de contas; (b) a IN nº 5/2018 tem seu objetivo traçado adequadamente, pois apenas busca solucionar o problema do estoque de prestações de contas por analisar; (c) a partir das análises concluídas, com fundamento no modelo preditivo, seria possível aprimorar a busca da União em reaver os valores utilizados de forma indevida; (d) com a conclusão das análises de prestação de contas a política pública pode ter implementado um processo de melhoria contínua de seus controles.

Buscando-se responder o problema de pesquisa, bem como as hipóteses levantadas, o objetivo do presente trabalho também adentrará a relação entre o gasto público, o *accountability*, e, por fim, o quanto a IN nº 5/2018 passa a contribuir como marco normativo na instituição de metodologia preditiva na relação das transferências governamentais, demonstrando para tanto as questões de economicidade implicadas no processo, usando métodos da Análise Econômica do Direito.

2 Referencial teórico
2.1 Federalismo fiscal brasileiro

O Federalismo no Brasil possui características próprias do Estado Moderno, com forte influência do modelo americano.[1] Contudo, de se ressaltar que as interferências para além de meramente políticas ou administrativas carregam em si um resultado aderente ao processo arrecadatório, o que em si traz consequências sobre a dinâmica de transferências realizadas no âmbito interno dos Estados.[2]

Pode-se também apontar alguns momentos de construção divergente dos modelos tradicionais pelos quais passou o Estado brasileiro, quando se consolidou um modelo centralizado, e nas inúmeras dinâmicas de confrontação política buscou-se descentralizar a estrutura, no que se fincou o dilema da federação centrípeta; existe uma dinâmica também social envolvida nesse soerguimento das relações de poder.[3]

Analisando a Constituição da República Federativa do Brasil, de 1988 (CRFB/1988), para a configuração de um Estado em que se objetive por forma constituir-se como uma federação, dois elementos são essenciais de se considerar, o primeiro, quanto à existência de órgãos governamentais próprios, e o segundo, que possuam os estados-membro uma posse de competências exclusivas. Por meio de um processo de planejamento orçamentário e financeiro, fruto da Administração Gerencial, o Estado brasileiro também buscou se organizar com a criação de políticas públicas vinculadas a esse planejamento. Como se depreende do texto constitucional, o artigo 165, incisos I a III, estabeleceu três grandes normas, as quais permitem ao gestor público a ordenação da política pública da ordem macrorregional até a aplicação e alcance de metas preestabelecidas.

Bom frisar que o §9º do artigo 165 da Constituição direciona a lei complementar à organização sobre: os exercícios financeiros, a vigência, os prazos e a elaboração do Plano Plurianual (PPA), da Lei de Diretrizes Orçamentárias (LDO) e da Lei Orçamentária Anual (LOA). Contudo até o presente exercício (2021), inexiste proposta de lei consolidada que tenha sido levada à avaliação do Congresso Nacional. Desse modo, os direcionamentos atuais de organização de prazos e aprovações acompanham entendimentos construídos pela prática, baseados nos prazos constitucionais, no Decreto nº 93.872, de 1986, bem como na legislação de Direito Financeiro, a Lei nº 4.320, de 1964.

A condução do processo de regionalização tem norte no Ato das Disposições Constitucionais Transitórias, art. 35, a partir de um processo de distribuição de recursos de regiões macroeconômicas, proporcionais à distribuição da população brasileira. Desse modo, quando o Governo deseja implementar determinada política pública, a centralidade são os beneficiários e a sua ocupação no território nacional.[4]

Outro aspecto relevante é a prescrição de políticas públicas de natureza plurianual ou continuada, bem como aquelas relacionadas às despesas de capital e outras delas decorrentes (destinatárias de incremento econômico no patrimônio estatal). Este critério

---

[1] ZYMLER, Benjamin. *Direito Administrativo e Controle*. 3. ed. 2ª reimp. Belo Horizonte: Fórum, 2014, p. 131.
[2] IPEA, Instituto de Pesquisa Econômica e Aplicada. Org. Rauen, André Torquato. *Políticas de Inovação pelo Lado da Demanda no Brasil*. Brasília: IPEA, 2017, p. 48.
[3] RIBEIRO, Darcy. *O povo brasileiro*: a formação e o sentido do Brasil. São Paulo: Companhia das Letras, 1995. – área de Historiografia e Desenvolvimento Brasileiro, p. 212 e ss.
[4] ALBUQUERQUE, Claudiano Manoel de *et al. Gestão de Finanças Públicas*. 2. ed. Brasília: 2008, p. 145-146.

acaba por permitir a configuração do gasto público de forma "a mais ordenada possível", uma vez que a regra matriz de organização do PPA é sua distribuição por programas, os quais são resultantes de todas as ações desenvolvidas pela Administração.[5]

Essa dinâmica, de descentralização de políticas públicas, também busca critérios construídos com base em estudos sobre as teorias fiscais, que tentam explicar como se processam nos países a condução de políticas públicas, centralizadas ou descentralizadas.[6] As teorias fiscais são esforços de estudos e aprimoramento realizados por economistas, para averiguar o impacto de dois elementos, a saber, quanto à eficiência da tributação, atrelada à eficiência da prestação de serviços públicos. Em atenção ao Estado e a dinâmica da descentralização, por meio da Federação, algumas outras questões passam a surgir, especificamente sobre quem deve ser o mais eficiente na promoção de determinada política pública, na prestação de determinado serviço público, ou o Poder Central, ou os entes subnacionais.[7]

Quanto ao "modelo ótimo" de federalismo, podem ser traçadas quatro premissas, a saber, (1) regras claras quanto à competência tributária e oferta de políticas públicas; (2) sistema de transferências estável e transparente; (3) sistema tributário eficiente (em sentido econômico de alocação de forças); e (4) normas de controle dos gastos e do endividamento para todos os entes da federação.[8]

E acerca de uma proposta de federalismo fiscal ótimo, podem ser citadas as seguintes características: (A) maximização dos benefícios da concorrência subnacional, ressaltando-se com clareza as competências de cada ente federado para o atendimento das políticas públicas, com a presença de mecanismos para a minimização de externalidades negativas; (B) adaptação dos rendimentos e gastos públicos aos governos locais e às demandas de suas comunidades, promoção de competições positivas entre os entes subnacionais, visando a eficiência econômica e social, permitindo-se a experimentação e correção de ofertas de produtos e serviços públicos, sem comprometer o ambiente nacional.[9]

Contudo, nas recentes teorias fiscais (de segunda geração), começou-se a analisar perigos potenciais na descentralização, uma vez que, a despeito das teorias anteriormente elaboradas assumirem que no processo de descentralização, nas quais os governos locais estão mais capacitados em atender com a máxima eficiência as demandas dos cidadãos, em razão dos gestores públicos estarem mais próximos dos problemas vivenciados, agora em alguns estudos comportamentais, demonstra-se que em governos locais em que o financiamento possa ser assegurado de terceiros sem uma profunda avaliação do risco, incluída a confiança de governos locais e regionais em um "resgate" de problemas fiscais, lastreado o resgate no governo central, a eficiência do gasto, na política pública, nem sempre pode ser comprovada.[10]

---

[5] ALBUQUERQUE, 2008, p. 148.
[6] ARAUJO, Alex Macedo de. *Dinâmica do federalismo brasileiro e guerra fiscal*. 2009. Dissertação (Mestrado em Geografia Humana) – Faculdade de Filosofia, Letras e Ciências Humanas, Universidade de São Paulo, São Paulo, 2009. DOI:10.11606/D.8.2009.tde-19022010-170528. Acesso em: 19 fev. 2021, p. 74.
[7] WALCHERBERGER, Ina. Fiscal Federalism-Decentralisation and the size of government. 2016. 64 f. Dissertação (Mestrado) – Curso de Master In Science – Economics, Institut Für Volkswirtschaftslehre, Johannes Kepler Universität Linz, Linz, 2016, p. 3.
[8] ENAP, 2017, p. 15.
[9] ENAP, 2017, p. 17.
[10] WALCHERBERGER, 2016, p. 15.

Atualmente, com a edição da Emenda Constitucional nº 95, de 2016, passou-se à instauração de um Novo Regime Fiscal, o qual parte de uma avaliação de políticas públicas com base primária dos resultados primários, para em sequência se avaliar o crescimento do incremento financeiro, não se ultrapassando a inflação, por um período de 20 anos a contar de sua publicação. A argumentação foi no sentido de que o Governo, mesmo sob os critérios de fortes legislações de restrição ao gasto público desordenado, ainda continuava a aumentar a despesa pública primária. Desse modo, para a estabilização e contenção do avanço da dívida gerada, o esforço de ajuste fiscal teria de ser em longo prazo.[11]

2.2 Prestação de contas

Em regra, conforme o arcabouço normativo pátrio, o processo de prestação de contas pode ser dividido em duas fases distintas: a primeira, na qual o gestor público é demandado a explicar o que foi feito, o que não foi feito, e os motivos que levaram ao resultado apresentado; a segunda, o poder público passa a demandar a entrega de contas, ou promove sanções, a fim de apresentar remédios a situações que tenham fugido do controle.[12] A relação que se estabelece entre a Administração e o administrado é a de primeira fase, uma vez que o comando constitucional pressupõe como dever de o administrado entregar as contas dos valores que sob sua tutela tenham sido confiados. Assim, as forças são conjugadas, no sentido de a Administração ofertar meios adequados e ordenados para que o administrado promova o dever que sobre si recai.[13]

Após a entrada em vigor da Emenda Constitucional nº 95, de 2016, mas conhecida como Novo Regime Fiscal, o limite de gastos da Administração Pública Federal passa a ser definido por um período de 20 anos, demandando uma análise de priorização de políticas públicas por meio de decisões alocativas do orçamento, a partir de um exame qualificado. Assim, o gestor público deve promover uma análise sobre como alcançar a melhor performance da política pública, para aprimorar o gasto e a alocação dos recursos, por meio de uma avaliação sobre a eficiência econômica do dispêndio, o que vem a ser prioridade do Governo Federal.[14]

Segunda questão deve ser levantada, quanto ao responsável pela prestação de contas, que assume característica emprestada da Lei da Sociedade por Ações, quando assegura a representação empresarial a partir do seu dirigente máximo.[15] A ideia foi confirmada após o julgamento do Mandado de Segurança nº 21644-1/160-Distrito Federal, de relatoria do Ministro Néri da Silveira, no STF. Ficou à época plenamente estabelecido que "o dever de prestar contas é da pessoa física responsável por bens e valores públicos",

---

[11] IPEA, 2017, p. 5.
[12] WORLD BANK and Asian Development Bank. Intergovernmental Relations: issues in public policy. Manila: World Bank Institute, 1999, p. 3.
[13] ZYMLER, 2011, p. 248.
[14] IPEA, Avaliação de políticas públicas: guia prático de análise ex post, volume 2 / Casa Civil da Presidência da República, Instituto de Pesquisa Econômica Aplicada. – Brasília: Ipea, 2018. v. 2 (311 p.) : il., gráfs., mapa color, p.11-15.
[15] CARVALHO FILHO, José dos Santos; ALMEIDA, Fernando Dias Menezes de. *Tratado de Direito Administrativo*: controle da administração pública e responsabilidade do estado. 2. ed. São Paulo: Thomson Reuters Brasil, 2019. 445 p. (rev. atual e ampl.), p. 352-353.

e não da entidade a qual ela represente. Outro elemento importante que também foi estabelecido por meio deste mandado de segurança foi o fato de independer se a pessoa física é agente público ou não.[16]

De principal interesse, por se constituir no aspecto específico desse trabalho, as contas de convênios (ou de outros instrumentos congêneres) apresentam sistemática semelhante ao julgamento apresentado sob o aspecto das contas de gestão. Quando a União transfere a outros entes federados, por meio de uma transferência voluntária (art. 25 da LRF), celebra-se geralmente um convênio; assim, o ente federado, quando firma com a União tais acordos, com objetivos específicos a serem alcançados, no exercício de determinadas políticas públicas, acaba o representante do ente ou do órgão por se submeter ao juízo de contas realizado na União.[17]

Desse modo, como até aqui verificado, a realidade da maior parte dos entes federados brasileiros se encontra nesse espaço de desenvolvimento de políticas públicas, cujo direcionamento é centralizado, uma vez que concentra a União a maior parte do produto arrecadado da tributação nacional, e por meio de convênios, ou instrumentos congêneres, os entes subnacionais acabam por se submeter aos regramentos das políticas públicas tracejadas pela União. Não somente o ente federado, mas também o seu representante máximo acaba por se submeter ao julgamento de contas do TCU.[18]

No aspecto do federalismo, importante mencionar que circunscrita ao modelo de transferências encontra-se a sistemática de celebração de convênios públicos, vinculados às transferências voluntárias da União, tomando emprestado grandes formulações e regramentos da legislação de contratos públicos (art. 116, da Lei nº 8.666, de 1993, ou art. 184, da Lei nº 14.133, de 1º de abril de 2021 – Nova Lei de Licitações e Contratos).[19] Desaprovadas as contas, segue-se o processo de excepcionalidade, que se opera atualmente por outro sistema, o e-TCE, no âmbito do Tribunal de Contas da União, o qual acabou por dinamizar a Tomada de Contas Especial (TCE). Vale lembrar que o processo de TCE se constitui segundo prescrição constitucional, a partir de configurado o dano ao Erário,[20] vinculado, portanto, a uma malversação de dinheiros pelo agente público a quem tenha incumbido tal dispêndio, com um valor mínimo para instauração atualmente de R$100.000,00 (cem mil reais).[21]

Segundo o normativo de contorno processual da Tomada de Contas Especial, na Instrução Normativa TCU nº 71, de 28 de novembro de 2012 (com atualizações), observa-se que há rito próprio para sua condução, bem como quantificar o dano, identificar os responsáveis e como deve seguir o processo para apreciação e julgamento do Tribunal de Contas da União, em consonância com o art. 197, §2º, do Regimento Interno do TCU.

---

[16] FURTADO, José de Ribamar Caldas. Os regimes de contas públicas: contas de governo e contas de gestão. *Revista do Tribunal de Contas da União*, Brasília, v. 1, n. 109, p. 61-89, 10 jun. 2008. Semestral, p. 63.
[17] FURTADO, 2008, p. 73.
[18] FURTADO, 2008, p. 65.
[19] CARVALHO, Sérgio Tadeu Neiva. *Impacto da Inteligência Artificial na Atividade de Auditoria*: equacionando gargalos nos repasses da União para entes subnacionais. 116f. Dissertação (Mestrado Profissional em Administração Pública). FGV, Rio de Janeiro, 2020, p. 39.
[20] JACOBY FERNANDES, Jorge Ulisses. *Tomada de Contas Especial*: processo e procedimento na Administração Pública e nos Tribunais de Contas. 6. ed. rev., atual. e ampl. Belo Horizonte: Fórum, 2015, p. 30.
[21] PORTO, Cleber de Lima. *Tomada de contas especial*: instrumento de gestão capaz de melhorar a qualidade da descentralização e da execução dos recursos da saúde. 2020. 38 f., il. Trabalho de Conclusão de Curso (Especialização em Orçamento e Políticas Públicas)—Universidade de Brasília, Brasília, 2020, p. 30.

Resulta, portanto, após o julgamento das contas de gestão, em um acórdão do Tribunal, classificando tais contas em: regulares, regulares com ressalva, irregulares ou iliquidáveis. Assim, constituído o acórdão em título executivo, providenciará as medidas necessárias para o ressarcimento do Erário.[22]

Também importa destacar que a inscrição em dívida ativa da União, conforme entendimento exposto no art. 2º da Lei nº 6.830, de 1980, estabelece clara conexão com a dívida ativa não tributária definida no art. 39, da Lei nº 4.320, de 1964; ainda, nos termos do Parecer PGFN/CDA nº 2.348/2012, a Procuradoria-Geral da Fazenda Nacional adotou entendimento já anteriormente exposto no Recurso Especial nº 1.350.804/PR, de relatoria do Ministro Mauro Campbell Marques, assumindo, desde tal Parecer, a inteligência de que somente poderá ser inscrita como dívida ativa não tributária aquela que possua lei específica autorizando sua inscrição, ou, por consectário lógico, que possua previsão legal para a cobrança administrativa, que em última instância configuraria passo anterior ao julgamento da Administração e sua inscrição em certidão de dívida ativa.

Em outro plano, também há de apresentar consideração sobre a cobrança da dívida ativa, que ocorre por meio da Lei de Execução Fiscal, nº 6.830, de 1980. Em termos de resultado, voltando-se apenas o olhar para a dívida não tributária, o percentual de recuperabilidade dos valores é diminuto (12,4% em dívidas ativas não ajuizadas, enquanto 2,9% em dívidas ativas submetidas ao processo judicial, conforme pesquisa de acesso à informação realizada em agosto de 2020), o que denota uma necessidade de aprimoramento dos mecanismos de cobrança, ou um novo modelo de cobrança. Aparenta-se, conforme resposta da PGFN, que o processo de cobrança tem se atrelado também a outras formas suscetíveis à cobrança, quando não manifestos os bens do devedor, como o protesto cartorário.

2.3 Mineração de dados

Dado o volume de dados necessários não somente para o alcance das análises de contas, como também para uma posterior alimentação do monitoramento da política pública, o Governo Federal tem assumido alguns passos no uso de ferramentas estatísticas e probabilísticas, resultando no processo de análise preditiva em curso de implantação. Contudo, podem ser consideradas essas iniciativas como um princípio do uso de dados e a correspondente geração de informação pelo Poder Público, uma vez que desempenho no setor privado com tais ferramentas se encontra mais avançado, por processos de mineração e conhecimento do cliente.[23]

Preliminarmente alguns pontos devem ser traçados, para que se possa corretamente compreender a dimensão das questões relacionadas com a análise preditiva, com a mineração de dados, e com os demais processamentos necessários para a composição e construção de informação hábil a ser disponibilizada ao gestor responsável por qualquer decisão. Assim, o entendimento de alguns elementos da estatística pode se valer precioso

---

[22] FURTADO, 2008, p. 74-78.
[23] MUNNÉ, Ricard. Big Data in the Public Sector. New Horizons for a Data-Driven Economy, [S.L.], Chapter n. 11, p. 195-208, 2016. Springer International Publishing, http://dx.doi.org/10.1007/978-3-319-21569-3_11, p. 195-196.

para uma melhor compreensão da mineração de dados e da análise preditiva[24] (SILVA et al., 2016, C 1.2).

De forma específica, a *mineração de dados* (*data mining*) se constitui em processo em que pelo menos parte da exploração de grandes bases de dados se dê de forma automática, a fim de encontrar padrões que permitam indicar uma informação relevante, que ocasione eventualmente a geração de conhecimento.[25]

É de se afirmar com elevada segurança que o uso ferramental no setor público trazem benefícios como a condução de solução de problemas relacionados ao grande volume de dados disponíveis, que somente seriam possíveis com base em força de trabalho cujo custo é proibitivo.[26]

Deve-se mencionar que há aspectos motivadores para o Poder Público atuar na análise de dados, bem como há aspectos que reprimem o desenvolvimento desse aspecto tecnológico no setor público. Assim, de se considerar que o governo poderia se tornar fomentador de um ecossistema de desenvolvimento de dados ao abraçar as ferramentas de mineração de dados, objetivando avaliações acuradas sobre o lago de dados de que dispõe, além de promover iniciativas de dados abertos, de informações abertas, e facilitar a igualdade de informação inclusive nos mercados privados.[27]

A grande questão atual está vinculada à proteção dos dados e o uso de tais dados na construção de modelos preditivos é assunto que exsurge com importância, considerando que a mineração de dados tem sido utilizada em funções relativas ao controle do Estado.[28] Ressalta-se também simetria em atenção à legislação europeia, quando valorados princípios de boa-fé e finalidade, sendo necessário ainda o consentimento do titular para que haja qualquer tratamento de seus dados pessoais. O resguardo dos dados passa a se constituir em garantia da preservação da privacidade, valor intrínseco na preservação da autodeterminação informativa.[29]

Também não poderia ser divergente, quando considerado o aspecto abrangente da fiscalização tributária, quando relacionada ao §1º do art. 148, da CRFB/1988. Portanto, ao estabelecer autoridade suficiente para que a Fazenda Pública possa investigar a capacidade econômica do contribuinte, seu patrimônio, renda e demais aspectos, operou por conceder o acesso a dados relevantes, os quais estão plenamente conformados por a designação apresentada na LGPD, §3º, art. 7º. De se observar que se mantém preservada a construção obtida a partir da ADI nº 2.859, quando permitiu a tradição dos dados bancários dos contribuintes, conquanto preservado o sigilo em face de terceiros.[30]

---

[24] SILVA, Leandro Augusto da et. al.. Introdução à Mineração de Dados: com aplicações em R. 1. ed. (Edição do Kindle). Rio de Janeiro: Elsevier, 2016, posição C 1.2.
[25] SILVA *et al.*, 2016, C 1.3.2.
[26] MUNNÉ, 2016, p. 197.
[27] MUNNÉ, 2016, p. 199.
[28] CARVALHO, Rafael Neves. *A utilização de Ferramentas de Análise de Informações do Tipo "Big Data" no âmbito da Receita Federal do Brasil*. 2019. 29f. Trabalho de Conclusão de Curso (Especialização em Direito Tributário). ENAP, Brasília, 2019, p. 5.
[29] DONNICI, Tatiana Coelho de Melo. A Proteção de Dados Pessoais e os Direitos Fundamentais. *In*: VEIGA, Fábio da Silva et al. *Direitos Fundamentais e Inovações no Direito*. Porto & Madri: Instituto Iberoamericano de Estudos Jurídicos – Iberojur & Universidad Rey Juan Carlos, 2020. p. 10-11.
[30] CARVALHO, 2019, p. 8.

2.4 Análise econômica do Direito

Não que seja uma concepção apartada da realidade, pois, ao contrário do que se possa assumir, o Direito surge baseado em observações interdependentes com as demais ciências sociais, buscando conceitos, axiomas, tratando a relação humana com esses conceitos de mercado, propriedade, concorrência, liberdade de escolha, para citar alguns que a gênese propriamente não advém de exclusividade pelo Direito.

É no formato de gênese do Direito, comungando com as outras ciências que delimitam conceitualmente o mercado, a propriedade e a concorrência,[31] que o método da Análise Econômica do Direito (AED) faz uso da economia, tendo por objeto premissas do sistema jurídico, simplificando processos a fim de se obter por meio de uma análise científica resolutividade sobre problemas das relações sociais, objetivando a eficiência,[32] o equilíbrio político, econômico e jurídico.[33]

Também importa assentar que o início do desenvolvimento da AED ocorreu primariamente em países capitalistas, tendo desenvolvimento em um campo que, em uma primeira avaliação, teria dois campos distintos de valoração; contudo, a natureza dos objetos das duas observações propicia metodologia específica para quantificar interesses, analisar procedimentos, atuar na legística de forma eficiente, além de realizar soluções com base em tendências probabilísticas, em direção à satisfação social.[34]

Retornando ao conceito de eficiência, necessário mencionar que, sob uma teoria racional, os seres humanos buscam a eficiência econômica em sua esfera de vivência, sendo importante ressaltar que nesse processo, a Pareto, a sociedade seria eficiente com o ganho de um indivíduo, sem o prejuízo dos demais.[35] Críticas contundentes ao modelo estão construídas no quesito da alocação inicial da riqueza, somada a transações de "custo zero" ou externalidades nulas.[36]

Assim, por exemplo, Kaldor e Hicks acabaram por aprimorar o modelo, criando o princípio da compensação que leva seus nomes. Tem-se no modelo a ideia de bem-estar para o maior número de pessoas, sendo possíveis regras de compensação, permitindo-se sob tais critérios alguns prejuízos que justifiquem socialmente a mudança.[37] Assim, os jogadores traçariam diversas estratégias, buscando cada um resultado que lhe conferisse o melhor bem-estar social, no sentido de redução dos seus custos e de maximização de ganhos.[38]

---

[31] GALLINDO, Sérgio Paulo Gomes. *Law & Economics*: conceitos de análise econômica do direito e aplicação no âmbito civil e sancionador. 1. ed. (Edição do Kindle). São Paulo: Editora LiberArs, 2019, posição 869.

[32] BOTELHO, Martinho Martins. A Eficiência e o Efeito Kaldor-Hicks: a questão da compensação social. *Revista de Direito, Economia e Desenvolvimento Sustentável*, [S.L.], v. 2, n. 1, p. 27, 2 jun. 2016. Conselho Nacional de Pesquisa e Pós-graduação em Direito – CONPEDI, http://dx.doi.org/10.26668/indexlawjournals/2526-0057/2016.v2i1.1595, p. 29.

[33] FREITAS, Kelery Dinarte Páscoa. Reflexões Acerca da Eficiência na Visão da Análise Econômica do Direito: aspectos conceituais e sua criticidade. *Revista da Defensoria Pública da União*, Brasília, v. 1, n. 5, p. 117-139, out. 2012, anual, p. 120.

[34] GONÇALVES, Everton das Neves; STELZER, Joana. Princípio da Eficiência Econômico-Social no Direito Brasileiro: a tomada de decisão normativo-judicial. Sequência: Estudos Jurídicos e Políticos, [s.l.], v. 35, n. 68, p. 261, 20 jun. 2014. Universidade Federal de Santa Catarina (UFSC). http://dx.doi.org/10.5007/2177-7055.2013v35n68p261, p. 268-269.

[35] FREITAS, 2012, p. 126.

[36] FREITAS, 2012, p. 127.

[37] FREITAS, 2012, p. 129.

[38] BOTELHO, 2016, p. 43.

2.5 Malha fina de convênios

Em 2017, a Controladoria-Geral da União (CGU) realizou Auditoria voltada à *Avaliação da Gestão das Transferências Voluntárias da União*, produzindo o Relatório nº 201700374, acerca da gestão estratégica conferida ao então Ministério do Planejamento, Desenvolvimento e Gestão (MPDG), quanto aos exercícios financeiros compreendidos entre 2008 e 2016. A análise tomou significativa relevância quando em 2015, com a Emenda Constitucional nº 85, ficou plenamente estabelecido o orçamento impositivo, consignando 1,2% da receita corrente líquida do orçamento às emendas parlamentares, passando estas a movimentarem significativamente o então SICONV.[39]

Com elevada relevância material (no período avaliada em 80 milhões de reais), as transferências de convênios (ou congêneres) passaram a concentrar grande parte das emendas parlamentares, além de concentrar em quantidade e valor os instrumentos voltados à execução de obras. Ficou constatado a partir desse Relatório que as quantidades de instrumentos que terminavam o período de vigência ou de execução aumentavam a uma taxa maior do que a possibilidade de análise, ocasionando um estoque de prestação de contas a analisar.[40]

A proposta de solução foi o uso de algoritmo de inteligência artificial que pudesse classificar em notas os convênios, com base em risco, para que a partir dessa classificação se alcançasse quais contas seriam analisadas (rejeitadas pelo algoritmo) e quais teriam uma aprovação tácita (aprovadas pelo algoritmo). A ferramenta, intitulada *Malha Fina de Convênios*, conseguiria por um processo de mineração de dados atribuir notas, avaliando com base em trilhas de auditoria os critérios de aprovação ou rejeição, também aprendendo como realizar ajustes (aprendizado de máquina).[41]

Vale lembrar que o processo de rejeição apenas submete aquela determinada conta à análise manual, pois é esta a previsibilidade que se deseja alcançar. De certo modo, o ganho que também se desejava era o de redução do estoque de prestações de contas a analisar, racionalizando o trabalho da Administração Pública. Ao realizar esta análise, seja pelo indicativo de aprovação tácita, seja pela análise manual, destinação de quais valores a União poderia empenhar esforços para o retorno aos cofres públicos passou a ser de igual importância.

Desse modo, ao longo de 3 anos, em 4 grandes etapas se realizou o esforço de implantação da sistemática Malha Fina no âmbito do sistema de convênios. A primeira etapa consistiu na encomenda de pesquisas e critérios para prover base teórica às ações que se pretendiam, por solução tecnológica. Em um segundo momento, criou a CGU um modelo preditivo, no qual por aprendizado de máquina se tornou possível a previsão se a análise resultaria em contas aprovadas, ou rejeitadas, com certo grau de asseguração

Na terceira fase, promoveram-se testes de confiabilidade, por meio de ferramentas estatísticas que trouxessem as notas de risco mais acertadas, após triagem e confrontação com testes às cegas, obtendo a validação do modelo desenvolvido. Por fim, no

---

[39] BRASIL. Relatório nº 201700374: Avaliação da Gestão das Transferências Voluntárias da União. Brasília: CGU, 2017. 57 p – p. 6.
[40] BRASIL, 2017, p. 11, 14 e 22.
[41] CARVALHO, Sérgio Tadeu Neiva. Impacto da Inteligência Artificial na Atividade de Auditoria: equacionando gargalos nos repasses da União para entes subnacionais. 116f. Dissertação (Mestrado Profissional em Administração Pública). FGV, Rio de Janeiro, 2020, p. 41.

quarto momento o sistema foi apresentado ao MPDG, atual Ministério da Economia, apresentando os gargalos encontrados no estudo, com o envolvimento do SERPRO, além de uma avaliação constante da metodologia, resultando, por fim, na edição da Instrução Normativa MP/MF/CGU nº 5, de 6 de novembro de 2018.[42]

Assim, considerando que no modelo da Malha Fina de Convênios há concentração de esforços na análise daqueles instrumentos que com elevado grau de predição incorrerão em falhas e prejuízo ao Erário, tem-se a redução do tempo médio total de prestação de contas, quando computadas as demais prestações de contas que serão finalizadas sem maiores problemas, pela indicação do algoritmo. Pretende-se, dessa forma, alcançar um ganho de eficácia.[43]

3 Metodologia

Como metodologia, buscou-se realizar uma pesquisa a partir de técnica bibliográfica, mas não somente nela se concentrar, também adentrando outros conhecimentos que evidenciem a natureza investigativa documental. Somente por caracterização exemplificativa da condução bibliográfica-documental se propõe alguma relação de dados construídos previamente e apresentados pelo próprio Estado, com a demonstração empírica de aplicabilidade, como desenvolvimento de parte da análise de impacto legislativo, para avaliação empírica de dados por bases representativas do Ministério da Educação.

Desse modo, adota-se uma divisão de conteúdo, para uma finalidade de melhor adequação ao objeto que se pretende abordar, a saber, buscar considerações e análises quanto a termos econômicos (eficiência, eficácia e efetividade) acerca da legislação preditiva em análise de prestação de contas, e o quanto tal análise permite alcançar uma melhor avaliação das políticas públicas, ao separar as contas aprovadas das inadimplentes.

Continuando, quanto à metodologia, o estudo caminha em análise por meio de técnicas históricas (para investigação de institutos jurídicos relativos ao federalismo fiscal), valendo-se também de técnicas normativas, para análise de instruções legais e regulamentares apresentadas pelo Estado ao caso. Como sobredito, a análise empírica busca apenas relacionar por uma técnica de amostragem, para conformação da técnica normativa empregada, apontando-se os limites da informação disponível e o que tal questão representa para o resultado demonstrado. Assim, adota-se majoritariamente a linha dogmática de pesquisa, adentrando-se de forma conceitual quanto aos institutos presentes no Direito do Estado, no campo econômico-financeiro e, de forma abrangente, na organização administrativa.

Como inicialmente comentado no Referencial Teórico, algumas análises merecem avaliação estruturada sob aspectos de natureza econômica, fazendo-se demonstrar a eficiência de determinadas normas. Tomando-se inicialmente as considerações necessárias, especialmente quanto à possibilidade de uma situação econômica ineficiente,

---

[42] CARVALHO, 2020, p. 41-47.
[43] GARCIA, Ronaldo Coutinho. Subsídio para Organizar Avaliações da Ação Governamental. *In*: BRASIL. Planejamento e Políticas Públicas. Brasília: Instituto de Pesquisa Econômica e Aplicada – Ipea, 2001. Cap. 1. p. 7-70, (semestral), p. 42.

advinda da Instrução Normativa em consideração, até aqui se assentaram duas posições, quanto a sua eficiência econômica e quanto a sua eficácia resolutiva do estoque de prestações de contas.[44]

Como pronunciado, a "Malha Fina de Convênios" possui uma estrutura na qual um algoritmo atribui uma nota a cada convênio, variando entre 0 e 1. Quanto mais próximo do zero, maior a chance da aprovação tácita de contas (inobstante a Administração reservar a si o poder de revê-las a qualquer tempo, caso incursos fatos novos), enquanto ao se aproximar de um, haveria o alerta para uma análise manual por parte da Administração, considerando tal conta possuir elevada probabilidade de rejeição. Foi com base nesse procedimento que o algoritmo, baseado em uma amostra de convênios já encerrados e analisados, passou ao aprendizado de máquina, atribuindo a nota de risco aos que não haviam sido analisados.[45]

Por lógica, todo algoritmo busca uma aproximação com alguma situação para a qual foi programado de alcançar, existindo os falsos positivos e falsos negativos. A performance e a confiabilidade dos algoritmos estão justamente na redução da ocorrência desses resultados, o que vai ao encontro da sistemática de aprendizado de máquina. Nesse sentido, conduz a um trabalho com a alocação de esforços em campos de maior necessidade, resultando nos componentes de eficiência[46] e eficácia.[47]

A distribuição de notas de classificação de risco de convênios constitui-se em uma primeira medida a ser aliada à identificação de materialidade dos convênios, do custo administrativo médio para análise da prestação de contas, conjugando tais informações às trilhas de auditoria da CGU e permitindo o aprimoramento do algoritmo.

Assim, as trilhas de auditoria da CGU acabam por permitir avaliar melhor dentro de campos distintos de valores da Administração. Essas trilhas nada mais são que questionamentos, por meio dos quais se aprimora o *"ranking"* de notas de cada convênio, quando avaliados os critérios de resposta, validados na norma que permeia a celebração e execução destes instrumentos. Tais procedimentos estão conformados em alguns manuais para cálculo do limite de tolerância ao risco para cada faixa de valor de cada órgão, os quais caminham com planilha ajustada com os dados de cada convênio celebrado para a Administração Pública Federal, na Plataforma Mais Brasil.[48]

4 Resultados – AIL e a IN nº 5 de 2018

Considerando a Análise de Impacto Legislativo (AIL), instrumento que opera no campo da legística para avaliação quanto à racionalização da produção jurídica, observa-se que o Brasil carece de um instrumento regulamentar próprio que apresente meios hábeis de avaliação do impacto legislativo. É clara, a partir do Novo Regime Fiscal, a criação de novas estruturas necessárias para a apresentação de gastos públicos (o já mencionado Decreto nº 9.191, de 2017). Contudo, não se observa instrumento hábil para

---

[44] GALLINDO, 2019, posição 1.072.
[45] CARVALHO, 2020, p. 48.
[46] GARCIA, 2001, p. 43.
[47] CARVALHO, 2020, p. 49-50.
[48] CARVALHO, 2019, p. 25.

avaliação de toda a produção normativa brasileira, especialmente no tocante à produção normativa não proveniente do Parlamento (MENEGUIN et al., 2017, p. 25).

A despeito da constatação, existem alguns esforços sistemáticos advindos principalmente da Academia, acompanhando alguns produtos da Comissão Europeia ou até mesmo as recomendações apresentadas em outras instituições internacionais, como um guia prático.[49] Assim, a AIL adotada neste trabalho seguirá os seguintes passos: 1) identificar o problema a ser combatido pela Administração; 2) definição dos objetivos da norma, e se esses de fato trabalham por incidir no problema, de forma resolutiva; 3) levantamento de alternativas; 4) verificação de arcabouço jurídico; 5) análise de impacto das alternativas; e 6) comparação das alternativas.[50]

Acerca da identificação do problema, observa-se com certa clareza que o objetivo inicial da norma não era a recuperação de valores ao Erário, mas sim contornar o alegado atraso das análises convencionais de prestação de contas de convênios, sendo necessária a nova metodologia para a redução do estoque de prestações de contas a analisar, ainda considerando o quantitativo de servidores disponíveis e capacitados para prover solução nos moldes de análise manual, conforme Relatório da CGU 201700374. Inclusive as reportagens elaboradas pela CGU em seu sítio eletrônico tinham o mesmo direcionamento.[51]

Em atenção ao segundo item, definição do objetivos da norma, tem-se por plenamente atendido o critério de vinculação em caráter resolutivo ao que se pretende atacar. Conforme apontado no sobredito relatório de auditoria, dois grandes problemas estavam coligados à demora na análise de prestação de contas de convênios: capacidade operacional, relativa ao número de servidores disponíveis para realizar tal tarefa, o que não se mostrava solucionável em primeiro plano, com o incremento de maior número de servidores – especialmente no cenário que a Emenda Constitucional nº 95 veio trazer, em relação a concursos públicos; e o segundo problema residia no aumento do estoque de prestações de contas, com grande vinculação com o primeiro.

Desse modo, como até aqui apresentado, não sendo possível contornar o problema da capacidade operacional, a Instrução Normativa centrou atuação na questão temporal e de custos das análises realizadas da maneira convencional, racionalizando os esforços, por meio de ferramenta tecnológica de mineração de dados, com vinculada predição de ocorrências, para alcançar, dentro de critérios razoáveis, previsibilidade acerca de quais análises devem ser realizadas manualmente, por servidores, concentrando esforços no procedimento que desemboca à tomada de contas especial.[52]

Analisando-se o terceiro componente, levantamento de alternativas, além da ferramenta "Malha Fina de Convênios", pode-se assumir que uma das soluções convencionais para os problemas apresentados seria a realização de concursos públicos,

---

[49] BRASIL. Relatório nº 201700374: Avaliação da Gestão das Transferências Voluntárias da União. Brasília: CGU, 2017. 57 p – p. 48.
[50] MENEGUIN, Fernando B.; SILVA, Rafael Silveira; VIEIRA, Eduardo S. S. Avaliação de Impacto Legislativo: cenários e perspectivas para sua aplicação. Org: Meneguin, Fernando, Silva, Rafael Silveira. Brasília: Senado Federal, Coordenação de Edições Técnicas, 2017. p. 98.
[51] BRASIL, Tribunal de Contas da União – TCU. Contas dos Exercícios Anteriores: contexto geral das prestações de contas. 2018. Elaborado por Rosa Maria Silva de Jesus. Disponível em: https://portal.tcu.gov.br/contas/contas-e-relatorios-de-gestao/contexto-geral-das-prestacoes-de-contas.htm. Acesso em: 10 nov. 2020.
[52] CARVALHO, 2020, p. 48.

para preenchimento de vagas de servidores estatutários ou para a contratação de servidores temporários da União, especializados no assunto, até que contornada a situação apresentada. Também de se meditar que tais soluções não são excludentes da apresentada no processo da Malha Fina de Convênios.

Nesse aspecto, de se adiantar que demonstrariam tais soluções alguns contratempos legais – mais bem posicionados como constitucionais –, o que inclusive já possui reflexo no quarto componente, arcabouço jurídico. Quanto à análise das soluções apresentadas, elas buscaram aderência ao cômputo normativo de convênios, inclusive sendo a comentada instrução normativa vinculada ao texto da portaria que dá a métrica operacional para a Plataforma Mais Brasil.

Observando-se a análise de impacto das alternativas, tem-se que, ainda que trouxessem resultados em um modelo convencional, de análises manuais, retornaria a questão relacionada ao tempo de resolução do estoque de prestações de contas. Observa-se que o preço médio (custo) de uma análise de prestação de contas, em 2018, seria de R$9.879,05,[53] não contabilizada solução quanto ao tempo de análise de contas, conforme demonstrado no Relatório da CGU, de uma média de 2,64 anos por convênio.[54] Assim, caberia realizar cálculo (em termos temporais) sopesando o quantitativo analisado no âmbito da Malha Fina de Convênios, com restrita seleção de quantitativo de convênios, por amostra alvo da predição, face à análise de todos os instrumentos do grupo populacional (em sentido estatístico). Tal cálculo evidenciaria o ganho em eficácia, ainda que intuitivamente se obtenha ciência deste alcance. Não menos importante, induziria o alcance de tais valores monetários e temporais a um meio mais adequado de comparabilidade, atendendo ao requisito comparação das alternativas.

Apenas como exercício dessa formulação, passamos à aplicação de exemplo de cálculo para o Órgão Superior "26000" (Ministério da Educação), compreendendo todos os demais órgãos subordinados e vinculados (autarquias, fundações e instituições de ensino superior federais): divididos em duas faixas, de convênios (e congêneres) celebrados com o valor até R$750.000,00 (faixa "A"), com 293 instrumentos; e convênios celebrados com valor superior a R$750.000,00 (faixa "B"), com o montante de 59 instrumentos. Quanto às demais premissas, elas vão ao encontro da formulação apresentada pela CGU.

Contudo, conforme tabela anexa, há ainda adicionais 494 instrumentos, que estariam limitados na faixa "A", tendo se submetido à trilha de auditoria, da CGU, os quais podem ser submetidos ao procedimento preditivo; semelhantemente, há adicionais 171 instrumentos, os quais estão submetidos à análise preditiva (análise da faixa "B").

Quanto aos não elegíveis para submissão à análise preditiva, mas necessariamente designados à análise manual: os não submetidos à trilha representavam o quantitativo de 5 instrumentos, que, em razão de materialidade, representavam o total de R$46.527.038,72. Adicionalmente, os submetidos à trilha específica tinham por quantitativo o número de 37 instrumentos, totalizando em valores o montante de R$748.219.239,11.

Algumas outras posições devem também ser observadas, de plano: o custo de análise em metodologia convencional é um dado referenciado no âmbito do Poder Executivo Federal; considerando não assumidos parâmetros válidos para tal

---

[53] CARVALHO, 2020, p. 18.
[54] BRASIL, 2017, p. 16.

assunção somente no âmbito do Ministério da Educação, tomou-se o primeiro como valor referencial para a variável "C". Ademais, de forma confluente, não há cálculo formal e previamente estabelecido quanto ao custo de oportunidade, por parte dos órgãos delimitados no âmbito do Ministério da Educação, tomando-se a variável como valor zero; a significar, portanto, que não há de se tecer comentários quanto à escolha decorrente da economia proveniente da melhor alocação da força de trabalho.

Portanto, segundo as tabelas apresentadas, têm-se as seguintes planilhas e indicativos de quantitativo de instrumentos, passíveis de análise sob o modelo preditivo:

Planilha 1 – Faixa A e limitante para a análise de instrumentos

Faixa A - Intrumentos com valores até R$ 750 mil

DADOS DE ENTRADA	
N =	787
C =	9.879,05
Ȳ =	282.763,31
CO =	

RISCO	FALSOS POSITIVOS ESPERADOS	N	Nº DE INSTRUMENTOS HABILITADOS	BENEFÍCIO	LIMITE DE FALSOS POSITIVOS
IA3	0	10,10%	79	791.158,55	13,99
IA4	0	21,50%	169	1.689.292,16	29,87
IA5	1	33,40%	263	2.697.129,82	47,69
IA6	3	46,40%	365	3.867.222,93	68,38
IA7	8	60,80%	478	5.323.238,41	94,13
IA8	36	78,40%	617	8.769.285,38	155,06
IA9	127	100,0%	787	17.319.154,85	306,25

Fonte: elaborada pelo autor a partir de planilha fornecida pela CGU

Planilha 2 – Faixa B e limitante para a análise de instrumentos

Faixa B - Intrumentos com valores maiores que R$ 750 mil e menores que R$ 5 milhões

DADOS DE ENTRADA	
N =	230
C =	9.879,05
Ȳ =	1.856.413,28
CO =	

RISCO	FALSOS POSITIVOS ESPERADOS	N	Nº DE INSTRUMENTOS HABILITADOS	BENEFÍCIO	LIMITE DE FALSOS POSITIVOS
IA3	0,0	10,10%	23	231.215,33	0,62
IA4	0,1	21,50%	49	493.694,02	1,33
IA5	0,4	33,40%	77	788.233,62	2,12
IA6	1,0	46,40%	107	1.130.192,22	3,04
IA7	2,3	60,80%	140	1.555.711,35	4,19
IA8	10,4	78,40%	180	2.562.815,30	6,90
IA9	37,2	100,0%	230	5.061.506,50	13,63

O concedente não pode definir limite de tolerância ao risco igual ou superior a 0,8 para os instrumentos da faixa B, ou seja, não pode selecionar os intervalos IA8 nem IA9.

Fonte: elaborada pelo autor a partir de planilha fornecida pela CGU

Como se demonstra da ferramenta para o cálculo de faixas de incorrência de danos, demonstra-se para a faixa "A", a Administração Pública, no âmbito do Ministério, o total dos 787 instrumentos que poderiam ser aprovados; contudo, como apresentado anteriormente, quanto à possibilidade de falsos positivos, adotar a integralidade da amostra proporcionaria assumir risco desproporcional para a Administração. Assim, por convenção, conforme instrução da CGU, adota-se a faixa I9 como necessária à submissão de análise manual. Por conseguinte, sobre a faixa "B", o modelo já aponta de plano quais são as possíveis faixas de adoção, ressaltando que somente até a faixa I7 o Ministério poderá submeter à análise preditiva, demandando análise manual para as faixas I8 e I9.

Ainda, deve-se realizar o seguinte adendo: os cálculos de impacto potencial envolvem o percentual de recuperabilidade dos recursos, caso ocorram judicializações. A CGU adotou o padrão de 20% como percentual de recuperabilidade em suas fórmulas. Contudo, como se apresentou no item 2.3.4, deste artigo, a PGFN possui registrado percentual de recuperabilidade extrajudicial de 12,4%, enquanto nos processos levados ao Poder Judiciário esse percentual cai a 2,9%. Para fins de métrica, adota-se a soma dos dois percentuais, como a recuperabilidade máxima a ser alcançada, de 0,153. Portanto, assim se manifestaria o cálculo para o Ministério da Educação com a aplicação do método preditivo, corroborando por trazer os seguintes resultados:

- Número de PC no passivo do Ministério: 1.059
- Valor total do passivo do Ministério: R$1,444 bilhão
- Quantidade de PC analisadas pelo método preditivo: 757 (617 na faixa A e 140 na faixa B)
- Impacto potencial dos falsos positivos: R$2.210.731,04 = (36 X 282.763,11 X 0,153 + 2,3 X 1.856.413,28 X 0,153)
- Benefício potencial esperado (economia com o uso do método preditivo): R$10.324.996,73 (R$8.769.285,38 + R$1.555.711,35)
- Benefício supera o impacto potencial em R$8.114.265,69
- Número de PC a serem analisadas de forma detalhada: 302
- Valor das PC analisadas de forma convencional: R$1.009.893.201,73 (69,92% do volume total de recursos, 28,51% dos instrumentos)

Nesse exemplo, o Ministério da Educação aplicaria a análise informatizada a 71,49% do seu passivo, que corresponde a 30,08% do total dos recursos. Ainda, teria um valor de benefício potencial acima do impacto potencial de aproximadamente 8,1 milhões de reais. Esse exemplo, como já exposto, ainda demandaria ajustes, para um melhor cálculo e estabelecimento de limites de tolerância a risco adequados.

Observados esses quesitos, pode-se assentar com grau razoável de certeza que, a partir dos resultados advindos de uma sistemática análise de contas, por meio desse modelo preditivo estudado, o Estado, por meio do Governo Central, pode analisar a adequabilidade das políticas públicas, traçando a partir desse ponto os campos comuns de incidência de casos de desvio, calculando o risco de alguns controles, em termos de ocorrência e eficiência econômica, a fim de aprimorar a arrecadação e aporte dos recursos públicos. Por fim, aprofundando-se as análises possíveis, pode a União passar a avaliar a continuidade ou não de políticas, baseando-se na sua possibilidade de controle de resultados, sob enfoque econômico e, em última instância, avançar para análises de resultados efetivos no campo social, sem menosprezo pelas questões relacionadas ao dispêndio temporal, possibilidade não adentrada sob o campo de análise dos ganhos preditivos acerca da resposta da política pública e de seus ajustes.

Conclusão

Pode-se assentar que a partir da Emenda Constitucional nº 95, de 15 de dezembro de 2016, o controle na criação e manutenção de políticas públicas veio em processo de consolidação de um controle mais aprimorado, o que acaba demandando um processo de análise com bases verificáveis e quantificáveis, demonstrativas de um resultado favorável tanto no aspecto social quanto econômico, determinando à sociedade transparência e o necessário cumprimento do *accountability*.

Dentre as questões contidas nesse processo analítico, pode-se mencionar que foram abordadas as questões relativas ao federalismo fiscal brasileiro, as demandas do processo constitutivo que historicamente se formou, além de como a dinâmica de centralização e descentralização, atreladas ao desenvolvimento das políticas públicas, designam análise quanto aos produtos a serem empreendidos, e, considerados esses alcances, prover o Poder Público de condições para a operacionalização, tanto por meio do Poder Central quanto pelos entes subnacionais.

Ao analisar as Teorias do Federalismo Fiscal, denota-se no campo teórico uma primeira abordagem quanto ao emprego dos recursos a que o Estado se vale de sua população, encarando sob o enfoque da descentralização uma maior eficiência econômica, para o direcionamento dos recursos públicos de forma a alcançar as demandas no campo local. Em um segundo momento, observou-se que há elementos que conduzem a uma melhor aplicação pelo governo central, quando as políticas públicas possuem uma equivalência perante o território, enquanto sob o campo das divergências que são comuns aos Estados Federais políticas adequadas às realidades regionais e locais demandam a avaliação do atendimento aos respectivos grupos populacionais. Por essa razão, algumas políticas que deveriam assumir um caráter central podem perder parte de sua eficiência econômica, ocasionando um incremento desnecessário da arrecadação. Assim, foram observadas algumas teorias quanto ao federalismo fiscal, buscando traçar considerações que identifiquem estudos acadêmicos no sentido de que algumas políticas públicas podem ser plenamente assumidas pelos entes subnacionais, mais concatenados às preferências da comunidade, enquanto outras políticas públicas merecem concentração do Estado, para permanência de critérios de isonomia e eficiência econômica.

Em sequência foram abordados os parâmetros do *accountability* público, para entendimento dessa avaliação de resultados que confirmem a busca por políticas públicas em um gasto público eficiente. Entende-se, dessa forma, o objetivo desse artigo, quanto ao estudo que se empreendeu, a compreensão resultante de uma análise da relação de pertinência da Malha Fina de Convênios para a análise das contas, com a análise de políticas públicas. Assim, não somente se demonstrou como corrobora para o desfecho que a União possa dar ao estoque de prestações de contas, mas também apresenta meios por meio dos resultados obtidos na predição de se encontrar campos necessários ao ajuste de determinada política pública submetida a análise.

Também com base na consolidação do modelo, em seu aprimoramento, pode-se antever o apoio técnico da União aos entes subnacionais, levantando-se por meio das trilhas de auditoria indicadores, tais que denotem problemas da operacionalização de determinada política pública por meio de convênios, separando aqueles relacionados à conduta daqueles relativos a erros formais, sem maiores consequências ao Erário.

Não menos importante, o recorte metodológico utilizado optou por se concentrar somente na questão da análise preditiva sob os convênios celebrados no campo federal, e para tanto foram afastadas outros estudos, os quais podem ter um maior aproveitamento no exame de políticas públicas específicas, como a construção e verificação de modelo para a construção de uma agenda econômica que busque separar análises de políticas públicas, e quais os entes mais propícios para o levantamento de situações, bem como de realização do gasto público.

Outra questão que se evadiu de pesquisar foram as relações de interdependência entre as variáveis analisadas, para que se demonstrem casos específicos ou até mesmo se avalie a extensão do federalismo brasileiro, sendo afastadas inclusive as análises sobre a aplicabilidade de modelos e teorias quanto ao federalismo fiscal e se são aderentes à situação brasileira, que, como visto, possui uma Administração politicamente mais centralizada que descentralizada, ocasionando uma redução na importância de avaliações interestaduais, como sistemas economicamente eficientes e competitivos.

Ainda, podem ser ampliados os estudos e considerações aqui não abordados, acerca das regras de associação em mineração de dados, seja por modelos de algoritmo que visem a testar o modelo construído, seja por outros que sejam traçados pelos gestores de cada política pública, de forma personalizada. Desse modo, foram consideradas as características do modelo Malha Fina de Convênios, as quais permitiram analisar a significância na determinação de quais prestações de contas devem ser analisadas (em sentido de alto grau de probabilidade de incorrer em dano) e quais devem ser arquivadas (em sentido de adimplemento-conclusão), por meio de seu processo de criação e implantação.

Assim, tendo por base o modelo preditivo instaurado, foi realizada uma análise sucinta do impacto legislativo da Instrução Normativa nº 5, de 2018, de sorte a congregar no entendimento a junção desse processo de análise de contas com a análise de políticas públicas, inobstante analisar quanto ao ganho econômico tendo em consideração o modelo que agora passa a se assumir para a análise de contas de convênios. Neste escopo buscou-se formular exemplo baseado em dados e métricas apresentadas pela CGU quanto ao benefício de aplicação da Malha Fina de Convênios, tomando-se como referência o Ministério da Educação. Também se demonstrou no exemplo que, com a fórmula aplicada, mais de 70% dos processos de contas teriam aprovação tácita, enquanto os 30% restantes seriam submetidos a uma análise manual e detalhada, por representarem aproximadamente 70% dos recursos envolvidos nas transferências firmadas sob o Ministério.

Portanto, quanto às hipóteses levantadas: (a) a IN nº 5/2018 de fato traz economicidade no direcionamento do gasto da Administração, ao analisar de forma conclusiva a maior parte do estoque de prestações de contas; (b) a IN nº 5/2018 tem seu objetivo traçado adequadamente, pois soluciona o problema do estoque de prestações de contas por analisar; (c) a partir das análises concluídas, com fundamento no modelo preditivo, não se mostra possível aprimorar a busca da União em reaver os valores utilizados de forma indevida, uma vez que envolve outros sistemas, cuja gestão é do Tribunal de Contas da União e demanda fases processualmente ligadas à Teoria Geral do Processo, submissa à ampla defesa e ao contraditório – acaba por ocorrer o movimento de incremento processual para o TCU, uma vez que as análises passam a se concentrar nos casos de dano ao Erário; (d) com a conclusão das análises de prestação de contas, a política pública pode ter implementado um processo de melhoria contínua de seus controles, uma vez que se podem levantar relatórios quanto ao alcance do objetivo e do impacto da política pública empreendida.

Contudo, observa-se que pode ser aprofundado o estudo em variados campos, não abordados no presente artigo: análise da relação por sistemas complexos, sobre grafos das perguntas realizadas nas trilhas de auditoria, a fim de se permitir identificar quais questionamentos possuem peso significativo no ajuste do algoritmo de predição; a análise sobre os critérios de eficiência econômica, eficácia temporal e efetividade de resultados de determinada política pública; ou até mesmo como a conjugação de outras bases de dados, especialmente de outros programas, desenvolvidos no âmbito das transferências legais, obrigatórias, da União, permitiria aprimorar modelo mais acurado com menor incidência de falsos positivos (transferência que devia ter sido aprovada tacitamente e, ao contrário, foi levada a uma análise manual) ou falsos negativos (transferência que devia ser analisada e, ao contrário, foi aprovada tacitamente).

Informação bibliográfica deste texto, conforme a NBR 6023:2018 da Associação Brasileira de Normas Técnicas (ABNT):

NASCIMENTO, Andrey de Sousa. Prestação de contas públicas por modelo preditivo: uma abordagem a partir de *law and economics*. *In*: SEEFELDER FILHO, Claudio Xavier (coord.). *Direito Econômico e Desenvolvimento*: entre a prática e a academia. Belo Horizonte: Fórum, 2023. p. 45-64. ISBN 978-65-5518-487-7.

A COLABORAÇÃO PREMIADA E O PRINCÍPIO DA LEGALIDADE

BERNARDO FENELON

1 Introdução

Quem pode mais pode menos. Essa frase, sem dúvidas, baseou a lógica dos prêmios pactuados entre a acusação e os colaboradores[1] judiciais em diversos acordos de colaboração premiada firmados no Brasil nos últimos anos, especialmente no âmbito da cognominada Operação "Lava Jato".

Isso porque, em inúmeros acordos, é possível identificar a presença de prêmios que, pragmaticamente, não encontram respaldo legal, por exemplo, a execução antecipada de pena antes da sentença criminal, regimes de cumprimento de pena inexistentes na Lei de Execução Penal (Lei nº 7.210/1984) e até mesmo a manutenção de valores advindos da atividade criminosa pelo infrator delator.

A fundamentação dessas sanções inventivas estava embasada no fato de que o Ministério Público, parte processual preponderante para propor os acordos de colaboração, poderia – e ainda pode – segundo o art. 4º, §4º, da Lei nº 12.850/2013, pactuar a imunização criminal, deixando de oferecer a denúncia criminal, bem como convencionar a aplicação do perdão judicial, previsto no art. 4º, §2º, da Lei nº 12.850/2013, e, em tese, estipular sanções mais brandas que não estivessem diretamente previstas na referida lei.

Isso porque essas duas possibilidades afastariam a punição e, na prática, constituiriam o "pode mais". Tal premissa, por sua vez, justificaria a hipótese do "pode menos", na medida em que possibilitaria pactuações de restrições brandas. Doutrinariamente, estas foram chamadas de *sanções premiais*.

---

[1] Para a compreensão do presente artigo, é importante esclarecer que os termos que caracterizam tal espécie de justiça penal negocial, tais como: colaboração, delação, barganha, cooperação, entre outros, podem ser interpretados de distintas formas. Alguns doutrinadores fazem distinções à nomenclatura, vinculando um vocativo a um modelo específico, todavia, para a presente pesquisa, os termos serão utilizados de maneira análoga, como sinônimos de uma mesma espécie. Quando um termo for isolado, com um significado específico, isso será salientado.

É preciso observar que, até recentemente, era possível extrair da Lei nº 12.850/2013 uma interpretação nesse sentido, pois o conteúdo do acordo firmado, um negócio jurídico personalíssimo entre as partes, não poderia ser questionado pelo Poder Judiciário na fase de homologação, pela concepção advinda do *princípio da proteção da confiança e segurança jurídica*.

A fundamentação dessa interpretação também estava ancorada em duas convenções internacionais que tutelam e sugerem formas de aplicação de justiça penal negocial, *Palermo e Mérida*, ratificadas pelo Brasil, conforme veremos detalhadamente no decorrer do estudo.

Ocorre que a dialética, contraponto para o entendimento exposto, estaria amparada em uma leitura estrita da legislação penal material e processual penal com base no *princípio da legalidade* e na *reserva de jurisdição do Poder Judiciário* em relação à aplicação de punições pelo Estado brasileiro, interpretadas a partir da Constituição da República, especificamente do art. 5º, inciso XXXV, da Constituição Federal.[2]

Nesse sentido, segundo essa visão, essas sanções criativas não encontrariam previsão legal direta e portanto seriam inadmissíveis e ilegais.

Fato é que a jurisprudência, conforme demonstraremos, oscilou ao enfrentar essa temática, havendo, portanto, julgados que acatam a fundamentação decorrente do "quem pode mais pode menos" e outros que rechaçam em absoluto essa hipótese.

Para os operadores jurídicos, por óbvio, isso trouxe insegurança jurídica e até mesmo contribuiu para o desuso do instituto da colaboração premiada, tendo em vista que novos acordos que continham cláusulas extensivas passaram a ser barrados na fase de homologação ou foram reformados na fase sentencial.

Por sua vez, acreditamos que essa discussão foi efetivamente resolvida pelo Congresso Nacional com a promulgação do Pacote Anticrime (Lei nº 13.964/2019). Como veremos, essa lei modificou a Lei nº 12.850/2013 e alterou diversos pontos da delação premiada.

Para melhor compreender a temática, antes mesmo de abordar diretamente o conteúdo conflituoso proposto, é preciso entender o caminho percorrido por essa forma particular de justiça penal negocial, ou seja, espécie do gênero, que é a colaboração premiada, motivo pelo qual faremos também uma revisão histórica e cronológica da implementação do instituto ao longo dos últimos 30 anos.

2 A colaboração premiada atualmente

Quando o investigado colabora com a acusação, assumindo sua culpa e informando outros fatos sobre um crime, há uma diminuição da carga persecutória estatal. Classicamente, isso ocorre pela confissão voluntária e pelo auxílio na compreensão de outros elementos fáticos que envolvem o contexto delituoso. São situações, para o delator, de cooperação com a justiça em prejuízo próprio; em contrapartida, haverá uma justa resposta do Estado por meio da diminuição da pena a ser aplicada ou a concessão de outros benefícios, a depender do caso.

---

[2] BRASIL. *Constituição da República Federativa do Brasil de 1988*. Disponível em: http://www.planalto.gov.br/ccivil_03/Constituicao/Constituicao.htm. Acesso em: 27 mar. 2019.

A eficiência do combate ao crime organizado, delinquência que causa graves danos coletivos, fez a colaboração premiada surgir como uma tendência mundial, todavia, não é algo verdadeiramente novo no Brasil.³

A evolução jurídica da colaboração, analisada pela ótica normativa, é importante para compreender as raízes desse eficiente instrumento persecutório, que, inicialmente, fora incorporado ao ordenamento jurídico como atenuantes ou causas de diminuição de pena para aqueles que confessassem os delitos praticados.

No Brasil, a colaboração premiada é disciplinada por diversos instrumentos legais que estabelecem regras dependendo do tipo de delito cometido. Não há, portanto, uma lei que trate do tema da colaboração premiada de forma unificada e generalista e que estabeleça todas as regras possíveis sobre o instituto.

Nesse complexo conjunto de leis, merece destaque a Lei nº 12.850/2013 (Lei de Combate às Organizações Criminosas), modificada recentemente pela Lei nº 13.964/2019 (Pacote Anticrime), que trouxe ajustes terminológicos e regulamentou alguns pontos procedimentais importantes, conforme verificamos no trecho a seguir:

> É necessário que a Lei n. 12.850/2013 seja tomada como uma lei geral em relação à colaboração premiada, notadamente no tocante ao procedimento, muito embora a incidência da lei esteja relacionada com o crime de organização criminosa e as infrações penais correlatas. Isso porque o instituto da colaboração é previsto em outras legislações em vigor, sob outras denominações correlatas, notadamente a Lei n. 9807/1999, que não dedicaram qualquer preocupação na definição do procedimento.⁴

Sendo assim, para compreender esse arcabouço jurídico, rememoraremos as principais leis, vigentes e revogadas, que tratam sobre o tema no Brasil. Por sua vez, especialmente para servir ao objetivo do presente estudo, analisaremos de forma contemporânea a justiça penal negocial no Brasil (ao longo dos últimos 30 anos) e como a legislação infraconstitucional recepcionou, mesmo que timidamente, tais institutos.

2.1 Lei dos Crimes Hediondos (Lei nº 8.072/1990)

O primeiro instrumento que merece destaque com relação à evolução legislativa sobre o tema da colaboração premiada é a Lei dos Crimes Hediondos (Lei nº 8.072/1990), que, há 30 anos, já fazia referência aos benefícios possíveis em decorrência da colaboração por parte do infrator.

A Lei dos Crimes Hediondos, em seu artigo 7º, dispunha sobre uma importante alteração ao artigo 159 do Código Penal, ao acrescentar em seu texto o parágrafo 4º com a seguinte redação: "Se o crime é cometido por quadrilha ou bando, o coautor que denunciá-lo à autoridade, facilitando a libertação do sequestrado, terá sua pena reduzida de um a dois terços".⁵

---

[3] CORDEIRO, Nefi. *Colaboração Premiada*: caracteres, limites e controles. Rio de Janeiro: Forense, 2020. p. 1.
[4] BECHARA, Fábio Ramazzini; SMANIO, Gianpaolo Poggio. Colaboração Premiada Segundo a Teoria Geral da Prova Nacional e Estrangeira. *Caderno de Relações Internacionais*, v. 7, n. 13, p. 274, ago./dez. 2016.
[5] BRASIL. *Lei nº 8.072 de 25 de julho de 1990*. Artigo 7º. Disponível em: http://www.planalto.gov.br/ccivil_03/leis/l8072.htm. Acesso em: 19 mar. 2020.

Verifica-se, então, a possibilidade de redução de pena em decorrência de cooperação, raciocínio que contempla a seguinte lógica:

> pode o acusado compreender como melhor à sua defesa buscar a redução de pena (...) como simples estratégia no jogo da vida e do processo: assume culpa e contribui para a condenação de corréus, torna-se deles provável inimigo, mas tem diminuída sua responsabilização penal.[6]

Em seguida, a Lei nº 9.269/1996 modificou mais uma vez a redação do art. 159 do Código Penal, alterando o parágrafo 4º e autorizando a mesma causa de diminuição também em casos em que houvesse concurso de pessoas. Todavia, deixou de ser necessária a caracterização de quadrilha ou bando, ficando o texto final que vigora até os dias atuais no ordenamento jurídico da seguinte forma:

> Artigo 159 do Código Penal: "§4º Se o crime é cometido em concurso, o concorrente que o denunciar à autoridade, facilitando a libertação do sequestrado, terá sua pena reduzida de um a dois terços".[7]

2.2 Lei do Crime Organizado (Lei nº 9.034/1995)

Em 1995, entrou em vigor a Lei nº 9.034/1995, o primeiro instrumento normativo que tratou da prevenção e repressão às ações praticadas por organizações criminosas no Brasil, sendo que tal dispositivo surgiu por inspiração nas convenções internacionais de Mérida e Palermo.

A introdução dessa norma tem um forte aspecto social na modificação dos rumos da persecução penal no Brasil, pois é a primeira vez que um método de investigação tão eficaz, que é a colaboração premiada, passou a ser utilizado para punir os crimes de colarinho branco e não somente os violentos, conhecidos por "crimes de rua ou de sangue".

Para tanto, à antiga Lei do Crime Organizado introduziu o art. 6º, com a seguinte redação:

> Nos crimes praticados em organização criminosa, a pena será reduzida de um a dois terços, quando a colaboração espontânea do agente levar ao esclarecimento de infrações penais e sua autoria.[8]

Apesar de configurar um avanço, a lei falhou ao deixar de conceituar o que seria exatamente uma organização criminosa, bem como não trouxe uma previsão de quais delitos abarcaria. Por essa razão, sua aplicação acabou gerando pouca tração.

---

[6] CORDEIRO, Nefi. *Colaboração Premiada*: caracteres, limites e controles. Rio de Janeiro: Forense, 2020. p. 37.
[7] Art. 1º O §4º do art. 159 do Código Penal passa a vigorar com a seguinte redação: Art.159. (...) §4º Se o crime é cometido em concurso, o concorrente que o denunciar à autoridade, facilitando a libertação do sequestrado, terá sua pena reduzida de um a dois terços. BRASIL. *Lei nº 9.269, de 2 de abril de 1996*. Disponível em: http://www.planalto.gov.br/ccivil_03/LEIS/L9269.htm. Acesso em: 19 maio 2020.
[8] BRASIL. *Lei nº 9.034, de 3 de maio de 1995*. Disponível em: http://www.planalto.gov.br/ccivil_03/LEIS/L9034.htm. Acesso em: 11 nov. 2019.

Um detalhe importante dessa norma foi a introdução de um critério de validade para a legalidade dos acordos, ao passo que se inseriu a necessidade de que a colaboração fosse *espontânea*.

Essa lei tem importância histórica para o tema, pois plantou a semente do modelo de justiça penal negocial atualmente utilizado (previsto na Lei nº 12.850/2013) e, coincidentemente, depois de 19 anos, revogou os critérios que haviam sido determinados na Lei de Crimes Hediondos.

2.3 Lei dos Crimes Tributários e Econômicos (Lei nº 9.080/1995)

Com o intuito de trazer amplitude ao instituto da colaboração premiada, a Lei nº 9.080/1995 alterou as Leis nºs 7.492/1986[9] e 8.137/1990[10] e criou a possibilidade de aplicar causas de diminuição de pena para crimes contra o sistema financeiro e a ordem tributária. Isso porque, nesse tipo específico de delinquência, a dificuldade nas investigações tornava a apuração destes, delitos sofisticados, verdadeiro desafio, uma vez que as táticas delituosas eram desconhecidas pela maioria dos operadores que conduzem as investigações criminais.

Dessa forma, a colaboração do autor ou partícipe passou a ser relevante para que os agentes do Estado pudessem compreender e alcançar os demais culpados. Nesse sentido, a Lei nº 9.080/1995 promoveu alterações em dois dispositivos: o artigo 16 da Lei nº 8.137/90 e o artigo 25, §2º, da Lei nº 7.492/86, conforme exposto:

> Lei nº 8.137/90, art. 16, parágrafo único: "Nos crimes previstos nesta Lei, cometidos em quadrilha ou coautoria, o coautor ou partícipe que através de confissão espontânea revelar à autoridade policial ou judicial toda a trama delituosa terá a sua pena reduzida de um a dois terços".
>
> Lei nº 7.492/86, art. 25, §2º: "Nos crimes previstos nesta Lei, cometidos em quadrilha ou coautoria, o coautor ou partícipe que através de confissão espontânea revelar à autoridade policial ou judicial toda a trama delituosa terá a sua pena reduzida de um a dois terços".

Por sua vez, o verbo revelar previsto em ambos os dispositivos significa mais do que expor fatos novos. Devemos entendê-lo de modo expansivo, ou seja, revelar, nesse caso, significa explicitar, esclarecer e, até mesmo, denunciar todos os fatos criminosos para a melhor compreensão do *modus operandi* utilizado na prática do delito financeiro ou econômico.

Segundo Nefi Cordeiro,[11] as modificações legais trazidas pela Lei nº 9.080/1995 trouxeram uma importante modificação de expectativas para o réu colaborador. Até então, os demais diplomas condicionavam a concessão do benefício a consequências práticas, como, por exemplo, a libertação do sequestrado ou o desmantelamento da quadrilha.

---

[9] BRASIL. *Lei nº 7.492, de 16 de junho de 1986*. Disponível em: http://www.planalto.gov.br/ccivil_03/leis/l7492.htm. Acesso em: 26 mar. 2019.
[10] BRASIL. *Lei nº 8.137, de 27 de dezembro de 1990*. Disponível em: http://www.planalto.gov.br/ccivil_03/leis/L8137.htm. Acesso em: 26 mar. 2019.
[11] CORDEIRO Nefi. *Colaboração Premiada*: caracteres, limites e controles. Rio de Janeiro: Forense, 2020. p. 23.

No caso dessas novas causas de diminuição, não se exigia um resultado formal – como nas minorantes dos crimes hediondos –, ou seja, bastava ao réu narrar tudo sobre sua participação delituosa, mesmo que em posse dessas informações as autoridades não conseguissem punir os demais investigados.

2.4 Lei de Lavagem de Dinheiro (Lei nº 9.613/1998)

A próxima modificação legislativa, introduzida por esta lei, alterou a lógica da justiça negocial existente até aquele momento, promovendo mudanças significantes na noção geral de justiça penal negocial.

Este diploma deixou de condicionar o benefício a crimes específicos e expandiu a possibilidade de aplicação para quase todos os delitos tipificados na legislação brasileira que, em concurso, infringissem também a tipificação de lavagem de capitais, desconsiderando a gravidade ou sanções cominadas abstratamente.

Até então, toda a legislação vigente sobre justiça negocial era direcionada exclusivamente à diminuição de pena, todavia, com a introdução do §5º do artigo 1º da Lei nº 9.613/1998,[12] houve uma inovação e expansão das possibilidades de agraciamento penal, também, agora, em relação à execução da pena. Como se observa:

> §5º A pena será reduzida de um a dois terços e começará a ser cumprida em regime aberto, podendo o juiz deixar de aplicá-la ou substituí-la por pena restritiva de direitos, se o autor, co-autor ou partícipe colaborar espontaneamente com as autoridades, prestando esclarecimentos que conduzam à apuração das infrações penais e de sua autoria ou à localização dos bens, direitos ou valores objeto do crime.

Nesse sentido, passou a ser possível determinar o cumprimento em regime inicialmente aberto, a substituição da pena privativa de liberdade por penas restritivas de direitos e até mesmo a concessão do perdão judicial. Ou seja, *houve uma expansão dos benefícios possíveis de concessão para o réu que optasse por colaborar*.

Essa lei sofreu modificação pela Lei nº 12.683/2012, tendo sido alterada a redação original do parágrafo 5º[13] com a inserção, também, da possibilidade de início de cumprimento em regime semiaberto. Também ficou determinado, detalhadamente, que o delator deveria identificar os coautores e partícipes, *tornando-se, assim, clara a distinção dessa forma negocial de uma simples confissão*.

2.5 Lei de Proteção das Vítimas e Testemunhas (Lei nº 9.807/1999)

Após o período de aproximadamente 10 anos sem qualquer alteração nos dispositivos de justiça negocial, uma inovação importante veio com o advento da Lei

---

[12] BRASIL, *Lei nº 9.613, 3 de março de 1998*. Disponível em: http://www.planalto.gov.br/ccivil_03/Leis/L9613compilado.htm. Acesso em: 13 set. 2019.

[13] §5º A pena poderá ser reduzida de um a dois terços e ser cumprida em regime aberto ou semiaberto, facultando-se ao juiz deixar de aplicá-la ou substituí-la, a qualquer tempo, por pena restritiva de direitos, se o autor, coautor ou partícipe colaborar espontaneamente com as autoridades, prestando esclarecimentos que conduzam à apuração das infrações penais, à identificação dos autores, coautores e partícipes, ou à localização dos bens, direitos ou valores objeto do crime.

nº 9.807/1999[14] (Lei de Proteção a Vítimas e Testemunhas), que tipificou a aplicação da delação premiada nos artigos 13 e 14 da lei como causas de extinção de punibilidade e diminuição de pena, o que até hoje está vigente.

A redação do artigo 13 prevê que poderá o juiz, de ofício ou a requerimento das partes, conceder o perdão judicial e a consequente extinção da punibilidade ao acusado que, sendo primário, tenha colaborado efetiva e voluntariamente com a investigação e o processo criminal (...).[15]

Cabe ressaltar que, até a promulgação da Lei nº 12.850/2013, esse diploma operou como a disciplina geral da matéria no ordenamento brasileiro, todavia, limitando-se a definir os requisitos para a aplicação de minorantes, da seguinte forma:

> (...) desde que dessa colaboração tenha resultado: I – identificação dos demais coautores ou partícipes da ação criminosa; II – a localização da vítima com a sua integridade física preservada; III – a recuperação total ou parcial do produto do crime.[16]

Importante destacar que esse dispositivo é uma quebra de paradigma, pois com ele passou-se a admitir a aplicação da justiça colaborativa para todos os crimes do ordenamento jurídico brasileiro, não delimitando, como nas leis anteriores, tipos penais específicos.

Ademais, esse dispositivo legal também manteve o perdão judicial como uma das possibilidades, o que demonstrou que, a depender do grau de colaboração e sua efetividade no resultado, o Estado poderia deixar de punir.

Embora inovadora, a legislação não trouxe qualquer previsão detalhada de métodos e procedimentos negociais para a relação entre a acusação e o investigado. Significa dizer, portanto, que a delação premiada prevista na Lei nº 9.807/1999 é, basicamente, um conjunto de causas de diminuição de pena que deve ser requerido pelas partes ao final da instrução processual.

2.6 Lei de Combate ao Tráfico de Drogas (Lei nº 11.343/2006)

A Lei nº 11.343/2006[17] (Lei de Combate ao Tráfico de Drogas) delimitou a aplicação do instituto somente como causa de diminuição de pena, afastando a necessidade de uma negociação prévia com a acusação, bem como excluindo a possibilidade de perdão judicial, demonstrando, assim, que nem todas as alterações legislativas foram sequencialmente positivas no aspecto evolucional e expansivo da justiça penal negocial.

O artigo 41 da Lei nº 11.343/2006 determina que acusado que colaborar voluntariamente com a investigação policial e o processo criminal na identificação dos demais

---

[14] BRASIL. *Lei nº 9.807, de 13 de julho de 1999*. Disponível em: http://www.planalto.gov.br/ccivil_03/LEIS/L9807.htm. Acesso em: 26 mar. 2019.

[15] BRASIL. *Lei nº 9.807/1999, de 13 de julho de 1999*. Disponível em: http://www.planalto.gov.br/ccivil_03/leis/l9807.htm. Acesso em: 10 mar. 2020.

[16] *Ibidem*, art. 13, incisos I, II e III.

[17] BRASIL. *Lei nº 11.343, de 23 de agosto de 2006*. Disponível em: http://www.planalto.gov.br/ccivil_03/_Ato2004-2006/2006/Lei/L11343.htm. Acesso em: 11 nov. 2019.

coautores ou partícipes do crime e na recuperação total ou parcial do produto do crime, no caso de condenação, *terá a pena reduzida de um terço a dois terços*.[18]

A Lei Antidrogas, portanto, é o último marco da evolução legal no tocante à justiça penal negocial antes da entrada em vigor da Lei de Combate ao Crime Organizado. A curva evolucional dessa matéria demonstra uma nítida dúvida na ampliação ou restrição de benefícios penais premiais, como observamos, discutindo-se sempre a necessidade de exigência de resultados úteis e a participação do agente acusador na negociação.[19]

2.7 Lei de Combate ao Crime Organizado (Lei nº 12.850/2013)

Após um considerável lapso temporal sem qualquer evolução legislativa, em 3 de agosto de 2012, houve a sanção da Lei nº 12.850/2013,[20] que revogou a Lei nº 9.034/1995[21] (Lei de Combate ao Crime Organizado) e inseriu, de uma vez por todas, a justiça penal negocial como ferramenta acusatória e defensiva no ordenamento jurídico brasileiro.

Diferentemente de todos os dispositivos citados anteriormente, essa nova legislação instrumentalizou e ampliou as possibilidades de aplicação da justiça colaborativa no Brasil, impondo explicitamente a necessidade de sua expansão no combate à criminalidade sofisticada.

A Lei de Combate à Criminalidade Organizada, antes da recente modificação legislativa em 2019, pelo Pacote Anticrime, iniciava sua redação por meio da técnica de favor judicial sob requerimento das partes – algo que rememorava os ordenamentos que antecederam o referido dispositivo. Entretanto, a partir do §6º do artigo 4º,[22] houve a inserção do acordo por meio de negociação das partes como requisito para o requerimento de reduções de pena".[23]

A utilização de palavras como acordo, proposta, tratativas, confiança e negociação delimitou tal técnica investigativa como uma verdadeira e literal negociação jurídica entre o Estado e o investigado.

Esse conteúdo normativo tornou-se ainda mais concreto em relação à natureza jurídica da colaboração premiada com a modificação pelo Pacote Anticrime (Lei nº 13.964/2019), que alterou a topologia da lei ao acrescentar os artigos 3º-A, 3º-B e 3º-C.

Essa modificação topológica promovida pelo Pacote Anticrime é muito relevante, pois inseriu os contornos da forma negocial – detalhando o procedimento que deve ser seguido entre o Estado e o acusado – no início da lei, antes mesmo de mencionar os benefícios possíveis pela cooperação, quebrando-se a lógica que remetia diretamente à colaboração como apenas uma forma de minorante judicial.

---

[18] *Ibidem*.
[19] CORDEIRO, Nefi. *Colaboração Premiada*: caracteres, limites e controles. Rio de Janeiro: Forense, 2020. p. 12.
[20] BRASIL. *Lei nº 12.850, de 2 de agosto de 2013*. Disponível em: http://www.planalto.gov.br/ccivil_03/_Ato2011-2014/2013/Lei/L12850.htm. Acesso em: 26 mar. 2019.
[21] BRASIL. *Lei nº 9.034, de 3 de maio de 1995*. Disponível em: http://www.planalto.gov.br/ccivil_03/LEIS/L9034.htm. Acesso em: 11 nov. 2019.
[22] BRASIL. *Lei nº 12.850, de 2 de agosto de 2013*. Art. 4º, §6º. Disponível em: http://www.planalto.gov.br/ccivil_03/_Ato2011-2014/2013/Lei/L12850.htm. Acesso em: 26 mar. 2019.
[23] CORDEIRO, Nefi. *Colaboração Premiada*: caracteres, limites e controles. – Rio de Janeiro: Forense, 2020. p. 24.

Na redação original do instituto na Lei nº 12.850/2013, o artigo 4º era o primeiro dispositivo da seção I e logo trazia o conceito de colaboração acompanhado dos possíveis benefícios, ou seja, as causas de diminuição de pena que significam o resultado da colaboração.

Essa alteração esclareceu que a colaboração premiada, nesse dispositivo, tem conteúdo processual, sendo um negócio jurídico entre as partes, expondo a característica primordial de barganha e negociação.

Verificamos que "as partes autorregulamentam a vontade e, assim, logram a obtenção de determinados efeitos jurídicos, autorizados pelo ordenamento jurídico",[24] devendo haver voluntariedade e efetividade provenientes desse acordo, resultando na identificação dos demais autores e partícipes da organização criminosa e dos crimes por eles praticados.

Importante ressaltar que este diploma legal deverá ser utilizado para investigar delitos praticados por organizações criminosas, ou seja, o instrumento, no modelo da Lei nº 12.850/2013, pressupõe um tipo específico de delinquência para sua utilização.

A própria redação do §1º do art. 1º da Lei nº 12.850/2013 especifica quais crimes podem justificar esse negócio jurídico, trazendo, ainda, de maneira clara e abrangente, a definição de organização criminosa como sendo a associação de quatro ou mais pessoas estruturalmente ordenada e caracterizada pela divisão de tarefas, ainda que informalmente, com objetivo de obter, direta ou indiretamente, vantagem de qualquer natureza, mediante a prática de infrações penais cujas penas máximas sejam superiores a quatro anos ou de caráter transnacional.

Importante ressaltar que, nessa negociação, os atores são as partes processuais (investigado/réu *versus* acusação/estado), sendo o Estado representado pelo Ministério Público. Há, ainda, a possibilidade de negociação do acordo de colaboração pela autoridade policial, mas, processualmente, essa representação demanda, ainda, a atuação do *parquet*.

2.8 Constatações finais sobre evolução legislativa

No Brasil, conforme visto ao longo deste capítulo, contemporaneamente, oito diplomas legais foram editados com conteúdo normativo de colaboração premiada e, nesta miscelânea de normas, um dos principais problemas existentes até a promulgação da Lei nº 12.850/2013 era identificar qual ordenamento deveria embasar os acordos diante de distintos crimes e de possíveis conflitos normativos.

Vinícius Vasconcellos, tendo a mesma dúvida, traz essa pergunta de forma lúcida:

> aceitando-se que as previsões da Lei 9.807/1999 (Lei de Proteção a Vítimas e Testemunhas) seriam aplicáveis em qualquer espécie delitiva, que postura deve ser adotada diante de um delator que tenha cometido tráfico de drogas (cabível o art. 41 da Lei 13.343/06) ou extorsão mediante sequestro (cabível o art. 159, parágrafo 4º do CP)?[25]

---

[24] MENDONÇA, Andrey Borges de et al. *Colaboração Premiada*: os benefícios possíveis na colaboração premiada: entre a legalidade e a autonomia da vontade. São Paulo: Revista dos Tribunais, 2017. 301 p. 53-54.

[25] VASCONCELLOS, Vinícius Gomes de. *Colaboração Premiada no Processo Penal*. 2. ed. São Paulo: Revista dos Tribunais, 2018. p. 82.

Nesse ponto, o autor propõe a seguinte resposta:

> a problematização precisa ser isolada em duas questões. Pode-se discutir qual a norma de direito material aplicável (com os requisitos e possíveis benefícios ao delator). E, por outro, pugnar-se acerca de qual procedimento deveria ser seguido em situações de colaboração premiada.[26]

O Superior Tribunal de Justiça, no julgamento do HC nº 97.509/MG, em 2007, ao se deparar com essa questão, optou por consagrar a ideia de que a Lei nº 9.807/1999 (Lei de Proteção a Vítimas e Testemunhas) funcionava como o sistema unificador: "O sistema geral de delação premiada está previsto na Lei nº 9.807/99. Apesar da previsão em outras leis, os requisitos gerais estabelecidos na Lei de Proteção à Testemunha devem ser preenchidos (...)".[27]

Essa legislação era, até a edição da Lei nº 12.850/2013, o modelo que melhor delimitava a utilização da colaboração premiada no Brasil. Entretanto, com a sanção da Lei de Combate às Organizações Criminosas, isso foi automaticamente alterado.

Em que pese o instituto da colaboração premiada tenha sido abarcado por significativas modificações e inovações trazidas pelo Pacote Anticrime, cumpre ressaltar que o modelo de justiça penal negocial não surgiu apenas com a instituição da Lei nº 13.964/2019 e, muito menos, com a atual Lei de Combate ao Crime Organizado (Lei nº 12.850/2013), haja vista a existência de legislações prévias sobre a matéria, ainda que de maneira superficial.

É preciso destacar que nenhuma das normas – exceto a Lei nº 9.034/1995, que foi expressamente revogada porque um novo conceito de organização criminosa foi criado pela Lei nº 12.850/2013 – foi revogada e, portanto, permanecem válidas até os dias atuais.

Ao mesmo tempo, a prática cotidiana e a efetividade da nova legislação criaram condições favoráveis para o aumento significativo de sua utilização, o que elevou o instituto a outro patamar e fez com que seu estudo passasse a ser ancorado majoritariamente na Lei nº 12.850/2013.

Nota-se que o *princípio da legalidade* sempre foi uma exigência a ser observada no momento da formalização do acordo de colaboração entre as partes, havendo, então, a necessidade de respeito ao rol legal de sanções premiais mesmo que o resultado não fosse favorável ao investigado/acusado.

Todavia, a exigência de adequação dos benefícios pactuados àqueles previstos no *caput* e nos parágrafos 4º e 5º do artigo 4º da atual Lei de Combate ao Crime Organizado não se fazia presente na revogada Lei nº 9.034/1995, prevalecendo no Supremo Tribunal Federal *o entendimento de que seria legítima a pactuação de sanções premiais extralegais, desde que não fossem mais prejudiciais ao colaborador do que as previstas em lei.*

Importante destacar que, atualmente, não enxergamos mais espaço para a aplicação de sanções extralegais nos acordos de colaboração premiada. Afinal, o inciso II, do §7º, do art. 4º da Lei nº 12.850/2013 exige do magistrado, no juízo de homologação, que verifique a adequação dos benefícios pactuados com aqueles estabelecidos no rol

---

[26] Ibidem.
[27] Superior Tribunal de Justiça. *Habeas Corpus nº 97.509/MG*. 2007. Disponível em https://scon.stj.jus.br/SCON/jurisprudencia/doc.jsp. Acesso em: 2 mar. 2020.

legal, impondo, ainda, na segunda parte do mesmo dispositivo, a nulidade das cláusulas que violem os critérios legais de definição do regime inicial de cumprimento de pena quando a sanção premial importar em privação da liberdade.

No que tange às modificações da Lei de Combate ao Crime Organizado pelo Pacote Anticrime, oportuno ressaltar o detalhamento do procedimento a ser seguido entre o Estado e o acusado antes de fazer menção aos benefícios possíveis pela colaboração, conteúdo acrescido pelos artigos 3º-A, 3º-B e 3º-C ao corpo da Lei nº 12.850/2013 que apenas reforçou essa ideia.

O artigo 3º-A determina que a colaboração premiada é um negócio jurídico processual e um meio de obtenção de prova, encerrando de vez a discussão anterior que questionava se o instituto configuraria um meio de obtenção de prova ou provas propriamente ditas.

O artigo 3º-B criou a exigência legal do termo de confidencialidade entre o órgão público responsável pela celebração do acordo de colaboração premiada e o investigado. Com esse termo, fica proibida a divulgação das tratativas iniciais ou do documento que as formalize, até o levantamento de sigilo por decisão judicial. Além disso, pelo §6º do referido dispositivo, o órgão público fica impedido de utilizar as informações ou provas apresentadas pelo colaborador em caso de não assinatura do acordo por iniciativa de algum dos celebrantes.

Por sua vez, o artigo 3º-C explica que a proposta de colaboração premiada deve vir instruída com procuração do interessado com poderes específicos para o advogado ou defensor público, incumbindo ao colaborador a narração de todos os fatos ilícitos para os quais concorreu e que tenham relação direta com os fatos investigados, cabendo à defesa instruir a proposta de colaboração indicando as provas e os elementos de corroboração.

Ademais, os parágrafos 4º e 4º-A do art. 4º dispõem que, caso o colaborador não seja o líder da organização criminosa e seja o primeiro a prestar a efetiva colaboração, o Ministério Público poderá deixar de oferecer denúncia se a proposta de acordo de colaboração referir-se a infração de cuja existência não tinha prévio conhecimento, ou seja, que não tivesse sido instaurado inquérito ou procedimento investigatório sobre tais fatos anteriormente.

Outra importante inovação foi trazida pelo §7º do art. 4º, dispondo e reforçando a legalidade de que o procedimento negocial será remetido ao juiz, para análise do respectivo termo e das declarações do colaborador, devendo o magistrado ouvir sigilosamente o colaborador para, após, analisar a regularidade e legalidade, *proceder com a adequação dos benefícios pactuados*, a verificação dos resultados da colaboração e a voluntariedade da manifestação de vontade do agente.

Em consequência, o §7º-A do art. 4º determina que o juiz ou o tribunal também deverá proceder à análise fundamentada do mérito da denúncia, *do perdão judicial e das primeiras etapas de aplicação da pena antes de conceder os benefícios pactuados*, exceto quando o acordo prever o não oferecimento da denúncia ou já ter sido proferida sentença. E, pelo parágrafo §8º do referido artigo, se o juiz recusar a homologação da proposta, não poderá mais, de ofício, ajustá-la ao caso concreto, devendo devolver as partes para fazer as adequações necessárias.

Isso porque, o §16 do art. 4º passou a decretar que medidas cautelares reais ou pessoais, o recebimento de denúncia ou queixa-crime e sentença condenatória não serão decretados ou proferidos com fundamento apenas nas declarações do colaborador, configurando, assim, uma evolução normativa em benefício ao réu.

Por fim, para uma compreensão visual da evolução legislativa descrita, vale destacar a seguinte tabela:

(continua)

Legislação	Legislação alterada	Benefícios	Percentual aplicado
Lei nº 8.072/1990 - Lei dos Crimes Hediondos[28]	Código Penal[29] (Art. 159 - Extorsão mediante sequestro)	Adiciona causas de diminuição de pena para o membro de quadrilha ou bando que confessasse e denunciasse seus comparsas.	1/3 a 2/3
Lei nº 9.269/1990[30]	Código Penal (§4º do art. 159 - Extorsão mediante sequestro)	Inclui causa de diminuição de pena também para o simples concurso de pessoas, não sendo mais necessária a configuração de quadrilha ou bando.	1/3 a 2/3
Lei nº 9.034/1995 - Antiga Lei de Organizações Criminosas[31]	Promulgada	Passou a admitir, em seu art. 6º, a possibilidade de aplicação de diminuição de pena quando houvesse colaboração espontânea do membro de organização criminosa, sobre os crimes por ela cometidos.	1/3 a 2/3
Lei nº 9.080/1995[32]	Lei nº 7.492/1986 - Lei de Crimes contra o Sistema Financeiro Nacional.[33]	Por força da Lei nº 9.034/1995, adiciona-se o §2º ao art. 25, onde fica determinado que os crimes contra o sistema financeiro, praticados em quadrilha, coautoria, o coautor ou partícipe, em que houver confissão espontânea, haverá diminuição de penal.	1/3 a 2/3
Lei nº 9.080/1995	Lei nº 8.137/1990 - Lei dos Crimes contra a Ordem Tributária, Econômica e das Relações de Consumo.[34]	Também, por força da Lei nº 9.034/1995, acrescenta-se o parágrafo único do art. 16, autorizando a mesma causa de diminuição aos crimes cometidos contra a ordem tributária.	1/3 a 2/3

---

[28] BRASIL. Lei nº 8.072, de 25 de julho de 1990. Disponível em: http://www.planalto.gov.br/ccivil_03/leis/L8072.htm. Acesso em: 26 mar. 2019.

[29] BRASIL. Lei nº 2.848, de 7 de dezembro de 1940. Disponível em: http://www.planalto.gov.br/ccivil_03/decreto-lei/del2848compilado.htm. Acesso em: 26 mar. 2019.

[30] BRASIL. Lei nº 9.269, de 2 de abril de 1996. Disponível em: http://www.planalto.gov.br/ccivil_03/LEIS/L9269.htm. Acesso em: 19 maio 2003.

[31] BRASIL. Lei nº 9.034, de 3 de maio de 1995. Lei revogada pela Lei nº 12.850/2013. Disponível em: http://www.planalto.gov.br/ccivil_03/LEIS/L9034.htm. Acesso em: 11 nov. 2019.

[32] BRASIL. Lei nº 9.080, de 19 de julho de 1995. Disponível em: http://www.planalto.gov.br/ccivil_03/leis/L9080.htm. Acesso em: 26 mar. 2019.

[33] BRASIL. Lei nº 7.492, de 16 de junho de 1986. Disponível em: http://www.planalto.gov.br/ccivil_03/leis/l7492.htm. Acesso em: 26 mar. 2019.

(conclusão)

Legislação	Legislação alterada	Benefícios	Percentual aplicado
Lei nº 9.613/1998 - Lei dos Crimes de Lavagem, Ocultação de Bens, Direitos e Valores.	Promulgada	Incorpora ao ordenamento jurídico a possibilidades de agraciamento penal, também, em relação à execução da pena.	1/3 a 2/3 e possibilidade de progressão de regime para a modalidade aberta
Lei nº 9.807/1999 - Lei de Proteção a Vítimas e Testemunhas	Promulgada	Causa de extinção de punibilidade e diminuição de pena.	1/3 a 2/3 e perdão judicial
Decreto nº 5.015/2004 (Convenção de Palermo) e Decreto nº 5.687/2006 (Convenção de Mérida)	Tratados internacionais recepcionados no Brasil	Não trazem, por óbvio, qualquer conteúdo normativo, entretanto, trazem orientações para que a colaboração premiada seja inserida nos ordenamentos jurídicos.	Sugestões: i) a redução de pena; ii) concessão de imunidade
Lei nº 11.343/2006 - Lei de Combate ao Tráfico de Drogas	Promulgada	i) Trouxe a colaboração como causa de diminuição de pena; ii) retirou a possibilidade de perdão judicial.	1/3 a 2/3
Lei nº 12.850/2013 - Lei de Combate ao Crime Organizado	Promulgada Efeito: revogou a Lei nº 9.034/1995	Inseriram, pode-se dizer, 3 novas modalidades de prêmio, bem como tornou aqueles que já existiam mais atraentes.	Trouxe a imunidade acusatória pela possibilidade de não oferecimento da denúncia criminal; ii) Reiterou a possibilidade de perdão judicial; iii) a redução da pena inicia em 2/3, não mais em 1/3; iv) possibilidade de substituição da pena corporal por pena restritiva de direitos; v) possibilidade de colaboração após a sentença.

---

[34] BRASIL. Lei nº 8.137, de 27 de dezembro de 1990. Disponível em: http://www.planalto.gov.br/ccivil_03/leis/L8137.htm. Acesso em: 26 mar. 2019.

3 Os efeitos práticos do Pacote Anticrime na colaboração premiada e o reforço do princípio da legalidade

Por meio da compreensão global da matéria, pode-se considerar, portanto, que o instituto da colaboração premiada foi, por muito tempo, regulado por diversos dispositivos legais que não tutelavam a matéria de forma unificada e sistemática, cenário esse que sofreu alterações significativas após o advento da Lei nº 12.850/2013, recentemente modificada pela Lei nº 13.964/2019 (Pacote Anticrime), esse último, como timidamente mencionado, responsável por reforçar o *princípio da legalidade*, especificamente no que diz respeito às questões procedimentais relevantes para a temática.

Apesar de a Lei nº 12.850/2013 ter promovido uma verdadeira evolução legislativa ao inserir, definitivamente, a colaboração premiada no ordenamento jurídico brasileiro por meio do estabelecimento de um procedimento para sua aplicação, impondo, inclusive, limites quanto à natureza jurídica do instituto, o referido diploma acabou por deixar lacunas relacionadas às limitações que deveriam ser observadas não apenas pelo Estado, representado pelo Ministério Público, mas também pela figura do colaborador.

Dessa forma, as alterações pertinentes ao instituto da colaboração premiada trazidas pela Lei nº 13.964/2013 se mostraram muito importantes, na medida em que tiveram o escopo de conferir maior legalidade às normas procedimentais relacionadas à colaboração premiada, justamente para que a aplicação do instituto se ativesse aos limites previstos na legislação, evitando, assim, ilegalidades.

A título de exemplo, merece destaque o fato de que, em consequência dos benefícios previstos no art. 4º, §§2º e 4º, da Lei nº 12.850/2013, quais sejam, a imunização criminal e a concessão do perdão judicial, supunha ser possível à acusação pactuar, discricionariamente, restrições mais brandas e, até mesmo inéditas, *que não possuíam amparo legal*, tendo em vista que o texto original da Lei nº 12.850/2013 condicionava que o Poder Judiciário estaria restrito a analisar tão somente a *regularidade, a legalidade e a voluntariedade* do que fora convencionado entre as partes.

Caso o Poder Judiciário passasse para analisar o mérito dos casos concretos quando da homologação dos acordos de colaboração premiada e, consequentemente, identificasse possíveis ilegalidades nas cláusulas pactuadas e consequentemente passíveis de anulação, não poderia àquele tempo revisar o acordado sob pena de violar os princípios da proteção, da confiança e da segurança jurídica. Interpretação decorrente da analogia que era realizada a partir da interpretação das Convenções de Palermo (Decreto nº 5.015/2004) e Mérida (Decreto nº 5.687/2006), ambas, ratificadas pelo Brasil.[35]

Dessa forma, as sanções premiais inventivas, que não encontravam lastro na legislação pátria, passaram a ser aceitas e vistas com recorrência em acordos homologados.

Tal entendimento pôde ser observado em diversas decisões do próprio Supremo Tribunal Federal nas homologações de acordos de colaboração premiada firmados no âmbito da denominada Operação "Lava Jato".

Merece destaque, inclusive, que, diferente da prática comum em que a jurisprudência é firmada de baixo para cima, na referida investigação, em razão da apuração

---

[35] Tratados internacionais recepcionados no Brasil que não trazem, por óbvio, qualquer conteúdo normativo, mas sim orientações e princípios norteadores para que o instituto da colaboração premiada seja devidamente inserido nos ordenamentos jurídicos.

ter atingido diversos parlamentares que detinham prerrogativa de foro, os precedentes legais sobre a matéria foram formados de cima para baixo, na medida em que a Suprema Corte foi instada a se manifestar em diversas ocasiões sobre a temática, conferindo destaque para tais discussões.

Diante da ausência de um dispositivo que limitasse expressamente os possíveis benefícios e os limites das restrições negociadas nesta verdadeira relação "comercial-jurídica" que poderiam ser impostas ao colaborador, passou-se, como mencionado anteriormente, a observar a aplicação de sanções desprovidas de previsão legal, como é o caso, por exemplo, da execução antecipada de pena antes mesmo da sentença criminal e de regimes de cumprimento de pena inexistentes na Lei de Execução Penal (Lei nº 7.210/1984).

O Supremo Tribunal Federal homologou acordos que continham essas cláusulas inventivas. A título de exemplo, o Min. Dias Toffoli, quando da leitura de seu voto no julgamento da *PET nº 7.074*, de relatoria do Min. Edson Fachin, ressaltou uma decisão de sua relatoria que havia sido anteriormente proferida, acatando, justamente, a imposição de sanções premiais inexistentes no ordenamento jurídico, como se observa:

> Na espécie, o acordo de colaboração, em sua cláusula 5ª, §1º, ao tratar – 'da pena privativa de liberdade e de seu regime de cumprimento', prevê [e, aí, eu passo a ler, então, aquilo que estava naquele acordo]: a) Há condenação a pena máxima de vinte anos de reclusão, considerando-se, para esse fim, a unificação da pena fixada nos processos penais já instaurados e que vierem a ser instaurados, com esteio nos feitos mencionados ou decorrentes deste acordo, com a suspensão dos demais feitos e procedimentos criminais na fase em que se encontrem quando atingido o máximo ora proposto, desde que não haja recurso pendente com o objetivo de redução da pena. b) Independentemente do preenchimento dos critérios dispostos nos arts. 33 a 48 do Código Penal, o cumprimento da pena privativa de liberdade é da seguinte forma: b-1) Um ano e dois meses em regime fechado diferenciado em prisão domiciliar, com monitoramento eletrônico, conforme as regras do apenso I, detraído o período de prisão iniciado em 3 de agosto de 2015. b-2) Um ano em regime semiaberto diferenciado em prisão domiciliar, sem monitoramento eletrônico, conforme as regras do apenso II.[36]

De igual modo, a Min. Cármen Lúcia, no exercício das atribuições inerentes à Presidência do Supremo Tribunal Federal, homologou a maior e por que não dizer complexa colaboração no âmbito da Operação "Lava Jato", que tutelava 79 acordos pactuados entre o Ministério Público e ex-executivos do Grupo Odebrecht:

> Quanto ao conteúdo das cláusulas acordadas, é certo que não cabe ao Judiciário outro juízo que não o da sua compatibilidade com o sistema normativo. Sob esse aspecto, o conjunto das cláusulas do acordo guarda harmonia com a Constituição e as leis, com exceção da expressão renúncia à garantia contra a autoincriminação e ao direito ao silêncio, constante no título V do acordo (fls. 24-25), no que possa ser interpretado como renúncia a direitos e garantias fundamentais, devendo ser interpretada com a adição restritiva ao exercício da garantia e do direito respectivos no âmbito do acordo e para seus fins.

---

[36] PET nº 7.7074 Questão de Ordem, Relator(a): EDSON FACHIN, julgado em 29.06.2017, Acórdão Eletrônico *DJe*-085, Divulgado em 02.05.2018 e publicado em 03.05.2018.

Nesse ponto, não se pode ignorar o fato de que as normas materiais e processuais penais que disciplinam a aplicação das penas e restrições possuem caráter híbrido, o que deveria ter demandado uma observância maior aos princípios da legalidade e da Reserva de Jurisdição decorrentes da Constituição da República de 1988.

Conforme a inferência indicada no texto introdutório desse arrazoado, esse entendimento não encontrava maioria na Corte Suprema, tendo em vista as dissonâncias a respeito da matéria indicada por outros Ministros. Podemos observar tal linha contrária, por exemplo, em pronunciamento do Min. Ricardo Lewandowski durante o julgamento da PET nº 7.265/DF.

Na ocasião, o Magistrado deixou de homologar acordo de colaboração premiada que previa, justamente, um regime de pena diferenciado e sem amparo, direto, legal. Como se pode observar:

> Aliás, convém ressaltar que sequer há processo judicial em andamento, não sendo possível tratar-se, desde logo, dessa matéria, de resto disciplinada no acordo de colaboração de maneira incompatível com o que dispõe a legislação aplicável. Sim, porque o regime acordado pelas partes é o fechado (cláusula 5º, item 1), mitigado, conforme pretendem estas, pelo recolhimento domiciliar noturno (cláusula 5ª, item 2, a), acrescido da prestação de serviços à comunidade (cláusula 5ª, item 2, b). [...] "Ora, validar tal aspecto do acordo, corresponderia a permitir ao Ministério Público atuar como legislador. Em outras palavras, seria permitir que o órgão acusador pudesse estabelecer, antecipadamente, ao acusado, sanções criminais não previstas em nosso ordenamento jurídico, ademais de caráter híbrido." [...] "Não há, portanto, qualquer autorização legal para que as partes convencionem a espécie, o patamar e o regime de cumprimento de pena. Em razão disso, concluo que não se mostra possível homologar um acordo com tais previsões, uma vez que o ato jamais poderia sobrepor-se ao que estabelecem a Constituição Federal e as leis do País, cuja interpretação e aplicação - convém sempre relembrar - configura atribuição privativa dos magistrados integrantes do Judiciário, órgão que, ao lado do Executivo e Legislativo, é um dos Poderes do Estado, conforme consigna expressamente o art. 3º do texto magno.[37]

Na visão do Ministro Relator do caso transcrito, permitir que o Ministério Público estabelecesse cláusulas de regime "diferenciado" de cumprimento de pena e, consequentemente, na homologação do acordo, que este conteúdo não pudesse ser revisado, em verdade, configuraria uma violação à legalidade e à reserva legal do Judiciário, pois, caso contrário, seria aceitar uma atuação da acusação enquanto efetivo legislador.

No mesmo sentido, o Min. Gilmar Mendes, em outra apuração, também se filiou a esta corrente divergente, defendendo a necessidade de respeito ao rol legal de sanções premiais, mesmo que o resultado não fosse favorável ao investigado/acusado.

> Regime domiciliar diferenciado, uma espécie de prisão domiciliar, com a possibilidade de progressão de regime aberto diferenciado, a qual consistiria em proibição de viajar ao exterior, salvo com a autorização do juízo; proibição de mudar-se de domicílio, salvo com autorização do juízo; proibição de ausentar-se da comarca de seu domicílio, por mais de 15 dias, sem comunicação e autorização do juízo; apresentação de relatórios semestrais acerca de suas atividades. Só para deixar um exemplo, para que, depois,

---

[37] PET nº 7.265, Relator: Ministro Ricardo Lewandowski. Decisão Monocrática, p. 23, julgado em 14.11.2017.

possamos esclarecer. Há acordo suspendendo prazo prescricional, sem nenhuma base legal. A Lei 12.850 prevê a suspensão de prescrição por até seis meses, prorrogável por igual período. No acordo de Sérgio Machado, foi acordada a suspensão por dez anos, Ministro Fachin. Está se reescrevendo a lei? Isso pode ser feito? A Procuradoria assumiu, agora, a função Legislativa nos acordos? Nós precisamos responder a isso. Há notícias de acordos condenatórios, desafiando o art. 5o, inciso LXI, segundo o qual "ninguém será preso senão em flagrante delito ou por ordem escrita e fundamentada de autoridade judiciária competente,...". Já se impõe a condenação sem manifestação judicial. Cláusulas ilegais como essas, flagrantemente ilegais, podem ser homologadas? Seja lá pelo Relator ou submetida ao Plenário. (...) Ainda assim, o princípio da legalidade também é importante in malam partem. Em nosso sistema, a ação penal pública é obrigatória e indisponível. O Ministério Público não pode escolher quem vai acusar, ou desistir de ações em andamento. As hipóteses de perdão e de redução da pena são legalmente previstas. O juiz não pode absolver ou relevar penas de forma discricionária.[38]

O que, ainda segundo a fundamentação adotada, extrapolaria as competências e atribuições do Ministério Público, subvertendo os papéis constitucionais, na aplicação da punição pelo Estado, o que, por óbvio, não encontraria amparo legal.

Nesta linha, portanto, deve-se questionar se as analogias decorrentes, por exemplo, de convenções internacionais ratificadas pelo Estado brasileiro poderiam ser interpretadas em superioridade à própria Constituição da República. Ao que tudo indica, as violações observadas pela implementação de penas inventivas seriam claras e intransponíveis. Por conseguinte, independente da fundamentação retórica adotada, estas jamais foram permitidas sob o enfoque constitucional.

Nesse ponto, é de suma importância compreendermos que esse debate dialético, que tinha em seus dois polos fortes argumentos de ambos os lados, foi, acreditamos, respondido de maneira clara pelo próprio legislador aproximadamente 5 anos após a promulgação da Lei nº 12.850/2013.

Isso porque o Congresso Nacional, por meio da implementação das modificações promovidas nos dispositivos da cooperação judicial decorrente da Lei de Combate ao Crime Organizado pelo Pacote Anticrime (Lei nº 13.964/2019), inegavelmente revisou, uniformizou e otimizou os preceitos do formato exigido para a configuração dos acordos de colaboração premiada, preenchendo as lacunas da redação original, que, na prática, possibilitavam divergências interpretativas.

Como se sabe, no sistema acusatório vigente no ordenamento jurídico brasileiro, a Carta Magna acabou por conferir ao Poder Judiciário maior participação nos processos criminais, o que ficou ainda mais evidenciado com a Promulgação da Lei nº 13.964/2019, a fim de proteger o indivíduo contra abusos da persecução penal, garantindo, portanto, que as suas liberdades individuais fossem sempre respeitadas pelos órgãos que aplicam o instituto da colaboração premiada.

Com as modificações trazidas pela Lei nº 13.964/2019, o instituto fica estritamente vinculado ao *princípio da legalidade* a fim de garantir que os benefícios concedidos sejam justamente aqueles previstos em lei pelo legislador.

---

[38] PET nº 7.7074 Questão de Ordem, Relator(a): EDSON FACHIN, julgado em 29.06.2017, Acórdão Eletrônico *DJe*-085, Divulgado em 02.05.2018 e publicado em 03.05.2018.

A análise de validade dos termos da colaboração premiada, enquanto negócio jurídico processual e meio de obtenção de prova, que pressupõe a existência de utilidade e interesses públicos, a propósito, deve ser realizada, primeiramente, verificando-se os aspectos formais do acordo – a análise dos requisitos de *legalidade*, regularidade e de voluntariedade a que alude o §7º, art. 4º, da Lei nº 12.850/2013.

A lógica, portanto, decorrente da legalidade penal e forçada pelo legislador deixa claro que o instituto da colaboração premiada deve se ater aos limites descritos na legislação, observando os dispositivos constitucionais e legais aplicáveis, preservando os direitos fundamentais e afastando arbitrariedades que poderiam ser criadas pela acusação.

4 Conclusão

Nas legislações anteriores, como pôde ser visto ao longo do presente artigo, a colaboração era apenas aplicada como causa de diminuição de pena na dosimetria. Ou seja, a Lei nº 12.850/2013 efetivamente trouxe uma pendularização para o viés processual do instituto, na medida em que criou uma nova interpretação da natureza jurídica do instituto, definindo-a como um meio para obtenção probatória direcionada à persecução penal.[39]-

Com a sanção da Lei nº 13.964/19, a modalidade contratual de colaboração premiada passa a ser a regra pela imposição de um procedimento que agregou segurança jurídica ao instituto, pois, ao confessar e delatar os demais corréus, o réu não correrá o risco de ter que ao final do processo requerer em juízo a causa de diminuição de pena ou ser surpreendido por uma decisão que não estivesse de acordo com aquilo que inicialmente fora pactuado no negócio jurídico.

Nesse contexto, a imposição primária e topológica trazida pelo legislador por meio das reformas do Pacote Anticrime, conforme visto, devem verificar já no primeiro momento de contato das negociações com o Poder Judiciário se as cláusulas e benefícios previstos no contrato estão de acordo com os preceitos processuais penais e penais materiais previstos na lei e que, consequentemente, encontram amparo no ordenamento jurídico brasileiro. Interpretação diretamente extraída dos novos requisitos explícitos da necessidade de legalidade, regularidade e de voluntariedade do acordo, conforme a redação do §7º, art. 4º, da Lei nº 12.850/2013.

Assim, não se pode negar que o espaço de negociação possível para tal relação contratual ficou mais claro e literal após a modificação legislativa inserida pelo Pacote Anticrime. A inserção dos artigos 3º-A, 3º-B e 3º-C, indubitavelmente, concretizaram essa dinâmica.

Dessa forma, os prêmios para o réu que efetivamente contribui com a persecução penal configuram, sim, um direito subjetivo em relação aos prêmios dispostos na legislação e que foram homologados em juízo, reafirmando a colaboração como *um importante meio de defesa*, e protegidos da discricionariedade do Ministério Público.

---

[39] VASCONCELLOS, Vinícius Gomes de. *Colaboração Premiada no Processo Penal*. 2. ed. São Paulo: Revista dos Tribunais, 2018. p. 61.

É importante lembrar que os atores jurídicos que fazem parte dessa relação jurídica não são robôs, logo, a definição clara dos prêmios possíveis sob a legalidade penal visa, justamente, evitar situações que trariam insegurança jurídica, como, por exemplo, a elaboração de acordos divergentes que porventura agraciem mais alguns colaboradores que outros. Afinal, é sempre válido recordar o princípio basilar da democracia insculpido no art. 5º, *caput*, da Constituição da República, "Todos são iguais perante a lei, sem distinção de qualquer natureza, garantindo-se aos brasileiros e estrangeiros residentes no País a inviolabilidade do direito à vida, à liberdade, à igualdade, à segurança e à propriedade (...)".[40]

Assim, as complementações recentemente inseridas e destacadas no presente texto, fortificam que o instituto da colaboração premiada não permite a implementação de sanções premiais que violem requisitos legais. Posto isso, limitar o regime da colaboração premiada em respeito ao *princípio da legalidade* é atender à verificação da conformidade com o ordenamento jurídico, garantindo às partes a segurança jurídica necessária para a efetividade e interesse público desse meio de investigação.

Informação bibliográfica deste texto, conforme a NBR 6023:2018 da Associação Brasileira de Normas Técnicas (ABNT):

FENELON, Bernardo. A colaboração premiada e o princípio da legalidade. *In*: SEEFELDER FILHO, Claudio Xavier (coord.). *Direito Econômico e Desenvolvimento*: entre a prática e a academia. Belo Horizonte: Fórum, 2023. p. 65-83. ISBN 978-65-5518-487-7.

---

[40] BRASIL. *Constituição da República Federativa do Brasil de 1988*. Disponível em: http://www.planalto.gov.br/ccivil_03/Constituicao/Constituicao.htm. Acesso em: 25 ago. 2022.

OS IMPACTOS DAS ALTERAÇÕES DA LEI DE INTRODUÇÃO ÀS NORMAS DO DIREITO BRASILEIRO NAS AÇÕES DE IMPROBIDADE ADMINISTRATIVA

CAROLINE MARIA VIEIRA LACERDA

Introdução

"Dorme tranquilo quem indefere".[1] Essa máxima é reflexo do desenho institucional da Administração Pública brasileira e de diversos equívocos de percepção do Direito Administrativo. No Brasil, ainda vigora a crença de que o rigor na responsabilização dos agentes administrativos serve como forte mecanismo preventivo e corretivo e funciona como instrumento dissuasório de cometimentos de ilícitos.

Contudo, historicamente, pouco se discute sobre os efeitos deletérios dos excessos na fiscalização e na punição, especialmente na responsabilização pessoal do agente público. E é evidente que a gênese do Direito Administrativo, baseada em uma administração vertical, punitiva e agressiva, explica muitos dos problemas contemporâneos.

Os preceitos norteadores da Administração Pública foram pautados em *superprincípios gerais*: a supremacia e a indisponibilidade do interesse público, que buscaram justificar os excessos do Estado, em todas as suas condutas, na proteção da coisa pública.

O combate à improbidade administrativa em detrimento de outros bens e valores constitucionais agrava-se à medida que parte da sociedade parece abrir mão de seus direitos individuais para entregar-se ao poder do Estado, sob a máxima de que "quem não deve não teme". Nesse cenário, qualquer ideia que questione o diploma da improbidade administrativa é vista como retrógrada, leniente e a favor de interesses da classe política.

---

[1] Frase atribuída a Marcos Juruena Villela Souto e Flávio Amaral Garcia, repetida, reiteradamente, em suas palestras. BINENBOJM, Gustavo; CYRINO, André. O art. 28 da LINDB – A cláusula geral do erro administrativo. *Revista de Direito Administrativo*, p. 203-224, 2018. Disponível em: http://bibliotecadigital.fgv.br/ojs/index.php/rda/article/view/77655. Acesso em: 28 nov. 20.

Um controle rigoroso não pode ser entendido como necessariamente bom ou ruim, eficiente ou ineficiente e tem um ponto ótimo além do qual pode se tornar excessivo e prejudicial.[2]

A despeito de a corrupção ser, de fato, responsável por muitas mazelas sociais e trazer consequências irreparáveis no desenvolvimento nacional, o protagonismo desse permanente combate faz com que se abdiquem de outras prioridades e valores igualmente relevantes. Nesse contexto, os administradores se encontram acuados e paralisados pelos excessos do Estado.

O exercício temeroso da função pública tem consequências nas tomadas de decisões. Entre elas o fato de que o agente público não se preocupa em agir conforme o interesse público, mas em prol de sua autoproteção e blindagem, fomentando resultados completamente diversos dos imaginados por aqueles que insistem em dizer que a maior punição enseja a menor corrupção. Outra triste consequência dos excessos de controle é a produção de uma nova espécie de agente público: o que nunca administrou – jamais tomou qualquer decisão relevante, ordenou despesas ou inovou diante de um novo caso concreto, para assegurar o interesse público substancial.

Esse fenômeno do excesso de sancionamento de administradores, combinado com a paralisação das políticas públicas, foi desencadeado, em grande parte, pela crise ética que o país vem enfrentando, com o enfraquecimento da legitimidade do Poder Legislativo e com o fortalecimento do Poder Judiciário, que foi instado a se manifestar sobre todas as matérias sociais, políticas e jurídicas nas quais a Administração se omitiu.

As alterações da norma são frutos da conclusão de que somente uma solução legislativa articulada poderia abrir caminhos para o equilíbrio entre os poderes. Foi preciso, então, publicizar a LINDB e, com isso, modernizá-la. Os novos dispositivos não têm conteúdo revolucionário, mas apenas transformaram em texto legal entendimentos que traduzem melhores práticas jurídicas, que já vinham sendo adotados por parte da jurisprudência.

Com essas alterações nas normas de Direito Público, se fez essencial a reanálise de toda a legislação estatal infraconstitucional, especialmente aquelas voltadas à punição dos agentes públicos. Nesse sentido, este trabalho se propõe a verificar os impactos dessas modificações legislativas na Lei de Improbidade Administrativa, Lei nº 8.429, de 2 de junho de 1992, recentemente modificada pela Lei nº 14.230, de 2 de junho de 2021, especialmente no que tange à responsabilização dos agentes públicos.

As novas alterações trazidas na LINDB foram capazes de penetrar na Lei de Improbidade Administrativa a fim de torná-la menos subjetiva? Quais foram os impactos práticos na responsabilização por improbidade diante da mudança legislativa nas normas de Direito Público? Essas são algumas questões que este trabalho tem a intenção de discutir e iniciar o que se entende por esboço de respostas que serão definidas ao longo do tempo.

Transformar o "dorme tranquilo quem indefere" em "dorme tranquilo quem defere" é missão complexa, porém possível.[3] Passa-se a repensar o arranjo de incentivos

---

[2] DIONÍSIO, Pedro de Hollanda. *O direito ao erro do administrador público no Brasil:* contexto, fundamentos e parâmetros. Rio de Janeiro: Mundo Jurídico, 2019, p. 17.

[3] RIBEIRO, Leonardo Coelho. "Na dúvida, dorme tranquilo quem indefere", e o Direito Administrativo como caixa de ferramentas. Disponível em: http://www.direitodoestado.com.br/colunistas/leonardo-coelho-ribeiro/

que conformam os estatutos administrativos, de forma a aprimorar o alinhamento de seus interesses individuais com os interesses coletivos. É preciso mudar, sem reformas bruscas e impulsivas, mas, definitivamente, mudar.

I Constitucionalização do Direito Administrativo

"Constitucionalização do direito" é um termo jurídico relativamente recente, decorrente da ideia de pós-positivismo, e comporta uma gama de significados. A despeito de todos os entendimentos cabíveis, dá-se destaque à discussão sobre o relevante papel das Constituições, em todos os âmbitos do Direito, e à expansão de suas normas para todo o ordenamento jurídico infraconstitucional.

Dentre os fatores que fomentaram a expansão das normas constitucionais por todo o sistema jurídico, destaca-se a reaproximação do constitucionalismo com a democracia, a qual foi determinada por diversas causas históricas – desde a crise do Estado liberal burguês e o advento do *welfare state*, passando pelo inchaço legislativo decorrente da maior interferência do Estado nas relações privadas, até o declínio das traumáticas experiências nazista e fascista.[4]

No plano teórico e filosófico, superaram-se o jusnaturalismo e o juspositivismo, o que abriu espaço para o pós-positivismo.[5] Nesse ambiente, promoveu-se a reaproximação entre Filosofia e Direito, estabelecendo-se a ideia de que o Direito não é a expressão de uma justiça imanente, mas de interesses dominantes em determinado contexto histórico.

Com tais mudanças históricas, teóricas e filosóficas, superou-se, aos poucos, o modelo no qual a Carta Constitucional era entendida como documento político[6] e consolidou-se a ideia que hoje parece inegociável: a de que a Constituição é norma de aplicabilidade e eficácia diretas.

Reconhecer a *força normativa da Constituição*[7] implicou profunda transformação no Direito contemporâneo, com intensas modificações em todos os seus ramos. Os valores e os fins constitucionais passaram a condicionar a validade e a aplicabilidade de todas as normas infraconstitucionais, repercutindo, por isso, no âmbito de todos os poderes e nas relações entre particulares – seja entre os particulares e o Estado, seja nas relações eminentemente privadas.

---

na-duvida-dorme-tranquilo-quem-indefere-e-o-direito-administrativo-como-caixa-de-ferramentas. Acesso em: 28 dez. 20.

[4] SARMENTO, Daniel. *Direitos fundamentais e relações privadas*. Rio de Janeiro: Lumen Juris, 2004, p. 70-78.

[5] Para este estudo, consideram-se pós-positivistas as teorias contemporâneas que dão enfoque aos problemas da indeterminação do Direito e das relações entre direito, moral e política. O debate acerca de sua caracterização situa-se na confluência de paradigmas opostos: jusnaturalismo e juspositivismo. Atualmente, supera-se a ideia de modelos puros para adotar-se modelo difuso e abrangente de ideias agrupadas pelo conceito genérico de pós-positivismo. Para um estudo mais aprofundado, ver: RAWLS, John. *Uma teoria da justiça*. São Paulo: Martins Fontes, 2000, p. 20-23.

[6] HESSE, Konrad. *A força normativa da Constituição*. Porto Alegre: Sérgio Antônio Fabris Editor, 1991, p. 1. Disponível em: https://edisciplinas.usp.br/pluginfile.php/4147570/mod_resource/content/0/A%20Forca%20Normativa%20da%20Constituicao%20-%20Hesse.pdf. Acesso em: 9 dez. 2019.

[7] HESSE, Konrad. *A força normativa da Constituição*. Porto Alegre: Sérgio Antônio Fabris Editor, 1991, p. 1. Disponível em: https://edisciplinas.usp.br/pluginfile.php/4147570/mod_resource/content/0/A%20Forca%20Normativa%20da%20Constituicao%20-%20Hesse.pdf. Acesso em: 9 dez. 2019.

À medida que princípios interagem com todas as demais normas do sistema[8] – seja porque suas normas infraconstitucionais fazem parte da Constituição, seja porque as normas constitucionais se espraiam pelas normas infraconstitucionais –, a Constituição passa a ter caráter subordinante. Essa circunstância interfere decisivamente nos limites de atuação do legislador – e dos demais poderes – e dá à Constituição supremacia material e axiológica.

Nessa perspectiva, cada norma jurídica – constitucional ou infraconstitucional – deve ser interpretada de forma que assegure, o mais amplamente possível, o princípio constitucional que rege a matéria.[9] Deixa-se de negar os princípios por sua generalidade e abstração e passa-se a considerá-los autênticas normas, situadas no patamar mais elevado da ordem jurídica.

O grau de generalidade e abstração desses princípios constitucionais permitiu a reaproximação do direito e da moral, conferindo a *ductibilidade*[10] necessária para a acomodação de novas demandas que surgem numa sociedade em permanente evolução.[11]

Especificamente no que se refere à constitucionalização cada vez mais ampla de todas as searas do Direito, nota-se o crescente enfoque na necessidade de redefinir os parâmetros também do Direito Administrativo à luz da supremacia da Constituição e da centralidade de seus preceitos. O Estado tem por finalidade buscar a plena satisfação dos direitos fundamentais, em todos os seus ramos, e, quando se desvia dessa obrigação, está se deslegitimando e se desconstitucionalizando.[12]

Em virtude de o Direito Administrativo não ter sido codificado, no ordenamento brasileiro, decorrem algumas dificuldades em seu estudo e em sua aplicação. Pela ausência de codificação, transcorre a importância que adquirem os princípios que o informam, os quais, nas palavras de Odete Medauar, "atuam como fios a ligar os diversos institutos".[13]

I.I Limites necessários à aplicação dos princípios constitucionais

A Constituição brasileira é composta por princípios e regras, cada um com funções diferentes, não podendo se falar em primazia de uma norma sobre a outra, mas tão somente de complementares eficácias. Não se pode aceitar a ideia de que os princípios constitucionais, por meio de uma interpretação sistemática, poderiam modificar as regras, também constitucionais, para além do significado de suas palavras. Isso porque as regras têm a função de resolver conflitos, conhecidos e antecipáveis.

Daí afirmar-se que a existência de uma regra constitucional deve ser capaz de eliminar a ponderação horizontal entre princípios, em virtude da existência de uma

---

[8] Para este estudo, utilizam-se os conceitos de regras, princípios e *polices* desenvolvidos por Dworkin, os quais foram demonstrados no tópico anterior: DWORKIN, Ronald. *Taking rights seriously*. Cambridge, Massachussetts: Harvard University Press, 1977; e ALEXY, Robert. *Teoria dos direitos fundamentais*. São Paulo: Malheiros, 2017.
[9] BARCELLOS, Ana Paula de. *A eficácia jurídica dos princípios constitucionais:* o princípio da dignidade da pessoa humana. Rio de Janeiro: Renovar, 2002, p. 81.
[10] ZAGREBELSKY, Gustavo. *El derecho dúctil*. 2. ed. Madrid: Editorial Trotta, 1997.
[11] BINENBOJM, Gustavo. *Uma teoria do direito administrativo*. Direitos fundamentais, democracia e constitucionalização. 2. ed. Rio de Janeiro: Renovar, 2008, p. 64.
[12] CLÈVE, Clèmerson Merlin. *O controle de constitucionalidade e a efetividade dos direitos fundamentais*. Jurisdição constitucional e direitos fundamentais. Belo Horizonte: Del Rey, 2003, p. 385-393.
[13] MEDAUAR, Odete. *Direito administrativo moderno*. Belo Horizonte: Fórum, 2018, p. 33.

solução legislativa prévia, destinada a abolir ou a diminuir os conflitos de coordenação, conhecimento, custos e controle do poder. E, por consequência, aduzir-se que, em um conflito, efetivo ou aparente, entre a regra constitucional e um princípio constitucional, deve prevalecer a regra.[14]

No caso de regras infraconstitucionais, os princípios constitucionais servem para interpretá-las e integrá-las. Os princípios, no entanto, só exercem a função de bloqueio quando, efetivamente, a regra for incompatível com a promoção do Estado ideal. Ou seja, o aplicador somente pode deixar de aplicar uma regra quando ela for inconstitucional ou sua aplicação for irrazoável no caso concreto. Não se pode deixar de aplicar uma regra infraconstitucional, transmutando-se para o plano constitucional, simplesmente por não concordar com a sua hipótese de incidência.[15]

Independentemente disso, é possível sustentar que a ponderação é função metodológica preponderante no ordenamento jurídico brasileiro, porque, embora existam regras infraconstitucionais que regulam determinada matéria, o intérprete salta do plano infraconstitucional para o constitucional sempre que um princípio possa servir de fundamento para uma decisão. Em suma, os princípios constitucionais podem servir como fundamento para todas as decisões, dada sua amplitude.

Não obstante, o paradigma da ponderação não pode ser aceito como critério geral de aplicação do ordenamento jurídico. Em primeiro lugar porque leva, inexoravelmente, a um antiescalonamento da ordem jurídica, na medida em que a complexa rede de relações hierárquicas normativas, cada qual exercendo sua função específica, cede lugar a um só nível de normas que orientam as decisões. Em segundo lugar porque o paradigma da ponderação aniquila as regras e a função legislativa, que também são determinadas pela Constituição Federal.

Ao se admitir o uso de princípios constitucionais nas situações em que as regras legais são compatíveis com a Constituição, ultrapassando a interpretação teleológica pelo abandono da hipótese legal, consente-se com a desvalorização da função legislativa e com a depreciação do papel democrático do Poder Legislativo. Se a própria Constituição confere ao Legislativo a função de editar regras e fixar suas premissas dentro das bases constitucionais, a mera desconsideração da regra culmina com o desprezo do próprio princípio democrático e da separação dos poderes.[16]

---

[14] ÁVILA, Humberto. "Neoconstitucionalismo": Entre a "ciência do direito" e o "direito da ciência". *Revista Eletrônica de Direito do Estado*, Salvador, n. 17, p. 5, jan./fev./mar. 2009. ISSN 1981-187X.

[15] ÁVILA, Humberto. "Neoconstitucionalismo": Entre a "ciência do direito" e o "direito da ciência". *Revista Eletrônica de Direito do Estado*, Salvador, n. 17, p. 6, jan./fev./mar. 2009. ISSN 1981-187X.

[16] O problema da supremacia judicial é bastante claro na explicitação de Mark Tushnet sobre o tema. Ele relata que, em 1982, a Suprema Corte dos Estados Unidos, no caso *Pryler v. Doe*, reconheceu a inconstitucionalidade de uma lei do Texas que negava acesso à escola pública aos filhos de imigrantes ilegais. Em 1994, os eleitores da Califórnia aprovaram a emenda constitucional estadual (Proposição 187) para negar o acesso à escola pública às crianças filhas de imigrantes ilegais. Um tribunal federal imediatamente declarou inconstitucional a Proposição 187, com base no precedente da Suprema Corte, de forma a proibir sua aplicação. Diante disso, e tendo em vista o juramento feito pelos legisladores de cumprir fielmente as Constituições federal e estadual, Tushnet questiona se esses dois juramentos conflitam entre si e se o legislador cometeria alguma falta se votasse pela implementação da proposição, a despeito da decisão da Suprema Corte. Ele mesmo entende que não, porque, se julgarem que a Suprema Corte interpretou equivocadamente a regulamentação, aqueles que não a obedecerem continuam sendo fiéis à Constituição. Essa situação coloca em relevo os principais pontos a serem avaliados. A Suprema Corte Americana, em significativas ocasiões, já adotou esse entendimento (TUSHNET, Mark. Marbury v. Madison and the theory of judicial supremacy. *In: Great cases in constitutional law*. Edited by Robert P. George. Princeton: Princeton University Press, 2000, p. 17-18).

Os princípios aplicáveis mediante ponderação são fornecidos por critérios incontroláveis e não reconhecíveis antes de sua adoção. Se quem faz a ponderação é o Poder Judiciário, sem critérios antecipados e objetivos para sua execução, suprime-se o caráter orientador do Direito e da função legislativa. O aplicador da norma, que deveria reconstruir um sentido normativo, acaba por construí-lo.

É importante asseverar, no entanto, que não é a ponderação, por si só, que desvaloriza a função legislativa e gera subjetivismos. O que provoca essas consequências é a acepção de que os princípios constitucionais devem ser utilizados sempre que possam servir de fundamento para as decisões, independentemente das regras.

O dever de não desconsiderar a regra constitucional não impede o aplicador de interpretá-la conforme os princípios constitucionais axiologicamente subjacentes. O que não pode ocorrer é a sua desconsideração, desprezando-se o que ela permite, proíbe ou condena.

No caso de inexistência de regra constitucional aplicável, caberá ao aplicador realizar a ponderação de princípios constitucionais eventualmente colidentes para editar uma norma individual reguladora do conflito de interesses concretamente existente. Mesmo nesse caso, a ponderação deve indicar os princípios que são seus objetos e fundamentar a razão da aplicação de um princípio em detrimento de outro, demonstrando os critérios utilizados.[17]

Defender a ponderação sem esses critérios e fases é admitir que a ponderação não passará de uma técnica, não jurídica, que nada orienta. Nessa acepção, é método justificador de decisionismos, arbitrariedades e formalizador de intuicionismo moral, de nada valendo a constatação tardia de seu desvirtuamento.

II A Lei de Improbidade Administrativa como concretização do princípio da moralidade

A moralidade surge como precedente lógico de toda a atividade administrativa, o que concede a esse princípio aspecto de elemento conformador do ato. Consistente no assentamento de que o Estado define o desempenho de sua administração segundo ordem ética acordada com os valores sociais prevalentes, o princípio da moralidade tem como elementos a honestidade, a boa-fé, a lealdade e a probidade.[18] Constitui pressuposto intrínseco de validade do ato administrativo.

A Constituição Federal determinou os princípios vetores de uma boa administração pública em seu art. 37, *caput*, a fim de criar forte aparato protetor da sociedade contra atividade administrativa ilegal e imoral e de atender às demandas morais vigentes.[19] Ainda no mesmo dispositivo normativo, estabelece a Carta Constitucional severas penas para aqueles que não atenderem ao dever de probidade.

---

[17] ÁVILA, Humberto. "Neoconstitucionalismo": Entre a "ciência do direito" e o "direito da ciência". *Revista Eletrônica de Direito do Estado*, Salvador, n. 17, p. 11, jan./fev./mar. 2009. ISSN 1981-187X.
[18] AGRA, Walber de Moura. *Comentários sobre a lei de improbidade administrativa*. Belo Horizonte: Fórum, 2017, p. 46.
[19] Todas as Constituições brasileiras republicanas (1891, 1934, 1937, 1946, 1967 e 1988) contemplam a improbidade administrativa. Contudo, somente na Constituição de 1988, a improbidade foi tratada como ilícito de responsabilidade extrapenal.

O princípio da moralidade é um dos fundamentos para o reconhecimento de que atos de improbidade administrativa conduzam às sanções previstas na Constituição.[20] Percebe-se, portanto, uma aproximação entre os conceitos de moralidade e probidade, de forma que aquele é concretizado por este.

Todavia, para sujeitar quem quer que seja às severas sanções por improbidade, é imperioso elencar quais os tipos de comportamentos são qualificados como ímprobos, a fim de atender ao primado da segurança jurídica, corolário do Estado Democrático de Direito. Cabe ao julgador avaliar o comportamento do agente público, de maneira a afastar os decorrentes da inabilidade do agente.

A Lei nº 8.429, de 2 de junho de 1992, conhecida como Lei de Improbidade Administrativa, regulamentou o art. 37, parágrafo 4º, da Constituição, dispondo sobre as penalidades a serem aplicadas a agentes públicos e terceiros responsáveis por atos de improbidade.

Muito embora tenha buscado delimitar três blocos distintos de tipos de atos ímprobos – os que importam enriquecimento ilícito, os que causam prejuízo ao erário e aqueles que atentam contra os princípios da Administração Pública –,[21] a descrição legal ainda abarca vasta gama de situações.[22]

Improbidade Administrativa, de acordo com a lei que a operacionaliza, pode ser definida como ato de violação à moralidade administrativa e aos princípios da Administração Pública. Portanto, a Lei de Improbidade possui normas sancionadoras em branco,[23] que se complementam por outras regras ou princípios, a partir da integração de legislações setoriais.

Passados 30 anos de sua vigência e apesar das recentes modificações ocorridas nessa legislação, a Lei de Improbidade Administrativa ainda é alvo de críticas, em virtude da própria incerteza de seu conteúdo jurídico e da ausência de dados empíricos sobre a aplicação do diploma. O Supremo Tribunal Federal, no voto do Ministro Dias Toffoli, no RE nº 656.558, reconheceu que "é fato que a expressão ato de improbidade traz em si um sentido amplo, genérico, o que dificulta a determinação, *a priori*, dessa espécie de ato".

III A nova Lei de Introdução às Normas de Direito Brasileiro como concretização do princípio da segurança jurídica

Diante das diversas possibilidades de interpretação normativa advindas das mudanças políticas, sociais e jurídicas, foi necessária a criação de instrumentos para que a interpretação das regras de Direito fosse indexada e identificada, de forma a impedir que

---

[20] CRETELLA JÚNIOR, José. *Comentários à Constituição Brasileira de 1988*. vol. IV, arts. 23 a 37. Rio de Janeiro: Forense Universitária, 1991, p. 2.257.

[21] BRASIL. Lei nº 8.429/1993, art. 9º, 10 e 11. Disponível em: http://www.planalto.gov.br/ccivil_03/LEIS/L8429.htm. Acesso em: 8 fev. 2020.

[22] O art. 11 da Lei nº 8.429/1993 estabelece diversas condutas específicas que caracterizam improbidade administrativa, além daquelas que importam enriquecimento ilícito, que causam prejuízo ao erário e que atentam contra os princípios da Administração Pública.

[23] Diz-se norma penal em branco aquela cujo preceito incriminador, apesar de descrever a conduta penalmente proibida, por fazê-lo de forma incompleta e vaga, deve, necessariamente, ser complementado, como condição à sua aplicabilidade, por preceito contido em outro dispositivo legal, lançado no mesmo ou em diverso diploma legiferante, de qualquer natureza (leis, decretos, regulamentos, portarias etc.).

situações individuais se submetessem a variações interpretativas dos administradores, controladores e juízes. Fez-se imprescindível a limitação dos subjetivismos e das dispersões hermenêuticas para que as decisões não fossem tão arriscadas e evitassem paralisias que onerassem toda a sociedade.

Com pioneirismo francês, seguido pela Itália, Argentina, Espanha e Brasil, os códigos passaram a ser precedidos por Título Preliminar, que determinava a forma de interpretação e aplicação das normas ali dispostas. No Brasil, o Decreto-Lei nº 4.657/1942 revogou a Introdução ao Código Civil como instrumento predecessor e promulgou a Lei de Introdução ao Código Civil (LICC) como diploma autônomo, em descompasso com o Direito estrangeiro. Essa norma foi considerada guia de interpretação para as demais, a fim de elucidar aspectos de interpretação, vigência e eficácia normativas.[24]

Em 2010, essa lei foi alterada para, supostamente, ampliar seu campo de aplicação. Contudo, a modificação substancial se deu apenas no nome, que foi alterado para Lei de Introdução às Normas no Direito Brasileiro (LINDB). Essa mudança de nomenclatura foi justificada pela percepção de que a hermenêutica não poderia ser trabalhada exclusivamente no âmbito do Direito privado, de maneira que pretendia deslocar a interpretação normativa do Direito Civil para a Teoria Geral do Direito.

Excessos norteados por uma visão legalista e limitada dos atos administrativos geraram o efeito reverso da finalidade buscada pela fiscalização em relação ao princípio da eficiência, da boa administração e da segurança jurídica, além de provocarem certa paralisia nos gestores, receosos dos riscos de responsabilização. O paradoxo é evidente: a segurança jurídica, que é base fundamental de sustentação do Estado Democrático de Direito, ficou tão mais comprometida quanto mais avançou a legislação voltada a assegurar o princípio da legítima confiança e a estabilidade das relações do Estado com a iniciativa privada.

A fim de reduzir esses fatores de distorção, surgiu a necessidade de se fixarem objetivas balizas interpretativas, processuais e de controle a serem observadas pela administração. Houve a patente necessidade de atualização do *modus operandi* das atividades administrativas, compatibilizando-as com conceitos evoluídos do Direito Administrativo, que rejeitam dogmas fundados na origem da disciplina, já ultrapassados.[25]

Por isso, recentemente, a LINDB foi alterada pela Lei nº 13.655/2018 e incorporou regras de interpretação para, efetivamente, guiar o Direito Público.[26] Esse deslocamento acompanhou a mudança do papel do Estado, que transformou sua postura de abstenção para prestação positiva. A constitucionalização do Direito, associada à percepção de que a hermenêutica não advinha somente dos códigos, também foi fator relevante para a mudança da abrangência da lei.

---

[24] NOBRE JÚNIOR, Edilson Pereira. *As normas de Direito Público na Lei de Introdução ao Direito brasileiro*: paradigmas para interpretação e aplicação do Direito Administrativo. São Paulo: Contracorrente, 2019, p. 26-28.

[25] Como exemplo desses dogmas já ultrapassados pode-se citar: a noção puramente legalista do Direito Administrativo, a presença do elemento volitivo no exercício do poder discricionário do Estado, o interesse público vago e a supremacia absoluta do interesse público sobre o privado.

[26] As alterações mais recentes da LINDB, pela Lei nº 13.655/2018, que teve origem no PLS nº 349, foram propostas por iniciativa do Senador Anastasia, do PSDB, associada à participação dos professores Floriano Azevedo Marques Neto e Carlos Ari Sundfeld (NOHARA, Irene Patrícia. *LINDB*: Lei de Introdução às Normas no Direito Brasileiro, hermenêutica e novos parâmetros ao direito público. Curitiba: Juruá, 2018, p. 11).

A expansão da LINDB para o Direito Público foi facilitada pela inexistência de legislação administrativa sistematizada. Especificamente em relação ao Direito Administrativo, essas alterações na lei buscaram reforçar a segurança jurídica e ponderar algumas insuficiências da norma anterior na criação e aplicação do Direito Público.[27] Isso porque, em face das contínuas modificações introduzidas pela técnica de satisfação das necessidades coletivas, bem como pelo enredo político e social, o aplicador da norma se encontra, frequentemente, à frente do desafio de fazer incidir as leis em situações não previstas.

A aposta das modificações na norma foi no sentido de que traria mais equilíbrio e segurança jurídica ao Estado, tornando mais segura a atuação dos gestores e dos parceiros privados e mais estáveis as transições jurídicas, sem comprometer o controle público.

As mudanças ocorridas na LINDB não representam, em sua totalidade, novidade no sistema jurídico brasileiro. De fato, o aplicador do Direito Administrativo já está habituado a fazer aquilo que está escrito na lei. Contudo, essa forma desconsiderava os resultados e a realidade para delimitação do interesse público.

O diploma incorpora, em grande parte, os parâmetros que já vinham se consolidando na doutrina desde a década de 1990, no sentido de que não se deve ver o Direito Público como mecanismo apenas formal de aplicação de regras, mas como gerador de consequências que atingem, diretamente, a economicidade do ato. Trata-se de racionalizar a interpretação em prol da segurança jurídica e colocar o cidadão em patamar menos inseguro e mais horizontal perante a Administração.[28]

IV Releitura da Lei de Improbidade Administrativa a partir dos parâmetros da nova Lei de Introdução às Normas de Direito Brasileiro

Contemporaneamente, o Direito Administrativo começa a trabalhar com a noção de que, para respeitar os valores do ordenamento jurídico, não são necessárias hipergeneralizações vazias, perigosas, inúteis. Muitas vezes, basta a observância das normas mais concretas para a efetivação desses valores nas soluções pontuais da Administração e do Judiciário.

É evidente que o Direito Administrativo é bem retratado por todos os princípios que perfazem a matéria, mas essas hipergeneralizações são fragmentos aproximativos que devem ser levadas em consideração sempre à luz do caso concreto e das normas positivadas, sob pena de gerar insegurança jurídica irreparável.

No que tange à improbidade administrativa, os princípios vêm sendo utilizados para justificar decisões em evidente contradição, como um facilitador de superficialidades e voluntarismos. Contudo, motivações e discussões que se limitam a esse plano de

---

[27] As inovações legislativas na LINDB não se voltam, exclusivamente, para o Direito Administrativo, mas para todas as matérias em que o particular tenha que lidar com o Estado, tais como Direito Urbanístico, Tributário, Ambiental e de Direito privado, quando aplicado pela Administração Pública. As normas regem também a relação de servidores públicos com os órgãos de controle interno ou externo.

[28] CUNHA FILHO, Alexandre Jorge Carneiro da; ISSA, Rafael Hamze; SCHWIND, Rafael Wallbach. *Lei de Introdução às Normas do Direito Brasileiro* – Anotada: Decreto-Lei n. 4.657, de 4 de setembro de 1942. – v. II. São Paulo: Quartier Latin, 2019, p. 33.

generalidades são insuficientes para conclusões concretas. Ninguém é capaz de refutar a relevância de princípios que, enfileirados, aumentam a força da conclusão a que se quer chegar.

Diante dos vagos termos da norma, coube aos juízes assumir o ônus que o legislador lhes repassou e elaborar uma política de repressão, orientando-se em palavras pálidas da lei e dando vida a motivações ocas que, em um simples rearranjo de vocábulos, podem ser utilizadas para condenar ou absolver, de acordo com a subjetividade de cada julgador. Orientados pelos *bons princípios*, os julgadores se omitem de debater, com consistência, a política que a lei lhes deixou por construir e desprezam as soluções legais em favor de outras.

Segundo Carlos Ari Sundfeld, "o Judiciário tem, claro, seu papel no controle de falhas e omissões das autoridades legislativas e administrativas, mas ele *não* é o Legislativo nem a Administração, e não pode substituí-los em tudo".[29] Não há, assim, presunção absoluta de que é do Judiciário o poder de, a partir dos princípios, formular soluções jurídicas específicas.[30]

Sob essa perspectiva, a importância das normas incluídas na LINDB está na positivação do Direito, que lhe confere regras de conteúdo determinado, com maior grau de certeza na aplicação. São regras de sobredireito,[31] que devem ser observadas por todos os entes da Federação, pelos órgãos de controle e pelo Poder Judiciário porque indicam o direito substantivo aplicável à solução material dos litígios – seja na dimensão temporal, seja na espacial.

Nesse sentido, a interpretação da Lei de Improbidade à luz das alterações da LINDB pode trazer a solução adequada para que se alcance a segurança jurídica das relações *do Estado* e *com o Estado*, a fim de amenizar os efeitos nocivos dos conceitos jurídicos indeterminados e do excesso de punitivismo.

De acordo com as alterações na LINDB, a aplicação da norma da improbidade deve se relacionar com a exigência de proporcionalidade – adequação, necessidade e proporcionalidade em sentido estrito – confrontando-se com possíveis alternativas. Isso visa a evitar que, em decorrência dos valores abstratos ali consagrados, sejam aplicadas sanções desprovidas de qualquer parametrização com a conduta praticada. Há, portanto, mitigação da influência irrestrita da legalidade da Lei de Improbidade Administrativa para se ajustar à realidade do agente.

Há limitação, também, à invocação de valores jurídicos abstratos para avaliação da conduta administrativa como proba ou ímproba. Tal imposição se liga a outros limites, que vedam ao julgador a indicação ou reprodução do ato normativo, sem explicar sua relação com a situação fática decidida.[32]

Percebe-se a necessidade de dissecção dos elementos da norma de improbidade para que seja possível enquadrar as condutas públicas nos tipos sancionadores.

---

[29] SUNDFELD, Carlos Ari. *Direito administrativo para céticos*. São Paulo: Malheiros, 2014, p. 217.
[30] Há uma tendência, na própria atitude dos juízes, em demonstrar cautela quanto à aceitação dessa competência funcional, de maneira a não atuarem sempre, em qualquer situação, de forma a transformarem princípios em regras e atos. Contudo, ainda há espaços de ausência de cuidado, que dão ensejo a decisões subjetivas, arbitrárias, contraditórias e desvinculadas da realidade concreta.
[31] Norma jurídica que visa a regulamentar outras normas infraconstitucionais.
[32] Tais limites estão previstos no art. 489, §1º, do Código de Processo Civil.

Para tanto, não pode haver conceito de improbidade articulado a partir da violação aos tipos abertos da própria Lei nº 8.429/1992.

Ao avaliar a conduta do agente público, é necessário que o julgador esmiúce o que de fato caracteriza ofensa à Administração Pública, de forma objetiva. Não se pode pautar, a título de se assegurar a *boa-fé*, a *lealdade administrativa*, a *dignidade humana*, em conceitos de natureza ampla para responsabilizar agente que, em virtude de sua função, tinha o dever de agir.

No aspecto prático, é possível, inclusive, o questionamento sobre a manutenção da existência de ação de improbidade administrativa pautada meramente em ofensa a princípios administrativos (art. 11 da LIA). Diante do tipo sancionador extremamente amplo, constata-se que as alterações da *sobrenorma* de Direito impuseram-lhe sua não aplicação.

O poder que a LINDB exerce sobre a Lei de Improbidade – assim como sobre as demais normas de Direito Público –, dentre outros, é de prevenção contra a aplicação exagerada de sanções sem análise de circunstâncias. Para estipular o fim dos inúmeros casos de ações de improbidade ajuizadas genericamente, com pedidos sucessivos e alternativos, a sobrenorma de direito exige que sejam considerados os danos efetivos e as circunstâncias fáticas, antes da aplicação de penalidades abstrusas que aniquilam o agente público.

Todos os julgadores de condutas de agentes públicos estão agora obrigados a se atentar para a realidade local e para as possibilidades frente ao quadro de fatos apresentados, à época, ao administrador. Com isso, pretende-se evitar conclusões precipitadas sobre a aplicação do ordenamento legal, tachando com incorreções e falhas *erros* administrativos não grosseiros ou não dolosos. Consagra-se o entendimento contemporâneo da jurisprudência administrativa de que não ser bom administrador não significa, automaticamente, ser agente ímprobo.[33]

Além disso, estabelece a nova LINDB que um mesmo fato não pode ser apenado duas vezes ou com dosimetria que extrapole o conjunto dos atos ilegais realmente praticados. A tipicidade administrativa deve ser, portanto, conglobante, e não multiplicada por agregação e somatório de regras e órgãos sancionadores. Pela nova norma, passa a ser inválida a dosimetria exponencial que desconsidere a realidade material circunscrita por todos os órgãos de controle. Devem ser evitadas decisões irrealistas de quaisquer esferas de controle.

Com isso não se pretende abrir margem para que o agente público seja legitimado a tomar atitudes como bem entender, ao desamparo do ordenamento jurídico como um todo. O que se busca é a não paralisação administrativa por receio do punitivismo exacerbado, que não leva em consideração as razões que fizeram o administrador praticar tais condutas.

A LINDB se mostra um excelente parâmetro de delimitação de condutas, principalmente no que tange às normas voltadas ao Direito Público. Por intermédio de suas alterações, é possível que administrador e administrados guiem suas condutas,

---

[33] REsp. 269.683-SC, Rel. Min. LAURITA VAZ, DJU 3.11.2004, p. 168; REsp 213.994-0/MG, 1ª Turma, Rel. Min. Garcia Vieira, DOU de 27.9.1999; STJ - REsp: 1838115 SP 2019/0275369-6, Relator: Ministro NAPOLEÃO NUNES MAIA FILHO, Data de Publicação: DJ 14.04.2020.

a fim de não se distanciarem da legalidade administrativa e, ao mesmo tempo, não se paralisarem diante do quadro ímpar.

Essa norma não está preocupada com o gestor de má-fé, uma vez que, para este, foi edificada toda uma legislação de controle (LIA), mas interessa-se pelo gestor de boa-fé, cujo comportamento honesto não é tutelado pelo Direito e recebe o mesmo tratamento jurídico do sujeito que age de forma mal-intencionada. Essa lei traz entendimentos que pretendem recompensar os comportamentos de honestidade como medida de incentivo para que se mantenha o padrão moral na gestão pública. É o primeiro passo, nesse sentido, ao fazer a dissociação necessária entre gestores públicos honestos e desonestos.

V Conclusão

Em virtude de se tratar de modificações muito recentes, que ainda demandarão sistematização e consolidação jurisprudencial, é precoce qualquer conclusão terminativa sobre a matéria. Faz-se indispensável que a doutrina se debruce sobre os impactos que a sobrenorma de Direito causou e ainda tem o condão de causar no ordenamento jurídico como um todo.

A despeito disso, as principais ideias desenvolvidas neste trabalho podem ser concluídas por meio das seguintes proposições:

1. Em virtude da erosão dogmática causada pela passagem do jusnaturalismo e do juspositivismo para o novo contexto de maior relevância do texto constitucional, de seus princípios, valores, regras e normas, o Direito passou a ser entendido a partir de valores éticos e morais, concepção que é própria do que se convencionou chamar de pós-positivismo. Nesse ambiente em que os princípios constitucionais ganham força normativa mesmo sem a intermediação da lei, revela-se a possibilidade de excessos hermenêuticos e o desequilíbrio entre os poderes. Isso porque se expropriam as funções do legislador ordinário em prol do Poder Judiciário e da administração. A transferência de responsabilidades ao Judiciário priorizou a justiça subjetiva, em que há o afastamento da legislação que não se compatibilize com os critérios pessoais do julgador, o qual baseia sua fundamentação em princípios constitucionais. Para a Administração Pública, essa transferência de responsabilidades, feita pelo enfoque constitucional principiológico, trouxe como consequência o excesso de punitivismo.

2. O Direito Administrativo e os parâmetros clássicos sobre os quais foi fundado vêm evoluindo ao longo do tempo para se adequar às mudanças sociais e aos anseios de maior horizontalidade nas relações. Assim, entende-se que a adequação de todo o Direito Público para trazer maior transparência, segurança, lisura e paridade de armas é medida fundamental para melhores resultados do Estado. A legislação mais recente tem sido elaborada com a missão de revisitar o Direito em seus vários sistemas, com afastamento das antigas bases segregadoras e aproximação da sociedade do Estado na resolução de controvérsias.

3. Para a parametrização da legislação infraconstitucional às evoluções do Direito Público se faz necessário aprofundamento da medida de cada norma jurídica e de sua aplicação. À luz dos estudos mais aprofundados sobre o tema, conclui-se pela impossibilidade de redução do alcance dos princípios à mera função assessória das regras, uma vez que as funções normativas desempenham diferentes atributos. Não obstante, as

regras devem ser normas instrumentalizadoras dos princípios, de forma que, se houver regra infraconstitucional considerada constitucional sobre determinada matéria, esta não pode ser afastada em prol da aplicação única e exclusiva de um princípio.

4. A moralidade administrativa traduz grande imprecisão, amplitude e fluidez, exigindo fatores exógenos para sua densificação. Apesar disso, a Constituição Federal de 1988, em resposta aos anseios sociais e após um processo de consolidação positiva da autonomia dogmática da moralidade, deu a ela uma normatividade plástica própria dos princípios, com aplicação direta e autônoma.

5. Para sujeitar quem quer que seja às sanções por improbidade, é imperioso elencar quais os tipos de comportamentos são qualificados como ímprobos, a fim de atender ao primado da segurança jurídica, corolário do Estado Democrático de Direito. A Lei nº 8.429, de 2 de junho de 1992, Lei de Improbidade Administrativa, regulamentou o art. 37, parágrafo 4º, da Constituição, buscando abarcar a maior quantidade possível de ilícitos e possibilidades de sancionamento. Por isso, a Lei de Improbidade possui normas sancionadoras em branco que se complementam por outras regras ou princípios, a partir da integração de legislações setoriais. A extensa gama de amplitude decorrente da tipificação aberta das condutas puníveis evidencia a possibilidade de realização do enquadramento de uma mesma conduta em diversas correntes interpretativas, de maneira a atribuir-lhe várias aplicações legais.

6. Há uma equivocada percepção, no Brasil, de que o controle dos agentes públicos deve ser tanto melhor quanto mais rígido. A Lei nº 8.429/1992 não estabeleceu, de forma precisa, quais penas podem ser aplicadas a cada tipo específico e como podem ser individualizadas no caso concreto. Assim, o controle voltado ao combate à corrupção, quando integrado à aplicação de normas anacrônicas, gerou a avalanche de ações por atos de improbidade administrativa que chegaram ao Poder Judiciário, quase sempre com pedidos condenatórios extremamente amplos e genéricos. Essas ações provocaram decisões judiciais completamente díspares, tanto nas absolvições quanto nas condenações, constatando-se assustadora falta de padronização. A crise causada por opções legislativas de maior amplitude e indeterminação gerou ineficiência e arbítrio no exercício das competências e fragilizou a gestão pública brasileira.

7. Diante disso, o descomedimento do sancionamento e ausência de parâmetros claros, objetivos e seguros causou a paralisação de muitos setores da Administração, em virtude do medo dos gestores.

8. Hoje, o Direito Administrativo começa a trabalhar com a noção de que, para respeitar os valores do ordenamento jurídico, não são necessárias hipergeneralizações vazias, perigosas ou inúteis. A fim de reduzir esses fatores de distorção, surgiu a necessidade de se fixarem objetivas balizas interpretativas, processuais e de controle a serem observadas. Por isso, recentemente, a Lei de Introdução às Normas do Direito Brasileiro foi alterada pela Lei nº 13.655/2018 e incorporou regras de interpretação para, efetivamente, guiar o Direito Público.

9. As regras da LINDB configuram normas gerais de criação, interpretação e aplicação do ordenamento jurídico como um todo, indistintamente, aos segmentos do Direito Público e do Direito Privado e têm o intuito de impedir arbitrariedades do Estado. Dessa forma, a utilidade de suas regras se relaciona, em primeiro lugar, à extensão de sua aplicação.

10. Com a nova LINDB, percebe-se a necessidade de dissecção dos elementos da norma de improbidade para que seja possível enquadrar as condutas públicas nos tipos sancionadores. Para tanto, não pode haver conceito de improbidade articulado a partir da violação aos tipos abertos da própria Lei nº 8.429/1992.

Informação bibliográfica deste texto, conforme a NBR 6023:2018 da Associação Brasileira de Normas Técnicas (ABNT):

LACERDA, Caroline Maria Vieira. Os impactos das alterações da Lei de Introdução às Normas do Direito Brasileiro nas ações de improbidade administrativa. *In*: SEEFELDER FILHO, Claudio Xavier (coord.). *Direito Econômico e Desenvolvimento*: entre a prática e a academia. Belo Horizonte: Fórum, 2023. p. 85-98. ISBN 978-65-5518-487-7.

O CRIME DE GESTÃO TEMERÁRIA DE INSTITUIÇÕES FINANCEIRAS E A APLICABILIDADE DO PARÁGRAFO ÚNICO DO ARTIGO 4º DA LEI Nº 7.492/86 ÀS CONDUTAS COM RESULTADO ECONÔMICO POSITIVO

CLAUDENIR BRITO PEREIRA

Introdução

A capacidade de desenvolvimento de um país está diretamente relacionada à estabilidade de suas instituições financeiras, e eventual insolvência de um banco de grande porte costuma impactar o sistema bancário como um todo, no âmbito do denominado risco sistêmico, que não se restringe às fronteiras de um país, mas se configura em problema mundial.

Por esse motivo, se observa grande preocupação com o estabelecimento e a manutenção de uma rede de proteção ao sistema financeiro, composta de ações preventivas e repressivas contra ações que possam impactar negativamente essas instituições.

O presente artigo tem como ponto de partida justamente a lei de crimes contra o Sistema Financeiro Nacional, Lei nº 7.492, de 16 de junho de 1986, dada sua importância jurídico-legislativa e a atualidade dos temas de que trata, particularmente um dos crimes tipificados em seu texto, o previsto no parágrafo único de seu art. 4º, denominado "gestão temerária de instituições financeiras".

Nesse contexto, devemos recordar que a atividade bancária está intimamente ligada à assunção de riscos, e o Banco Central do Brasil reconhece a existência do risco dessa atividade e a necessidade de atuação diligente das instituições financeiras, tanto que impõe uma série de limites na tomada desses riscos, fazendo com que seus regulados atuem dentro de parâmetros mínimos de gestão de risco e de capital, a fim de resguardarem o Sistema Financeiro Nacional de eventual colapso causado por risco sistêmico.

Ocorre que, no afã de trazer retornos expressivos aos acionistas – e eventualmente a si mesmos, os administradores das instituições financeiras podem vir a assumir um nível de risco excessivo, desarrazoado, considerado acima do aceitável, o que pode colocar em risco o patrimônio dos investidores.

Eventual ação "temerária" causadora desse excesso pode vir a ser caracterizada como crime tipificado no parágrafo único do art. 4º da Lei nº 7.492, de 16 de junho de 1986, que definiu os crimes contra o Sistema Financeiro Nacional – a "gestão temerária".

A partir dessa definição, vamos em busca de respostas à seguinte pergunta: o crime de gestão temerária seria aplicável mesmo nos casos em que os atos de gestão temerária alegados possam ter trazido resultado econômico positivo para a instituição?

Para respondê-la, elencamos duas hipóteses possíveis para a resposta ao questionamento central.

A primeira hipótese é a de que o crime de gestão temerária, por se constituir em crime de mera conduta, seja aplicável mesmo às ações que, embora típicas, tenham trazido resultado econômico positivo para a instituição financeira em que ocorreu o fato.

A segunda hipótese é a de que a condenação por crime de gestão temerária de instituição financeira não tem aplicação prática nos crimes com resultado positivo.

Na sequência, realizamos uma análise dos julgados mais recentes relacionados ao tema "gestão temerária de instituição financeira", tanto quantitativa quanto qualitativamente, a fim de demonstrar como o Poder Judiciário vem decidindo a respeito do tema, analisando os resultados econômicos para as empresas e buscando eventual correlação entre as condenações confirmadas e eventuais resultados positivos identificados.

O método de abordagem utilizado foi o dedutivo, na medida em que, da análise das decisões e do impacto das ações consideradas como "gestão temerária" nas instituições financeiras, buscaremos deduzir a aplicabilidade da condenação no caso delimitado, utilizando uma pesquisa exploratória dos dados disponíveis sobre os processos judiciais na segunda instância.

1 Revisão de literatura

Na presente seção, vamos apresentar a revisão da literatura disponível sobre o Sistema Financeiro Nacional e sobre o crime de "gestão temerária de instituição financeira", incluindo algumas considerações sobre o bem jurídico tutelado pela norma, além de definições referentes ao ato de gestão de instituições financeiras e as diferenças entre gestão fraudulenta e gestão temerária, para, ao fim, delimitar o objeto do presente artigo.

1.1 Bem jurídico tutelado

Em relação à importância e às consequências da criminalidade econômica, segundo Betti,

> As consequências lesivas dessa modalidade criminosa são de danos materiais. Os danos materiais mais característicos são os financeiros e, pode-se afirmar que são muito maiores do que os da delinquência violenta, superando a totalidade dos causados pelas outras formas de delito. Com relação aos danos imateriais, pode-se aferir a perda de confiança

nas relações comerciais, a deformação do equilíbrio de mercado e o descrédito nas políticas econômicas, financeiras e sociais do governo.[1]

A necessidade de identificação do bem jurídico tutelado pela lei decorre do próprio conceito tradicional de crime sob a ótica sociológico-jurídica, segundo o qual existem interesses jurídicos (bem jurídico) fundamentais para uma vida harmoniosa em sociedade.

Nesse ponto, em busca de um bem jurídico a ser tutelado pelo conjunto da Lei nº 7.492/86, recorremos aos comentários de Mazloum, segundo o qual

> Assim, pode-se afirmar que o Sistema Financeiro Nacional, patrimônio pertencente à toda coletividade, é o bem jurídico a ser tutelado pela Lei 7.492. Trata-se de um bem jurídico supra-individual, cuja tutela interessa à coletividade. Constata-se, entretanto, ainda que em perfunctória análise, que as diversas condutas previstas na Lei 7.492/86, comissivas ou omissivas, podem também violar o patrimônio (moral ou material) individual de pessoas físicas ou jurídicas.[2]

Importante, ainda, realizarmos uma releitura do bem jurídico da gestão temerária, nos ensinamentos de Canton Filho, "O bem jurídico surge, assim, como ponto de concentração de valores a exigir a proteção do Direito Penal, obtido no âmbito social. A solução para a conduta, a partir da alta densidade de valoração do bem jurídico é institucionalizada pelo Direito Penal Positivo e não ao contrário".[3]

Ou seja, primeiro se identificam os valores a serem protegidos para, somente após, elaborarmos o tipo penal a ser utilizado na proteção desses valores.

Ao considerarmos o crime de gestão temerária de instituição financeira como um crime de perigo abstrato[4], teremos maior dificuldade em delimitarmos a objetividade jurídica, na medida em que não exista a necessidade de dano efetivo. Segundo Breda, "A potencialidade do perigo deve ser comprovada, não a sua ocorrência concreta. O perigo exigido, portanto, *é* da credibilidade das operações financeiras, primeiramente, da instituição perante os investidores e o mercado e do mercado em relação aos investidores".[5]

Em suma, podemos dizer que o disposto no parágrafo único do art. 4º da lei tem por objetivo a proteção do Sistema Financeiro Nacional contra atos de gestão que assumam mais risco do que o razoável,[6] mesmo considerando que a própria atividade já traz um risco inerente alto.

---

[1] BETTI, Francisco de Assis. *Aspectos dos crimes contra o sistema financeiro no Brasil*: comentários às leis 7.492/86 e 9.613/98. 1. ed. Belo Horizonte: Del Rey, 2000, p. 18.

[2] MAZLOUM, Ali. *Dos crimes contra o sistema financeiro nacional*: comentários à lei 7.492/86 doutrina e jurisprudência. 1. ed. São Paulo: Célebre, 2007, p. 43.

[3] CANTON FILHO, Fábio Romeu. *Bem jurídico penal*. 1. ed. Rio de Janeiro: Elsevier, 2012, p. 13.

[4] "Os crimes de perigo, que podem ser subdivididos em perigo abstrato e perigo concreto, constituem uma antecipação da punição levada a efeito pelo legislador, a fim de que o mal maior, consubstanciado no dano, seja evitado. Assim, podemos dizer que, punindo-se um comportamento entendido como perigoso, procura-se evitar a ocorrência do dano." GRECO, Rogério. *Curso de direito penal*: parte geral. 19. ed. Niterói: Impetus, 2017.

[5] BREDA, Juliano. *Gestão fraudulenta de instituição financeira e dispositivos processuais da lei 7.492/86*. Rio de Janeiro: Renovar, 2002, p. 58.

[6] Podemos considerar risco razoável o risco admitido nas operações realizadas em instituições financeiras, desde que em observância das normas vigentes e das políticas internas de cada instituição.

Para Tortima, "a fronteira entre o risco natural, tolerável, e o inadmissível será o ponto de partida na espinhosa tarefa de complementação valorativa do Juiz ao interpretar (melhor teria sido dizer desvendar) o que venha a ser gestão temerária".[7]

De acordo com Bitencourt e Breda, "De um modo muito particular nos setores bancário, financeiro e cambial, de mercado de capitais, suas atividades fins laboram diariamente com o risco, pois financiamentos, cauções, seguros trazem impregnada grande margem de risco".[8]

Ainda segundo os autores:

> Nesse sentido, protege-se a lisura, a correção e a honestidade das operações atribuídas e realizadas pelas instituições financeiras e assemelhadas. O bom e regular funcionamento do sistema financeiro repousa na confiança que a coletividade lhe credita. A credibilidade é um atributo que assegura o regular e exitoso funcionamento do sistema financeiro como um todo.[9]

Em vista do exposto, podemos afirmar que a "gestão temerária de instituição financeira" trata de crime pluriofensivo, já que protege mais de um bem jurídico.

1.2 Sistema Financeiro Nacional: delimitação

Do ponto de vista doutrinário, podemos definir o sistema financeiro como um "conjunto de normas, práticas e instituição que permite mobilizar recursos e pô-los à disposição de pessoas que precisem de financiamento".[10]

A Lei nº 4.595/1964, em seu art. 1º, dispôs sobre a política e as instituições monetárias, bancárias e creditícias, criando o Conselho Monetário Nacional (CMN) e dando outras providências, e relacionou os integrantes do Sistema Financeiro Nacional (SFN) da seguinte forma: o próprio Conselho Monetário Nacional, o Banco Central do Brasil, o Banco do Brasil S.A., o Banco Nacional do Desenvolvimento Econômico e as "demais instituições financeiras públicas e privadas".

A definição do que seriam "demais instituições financeiras" foi disposta na Lei nº 4.595/64, em seu art. 17, de forma ampla, incluindo pessoas jurídicas responsáveis pela gestão de recursos próprios e de terceiros. Já a Lei nº 7.492/86, que definiu os crimes contra o Sistema Financeiro Nacional, foi restritiva, ao mencionar tão somente os "recursos de terceiros" em seu art. 1º.

Assim, resta claro que tanto a gestão fraudulenta quanto a gestão temerária de comércio ou estabelecimento que não se enquadrem nas definições da lei não estariam abarcadas pelos crimes previstos no art. 4º.

Faz-se necessário delimitar quais são estas instituições e quais as principais características de cada uma delas, pois os atos de gestão fraudulenta e temerária previstos

---

[7] TORTIMA, José Carlos. *Crimes contra o sistema financeiro nacional* (uma contribuição ao estudo da lei n 7.492/86). 3. ed. Rio de Janeiro: Lumen Juris, 2011, p. 40.
[8] BITENCOURT, Cézar Roberto; BREDA, Juliano. *Crimes contra o sistema financeiro nacional e contra o mercado de capitais*. 3. ed. São Paulo: Saraiva, 2014.
[9] Idem [19].
[10] SZTAJN, Rachel. *Sistema financeiro entre estabilidade e risco*. 1. ed. Rio de Janeiro: Elsevier, 2012, p. 79.

em lei devem ser plenamente delimitados quando se buscar eventual responsabilização dos gestores.

Os bancos comerciais são instituições financeiras privadas ou públicas, mas, de acordo com o BCB, têm como objetivo principal "proporcionar suprimento de recursos necessários para financiar, a curto e a médio prazos, o comércio, a indústria, as empresas prestadoras de serviços, as pessoas físicas e terceiros em geral".[11]

Os bancos de investimento, por sua vez, são instituições financeiras privadas especializadas em operações de participação societária de caráter temporário, de financiamento da atividade produtiva para suprimento de capital fixo e de giro e de administração de recursos de terceiros.[12]

Já a cooperativa de crédito é uma instituição financeira formada pela associação de pessoas para prestar serviços financeiros exclusivamente aos seus associados, sendo os cooperados ao mesmo tempo donos e usuários da cooperativa, participando de sua gestão e usufruindo de seus produtos e serviços. Importante ressaltar que cooperativas de outros ramos não são autorizadas e supervisionadas pelo BCB como as cooperativas de crédito.

Além dessas citadas instituições financeiras típicas, importante destacar as instituições que são equiparadas a instituições financeiras para efeito da Lei nº 7.492/86.

Em relação à delimitação do Sistema Financeiro Nacional, algumas lacunas de definição importantes já foram enfrentadas pela jurisprudência, como por exemplo em relação às administradoras de cartões de crédito, objeto da Súmula nº 283 do Superior Tribunal de Justiça (STJ): "As empresas administradoras de cartão de crédito são instituições financeiras e, por isso, os juros remuneratórios por elas cobrados não sofrem as limitações da Lei de Usura".[13]

O STJ também enfrentou o conceito de "equiparação à instituição financeira" relacionado à situação das denominadas "pirâmides financeiras" ao julgar *habeas corpus* no ano de 2014, tendo o Tribunal se pronunciado no sentido de que as operações denominadas de "pirâmide financeira" não constituem atividades financeiras para fins de incidência da referida lei ou, tampouco, delito contra o mercado de capitais.

No mesmo sentido, ao julgar conflito negativo de competência entre juízos vinculados a Tribunais distintos, o STJ concluiu através do HC nº 293052/SP, de relatoria do Ministro Walter de Almeida Guilherme, que a captação de recursos via criptomoedas não se enquadraria no conceito de atividade financeira.

Por fim, vale comentarmos a aplicabilidade da Lei nº 7.492/86 às denominadas "*fintechs*", que, para Chakraborty, é um conjunto de tecnologias financeiras, ferramentas, plataformas e ecossistemas que fazem serviços e produtos financeiros mais acessíveis e eficientes.[14]

---

[11] BRASIL. Banco Central do Brasil. Resolução CMN nº 2.099, de 17 de agosto de 1994. Disponível em https://www.bcb.gov.br/pre/normativos/res/1994/pdf/res_2099_v1_O.pdf. Acesso em: 21 jun. 2020.

[12] Resolução CMN nº 2.624, de 29 de julho de 1999, art. 1º. Disponível em: https://www.bcb.gov.br/pre/normativos/busca/downloadNormativo.asp?arquivo=/Lists/Normativos/Attachments/45083/Res_2624_v1_O.pdf. Acesso em: 21 jun. 2020.

[13] STJ. Súmula 283 (SÚMULA) DJ 13.05.2004, p. 201. RSSTJ vol. 21 p. 347. *RSTJ*, vol. 177, p. 87. RT vol. 824 p. 150 Decisão: 28.04.2004.

[14] CHAKRABORTY, Sumit. Fintech: evolution or revolution. Business Analytics Research Lab India, Year: 2018, p. 5. ISBN: EBOOK/ FINTECH V1.0/ 15102018.

As *fintechs* no Brasil foram normatizadas por meio da Resolução do BACEN nº 4.656/18, que autorizou a criação das sociedades de crédito direto (SCD) e das sociedades de empréstimo entre pessoas (SEP), expondo a realização de operações de empréstimo e de financiamento entre pessoas por meio de plataforma eletrônica e estabelecendo requisitos e procedimentos para autorização e funcionamento dessas instituições, e, portanto, em nosso entendimento, estão sujeitas aos ditames da Lei nº 7.492/86 no tocante à responsabilização de seus administradores por conduta que caracterize o crime de gestão temerária.

Assim, fica delimitado o conceito e os exemplos de instituições financeiras para que se possa avaliar a aderência à lei de crimes contra o Sistema Financeiro Nacional, de acordo com o disposto pelo órgão regulador e considerando o texto legal, a doutrina e a jurisprudência.

1.3 Gestão de instituição financeira: definição

A ação definida no art. 4º da Lei nº 7.492/86 é "gerir", que por sua vez se refere ao ato de gerenciar, exercer atividades de gestão e de administração. Segundo Bitencourt, "Gerir, na realidade, significando o exercício de atos de gestão, pressupõe uma determinada duração desse exercício, sua realização por um certo tempo, impossível de circunscrever-se em atos isolados, como querem algumas decisões judiciais de primeiro grau".[15]

Esse entendimento, entretanto, é divergente na jurisprudência, havendo julgados em que não se exigiu a habitualidade, ou seja, em que um único ato seria suficiente para se caracterizar a "gestão temerária". Como exemplo, podemos citar o Recurso Especial nº 617.191/SP, de relatoria da Ministra Laurita Vaz do STJ.

No mesmo sentido de que um único ato seria suficiente para caracterizar a gestão, a doutrina de Rodolfo Tigre Maia afirma que "Trata-se de crime habitual impróprio, ou acidentalmente habitual, em que uma única ação tem relevância para configurar o tipo, inobstante sua reiteração não configure pluralidade de crimes".[16]

É importante esclarecer que o legislador originário optou por manter o veto presidencial ao trecho do art. 25 da Lei nº 7.942/86, o que nos leva a concluir que a intenção do legislador fora a de alcançar apenas aqueles integrantes de instituições financeiras que efetivamente pudessem ter poder de decisão relacionado à atuação das instituições, não abarcando aqueles que meramente dispusessem de diretrizes estratégicas ou que somente colocassem em prática as decisões tomadas pelo corpo diretivo estatutário.

Concordando com o referido veto, Juliano Breda entende que fora "Correto, por isso, o veto presidencial contra a disposição que responsabilizava penalmente os 'membros de conselhos estatutários', pelo inadmissível alargamento da incidência da norma penal".[17] Segundo o autor, os membros dos conselhos estatutários não podem ser sujeitos ativos do crime de gestão temerária.[18]

---

[15] BITENCOURT, Cézar Roberto. *Tratado de direito penal econômico*. 1. ed. São Paulo: Saraiva, 2016, p. 253 e 266.
[16] MAIA, Rodolfo Tigre. *Dos crimes contra o sistema financeiro nacional*. São Paulo: Malheiros, 1996, p. 58.
[17] BREDA, Juliano. *Gestão fraudulenta de instituição financeira e dispositivos processuais da lei 7.492/86*. Rio de Janeiro: Renovar, 2002, p. 70.
[18] BREDA, Juliano. *Gestão fraudulenta de instituição financeira e dispositivos processuais da lei 7.492/86*. Rio de Janeiro: Renovar, 2002, p. 68.

Ousamos discordar, pois a necessária competência decisória para "gerir" a instituição financeira, definindo diretrizes e limites de atuação de esferas empresariais subordinadas, em nosso entendimento, faz com que o primeiro veto presidencial citado, se fez sentido à época – há mais de 30 (trinta) anos – já não faria sentido atualmente.

Explica-se: um Conselho de Administração, atualmente, se reveste de verdadeira independência para direcionar as decisões da diretoria estatutária, particularmente nas instituições financeiras estatais, como resta claro no estudo da Lei nº 13.303/2016, que dispôs sobre o estatuto jurídico da empresa pública, da sociedade de economia mista e de suas subsidiárias, no âmbito da União, dos Estados, do Distrito Federal e dos Municípios.

Tal dificuldade poderia levar à inadequação da imputação dos crimes citados, na medida em que um gerente poderia ter grande poder decisório em determinada instituição, e muito pouca liberdade de atuação em outras, embora sendo tratados da mesma forma pelo tipo penal.

Essa discussão tem sido travada na doutrina, havendo autores que entendem que gerentes de agências bancárias não são sujeitos ativos do referido crime, como afirma Breda

> O mais correto portanto é considerar como potencial autor somente aquele que detém um poder de fato capaz de influir nas decisões fundamentais da instituição. Com isso pretende-se afirmar que, por exemplo, os gerentes de conta corrente não são sujeitos ativos deste delito, pois não tem condição fática para gerir, ou melhor, controlar o banco, mas apenas determinadas operações.[19]

E, em sentido contrário, temos a opinião de Ruivo

> Não se pode, portanto, concordar com a compreensão que pretende restringir em demasia a abrangência do ilícito do artigo 4º da Lei 7.492/86. Caso contrário, somente na matriz, sede ou agência central poderia ser cometido o crime, pois toda a representação bancária, nas mais diversas partes do território nacional, se dá por meio de agências. Afinal, a agência não é apenas a *longa manus* ou o representativo bancário da sede de uma instituição financeira localizada em uma grande cidade; para além disso, consiste no elemento por meio do qual os interessados têm acesso e vinculação à dinâmica de funcionamento e de operações oferecidas pela empresa.[20]

Trata-se de crime próprio,[21] já que exige condição específica do sujeito ativo, embora possível a participação de terceiros que não participem da gestão de instituições financeiras, de acordo com o art. 30 do Código Penal.

---

[19] BREDA, Juliano. Gestão *fraudulenta de instituição financeira e dispositivos processuais da lei 7.492/86*. Rio de Janeiro: Renovar, 2002, p. 64.

[20] RUIVO, Marcelo Almeida. *Criminalidade financeira*: contribuição à compreensão da gestão fraudulenta. 1. ed. Porto Alegre: Livraria do Advogado, 2011, p. 151.

[21] "Crime próprio, a seu turno, é aquele cujo tipo penal exige uma qualidade ou condição especial dos sujeitos ativos ou passivos". GRECO, Rogério. *Curso de direito penal*: parte geral. 19. ed. Niterói: Impetus, 2017.

1.4 Gestão fraudulenta e temerária: diferenças

A necessidade de diferenciação entre a gestão fraudulenta e a gestão temerária decorre da própria tipificação constante do art. 4º da Lei nº 7.942/86. Segundo Bitencourt, "Gerir fraudulentamente é utilizar-se de fraude na gestão empresarial. Fraude, por sua vez, é todo e qualquer meio enganoso, que tem a finalidade de ludibriar, de alterar a verdade de fatos ou a natureza das coisas".[22]

Assim, podemos considerar que a fraude se reveste de um ato intencional e reiterado com o objetivo de induzir ou manter o outro em erro, sendo a gestão fraudulenta caracterizada por todas as ações com essas características realizadas no curso do exercício da gestão.

Já o instituto da gestão temerária foi introduzido na legislação pátria pela Lei nº 1.521/51, que alterou dispositivos relacionados aos crimes contra a "economia popular", prevendo pena de detenção, de 2 (dois) a 10 (dez) anos, e multa, de "vinte mil a cem mil cruzeiros" para o caso de condenação e exigia a existência de nexo causal, ao determinar que os atos de gestão deveriam ter como resultado a falência ou a insolvência da instituição financeira, ou não terem qualquer das cláusulas contratuais com prejuízo dos interessados.

Tal necessidade foi revogada pela Lei nº 7.492/86, facilitando a responsabilização dos agentes, embora, nos dizeres de Fornaciari, "com a nova redação, cabe ao intérprete avaliar tipicamente as condutas por meio dos elementos normativos ou standards 'fraude' e 'temerária', o que lhe confere amplo poder de definição sobre a configuração dos crimes".[23]

Vencida essa observação preliminar, entende-se por temerário aquilo que apresenta risco, que é arriscado, perigoso, arrojado.[24] Assim, podemos afirmar que gestão temerária é um conjunto relativamente sequencial de atos de gestão em instituições financeiras que demonstre a assunção de riscos acima dos aceitáveis pelas regras comumente aceitas pelo mercado ou pela inobservância de limites de riscos nos atos de gestão.

Dessa forma, podemos definir com mais clareza o objeto do presente artigo, qual seja, o estudo do crime previsto no parágrafo único do art. 4º da Lei nº 7.492/86, caracterizado por atos de gestão em instituições financeiras com a assunção de riscos acima do habitual pelo mercado.

2 Análise jurisprudencial da gestão temerária à luz da doutrina estudada

Os crimes previstos na Lei nº 7.492/86 são de competência da Justiça Federal, conforme art. 26 da referida lei. Tratando-se de crime restrito a um objeto específico – a gestão temerária de instituição financeira –, a pesquisa foi concentrada nos julgamentos ocorridos no Tribunal Regional Federal da 3ª Região (TRF-3), abarcando os Estados de

---

[22] BITENCOURT, Cézar Roberto. *Tratado de direito penal econômico*. 1. ed. São Paulo: Saraiva, 2016, p. 253.
[23] FORNACIARI, Gauthama. *Gestão fraudulenta e temerária*: um estudo jurisprudencial. 1. ed. São Paulo: Saraiva, 2013, p. 78.
[24] Dicionário online Michaelis. Disponível em: https://michaelis.uol.com.br/moderno-portugues/busca/portugues-brasileiro/temer%C3%A1rio/. Acesso em 20 jun. 2020.

São Paulo e Mato Grosso do Sul, destacando-se que em São Paulo estão localizadas 577 das 1.673 (34%) instituições financeiras em funcionamento no país em 31 de dezembro de 2018.

A pesquisa foi desenvolvida entre os dias 12.06.20 e 30.11.20, no endereço eletrônico do TRF-3, sendo selecionados julgados de 2011 a 2020, a fim de identificarmos a jurisprudência atual.

Em relação aos resultados quantitativos, foram identificadas 27 (vinte e sete) decisões de segunda instância, sendo respectivamente 2011 – 2 decisões, 2012 – 3 decisões, 2013 – 1 decisão, 2014 – 3 decisões, 2015 – 2 decisões, 2016 – 2 decisões, 2017 – 4 decisões, 2018 – 1 decisão, 2019 – 8 decisões e 2020 – 1 decisão.

Assim, podemos chegar a algumas conclusões. Primeiro, que 59,20% das decisões levantadas foram proferidas na segunda metade do período pesquisado, ou seja, entre os anos de 2016 e 2020, o que demonstra a atualidade dos dados.

Segundo, que apenas no penúltimo ano (2019) e nos meses iniciais do último ano pesquisado (2020) foram proferidas 9 decisões (cerca de 33,30% do total), o que pode demonstrar um aumento substancial do número de decisões nos últimos anos.

Tal levantamento pode ser complementado pela distribuição dos dados em tipos de recursos a que se referem os processos relacionados, sendo Apelação Criminal – 17 decisões, *Habeas Corpus* – 3 decisões, Recurso da Defesa – 2 decisões, Embargos infringentes e de nulidade – 3 decisões, Ação Penal Originária – 1 decisão, Revisão Criminal – 2 decisões.

Pesquisa semelhante fora realizada entre os anos de 2001 e 2010[25] por Gauthama Fornaciari, com parâmetros semelhantes, que identificou 9 Apelações Criminais em 2002 – 1 decisão, 2004 – 1 decisão, 2006 – 2 decisões, 2007 – 1 decisão, 2009 – 3 decisões, 2010 – 1 decisão.

Considerando-se apenas os recursos em sede de Apelação Criminal (AC) julgados pelas turmas do TRF-3 entre os anos de 2011 e 2020, pudemos identificar um aumento de cerca de quase 100% do número de recursos julgados no período.

Ao analisarmos os motivos que possam ter elevado o número de processos, vemos que o número de instituições financeiras autorizadas pelo BCB aumentou significativamente no período de 2011 a 2020, por exemplo, foram constituídos 122 conglomerados financeiros, acrescidos aos 206 em operação até o final de 2010; um aumento de 37%.

Na etapa subsequente analisamos o tipo de instituição financeira em que se deu a suspeita de "gestão temerária", em busca de eventual concentração de atos em determinado tipo de instituição, considerando ainda a variedade de tipos estudados na seção anterior.

Em relação às decisões de 2ª instância levantadas por tipos de instituição temos: Bancos – 7 decisões, CEF – 2 decisões, Administradora de consórcios – 3 decisões, Distribuidora de TVM – 2 decisões, Cooperativas de crédito – 6 decisões, Seguradora – 1 decisão, Corretora de TVM – 1 decisão, AAI – 1 decisão e não foram identificadas 4 delas.

---

[25] FORNACIARI, Gauthama. *Gestão fraudulenta e temerária*: um estudo jurisprudencial. 1. ed. São Paulo: Saraiva, 2013, p. 78.

Conforme se observa nessa distribuição, um terço das decisões (9 de 27 decisões ou 33,33%) se refere às instituições denominadas como "bancos", aí incluída a CEF.

Em segundo lugar, encontramos as cooperativas de crédito, voltadas para a prestação de serviços financeiros – principalmente crédito – a seus cooperados, seguida das administradoras de consórcio.

Entretanto, se considerarmos que se encontram em atividade no Estado de São Paulo cerca de 110 bancos de diversas especialidades, em comparação com aproximadamente 210 cooperativas, podemos concluir que o percentual de julgados relativo aos bancos é bem mais expressivo, ou seja, são 9 julgados para 110 bancos, em contraponto aos 6 julgados referentes às 210 cooperativas de crédito.

A próxima análise quantitativa que podemos identificar está relacionada à possibilidade de manutenção ou reversão da decisão de 1º grau em cada uma das turmas que compõem o Tribunal. Nesse sentido, temos que na 2ª Turma, de 8 decisões, 3 foram reformadas; na 4ª Turma, de 3 decisões, 2 foram reformadas; na 5ª Turma, de 7 decisões, 53 foram reformadas; na 11ª Turma, de 7 decisões, 3 foram reformadas e, no Órgão Especial 1 de 1 foi reformada.

Essa análise indica que pouco mais da metade das decisões recorridas foi reformada em 2ª instância (51,8%), embora seja necessário considerarmos que, dentre as 27 decisões estudadas, se encontram 3 julgamentos de *habeas corpus*, todos denegados pelo TRF-3 (2 julgados pela 11ª Turma e 1 pela 5ª Turma).

A análise quantitativa dos dados levantados junto ao site do TRF-3 apresenta uma visão geral dos recursos julgados no período considerado, mas faz-se necessário refinar ainda mais a pesquisa a partir deste ponto, a fim de considerarmos os resultados qualitativos, no tópico seguinte, de forma mais homogênea, considerando ainda que tais recursos correspondem a 63% do total avaliado. Para tanto, vamos restringir nosso estudo às Apelações Criminais, que cuidam, segundo Nucci, "de recurso contra decisões definitivas, que julgam extinto o processo, apreciando ou não o mérito, devolvendo ao tribunal amplo conhecimento da matéria".[26]

No contexto da análise dos resultados qualitativos das decisões recorridas, consideramos num primeiro momento os processos em que o julgamento das apelações criminais resultou em absolvição de um ou mais réus, identificando os principais motivos que levaram os julgadores a essa conclusão.

O processo mais antigo no período considerado foi julgado em 2011, Apelação Criminal – 18440 – 0101158-05.1996.4.03.6181, de relatoria da Juíza Convocada Silvia Rocha. Nele, a 1ª Turma do TRF-3, ao analisar recurso do Ministério Público Federal (MPF) contra decisão de 1º grau que absolveu um Diretor de Operações de Desenvolvimento do Banco Banespa, acusado de ter autorizado irregularmente a liberação de parcela de financiamento a determinada empresa, entendeu que o acusado apenas foi responsável pela liberação da quarta parcela do financiamento, não tendo participado do estudo do projeto ou da aprovação do financiamento.

Ou seja, o Tribunal afirmou que, para a configuração do crime de gestão temerária, é necessária a demonstração de perigo concreto, real potencialidade lesiva à

---

[26] NUCCI, Guilherme de Souza. *Manual de processo penal e execução penal*. 12. ed. Rio de Janeiro: Forense, 2015, p. 825.

saúde financeira da instituição financeira, além do elemento da habitualidade e da individualização da conduta.

Em outro momento, a 11ª Turma informa que somente funcionários com efetivo poder de decisão sobre as instituições financeiras podem ser sujeitos ativos de crimes contra o sistema financeiro nacional e que não fora identificado especial risco à estabilidade da instituição financeira, nem intenção de gerir temerariamente o sistema financeiro (ausência de dolo).

Nesse sentido, vale ressaltar esse último aspecto, a ausência de dolo, difícil de ser caracterizado em certas decisões de gestão. Observa-se que o ato de gerir de forma temerária pressupõe assumir riscos que poderiam ser considerados injustificáveis e que, embora tais ações possam não ter por objetivo de causar dano efetivo às instituições financeiras, regra geral são conduzidas por pessoas que possuem conhecimento razoável dos limites de riscos que se podem aceitar caso a caso. Aqui podemos concluir pela existência de dolo eventual.[27]

O próximo julgado, Apelação Criminal – 29356 – 0103388-88.1994.4.03.6181, de relatoria da Desembargadora Federal Cecilia Mello, se refere a uma manutenção de condenação por crime de gestão fraudulenta, mas que negou pedido alternativo para considerá-lo como temerário. Nele, embora fosse mantida a condenação referente à gestão fraudulenta, observamos que a Turma considerou gestão temerária como conduta caracterizada pelo dolo eventual, tendo o agente previsto o resultado e assumido o risco.

Com os julgados comentados, pudemos apresentar as principais justificativas utilizadas pelas Turmas do TRF-3 para a absolvição de um ou mais réus do processo. A seguir, veremos casos em que as apelações criminais não tiveram o mesmo resultado.

Tais casos, em que se confirmam condenações em 2ª instância, são particularmente importantes para a presente pesquisa na medida em que pretendemos buscar referências de resultado positivo nas operações que foram objeto das condenações, ou seja, buscaremos analisar eventuais resultados econômicos positivos das operações consideradas temerárias pelos julgadores recursais para, ao fim, analisarmos a aplicabilidade da tipificação do crime de gestão temerária às condutas com resultados economicamente favoráveis às instituições.

Na Apelação Criminal – 43150 – 0803277-24.1998.4.03.6181, de relatoria do Desembargador Federal José Lunardelli, que diz respeito à acusação de gestão temerária em sociedade administradora de consórcio, de acordo com a acusação, os administradores utilizaram práticas contábeis contrárias às orientações dos órgãos reguladores, causando prejuízos a terceiros. Na decisão, a caracterização do crime de gestão temerária independe de realização de perícia contábil, somado ao fato de tratar-se de crime de perigo.

Por fim, a Apelação Criminal – 55510 – 0009832-41.2008.4.03.6181, de relatoria do Desembargador Federal José Lunardelli, se refere à acusação de gestão temerária em cooperativa de crédito, cujo presidente, segundo os julgadores de 2ª instância, conduzia pessoalmente a concessão de empréstimos de forma temerária, levando o patrimônio da instituição a riscos injustificáveis, "Réu que presidia a instituição financeira e tinha o pleno comando de fato quanto à gestão global da cooperativa de crédito, bem assim

---

[27] "Já no dolo eventual, embora o agente não queira diretamente o resultado, assume o risco de vir a produzi-lo. [...] no dolo eventual, o agente não quer diretamente produzir o resultado, mas, se este vier a acontecer, pouco importa." GRECO, Rogério. *Curso de direito penal*: parte geral. 19. ed. Niterói: Impetus, 2017.

conduzia pessoalmente a concessão dos empréstimos, gerando verdadeira política de exposição desmedida e ilícita da cooperativa a riscos, o que, inclusive, contribuiu para a liquidação da instituição".

3 Análise do resultado econômico das operações consideradas temerárias

Na presente seção analisamos os processos relacionados na seção anterior, objetivando a verificação da existência de ações tidas por "gestão temerária" que possam ter trazido resultado econômico positivo para as instituições financeiras em que ocorreram.

Em termos quantitativos, estamos diante de um número reduzido de processos que atenderam os parâmetros da presente pesquisa e que, portanto, podem ser incluídos no escopo dessa análise final sobre as operações consideradas temerárias que culminaram em julgamentos contrários a um ou mais réus. Foram selecionados, ao final, 14 (quatorze) processos.

A análise de cada uma das decisões judiciais de segundo grau que resultaram em condenação de réu(s) por crime de gestão temerária vai nos possibilitar a verificação de eventual correlação entre o crime imputado e resultado econômico positivo que possa ter sido observado o cometimento da conduta delituosa.

Em relação ao Processo nº 0082006-69.2005.4.03.0000, embora consulta na página do TRF-3 tenha demonstrado "segredo de justiça",[28] impossibilitando a verificação do acórdão resultado do julgamento em segunda instância, a verificação do HC nº 196207/SP (2011/0022297-3), autuado em 04.02.2011, esclarece que a instituição financeira em que ocorreram os fatos objeto do procedimento criminal sofreu *elevado prejuízo patrimonial* em razão do crime praticado pelos réus.

O Processo nº 0602437-32.1998.4.03.6105 está relacionado à CEF, agência Campinas/SP, em que o réu foi condenado pela prática de inúmeras operações irregulares, tais como concessão de empréstimos a clientes acima do limite de alçada do gerente geral, realização de contratações com clientes sem a devida análise prévia das efetivas condições econômico-financeiras de garantia, manutenção de cadastros desatualizados dos clientes, retificação de limites de créditos rotativos de diversos tomadores de empréstimos, concessão de empréstimos sem a formalização de contratos e desconto de duplicatas sem confirmação da veracidade em relação à sua emissão.

Segundo consta do acórdão, pudemos concluir que, no processo analisado, a instituição financeira teve prejuízos, embora não quantificados, não havendo qualquer indicação de resultado positivo.

O Processo nº 0803277-24.1998.4.03.6181 trata de atos ocorridos na empresa Andorfato Assessoria de Negócios S/C Ltda., com a prática de "Caixa Único" para gerir os recursos arrecadados dos consorciados, no período de agosto de 1973 a setembro de 1997.

Segundo consta do julgamento de segundo grau, a materialidade restou devidamente demonstrada pela apuração realizada pelo BCB em Comissão de Inquérito

---

[28] Sítio do TRF 3ª Região na internet. Disponível em: http://web.trf3.jus.br/acordaos/Acordao/BuscarDocumento Gedpro/593757. Acesso em: 19 jan. 2021.

instalada para essa finalidade, que concluiu que restou um passivo a descoberto de R$43.225.295,05 (quarenta e três milhões, duzentos e vinte e cinco mil, duzentos e noventa e cinco reais e cinco centavos), causando prejuízo para os consorciados e para a credibilidade do Sistema Financeiro Nacional, nos levando a concluir que não houve resultado econômico positivo.

Em relação ao Processo nº 0009600-34.2005.4.03.6181, foram concedidos empréstimos irregularmente e recebida dação em pagamento de valores devidos ao Banco Royal sem verificar se possuíam liquidez, no período de 1999 a 2003.

Segundo o julgado de segunda instância,

> os acusados aceitaram bens dos devedores Figofood Transportes e Serviços Ltda ("Frigofood"), Ita Engenharia Empreendimentos e Participações Ltda. ("Ita") e Jemp Equipamentos Industriais Ltda. ("Jemp"), como dação em pagamento de valores devidos ao Banco Royal, sem verificar se eles possuíam liquidez e eram realizáveis, ocasionando prejuízos à instituição.

Importante ressaltar que os atos praticados ocasionaram a falência do Banco Royal, tendo sua liquidação iniciada em 2003 e encerrada judicialmente em 2008.

O Processo nº 0010661-92.2004.4.03.6106 trata de julgamento referente a atos de gestão temerária praticados no ano 2000 na administração da Cooperativa Popular de Olímpia Ltda., vinculada à CECRESP, por meio de empréstimos de forma imprudente e habitual que levaram à liquidação da cooperativa.

Segundo o acórdão, o "administrador da cooperativa foi o principal responsável pelos atos de gestão temerária que resultaram na quebra da instituição" e, embora não tenha sido identificado montante referente ao prejuízo, o encerramento da instituição se deu ao fato em estudo, o que, por si só, podemos considerar como resultado negativo.

Em relação ao Processo nº 0004903-04.2004.4.03.6181, a instituição financeira foi o Hexabanco, na medida em que, no ano de 1996, foram realizadas operações flexíveis de compra de dólar, sem garantias, causando prejuízo ao banco, que teve sua liquidação extrajudicial decretada pelo BCB no ano 2000.

Segundo relata o julgado de segunda instância, com tais operações a instituição financeira apurou um prejuízo de R$149.850,00 em setembro/96, R$32.250,00 em outubro/96 e R$106.000,00 em dezembro/96, totalizando uma quantia de R$291.100,00, sendo comprovado que as condutas trouxeram prejuízo à instituição.

O Processo nº 0002839-16.2007.4.03.6181 refere-se à seguradora Preferencial Cia. de Seguros S.A., cujos administradores realizaram em 2005 a comercialização de seguros sem a devida autorização da SUSEP, emitindo apólices mesmo com o tomador apresentando restrições no SERASA, limite tomado no IRB, cadastro no IRB desatualizado ou até ausência de cadastro.

No caso em tela, não restou demonstrado prejuízo quantificável à instituição financeira, mas o dano foi materializado em sua liquidação extrajudicial decretada pela SUSEP em 2008, não havendo que se falar em resultado econômico positivo.

O Processo nº 0000717-27.2009.4.03.6127 se relaciona à instituição financeira Cooperativa de Economia e Crédito Mútuo dos Profissionais da Área da Saúde da Região de São José do Rio Pardo – Rio Pardo Credsaúde, Cooperativa de médicos.

Os fatos se referem à concessão de créditos, sem análise de cadastro, viabilidade econômica, e da solvência do devedor, sem a exigência de garantia ou com aceitação de garantia insuficiente, sem a realização de quaisquer exigências a devedores contumazes (que continuavam a receber créditos) e sem observância à necessidade de diversificação do risco, além da inserção de elementos falsos nos demonstrativos contábeis relativos às atividades da instituição financeira.

Assim, restou comprovada a gestão temerária da instituição através do acórdão "Não *é* preciso formação técnica específica no tema para que qualquer indivíduo de capacidade mediana perceba que as operações de empréstimo e renegociação das dívidas eram totalmente imprudentes e colocavam a saúde financeira da instituição em grande risco".[29]

Não foi identificado o prejuízo à instituição, tampouco resultado econômico positivo das condutas pelas quais os réus foram condenados. Entretanto, o BCB cancelou a autorização de funcionamento da Cooperativa em 7 de agosto de 2007, não havendo que se falar em resultado econômico positivo advindo dos atos praticados no contexto do presente processo.

Ainda, no que diz respeito ao Processo nº 0001703-80.2010.4.03.6115, este teve a sentença de primeiro grau reformada no tocante à absolvição referente ao crime de gestão temerária, concluindo pela condenação do réu, e trata-se de realização de operações de crédito consideradas de alto risco entre os anos de 1997 e 2001 na Cooperativa de Crédito Rural da Região Centro do Estado de São Paulo – CREDCENTESP.

De acordo com o constante do julgado, foi realizado procedimento de apuração no âmbito do BCB, que delineou os prejuízos suportados pela CREDCENTESP, não havendo que se falar, portanto, em resultado econômico positivo.

No Processo nº 0009832-41.2008.4.03.6181, houve a condenação em segundo grau de réu que autorizou a concessão de diversos empréstimos sem garantias e sem as formalizações mínimas exigidas para operações de crédito, além de ter conduzido a cooperativa de maneira que teve por consequência a excessiva concentração da carteira de crédito em operações sem garantias ou qualquer análise séria de riscos.

Em análise ao julgado, resta claro o prejuízo à instituição financeira pela sua liquidação, pois as situações que listraram a prática de gestão temerária apresentavam elevado nível de risco e culminaram com sua entrada em regime de liquidação em 2004, portanto não havendo que se falar em possível resultado econômico positivo.

Concluímos a análise dos processos selecionados, comentando um julgamento relacionado à Ação Penal originária nº 0015918-15.2006.4.03.0000, que foge do nosso escopo de apelações criminais, mas que traz algumas informações importantes, particularmente por considerar irrelevante a ocorrência de prejuízo ou lucro para a instituição.

Nesse processo, gestores do BANESPA concederam empréstimos à empresa Paraquímica S/A Indústria e Comércio contrariamente ao disposto no Estatuto Social do Banco e nas normas do BCB, o que restou caracterizado como gestão temerária.

---

[29] Sítio do TRF-3 na internet. Disponível em: http://web.trf3.jus.br/acordaos/Acordao/BuscarDocumentoGedpro/6325918. Acesso em: 15 jan. 2021.

Interessante relato constante da decisão é de que é irrelevante o fato de ter ou não acarretado prejuízo ou até mesmo lucro para a instituição financeira, vez que a imputação foi provada.

Assim, concluímos a análise dos processos judiciais que atenderam aos critérios de seleção e que puderam demonstrar se em alguma das ações tidas por temerárias foram encontradas informações de resultado econômico positivo para as empresas.

3.1 Aplicabilidade do parágrafo único do artigo 4º da Lei nº 7.492/86 às condutas com resultado econômico positivo

Em relação à aplicabilidade da norma em destaque, buscamos resposta à seguinte pergunta: o crime de gestão temerária seria aplicável mesmo nos casos em que os atos de gestão temerária alegados possam ter trazido resultado econômico positivo para a instituição?

Mais especificamente, em relação ao objeto da pesquisa: tem a jurisprudência do TRF-3 condenado réus por gestão temerária de instituição financeira mesmo nos casos em que a conduta tipificada tenha sido vantajosa para a referida instituição?

Como observado em tópico anterior, na totalidade das condenações sob análise houve manifestação nos autos de que a ação causadora da gestão temerária tenha trazido algum tipo de prejuízo à instituição financeira em concreto.

Não houve casos em que o dano não pudesse ser definido, ou ao menos estimado, o que nos obriga a aperfeiçoar a resposta ao questionamento originário do presente artigo, no sentido de que, embora seja possível juridicamente que ocorra "condenação" e "resultado econômico positivo" ao mesmo tempo, não tem sido essa a praxe observada nos julgamentos do TRF-3 no período considerado.

Vale dizer que, seja por ausência de denúncia, de condenação em primeira instância que poderia ter sido enviada ao TRF-3 em sede de recurso de apelação criminal ou de não manutenção de condenação em segunda instância, condutas que tenham trazido resultado econômico positivo não foram objeto de condenação no TRF-3, no período e nos parâmetros considerados.

Essa conclusão parcial se reveste de grande importância na medida em que a própria doutrina encara a gestão temerária como crime formal, em que não se exige resultado para sua concretização.

Esse entendimento jurisprudencial ficou claro em diversos julgados, dentre os quais podemos destacar as apelações criminais – 43083 – 0000849-97.2001.4.03.6181, de relatoria do Desembargador Federal Nelton dos Santos, e a 27683 – 0602437-32.1998.4.03.6105, de relatoria do Desembargador Federal Antonio Cedenho.

Em suma, de toda análise realizada, podemos afirmar que, de acordo com a jurisprudência predominante e com a maior parte da doutrina, para a configuração do crime de gestão temerária é necessária a demonstração de perigo concreto, real potencialidade lesiva à saúde financeira da instituição financeira, a assunção do risco de comprometer a higidez do Sistema Financeiro Nacional, mas não necessariamente a ocorrência de prejuízo à instituição financeira em que ocorreu o ato, tendo em vista tratar-se de crime de perigo.

Ora, se tanto jurisprudência quanto doutrina consideram a possibilidade de que ocorra o crime sem ter havido prejuízo, da mesma forma deveriam considerar que a existência de lucro derivado da ação temerária não seria motivo para a inexistência do crime.

Assim, podemos considerar que, no período de recorte para a presente pesquisa – entre os anos de 2011 e 2020, portanto o mais recente desde o advento da Lei nº 7.492, de 16 de junho de 1986, casos de condutas consideradas como gestão temerária de instituições financeiras, embora aplicáveis às ações que tenham trazido resultado econômico positivo a essas instituições, não tem sido objeto de condenação em segunda instância no âmbito do TRF-3.

Outra pergunta que poderia ter sido feita diz respeito se o crime de gestão temerária, aplicável nesses casos de resultado econômico positivo, seria desejável, com relação à eficiência, em contraponto à questão do risco sistêmico e à proteção do Sistema Financeiro Nacional. Ou seja, essa conduta "temerária" seria desejável? Valeria a pena arriscar a estabilidade da instituição financeira e do sistema financeiro como um todo em busca de resultados positivos?

Nesse sentido, entendemos que uma ação denominada como temerária tem como objetivo a assunção de risco para a obtenção de resultados positivos, que nem sempre se configuram e que só poderiam ser analisados caso a caso.

Ocorre que o setor bancário é um dos setores econômicos mais bem regulados do país, e a assunção de riscos por uma instituição financeira, embora tenha certo grau de discricionariedade por parte dos administradores, segue parâmetros bem definidos pelo BCB. Como exemplo, podemos discorrer sobre o disposto na Resolução CMN nº 4.557/2017, que dispõe "sobre a estrutura de gerenciamento de riscos, a estrutura de gerenciamento de capital e a política de divulgação de informações" nas instituições financeiras e demais instituições autorizadas a funcionar pelo BACEN, delimitando parâmetros de atuação na gestão de riscos, como o artigo 7º, que define a estrutura de gerenciamento de riscos que as instituições financeiras devem prever.

Em conclusão, de acordo com o estudo jurisprudencial em casos recentes julgados no TRF-3, caso os resultados para a instituição financeira tenham sido negativos, o sujeito responderá pela gestão temerária, caso tenham sido positivos, não chegam a fazer parte das estatísticas de condenação.

Conclusão

A existência de um sistema financeiro robusto é condição essencial ao crescimento e ao desenvolvimento de uma nação. Para mantermos esse sistema saudável, faz-se necessário proteger as instituições financeiras participantes dos atos de gestão que possam prejudicar a solvência das instituições e, no contexto de risco sistêmico, sejam ampliados para todo o conjunto de instituições.

O presente trabalho foi desenvolvido com o objetivo de verificarmos se o crime de gestão temerária seria aplicável nos casos em que os atos de gestão alegados pudessem ter trazido resultado econômico positivo para a instituição financeira em que tenha ocorrido, já que a própria atividade financeira está diretamente relacionada à assunção de riscos, e que, quando a decisão de gestão é tomada, os resultados ainda não são conhecidos.

Se tanto doutrina quanto jurisprudência afirmam que se trata de crime de mera conduta, cuja consumação não dependeria da caracterização de dano, seria razoável supormos que houvesse condenações criminais resultantes de ações que tenham trazido lucro.

No decorrer do artigo, analisamos e interpretamos diversas informações, revisamos a literatura disponível, definimos o bem jurídico tutelado pela lei, delimitamos o sistema financeiro nacional, a gestão de instituições financeiras e as diferenças entre gestão fraudulenta e gestão temerária.

Na sequência, elencamos duas hipóteses possíveis para a resposta ao questionamento central, sendo a primeira hipótese a de que o crime de gestão temerária, por se constituir em crime de mera conduta, seja aplicável mesmo às ações que, embora típicas, tenham trazido resultado econômico positivo para a instituição financeira em que ocorreu o fato; e a segunda hipótese a de que a condenação por crime de gestão temerária de instituição financeira não teria aplicação prática nos crimes com resultado positivo.

Após analisarmos as características dos principais tipos de instituições financeiras em funcionamento no país, analisamos os julgados mais recentes relacionados ao tema "gestão temerária de instituição financeira", tanto quantitativa quanto qualitativamente, demonstrando como o Poder Judiciário decidiu os recursos em segunda instância, particularmente no TRF-3, dentro do escopo e dos limites definidos, para, ao final, nos dedicarmos à análise dos resultados econômicos para as empresas, buscando eventual correlação entre as condenações e os resultados positivos identificados.

Ocorre que, em todas as condenações analisadas, foram identificados prejuízos às instituições financeiras em que ocorreram os crimes, informação que se torna bastante significativa na medida em que, como vimos, o crime de gestão temerária é largamente considerado como crime de mera conduta.

Nesse sentido, para eventual condenação, não seria necessário sequer o prejuízo, bastando que a higidez da instituição fosse colocada em risco, e mesmo uma ação com resultado nulo – nem lucro, nem prejuízo – poderia levar à condenação.

O que identificamos no presente trabalho vai além: não só não ocorreram condenações concomitantes com a situação "lucro", como também não ocorreram com o resultado "nulo". Vale ressaltar, todas as condenações foram decorrentes de ações que trouxeram algum tipo de prejuízo às instituições.

A pesquisa empírica realizada nos mostra que, nos parâmetros inicialmente definidos, a gestão de uma instituição financeira, do ponto de vista penal, pode ser considerada como uma gestão de resultados, ou seja, até mesmo a gestão temerária seria admitida pelo Poder Judiciário desde que não trouxesse prejuízos à instituição em que tenha ocorrido.

É bem verdade que a forma aberta como foi elaborado o texto legal, já questionada por diversos doutrinadores, dificulta a aplicação mais efetiva da lei. Uma das soluções para tal limitação seria a consideração dos limites de tomada de risco impostos às instituições financeiras, tanto pelo BCB quanto pelas normas e políticas de crédito internas de cada instituição.

Nesse sentido, seria razoável esperar que fossem considerados crimes de gestão temerária os atos de gestão que extrapolassem os limites de assunção de risco previamente definidos.

Em vista do exposto, podemos concluir que, na prática, os julgamentos mais recentes sobre o crime de gestão temerária em segunda instância, no TRF-3, com jurisdição sobre o Estado de São Paulo, somente tiveram como resultado condenação quando restou demonstrado prejuízo às instituições financeiras em que ocorreram os atos de gestão.

Isso nos leva a crer que, embora a doutrina e a jurisprudência entendam que não há a necessidade de prejuízo para a condenação por crime de gestão temerária, na prática a grande diferença entre a condenação e a absolvição tem sido justamente esse critério, ou seja, se não houver dano, não tem havido condenação.

Informação bibliográfica deste texto, conforme a NBR 6023:2018 da Associação Brasileira de Normas Técnicas (ABNT):

PEREIRA, Claudenir Brito. O crime de gestão temerária de instituições financeiras e a aplicabilidade do parágrafo único do artigo 4º da Lei nº 7.492/86 às condutas com resultado econômico positivo. *In*: SEEFELDER FILHO, Claudio Xavier (coord.). *Direito Econômico e Desenvolvimento*: entre a prática e a academia. Belo Horizonte: Fórum, 2023. p. 99-116. ISBN 978-65-5518-487-7.

IGUALDADE NA JURISDIÇÃO CONSTITUCIONAL TRIBUTÁRIA

CLAUDIO XAVIER SEEFELDER FILHO

1 Introdução

O presente artigo tratará do impacto do precedente do Supremo Tribunal Federal (STF) no exercício da jurisdição constitucional, na ordem jurídica e, em especial, sobre a eficácia da coisa julgada tributária, que regula relações jurídicas de trato continuado, formada antes do precedente do STF, e em sentido contrário. O problema que buscaremos enfrentar é a cessação, ou não, da eficácia da coisa julgada tributária contrária à Constituição,[1] em face da força e do impacto do precedente da Suprema Corte no ordenamento jurídico e dos princípios constitucionais.

Um importante esclarecimento reside em delimitar nossa abordagem na presente pesquisa. Trataremos aqui da eficácia das decisões judiciais no tempo, isto é, sua aptidão para produzir efeitos prospectivamente. O presente estudo não trata da relativização da coisa julgada ou mitigação de sua imutabilidade. Essa distinção é fundamental para afastarmos as confusões entre a eficácia temporal e a imutabilidade da coisa julgada, as quais acabam mais confundindo do que esclarecendo a resolução desse sensível tema, já complexo por si só.

---

[1] Não desconhecemos a crítica de Barbosa Moreira à terminologia "coisa julgada inconstitucional": "Soa também inexata a locução 'coisa julgada inconstitucional'. Como quer que se conceba, no plano teórico, a substância da coisa julgada material, é pacífico que ela se caracteriza essencialmente pela imutabilidade – pouco importando aqui as notórias divergências acerca daquilo que se torna imutável: o conteúdo da sentença, ou os respectivos efeitos, ou aquela e estes. Pois bem: se "inconstitucional" significa "incompatível com a Constituição" (e que mais poderia significar?), não parece que se descreva de modo adequado o fenômeno que se tem em vista atribuindo à coisa julgada a qualificação de "inconstitucional". Salvo engano, o que se concebe seja incompatível com a Constituição é a sentença (*lato sensu*): nela própria, e não na sua imutabilidade (ou na de seus efeitos, ou na de uma e outros), é que se poderá descobrir contrariedade a alguma norma constitucional. Se a sentença for contrária à Constituição, já o será antes mesmo de transitar em julgado, e não será mais do que era depois desse momento. Dir-se-á que, com a coisa julgada material, a inconstitucionalidade se cristaliza, adquire estabilidade; mas continuará a ser verdade que o defeito lhe preexistia, não dependia dela para exsurgir." (MOREIRA, José Carlos Barbosa. Considerações sobre a chamada "relativização" da coisa julgada material. *Revista dialética de direito processual*, v. 22, p. 103, 2005).

Do mesmo modo, a posição aqui analisada atinge somente os fatos geradores ocorridos após a decisão transitada em julgado do STF, ou seja, efeitos *ex nunc*, não havendo de se confundir com a relativização, rescisão ou desconsideração da coisa julgada com efeitos *ex tunc*. Partindo dessa premissa, faremos a abordagem da eficácia temporal das decisões judiciais transitadas em julgado nas relações jurídico-tributárias de trato continuado após precedente transitado em julgado do STF em sentido contrário.

Diante disso, o presente artigo pretende analisar a constitucionalidade da coexistência em nosso sistema jurídico constitucional-tributário de uma decisão judicial transitada em julgado que, confirmando a higidez de um tributo, determina seu pagamento pelo contribuinte autor da ação e um superveniente precedente do STF, no controle difuso ou concentrado, que, interpretando a Constituição, declara o tributo inconstitucional. A problemática se repete na equação inversa, qual seja, decisão transitada em julgado declarando a inconstitucionalidade de um tributo e a superveniência de precedente do STF, confirmando sua constitucionalidade.

Em ambos os casos, teremos dois grupos de contribuintes: os que pagam e os que não pagam, em que pese a decisão final sobre o assunto exarada pelo STF. Nesse contexto, analisaremos a jurisdição constitucional, a autoridade dos precedentes do STF, a força normativa e a supremacia da Constituição, a coisa julgada, a segurança jurídica, a igualdade de todos perante a lei, a isonomia tributária, a livre-iniciativa e livre concorrência, a neutralidade tributária, dentre outros correlatos.

2 Jurisdição constitucional e a força do precedente do STF

Segundo as lições do jurista austríaco Hans Kelsen, jurisdição constitucional significava "a garantia jurisdicional da Constituição" como "um elemento do sistema de medidas técnicas que têm por fim garantir o exercício regular das funções estatais".[2]

Uma vez concluído o processo de edição de uma lei pelo Poder Legislativo, inicia-se um longo período de legítima movimentação interpretativa da norma, na qual as partes, advogados, fiscais da lei e magistrados em diversas instâncias, a interpretam e a aplicam das mais variadas formas. E em se tratando de questão que envolva o cotejo da Constituição Federal, essa movimentação interpretativa cessará com a apreciação do tema pela autoridade com missão constitucional de dar a palavra final sobre matéria constitucional. Uma vez realizadas a interpretação e a questão constitucional pelo guardião da Constituição, o ciclo de interpretação da norma está encerrado e cabe a todos o respeito à força normativa da Constituição, tal qual interpretado pelo STF.

O processo de criação da norma jurídica concreta, para Hans Kelsen, em sua teoria da interpretação jurídica, compreende não apenas a aplicação do Direito, mas também a produção do Direito, partindo da Constituição até a individualização nos casos concretos, estabelecendo que a norma abstrata ainda é incompleta, e no processo de formação do Direito a decisão judicial é iter relevante na concretização do Direito com natureza constitutiva da norma jurídica individual, destacando que:

---

[2] KELSEN, Hans. *Jurisdição constitucional*. 2. ed. São Paulo: Martins Fontes, 2007. p. 123-124.

Somente a falta de compreensão da função normativa da decisão judicial, o preconceito de que direito apenas consta de normas gerais, a ignorância da norma jurídica individual, obscureceu o fato de que a decisão judicial é tão só a continuação do processo de criação jurídica e conduziu ao erro ver nela apenas função declarativa.³

Sobre a interpretação dos preceitos contidos na Constituição e a força normativa neles contida, Teori Zavascki assevera que:

> A força normativa da Constituição a todos vincula e a todos submete. Juram cumprir e fazer cumprir a Constituição as autoridades do Poder Judiciário, do Poder Executivo e do Poder Legislativo, mas o dever de seguir fielmente os seus preceitos é também das pessoas e entidades privadas.⁴

Já sobre a força normativa da constituição, com autoridade Konrad Hesse leciona que:

> Essa força impõe-se de forma tanto mais efetiva quanto mais ampla for a convicção sobre a inviolabilidade da Constituição, quanto mais forte mostrar-se essa convicção entre os principais responsáveis pela vida constitucional." Concluindo que: "a intensidade da força normativa da Constituição apresenta-se, em primeiro plano, como uma questão de vontade normativa, de vontade de Constituição (Wille zur Verfassung).⁵

Na ADIn nº 3.345/DF, rel. Min. Celso de Mello, o Plenário do STF confirma sua missão constitucional contida no art. 102, *caput*, da CF/88, ao firmar que a Constituição confere às decisões proferidas pelo Supremo Tribunal Federal, seu guardião, "a singular prerrogativa de dispor do monopólio da última palavra em tema de exegese das normas inscritas no texto da Lei Fundamental".

No julgamento do RE-AgR nº 196.752/CE, o Min. Gilmar Mendes consignava a obrigatoriedade dos demais tribunais observarem a interpretação do texto constitucional realizada pelo STF, "último intérprete do texto constitucional, sob pena de enfraquecimento da força normativa da Constituição".

Teori Zavascki em artigo leciona com propriedade sobre a força normativa da Constituição e o papel institucional do STF no desempenho de sua missão de guardião da norma constitucional e da intangibilidade da Constituição:

> Supremacia da Constituição e autoridade do STF são, na verdade, valores associados e que têm sentido transcendental quando associados. Há, entre eles, relação de meio e fim. E é justamente essa associação o referencial básico de que se lança mão para solucionar os diversos problemas (...). O princípio da supremacia da Constituição e a autoridade do pronunciamento do Supremo Tribunal Federal constituem, conforme se viu, os pilares de sustentação para construir um sistema apto a dar respostas coerentes à variedade de situações (...) O STF é o guardião da Constituição. Ele é o órgão autorizado pela própria

---

3 KELSEN, Hans. *Teoria Pura do Direito*. Trad. João Baptista Machado. 8. ed. São Paulo: WMF Martins Fontes, 2009, p. 260-272.
4 ZAVASCKI, Teori Albino. *Eficácia das sentenças na jurisdição constitucional*. 4. ed. São Paulo: Revista dos Tribunais, 2017, p. 19.
5 HESSE, Konrad. *A força normativa da Constituição*. Porto Alegre: Sergio Antônio Fabris, Editor, 1991, p. 24.

Constituição a dar a palavra final em temas constitucionais. A Constituição, destarte, é o que o STF diz que ela é. Eventuais controvérsias interpretativas perante outros tribunais perdem, institucionalmente, toda e qualquer relevância frente ao pronunciamento da Corte Suprema. Contrariar o precedente tem o mesmo significado, o mesmo alcance, pragmaticamente considerado, que os de violar a Constituição. A existência de pronunciamento do Supremo sobre matéria constitucional acarreta, no âmbito interno dos demais tribunais, a dispensabilidade da instalação do incidente de declaração de inconstitucionalidade (CPC, art. 481, parágrafo único), de modo que os órgãos fracionários ficam, desde logo, submetidos em suas decisões, à orientação traçada pelo STF. É nessa perspectiva, pois, que se deve aquilatar o peso institucional dos pronunciamentos do Supremo Tribunal Federal, mesmo em controle difuso.[6]

Com o julgamento pelo Supremo Tribunal Federal acontece a interpretação definitiva do dispositivo constitucional ou infraconstitucional questionado em face à Constituição, feita por quem é o guardião da Constituição, seja no controle difuso, seja no concentrado, resta fixada a interpretação definitiva de uma norma constitucional pelo único órgão colegiado a fazê-lo de forma peremptória.

Sobre a força normativa da Constituição destaca Konrad Hesse que:

> Um ótimo desenvolvimento da força normativa da constituição depende não apenas de seu conteúdo, mas também de sua práxis. De todos os partícipes da vida constitucional, denominada vontade da Constituição (Wille zur Verfassung). Ela é fundamental. Todos os interesses momentâneos – ainda quando realizados – não logram compensar o incalculável ganho resultante do comprovado respeito a Constituição, sobretudo naquelas situações em que a sua observância revela-se incômoda. Como anotado por Walter Burckhardt, aquilo que é identificado como vontade da Constituição 'deve ser honestamente preservado, mesmo que, para isso, tenhamos que renunciar a alguns benefícios, ou até a algumas vantagens justas. Quem se mostra disposto a sacrificar um interesse em favor da preservação de um princípio constitucional, fortalece o respeito à Constituição e garante um bem da vida indispensável à essência do Estado, mormente ao Estado democrático'. Aquele, que, ao contrário, não se dispõe a esse sacrifício 'malbarata, pouco a pouco, um capital que significa muito mais do que todas as vantagens angariadas, e que, desperdiçado, não mais será recuperado.[7]

O respeito aos precedentes da Suprema Corte é o respeito à própria Constituição, elemento indispensável para a concretização de um Direito único, isonômico e coerente.[8] Negar o impacto dos precedentes do STF, no exercício de sua jurisdição constitucional, no ordenamento jurídico, é negar o caráter construtivo dos precedentes.[9] Há um

---

[6] ZAVASCKI, Teori Albino. Ação rescisória em matéria constitucional. *In*: NERY JÚNIOR, Nelson; WAMBIER, Teresa Arruda Alvim (coord.). *Aspectos polêmicos e atuais dos recursos cíveis e de outras formas de impugnação às decisões judiciais*, v. 4, p. 1041-1066, 2001.

[7] HESSE, Konrad. *A força normativa da Constituição*. Tradução de Gilmar Ferreira Mendes. Porto Alegre: Sergio Antônio Fabris Editor, 1991, p. 21-22.

[8] De acordo com Pontes: "Uma interpretação segura e uniforme das dicções constitucionais é pressuposto para a garantia de autoridade da Constituição. As decisões individuais sobre temas constitucionais não podem prevalecer sobre o efetivo significado da Constituição na visão do órgão encarregado institucionalmente de cumprir em última instância tal mister." (PONTES, Helenilson Cunha. *Coisa julgada tributária e inconstitucionalidade*. São Paulo: Dialética, 2005, p. 159).

[9] CRUZ E TUCCI, José Rogério. *Precedente judicial como fonte do direito*. São Paulo: RT, 2004, p. 18.

marco definitivo e, com autoridade do guardião da interpretação da Constituição, ocorre uma vedação das demais opções hermenêuticas que, antes do precedente, eram juridicamente admitidas, ou seja, um "fechamento semântico".[10] Cessa o período de legítima movimentação interpretativa.[11]

Relevante anotar que tanto as decisões do STF que declaram a inconstitucionalidade de lei como as que declaram a constitucionalidade impactam na ordem jurídica. A declaração de inconstitucionalidade de lei por ensejar, salvo modulação, eficácia *ex tunc*, retira a lei inconstitucional do ordenamento jurídico, por nulidade, desde a sua origem, possuindo impacto evidente no ordenamento jurídico,[12] mas a declaração de constitucionalidade de lei, de outro modo, também impacta a ordem jurídica, conforme bem destacou o Min. Gilmar Mendes, na Rcl nº 4.335/AC: "(...) a suspensão de execução pelo Senado não tem qualquer aplicação naqueles casos nos quais o Tribunal limita-se a rejeitar a arguição de inconstitucionalidade. Nessas hipóteses, a decisão vale per se".

De fato, em nosso modelo, em que as leis nascem com a presunção de constitucionalidade, a última e definitiva palavra da Suprema Corte, confirmando sua constitucionalidade, torna aquela presunção inicialmente relativa, agora, absoluta, chancelando com mais força seus efeitos gerais próprios, além de restabelecer com mais força sua legitimidade, aplicação e efeitos de lei vigente. O STF, ao dar a palavra final confirmando a constitucionalidade de lei, promove substantivo relevante impacto no ordenamento jurídico, a presunção relativa de constitucionalidade torna-se absoluta e a lei recebe um selo de "confirmada pelo STF" situação que impacta a ordem jurídica e promove profundas e abrangentes consequências jurídicas em sua aderência e aplicação, em face da força normativa da constituição e dos efeitos vinculantes, expansivos e *erga omnes* dos precedentes firmados pelo Plenário do STF.

O STF já vem demonstrando em seus precedentes, seja como órgão exclusivo do sistema concentrado, seja como órgão de cúpula do sistema difuso, possuem objetivação, vinculação e efeitos expansivos *ultra partes*. Nesse sentido: RE nº 197.917/SP; HC nº 82.959/SP; Questão de Ordem na Ação Cautelar nº 2.177/PE, Questão de Ordem no Agravo de Instrumento nº 760.358/SE; RE-EDcl nº 574.706/PR; ADIn nº 3.345/DF e nº 3.365/DF (apensa); Rcl nº 4.335/AC; ADIn nº 2.418/DF; ADIn-AgR nº 4.071/DF; e ADIn nº 3.406/RJ e nº 3.470/RJ.

Especificamente sobre o impacto de seu precedente na ordem jurídica, destacamos os precedentes no RE nº 590.809/RS, Tema 136 da Repercussão Geral, no RE nº 596.663/RJ, Tema 494 da Repercussão Geral e no RE nº 730.462/SP, Tema 733 da Repercussão Geral.

Inegável que o Supremo Tribunal Federal, ao dar a palavra final sobre matéria constitucional, seja em controle difuso ou concentrado, declarando a inconstitucionalidade ou a constitucionalidade de lei, promove substantivo impacto na ordem jurídica, com profundas e abrangentes consequências jurídicas, em face da força normativa da

---

[10] PANDOLFO, Rafael. *Jurisdição Constitucional tributária*. Reflexos nos processos administrativos e judicial. São Paulo: Noeses, 2012, p. 275.

[11] OLIVEIRA, Paulo Mendes de. Coisa Julgada e Precedente, Limites temporais e as relações jurídicas de trato continuado / Paulo Mendes de Oliveira. São Paulo: Revista dos Tribunais, 2015 (Coleção o novo processo civil/ coordenação de Sergio -Cruz Arenhart, Daniel Mitidiero; diretor Guilherme Marinoni), p. 173.

[12] MENDES, Gilmar Ferreira. *Jurisdição Constitucional*. 6. ed., 2ª tiragem. São Paulo: Saraiva, 2014, p. 363: "A lei declarada inconstitucional sem ressalva é considerada, independentemente de qualquer outro ato, nula ipso jure e ex tunc".

Constituição e dos efeitos vinculantes, expansivos e *erga omnes* dos precedentes firmados pelo Plenário do STF.[13] Esse impacto na ordem jurídica com o estabelecimento de um novo marco jurídico formado pela autoridade do precedente do STF separa o "antes" e o "depois" da norma, como se a ela se aderisse um selo de chancela positivo ou negativo conferido pelo próprio Supremo Tribunal Federal, vedando interpretações em sentido contrário.

Diante de todas as evidências, o precedente do STF promove substantivo impacto na ordem jurídica, a qual ganha um elemento novo com sua introdução no ordenamento jurídico: a força normativa vinculante e expansiva *ultra partes* da interpretação da norma constitucional analisada pelo Supremo Tribunal com profundidade e definitividade.

2.1 Da equiparação dos efeitos das decisões do Plenário do Supremo Tribunal Federal no controle concentrado e no controle difuso de constitucionalidade

No âmbito do Supremo Tribunal Federal, já existem precedentes equiparando efeitos, força e impacto das decisões proferidas no controle difuso e concentrado de constitucionalidade,[14] confirmando a autoridade de precedente oriundo do Plenário da Suprema Corte e a supremacia e força normativa da Constituição.[15]

A priori, registramos importante observação feita pelo Min. Gilmar Mendes em seu voto-condutor na Rcl. nº 4.335/AC: "(...) a suspensão de execução pelo Senado não tem qualquer aplicação naqueles casos nos quais o Tribunal limita-se a rejeitar a arguição de inconstitucionalidade. Nessas hipóteses, a decisão vale per se". De fato, em nosso modelo, em que as leis nascem com a presunção de constitucionalidade, a última e definitiva palavra da Suprema Corte, confirmando sua constitucionalidade, reforça aquela presunção relativa inicial, reafirmando sua legitimidade, aplicação e efeitos.

---

[13] Nesse sentido Mitidiero: "A função de nomofilaquia interpretativa exercida pela Corte Suprema também justifica a vinculação do precedente. Sendo o propósito desse modelo a eliminação da equivocidade do Direito diante de determinado contexto fático-normativo mediante a fixação de sua adequada interpretação, é natural que a norma daí oriunda desempenhe um papel de guia para sua intepretação futura, atuando de forma proativa para a obtenção da unidade do Direito. A Corte Suprema é uma corte de interpretação, cuja missão é formar precedentes. Negar eficácia para além das partes do processo e eficácia vinculante à sua intepretação, portanto, é negar a sua própria razão de existência, tolhendo a Corte Suprema da sua razão de ser dentro do ordenamento jurídico. A produção de precedente vinculante com eficácia além das partes constitui o resultado indissociável dos pressupostos e da função interpretativa inerente à Corte Suprema. A vinculação ao precedente – o que exige atenção à justificação judicial e, portanto, ao contexto fático-jurídico que lhe serve de matéria-prima – é inerente ao modelo de Corte Suprema. Daí que sem força vinculante horizontal e vertical, o que implica dever de observância do precedente pelos próprios membros da Corte Suprema e por todos os órgãos jurisdicionais, a Corte Suprema não tem como outorgar unicidade ao Direito mediante seus precedentes. Dessa forma, o precedente judicial nesse modelo constitui fonte primária do Direito, cuja a eficácia vinculante não decorre nem do costume judicial e da doutrina, nem da bondade e da congruência social das razoes invocadas, mas da força institucionalizante da interpretação judicial, isto é, da força institucional da jurisdição como função básica do Estado. Vale dizer: o precedente constitui uma 'authority reason', uma 'must-source', atuando, portanto, como uma verdadeira 'exclusionary reason' na formação da decisão judicial." (MITIDIERO, Daniel. *Cortes Superiores e Cortes Supremas*: do controle à interpretação da jurisprudência ao precedente. 3. ed. rev. atual. e ampl. São Paulo: Revista dos Tribunais, 2017, p. 85-86).

[14] Vide: Ação Cautelar nº 2.177/PE; Questão de Ordem no Agravo de Instrumento nº 760.358/SE; RE-EDcl nº 574.706/PR; ADIn nº 3.345/DF e nº 3.365/DF (apensa); ADIn-AgR nº 4.071/DF; ADIn nº 2.418/DF; Rcl nº 4.335/AC; ADIn nº 3.406/RJ; e ADIn nº 3.470/RJ.

[15] Vide: ADIn nº 3.345/DF; RE-AgR nº 203.498/DF; RE-AgR nº 196.752/CE.

Nos RREE 190.728/SC, 150.755/PE, 150.764/PE 191.898/RS e AI-AgR 168.149/RS o STF firmou entendimento segundo o qual não se poderia deixar de atribuir significado jurídico à declaração de inconstitucionalidade proferida pelo Plenário do STF em sede de controle incidental, ficando o órgão fracionário de outras Cortes exonerado do dever de submeter a declaração de inconstitucionalidade ao plenário ou ao órgão especial, na forma do art. 97 da Constituição, o que acabou consagrado no texto dos parágrafos únicos do art. 481 do CPC/73 e do art. 949 do nCPC.[16]

A respeito do art. 557 do antigo Código de Processo Civil de 1973 (atual art. 932 do Novo CPC/2015) já lecionava o Exmo. Min. Gilmar Mendes no RE nº 196.752/MG:

> Ressalte-se que, após o exame da constitucionalidade da norma pelo Pleno, não mais se espera qualquer modificação deste entendimento. Tanto assim que, quando se tratar de declaração de inconstitucionalidade, a partir desse momento é efetivada a pertinente comunicação ao Senado Federal. E, cuide-se de juízo de constitucionalidade ou de inconstitucionalidade, dá-se início à aplicação do disposto no artigo 557 do CPC, que, queiramos ou não, é uma forma brasileira de atribuição de efeito vinculante às decisões deste Tribunal.

Mais um importante avanço adveio de precedentes do STF, em controle difuso, nos quais o Tribunal começou a modular os efeitos de seus julgados, conforme permissão contida no art. 27 da Lei nº 9.868/98. Tal dispositivo legal era, a princípio, um instrumento à disposição apenas do controle concentrado (ADIn, ADC e ADPF), entretanto, passou a ser utilizado no controle difuso em inúmeros casos,[17] fazendo os efeitos da decisão do

---

[16] Trecho do voto do Min. Teori Zavascki na ADIn nº 2.418/DF: "(...) qualquer dos casos, e independentemente da existência ou não de resolução do Senado suspendendo a execução da norma declarada inconstitucional, tem igual autoridade a manifestação do Supremo em seu juízo de constitucionalidade, sendo de anotar que, de qualquer sorte, não seria cabível resolução do Senado na declaração de inconstitucionalidade parcial sem redução de texto e na que decorre da interpretação conforme a Constituição. A distinção restritiva, entre precedentes em controle incidental e em controle concentrado, não é compatível com a evidente intenção do legislador, já referida, de valorizar a autoridade dos precedentes emanados do órgão judiciário guardião da Constituição, que não pode ser hierarquizada simplesmente em função do procedimento em que a decisão foi tomada. Sob esse enfoque, há idêntica força de autoridade nas decisões do STF tanto em ação direta quanto nas proferidas em via recursal, estas também com natural vocação expansiva, conforme reconheceu o STF no julgamento da Reclamação 4.335, Min. Gilmar Mendes, Dje 22.10.14, a evidenciar que está ganhando autoridade a recomendação da doutrina clássica de que a eficácia erga omnes das decisões que reconhecem a inconstitucionalidade, ainda que incidentalmente, deveria ser considerada 'efeito natural da sentença' (BITTENCOURT, Lúcio, op. cit., p. 143; CASTRO NUNES, José. Teoria e prática do Poder Judiciário. Rio de Janeiro: Forense, 1943. p. 592). É exatamente isso que ocorre, aliás, nas hipóteses previstas no parágrafo único do art. 949 do CPC/15, reproduzindo o parágrafo único do art. 481 do CPC/73, que submete os demais Tribunais à eficácia vinculante das decisões do plenário do STF em controle de constitucionalidade, indiferentemente de terem sido tomadas em controle concentrado ou difuso".

[17] Em 24.03.2004, ao julgar o RE nº 197.917/SP, denominado "Caso Mira Estrela", o Supremo Tribunal Federal, por maioria, acompanhando o Min. Maurício Corrêa, relator, conheceu e deu parcial provimento ao recurso para declarar a inconstitucionalidade do parágrafo único do art. 6º da Lei nº 226/90, do Município de Mira Estrela, por considerar que o art. 29 da CF/88 estabelece um critério de proporcionalidade aritmética para o cálculo do número de vereadores, não tendo os municípios autonomia para fixar esse número discricionariamente, sendo que, no caso concreto, o Município em questão deveria ter 9 vereadores, sob pena de incompatibilidade com a proporção determinada constitucionalmente. O Tribunal determinou, ainda, que após o trânsito em julgado a Câmara de Vereadores adote as medidas cabíveis para adequar sua composição aos parâmetros ora fixados, respeitados, entretanto, os mandatos dos atuais vereadores. No presente caso, a modulação dos efeitos se deu pela determinação de respeito aos atuais mandatos em face do princípio da segurança jurídica, em face da situação excepcional em que a declaração de nulidade, com seus normais efeitos ex tunc, resultaria grave ameaça a todo o sistema legislativo vigente. Diante disso foi dada prevalência ao interesse público para assegurar, em caráter de exceção, efeitos para o futuro da declaração incidental de inconstitucionalidade.

caso concreto repercutirem em outros casos análogos, tornando-se mais um exemplo de objetivação dos precedentes do Plenário do STF independentemente do rito adotado.[18]

Nesse contexto, a aplicação da modulação no controle difuso se tornou prática habitual e corriqueira da Suprema Corte brasileira, como bem registrou o Min. Gilmar Mendes na PET nº 2.859/SP, que "por uma dessas ironias da prática jurídica, o art. 27 da Lei nº 9.868/99, destinado *à* aplicação no *âmbito* do controle abstrato de normas, vem tendo aplicação mais intensa no contexto do modelo incidental de controle de constitucionalidade".

Outro importante avanço foi obtido no julgamento conjunto das ADIn nº 3.345/DF e nº 3.365/DF (apensa), no qual o STF aplicou a teoria dos "motivos determinantes" e "efeitos vinculantes transcendentes" da decisão em controle difuso do RE nº 197.917/SP – "Caso Mira Estrela".[19] Ainda tratando sobre a vinculação dos motivos determinantes na Rcl nº 4.335/AC,[20] na qual o Plenário do STF fixou o efeito *ultra partes* da declaração de inconstitucionalidade em controle difuso,[21] o Min. Gilmar

---

No julgamento do HC nº 82.959/SP, em 23.02.2006, de relatoria do Min. Marco Aurélio, o STF declarou incidentalmente a inconstitucionalidade do §1º do art. 2º da Lei nº 8.072/1990, que tratava do regime de progressão prisional em crimes hediondos, e modulou os efeitos da decisão, para que ela não gerasse consequências jurídicas em relação a penas já extintas nesta data. Mais uma vez o STF estabeleceu condicionantes ao seu entendimento em controle difuso para aplicação em casos similares, ou seja, transcendendo os limites subjetivos do caso concreto. Registro que o precedente acima citado ensejou a edição da Súmula Vinculante nº 26 e o ajuizamento da Rcl 4.335/AC, no qual se formou relevante precedente sobre o tema, conforme veremos com mais detalhes à frente.

No julgamento do RE nº 560.626/RS, em 12.06.2008, ocorreu a primeira modulação de uma questão tributária federal; tratava-se do prazo decenal de decadência e prescrição das contribuições previdenciárias. O STF entendeu que apenas lei complementar poderia disciplinar a matéria que estava nos artigos 45 e 46 da Lei nº 8.212/1991. Tal julgamento ensejou a edição da Súmula Vinculante nº 8. Todavia, em face da legislação estar em vigor a mais de 17 (dezessete anos), houve a modulação dos efeitos da decisão, a qual beneficiou apenas aqueles contribuintes que haviam questionado o tema nas esferas administrativa ou judicial.

Mais recentemente, em 13.05.2021, no julgamento do RE-EDcl nº 574.706/PR, o Plenário do Supremo Tribunal Federal (STF) decidiu que a exclusão do Imposto sobre Circulação de Mercadorias e Serviços (ICMS) da base de cálculo do PIS/Cofins seria válida somente a partir de 15.3.2017, data em que foi fixada a tese de repercussão geral (Tema 69). A modulação dos efeitos foi definida no julgamento dos embargos de declaração opostos pela União, no qual a relatora do caso, Min. Cármen Lúcia, acolheu parcialmente o pedido da União, em face da modificação na orientação jurisprudencial em desfavor da Fazenda Pública, ao destacar que os efeitos vinculantes da sistemática de repercussão geral requerem balizamento de critérios para preservar a segurança jurídica. Dessa forma, votou pela aplicação da tese a partir da data da sua formulação, ressalvados os casos ajuizados até o julgamento do mérito do RE. Destacamos que sobre o tema já existia uma Súmula do extinto TFR (258), duas Súmulas do STJ (68 e 94), além do STF por décadas não conhecer da matéria por considerá-la infraconstitucional (RREE nº 391.371/BA e nº 399.979/RN) e possuir precedentes admitindo a incidência de tributo sobre tributo (RREE nº 212.209/RS e nº 582.461/SP-RG).

[18] Segundo Zavascki: "A modulação de efeitos das sentenças declaratórias de inconstitucionalidade é orientação que se observa como tendência no direito comparado, representando, por isso mesmo, mais um significativo ponto de aproximação dos sistemas de controle de constitucionalidade". (ZAVASCKI, Teori Albino. *Eficácia das sentenças na jurisdição constitucional*. 4. ed. São Paulo: Revista dos Tribunais, 2017, p. 71).

[19] Conforme registrado pelo Min. Gilmar Mendes, que em face disso "(...) se fez essa opção, que tem consequências no nosso sistema integral de controle de constitucionalidade, porque rompe com a tal fórmula do Senado, de maneira muito clara. Aqui, já o uso da ação civil pública significa que não precisa comunicar ao Senado, num caso como este, e atribui um tipo de efeito vinculante que transcende um caso concreto e abrange os fundamentos determinantes. Em suma, é um caso de todo singular".

[20] Rcl nº 4.335/AC, ementa: "Reclamação. 2. Progressão de regime. Crimes hediondos. 3. Decisão reclamada aplicou o art. 2º, §2º, da Lei nº 8.072/90, declarado inconstitucional pelo Plenário do STF no HC 82.959/SP, Rel. Min. Marco Aurélio, DJ 1.9.2006. 4. Superveniência da Súmula Vinculante nº 26. 5. Efeito ultra partes da declaração de inconstitucionalidade em controle difuso. Caráter expansivo da decisão. 6. Reclamação julgada procedente".

[21] Taís Schilling Ferraz registra, em artigo sobre a Rcl nº 4.335/AC, que: "Cada vez mais as decisões do STF em controle difuso de constitucionalidade vêm adquirindo eficácia erga omnes, por meio de modificações legais e até mesmo na Constituição. O mesmo vem ocorrendo no âmbito da competência do STJ. As reformas processuais, inclusive a que está em curso no Congresso Nacional, registram a intenção de implantação, no Brasil, de um

Mendes[22] destacou a prática já estabelecida no STF de aplicação de precedentes formados no controle de constitucionalidade do direito municipal em casos análogos envolvendo outros municípios, o que demonstra a eficácia transcendente presente no controle difuso de constitucionalidade, tornando prescindível a edição da Resolução do Senado para esses fins.

Sobre o movimento em direção à força subordinante dos precedentes do Plenário do STF, o Min. Teori Zavascki, em seu voto na ADIn nº 2.418/DF, reafirma a autoridade e vocação expansiva dos precedentes da Corte Suprema, guardiã da Constituição, destacando a "doutrina clássica de que a eficácia erga omnes das decisões que reconhecem a inconstitucionalidade, ainda que incidentalmente, deveria ser considerada 'efeito natural da sentença'".[23]

---

sistema de precedentes vinculantes. Valores como segurança jurídica, previsibilidade e estabilidade estão na base das exposições de motivos." (FERRAZ, Taís Schilling. Efeitos das decisões do STF em controle difuso de constitucionalidade: Comentários ao julgamento da Reclamação nº 4.335/AC. Revista da AJURIS, v. 41, nº 135, 2014).

[22] Trecho do voto do Min. Gilmar Mendes na Rcl nº 4.335/AC: "Observe-se, ainda, que, nas hipóteses de declaração de inconstitucionalidade de leis municipais, o STF tem adotado uma postura significativamente ousada, conferindo efeito vinculante não só à parte dispositiva da decisão de inconstitucionalidade, mas também aos próprios fundamentos determinantes. É que são numericamente expressivos os casos em que o Supremo Tribunal tem estendido, com base no art. 557, caput e §1º-A, do CPC, a decisão do plenário que declara a inconstitucionalidade de norma municipal a outras situações idênticas, oriundas de municípios diversos. Em suma, tem-se considerado dispensável, no caso de modelos legais idênticos, a submissão da questão ao plenário. Nesse sentido, Maurício Corrêa, ao julgar o RE 228.844/SP, no qual se discutia a ilegitimidade do IPTU progressivo cobrado pelo município de São José do Rio Preto, no estado de São Paulo, valeu-se de fundamento fixado pelo Plenário deste Tribunal, em precedente oriundo do estado de Minas Gerais, no sentido da inconstitucionalidade de lei do município de Belo Horizonte, que instituiu alíquota progressiva do IPTU. Também Nelson Jobim, no exame da mesma matéria (progressividade do IPTU), em recurso extraordinário interposto contra lei do município de São Bernardo do Campo, aplicou tese fixada em julgamentos que apreciaram a inconstitucionalidade de lei do município de São Paulo. Ellen Gracie utilizou-se de precedente oriundo do município de Niterói, estado do Rio de Janeiro, para dar provimento a recurso extraordinário no qual se discutia a ilegitimidade de taxa de iluminação pública instituída pelo município de Cabo Verde, no estado de Minas Gerais. Carlos Velloso aplicou jurisprudência de recurso proveniente do estado de São Paulo para fundamentar sua decisão no AI 423.252, onde se discutia a inconstitucionalidade de taxa de coleta e limpeza pública do município do Rio de Janeiro, convertendo-o em recurso extraordinário (art. 544, §§3º e 4º, do CPC) e dando-lhe provimento. Sepúlveda Pertence lançou mão de precedentes originários do estado de São Paulo para dar provimento ao RE 345.048, no qual se arguia a inconstitucionalidade de taxa de limpeza pública do município de Belo Horizonte. Celso de Mello, ao apreciar matéria relativa à progressividade do IPTU do município de Belo Horizonte, conheceu e deu provimento a recurso extraordinário tendo em conta diversos precedentes oriundos do estado de São Paulo. Tal procedimento evidencia, ainda que de forma tímida, o efeito vinculante dos fundamentos determinantes da decisão exarada pelo STF no controle de constitucionalidade do direito municipal. Evidentemente, semelhante orientação somente pode vicejar caso se admita que a decisão tomada pelo Plenário seja dotada de eficácia transcendente, sendo, por isso, dispensável a manifestação do Senado Federal".

[23] Trecho do voto do Min. Teori Zavascki na ADIn nº 2.418/DF: "(...) qualquer dos casos, e independentemente da existência ou não de resolução do Senado suspendendo a execução da norma declarada inconstitucional, tem igual autoridade a manifestação do Supremo em seu juízo de constitucionalidade, sendo de anotar que, de qualquer sorte, não seria cabível resolução do Senado na declaração de inconstitucionalidade parcial sem redução de texto e na que decorre da interpretação conforme a Constituição. A distinção restritiva, entre precedentes em controle incidental e em controle concentrado, não é compatível com a evidente intenção do legislador, já referida, de valorizar a autoridade dos precedentes emanados do órgão judiciário guardião da Constituição, que não pode ser hierarquizada simplesmente em função do procedimento em que a decisão foi tomada. Sob esse enfoque, há idêntica força de autoridade nas decisões do STF tanto em ação direta quanto nas proferidas em via recursal, estas também com natural vocação expansiva, conforme reconheceu o STF no julgamento da Reclamação 4.335, Min. Gilmar Mendes, Dje 22.10.14, a evidenciar que está ganhando autoridade a recomendação da doutrina clássica de que a eficácia erga omnes das decisões que reconhecem a inconstitucionalidade, ainda que incidentalmente, deveria ser considerada 'efeito natural da sentença' (BITTENCOURT, Lúcio, op. cit., p. 143; CASTRO NUNES, José. Teoria e prática do Poder Judiciário. Rio de Janeiro: Forense, 1943. p. 592). É exatamente isso que ocorre, aliás, nas hipóteses previstas no parágrafo único do art. 949 do CPC/15, reproduzindo o parágrafo

A respeito da suposta diferenciação quanto aos efeitos de uma decisão no controle difuso e uma no controle concentrado, pronunciadas pelos integrantes de um único e idêntico Plenário, encontramos no STF ao menos em três julgados declarando a prejudicialidade das ações no controle concentrado em face do julgamento do recurso extraordinário sobre a mesma matéria; são eles: (i) o julgamento do RE nº 377.457/PR e o do RE nº 381.964/MG foram realizados antes da ADIn-AgR nº 4.071/DF,[24] rel. Min. Menezes de Direito, no qual se discutia a constitucionalidade do art. 56 da Lei nº 9.430/96; (ii) no julgamento do RE nº 561.836/RN, com repercussão geral, que prejudicou a ADPF nº 174/RN, rel. Min. Fux; e, (iii) RE nº 574.706/PR em face da ADC nº 18 de relatoria do Min. Celso de Mello. Os entendimentos firmados pelo STF nos casos referidos reforçam o entendimento de que as decisões em controle difuso não diferem das decisões no controle concentrado. Caso contrário, as ações de controle concentrado deveriam ter sido conhecidas e julgadas a fim de conferir eficácia *erga omnes* e efeito vinculante aos precedentes.

No julgamento ADIn nº 2.148/DF e do RE nº 611.503/SP, Tema 360 da Repercussão Geral, o Plenário do STF ao apreciar o artigo 741, parágrafo único, e art. 475-L, §1º, do CPC/73, o art. 525, §1º, III, §§12 e 14, e art. 535, §5º, do nCPC, consignou que o óbice a executoriedade de sentenças revestidas de vício de inconstitucionalidade restará caracterizado desde que o reconhecimento dessa constitucionalidade ou a inconstitucionalidade tenha decorrido de julgamento do STF realizado em data anterior ao trânsito em julgado da sentença exequenda. Nesse julgado, o STF, assim como o CPC em vigor, estabeleceu seu precedente como marco temporal para a limitação dos efeitos dos títulos judiciais contrários à interpretação da Constituição feita pelo Plenário do STF, sem diferenciar os controles difuso – com ou sem resolução do Senado; antes ou depois da repercussão geral – e concentrado.

No julgamento conjunto das ADIns nº 3.406/RJ e nº 3.470/RJ, a Min. Cármen Lúcia, na mesma linha, afirmou que a Corte está caminhando para uma inovação da jurisprudência no sentido de não ser mais declarado inconstitucional cada ato normativo, mas a própria matéria que nele contém.[25] O Min. Edson Fachin concluiu que a declaração de inconstitucionalidade, ainda que incidental, opera uma preclusão consumativa da

---

único do art. 481 do CPC/73, que submete os demais Tribunais à eficácia vinculante das decisões do plenário do STF em controle de constitucionalidade, indiferentemente de terem sido tomadas em controle concentrado ou difuso".

[24] Na ADIn-AgR nº 4.071/DF, o Supremo Tribunal Federal definiu que deve ser indeferida a petição inicial de Ação Direta de Inconstitucionalidade, em face da sua manifesta improcedência, quando se limitar a atacar norma de constitucionalidade anteriormente já afirmada em sede de Recurso Extraordinário: "Agravo regimental. Ação direta de inconstitucionalidade manifestamente improcedente. Indeferimento da petição inicial pelo Relator. Art. 4º da Lei nº 9.868/99. 1. É manifestamente improcedente a ação direta de inconstitucionalidade que verse sobre norma (art. 56 da Lei nº 9.430/96) cuja constitucionalidade foi expressamente declarada pelo Plenário do Supremo Tribunal Federal, mesmo que em recurso extraordinário. 2. Aplicação do art. 4º da Lei nº 9.868/99, segundo o qual 'a petição inicial inepta, não fundamentada e a manifestamente improcedente serão liminarmente indeferidas pelo relator'. 3. A alteração da jurisprudência pressupõe a ocorrência de significativas modificações de ordem jurídica, social ou econômica, ou, quando muito, a superveniência de argumentos nitidamente mais relevantes do que aqueles antes prevalecentes, o que não se verifica no caso. 4. O *amicus curiae* somente pode demandar a sua intervenção até a data em que o Relator liberar o processo para pauta. 5. Agravo regimental a que se nega provimento". (ADI-AgR nº 4071, Relator(a): Min. MENEZES DIREITO, Tribunal Pleno, julgado em 22.04.2009, DJe-195 DIVULG 15.10.2009 PUBLIC 16.10.2009 EMENT VOL-02378-01 PP-00085 RTJ VOL-00210-01 PP-00207).

[25] ADIn nº 3.406 e ADIn nº 3.470, rel. min. Rosa Weber, j. 29.11.2017, Informativo STF nº 886.

matéria.²⁶ O Min. Luiz Fux, em seu voto, declara que não haveria mais diferença entre controle difuso e concentrado, destacando o novo Código de Processo Civil, e que a resolução do Senado seria mera chancela formal, no sentido de dar maior eficácia às decisões da Suprema Corte.²⁷ No mesmo sentido a posição do Min. Gilmar Mendes.²⁸ Nos debates, o Min. Dias Toffoli²⁹ aderiu às posições do Min. Gilmar Mendes e do Min. Luiz Fux.³⁰

---

26 ADIn nº 3.406 e ADIn nº 3.470, rel. min. Rosa Weber, j. 29.11.2017, Informativo STF nº 886.

27 Trecho do voto do Min. Luiz Fux nas ADIn nº 3.406/RJ e nº 3.470/RJ: "Não há mais diferença entre controle incidental e controle principal. O Código, inclusive, agora, por exemplo, na fase de execução, quando se quer alegar que a sentença é objeto do cumprimento, ou da execução antiga, que se baseou em lei inconstitucional, diz que a lei pode ter sido considerada inconstitucional em controle concentrado ou em controle incidental. Qualquer um dos controles é suficiente para que a parte possa se escusar de cumprir uma sentença inconstitucional. (...) É constitucional porque ela dizia que proibia. Pois é, então, se há essa questão prejudicial decidida, eu acho que o momento é propício para que o Supremo confira maior eficácia às suas decisões em controle concentrado e em controle difuso. O artigo 52, X, sempre foi interpretado com uma chancela meramente formal. Será que é possível o Senado Federal, depois da declaração de inconstitucionalidade pelo Supremo, mudar a nossa decisão? Eu acho que não. (...) De sorte que eu, adotando essa equivalência do controle difuso e do controle concentrado, entendendo que o artigo 52, X, apenas permite uma chancela formal do Senado – o Senado não pode alterar a essência da declaração de inconstitucionalidade do Supremo -, eu, então, acompanho integralmente o voto da Ministra Rosa Weber, agora, baseado nos fundamentos que o Plenário, por maioria, – e me submeto à colegialidade –, decidiu pela inconstitucionalidade da Lei Federal".

28 Manifestação do Min. Gilmar Mendes nos debates do julgamento conjunto das ADIns nº 3.406/RJ e nº 3.470/RJ, no qual menciona a situação ocorrida na ADIn-AgR nº 4.071/DF. Vejamos: "O SENHOR MINISTRO GILMAR MENDES – Na verdade, o artigo 557 do Código de Processo Civil antigo já vinha sendo aplicado nessa perspectiva da decisão dos precedentes. E é uma forma de desatar uma controvérsia que, do contrário, pode produzir, de fato, aquilo que o Ministro Fachin chamou de um semicírculo permanente. Vamos assumir isto – embora os discursos, às vezes, variem na concretização: normalmente, declarada a inconstitucionalidade – aqui, na verdade, tivemos um certo imbróglio, porque se misturaram os procedimentos – de uma lei no controle difuso, aqui, nunca mais trazemos o debate para o Plenário. Em tese, se estivéssemos esperando o artigo 52, X, teríamos que fazê-lo. Tem até um precedente do Ministro Menezes Direito em que ele julgou prejudicada uma ADI porque a matéria já tinha sido julgada em repercussão geral". A matéria havia sido julgada nos RREE nº 377.457/PR e nº 381.964/MG, que foram julgados pelo Plenário em 17.09.2008, tendo o Tribunal, nos termos do voto do Relator, Ministro Gilmar Mendes (Presidente), acolhido questão de ordem suscitada por Sua Excelência para permitir a aplicação do artigo 543-B do Código de Processo Civil, vencido o Senhor Ministro Marco Aurélio.

29 Posicionamento do Min. Dias Toffoli nos debates das ADIn nº 3.406/RJ e nº 3.470/RJ: "Com a devida vênia do Ministro Marco Aurélio, que sei que pensa o contrário, em razão do art. 52, X, e também do Ministro Alexandre de Moraes, que compartilha dessa preocupação do Ministro Marco Aurélio, eu subscrevo o que foi inicialmente levantado pelo Ministro Gilmar Mendes, tendo, agora há pouco, o Ministro Luiz Edson Fachin discorrido de uma maneira bastante clara, a respeito da dimensão da decisão que nós estamos tomando aqui, qual seja, a aplicação do controle difuso, dando esse efeito erga omnes e praticamente vinculante também às deliberações deste Plenário. Nem poderia ser diferente: se o que se decide no controle abstrato tem uma consequência; no controle concreto teria outra? Por quê? O sentido do art. 52, X, da Constituição é para uma época em que o Diário Oficial levava 3 meses para chegar nos rincões do Brasil, uma época em que as decisões do Supremo ou do Judiciário não eram publicadas em diários oficiais. Hoje, a TV Justiça transmite ao vivo e em cores para todo país o que nós estamos deliberando aqui. Não tem sentido ter que se aguardar uma deliberação futura para dar eficácia à decisão; ficamos nós, aqui, depois, a bater carimbo em relação a inúmeros processos que aqui chegam. Toda a evolução da jurisdição constitucional recente do Brasil foi exatamente no sentido de superarmos essa necessidade. Por isso, eu subscrevo as manifestações também, porque isso não estava anteriormente em meu voto, mas aqui faço questão de deixar, até para fins de se evita entendimentos diferentes ou interpretações a respeito do voto, subscrevo que a decisão tomada na ação direta da qual eu fiquei como relator para o acórdão, de relatoria originária do Ministro Marco Aurélio, a ADI 3.937, tem eficácia geral plena para todo o território nacional, e não apenas em relação ao âmbito do Estado de São Paulo, a legislação que ali se julgava, que era uma lei do Estado de São Paulo. E também subscrevo a ideia da preclusão em relação à decisão da matéria, que foi inicialmente aventada pelo Ministro Gilmar e, agora, também, acompanhado pelo Ministro Luiz Edson Fachin, pelo Ministro Luiz Fux e a Ministra Rosa. Assim, acompanho a Relatora no dispositivo e farei a juntada de voto".

30 Registramos a posição do Min. Alexandre de Moraes nos debates: "A questão de uma nova interpretação do artigo 52, X, não foi colocada nem como questão de ordem. Por que digo isso? Até hoje, o Supremo Tribunal Federal entende que, no controle difuso, o Senado Federal não está obrigado a estender os efeitos inter partes para erga omnes das declarações incidentais do Supremo. Isso são debates históricos e pode até vir – é sempre

O saudoso Min. Teori Albino Zavascki registrou tanto em trabalho acadêmico[31] como em posicionamentos como Ministro do STJ[32] e, posteriormente, como Ministro da Suprema Corte[33] que a edição de resolução senatorial perdeu sua importância, ressalvada

---

uma proposta do Ministro Gilmar -, mas até hoje o entendimento do Supremo Tribunal Federal em relação ao artigo 52, X, é que ao Supremo cabe declarar para o caso concreto e ao Senado cabe, se entender necessário, suspender, dando efeitos gerais. Aliás, a grande diferença do controle concentrado é que a suspensão dá efeito sempre ex nunc, não retroativos. Poderíamos até evoluir nesse sentido, mas eu quero dizer que eu não votei em relação a isso porque não era isso que estava em questão. Só para deixar claro".

[31] Teori Zavascki destaca que, "considerando o atual quadro normativo, fruto de uma constante e progressiva escalada constitucional e infraconstitucional em direção à 'dessubjetivação' ou à objetivação das decisões do STF, inclusive no controle incidental de constitucionalidade, é inquestionável a constatação de que, embora persista, na Constituição (art. 52, X da CF/1988), a competência do Senado Federal para suspender a execução de lei declarada inconstitucional, o seu papel foi paulatinamente perdendo a importância e o sentido que tinha originariamente, sendo, hoje, inexpressivas, ressalvado seu efeito de publicidade, as consequências práticas que dela podem ocorrer. Isso vem sendo reconhecido pelo próprio STF, conforme se pode verificar de importante precedente em que tal questão foi examinada, no qual se firmou a eficácia naturalmente expansiva das decisões da Corte, inclusive em controle incidental de constitucionalidade de preceitos normativos". Nas páginas 183-184, complementa sua análise: "Em qualquer dos casos, e independentemente da existência ou não de resolução do Senado suspendendo a execução da norma declarada inconstitucional, tem igual autoridade a manifestação do Supremo em juízo de constitucionalidade, sendo de notar que, de qualquer sorte, não seria cabível resolução do Senado na declaração de inconstitucionalidade parcial sem redução de texto e na que decorre da interpretação conforme a Constituição. A distinção restritiva, entre precedentes em controle incidental e em controle concentrado, não é compatível com a evidente intenção do legislador, já referida, de valorizar a autoridade dos precedentes emanados do órgão judiciário guardião da Constituição, que não pode ser hierarquizada simplesmente em função do procedimento em que a decisão foi tomada. Sob esse enfoque, há idêntica força de autoridade nas decisões do STF tanto em ação direta quanto nas proferidas em via recursal, estas também com natural vocação expansiva, conforme já reconheceu o STF, a evidenciar que está ganhando autoridade a recomendação da doutrina clássica de que a eficácia *erga omnes* das decisões que reconhecem a inconstitucionalidade, ainda que incidentalmente, deveria ser considerada 'efeito natural da sentença'. É exatamente isso que ocorre, aliás, nas hipóteses previstas no parágrafo único do art. 949 do CPC, reproduzindo parágrafo único do art. 481 do CPC/1973, que submete os demais Tribunais à eficácia vinculante das decisões do Plenário do STF em controle de constitucionalidade, indiferentemente de terem sido tomadas em controle concentrado ou difuso". (ZAVASCKI, Teori Albino. *Eficácia das sentenças na jurisdição constitucional*. 4. ed. São Paulo: Revista dos Tribunais, 2017, p. 53 e 183-184).

[32] Trecho do voto do Min. Teori no REsp nº 828.106/SP: "(...), há idêntica força de autoridade nas decisões do STF em ação direta quanto nas proferidas em via recursal. Merece aplausos essa aproximação, cada vez mais evidente, do sistema de controle difuso de constitucionalidade ao do concentrado, que se generaliza também em outros países (SOTELO, José Luiz Vasquez. "A jurisprudência vinculante na 'common law' e 'civil law'. *In*: *Temas Atuais de Direito Processual Ibero-Americano*. Rio de Janeiro: Forense, 1998, p. 374; SEGADO, Francisco Fernandez. La obsolescencia de la bipolaridad 'modelo americano-modelo europeo kelseniano' como criterio analítico del control de constitucionalidad y la búsqueda de una nueva tipología explicativa", *apud* Parlamento y Constitución, Universidad de Castilla-La Mancha, Anuário (separata), nº 6, p. 1-53). No atual estágio de nossa legislação, de que são exemplos esclarecedores os dispositivos transcritos, é inevitável que se passe a atribuir simples efeito de publicidade às resoluções do Senado previstas no art. 52, X, da Constituição. É o que defende, em doutrina, o Ministro Gilmar Ferreira Mendes, para quem 'não parece haver dúvida de que todas as construções que se vêm fazendo em torno do efeito transcendente das decisões tomadas pelo Supremo Tribunal Federal e pelo Congresso Nacional, com o apoio, em muitos casos, da jurisprudência da Corte, estão a indicar a necessidade de revisão da orientação dominante antes do advento da Constituição de 1988' (MENDES, Gilmar Ferreira. 'O papel do Senado Federal no controle de constitucionalidade: um caso clássico de mutação constitucional'. *Revista de Informação Legislativa*, nº 162, p. 165)".

[33] No importante precedente mencionado nas notas pelo autor e Ministro do Superior Tribunal de Justiça, contou com judicioso voto-vista do Min. Teori Zavascki no Supremo Tribunal Federal, no qual, sem aderir à tese da mutação constitucional, atribuiu razão ao entendimento do Min. Gilmar Mendes quanto ao entendimento de que as decisões do STF em controle difuso de inconstitucionalidade têm natural aptidão expansiva, concluindo que é "inegável, por conseguinte, que, atualmente, a força expansiva das decisões do Supremo Tribunal Federal, mesmo quando tomadas em casos concretos, não decorre apenas e tão somente de resolução do Senado, nas hipóteses de que trata o art. 52, X da Constituição. É fenômeno que está se universalizando, por força de todo um conjunto normativo constitucional e infraconstitucional, direcionado a conferir racionalidade e efetividade às decisões dos tribunais superiores e, como não poderia deixar de ser, especialmente os da Corte Suprema". (Rcl nº 4.335/AC).

a função de publicidade, em face da objetividade e força expansiva aos precedentes da Suprema Corte, equiparando a força dos precedentes do Plenário do STF formados seja no modelo concentrado ou difuso, conferindo racionalidade e efetividade ao sistema. Apoiado em larga doutrina,[34] o Min. Gilmar Mendes, em coerência com sua produção acadêmica,[35] registrou em seu voto-condutor na Rcl. nº 4.335/AC[36] e em votos-vogais nas ADIns nº 3.406/RJ e nº 3.470/RJ[37] que a força normativa e os efeitos do precedente

---

[34] Sobre o tema, vale conferir, ainda, a lição de Eduardo Appio: "O tempo do controle difuso era o passado, e o inverso sucedia com o controle concentrado, voltado quase que exclusivamente para as situações futuras. (...) Este cenário mudou radicalmente desde fevereiro de 2008, quando então o Supremo Tribunal Federal passou a considerar que as decisões proferidas em sede de controle difuso (concreto), que até então atingiam apenas as partes (inter partes), também poderiam – a exemplo do controle concentrado – atingir terceiros. Passaram-se, então, quase quarenta anos, desde a adoção do sistema concentrado no Brasil, para que o Supremo Tribunal Federal pudesse dar os primeiros passos de aproximação entre os dois modelos. (...) Este foi o prenúncio histórico de que os dois modelos iniciariam um movimento de lenta (mas constante) aproximação, o qual culminou com o recente modelo implantado no STF, no qual se advoga a eficácia erga omnes e com efeitos retroativos, mesmo no controle difuso". (APPIO, Eduardo. *Controle difuso de constitucionalidade*. Curitiba: Juruá. 2008, p. 17, 22-23).

[35] MENDES, Gilmar Ferreira. O papel do Senado no controle federal de constitucionalidade – Um caso clássico de mutação constitucional. *Revista de Informação Legislativa*, vol. 162/149-168, 2004, Senado Federal.

[36] Trecho do voto do Min. Gilmar Mendes na Rcl nº 4.335/AC: "É possível, sem qualquer exagero, falar-se aqui de uma autêntica mutação constitucional em razão da completa reformulação do sistema jurídico e, por conseguinte, da nova compreensão que se conferiu à regra do art. 52, X, da Constituição de 1988. Valendo-nos dos subsídios da doutrina constitucional a propósito da mutação constitucional, poder-se-ia cogitar aqui de uma autêntica reforma da Constituição sem expressa modificação do texto. Em verdade, a aplicação que o STF vem conferindo ao disposto no art. 52, X, da Constituição Federal indica que o referido instituto mereceu uma significativa reinterpretação a partir da Constituição de 1988. É possível que a configuração emprestada ao controle abstrato pela nova Constituição, com ênfase no modelo abstrato, tenha sido decisiva para a mudança verificada, uma vez que as decisões com eficácia erga omnes passaram a se generalizar. (...) De fato, é difícil admitir que a decisão proferida em ação direta de inconstitucionalidade ou ação declaratória de constitucionalidade e na arguição de descumprimento de preceito fundamental possa ser dotada de eficácia geral e a decisão proferida no âmbito do controle incidental – está muito mais morosa porque em geral tomada após tramitação da questão por todas as instâncias – continue a ter eficácia restrita entre as partes. Explica-se, assim, o desenvolvimento da nova orientação a propósito da decisão do Senado Federal no processo de controle de constitucionalidade, no contexto normativo da Constituição de 1988. A prática dos últimos anos, especialmente após o advento da Constituição de 1988, parece dar razão, pelo menos agora, a Lúcio Bittencourt, para quem a finalidade da decisão do Senado era, desde sempre, 'apenas tornar pública a decisão do tribunal, levando-a ao conhecimento de todos os cidadãos'. Sem adentrar o debate sobre a correção desse entendimento no passado, não parece haver dúvida de que todas as construções que se vêm fazendo em torno do efeito transcendente das decisões pelo STF e pelo Congresso Nacional, com o apoio, em muitos casos, da jurisprudência da Corte, estão a indicar a necessidade de revisão da orientação dominante antes do advento da Constituição de 1988. Assim, parece legítimo entender que, hodiernamente, a fórmula relativa à suspensão de execução da lei pelo Senado Federal há de ter simples efeito de publicidade. (...) Tal como assente, não é (mais) a decisão do Senado que confere eficácia geral ao julgamento do Supremo. (...) Portanto, a não publicação, pelo Senado Federal, de resolução que, nos termos do art. 52, X, da Constituição, suspenderia a execução da lei declarada inconstitucional pelo STF, não terá o condão de impedir que a decisão do Supremo assuma a sua real eficácia jurídica. (...) Ressalte-se ainda o fato de a adoção da súmula vinculante ter reforçado a ideia de superação do referido art. 52, X, da Constituição Federal na medida em que permite aferir a inconstitucionalidade de determinada orientação pelo próprio Tribunal, sem qualquer interferência do Senado Federal. Por último, observe-se que a adoção da técnica da declaração de inconstitucionalidade com limitação de efeitos parece sinalizar que o Tribunal entende estar desvinculado de qualquer ato do Senado Federal, cabendo tão somente a ele – Tribunal – definir os efeitos da decisão".

[37] Trecho do voto do Min. Gilmar Mendes nas ADIn nº 3.406/RJ e nº 3.470/RJ: "Mas, em verdade, há muito, já não estamos prestando atenção ao art. 52, X, de fato. E vou pegar um exemplo, que é de prova aritmética, o que é muito difícil no Direito, que é a modulação de efeitos, Presidente, em sede de controle incidental. Fazemos com naturalidade hoje e temos muitos pedidos, aqui, de modulação de efeitos em sede de controle incidental, para casos outros, obviamente. Estamos regulando não para o caso concreto, que muitas vezes tem eficácia ex tunc, mas para outros casos. E assim fizemos no caso dos vereadores, do número de vereadores; fizemos no caso da Previdência, 10 ou 5 anos do prazo de prescrição para cobrança.
A SENHORA MINISTRA CÁRMEN LÚCIA (PRESIDENTE) – Da Fundação Chico Mendes.
O SENHOR MINISTRO GILMAR MENDES – A Fundação Chico Mendes. Isso. Mas digo, temos feito em casos de matéria tributária, vários, não é? Portanto, quando fazemos essa regulação, claramente estamos assumindo

do Plenário do STF no controle difuso são transcendentes, *erga omnes* e vinculantes, não ficando condicionada à edição de resolução do Senado, a qual passou a ter apenas função publicizante.

Nesse sentido, destacamos o recente julgamento do ARE 1.243.237/SP, no qual o Exmo. Min. Gilmar Mendes foi acompanhado pelos Ministros Ricardo Lewandowski e Nunes Marques. Naquela ocasião, o Exmo. Min. Gilmar Mendes pontuou que:

> Assim, em se tratando de posicionamento da Corte Suprema posterior ao decisum transitado em julgado em desconformidade com aquele, é de se interpretar tal fato como alteração dos pressupostos jurídicos, hábil a ensejar que os efeitos futuros de atos acobertados pelo título executivo judicial sejam obstados, visando trazer segurança jurídica e harmonia à interpretação constitucional. Noutros termos, a superveniência da interpretação conferida da Corte Suprema, por representar modificação do cenário jurídico, ocasiona a imediata cessação da eficácia executiva sobre as parcelas futuras porventura devidas advindas de título executivo judicial, envolvendo relação jurídica de trato sucessivo, sendo desnecessário ajuizamento de ação rescisória ou alegação de inexigibilidade de título executivo judicial para fins de cessação do comando transitado em julgado, a partir do pronunciamento do STF. (ARE 1.243.247, redator p/ acórdão Min. Gilmar Mendes, j. 15.4.2022 a 26.4.2022 - acórdão pendente de publicação)

Rememore-se também o que restou decidido no item 9 da ementa da ADPF 101/DF, Rel. Min. Cármen Lúcia, Pleno, DJe 4.6.2012:

> 9. Decisões judiciais com trânsito em julgado, cujo conteúdo já tenha sido executado e exaurido o seu objeto não são desfeitas: efeitos acabados. Efeitos cessados de decisões judiciais pretéritas, com indeterminação temporal quanto à autorização concedida para importação de pneus: proibição a partir deste julgamento por submissão ao que decidido nesta arguição. (ADPF nº 101, Rel. Min. Cármen Lúcia, Pleno, DJe 4.6.2012)

---

que a nossa decisão não depende do Senado e estamos fazendo com eficácia geral. Portanto, parece-me que essa questão está resolvida e que é justo que o Tribunal se pronuncie nesse sentido, para resolver, inclusive, um impasse que, do contrário, nos leva a essa situação semicircular de que falou o Ministro Fachin. Isso me parece extremamente importante. Já discutimos isso várias vezes. Um dos autores críticos desse tema, no passado, foi ninguém mais, ninguém menos, do que Lúcio Bittencourt, que chamava a atenção para a necessidade de que se comunicasse ao Senado para publicização da decisão, tal como falou agora o Ministro Dias Toffoli. Mas não foi a posição que inicialmente assumiu o Supremo. Mas o que que aconteceu? Sob a Constituição de 88, notoriamente, tivemos a expansão do controle de constitucionalidade – especialmente do controle direto de constitucionalidade –, do efeito vinculante e da eficácia erga omnes, que vem com a ADC. É curioso – e não deixa de ser curioso – que não se tenha percebido, na prática, que a situação toda mudou, porque o controle que, a rigor, é o mais demorado, em tese, o mais meditado, aqui ele continuava a ser aquele que tinha eficácia menor, ao final, embora, na prática, com o advento da repercussão geral, isso também perdeu o sentido, porque, de fato, se estendeu o efeito. Com o novo Código de Processo Civil – já discutimos isso com o Ministro Fux –, essa questão se estendeu e projetou efeitos de maneira muito clara. Na prática, portanto, isso passa a ocorrer. Então, parece-me que essa questão está resolvida. E, claro, também o efeito vinculante já vem acompanhado. Tanto é que temos aqui – e já discutimos isso no semestre passado – uma certa contradição. Por quê? Porque hoje misturamos situações da repercussão geral com o controle concentrado. E há coisas que estão na repercussão geral, inclusive as questões de ordem que encaminhamos, por exemplo: suspensão de processo, provimento ou não provimento automático e tudo mais, de recursos, e não aplicamos isso no controle abstrato, que já é dotado de efeito vinculante e eficácia erga omnes. Também, dissemos, precisamos fazer esse acoplamento, não é? Assim, parece-me que também é correta aquela expressão que Vossa Excelência usou, Presidente, de que, nesses casos, declaramos a inconstitucionalidade não apenas da norma, mas da matéria. A SENHORA MINISTRA CÁRMEN LÚCIA (PRESIDENTE) – Não do ato formal, mas da norma mesmo. Ou seja, da matéria que nela se contém. O SENHOR MINISTRO GILMAR MENDES – E de normas idênticas, que também são afetadas com a repercussão. De modo que, nesse sentido, acompanho o voto da eminente relatora, mas entendendo que estamos fixando essa orientação".

Ou seja, o STF conferiu a sustação dos efeitos futuros de atos judiciais anteriores, com trânsito em julgado, "com indeterminação temporal quanto à autorização concedida para importação de pneus", com vigência "a partir deste julgamento por submissão ao que decidido nesta arguição".

Em conclusão, destacamos importante trecho da lavra do Min. Gilmar Mendes em seu voto-vogal inicial no Tema 885 da RG,[38] vejamos:

> Independentemente da forma em que ocorra (em processo objetivo ou subjetivo), qualquer pronunciamento da Suprema Corte, produzindo determinada interpretação constitucional, deve ser seguida pelos demais Órgãos do Poder Judiciário, justamente em abono à força normativa da Constituição. A aplicação ou interpretação constitucional proferida pelo Supremo Tribunal Federal, ainda que em sede de controle incidental, deixa claro que aquela é a orientação para os tribunais inferiores. Assim, para ser inexigível, basta que o título judicial transitado em julgado tenha se fundado em sentido ou em interpretação constitucional em confronto com qualquer tipo de posicionamento do Plenário da Corte, seja pela constitucionalidade ou inconstitucionalidade, em controle concreto ou difuso, em obediência à força normativa da Constituição.

Toda decisão judicial possui relevante carga construtiva e acrescenta algo ao ordenamento jurídico. No caso de um precedente proveniente do Plenário da Corte Constitucional, há profundas e abrangentes consequências jurídicas inovadoras, em face da força normativa da Constituição e dos efeitos vinculantes, expansivos e *ultra partes*, dos precedentes do Plenário do STF firmados no exercício da jurisdição constitucional, seja no controle difuso, seja no controle concentrado. Esse impacto na ordem jurídica, com o estabelecimento de um novo marco jurídico formado pelo precedente do Plenário do STF, permite identificar o "antes" e o "depois" da norma, como se a ela se aderisse um selo de chancela positivo ou negativo conferido pelo próprio Supremo Tribunal Federal, vedando interpretações em sentido contrário. Antes do precedente do Plenário do STF, um período de movimentação interpretativa, inclusive com formação de coisas julgadas em sentidos opostos; após o precedente, a definição do sentido da Constituição pelo STF, que deve ser aplicado a todos dali para frente.

3 Eficácia da coisa julgada nas relações jurídico-tributárias de trato continuado

Inicialmente, cumpre estabelecer o conteúdo básico envolvido no conceito de coisa julgada, conforme lição trazida por Jordi Nieva-Fenoll, vejamos:

> O princípio básico de que parte o conceito de coisa julgada é o seguinte: os juízos só devem realizar-se uma única vez. Deste princípio se deriva que a coisa julgada consiste em uma proibição de reiteração de juízos. Esse foi o postulado da época de HAMMURABI, esse era o postulado no período romano, e esse é e seguirá sendo o postulado de que a coisa julgada partirá em todo caso.[39]

---

[38] Os julgamentos dos Temas 881 e 885 da Repercussão Geral foram suspensos no Plenário Virtual do STF em 22.11.2022 pelo pedido de destaque do Min. Luiz Edson Fachin após a apresentação do voto-vista do Min. Gilmar Mendes.

[39] NIEVA-FENOLL, Jordi. *Coisa Julgada*. Tradução Antônio do Passo Cabral. São Paulo: Revista dos Tribunais, 2016. Coleção Liebman – Coordenadores Teresa Arruda Alvim Wambier, Eduardo Talamini. p. 134-135.

A respeito da coisa julgada em nosso sistema jurídico, o Supremo Tribunal Federal, no julgamento da RE nº 363.889/DF e da ADIn nº 2.418/DF, consagrou o entendimento de que a coisa julgada não é um instituto de caráter absoluto, estando sujeita a uma conformação infraconstitucional que harmonize a garantia da coisa julgada com os primados da Constituição.[40]

Após estabelecidos conceito e limites do instituto, focaremos nossas atenções no processo de conhecimento onde reside uma das mais relevantes atribuições da atividade jurisdicional: a aplicação da lei ao caso concreto, e, em especial quando realizada no exercício da jurisdição constitucional, seja pelo Supremo Tribunal Federal, seja pelas demais instâncias do Poder Judiciário no exercício do controle de constitucionalidade das leis.

O processo de conhecimento consiste em uma "declaração de certeza" quanto à existência, ou não, de uma relação jurídica, e que o juiz realiza esse trabalho sobre o "fenômeno jurídico da incidência", aplicando a lei (norma) ao caso concreto (fatos) e regulando as consequências daí advindas (relações jurídicas), conforme registra Teori Zavascki[41] com lições de Carnelutti e Pontes de Miranda.

Tal definição é das mais importantes, pois partiremos da premissa de que uma decisão no processo de conhecimento tem como base um "silogismo original da sentença", como bem denominado por Teori Zavascki,[42] entre os fatos e a norma, com as consequências jurídicas daí advindas. Uma vez transitada em julgado a decisão que declarou essa certeza sobre a relação jurídica, baseada nos fatos e na norma aplicada, faz surgir a coisa julgada, ou seja, torna-se a lei entre as partes e imutável, conforme art. 503 do CPC/2015.

Depois de devidamente delimitados esses aspectos, passaremos agora à análise da coisa julgada formada nas relações jurídicas sucessivas, ou de trato continuado, uma vez que a coisa julgada formada no litígio tributário sobre essas relações também projeta sua eficácia (efeitos) para o futuro, autorizadas por construção jurisprudencial no âmbito tributário.

De fato, no campo tributário, as ações declaratórias envolvendo as relações jurídicas tributárias de trato continuado à coisa julgada formada não se limitam aos fatos narrados na inicial ou ocorridos durante a demanda, mas projetam seus efeitos

---

[40] Em seu voto no REsp nº 822.683/PR o Min. Teori registrou que: "Conforme assinalou Liebman, discorrendo sobre as restrições a serem impostas à coisa julgada, 'a razão principal que sufraga a orientação restritiva é que a coisa julgada é, afinal, uma limitação à procura da decisão justa da controvérsia, e deve, por isso, se bem que socialmente necessária, ficar contida em sua esfera legítima e não expandir-se fora dela' [LIEBMAN, Enrico Tullio. Limites objetivos da coisa julgada, *op. cit.*, p. 573]".

[41] Leciona Zavascki que: "Discorrendo sobre o processo de conhecimento, afirmou Carnelutti que ele consiste, na verificação de dados de fato e de direito relevantes para um juízo de certeza a respeito de determinada relação jurídica, 'isto é, dos preceitos e dos fatos dos quais depende a existência ou inexistência, e 'segundo os resultados desta verificação, o juiz declara que a situação existe ou que não existe'. Toda sentença, consequentemente, tem um conteúdo declaratório, uma 'declaração de certeza', consistente 'na declaração imperativa de que ocorreu um fato ao qual a norma vincula um efeito jurídico'. Trabalhar sobre normas, os fatos e as relações jurídicas correspondentes é trabalhar sobre o fenômeno jurídico da incidência, e daí a acertada conclusão de Pontes de Miranda: 'nas ações de cognição (...) há enunciados sobre a incidência (toda a aplicação da lei é enunciado sobre incidência)'." (ZAVASCKI, Teori Albino. *Eficácia das sentenças na jurisdição constitucional*. 4. ed. São Paulo: Revista dos Tribunais, 2017, p. 97).

[42] ZAVASCKI, Teori Albino. *Eficácia das sentenças na jurisdição constitucional*. 4. ed. São Paulo: Revista dos Tribunais, 2017, p. 105.

para o futuro, conforme construção jurisprudencial do STJ que redefiniu o entendimento contido na Súmula nº 239/STF.

Durante muito tempo, vigorou nas demandas tributárias o conteúdo da Súmula nº 239 do STF, a qual era plenamente aplicável às relações tributárias instantâneas e aos questionamentos em embargos à execução fiscal e ação anulatória de lançamento tributário que limitam seus pedidos aos fatos geradores ocorridos em determinado espaço de tempo ou exercício, sem questionar a relação jurídico-tributária em si, porém, impedia que o Poder Judiciário em suas decisões em relações tributárias de trato continuado disciplinasse o futuro, papel precípuo do legislador. Vejamos sua dicção: "Decisão que declara indevida a cobrança do imposto em determinado exercício não faz coisa julgada em relação aos posteriores".

A doutrina já identificara na eficácia dos comandos declaratórios o "efeito de preceitação",[43] com a pretensão de evitar futuros conflitos[44] e "ação futura"[45] ao se estabelecer uma "norma de conduta para as partes".[46]

Nesse contexto, o então recém-criado Superior Tribunal de Justiça, ao julgar o REsp nº 719/SP, relator para acórdão Min. Américo Luz, superou a referida súmula com o fundamento de não se exigir que o contribuinte ajuíze todo ano a mesma demanda sobre determinado tributo ilegal.[47] Forjou-se o entendimento de que a eficácia da sentença declaratória perdurará enquanto estiver em vigor a lei que a fundamentou, interpretando-a. Nada mais pragmático em um Poder Judiciário que começava a lidar com as lides tributárias de massa. Registramos que o então Ministro do Superior Tribunal de Justiça Carlos Velloso ficou vencido aplicando a Súmula nº 239/STF, que entendia que "a decisão que julga indevido o tributo cobrado em determinado exercício não faz coisa julgada sobre os exercícios ulteriores", citando lição de Pontes de Miranda, segundo a qual "no que diz respeito ao tempo, a coisa julgada está limitada aos fatos existentes por ocasião do encerramento dos debates"[48] e que os tributos periódicos não

---

[43] PONTES DE MIRANDA, Francisco Cavalcanti. *Comentários ao Código de Processo Civil*. Rio de Janeiro: Forense, 1999. t. I: art. 1º a 45. p. 161-163.
[44] BUZAID, Alfredo. *A ação declaratória no direito brasileiro*. 2. ed. rev. e aum. São Paulo: Saraiva, 1986. p. 266.
[45] PONTES DE MIRANDA, Francisco Cavalcanti. *Comentários ao Código de Processo Civil*. Rio de Janeiro: Forense, 1999. t. I: art. 1º a 45. p. 163.
[46] BARBOSA MOREIRA, José Carlos. Eficácia da sentença e autoridade da coisa julgada. *Revista da Associação dos Juízes do Rio Grande do Sul*, Porto Alegre, nº 28, p. 15 e ss., jul. 1983. p. 21.
[47] Helenilson Cunha Pontes registra a distinção realizada por Rubens Gomes de Souza "(...) entre decisões judiciais transitadas em julgado que se pronunciam sobre elementos permanentes e imutáveis da relação jurídica tributária, como a constitucionalidade ou inconstitucionalidade do tributo, sua incidência ou não-incidência em determinada hipótese, a existência ou inexistência de e o seu alcance, a vigência de lei tributária ou sua revogação etc, e, de outro lado, as decisões que se manifestam sobre elementos temporários ou mutáveis da relação jurídica tributária, como a avaliação de bens, as condições personalíssimas do contribuinte e seus reflexos tributários, e outras questões da mesma natureza. Segundo aquele autor, à coisa julgada emanada das decisões da primeira espécie há que se atribuir uma eficácia permanente, enquanto àquela derivada das decisões da segunda natureza deve ser reconhecida uma eficácia circunscrita ao caso específico em que foi proferida." (PONTES, Helenilson Cunha. *Coisa julgada tributária e inconstitucionalidade*. São Paulo: Dialética, 2005, p. 127).
[48] Nesse sentido, RE nº 87.366-0/RJ, rel. Min. Soares Muñoz, 1ª Turma, julgado em 21.08.1979, DJ de 10.09.1979: "A doutrina moderna a respeito da coisa julgada restringe os seus efeitos aos fatos contemporâneos ao momento em que foi prolatada a sentença. A força da coisa julgada material, acentua James Goldschmidt, alcança a situação jurídica no estado em que se achava no momento da decisão, não tendo, portanto, influência sobre os fatos que venham a ocorrer depois (*In: Derecho Procesal Civil*, p. 390, tradução espanhola de 1936)"; e a AR-AgR nº 948-7, rel. Min. Xavier de Albuquerque, Plenário, julgado em 21.11.1979, DJ de 02.05.1980: "(...) a força da coisa julgada material alcança a situação jurídica no estado em que se achava no momento da resolução, não tendo, portanto, influência sobre os fatos que sobrevenham depois...".

geram típica relação jurídica de trato continuado. Importante também a manifestação do Min. Vicente Cernicchiaro, que condicionou o efeito futuro da decisão à manutenção da relação jurídica e à natureza jurídica do fato. Após alguma oscilação,[49] a tese acabou prevalecendo, definitivamente.

Essa alteração de entendimento acabou possibilitando a existência das ações declaratórias com efeitos futuros. Ou seja, o Poder Judiciário, que precipuamente analisa fatos históricos (instantâneos, duradouros ou contínuos) aplicando o direito às situações já ocorridas, passou a lançar a eficácia de seus julgados sobre fatos jurídicos futuros que ainda estavam por ocorrer. Tal prática se tornou regra nos processos judiciais que questionam tributos no país, infelizmente sem as ressalvas feitas pelo Min. Vicente Cernicchiaro no REsp nº 719/SP.

Diante deste quadro da jurisprudência, importante analisar os limites temporais da coisa julgada, assim entendida a delimitação do *dies ad quem* da eficácia da coisa julgada. Toda decisão judicial há de cessar seus efeitos um dia, não devendo seus comandos gerar eficácia eterna, ou seja, a decisão judicial transitada em julgado perdura "enquanto ainda subsista a realidade que regula".[50]

Neste contexto, todas as sentenças contêm, implicitamente, a cláusula *rebus sic stantibus*, ou seja, elas mantêm seu efeito vinculante enquanto se mantiverem inalterados o direito e o suporte fático com base nos quais estabeleceu o juiz de certeza. As sentenças sobre relações jurídicas de trato continuado deixam de ter força vinculante de lei para as partes quando ocorre superveniente alteração da situação de fato ou da situação de direito, conforme leciona Teori Zavascki.[51]

No âmbito do Superior Tribunal de Justiça já existe entendimento consolidado sobre a coisa julgada e os limites temporais de sua eficácia, em especial, na relação jurídico-tributária de trato continuado, em face da ação declaratória tributária com efeitos futuros, conforme construção jurisprudencial do STJ que redefiniu o entendimento contido na Súmula nº 239/STF, em face da existência da cláusula *rebus sic stantibus* implícita nas decisões declaratórias que projetam efeitos para o futuro.

Tal entendimento possui precedentes, tanto na hipótese da superveniência de lei nova regulando a matéria[52] como especificamente nas hipóteses de alteração do estado de direito pela superveniência de precedente do STF em sentido contrário à decisão transitada em julgado, seja no controle difuso – com ou sem resolução do Senado, seja no controle concentrado, conforme verificamos nos seguintes arestos:

---

[49] Os REsp nº 7.478/SP, nº 92.779/MG e nº 75.657/SP mantiveram a antiga posição originada da jurisprudência do Supremo Tribunal Federal.

[50] NIEVA-FENOLL, Jordi. A coisa julgada: o fim de um mito. *In*: DIDIER JR., F.; CABRAL, A. P. (coord.). *Coisa julgada e outras estabilidades processuais*. Salvador: Juspodivm, 2018, p. 105-122.

[51] ZAVASCKI, Teori Albino. *Eficácia das sentenças na jurisdição constitucional*. 4. ed. São Paulo: Revista dos Tribunais, 2017, p. 105.

[52] Nesse sentido, vide REsp nº 308.857/GO (superveniência de nova legislação), rel. Min. Garcia Vieira; REsp nº 281.209/GO (superveniência de nova legislação), rel. Min. José Delgado; REsp nº 875.635/MG (inexistência de alteração legislativa superveniente) e REsp nº 599.764/GO (superveniência de nova legislação), rel. Min. Luiz Fux; AgRg no REsp nº 703.526/MG (superveniência de nova legislação), rel. Min. Teori Albino Zavascki; REsp nº 1.095.373/SP (superveniência de nova legislação), rel. Min. Eliana Calmon; AgInt no AgInt no AREsp. nº 459.787/DF (superveniência de nova legislação), rel. Min. Sérgio Kukina; AgInt no AREsp. nº 450.045/DF (superveniência de nova legislação), rel. Min. Napoleão Nunes Maia Filho; e AgInt no AREsp nº 1.145.363/DF (superveniência de nova legislação), rel. Min. Assusete Magalhães.

REsp nº 193.500/PE (superveniência de precedente do STF no controle difuso declarando a constitucionalidade da CSLL – RE nº 146.733/SP), REsp nº 233.662/GO (superveniência de precedente do STF no controle difuso declarando a constitucionalidade da CSLL – RE nº 138.284/CE), REsp nº 381.911/PR (superveniência de precedente do STF declarando a inconstitucionalidade da contribuição incidente sobre avulsos, autônomos e administradores em controle difuso com a edição de Resolução do Senado nº 15 e em controle concentrado – RREE nº 166.772/RS e nº 177.296/RS e ADIn nº 1.102/DF), REsp nº 822.683/PR (superveniência de precedente do STF declarando a inconstitucionalidade da contribuição incidente sobre parlamentar, exercente de mandato eletivo federal, estadual ou municipal, com a edição de Resolução do Senado nº 26/2005 - RE nº 351.717/PR), REsp nº 888.834/RJ (superveniência de precedente do STF no controle difuso declarando a constitucionalidade do COFINS, PIS e FINSOCIAL incidentes sobre operações relativas a derivados de petróleo – RE-AgRg nº 205.355/DF, RE nº 227.832/PR, RE nº 230.337/RN e RE nº 233.807/RN), REsp nº 1.103.584/DF (superveniência de precedente do STF declarando a inconstitucionalidade do PIS – Decretos-Leis nº 2.445, de 29.06.88, e nº 2.449, de 21.07.88, em controle difuso com a edição de Resolução do Senado nº 49/95 – RE nº 148.754/RJ) e AgInt nos EDcl no AREsp nº 313.691/SC[53] (superveniência de precedente do STF declarando a constitucionalidade do ISS sobre os serviços de registros públicos, cartorários e notariais em controle concentrado – ADI nº 3.089/DF).

No âmbito do Supremo Tribunal Federal, já existem precedentes que tratam do impacto de seu precedente na ordem jurídica, em especial sobre relações jurídicas de trato continuado.[54] Além do reconhecimento de duas repercussões no RE nº 949.297/CE, relator Min. Edson Fachin (Tema 881), e no RE nº 955.227/BA, relator Min. Luís Roberto Barroso (Tema 885), nas quais se discute o limite temporal da coisa julgada em casos envolvendo a CSLL, instituído pela Lei nº 7.689/88, na hipótese de o contribuinte ter em seu favor decisão judicial transitada em julgado que declare a inexistência de relação jurídico-tributária, ao fundamento de inconstitucionalidade incidental de tributo, por sua vez declarado constitucional, em momento posterior, na via do controle concentrado e abstrato de constitucionalidade exercido pelo STF.[55]

A seguir iremos analisar os princípios constitucionais envolvidos na resolução do problema relativo à eficácia da coisa julgada nas relações jurídico-tributárias de trato continuado contrária à superveniente precedente da Suprema Corte. Em seguida, buscaremos alcançar uma solução dentro do sistema, partindo do pressuposto de que o ordenamento é um conjunto de normas que devem convergir, evitando-se incoerência e garantindo a coerência, segurança jurídica, isonomia, supremacia das normas constitucionais e autoridade das decisões do STF.

---

[53] Nesse sentido: AgRg na MC nº 24.972/SC, relator Min. Olindo Menezes (Desembargador convocado do TRF 1ª Região); AgRg no REsp nº 1.470.687/SC, Rel. Ministro Napoleão Nunes Maia Filho; AgInt no REsp nº 1.516.130/SC, Rel. Ministro Mauro Campbell Marques; e AgInt no AREsp. nº 1.387.412/RS, rel. Min. Francisco Falcão.

[54] Vide: Súmula nº 343/STF; RE nº 590.809/RS, Tema 136 da Repercussão Geral; RE nº 596.663/RJ, Tema 494 da Repercussão Geral e o RE nº 730.462/SP, Tema 733 da Repercussão Geral.

[55] Os julgamentos dos Temas 881 e 885 da Repercussão Geral foram suspensos no Plenário Virtual do STF em 22.11.2022 pelo pedido de destaque do Min. Luiz Edson Fachin após a apresentação do voto-vista do Min. Gilmar Mendes.

4 Segurança jurídica nas relações dinâmicas e convergência dos princípios constitucionais

A solução do tema atinente à subsistência dos efeitos das sentenças transitadas em julgado, voltadas à disciplina de relações jurídico-tributárias futuras, como já dito, deve partir, principalmente, de uma análise dos princípios constitucionais pertinentes. Assim, devem ser considerados o princípio da segurança jurídica (art. 5º, *caput*), tutelado por outras normas constitucionais, das quais aquela que possui relevância para o caso concreto é a irrevogabilidade do instituto da coisa julgada (art. 5º, XVI), os princípios da igualdade (art. 5º, *caput*, e inciso I), os princípios da capacidade contributiva e da isonomia tributária (art. 145, §1º, e art. 150, II), os princípios da livre-iniciativa e livre concorrência (art. 170, *caput* e inciso IV), além do princípio da neutralidade tributária (art. 146-A).

No debate sobre as decisões judiciais transitadas em julgado contrárias à superveniente precedente do STF, é lugar comum a oposição do argumento de ofensa à coisa julgada, assim considerada como a garantia da realização do princípio da segurança jurídica. Neste tópico, demonstraremos que a segurança jurídica não se contrapõe aos demais princípios constitucionais analisados no presente trabalho. Pelo contrário, a segurança jurídica se posiciona no debate como instrumento densificador da segurança por meio do prestígio à coisa julgada, à isonomia, à livre concorrência e aos demais princípios constitucionais envolvidos na busca de uma solução harmônica dentro do sistema jurídico vigente.[56]

A presença do termo "segurança" no preâmbulo e no *caput* do art. 5º da Constituição de 1988 denota que, em nosso Estado Democrático de Direito, a segurança jurídica é um valor estruturante e norteador dos demais princípios, sendo sua observância fundamental na edição, interpretação e aplicação das normas vigentes em nosso País. Nela buscamos conferir um mínimo de previsibilidade e certeza no exercício de nossas liberdades, além de impedir arbitrariedades e abusos. Humberto Theodoro Júnior e Juliana Cordeiro de Faria defendem a segurança jurídica como garantidora da supremacia da Constituição, como afirmação do princípio da constitucionalidade e asseguradora de um ordenamento jurídico conforme a Constituição.[57]

Na concepção da doutrina tradicional, a coisa julgada é considerada a expressão positiva da segurança jurídica, tradução da segurança e paz, uma vez que, segundo Gustavo Sampaio Valverde, "a procura da justiça não pode ser indefinida, mas deve ter um limite, por uma exigência de ordem pública, qual seja, a estabilidade dos direitos, que inexistiria se não houvesse um termo além do qual a sentença se tornasse imutável".[58]

Assim, questão das mais relevantes reside em não confundir a imutabilidade da coisa julgada com a eternização da coisa julgada. A respeito do tema Nieva-Fenoll leciona

---

[56] Para Paulo de Barros Carvalho a "segurança jurídica é, por excelência, um sobreprincípio. Não temos notícia de que algum ordenamento a contenha como regra explícita. Efetiva-se pela atuação de princípios, tais como o da legalidade, da anterioridade, da igualdade, da irretroatividade, da universalidade da jurisdição e outros mais." (DE BARROS CARVALHO, Paulo. O princípio da segurança jurídica em matéria tributária. *Revista da Faculdade de Direito*, Universidade de São Paulo, v. 98, p. 159-180, 2003).

[57] THEODORO JÚNIOR, Humberto; FARIA, Juliana Cordeiro de. A coisa julgada inconstitucional e os instrumentos processuais para seu controle. *Revista dos Tribunais*, v. 91, n. 795, jan. 2002.

[58] VALVERDE, Gustavo Sampaio. *Coisa julgada em matéria tributária*. São Paulo: Quartier Latin, 2004, p. 123.

que "quanto ao respeito dos limites temporais da coisa julgada *é* necessário começar afirmando que se deve descartar, com caráter geral, que a coisa julgada tem uma eficácia perpétua." Concluindo que: "Bem ao contrário, *é* inevitável que a coisa julgada tenha uma vigência limitada no tempo, a fim de que não provoque, no futuro, a insegurança que tenta evitar no presente". Na mesma linha, Antônio do Passo Cabral entende que "a análise dos limites temporais importa sabermos não só desde quando existe coisa julgada, como também e principalmente até quando vale ou persiste a imutabilidade e indiscutibilidade da decisão". E arrematando que: "Com efeito, conquanto a coisa julgada deva ser perene, estável, ela não existe para todo o sempre, nem nasce para ser eterna".[59] Com propriedade, assenta Humberto *Ávila:* "A exigência de durabilidade, como dever de permanência no tempo, não pode ser confundida, todavia, com a exigência de imutabilidade do ordenamento jurídico".[60] Para Cândido Rangel Dinamarco "(...) *é* inconstitucional a leitura clássica da garantia da coisa julgada, ou seja, sua leitura com a crença de que ela fosse algo absoluto e, como era hábito dizer, capaz de fazer do preto, branco e do quadrado, redondo". Concluindo, que "a *ordem* constitucional não tolera que se eternizem injustiças a pretexto de não eternizar litígios".[61]

Nesse contexto, em estudo dos mais modernos e relevantes sobre segurança jurídica no contexto da coisa julgada e suas preclusões dinâmicas, Antônio do Passo Cabral demonstra que a segurança jurídica deve preocupar-se tanto com o passado como com o futuro. Nesse cenário, defende no Estado contemporâneo uma releitura da estabilidade da coisa julgada, substituindo a "segurança-imutabilidade" por um novo conceito de segurança jurídica, uma "segurança-continuidade" como uma "ponte" entre o "completo estatismo e uma ampla e total alterabilidade", atuando não para impedir mudanças, mas para garantir a segurança nessas mudanças tão presentes no mundo dinâmico atual, como transição objetivando atenuar os impactos da mudança nas posições estáveis. Ressalta que no Direito contemporâneo a "segurança absoluta não é a 'pérola rara' aos olhos dos juristas, crescem em importância outros valores, como a busca por correção e justeza procedimental, a isonomia, a efetividade e a celeridade".[62]

Isto posto, a segurança jurídica deverá ser assegurada por meio da obtenção de uma transição que respeite a coisa julgada e os seus efeitos até a decisão definitiva do STF, que confere certeza derradeira sobre a interpretação da Constituição, respeitando o passado, desse modo, somente serão atingidas as relações jurídico-tributárias posteriores a julgamento do Supremo Tribunal Federal em sentido diverso. Esse caminho de transição alcança a isonomia do Direito no tempo com a aplicação de uma única Constituição para todos, evitando a perpetuação de um regime tributário de exceção, mais benéfico ou prejudicial a determinado contribuinte, diante de coisa julgada contrária a precedente do Supremo Tribunal Federal.

Diante desse cenário, não podemos pactuar com a vigência eterna dos efeitos da coisa julgada contrária à Constituição, para o futuro, em matéria tributária, a qual viola

---

[59] CABRAL, Antônio do Passo. *Coisa julgada e preclusos dinâmica*: entre continuidade, mudança e transição de posições processuais estáveis. Salvador: Juspodivm, 2013, p. 93.
[60] ÁVILA, Humberto. *Segurança Jurídica*: entre permanência, mudança e realização no Direito Tributário. 2. ed. rev., atual e ampl. São Paulo: Malheiros Editores, 2012, p. 350.
[61] DINAMARCO, Cândido Rangel. Relativizar a coisa julgada material. *In: Revista de processo*, 2001.
[62] CABRAL, Antônio do Passo. *Coisa julgada e preclusos dinâmica*: entre continuidade, mudança e transição de posições processuais estáveis. Salvador: Juspodivm, 2013, p. 289-313.

o princípio da igualdade e a isonomia tributária, uma vez que resulta na existência de privilégios jurídicos permanentes que implicam o ônus, apenas por parte dos cidadãos, com o pagamento de tributos que beneficiam toda a sociedade. O tratamento desigual, além de não guardar qualquer correspondência com uma situação de desigualdade material, subvertendo o princípio da capacidade contributiva, da livre-iniciativa, livre concorrência, da isonomia tributária e da neutralidade tributária, além de estimular as demandas judiciais que buscam a obtenção de bilhete premiado eterno para não mais pagar tributo.

Os princípios da igualdade e da isonomia tributária, na hipótese de trânsito em julgado contrário a precedente do Supremo Tribunal Federal, de ações judiciais voltadas a disciplinar relações jurídicas futuras, o único meio que o Estado dispõe a cumprir os mandamentos constitucionais referentes à igualdade e isonomia é conferir, a partir da decisão da Corte, idênticos direitos e deveres a todos os cidadãos. A Constituição tem como missão uma sociedade igualitária, justa e fraterna, sendo dever do Estado tratar todos como iguais, merecedores de idêntica consideração e respeito, a permanência para o futuro dos efeitos de coisas julgadas inconstitucionais não pode ser um critério objetivo de discriminação, em *qualquer* concepção razoável de igualdade que se possa imaginar.[63]

Sobre a gravidade do desrespeito à isonomia e à segurança jurídica na aplicação de preceitos constitucionais, Teori Zavascki leciona que:

> (...) os preceitos normativos têm, por natureza, a característica da generalidade, isto é, não se destinam a regular específicos casos concretos, mas sim, estabelecer um comando abstrato aplicável a um conjunto indefinido de situações e de pessoas. Quando, portanto, se questiona a legitimidade desse preceito, ainda que no conjunto de um caso concreto, o que se faz é pôr em xeque também a sua aptidão para incidir em todas as demais situações semelhantes. Essa peculiaridade é especialmente relevante se considerada em face do princípio da igualdade perante a lei, de cuja variada densidade normativa se extrai primordialmente a da necessidade de conferir um tratamento jurisdicional igual para as situações iguais. É também importante em face do princípio da segurança jurídica, que estaria fatalmente comprometido se a mesma lei pudesse ser tida por constitucional num caso e como inconstitucional em outro caso semelhante, dependendo do juiz que a aprecia. (...) a prevalência (...) do efeito vinculante erga omnes em relação à sentença proferida no caso concreto decorre não apenas da superior autoridade do pronunciamento do STF que lhe dá suporte, mas também da afirmação, que ele enseja, do princípio da igualdade em face da Constituição, dispensando a todos um tratamento isonômico quanto aos direitos assegurados e os deveres impostos pelo ordenamento jurídico. (...) supremacia da norma constitucional, tratamento igualitário e autoridade do STF, são, na verdade, valores associados e, como tais, têm sentido transcendental. Há, entre eles, relação de meio e fim.[64]

Especificamente no âmbito das relações jurídico-tributárias de trato continuado em face da coisa julgada contrária à superveniente precedente da Suprema Corte, Teori Zavascki registra a iniquidade e injustiça da situação:

---

[63] Ávila reconhece a existência de "(...) situações em que um estado grave de desigualdade possa surgir no caso de relações continuativas, em razão de uma decisão favorecer ou prejudicar um contribuinte em detrimento de outros." (ÁVILA, Humberto. *Teoria da Segurança Jurídica*. 4. ed. rev., atual. e ampl. São Paulo: Malheiros Editores, 2016, p. 371).

[64] ZAVASCKI, Teori Albino. *Eficácia das sentenças na jurisdição constitucional*. 4. ed. São Paulo: Revista dos Tribunais, 2017, p. 32, 120 e 160.

Ofenderia o mais elementar senso de justiça invocar a força da coisa julgada do caso concreto para, por exemplo, impor a determinada pessoa uma carga tributária que o Supremo Tribunal Federal declarou inexistente ou nula ou inexigível para todas as demais; ou, por exemplo, para assegurar a um cidadão o privilégio de receber determinado benefício remuneratório ou gozar de favor fiscal, que é negado, com força vinculante, a todos os demais cidadãos nas mesmas condições.[65]

Em artigo sobre os limites constitucionais e infraconstitucionais da coisa julgada tributária, Souto Maior Borges registra que a isonomia, "(...), mais precisamente a legalidade isonômica, é o protoprincípio, o mais originário e condicionante dos princípios constitucionais, porquanto dele dependem todos os demais para sua eficácia. E que sem ele decerto a perderiam". Segundo o jurista, o princípio da isonomia deve pautar as relações jurídico-tributárias, afirmando que "a isonomia não está apenas na Constituição Federal, ela é a própria Constituição Federal, com a qual chega a confundir-se. A Constituição Federal de 1988 é uma condensação da isonomia". Registra que: "Nenhum ponto dos setenta e sete itens em que se desdobra o art. 5º da CF – inclusive o seu item XXXVI (coisa julgada) – prescinde da isonomia como um condicionante de conteúdo e eficácia".[66]

Outra questão relevante reside nas distorções no mercado livre decorrentes da vantagem econômica que as empresas que obtenham decisões favoráveis transitadas em julgado, voltadas para regular relações jurídicas futuras, em descompasso com a lei de regência válida, em face das demais empresas presentes naquele mercado. Nesse caso, o empresário obterá, artificialmente, mediante decisão judicial e sem qualquer mérito decorrente da criação de um processo produtivo mais eficiente ou de um novo produto, uma redução de custos em sua função de produção, permitindo-lhe obter vantagens econômicas frente aos demais competidores daquele mercado.

Sobre o princípio da livre concorrência, leciona Eros Grau que é correlato do princípio da livre-iniciativa econômica e desdobra-se em liberdades privadas e liberdade pública atinentes à concorrência, apresentando a liberdade de concorrência, cujo aspecto mais importante é aquele referente à neutralidade do Estado diante do fenômeno concorrencial, não interferindo na igualdade de condições que deve existir entre os concorrentes (liberdade pública).[67]

Na sessão plenária da Suprema Corte que julgou a Ação Cautelar (AC) nº 1.657/RJ, que tratava da vantagem concorrencial obtida por indústria tabagista pelo não pagamento de tributos, o Min. Eros Grau registrou em seu voto:

> Queria lembrar, também, um pequeno trecho do parecer do professor José Afonso da Silva, no qual ele diz: 'A livre iniciativa só é juridicamente amparada quando legítima, e só é legítima quando seu titular a exerce em respeito aos ditames da ordem jurídica na qual se inclui a concorrência legal e o cumprimento da função social da empresa.'

---

[65] ZAVASCKI, Teori Albino. Coisa julgada em matéria constitucional: eficácia das sentenças nas relações jurídicas de trato continuado. Academia Brasileira de Direito Processual Civil. Disponível em: http://www.abdpc.org.br/abdpc/artigos/Teori%20Zavascki, 2005.

[66] BORGES, José Souto Maior. Limites constitucionais e infraconstitucionais da coisa julgada tributária (contribuição social sobre o lucro). *Cadernos de Direito Tributário e Finanças Públicas*, v. 27, p. 170-194, abr. 1999.

[67] GRAU, Eros Roberto. *A ordem econômica na Constituição de 1988*. 16. ed. rev. e atual. São Paulo: Malheiros, 2014. p. 202.

Vou me permitir a essa altura --- considerando que já tenho quase de três anos de judicatura neste tribunal, mais a importância e peculiaridades do caso --- lembrar o Barão de Itararé, quando dizia: 'Restaure-se a legalidade ou nos locupletemos todos'. A empresa que não cumpre obrigações tributárias, que não recolhe tributos, atua de modo desigual, em relação aos demais agentes econômicos, no mercado. (...) Isso nitidamente afronta os princípios constitucionais. (...), como no futuro virá algum pesquisador fazer uma leitura dos nossos acórdãos, desejo insistir em que não estou me afastando da Constituição; é na Constituição que estou ancorado.

Outro aspecto relevante reside no princípio da neutralidade tributária, nos termos do art. 146-A, que prevê a edição de lei complementar para estabelecer critérios especiais de tributação, com o objetivo de prevenir desequilíbrios da concorrência. Todavia, não se trata apenas de regra, sendo uma norma, é mais um relevante princípio positivado expressamente no ordenamento jurídico.

É fundamental o respeito ao princípio da neutralidade tributária para que seja alcançada a grande aspiração do Direito Tributário, que é a busca por um sistema tributário ótimo, sem interferência nas decisões econômicas.[68] Para Marco Aurélio Greco, a hipótese de "um concorrente ter que suportar o ônus do tributo enquanto outro por ele não é atingido implica quebra da neutralidade da tributação perante a competição".[69]

Especificamente sobre as hipóteses de um grupo de contribuintes ser beneficiado ou prejudicado por uma decisão transitada em julgado contrária à Constituição, Ricardo Lodi Ribeiro registra com propriedade que:

> Ao reconhecer a prevalência da decisão transitada em julgado que concede o direito a um contribuinte de não pagar tributos que, segundo decisão do STF, todos devem pagar está-se conferindo caráter absoluto à perspectiva individual da segurança jurídica, em detrimento não apenas do Estado, mas principalmente de todos os outros contribuintes que atuam no mesmo setor econômico e que, por não terem decisões transitadas em julgado, acabarão submetidos a sentenças harmonizadas com a posição da Corte Maior, no sentido da legitimidade do tributo. Assim, sem um mesmo mercado teremos uma empresa que está liberada de parcela da carga tributária incidente sobre suas operações, enquanto as demais são obrigadas a suportar a integralidade do peso fiscal. Trata-se de privilégio odioso, por ofender o princípio da isonomia e o da livre concorrência, uma vez eu tal situação faria com que o contribuinte beneficiado tendesse a abarcar fatias cada vez maiores do mercado, em detrimento dos seus concorrentes. Tal violação de princípios constitucionais tão caros à ordem tributária e à ordem econômica jamais poderia ser perpetrada pelo legislador, quanto mais pelo Poder Judiciário, ou, melhor, pela interpretação quanto aos efeitos de suas decisões. Por outro lado, a prevalência de uma decisão transitada em julgado que condena o contribuinte ao pagamento do tributo, enquanto todos os seus concorrentes são dispensados do seu recolhimento em face de posicionamento do STF, representa discriminação odiosa e insuportável, que provavelmente levará ao desaparecimento da empresa discriminada, restando igualmente violados os referidos princípios.[70]

---

[68] CALIENDO, Paulo. *Direito tributário e análise econômica do direito* – uma visão crítica. Rio de Janeiro: Elsevier, 2009, p. 129.

[69] GRECO, Marco Aurélio. *Planejamento Tributário*. 4. ed. São Paulo: Quartier Latin, 2019. p. 357.

[70] RIBEIRO, Ricardo Lodi. Coisa julgada tributária e o Código de Processo Civil/2015. *In*: MACHADO, Hugo de Brito (org.). *O processo tributário e o Código de Processo Civil 2015*. São Paulo, Malheiros, 2017, p. 603.

Na hipótese de coisa julgada tributária contrária à posterior declaração de constitucionalidade de um tributo pelo STF, um novo elemento surge para a cessação da eficácia da coisa julgada do caso concreto que dispensou o pagamento do tributo constitucional, trata-se do dever fundamental de pagar tributo. Sobre o tema, relevantes argumentos foram expostos pelo Min. Luís Roberto Barroso em seu voto no RE nº 601.314/SP – RG, registrando que na feição Fiscal do Estado contemporâneo "todos os membros da sociedade têm o dever de contribuir, na medida da capacidade econômica manifestada, para o sucesso desse projeto coletivo que, repita-se, tem como principal forma de financiamento a receita advinda de tributos". Citando Klaus, Tipke destaca que a Administração Tributária não possui interesse próprio, mas representa o interesse de todos os que pagam tributo, concluindo que, "em uma acepção mais correta, a Administração Tributária age como um agente fiduciário da comunidade solidária formada por todos os contribuintes".

Além do que, a coisa julgada que afasta o pagamento de tributo por contribuinte com capacidade tributária ativa e sujeito à incidência por decisão da Suprema Corte atenta também contra o princípio da capacidade tributária, o qual, segundo Marco Aurélio Greco, é o verdadeiro princípio constitucional tributário, que dá sentido à tributação, restringindo a liberdade negocial em face da solidariedade social.[71] Na mesma linha, Roque Antônio Carraza ensina que o "princípio da capacidade contributiva hospeda-se nas dobras do princípio da igualdade e ajuda a realizar, no campo tributário, os ideais republicanos".[72]

Essa obviedade oferece uma clara percepção quanto aos efeitos do não pagamento de tributos. Conforme aponta Albano Santos, resta evidenciado um "dilema típico da nossa época", uma vez que de um lado "reclama-se o máximo do Estado, mas rejeitam-se as inevitáveis consequências financeiras dessa atitude". Para tal contradição, cita Bastiat: "todos querem viver à custa do Estado, mas esquecem que o Estado vive à custa de todos".[73]

É indubitável que diante do conceito de segurança jurídica nas relações dinâmicas, reforçado pelos princípios constitucionais analisados, a posição de nunca mais pagar um determinado tributo ou continuar pagando em face de coisa julgada na relação tributária de trato continuado contrária à Constituição viola a noção básica de igualdade e justiça, não merecendo abrigo em um sistema jurídico em que os princípios devem convergir, evitando-se incoerências, prestigiando a supremacia da Constituição e a vontade do constituinte originário de constituir uma sociedade livre, justa e solidária.

5 Conclusão

O precedente do Supremo Tribunal Federal, como cúpula do Poder Judiciário e Corte Constitucional, possui relevante função de interpretação das normas constitucionais no sistema de controle de constitucionalidade de normas no Brasil. A eficácia dos

---

[71] GRECO, Marco Aurélio. *Planejamento tributário*. 4. ed. São Paulo, Quartier Latin, 2019, p. 231-234.
[72] CARRAZA, Roque Antônio. *Curso de direito constitucional tributário*. 10. ed. rev. São Paulo: Malheiros, 1997. p. 65 e ss.
[73] SANTOS, J. Albano. *Teoria fiscal*. 2003. p. 352.

precedentes da Corte Suprema no exercício dessa jurisdição constitucional tem recebido crescente prestígio pela legislação infraconstitucional e da própria Constituição, os quais vêm sendo confirmados pelo STF, conferindo expressiva força aos precedentes do STF em crescente movimento em direção à sua eficácia vinculante e expansiva *ultra partes*, seja como órgão exclusivo do sistema concentrado, seja como órgão de cúpula do sistema difuso.

No campo tributário, as ações declaratórias envolvendo as relações jurídicas tributárias de trato continuado ou sucessivo à coisa julgada formada não se limitam aos fatos narrados na inicial ou ocorridos durante a demanda, mas projetam seus efeitos para o futuro, conforme construção jurisprudencial do STJ que redefiniu o entendimento contido na Súmula nº 239/STF. Entretanto, como todas as sentenças contêm, implicitamente, a cláusula *rebus sic stantibus*, ou seja, elas mantêm seu efeito vinculante enquanto se mantiverem inalterados o direito e o suporte fático com base nos quais estabeleceu o juízo de certeza, as sentenças sobre relações jurídicas de trato continuado deixam de ter força vinculante de lei para as partes quando ocorre superveniente alteração da situação de fato ou da situação de direito.

A coisa julgada como a garantia da realização do princípio da segurança jurídica não é um instituto de caráter absoluto, estando sujeita a uma conformação infraconstitucional, que harmonize a garantia da coisa julgada com os primados da Constituição.

A supremacia e a força normativa da Constituição que a todos vincula e a todos submete, a força da autoridade que detêm os precedentes do STF que, por vontade do constituinte, dão a palavra definitiva em matéria de interpretação e aplicação das normas constitucionais, como cúpula do Poder Judiciário e Corte Constitucional, promove substantivo impacto no ordenamento jurídico, com profundas e abrangentes consequências jurídicas, em face da força normativa da Constituição e dos efeitos vinculantes, expansivos *erga omnes* dos precedentes firmados pelo Plenário do STF no exercício da jurisdição constitucional. Esse impacto na ordem jurídica com o estabelecimento de um novo marco jurídico formado pelo precedente do STF separa o "antes" e o "depois" da norma, como se a ela se aderisse um selo de chancela positivo ou negativo conferido pelo próprio Supremo Tribunal Federal, vedando interpretações em sentido contrário.

A supremacia da Constituição, tratamento isonômico e autoridade do STF norteiam a busca de solução para o problema aqui enfrentado, exigindo na análise dos princípios constitucionais a noção de segurança jurídica nas relações dinâmicas, como instrumento viabilizador de uma transição que respeita o passado, mas ao mesmo tempo tenha aderência com os princípios constitucionais da igualdade, livre-iniciativa e livre concorrência, neutralidade tributária, isonomia tributária, dentre outros analisados, alcançando a coerência no sistema e impedindo a perpetuação de regime tributário de exceção que viola a noção básica de igualdade e de justiça, não merecendo abrigo em um sistema jurídico em que os princípios devem convergir, evitando-se incoerências, prestigiando a força normativa da Constituição e os objetivos fundamentais da República de constituir uma sociedade livre, justa e solidária (art. 3º, I, da CF/88).

Dessa forma, concluímos que, sendo o ordenamento jurídico um conjunto de normas que devem convergir, evitando-se a incoerência e assegurando a supremacia das normas constitucionais, a superveniência de precedente com eficácia vinculativa e expansiva *ultra partes* da Suprema Corte impacta a ordem jurídica alterando a situação de direito. Isso quebra o silogismo original da decisão, a qual era condicionada à coisa julgada pela cláusula *rebus sic stantibus*, fazendo, assim, cessar, de forma automática, os efeitos prospectivos de coisa julgada tributária em sentido contrário após o trânsito em julgado no precedente definitivo da Suprema Corte, seja como órgão exclusivo do sistema concentrado, seja como órgão de cúpula do sistema difuso.

Nas hipóteses relevantes para a solução da lide tributária no âmbito da jurisdição constitucional exercida pelo STF, concluímos que fazem cessar a eficácia da coisa julgada nas relações jurídicas de trato continuado em matéria tributária os precedentes do STF, a partir do seu respectivo trânsito em julgado, nos seguintes pronunciamentos: (a) nas declarações de inconstitucionalidade ou constitucionalidade de forma definitiva e reiterada, em controle difuso de constitucionalidade, com ou sem a edição de resolução do Senado antes de 3 de maio de 2007, data da implementação pelo STF da sistemática da repercussão geral; (b) nas decisões definitivas do STF tomadas em recursos extraordinários julgados sob o regime de repercussão geral (RG); e (c) nas decisões definitivas, proferidas pelo STF, em ações de controle concentrado de constitucionalidade (ADIn, ADC e ADPF).

Informação bibliográfica deste texto, conforme a NBR 6023:2018 da Associação Brasileira de Normas Técnicas (ABNT):

SEEFELDER FILHO, Claudio Xavier. Igualdade na jurisdição constitucional tributária. *In*: SEEFELDER FILHO, Claudio Xavier (coord.). *Direito Econômico e Desenvolvimento*: entre a prática e a academia. Belo Horizonte: Fórum, 2023. p. 117-143. ISBN 978-65-5518-487-7.

A LAVAGEM DE DINHEIRO COMO UM *POST FACTUM* IMPUNÍVEL, UMA ANÁLISE DO SEXTO EMBARGOS INFRINGENTES NA AP 470-STF

CLEBER JAIR AMARAL

1 Introdução

Este artigo científico é um recorte da minha dissertação de mestrado intitulada "Delito de corrupção como antecedente de lavagem de dinheiro: um estudo limitado ao julgamento do Sexto Embargos Infringentes na AP 470 pelo Supremo Tribunal Federal",[1] cujo objetivo central concentrou-se no conflito aparente de normas entre o delito de corrupção passiva e a lavagem de dinheiro na perspectiva do Sexto Embargos Infringentes na Ação Penal 470, julgado pelo STF.

Este artigo, através do estudo e análise dos votos que conduziram o Acórdão do Sexto Embargos Infringentes na Ação Penal 470, discute, doutrinariamente, os impactos desse julgado. O trabalho esmiúça os votos apresentados no Sexto Embargos Infringentes na AP 470, conhecida como 'mensalão', notadamente os votos divergentes, em busca de se perquirir e analisar criticamente a lavagem de dinheiro como um *post factum* impunível.

Para tanto, buscou-se aferir se há alguma relação na contingência típica entre a corrupção e a lavagem de dinheiro. Institutos como o da consumação e recebimento, os elementos objetivos e subjetivos do tipo, também foram explorados com o propósito de elucidar a problemática.

Com esse escopo, a pesquisa labora em prol de discutir a temática da lavagem de dinheiro com a pretensão de promover debates e talvez o amadurecimento dos parâmetros do pragmatismo jurídico que contornam o tema.

---

[1] BRASIL, STF – AP 470 MG, Relator: Min. CELSO DE MELLO, Data de Julgamento: 13.03.2014, Tribunal Pleno, Data de Publicação: ACÓRDÃO ELETRÔNICO DJe-161, DIVULG 20.08.2014, PUBLIC 21.08.2014.

2 A lavagem de dinheiro sendo um *post factum* impunível, análise crítica ao julgamento do Sexto Embargos Infringentes pelo STF na AP 470

O Sexto Embargos Infringentes, interposto pelo réu João Paulo Cunha, na AP 470 julgada pelo STF, conhecida como "mensalão", dividiu a opinião dos ministros do STF quanto ao seu cabimento, isso porque referidos embargos são previstos pelo regimento interno da Corte Suprema, mas a Lei nº 8.038/1990, que institui normas procedimentais para os processos que tramitam naquela Corte, não faz nenhuma menção a eles.[2] A Suprema Corte, por votação apertada (seis votos a favor e um contra), decidiu pela admissão do recurso.

A corrupção e a lavagem de dinheiro, pelo que se depreende, são figuras que parecem andar de mãos dadas nos processos penais, sendo recorrente nas denúncias criminais a acusação ao réu por ambos os crimes: 1. corrupção, por vantagem indevida, e 2. lavagem de dinheiro, pelo recebimento dissimulado.

Nessa linha, se um servidor público aceita vantagem indevida por interpostas pessoas (como a namorada, esposa, mãe, irmão, sócio, etc.) ou por meio de empresas, ditas 'laranjas', passa a ser acusado pelo crime de corrupção passiva e também por lavagem de dinheiro. O questionamento que se suscita, é: essa dupla imputação é correta? Há relação de contingência típica entre ambas? No próximo tópico essa questão é aprofundada com o desiderato de analisar se a lavagem de dinheiro é um *post factum* impunível, à luz do Sexto Embargos Infringentes na Ação Penal 470 do STF.

3 Concurso aparente de norma: existe ou não relação de contingência típica entre corrupção e lavagem de dinheiro? Análise dos elementos objetivos e subjetivos do tipo para consunção

Compreender se a dupla imputação nos crimes de corrupção e lavagem de dinheiro é juridicamente possível requer pesquisa e análise minuciosa do arcabouço jurídico-penal pátrio.

Lavar dinheiro é ocultar ou dissimular recursos provenientes de infrações penais,[3] nesse ponto não há celeuma, o emaranhado se apresenta, entretanto, quando a figura da corrupção passiva é o crime antecedente, gerador de capital ilícito.

Nessa hipótese a conduta de 'ocultar' ou dissimular' o dinheiro recebido está prevista no próprio tipo penal da corrupção passiva, senão, vejamos o que prevê o artigo 317 do Código Penal: "Solicitar ou receber, para si ou para outrem, direta ou indiretamente, ainda que fora da função ou antes de assumi-la, mas em razão dela, vantagem indevida, ou aceitar promessa de tal vantagem".[4]

---

[2] BRASIL. Lei nº 8.038 de 28 de maio de 1990. Institui normas procedimentais para os processos que especifica, perante o Superior Tribunal de Justiça e o Supremo Tribunal Federal. Diário Oficial [da República Federativa do Brasil], Brasília, Seção I, p. 10159. 29 maio 1990.

[3] O próprio artigo 1º da Lei nº 9.613/98 define a lavagem de dinheiro como "ocultar ou dissimular a natureza, origem, localização, disposição, movimentação ou propriedade de bens, direitos ou valores provenientes, direta ou indiretamente, de infração penal".

[4] BRASIL. Código Penal. Disponível: http://www.planalto.gov.br/ccivil_03/decretolei/Del2848compilado.htm. Acesso em: 16 set. 2020.

Pela expressa acepção do artigo que tipifica a corrupção passiva, o recebimento da vantagem indevida pode se dar tanto de forma direta quanto indireta. Se a vantagem é recebida pelo agente público, está caracterizado o recebimento da vantagem indevida pelo próprio autor do crime, mas se o recebimento for materializado por meio de terceiros, por interpostas pessoas, físicas ou jurídicas, restará também, ainda que indiretamente, configurada a vantagem ilícita, e por consectário lógico há crime de corrupção passiva consumada. Mas neste caso o crime de lavagem de dinheiro não poderia ser também tipificado?

O contexto delineado traz que a 'ocultação' mediante o recebimento de valores por interposta pessoa ou interposta empresa já é prevista no próprio tipo penal da corrupção passiva, expressa no núcleo "receber indiretamente" do art. 317 do CP, a compreensão ou entendimento de que referido 'recebimento indireto' configura o crime de lavagem de dinheiro importa em punir duas vezes o réu, em inaceitável *bis in idem*, pelo mesmo fato criminoso.

É exatamente essa discussão que se fez presente no Sexto Embargos Infringentes apresentado ao STF por conta do acordão prolatado na Ação Penal 470, que condenou o acusado João Paulo Cunha, servidor público que recebeu por meio de interposta pessoa (sua esposa) valores indevidos, em razão do exercício de suas funções. No caso concreto, a esposa do agente foi pessoalmente ao banco receber o dinheiro em espécie. O Ministério Público Federal, ao propor sua denúncia, tipificou a conduta do acusado como incursa no crime de corrupção passiva e também pela prática de lavagem de dinheiro.

A Corte Maior, em deliberação ao recurso, não acolheu a incidência do crime de lavagem de dinheiro sob o argumento de que o uso de interposta pessoa para o recebimento de valores é nuclear do tipo penal de corrupção passiva, já contida, assim, no artigo 317 do Código Penal, não restando outra sorte ao delito de lavagem de dinheiro que não seja a de ser absorvido pelo crime antecedente,[5] este é o entendimento que foi lavrado do acordão que apreciou o recurso em comento:

> Ementa: Embargos infringentes na AP 470. Lavagem de dinheiro. 1. Lavagem de valores oriundos de corrupção passiva praticada pelo próprio agente: 1.1. O recebimento de propina constitui o marco consumativo do delito de corrupção passiva, na forma objetiva "receber", sendo indiferente que seja praticada com elemento de dissimulação. 1.2. A autolavagem pressupõe a prática de atos de ocultação autônomos do produto do crime antecedente (já consumado), não verificados na hipótese. 1.3. Absolvição por atipicidade da conduta. 2. Lavagem de dinheiro oriundo de crimes contra a Administração Pública e o Sistema Financeiro Nacional. 2.1. A condenação pelo delito de lavagem de dinheiro depende da comprovação de que o acusado tinha ciência da origem ilícita dos valores. 2.2. Absolvição por falta de provas 3. Perda do objeto quanto à impugnação da perda automática do mandato parlamentar, tendo em vista a renúncia do embargante. 4. Embargos parcialmente conhecidos e, nessa extensão, acolhidos para absolver o embargante da imputação de lavagem de dinheiro.[6]

---

[5] Nesse sentido votaram o ministro Luís Barroso, o ministro Ricardo Lewandowski, a ministra Rosa Weber, dentre outros.

[6] BRASIL, STF – AP 470 MG, Relator: Min. CELSO DE MELLO, Data de Julgamento: 13.03.2014, Tribunal Pleno, Data de Publicação: ACÓRDÃO ELETRÔNICO DJe-161, DIVULG 20.08.2014, PUBLIC 21.08.2014.

Na AP 470, o voto do Ministro Luís Roberto Barroso[7] absolveu o ex-deputado João Paulo Cunha, persuadido pela tese da defesa do réu, de que não se pode usar um único fato criminoso – recebimento de propina – para caracterização de dois crimes distintos. Votaram a favor desse entendimento os ministros Luís Roberto Barroso, Teori Zavascki, Rosa Weber, Dias Toffoli, Marco Aurélio e Ricardo Lewandowski. O Ministro Luiz Fux, relator cujo voto foi rejeitado, teve seu entendimento acompanhado pelos Ministros Gilmar Mendes, Cármen Lúcia e Celso de Mello.

A partir do entendimento traçado pela Suprema Corte a inquietação presente nesta pesquisa diz respeito a um possível concurso aparente de normas, no que tange ao crime de corrupção e lavagem de dinheiro, que conduz à seguinte indagação: existe ou não relação de contingência típica entre corrupção e lavagem de dinheiro?

Na missão de compreender a questão, parte-se para a análise dos elementos objetivos e subjetivos do tipo para consunção. É preciso anotar que tal inquietação é produto da constatação fática de que o entendimento externado pela Suprema Corte brasileira na AP 470 não é o mesmo presente em outros julgados, como exemplo menciona-se o caso da operação denominada de "lava jato", na qual há sentença voltada para a punição pelos crimes de lavagem de dinheiro e corrupção sob o fundamento de que a ocultação, materializada nos autos, foi levada a efeito por meio de sofisticada conduta delitiva, muito mais complexa que o simples uso de interposta pessoa.

> O Supremo Tribunal Federal entendeu, acertadamente, naquele caso (APN 470) que o pagamento de propina a interposta pessoa ainda fazia parte do crime de corrupção e não do de lavagem. Salta aos olhos primeiro a singeleza da conduta de ocultação naquele processo, a mera utilização da esposa para recebimento em espécie da propina. Também necessário apontar a relevante diferença de que, naquele caso, o numerário não foi recebido pela esposa e sucessivamente pelo ex-parlamentar já ocultado ou com aparência de ilícito. Pelo contrário, ao dinheiro em espécie, ainda é necessário, para a reciclagem, o emprego de algum mecanismo de ocultação e dissimulação. Já no presente feito, não se trata de mero pagamento a interposta pessoa, mas com a utilização de contas secretas no exterior, em nome de um lado, uma off-shore, doutro lado, um trust, da realização de uma transação sub-reptícia, por meio da qual a propina é colocada e ocultada em um local seguro. Para o beneficiário, desnecessárias ulteriores providências para ocultar a propina, já que as condutas envolvidas na transferência foram suficientes para essa finalidade.[8]

A situação concreta desenhada na Ação Penal destacada revela contexto em que o funcionário público firma contratos criminosos com empresas inexistentes, com o escopo único de levar a afeito o recebimento de vantagem indevida, inclusive por meio de contas bancárias em outros países (ditos paraísos fiscais), em nome de terceiros (também chamados vulgarmente de "laranjas").

Todo esse percurso, segundo entendimento do TRF-4, não corresponde à simples ou singela conduta de ocultar o recebimento de vantagem ilícita, como se pode verificar nos casos de utilização de terceira pessoa para o recebimento de dinheiro em espécie,

---

[7] BRASIL, STF – AP 470 MG, Relator: Min. ROBERTO BARROSO, Data de Julgamento: 13.03.2014, Tribunal Pleno, Data de Publicação: ACÓRDÃO ELETRÔNICO DJe-161 DIVULG 20.08.2014 PUBLIC 21.08.2014.

[8] BRASIL, TRF-4 – ENUL: 50276853520164047000 PR 5027685-35.2016.4.04.7000, Relator: CLÁUDIA CRISTINA CRISTOFANI, Data de Julgamento: 11.12.2019, QUARTA SESSÃO.

isso porque há evidente ação delitiva muito mais complexa e elaborada que o mero recebimento indireto previsto no crime de corrupção passiva, ultrapassando, portanto, os limites do núcleo penal do tipo expresso no art. 317 do CP, razão pela qual a sanção por ambos os crimes, corrupção passiva e lavagem de dinheiro seria medida impositiva.

Analisando os fundamentos jurídicos, presentes no julgado da AP 470 do STF, parece sobressalente que a Suprema Corte Federal compreende que para materialização do crime de lavagem de dinheiro basta a constatação de conduta voltada à ocultação, pouco importando para sua tipificação se a ocultação foi perpetrada por ato simples ou complexo, essa interpretação estava presente na decisão da 1ª Turma do STF, quando do julgamento do RHC 80.816-6/SP[9] em 2011, e foi reafirmada na Ação Penal 470, em 2014.

O RHC 80.816-6/SP estabeleceu que os atos de lavagem de dinheiro consistentes em ocultar bens, direitos e valores decorrentes dos crimes arrolados no art. 1º da Lei 9.613/98[10] prescindem da "complexidade dos exemplos de requintada 'engenharia financeira' transnacional, com os quais se ocupa a literatura",[11] a AP 470 manteve esse mesmo posicionamento acrescido de mais dois importantes pontos: a) a possibilidade jurídica de sanção da autolavagem (*selflaundering*), mesmo diante da responsabilização pelo crime antecedente; e b) a admissão do concurso formal do crime de lavagem de dinheiro e o delito antecedente.

Para Bottini, se toda a sofisticada conduta do agente com o escopo de ocultar o produto do crime é irrelevante para a consumação do tipo penal, por consectário lógico, é acertado inferir que tanto o encobrimento complexo quanto o rudimentar estão contidos na corrupção passiva, quando o ato importar em um meio indireto de recebimento da vantagem indevida. Para o autor, não parece coerente negar a diferença entre dissimulação simples e elaborada para reconhecer o crime e insistir nessa mesma distinção para afastar a consunção com a corrupção passiva.

> Assim, se a *ocultação* ou *dissimulação* típica da lavagem de dinheiro se limitar ao recebimento "indireto" dos valores — por meio simples ou sofisticado —, haverá *contingência* entre os tipos penais de *corrupção* e *lavagem de dinheiro*, prevalecendo o primeiro e aplicando-se o instituto da consunção para o segundo. Haverá, por outro lado, concurso *material* entre lavagem de dinheiro e corrupção passiva se constatado no caso concreto *outro* ato de ocultação ou dissimulação para além do recebimento *indireto*, como, por exemplo, a simulação de negócios posteriores com a finalidade de conferir aparência *lícita* aos recursos recebidos. A menção ao recebimento *indireto* no tipo penal de *corrupção passiva* não implica *salvo conduto* para qualquer comportamento de ocultação posterior.[12]

---

[9] O caso concreto presente no RHC 80.816-6/SP refere-se à situação fática na qual o réu promoveu vários depósitos na conta bancária do seu cunhado de dinheiro oriundo de conduta anterior de crimes contra a Administração Pública, dessa forma, o dinheiro ilícito era lavado pela fusão com os proventos lícitos da empresa, transparecendo, assim, aspecto de licitude.

[10] BRASIL. Lei nº 9.613, de 3 de março de 1998. Dispõe sobre os crimes de "lavagem" ou ocultação de bens, direitos e valores; a prevenção da utilização do sistema financeiro para os ilícitos previstos nesta Lei; cria o Conselho de Controle de Atividades Financeiras – COAF, e dá outras providências. Diário Oficial da União – Seção 1 – 4.3.1998, p. 1.

[11] BRASIL, STF – 1ª T – RHC nº 80.816-6-SP – Rel. Min. Sepúlveda Pertence – j. 10.04.01 – DJU de 18.06.01, p. 13.

[12] BOTTINI, Pierpaolo Cruz. Nem sempre é correta a dupla imputação por corrupção e lavagem. *Revista Consultor Jurídico*, 2018. Disponível em: https://www.conjur.com.br/2018-dez-03/direito-defesa-nem-sempre-correta-dupla-imputacao-corrupcao-lavagem. Acesso em: 16 set. 2020.

Como demonstrado, Bottini reconhece a possibilidade da prática conjunta de corrupção passiva e lavagem de dinheiro nos casos em que, posteriormente ao recebimento da vantagem indevida, o agente público pratica condutas autônomas com o propósito de ocultar ou dissimular os recursos ilícitos, entretanto, se o ato de ocultação se dá ao mesmo tempo, simultaneamente, com o recebimento indevido, o crime de lavagem de dinheiro passa a ser absorvido pela corrupção passiva, pouco relevando sua complexidade ou sofisticação.

D'Ávila e Giuliani ponderam, quanto à admissão do concurso formal do crime de lavagem de dinheiro e o delito antecedente, que essa possibilidade:

> [...] mostra-se profundamente nodosa. Para tanto, basta considerar que, à luz dos atuais referenciais normativos, pode ser bastante difícil precisar o momento consumativo do delito antecedente e o momento inicial da realização típica da lavagem de capitais, ao mesmo tempo em que, ironicamente, é logicamente indispensável que haja a efetiva obtenção de vantagem patrimonial para que se possa iniciar sua reciclagem. Questões que, com efeito, revelam níveis profundos de incompreensão do que seja (ou possa vir a ser) o substrato material da lavagem de dinheiro e, assim, também dos parâmetros conformadores do seu âmbito típico.[13]

Constata-se, na outra ponta, que a própria Lei nº 10.467/2002,[14] ao eliminar de seu texto o rol de delitos antecedentes, conduz a esta aparente confusão sobre o ilícito antecedente, desencadeando desajustes dogmáticos que se concretizam em julgados quase antagônicos, neste ponto, visto que, ao iniciar da premissa da inexistência de parâmetros ou limites (formais ou materiais) para a conformação do delito antecedente, as contravenções e infrações de menor potencial ofensivo resultariam em um *post factum* punível bem mais grave que o do crime que lhe deu causa, em completa subversão ao Direito Penal, notadamente quando o *post factum* é sabidamente dependente, para sua própria existência típica, da concretização do crime principal.

O julgamento do Sexto Embargos Infringentes na AP 470, ao que parece, em análise dos fundamentos jurídicos lançados nos votos vencedores e nos votos vencidos, legou interessante conflito aparente de normas. Segundo Herrera,[15] essa temática do conflito aparente de normas não é das mais simples, Bezerra[16] chega mesmo a afirmar que o assunto é um dos mais tormentosos da dogmática jurídico-penal, isso porque são incontáveis as controvérsias referentes ao conteúdo dos princípios utilizados para resolução do conflito de normas, bem como os efeitos de sua aplicação em casos concretos.

---

[13] D'AVILA, Fábio Roberto; GIULIANI, Emília Merlini. O problema da autonomia na lavagem de dinheiro. Breves notas sobre os limites materiais do ilícito-típico à luz da legislação brasileira. *Revista de Estudos Criminais*, ano XVIII, n. 74, 2019.

[14] BRASIL. Lei nº 10.467, de 11 de junho de 2002. Acrescenta o Capítulo II-A ao Título XI do Decreto-Lei no 2.848, de 7 de dezembro de 1940 – Código Penal, e dispositivo à Lei no 9.613, de 3 de março de 1998, que "dispõe sobre os crimes de 'lavagem' ou ocultação de bens, direitos e valores; a prevenção da utilização do Sistema Financeiro para os ilícitos previstos nesta Lei, cria o Conselho de Controle de Atividades Financeiras (Coaf), e dá outras providências. Diário Oficial [da República Federativa do Brasil], Brasília, Seção 1 – 12.6.2002, Página 1.

[15] HERRERA, José Manuel Palma. *Los actos copenados*. Madri: Dykinson, 2004. p. 20.

[16] BEZERRA, Ulysses Gomes. Princípios da Consunção: fundamentos e critérios de aplicação. *Revista Brasileira de Ciências Criminais*, São Paulo, n. 87, 2010.

A priori, cabe lembrar que no conflito aparente de normas a conduta do agente, ainda que distinta, atrai apenas um único tipo penal, visto que duas normas descrevem o mesmo injusto penal, entretanto não se pode aplicar mais de um disposto ao caso concreto sob pena de se incorrer em indesejável *bis in idem*.[17]

Doutrinariamente, muitas são as nomenclaturas que indicam meneado conflito, tais como concurso aparente de tipos, conflitos de tipos penais, colisão de leis penais, concurso aparente de tipos, unidade de lei e unidade de crime, conflito de tipicidade,[18] a doutrina pátria menciona de forma mais constante o termo 'conflito aparente de normas', enfim, não há em nosso ordenamento uma forma objetiva e definida acerca da solução para indigitado instituto jurídico, entretanto, a literatura acena que, para o deslinde da problemática, deve-se observar a preponderância de um único preceito normativo como mecanismo de integridade ao princípio *ne bis in idem*.[19]

Para Horta e Teixeira,[20] ocorre concurso de leis penais no momento em que "uma ou mais condutas típicas se subsumem a diversas disposições penais, as quais, todavia, coincidem, total ou parcialmente, na apreciação do desvalor do comportamento punível segundo uma e outra", afastando, dessa forma, a possibilidade de dupla punição.

É recorrente, nessa acepção, associar a solução principiológica de resolução do concurso aparente de normas, como decorrência lógica do impedimento de castigar duas vezes o mesmo fato, nessa esteira, a antinomia à imputação de todos os tipos penais violaria, seguramente, a proibição do *ne bis in idem*, que veda castigar duplamente o mesmo fato.[21]

Vale não olvidar que o Brasil não possui legislação que traga alguma regra ou norma taxativa quanto ao sujeito ativo do crime de lavagem de dinheiro ou acerca da punibilidade da autolavagem, cabendo à doutrina majoritária asseverar que a sanção, para o autor de referido crime antecedente, é autônoma.[22]

A proibição do *bis in idem*, dessa forma, não proíbe punir duas vezes idêntica conduta delitiva humana, mas sim o mesmo fato jurídico, é dizer, punir, portanto, a mesma lesão a bens jurídicos, em conformidade com diferentes normas incriminadoras.[23]

O desafio hermenêutico do concurso em sentido amplo – próprio e impróprio – é incrementado pela verificação de que fatos penalmente relevantes compreendem, no mais das vezes, múltiplas ações, em especial no Direito Penal Econômico. Horta[24] ensina que a nomenclatura "conflito aparente" tem o mérito de englobar não só o problema da

---

[17] MIRABETI, Júlio Fabrinni; FABRINNI, Renato. *Manual de Direito Penal*, vol. 1: parte geral, 32. ed. São Paulo: Atlas, 2016. p. 104.

[18] SCHMIDT, Andrei Zenkner. Concurso aparente de normas penais. *Revista Brasileira de Ciências Criminais*, ano 9, n. 33, p. 74, 2001.

[19] JAKOBS, Günther. *Derecho penal*. Parte general. Madrid: Marcial Pons, 1995.

[20] HORTA, Frederico; TEIXEIRA, Adriano. Da autolavagem de capitais como ato posterior coapenado: elementos para uma tese prematuramente rejeitada no Brasil. *Revista de Estudos Criminais*, Porto Alegre v. 18, n. 74, 2019.

[21] MIR PUIG, Santiago. *Derecho penal*. Parte general. 4. ed. Barcelona: Arazandi, 1996; e CALLEGARI, André Luís. *Lavagem de dinheiro*: aspectos penais da lei nº 9.613/98. 2. ed. Porto Alegre: Livraria do Advogado, 2008.

[22] BOTTINI, Pierpaolo Cruz. Aspectos conceituais da lavagem de dinheiro. *In*: BADARÓ, Gustavo Henrique; BOTTINI, Pierpaolo Cruz. *Lavagem de dinheiro*: aspectos penais e processuais penais; comentários à Lei 9.613/1998 com as alterações da Lei 12.683/2012. 4. ed. São Paulo: Thomson Reuters Brasil, 2019.

[23] HORTA, Frederico Gomes de Almeida. *Do concurso aparente de normas penais*. Rio de Janeiro: Lumen Juris, 2007. p. 64-68.

[24] HORTA, Frederico Gomes de Almeida. *Do concurso aparente de normas penais*. Rio de Janeiro: Lumen Juris, 2007. p. 27.

incidência potencial de mais de uma norma penal, mas também a operação posterior pertinente à escolha de somente uma delas, no instante da aplicação da pena.

O princípio da lesividade ou ofensividade imprime ao Direito Penal um matiz liberal-democrático na medida em que impossibilita a sanção penal fulcrada, tão somente, em mera desobediência ou inobservância ao ordenamento jurídico. A conduta humana que atrai penalidade estatal é aquela revestida de lesividade social, isso é assim porque o dano é o mecanismo que vincula o Direito Penal à proteção dos instrumentos que dão vida e substrato aos bens jurídicos necessários à "livre autorrealização" do ser humano na sociedade.[25]

Nesse sentido, aferir com profundidade a extensão e intensidade da ofensa ao bem jurídico é imperativo para o alcance da subsunção da norma pena,[26] outra não é a compreensão de Batista, para quem o "bem jurídico põe-se como sinal da lesividade (exterioridade e alteridade) do crime que o nega, 'revelando' e demarcando a ofensa. Essa materialização da ofensa, de um lado, contribui para a limitação legal da intervenção penal, e de outro a legitima".[27]

Desse cenário, abstrai-se que no percurso da subsunção jurídica existe um imperativo axiológico vinculado à lesividade social do comportamento que, por sua vez, está associado ao dano ou risco de lesão ao bem jurídico, exigindo ponderação entre as normas punitivas convergentes para fixar se todas, ou parte delas, deverão ser aplicadas ao fato, visto que a materialização do injusto penal sempre coabita com um resultado que compõe a ação.[28]

Por essa vertente hermenêutica fica mais fácil retratar a complexidade do processo de subsunção que circunda juízos valorativos e lógicos:

> A subordinação de um fato a determinada figura delitiva não é sempre uma operação simples que resulta do exame sumário e mecânico da lei, porque as figuras e os tipos não são nem valores numéricos nem puros conceitos lógicos, senão normas dotadas de um conteúdo que cria um complexo sistema de relações entre um tipo e outro. Para se chegar ao enquadramento correto, sempre é necessário saber que tipo escolheremos dentre os vários que às vezes reclamam aplicação sobre um fato.[29]

Dessa sorte, não parece razoável inferir que um mesmo comportamento delitivo não possa ser reprovado sob mais de um ângulo valorativo. Sobretudo por que a lesividade dos crimes de lavagem de dinheiro para a Administração da Justiça, enquanto repartição de justiça, é impactante e conduz os "*órgãos* de persecução penal em erro (ignorância ou equívoco) sobre a existência ou procedência criminosa de um bem, encobrindo um indício do crime e de sua autoria",[30] dificultando sobremaneira que a pena possa ser aplicada.

---

[25] SILVA SÁNCHEZ, Jesús-María. *Aproximación al Derecho Penal Contemporáneo*. Barcelona: J. M. Bosch Editor, 1992. p. 192.
[26] BUSTOS RAMÍREZ, Juan. *Introducción al Derecho Penal*. 2. ed. Santa Fe de Bogotá: Editorial Temis, 1994. p. 29.
[27] BATISTA, Nilo. *Introdução crítica ao direito penal brasileiro*. 11. ed. Rio de Janeiro: Revan, 2007. p. 96.
[28] MARTÍNEZ-BUJÁN, Carlos Pérez. *Derecho Penal Económico y de la Empresa*. Valencia: Tirant lo Blanch, 2016. p. 209.
[29] SOLER, Sebastián. *Derecho penal argentino*. Buenos Aires: Tipográfica Editora Argentina, 1992. p. 204.
[30] HORTA, Frederico; TEIXEIRA, Adriano. Da autolavagem de capitais como ato posterior coapenado: elementos para uma tese prematuramente rejeitada no Brasil. *Revista de Estudos Criminais*, Porto Alegre, v. 18, n. 74, 2019.

Com a missão de aprofundar essa temática, especificamente a questão da movimentação financeira anterior ao recebimento como ato de lavagem de dinheiro, à luz do Sexto Embargos Infringentes na AP 470, avança-se para o tópico seguinte.

4 A movimentação financeira anterior ao recebimento, como ato de lavagem de dinheiro: possibilidade ou impossibilidade, na visão do STF, no Sexto Embargos Infringentes na AP 470

Da análise da AP 470 verifica-se que, em conformidade com os fatos narrados pela denúncia, o ex-deputado João Paulo Cunha, à época presidente da Câmara dos Deputados, teria recebido a importância de R$50 mil (cinquenta mil reais) para favorecer ilicitamente a empresa SMP&B, pertencente ao publicitário Marcos Valério, em procedimento licitatório que tinha como objeto a contratação de serviços de publicidade. O dinheiro ofertado teria sido sacado pela esposa do acusado em uma agência bancária, sem observância dos trâmites de saque exigidos pelas regras vigentes de controle do sistema financeiro para valores dessa monta.[31]

Como delineado no tópico antecedente, o entendimento trazido pela Suprema Corte brasileira que culminou com a absolvição do réu, nesse ponto, sustenta a inaplicabilidade do concurso de normas com o crime de corrupção passiva, a inexistência objetiva do ato de ocultar ou dissimular e a impossibilidade de caracterizar a movimentação financeira anterior ao recebimento como ato de lavagem.

Debruçando-se sobre os votos dos seis Ministros do STF que concorreram para absolver o ex-deputado acusado na AP em estudo, extrai-se dos argumentos jurídicos lançados em suas fundamentações que não é possível a movimentação financeira anterior ao recebimento como ato de lavagem de dinheiro.

Para o Ministro Lewandowski, o uso de interpostas pessoas não caracteriza a *ocultação* necessária à tipicidade da *lavagem de dinheiro:*

> Observo, por oportuno, que o recebimento de numerário por interposta pessoa não caracteriza necessariamente o crime de lavagem de dinheiro. É que tal artifício, com efeito, é largamente utilizado para apercepção da propina. Jamais, quiçá, a vantagem indevida é recebida diretamente, à luz do dia.[32]

Em entendimento similar, a ministra Rosa Weber caracterizou "o recebimento do dinheiro como ato consumativo do crime de corrupção passiva e de exaurimento do delito de corrupção ativa, aduzindo que o uso de intermediários seria uma modalidade de consumação e não um crime adicional".

---

[31] BRASIL, STF – AP: 470 MG, Data de Julgamento: 13.03.2014, Tribunal Pleno, Data de Publicação: ACÓRDÃO ELETRÔNICO DJe-161 DIVULG 20.08.2014 PUBLIC 21.08.2014.

[32] BRASIL, STF – AP 470 MG, Relator: Min. RICARDO LEWANSDOWSKI, Data de Julgamento: 13.03.2014, Tribunal Pleno, Data de Publicação: ACÓRDÃO ELETRÔNICO DJe-161 DIVULG 20.08.2014 PUBLIC 21-08-2014. fls.3739 do Ac.

Nessa linha, a utilização de um terceiro para receber a propina – com vista a ocultar ou dissimular o ato, seu objetivo e real beneficiário – integra a própria fase consumativa do crime de corrupção passiva, núcleo receber, e qualifica-se como exaurimento do crime de corrupção ativa. Por isso, a meu juízo, esse ocultar e esse dissimular não dizem necessariamente com o delito de lavagem de dinheiro, embora, ao surgirem como um iceberg, como a ponta de esquema de proporções mais amplas, propiciem maior reflexão sobre a matéria.[33]

Dessa sorte, a linha de entendimento talhada pelo STF reflete que não é a sofisticação da ocultação que materializa o crime de lavagem de dinheiro, mas sim a evidência de elementos objetivos e subjetivos que possam revelar vinculação com um ato posterior de reciclagem ou de inserção do produto do crime na economia, sob um véu de legalidade. O mero uso de intermediários próximos aos corruptores para o recebimento de valores de corrupção como elemento material da lavagem de dinheiro não tem força para conferir aparência lícita aos valores, assim, o dinheiro sacado em instituição financeira por terceiros não tem o condão de lavar o bem e menos ainda de simular uma origem legítima.

A matéria pesquisada não é das mais simples, há compreensões contrárias igualmente convincentes. Para o Ministro Fux, relator da matéria, o acusado João Paulo Cunha, no momento em que aceitou a proposta de vantagem indevida, praticou não só o crime de corrupção passiva, mas também o de lavagem de dinheiro, porque conhecia a origem desonesta do dinheiro, nesse contexto, ganha relevo a figura do dolo – intenção de dissimular o dinheiro para reinseri-lo como recurso legal no sistema financeiro e na economia:

> Uma vez aceita a promessa de vantagem indevida pelo agente, resta consumado o delito do art. 317 do Código Penal, consistindo o posterior recebimento da peita em mero exaurimento do delito. *In casu*, o ora embargante enviou sua esposa para receber uma vantagem indevida cuja promessa já havia aceitado anteriormente, cumprindo anotar as diversas reuniões entre o 15º denunciado (João Paulo Cunha) e Marcos Valério, por vezes inclusive com seus sócios.[34]

Por essa linha, o Ministro Fux concluiu ser legítima a condenação do embargante, pelos crimes de corrupção passiva e lavagem de dinheiro, não se configurando, na hipótese, qualquer tipo de *bis in idem* ou autolavagem. Em reforço aos seus fundamentos, mencionou que a doutrina é pacífica quanto ao entendimento de que a lavagem de dinheiro é tipo congruente e somente se configura na presença do dolo genérico, vontade consciente e dirigida à realização de uma ou algumas das etapas do branqueamento de capitais:

> Não se pode esquecer, por outro lado, que a comprovação de elementos subjetivos, oriundos dos íntimos pensamentos do agente, é impossível na forma direta, devendo ser inferida de elementos objetivos que circundam o delito. Outra não é a orientação da segunda

---

[33] BRASIL, STF – AP 470 MG, Relator: Min. ROSA WEBER, Data de Julgamento: 13.03.2014, Tribunal Pleno, Data de Publicação: ACÓRDÃO ELETRÔNICO DJe-161 DIVULG 20.08.2014 PUBLIC 21.08.2014. fls.1086 do Ac.
[34] BRASIL, STF – AP 470 MG, Relator: Min. LUIZ FUX, Data de Julgamento: 13.03.2014, Tribunal Pleno, Data de Publicação: ACÓRDÃO ELETRÔNICO DJe-161 DIVULG 20.08.2014 PUBLIC 21.08.2014.

recomendação, de um total de quarenta, do Grupo de Ação Financeira sobre a Lavagem de Dinheiro (GAFI), litteris: "Os países deveriam assegurar que: a) A intenção e o conhecimento requeridos para provar o crime de branqueamento de capitais estão em conformidade com as normas estabelecidas nas Convenções de Viena e de Palermo, incluindo a possibilidade de o elemento intencional ser deduzido a partir de circunstâncias factuais objectivas".[35]

O Ministro citado destacou em seu voto as lições de Klaus Tiedemann,[36] para sustentar que os atuais acordos internacionais devem ser referência para os países angloamericanos, e que, na matéria em questão, afirma o autor, é possível deduzir dolo, a partir das circunstâncias do fato, sem que isso importe na teoria *dolus ex re*, pois decorre da admissibilidade processual da prova indiciária.

Não se pode desprezar que o voto do Relator, Ministro Fux, foi acompanhado por mais três ministros que corroboraram com os fundamentos lançados. Há farta matéria dogmática que torna o posicionamento majoritário do STF, nessa matéria, passível de análise mais detida. Ao que parece, a alegação de ausência de provas como fundamento para afastar uma sentença condenatória não é de todo acertada e comporta refutação, ao menos cientificamente.

O Ministro Celso de Mello, ao julgar pelo acolhimento da denúncia, ressaltou a necessidade de se analisar as imputações individualizadas na denúncia, em uma perspectiva mais abrangente, "quanto ao delito de lavagem de dinheiro em que os crimes antecedentes referidos são os crimes contra a Administração Pública", acompanhando integralmente o relator vencido.[37]

Pesquisando os fundamentos jurídicos lançados no voto vencido do Ministro Fux, acompanhado por Cármen Lúcia, Gilmar Mendes e Celso de Mello, surgem inquietações quanto ao entendimento trazido pela Suprema Corte brasileira, na matéria em estudo, isso porque muitos pontos tratados na AP 470 restaram controversos. O fundamento de ausência de provas, acolhido pelo STF para absolver o acusado, merece reflexões mais detidas acerca do instituto da lavagem de dinheiro e seus desdobramentos jurídicos.

5 Prova do desvio de dinheiro público utilizado na AP 470/STF para reconhecimento da materialidade dos ilícitos

Da análise da AP 470, exsurgem inúmeras evidências robustas que atestam o desvio de dinheiro público. O Ministro Fux, ao rejeitar o provimento dos embargos infringentes de Cunha, relatou que o réu exibiu versões variantes para explicar por que sua mulher sacou no banco, em espécie, um montante tão expressivo. O réu declarou inicialmente que sua esposa havia se dirigido ao Banco Rural para resolver cobranças de uma conta de TV por assinatura, mas, posteriormente, afirmou ter recebido o dinheiro do tesoureiro Delúbio Soares, para pagamento de pesquisas eleitorais em Osasco (SP).

---

[35] BRASIL, STF – AP: 470 MG, Relator: Min. LUIZ FUX, Data de Julgamento: 13.03.2014, Tribunal Pleno, Data de Publicação: ACÓRDÃO ELETRÔNICO DJe-161 DIVULG 20.08.2014 PUBLIC 21.08.2014.
[36] TIEDEMANN, Klaus. *Eurodelitos*: El derecho penal económico en la Unión Europea. Cuenca: Ediciones de la Universidad de Castillla-La Mancha, 2004. p. 15.
[37] BRASIL, STF – AP: 470 MG, Relator: Min. CELSO DE MELLO, Data de Julgamento: 13.03.2014, Tribunal Pleno, Data de Publicação: ACÓRDÃO ELETRÔNICO DJe-161 DIVULG 20.08.2014 PUBLIC 21.08.2014.

As contradições presentes na fala do acusado revelam, para o Relator do voto vencido, que o crime de corrupção já havia sido consumado antes mesmo do saque no Banco Rural e, por isso, essa conduta poderia ser considerada lavagem, conforme a Lei nº 9.613/98, que criminaliza a dissimulação da origem dos valores provenientes, direta ou indiretamente, de crime: "Negar a configuração da lavagem de dinheiro [...] sob a alegação de que o recebimento de propina não se faz às claras equivale a indiretamente revogar a Lei 9.613".[38]

Ao contrário do que sustentado no voto vencedor de lavra do Ministro Roberto Barroso,[39] para quem o ato de receber propina é mero elemento do crime de corrupção passiva, razão pela qual declarou a ausência de provas capazes de materializar o crime de lavagem de dinheiro e também a própria ciência do acusado acerca da existência de esquema, mas o que desponta da análise dos votos dos ministros que acompanharam o relator é um farto conjunto probatório, revelado por documentos e oitivas colhidas nos autos que apontam conduta criminosa por parte do réu, passível de reconhecimento da materialidade de ilícitos.

Pierpaolo, nessa matéria, defende que os fundamentos jurídicos dos Ministros vencidos na AP 470 parecem mais razoáveis e ponderados:

> Receber dinheiro sujo por intermediários nem sempre caracteriza a *ocultação* necessária à *lavagem de dinheiro*. Obter o numerário por meio da esposa ou de assessores formais, próximos ao corruptor, que o retiraram em bancos, durante o dia, assinando recibos, não corresponde à ocultação prevista no tipo penal da lavagem de dinheiro. Por mais que o crime não exija sofisticação na dissimulação — como já aventado — é necessário constatar o escamoteamento que afete (ou coloque em risco) a administração da Justiça e o rastreamento da origem e do destino dos valores. E o recebimento de dinheiro através de pessoas com as quais se tem evidente, clara e direta relação não é capaz de obstacularizar qualquer atividade da Justiça.[40]

Entretanto, a constatação do fato de que o dinheiro foi entregue por terceiros intermediários não é elemento único e isolado, colacionado pelo Ministro Relator, para fundamentar a condenação do acusado por lavagem de dinheiro. Foi considerado também que a própria disponibilização de capitais a terceiros só foi possível dado a um sistema de gestão fraudulenta, pois consta no voto que o capital, oriundo do peculato e de empréstimos simulados, era depositado em uma conta pertencente a uma empresa de publicidade, responsável pela autorização de saques em dinheiro vivo:

> Outro fato relevante a assentar é o de que a movimentação financeira não deixou registros oficiais quanto à retirada em espécie pela Sra. Márcia Regina Milanésio Cunha. No sistema de registros bancários, restou indicada a própria SMP&B como titular do saque. Os documentos constantes de fls. 227 a 235 do apenso nº 7 apenas foram obtidos mediante busca e apreensão. Os elementos dos autos indicam que o ora embargante enviou a sua esposa

---

[38] BRASIL, STF – AP 470 MG, Relator: Min. LUIZ FUX, Data de Julgamento: 13.03.2014, Tribunal Pleno, Data de Publicação: ACÓRDÃO ELETRÔNICO DJe-161 DIVULG 20.08.2014 PUBLIC 21.08.2014.

[39] BRASIL, STF – AP: 470 MG, Relator: Min. ROBERTO BARROSO, Data de Julgamento: 13.03.2014, Tribunal Pleno, Data de Publicação: ACÓRDÃO ELETRÔNICO DJe-161 DIVULG 20.08.2014 PUBLIC 21.08.2014.

[40] BOTTINI, Pierpaolo Cruz. Lavagem de Dinheiro e Corrupção Passiva na AP 470. *Revista Consultor Jurídico*, 23 de julho de 2013.

para sacar o dinheiro precisamente por saber que a engenharia delitiva proporcionada através do Banco Rural tornaria a operação invisível aos órgãos de controle, bem como porque a Sra. Márcia Regina Milanésio Cunha é jornalista, profissão que poderia constituir posteriormente um álibi referente a um pagamento proveniente de agência de publicidade.[41]

Ainda que pareçam bastante evidentes as considerações aduzidas nos votos dos Ministros vencidos, é consabido que o colegiado do STF, atualmente, abraçou a tese do reconhecimento do concurso de crimes entre lavagem de dinheiro e corrupção passiva, para aquelas situações nas quais o dinheiro indevido e desonesto foi recebido pela figura de intermediários ou também para os casos em que se concretizou uma *engenharia financeira anterior* com o escopo de esconder, ocultar a origem dos bens.

Resta dúvida também quanto ao argumento presente no voto do Revisor, Roberto Barroso, de que o recebimento do ilícito é mero exaurimento do ato anterior de 'solicitação', isso porque a tipicidade do crime repousa em 'solicitar' e não em 'receber'. Referida compreensão comporta discussão.

Nos escólios de Noronha, acerca do tema do exaurimento, "exaurido se diz um crime, quando, após a consumação, é levado a outras consequências lesivas. Assim, no delito do art. 159, quando, após sequestrar a pessoa com o fim de resgate, o delinquente consegue este. A consecução do resgate não é elemento do delito; basta ser o fim do delinquente".[42]

Bottini, contribuindo com a matéria, em seu parecer acerca da AP 470, solicitado pelos advogados do acusado, sustenta que nos casos de corrupção passiva a verificação posterior do recebimento é o que torna este o ato típico central do crime de corrupção passiva:

> [...] sendo absorvido o primeiro como comportamento impune. O ato típico imputado deixa de ser corrupção passiva na forma "solicitar" e passa a ser na forma "receber". Este último ato não é mero exaurimento do ato anterior de solicitação, porque previsto expressa *e* objetivamente no texto do tipo penal – o que não ocorre nas situações se exaurimento em que o comportamento é descrito como mera intenção ou objetivo transcendente.[43]

Desse ponto, pela análise dos dados coletados, resta factível que os fundamentos presentes na AP 470 que conduziram à absolvição do acusado, João Paulo Cunha, ainda são uma temática que reclama pesquisa e diálogos bem mais profundos sobre a questão, ao que parece o tema revela-se longe de estar esgotado e a própria literatura sobre a matéria carrega discussões que merecem ser aprofundadas, em especial pelos cientistas do Direito, doutrinadores e estudiosos, responsáveis por lançar luzes às questões presentes nas Ciências Jurídicas.

Da análise dos votos dos ministros, com relação ao crime de lavagem de dinheiro, apreciado por ocasião do Sexto Embargos Infringentes na AP 470, conclui-se que os fundamentos jurídicos evidenciados pelos ministros são bastante adversos entre si.

---

[41] BRASIL, STF – AP: 470 MG, Relator: Min. LUIZ FUX, Data de Julgamento: 13.03.2014, Tribunal Pleno, Data de Publicação: ACÓRDÃO ELETRÔNICO *DJe*-161 DIVULG 20.08.2014 PUBLIC 21.08.2014.

[42] NORONHA, Edgard Magalhães. *Direito Penal*. v. 4. 8. ed. São Paulo: Saraiva, 1976. p. 119.

[43] BOTTINI, Pierpaolo Cruz. Lavagem de Dinheiro e Corrupção Passiva na AP 470. *Revista Consultor Jurídico*, p. 16, 23 de julho de 2013.

Para os ministros que defendem o conhecimento e recebimento da denúncia, os saques concretizados materializam o tipo penal do crime de lavagem de dinheiro, tendo cumprido todas as etapas do suposto crime. Na outra ponta, assestam-se os ministros que votaram pela rejeição das denúncias, sob o fundamento de que os mencionados saques foram levantados à luz do dia, não restando, portanto, provado o crime de lavagem de dinheiro.

Resta evidente, ainda, que nenhum dos ministros em questão discutiu acerca da investigação de provas no julgamento da ação penal ou, ainda, questionou se meros indícios são o bastante para o acolhimento da denúncia no inquérito, deixando à margem de suas fundamentações os requisitos exigidos e dispostos no art. 41 do CPP.[44]

Também parece salutar afirmar que a Administração da Justiça, em seu sentido de justiça, corre risco quando a mais alta Corte deste país assume entendimento que inviabiliza a persecução penal, notadamente quanto aos crimes de lavagem de dinheiro, albergando compreensão conflitante com a norma posta, de se vê, portanto, que a ofensa à Administração da Justiça, nos crimes em referência, é acessória ao crime antecedente e merece, nesse ponto, reflexão e debate bem mais profundos para solucionar a problemática.

Não parece desarrazoado sugerir, como contribuição, que essa temática pudesse ser revisitada pela doutrina, por meio dos cientistas do Direito, para que luzes possam ser lançadas na questão e, quem sabe, alcançar os juízos daqueles que decidem e compõem a Suprema Corte.

6 Conclusão

Como desfecho conclusivo, com as inferências possíveis que a pesquisa pôde permitir, resta evidente que o STF tem se mostrado refratário em reconhecer os crimes de corrupção que antecedem a lavagem de dinheiro como um *post factum* punível, em obediência ao princípio *non bis in idem*, conforme compreensão consignada nos votos vencedores dos ministros que julgaram a AP 470. Na outra ponta, merece profunda reflexão, à luz dos fundamentos presentes nos votos dos ministros vencidos, que de forma clara e incisiva votaram pela condenação do réu, nos crimes tipificados na denúncia.

Ao que se pode inferir, o conflito aparente de norma gestado pela AP 470, Sexto Embargos, reclama por uma delimitação de cada fenômeno dogmático, inclusive, por conta da própria discrepância jurisprudencial pretoriana, na estipulação de pressupostos gerais da consunção e no tratamento de casos análogos.

Incumbe à dogmática desenvolver critérios que tornem mais previsível e estável a subsunção jurídica de episódios insertos no âmbito do Direito Penal, sobretudo no que se refere à interação valorativa/material entre os injustos virtualmente concorrentes (consunção), ambicionando mais segurança e controle do poder punitivo e, dessa forma, promover de forma mais efetiva a repressão de crimes com potencial tão lesivo, como os delitos convolados pela lavagem de dinheiro.

---

[44] BRASIL. Código de processo penal. Disponível em: http://www.planalto.gov.br/ccivil_03/decreto-lei/del3689.htm. Acesso em: 16 set. 2020.

Por fim, impende afirmar que a temática da lavagem de dinheiro ainda suscita muitos estudos, debates e talvez o amadurecimento dos parâmetros do pragmatismo jurídico que contornam o tema.

Talvez os cientistas do Direito, doutrinadores pátrios, possam se lançar detidamente sobre a questão, trazendo, por meio da ciência, possíveis soluções que possam manter a integridade da Administração da Justiça.

Informação bibliográfica deste texto, conforme a NBR 6023:2018 da Associação Brasileira de Normas Técnicas (ABNT):

AMARAL, Cleber Jair A lavagem de dinheiro como um *post factum* impunível, uma análise do Sexto Embargos Infringentes na AP 470-STF. *In*: SEEFELDER FILHO, Claudio Xavier (coord.). *Direito Econômico e Desenvolvimento*: entre a prática e a academia. Belo Horizonte: Fórum, 2023. p. 145-159. ISBN 978-65-5518-487-7.

CONTEÚDO JURÍDICO DAS AÇÕES NEUTRAS: A RESPONSABILIDADE CRIMINAL DO SUBORDINADO PELAS CONDUTAS COTIDIANAS NA EMPRESA[1]

DANIELA RODRIGUES TEIXEIRA

> *"São neutras aquelas contribuições a fato ilícito alheio que, à primeira vista, pareçam completamente normais."*
> Luís Greco[2]

1 Introdução

O presente artigo se propõe a analisar a imputação penal na condição de coautor ou partícipe do funcionário subordinado pela prática de condutas cotidianas praticadas na empresa. Para tanto se inicia o estudo com a análise da doutrina clássica e mais moderna dos conceitos de participação e coautoria, considerando especialmente a teoria da imputação objetiva. A diversidade das hipóteses existentes neste tema da dogmática conduziu ao recorte do estudo no propósito de avaliar a legalidade e constitucionalidade de se considerar como injusto penalmente relevante as condutas não tipificadas na legislação penal e que são praticadas no exercício de funções cotidianas.

O trabalho tem como objeto de estudo a imputação no concurso de pessoas, quando o crime é resultado da ação de mais de um agente. Aqui se pretende apurar a zona tênue e sombria entre a ação criminalmente relevante e a conduta que não tem repercussão criminal, que tem sido chamada pela doutrina como conduta neutra.

---

[1] Artigo extraído do capítulo 3 da dissertação apresentada para obtenção do título de Mestre em Direito na área de concentração Direito Econômico e Desenvolvimento, desenvolvida no Programa de Mestrado Profissional em Direito do Instituto Brasiliense de Direto Público, sob a orientação do Professor Doutor Ney de Barros Bello Filho.

[2] GRECO, Luís. *Cumplicidade através de ações neutras*: a imputação objetiva na participação. Rio de Janeiro: Renovar, 2004. p. 83

A questão trazida é saber se a ação cotidiana de atos lícitos praticada por funcionários subordinados pode ser tipificada como injusto criminoso se facilitar de alguma forma o cometimento de crime por um terceiro no âmbito da atividade empresarial.

O estudo das ações cotidianas é trazido para o ambiente corporativo brasileiro na tentativa de estabelecer limites à criminalização das ações praticadas individualmente que, somadas às ações praticadas por um conjunto de pessoas, tenha como resultado um injusto considerado crime.

O principal recorte é o estudo da responsabilidade criminal dos agentes nas suas condutas cotidianas exercidas nas empresas, excluindo-se, portanto, a análise da responsabilidade civil, administrativa ou política decorrente dessas condutas, prende-se, portanto, à analise das condutas praticadas no âmbito empresarial, que, por definição, compreende um ambiente de divisão de tarefas e responsabilidades da empresa legalmente constituída, entendida por Estellita como "a associação de várias pessoas com finalidade lícita, prevista e autorizada em lei, a atividade econômica organizada para a produção ou circulação de bens e serviços",[3] e não a associação ilícita, verdadeira organização criminosa fundada e administrada com o intuito de praticar crimes. Essa distinção bem delimitada por Pitombo[4] é essencial para o trabalho, que não trata de organizações criminosas, quadrilha ou bando, mas de crimes que ocorram dentro das empresas e tenham sido cometidos pela soma de condutas de pessoas que se reuniram originariamente em sociedade empresariais lícitas para a prática de atividades econômicas dentro da lei.[5]

A principal tentativa é de delimitar os critérios para a fixação de limites à punição da participação criminal e não pretende ser uma análise das teorias da imputação, adota-se desde o início a teoria da imputação de Tavares,[6] considera-se a teoria da imputação objetiva nos casos de participação criminal de Roxin[7] e pretende-se delimitar os critérios para fixar limites à punição da participação criminal.

O estudo se limita à análise da imputação das condutas efetivamente praticadas cotidianamente nas empresas pelo empregado subordinado, distinguindo-se dos trabalhos que tratam da responsabilidade por omissão.[8] Aqui as ações foram efetivamente praticadas, mas, isoladamente, não fazem parte do tipo penal. Os réus não são os agentes principais das condutas criminosas, suas atitudes são secundárias e isoladamente não

---

[3] ESTELLITA, Heloisa. *Criminalidade de empresa, quadrilha e organização criminosa*. Porto Alegre: Livraria do Advogado Editora, 2009, p. 29

[4] PITOMBO, Antônio Sérgio Altieri de Moraes. *Organização criminosa*: nova perspectiva do tipo legal. São Paulo: RT, 2009. p. 96.

[5] A distinção entre concurso de pessoas e a tipificação do crime de quadrilha ou bando, agora organização criminosa, está bem delimitada em Estellita: "*a priori*, a reunião de pessoas formando uma sociedade empresária para a prática de atividades econômicas não se consubstancia em formação de quadrilha ou bando, ainda que tais pessoas venham a ser responsabilizadas pela prática de crimes econômicos no exercício da atividade econômica lícita, nestes casos, não há formação de quadrilha ou bando porque falta a essa união de pessoas (4 ou mais) a finalidade da prática de crimes" (2009, p. 31). Sobre o tema também as balizas dos acórdãos paradigmáticos proferidos pelo STF no HC nº 81.260, relator ministro Sepúlveda Pertence e HC nº 84.223, relator ministro Eros Grau.

[6] TAVARES, Juarez. *Fundamentos de teoria do delito*. 2. ed. São Paulo: Tirant lo Blanch, 2018, p. 198.

[7] ROXIN, Claus. *Estudos de Direito Penal*. 2. ed. Rio de Janeiro: Renovar, 2008, p. 101.

[8] Notadamente em ESTELLITA, Heloísa. *Responsabilidade penal dos dirigentes das empresas por omissão*. São Paulo: Marcial Pons, 2017 e BOTTINI, Pierpaolo Cruz. *Crimes de Omissão Imprópria*. São Paulo: Marcial Pons, 2018.

se enquadrariam em qualquer tipo penal. A participação penalmente relevante, as ações tipificadas e as omissões de quem tem o dever de garante não são objeto deste estudo. Nossos agentes não são os autores que na teoria clássica da imputação praticam o injusto penal e realizam as ações tipificadas como criminosas.

O que se pretende com a pesquisa é colaborar com a doutrina ainda incipiente sobre a responsabilização dos partícipes, apontando as referências teóricas e os recentes posicionamentos dos tribunais nos julgamentos das condutas inicialmente não tipificadas que colaboram com a consecução de um injusto penal e que podem ser consideradas neutras.

Aqui se pretende analisar as consequências criminais das ações daqueles que são apontados como partícipes, que na legislação brasileira são equiparados aos autores, mas que não praticaram ações típicas de injustos penais, ao contrário, praticaram atos do cotidiano, previstos em suas funções na empresa e que poderiam ter sido praticados por qualquer outra pessoa que estivesse naquele cargo, naquele momento.

Eles são os que estão no lugar errado, na hora imprópria e no exercício de suas funções cotidianas praticam atos que facilitam o cometimento de um crime por terceiros.

Para realizar a pesquisa sobre a possibilidade de se considerar, ou não, ações cotidianas como não sujeitas à criminalização, foi utilizado o método de análise de casos, com o estudo dos discursos jurisprudenciais em processos judiciais já decididos pela justiça brasileira que trataram de condutas neutras dos partícipes de um injusto penal.

A pesquisa jurisprudencial[9] analisou todas as decisões que citam o termo "conduta neutra" proferidas pelos 27 tribunais de justiça, os 5 TRF, o STJ e o STF, a partir de 2004, quando foi escrito o primeiro livro sobre o tema no Brasil,[10] em um total de 17.588 decisões.

A maioria das decisões tratava da majoração, ou diminuição, da pena em razão de eventual conduta neutra da vítima. Foram localizados 856 acórdãos que tratam da conduta neutra do partícipe, analisados qualitativamente.

Por isso, foi feita a opção pela pesquisa qualitativa de análise dos argumentos expostos nos acórdãos previamente selecionados. O objetivo do levantamento dos acórdãos já proferidos foi gerar metodologicamente a hipótese de que os tribunais entendem que existem ações praticadas rotineiramente nas empresas que são condutas atípicas, que não podem ser consideradas criminalmente relevantes, sendo a pesquisa, portanto, predominantemente indutiva[11]

Na análise qualitativa foram escolhidas as decisões que tratam das ações cotidianas dos funcionários subordinados que trazem em suas fundamentações as correntes doutrinárias que aceitam, e que não aceitam, a imputação criminal das condutas chamadas de neutras, buscando-se nas decisões judiciais os argumentos que têm sido utilizados pela justiça para justificar a tipificação dessas condutas no Brasil, seja condenando, seja absolvendo. A aplicação prática da doutrina recente nos julgados é analisada, não as conclusões dos julgados.

---

[9] Pesquisas foram realizadas no sistema OABJURIS, no site jurisprudencia.oab.org.br.
[10] GRECO, Luís. *Cumplicidade através de ações neutras*: a imputação objetiva na participação. Rio de Janeiro: Renovar, 2004.
[11] MACHADO, Maíra Rocha. O estudo de caso na pesquisa em direito. *In*: MACHADO, Maíra Costa (Org.). *Pesquisar empiricamente o direito*. São Paulo: Rede de Estudos Empíricos em Direito, 2017, p. 8.

Até o momento de apresentação deste trabalho existem apenas nove livros[12] sobre as ações neutras no Direito Penal brasileiro, a maior parte deles é decorrente de monografias ou teses de mestrado e doutorado e há ainda muito espaço para discussões a fim de que a teoria possa ser mais utilizada pelos Tribunais brasileiros.

2 O crime em concurso de agentes na legislação do Brasil

A conduta humana e a dificuldade na convivência entre seus pares sempre pautaram o Direito, especialmente o Direito Criminal, que cataloga as atitudes humanas entre as permitidas e as proibidas, em um dado momento, em um particular local.

Quando da codificação de nosso Direito Penal em 1940 tínhamos uma sociedade rural bem distante do mundo e dos costumes contemporâneos. Na simplicidade daquele momento histórico, nosso código trouxe os conceitos de ação, nexo de causalidade e resultado (TOLEDO, 2000, p. 101[13]).

Focado nas relações simplórias da primeira metade do século passado, nosso Código Penal tipificou as atitudes inaceitáveis, aplicando punição àquelas pessoas que o transgredissem, sem distinguir a autoria da participação.[14]

O Código Penal Brasileiro (CPB), em seu artigo 29, *caput*, trata do concurso de pessoas para a prática de crime, quando o injusto é praticado por mais de um agente, sem distinguir o autor do partícipe, considerando todos os que contribuíram para a realização do injusto como culpados pelo resultado, adequando a pena à culpabilidade de cada um, nos seguintes termos: "Quem, de qualquer modo, concorre para o crime, incide nas penas a este cominadas, na medida de sua culpabilidade".

É certo que o §1º prevê a diminuição da pena para aquele que tiver "participação de menor importância", mas a diferenciação será apenas na aplicação da pena, o dogma causal continua regendo a aplicabilidade do *caput* para determinar que todos os que concorrem para o resultado serão considerados causadores do crime e serão penalizados.

Mesmo com penas diferentes, todos serão processados, julgados e condenados pelo mesmo crime, o que Hungria (1978, p. 405[15]) chama de teoria unitária.[16] Assim, em nosso sistema penal, responderá por homicídio aquele que de qualquer forma concorrer para o resultado morte. Seja o autor do disparo de arma de fogo que atingiu a vítima, seja o que arrombou a porta de sua casa, seja o motorista de táxi que levou os dois primeiros

---

[12] 1- GRECO, Cumplicidade através de ações neutras. 2004. 2- LOBATO, Teoria geral da participação criminal e ações neutras, 2009. 3- RASSI, Imputação das ações neutras e o dever de solidariedade, 2014. 4- LIMA, Lavagem de dinheiro e ações neutras, 2014. 5- LEMOS, Ações neutras em direito penal, 2018. 6- MELO, Lavagem de dinheiro, *compliance* e a imputação das ações neutras, 2019. 7- CARDOSO, Lavagem de dinheiro, concurso de pessoas e as ações neutras, 2019. 8- POLAINO-ORTS, Miguel, Ações neutras e direito pena, 2020. 9- BRENER, Paula, Ações neutras e limites da intervenção punível, 2021.

[13] TOLEDO, Francisco de Assis. *Princípios Básicos de Direito Penal*. 5. ed. São Paulo: Saraiva, 2000.

[14] A exposição de motivos do projeto de lei para a reforma do Código Penal em 1984 tratou da necessidade de distinguir autoria de participação, mas a lei promulgada não alterou essa parte do Código.

[15] HUNGRIA, Nélson. Comentários ao código penal, Vol. I, Tomo II, 5. ed. Rio de Janeiro: Forense, 1978.

[16] No mesmo sentido, os autores Cesar Bitencourt (2002, p. 115), Magalhães Noronha (1997, p. 214) e Rogério Greco (2003, p. 476) também chamam nosso Código Penal de monista, mas fazem a distinção entre autor e partícipe com fundamento no §1º do art. 29, que fala em "participação de menor importância", o que Luís Greco chama de "evidente contradição em seus próprios termos" (2004, p. 10).

até lá.[17] Mesmo com penas diferentes, todos serão processados, julgados e condenados pelo mesmo crime, homicídio, sem distinção do tipo penal, distinguindo-se apenas a dosimetria na pena.

Nessa visão, a morte da vítima é o resultado das ações de todos, esse resultado é uno e indivisível e assim: "todo partícipe é sempre um coautor e responde integralmente pelo resultado, desde que consciente e voluntariamente", na doutrina de Hungria (1978, p. 406[18]), que defende que não há diferença entre "causa e concausa", ou entre "causa imediata e mediata" ou entre "causa principal e causa secundária", pois o resultado é uno e indivisível. Todos os partícipes são autores, já que todos os atos fazem parte de uma ação única e "colaboraram para o crime com igual eficiência causal".

Nas palavras de Lobato[19] (2010, p. 21), "o legislador brasileiro optou, por regra, tipificar conjuntamente as condutas que deem origem ao mesmo resultado penal, pois é impraticável a pormenorização de todas as condutas que possam lesar ou ameaçar direta e indiretamente um bem jurídico tutelado".

Apesar da disposição literal de nosso código, a diminuição da pena de quem teve "participação menor", prevista no parágrafo 1º, do art. 29, levou parte da doutrina mais recente a insistir na diferença entre autor (autônomo e autossuficiente) de partícipe (dependente da existência de um sujeito principal), como faz Fragoso (1983, p. 255[20]), ao afirmar que "a natureza das coisas força a doutrina a distinguir autor e partícipe, que são substancialmente idênticos". Os demais autores se fundamentam em artigos específicos do Código Penal, que tratam da participação ou instigação à prática de atos criminosos diversos,[21] para tentar distinguir os coautores.

Apesar dos esforços doutrinários, a legislação brasileira não distingue no tipo penal o autor do partícipe, apenas dosa o *quantum* de cada pena e, por isso, a doutrina que nega a teoria unitária de Hungria parte de uma análise *de lege ferenda* para distinguir autoria de participação e, especialmente, para justificar a aplicação da penalidade àquele que teve mínima participação para a ocorrência do injusto penal.

Essa igualdade de tratamento na tipificação objetiva entre os partícipes do injusto tem sido objeto de estudos ao longo dos anos, isso porque a complexidade das relações humanas contemporâneas tem se mostrado mais criativa do que a legislação penal foi capaz de prever em seus tipos penais. Especialmente nas hipóteses de crimes praticados por mais de uma pessoa, nos quais há um agente e uma segunda pessoa que participa de alguma forma para o cometimento do crime.

Rassi, estudando especificamente as ações neutras, pondera que é importante demarcar em que medida as condutas constituem, ou não, uma participação no delito e "quais caracteres mínimos devem possuir para caracterizar a culpabilidade punível", já que o artigo 29 prevê "possibilidades de participação muito amplas, que permitem

---

[17] O exemplo clássico do taxista é citado por muitos autores quando falam em participação, entre eles Greco (2004, p. 164), e este exemplo doutrinário clássico, de fato, já foi julgado e o taxista foi condenado por dolo eventual (JTACrSP 70, p. 200).

[18] HUNGRIA, Nélson. *Comentários ao código penal*, Vol. I, Tomo II, 5. ed. Rio de Janeiro: Forense, 1978.

[19] LOBATO, José Danilo Tavares. *Teoria geral da participação criminal e ações neutras* – Uma questão única de imputação objetiva. Curitiba: Juruá, 2010.

[20] FRAGOSO, Heleno Cláudio. *Lições de direito penal, parte geral*. 5. ed. Rio de Janeiro: Forense. 1983.

[21] Luís Greco aponta que "o próprio CP em vários momentos distingue autor do partícipe" e cita como exemplo o art. 122, que trata da participação em suicídio. "Afinal, se não fizesse essa distinção toda participação em suicídio seria automaticamente um homicídio" (2004. p. 1).

responsabilizar de forma abrangente todos os que cooperam, direta ou indiretamente para a execução do delito" (2014, p. 31[22]).

E explica, na parte que interessa a este trabalho: "é justamente esta amplitude interpretativa permitida pelo artigo em comento que a doutrina começou a buscar princípios ou critérios para fundamentar a não incriminação dos intervenientes, pois muitas vezes a sua punição pode se mostrar desarrazoada" (RASSI, 2014, p. 31).

Por mais que se criem explicações dogmáticas para as condutas dos personagens fictícios Caio, Tício e Mévio em concurso em um particular evento, elas não se encaixam com perfeição aos tipos penais legislados. A sofisticação das relações e sociedades atuais, muitas vezes virtuais e permeadas por complexas operações societárias, torna muito mais complexo o *modus operandi* dos crimes contemporâneos, tornando a individualização das condutas e a imputação penal de cada uma delas um grande desafio, especialmente nas empresas,[23] que, por definição, são aglomerados de pessoas com competências multifacetadas e complementares.

Essa dificuldade foi bem delimitada por Estellita (2017, p. 38): "se a pergunta inicial e fundamental para imputação da responsabilidade penal individual é 'quem praticou a conduta típica?', a resposta no âmbito da criminalidade da empresa pode ser enormemente laboriosa, quando não impossível".

Com a divisão das rotinas de trabalho adotada nas empresas fica cada dia mais difícil determinar quais funcionários são responsáveis pelas decisões e pelas operações, sendo certo que alguns deles desenvolvem apenas ações cotidianas, que somadas levam a um resultado. Daí surge a importância de se estudar a possibilidade, ou não, de punição desses agentes partícipes que colaboraram com suas ações cotidianas para o resultado considerado ilegal.

Este é exatamente o objeto do estudo das ações neutras: a possibilidade, ou não, de se considerar como neutra a conduta dos agentes utilizando como base os critérios tradicionais da imputação objetiva, observando-se as opções legais adotadas pelo Brasil.

A doutrina alemã das últimas duas décadas, trazida na obra de Greco, foi fundamental como referência para consolidar os estudos ainda incipientes da doutrina brasileira e para a análise de como essa teoria pode ser aplicada no Brasil.

As teorias existentes na Alemanha, que serão analisadas a seguir, trazem clareza ao debate jurídico brasileiro, mesmo considerando que muitas respostas aos questionamentos aqui levantados seriam diversas na Alemanha.[24] Ao questionar qual o fundamento legal da punição da cumplicidade, Greco salienta que, "no direito alemão, a resposta salta aos olhos antes que sequer se tenha concluído a formulação da pergunta. O art. 27, §1º, I, dispõe: 'é punido como cúmplice quem prestou dolosamente ajuda ao fato antijurídico doloso cometido por outrem'"[25] (2004, p. 9).

---

[22] RASSI, João Daniel. *Imputação das ações neutras e o dever de solidariedade no direito penal.* São Paulo: LiberArs, 2014.

[23] Nosso Código Civil (CC) não define o conceito de empresa, mas o de empresário, utilizaremos, portanto, este conceito do artigo 966 do CC: "considera-se empresário quem exerce profissionalmente atividade econômica organizada para a produção ou a circulação de bens ou de serviços".

[24] Na Alemanha a conduta cotidiana que não tenha sido deliberadamente praticada com o intuito de cometer o crime não será tipificada. Lá a distinção entre o autor e o cúmplice está delimitada em lei que prevê: "é punido como cúmplice quem prestou dolosamente ajuda ao fato antijurídico doloso cometido por outrem". Não existe essa previsão em nosso Direito Penal (GRECO, 2004, p. 9).

[25] Ou seja, na própria lei está delimitado que o cúmplice é aquele que de forma consciente colaborou para o crime cometido pelo autor. Não existe a figura da participação culposa.

É uma tentativa de jogar luz nessa zona cinzenta da tipificação do concurso de agentes, para definir com alguma objetividade, sempre necessária ao Direito Penal punitivo, a situação das ações cotidianas, que são chamadas de neutras.

O que se pretende responder é: dentro da legislação penal brasileira, quando é legítimo, idôneo na teoria de Greco, qualificar uma conduta cotidiana como criminalmente relevante, imputando ao seu agente um crime e permitindo que ele seja punido pelo Estado? E quando a sua conduta pode ser reputada como neutra, penalmente irrelevante?

3 A doutrina sobre as ações neutras – posições existentes

A distinção entre participação e autoria é tormentosa na doutrina internacional e especialmente no Brasil, já que não distinguimos um do outro na legislação. A dúvida que remanesce no concurso de agentes é sobre a tipificação de cada conduta e qual a responsabilidade de cada um dos agentes no injusto penal.

A pouca doutrina que se dedica ao estudo das ações neutras do partícipe tem um denominador comum: a dificuldade em se delimitar o exato momento em que uma ação ordinária humana passa a ser relevante para o Direito Criminal. O problema epistemológico é bem delineado por Lemos (2018, p. 6[26]): "quando se verifica a punibilidade do cúmplice que, por meio de uma (aparente) ação neutra, incorre em fato típico alheio?".

Este debate já existe há tempos na Europa, especialmente na Alemanha, que distingue na legislação o autor do partícipe e tratou do tema na jurisprudência ainda em 1985. Nesse ano o Supremo Tribunal Alemão[27] utilizou pela primeira vez o argumento de que as "ações externamente neutras" praticadas por funcionários de uma empresa não poderiam fundamentar a condenação pelo crime de sonegação fiscal.

Na ocasião, foi feita a distinção entre as condutas do proprietário e de seus funcionários, o "tribunal determinou como neutras as ações de cumplicidade dos empregados da firma, uma vez que colaboraram, internamente e com certa proximidade, com o proprietário" (LOBATO, 2010, p. 11).

Com essa decisão alemã, a hipótese de existirem ações cotidianas não penalmente puníveis, consideradas como neutras, passou a ser "um dos temas mais intensamente discutidos na doutrina jurídico-penal desta última década[28] – um tema da moda", mas o tema passou toda a década de 90 sem ser objeto de discussão doutrinária no Brasil (GRECO, 2004, prefácio).

3.1 A obra de Luís Greco (2004): "Cumplicidade através de ações neutras, a imputação objetiva na participação"

Luís Greco escreveu o primeiro livro brasileiro sobre o tema, com o nome de *Cumplicidade através de ações neutras, a imputação objetiva na participação*. Esta obra segue

---

[26] LEMOS, Marcelo Augusto Rodrigues. *Ações neutras em direito penal*. Rio de Janeiro: Lumen Juris, 2018.

[27] Segundo Lemos, o *Bundesgerichtshof* utilizou a expressão "äußerlich *neutrale Handlungen*" no julgamento realizado em 23.01.1985.

[28] O autor refere-se à década de 90.

sendo uma referência dogmática até os dias atuais e traz os conceitos e a questão da imputação objetiva das condutas dos partícipes. A primeira conceituação de ação neutra brasileira assim ficou registrada: "chamaremos de neutras aquelas contribuições a fato alheio que, à primeira vista, pareçam completamente normais" (2004, p. 110).

O autor apresenta importante contribuição ao adaptar à nossa legislação as doutrinas desenvolvidas sobre as ações neutras por autores estrangeiros, especialmente alemães, para fundamentar a sua aplicabilidade no Brasil. Essa análise de Greco segue atual e imprescindível para se entender as teorias existentes e a importância do debate na ciência penal estrangeira. O estudo de seu livro é fundamental para a construção de uma doutrina das ações neutras.

Após expor detalhadamente as teorias alemãs existentes até então, Greco (2004, p. 104) apresenta o seu "próprio ponto de vista" e conclui que "o grande problema por trás de toda a discussão sobre a possibilidade de deixar de punir ações neutras é que cada autor já sai avançando respostas. Quando o que está verdadeiramente pouco claro é a própria pergunta: o que são ações neutras? E mais: por que se devem isentar de pena (certas) ações neutras?" (2004, p. 105).

E traz uma definição: "já que a imprecisão nunca pode ser tida como virtude, máxime em direito penal" de que são "neutras aquelas contribuições a fato ilícito alheio que, à primeira vista, pareçam completamente normais" (2004, p. 110) e assevera que a ação neutra "exclui a tipicidade da conduta de contribuição, de modo a não consistir em mais uma ação de cumplicidade punível" (2004, p. 114).

Greco traz a questão da objetividade do conceito, que é "algo independente de dados psíquicos do agente, evita confusões com problemas de dolo e erro, bem como abre a possibilidade de que se formule uma teoria unitária que resolve não só os casos de cumplicidade dolosa, como também os casos em que a contribuição se pratique unicamente com culpa" (2004, p. 112).

Ele defende que no plano do tipo objetivo as ações neutras têm 3 elementos principais: a ação, o nexo causal e o resultado, e exemplifica: um homem vende o machado para o marido, o machado é usado pelo marido em uma briga com a esposa, a esposa morre. O problema aqui está na imputação objetiva, em saber se a venda do machado aumentou o risco para o resultado. Para ser típica, a ação deve criar um risco juridicamente desaprovado e este risco deve realizar-se no resultado.

Para esclarecer o pressuposto da imputação objetiva, Greco (2004, p. 117) se utiliza da teoria da adequação, ou seja, a ação é arriscada quando, segundo o juízo de um homem prudente, situado no momento da prática da ação e dotado de eventuais conhecimentos superiores do autor, traz ela consigo uma possibilidade de dano.

Para que o tipo subjetivo se realize, basta que o risco seja declarado proibido e que ele se realize no resultado, ou seja, é uma ponderação entre o interesse geral da liberdade em praticar o ato e o interesse de proteger o bem jurídico de ações perigosas, mas, como adverte Greco, não é uma ponderação "realizada às escuras com base na intuição do juiz – pois para tanto não seria necessário fazer dogmática – e sim através de critérios desenvolvidos nas últimas décadas, tais como a violação de norma técnica, o princípio da confiança e a figura do homem prudente" (2004, p. 120).

Após delimitar o que são as ações neutras e quais os limites do tipo objetivo, Greco se empenha em responder ao que chama de pergunta fundamental: é justificável restringir a punibilidade em casos de ações neutras? "Enfim, é o raciocínio quanto ao porquê de não proibir certas ações que servirá de diretriz político-criminal para interpretar restritivamente o tipo objetivo da cumplicidade, excluindo a proibição de certas ações" (2004, p. 122).

Com fundamento na Constituição brasileira, Greco defende que a liberdade só pode ser legitimamente limitada caso a proibição seja ao mesmo tempo idônea, proporcional e necessária. Entende Greco que a proibição de conduta deve ser adequada para o fim almejado. Ou seja, a sua não prática servirá para alcançar determinado fim. No caso do exemplo do vendedor de machado, seria idôneo proibir a venda da ferramenta para evitar homicídio? Não. Logo, não se pode punir o agente que vendeu o machado, ainda que este seja utilizado para a prática do injusto penal. A proibição desta conduta não vai impedir a prática da ação principal, nem vai colocar a salvo o bem jurídico tutelado (a vida de outrem).

Em síntese, "a exigência da idoneidade da proibição significa que só haverá risco juridicamente desaprovado se a não prática da ação proibida representar uma melhora relevante na situação do bem jurídico concreto" (2004, p. 143).

Greco prestou grande contribuição à dogmática penal brasileira trazendo para nossa doutrina todas as teorias que já se desenvolviam na Alemanha há 20 anos. Ao adaptá-las à legislação brasileira, especialmente à nossa base monista que não distingue autor de partícipe, ele desenvolveu a sua teoria pautada no tipo objetivo, baseando-se em premissas atinentes ao subprincípio da idoneidade para afirmar que a punibilidade do partícipe apenas se justifica se a proibição de sua conduta for necessária para salvaguardar o bem jurídico tutelado.

3.2 A obra de José Danilo Tavares Lobato: "Teoria da participação criminal e ações neutras: uma questão única de imputação objetiva"[29]

O livro tem por base a dissertação de mestrado de Lobato em Direito na Universidade Cândido Mendes, sendo que o autor já havia publicado em 2005 um artigo com o sugestivo nome de *Participação criminal por meio de ações neutras, o início tardio de um debate.*[30]

Em seus estudos, tanto nos artigos como na monografia, Lobato traz minuciosa análise da doutrina estrangeira, especialmente de Günther Jakobs, Lowe-Krahl, Winfried Hassemer e Klaus Luderssen (2010, p. 45, 52, 57, e 65 respectivamente).

Ele adota uma conceituação que se aproxima de Greco, assim descrita: "pode-se entender como neutra uma contribuição ao injusto penal por alguém cuja reprovação penal não seja manifestamente exteriorizada. Quando se diz que a reprovação penal de tal contribuição não há de ser manifesta, está se afirmando que essa conduta de auxílio a um fato típico e ilícito alheio não tem a razão da sua punição claramente demonstrada" (LOBATO, 2010, p. 11).

---

[29] LOBATO, José Danilo Tavares. *Teoria geral da participação criminal e ações neutras* – uma questão única de imputação objetiva. Curitiba: Juruá, 2010.

[30] LOBATO, José Danilo Tavares. *Participação criminal por meio de ações neutras, o início tardio de um debate*. Rio de Janeiro: Revista de Direito do Tribunal de Justiça do Estado do Rio de Janeiro, 2005.

Lobato esclarece sua ideia de que a ação neutra nada mais é do que um problema exclusivo de imputação objetiva e não traz nenhuma novidade na teoria da participação criminal.

Ele critica a doutrina que existia até então pelo "impulso de simplificar a questão ao estudo do tipo objetivo, que gera resultados falaciosos, pois tem levado a doutrina penal a criar diversos critérios na tentativa de resolver a problemática da participação por meio de ações neutras". E prossegue: "é compreensível que muitos penalistas, ao estudarem a temática, tenham procurado criar critérios para evitar a punibilidade de uma pessoa que, por exemplo, 'apenas' exerce a sua profissão" (2010, p. 100).

Em sua obra Lobato apresenta esses dois aspectos distintos que devem ser ressaltados: o direito ao trabalho e o direito à propriedade. Assim explicado por Rassi:

> segundo sustenta, a solução dos casos limites se dará com base no instituto do abuso de direito, que apesar de origem civilística (CC, art. 187), é perfeitamente adequado ao direito penal. Assim, o questionamento sobre a possibilidade de uma pessoa que exerce uma profissão lícita e que está amparado no seu direito constitucional do trabalho ser considerado partícipe de um crime, resolve-se com base na avaliação da licitude do seu exercício, ou seja, se foi conforme os limites impostos pelo seu fim econômico ou social, pela boa-fé ou pelos bons costumes, sob pena de haver o surgimento da figura do abuso de direito, desvelando o desamparo da conduta frente ao ordenamento jurídico" (Rassi, 2014, p. 105[31]).

Lobato afirma que a conduta dita neutra se resolve com a ideia civil do abuso de direito: se a conduta for praticada extrapolando os limites da licitude, deverá ser punida. E se for praticada dentro da licitude seguirá as normas do exercício legal de um direito e não será punida. E conclui: "A partir do momento em que o excesso da conduta for considerado, estará inserida no âmbito do instituto do abuso de direito e, nesse instante, a norma base, que a amparava, já não mais o fará, pois o agente, por meio de sua atuação, fez com que o direito fosse deixado para trás" (2014, p. 122).

3.3 A obra de João Daniel Rassi (2014): "Imputação das ações neutras e o dever de solidariedade no Direito Penal"

Antes de conceituar as ações neutras, Rassi adverte que o estudo "tem como meta a melhor abordagem das ações neutras, mediante a aceitação de que se trata de um problema empírico, independente da elaboração doutrinária que se pretenda construir" (2014, p. 28).

O seu objetivo, portanto, ao definir as ações neutras é buscar um denominador comum "a permear todas as atividades cotidianas que possam integrar o delito", se aproximando da teoria de Robles Planas de que "*todo intento de definición de conductas neutrales debe relativizarse si de lo que se trata es* únicamente *de delimitar un grupo de casos sin que aquella definición prejuzgue la solución a la que deba llegarse*" (2014, p. 28[32]).

---

[31] RASSI, João Daniel. *Imputação das ações neutras e o dever de solidariedade no direito penal*. São Paulo: LiberArs, 2014.
[32] ROBLES PLANAS, Ricardo. *Las conductas neutrales en el ámbito de los delitos fraudulentos*. Madrid: Marcial Pons, 2003.

Rassi assim conceitua as ações neutras: "para nós, conduta neutra pode ser entendida como uma ação rotineira própria do exercício profissional ou funcional, dentro do risco permitido, e que seja utilizada para a prática de infração penal alheia" (2014, p. 29).

E aponta uma característica importante das ações neutras: "a ubiquidade: são ações que acontecem a qualquer hora, em qualquer lugar, praticadas por qualquer pessoa. O que diferencia uma ação neutra é o conhecimento, pelo agente, de que a sua ação cotidiana poderá levar a um resultado tido como crime. O que confere aparência de antijuricidade é o elemento subjetivo" (2014, p. 30).

Afastando-se da teoria de Greco, Rassi fundamenta sua tese no dever de solidariedade e pontua que atualmente, com o elevado grau de interação entre sujeitos, se faz necessária uma nova conceituação de autor e partícipe, pois "a teoria da participação foi pensada tendo-se por base o autor individual, que realiza sozinho o núcleo do tipo, o que não se adapta mais à sociedade contemporânea" (2014, p. 30).

Rassi entende que o fundamento do injusto da figura da participação criminal nas ações neutras deve ter por base a sociologia, em um estudo da solidariedade humana em suas diferentes modalidades (subjetiva e objetiva), assim definido por ele: "na presente tese, a abertura do sistema do direito penal permitirá uma investigação sociológica para legitimar, de acordo com as circunstâncias sociais de hoje, o fundamento do injusto da participação, ou seja, o desvalor da conduta do partícipe nos casos limites (mínimos) das ações neutras" (2014, p. 109).

Ele pontua: "nossa tese centra-se na ideia de que o limite mínimo da participação será definido por critérios tendo como referência a falta do dever de solidariedade". E define o conceito de solidariedade como "um elemento essencial da vida em sociedade, que implica, por si só, que se atribua à sanção penal o papel de garantia em última instância de cumprimento do gesto solidário" (2014, p. 116).

Percebe-se ao longo da obra que Rassi se esforça em não permitir que o dever de solidariedade tenha uma abordagem sem restrições que "implicaria a criminalização de condutas de intervenção que não deveriam ser abarcadas pelo direito penal, em um exemplo típico do fenômeno da neocriminalização" (2014, p. 115), e, para isso, ele busca critérios para limitar as ações puníveis de participação dos atos cotidianos impunes, em consonância com os princípios da legalidade e do Direito Penal mínimo.

E faz uma indagação que é chave para a sua teoria e muito interessa a este trabalho: "deve ou pode o Estado voltar o poder punitivo contra todos os cidadãos, indiscriminadamente, para que estes se tornem vigias uns dos outros?" (2014, p. 114).

Nesse sentido, Rassi acredita que "nem toda conduta não solidária é uma conduta desviante e, muito menos, uma conduta lesiva. O desafio permanente, contudo, consiste em distinguir aquelas condutas que são passíveis de prescrição jurídica – na qual a ação solidária se transforma em dever – e, dentre essas, quais devem ser penalmente asseguradas" (2014, p. 117).

Assim ele explica a sua tese: "toda a manifestação imposta de solidarismo tem de se apoiar em um claro vínculo jurídico", ou seja, "a punição generalizada com fundamento no dever de solidariedade deve ser combatida e apenas as hipóteses previstas em lei podem fundamentar a punição" (2014, p. 140).

E o próprio Rassi faz a pergunta: "quando a falta de solidariedade dá ensejo à realização do incremento do risco proibido?". E temos as seguintes respostas (2014, p. 150):

- para o autor do crime o risco juridicamente desaprovado se concretiza quando existem normas de segurança, mesmo assim há a violação do princípio da confiança e o comportamento contrário ao esperado dos homens prudentes;

- para o partícipe quando a violação do dever de solidariedade está expressamente prevista em crimes omissivos.

E assim esclarece os parâmetros de sua tese:

> No caso das ações neutras o que há é uma contribuição no fato do autor, incrementando o risco de seu resultado. Desta forma, entendemos pela aplicabilidade do §2º do art. 13 como critério normativo para se avaliar se o incremento do risco ultrapassou os limites do permitido, tornando a conduta em princípio considerada neutra como punível (2014, p. 150).
>
> E conclui, na parte que importa para este trabalho:[33] "será neutra a conduta que não violar um dos deveres de garantia, caso em que sua conduta apesar de perigosa, foi considerada pelo legislador como sendo permitida" (2014, p. 151).

4 Estudo de casos já examinados pelo Poder Judiciário sobre ações neutras de funcionários subordinados

4.1 Aquele que deve ser o primeiro acórdão brasileiro que trata de ação neutra

Em quase todos os exemplos citados pela doutrina sobre cumplicidade e coautoria traz-se o clássico exemplo do taxista que conduz o agente para o local onde este pratica um crime de homicídio. A pergunta na doutrina é sempre a mesma: deve o taxista ser indiciado por participação no tipo penal previsto no artigo 121 do Código Penal, homicídio, por ter conscientemente levado o autor principal ao local do crime? Na doutrina, o taxista ora é condenado, ora absolvido.

O primeiro caso localizado nesta pesquisa na jurisprudência brasileira trata de hipótese bem similar a esta hipótese doutrinária do taxista.

No Brasil o termo "conduta neutra" ainda não está devidamente catalogado pelo setor de jurisprudência dos tribunais, o que dificulta a certeza de qual terá sido a primeira oportunidade de aplicação deste conceito e quantas decisões nele se fundamentam.

Na pesquisa que foi realizada para este trabalho foram localizados e analisados 856 acórdãos, dentre eles foi identificado como mais antigo o acórdão do julgamento de uma apelação no ano de 2005.[34] Neste processo o Ministério Público acusou o proprietário de uma empresa de ônibus e o seu motorista por coautoria em crime de descaminho, cujo autor principal, réu confesso, era um dos passageiros do ônibus de propriedade do empresário e que era dirigido pelo motorista contratado pela empresa, em viagem turística ao Paraguai.

---

[33] O livro de Rassi trata da omissão penalmente relevante nas páginas 155 a 198, esse tema não é objeto deste trabalho.

[34] BRASIL. Tribunal Regional Federal da 4ª Região. Apelação Criminal 2002.72.02.000789-1, Sétima Turma, Relatora: Desembargadora Maria de Fátima Freitas Labarrère, Relator para Acórdão Desembargador Néfi Cordeiro, DJ 08.03.2006. Brasília. 2006.

O juízo de primeiro grau os condenou e no Tribunal em apelação a relatora manteve a condenação. A desembargadora relatora entendeu pela manutenção da condenação do empresário dono da empresa de ônibus e do seu funcionário, motorista, Com relação a este, que importa ao presente artigo, argumentou que:

> Na condição de motorista, ele manteve as mercadorias descaminhadas ocultas no interior do veículo, ciente de que foram introduzidas clandestinamente no país por outrem, transportando-as para que fossem revendidas. Assim, sua conduta caracteriza-se como "descaminho por assemelhação", cujo tipo abrange não só quem introduz as mercadorias no país, mas também quem vende, expõe à venda, mantém em depósito ou, de qualquer forma, utiliza em proveito próprio ou alheio, no exercício de atividade comercial ou industrial mercadoria que sabe ser produto de introdução clandestina no país, nos termos do art. 334, §1º, alínea "c", do Código Penal (BRASIL, 2006, p. 4 e 5).

A argumentação desenvolvida pela desembargadora relatora tem sido majoritária na jurisprudência brasileira de punição da coautoria pelos indícios de colaboração material com o autor principal, levando ao injusto penal que se pretende proteger.

Entretanto, acabou vencedora a tese divergente de não tipificação das condutas imputadas ao empresário dono da empresa de turismo e do motorista responsável pela viagem de ônibus para o Paraguai. O voto divergente vencedor considerou que as condutas do motorista deveriam ser consideradas neutras, trazendo, pela primeira vez, a seguinte fundamentação:

> No que diz respeito ao corréu motorista, tenho que o fato de ser ele o motorista do veículo não lhe atribui a responsabilidade nem a obrigação de denunciar a existência de crime. Não tem ele o dever de impedir a conduta criminosa e não há prova nos autos de que tenha colaborado para a prática delitiva. Também não restou comprovada sua participação ou mesmo tentativa em acobertar o transporte das mercadorias que, ao ingressarem em território nacional sem o pagamento dos tributos devidos, caracterizariam, em tese, a prática do crime de descaminho.

Ainda que se pensasse na obrigação do motorista de identificar os responsáveis pelas mercadorias transportadas, o descumprimento desse dever de agir acarretaria direta responsabilidade administrativa e civil. A responsabilidade criminal, porém, continuaria a exigir prova de que desse modo atuou o motorista para colaborar com o descaminho. "O único fundamento eventual de desrespeito à norma administrativa de transporte não serve para demonstrar a conduta objetiva" (BRASIL, 2006, p. 6 e 7).

Note-se que a argumentação apontada pelo desembargador é a exata descrição da teoria moderna objetiva da adequação profissional de Hassemer, descrita em Greco (2004, p. 51). Ou seja, se o motorista praticava sua conduta profissional lícita, dirigir um ônibus, cuja prática está regulada, não pode ser imputável a ele a conduta de descaminho.

O fundamento do acórdão é exatamente a teoria moderna da solidarização com o ilícito alheio de Schumann (GRECO, 2004, p. 42), que desenvolveu a ideia de que cada um só pode ser responsabilizado por suas próprias ações e não pelo feito dos demais. Para Schumann "ninguém é obrigado a mudar o curso de sua vida cotidiana em razão da possibilidade de que um terceiro possa cometer um crime. A contribuição que segue uma rotina profissional é uma contribuição neutra. Ações neutras são, em geral, ações em que não se manifesta solidariedade com o fato principal" (GRECO, 2004, p. 46).

Esse acórdão paradigmático e inovador desenvolveu os argumentos da teoria moderna mista de Frisch, citada por Greco (2004, p. 73), que prega que não é possível considerar proibidas aquelas ações não dotadas de qualquer sentido delitivo, por ele chamadas de negócios normais da vida cotidiana, que não são ações típicas e, portanto, não podem ser objeto de punição estatal. Como bem definido pela citação de Jakobs por Greco (2004, p. 42): "assim se resolve o problema das ações neutras, serão impunes aquelas ações que não violem qualquer papel, pouco importando se quem contribui tem conhecimento de que o terceiro deseja praticar um fato criminoso".

Nesse primeiro acórdão localizado sobre ações neutras o corréu motorista foi absolvido. Não por negativa da conduta, não por análise subjetiva de suas condutas (análise do dolo, ainda que eventual), não por prescrição, mas porque suas ações foram consideradas neutras, não típicas, e não sujeitas à punição. Se um crime foi cometido enquanto ele dirigia o ônibus, apenas o autor do delito deve ser criminalmente admoestado. Ele dirigiu o ônibus e isso é o que se espera de um motorista de ônibus.

4.2 Julgamento da AP 470 pelo Supremo Tribunal Federal: a absolvição da "funcionária mequetrefe" – conduta típica do subordinado no contexto da relação de emprego

Na denúncia apresentada pelo Ministério Público Federal na Ação Penal 470[35] perante o Supremo Tribunal Federal foram apontadas acusações graves de corrupção ativa e passiva, peculato, lavagem de dinheiro, gestão fraudulenta, evasão de divisas e formação de quadrilha. Os indiciados eram parlamentares, dirigentes de partidos políticos, empresários, banqueiros e alguns de seus funcionários.

A conduta praticada por uma das rés merece análise acadêmica pelas peculiaridades do caso concreto, que se amoldam ao estudo das ações neutras praticadas no cotidiano da empresa por funcionários subordinados. Trata-se da secretária do departamento contábil da empresa de publicidade, a ré Tícia,[36] que foi denunciada pelo MPF por 65 atos de lavagem de dinheiro, 53 atos de evasão de divisas, 9 acusações de corrupção ativa e formação de quadrilha.[37]

A defesa técnica de Tícia apontou que suas condutas eram praticadas cotidianamente no âmbito de suas atribuições de secretária e poderiam ser realizadas por qualquer outro funcionário que ocupasse a sua função (AP 470, fl. 45.556) e trouxe em sua defesa diversos depoimentos colhidos na instrução processual que atestavam a sua condição subalterna e descreviam detalhadamente as suas condutas.[38]

---

[35] A Ação Penal 470 é denominada comumente como ação do "Mensalão".

[36] Nome fictício.

[37] A denúncia assim descreveu a conduta da secretária Tícia: "A presente denúncia refere-se à descrição dos fatos e condutas relacionadas ao esquema que envolve especificamente os integrantes do Governo Federal que constam do polo passivo: o grupo de nome fictício e do Banco nome fictício; parlamentares e outros empresários. Os denunciados operacionalizaram desvio de recursos públicos, concessões de benefícios indevidos a particulares em troca de dinheiro e compra de apoio político, condutas que caracterizam os crimes de quadrilha, peculato, lavagem de dinheiro, gestão fraudulenta, corrupção e evasão de divisas" (AP 470, fl. 5.620).

[38] Trechos do processo que descrevem a conduta da secretária: "Tícia trabalhava com SV, de quem era subalterna; diz que sua função era bater cheques, diz que o contato do interrogando era com SV, sendo excepcional o contato com Tícia; diz que SV era quem fazia as provisões de saques; diz que solicitava a provisão de recursos no

No dia do julgamento, da tribuna, o advogado afirmou que a ré Tícia "era uma funcionária mequetrefe[39] de terceiro ou quarto escalão, que não conhecia ninguém do banco, dirigentes de partidos políticos ou políticos beneficiados pelos repasses de dinheiro. Ela apenas preenchia cheques, era uma batedora de cheques, Tícia cumpria ordens. Se ela não cumprisse, evidentemente seria demitida por justa causa".[40]

O voto proferido pela ministra Rosa Weber[41] tratou detalhadamente sobre a imputação criminal de atos praticados no âmbito do contrato de trabalho e sobre as condições formadoras da culpabilidade por conduta típica do subordinado no contexto de uma relação de emprego.

Os argumentos trazidos pela ministra foram fundamentais para a absolvição da ré Tícia e traçaram uma nova linha de requisitos para a tipificação dos atos praticados pelos funcionários da empresa com dever de subordinação. Os principais argumentos utilizados pela ministra para absolver a funcionária subordinada estão nesse trecho da decisão: "A coação irresistível e obediência hierárquica (art. 22 do Código Penal) são causas de exclusão de culpabilidade abrangidas no conceito de inexigibilidade de conduta diversa".

A coação moral somente conduz à ausência de culpabilidade quando irresistível: quando, pela natureza da coação, torna-se impossível ou desarrazoado exigir do agente (coagido), naquela circunstância, comportamento diverso, em conformidade com o direito.

Em tese, é possível discutir a existência, em algum grau, de uma espécie de coação moral presumida na relação de subordinação ínsita ao contrato de trabalho, mormente no contexto de legislação que não contempla mecanismos eficientes para assegurar o emprego, meio de subsistência do trabalhador e de sua família, consabida a natureza alimentar do salário. Uma coação moral assim delineada, no entanto, dificilmente poderá ser valorada como irresistível, característica exigida pelo Código Penal para que a coação moral induza ao afastamento total da culpabilidade do autor/coagido. Por mais que o temor do desemprego, ou o simples temor de desobedecer ao patrão que determinou o cumprimento de uma ordem manifestamente ilegal, possa influir na livre manifestação de vontade do empregado a quem é comissionada a prática de conduta delituosa, não seria admissível sobrepor essa condicionante à disposição de conduzir-se em conformidade com o direito, a ponto de afastar a exigência de dirigibilidade

---

Banco CTM, inclusive por e-mail." (interrogatório, fl. 16.358, vol. 76). "Tícia por sua vez era subordinada à área de SV, respondendo, portanto, nos recebimentos e pagamentos, ou seja, na atividade final de um processo de gestão financeira; isto é, Tícia não possuía qualquer poder de gestão ou autonomia para agir em nome próprio." (interrogatório, fl. 16.520, vol. 76).

[39] O fato teve grande repercussão e depois a ré foi chamada de "mequetrefe" pelo ministro relator 3 vezes. Veja-se: https://valor.globo.com/noticia/2012/08/07/advogado-diz-que-geiza-dias-era-funcionaria-mequetrefe.ghtml, acesso em: 10 ago. 2020.

[40] Em entrevista, o advogado afirmou que: "Eu queria arranjar um termo para mostrar que ela era uma funcionária baixa, que apenas cumpria ordens. Eu saí procurando termos, mas tudo era muito pejorativo, poderia ofendê-la. Então lembrei desse mequetrefe, pesquisei no dicionário e vi que funcionaria. Desde o século 16 o dicionário português mostra essa palavra. E graças a Deus isso marcou. É muito melhor uma mequetrefe livre do que uma diretora condenada". Disponível em: https://www.terra.com.br/noticias/brasil/politica/julgamento-do-mensalao/defesa-de-geiza-melhor-mequetrefe-livre-que-diretora-condenada,66d89abea135b310VgnCLD200000bbcceb0aRCRD.html, acesso em: 10 ago. 2020.

[41] O voto da ministra Rosa Weber especificamente sobre a culpabilidade por conduta típica do subordinado no contexto de uma relação de emprego vai da página 52.854 até a página 52.863, AP 470.

normativa e, consequentemente, a culpabilidade do empregado que age dolosamente como coautor ou partícipe de delito em concurso com o seu empregador.

Sendo resistível, a coação não exclui a culpabilidade do coato, embora constitua atenuante, na forma do art. 65 do Código Penal. O coator, a seu turno, responde de maneira agravada (art. 62 do CP).

Já a obediência hierárquica constitui causa de exclusão da culpabilidade do subordinado quando por ele pratica o ato ilícito em estrita obediência à ordem, não manifestamente ilegal, emanada de superior hierárquico. A invocação dessa excludente de culpabilidade tem lugar quando o agente pratica um delito pensando estar cumprindo uma ordem lícita oriunda de um superior hierárquico.

A doutrina jurídico-penal, em sua quase totalidade, confina o instituto às relações de subordinação hierárquica de Direito público, afirmando-o, no entanto, de forma eminentemente axiomática, sem tecer reflexão alguma a respeito dos motivos pelos quais restrito o seu alcance às relações dessa natureza. Nesse universo homogêneo, constitui notável exceção o posicionamento de Cezar Roberto Bittencourt.[42]

De qualquer forma, a incidência da excludente de culpabilidade por obediência hierárquica depende decisivamente da "natureza aparente ou oculta da ilegalidade da ordem, como conduta típica e antijurídica". Assim:

a) se a conduta típica e antijurídica que caracteriza a ilegalidade da ordem é aparente – ou manifesta, como diz a lei – então a ordem do superior hierárquico não é obrigatória para o subordinado e, no caso de cumprimento, o subordinado não é exculpado pela obediência hierárquica;

b) se a conduta típica e antijurídica que informa a ilegalidade da ordem é oculta, ou mesmo se existe dúvida sobre a legalidade da ordem, então a ordem é obrigatória e o cumprimento da ordem pelo subordinado é exculpado pela obediência hierárquica.

Nesse caso, o subordinado é exculpado por encontrar-se em situação de inexigibilidade de conduta diversa, e o fato ilícito é atribuído "objetiva e subjetivamente ao superior hierárquico autor da ordem, que domina a realização do fato pelo controle da vontade do subordinado, que também atua sem liberdade". Não seria equivocado, ainda, descrever a conduta do subordinado que cumpre ordem ilegal, mas não manifestamente, como incurso numa espécie de erro de proibição, por ter avaliado incorretamente a ordem recebida.

---

[42] Teoria de Cézar Roberto Bittencourt, citada pela Ministra Rosa Weber em seu voto: "A segunda parte do art. 22 prevê a obediência hierárquica, que requer – segundo a doutrina tradicional – uma relação de direito público, e somente de direito público. A hierarquia privada, própria das relações da iniciativa privada, não é abrangida por esse dispositivo, conclui essa doutrina. No entanto, embora tenhamos concordado com esse entendimento, por algum tempo, passamos a questioná-lo, por dois fundamentos básicos: a) de um lado, ordem de superior hierárquico produz, independentemente de a relação hierárquica ser de natureza pública ou privada, o mesmo efeito, qual seja, a inexigibilidade de conduta diversa; b) de outro lado, o Estado Democrático de Direito não admite qualquer resquício de responsabilidade penal objetiva, e sempre que, por qualquer razão, a vontade do agente for viciada (deixando de ser absolutamente livre), sua conduta não pode ser penalmente censurável (...). Ninguém pode ignorar que a desobediência a ordem superior, no plano da iniciativa privada, está sujeita a consequências mais drásticas e imediatas que o seu descumprimento no âmbito público-administrativo. Com efeito, na relação de direito público, dificilmente algum subalterno corre o risco de perder o emprego por desobedecer a ordem de seu superior hierárquico, podendo, no máximo, responder a uma sindicância, cujas sanções estão legal e taxativamente previstas e, dentre as quais, para essa infração disciplinar, não está cominada a demissão do serviço público. No entanto, na relação empregatícia da iniciativa privada a consequência é, naturalmente, mais drástica e imediata: a simples desobediência pode ter como consequência a demissão imediata, sem justa causa; justificando-se, consequentemente, o maior temor à ordem de superior na iniciativa privada" (*Tratado de Direito Penal*: parte geral, 1. 17. ed. São Paulo: Saraiva, 2012).

Pelos mesmos fundamentos, *contrario sensu*, quando o subordinado cumpre ordem manifestamente ilegal, responde pelo crime em concurso com o superior hierárquico. Com efeito, "o subordinado não tem a obrigação de cumprir ordens ilegais. Ele tem a obrigação de cumprir ordens inconvenientes, inoportunas, mas não ilegais".

E resumiu a sua teoria de forma esquemática: "como empregada da empresa, Tícia estava sujeita ao cumprimento das ordens emanadas dos seus superiores. Assim, a avaliação da sua culpabilidade pelos atos praticados no cumprimento dessas ordens deverá levar em consideração as seguintes premissas e desdobramentos":

i) A mera relação de subordinação configura, em si, situação de condicionamento, embora não de forma absoluta, da livre manifestação da vontade do empregado subordinado. Logo, configura coação moral do tipo resistível, correspondente a uma circunstância atenuante, nos moldes do art. 65, III, "c", do Código Penal.

ii) Se a prova dos autos for indicativa de que, ao cumprir a ordem recebida, tinham efetiva consciência do seu caráter ilegal, independentemente desse caráter estar oculto ou manifesto, terão agido com dolo. Pode, ainda, sim, incidir a atenuante do art. 65, III, "c", do Código Penal – crime cometido sob coação resistível ou cumprimento de ordem de superior hierárquico. Do ponto de vista do concurso de agentes, teriam aderido, nesse caso, à vontade delitiva e agido, portanto, em coautoria (se se compartilhavam do domínio do fato) ou como partícipe/cúmplice. Ainda, se a participação for tida como de menor importância, a pena pode ser reduzida nos termos do art. 29, §1º, do Código Penal.

iii) Se a prova dos autos for indicativa de ilegalidade manifesta da ordem recebida, o Direito Penal presume o conhecimento dessa circunstância pelo subordinado que a cumpre, na medida em que, nessa hipótese, seria razoável supor esse conhecimento. Aplica-se aqui o mesmo raciocínio da hipótese anterior porque, ainda que por hipótese se entendesse, não obstante a natureza manifesta da ilegalidade da ordem recebida, ter o empregado agido em erro, tratar-se-ia de erro inescusável (erro evitável sobre a ilicitude do fato). Como visto, o erro de proibição evitável é insuscetível de afastar a culpabilidade do agente cumpridor da ordem, que responde pelo ato praticado. Ainda assim, o erro de proibição evitável pode reduzir a pena de um sexto a um terço, a teor da parte final do art. 21 do Código Penal. Nesse caso, assume-se que teriam aderido à vontade delitiva do emissor da ordem, embora talvez não lhes possa ser atribuído o condomínio do fato. Seriam tratadas como partícipes, cúmplice, dos crimes a elas imputados – ainda que tivessem incorrido em erro evitável, circunstância que, todavia, não afastaria a culpabilidade.

iv) Se a prova dos autos for indicativa de que a ilegalidade das ordens recebidas não era aparente, ao cumpri-las teriam agido em situação de erro de proibição escusável (erro inevitável sobre a ilicitude do fato), induzidas que teriam sido pela obediência hierárquica presente na relação de emprego. Aqui, na condição de empregada, teriam cumprido com as suas tarefas – por exemplo, a realização de um saque ou de um pagamento – ignorando o contexto delitivo mais amplo no qual inseridas. Ao cumprirem ordens superiores de que não tivessem motivos para suspeitar que configurassem fato típico e antijurídico, delas seria inexigível conduta diversa. Nesse caso, teriam sido apenas instrumentos do(s) autor(es) mediato(s), seu(s) superior(es) hierárquico(s) de quem emanada a ordem – sendo esses coautores mediatos em concurso entre si. Somente eles teriam o domínio do fato criminoso. Como visto, a excludente de culpabilidade relativa à obediência hierárquica (art. 22 do Código Penal) é, em última análise, relativamente ao subordinado, um caso específico de erro sobre a ilicitude do fato induzido pela situação jurídica de subordinação na qual inserido. Ambos os fenômenos, sob o prisma da culpabilidade, são compreendidos dentro da ideia de inexigibilidade de conduta diversa (2013, p. 52.843 a 52.863).

Adotando todos os fundamentos expostos pela ministra Weber em defesa dos que são submetidos a uma relação de trabalho subordinado, o plenário do Supremo Tribunal Federal[43] absolveu a ré Tícia das acusações de lavagem de dinheiro, formação de quadrilha, evasão de divisas e corrupção ativa.

O Supremo Tribunal Federal entendeu que "não havia prova do agir de Tícia a embasar o decreto condenatório" (2013, p. 52.873) e a absolveu pela atipicidade de suas condutas, consideradas neutras.

4.3 Julgamento da AP 470 pelo Supremo Tribunal Federal: a absolvição do "mero funcionário burocrático"[44]

No julgamento da AP 470 também foi julgado com menos destaque e menor fundamentação o assessor de um deputado denunciado pelos crimes de corrupção passiva, lavagem de dinheiro e formação de quadrilha em concurso com o parlamentar.[45]

No caso, o réu Mévio[46] trabalhava como assessor do deputado também indiciado na ação penal, e a questão da sua subordinação ao parlamentar foi analisada especificamente no julgamento dos 16 Embargos Infringentes pelo Plenário do STF.

Por suas condutas, o assessor Mévio foi denunciado pelos crimes de corrupção passiva, lavagem de dinheiro e formação de quadrilha em concurso com o seu chefe deputado, o empresário e todos os parlamentares que receberam o dinheiro que teria sido sacado no banco por ele.[47]

Na análise do tipo penal de corrupção passiva a maioria do Tribunal absolveu o assessor Mévio, entendendo que "Estando ele em posição subordinada, inviável concluir, com a certeza necessária a uma condenação criminal, que informado o seu agir por dolo direto ou eventual, especificamente quanto à ciência da procedência criminosa dos valores recebidos e repassados aos parlamentares. Então, presente dúvida razoável, há de ser absolvido" (2013, p. 52.889).

A respeito do julgado, Alaor Leite[48] pontua a "necessidade de exigir uma contribuição relevante e efetiva na execução do delito para que se possa afirmar a coautoria" (2014, p. 158), ou seja, se a participação do subalterno no injusto criminal é prescindível,

---

[43] Ela foi absolvida por nove dos 10 ministros presentes no momento do julgamento, ficou vencido apenas o ministro relator Joaquim Barbosa.
[44] Expressão usada pelo Ministro Dias Toffoli em seu voto proferido no julgamento dos 16 Embargos Infringentes da AP 470 ao absolver o réu da imputação de corrupção (STF, 2014, p. 39 do voto).
[45] AP 470. 2013, p. 52.932
[46] Nome fictício.
[47] A denúncia descreveu essa conduta do funcionário: "Parte do numerário sacado em espécie das contas das empresas teria sido repassada aos mencionados parlamentares por intermédio do acusado Mévio. Mévio era assessor do Deputado Federal e teria sido utilizado pelos parlamentares federais como intermediário para o recebimento dos saques em espécie realizados nas contas da CM&T" (2013, p. 52.920).
[48] LEITE, Alaor. Domínio do fato, domínio da organização e responsabilidade penal por fatos de terceiros. Os conceitos de autor e partícipe na AP 470 do Supremo Tribunal Federal. *In*: GRECO, Luís *et al*. *Autoria como domínio do fato*: estudos introdutórios sobre o concurso de pessoas no direito penal brasileiro. São Paulo: Marcial Pons, 2014.

e a lesão ao bem jurídico protegido pela norma criminal ocorreria com ou sem a sua participação, essa fração de contribuição não é penalmente relevante e não pode ser imputada como criminosa.

No caso apontado por Alaor, o réu também foi absolvido ao fundamento de que na análise do tipo penal de corrupção passiva "estando ele em posição subordinada, inviável concluir, com a certeza necessária a uma condenação criminal, que informado o seu agir por dolo direto ou eventual, especificamente quanto à ciência da procedência criminosa dos valores recebidos e repassados aos parlamentares. Então, presente dúvida razoável, há de ser absolvido" (2013, p. 52.889).

Neste caso, a conduta delitiva cometida pelo autor principal, superior hierárquico do assessor, seria praticada independente da ação daquela que é apontada como partícipe. Tornando a conduta do subordinado neutra e, portanto, inimputável, como apontado por Greco:

> Por fim, voltemos nossos olhos para os casos de *cumplicidade*, que são os que afinal nos interessam. Eles se caracterizam, em regra, por já existir alguém decidido a praticar o fato, e mesmo quando a contribuição é prestada antes da decisão do autor principal, ela não poderá provocar esta decisão do contrário teríamos instigação. A idoneidade da proibição para proteger bens jurídicos é, aqui, bem menor que nos outros casos, vez que aquele já decidido a praticar o fato muitas vezes pode dispensar, de todo, a contribuição do cúmplice ainda assim realizar seu objetivo, a lesão ao bem jurídico. Assim sendo, é possível que a proibição se mostre inidônea além dos casos acima apontados (tentativa inidônea, comportamento alternativo conforme ao direito). Se o princípio da idoneidade tem na cumplicidade como de aplicação mais extenso que na autoria e na instigação, tal se deve também a motivos estruturais: à existência de terceiro já decidido a praticar o fato. O que acabamos de fazer foi, a rigor, concretizar o alcance de um princípio abstrato (o princípio da idoneidade) à luz da matéria jurídica (as diversas formas de concurso num delito qualquer), seguindo a orientação político-criminal proposta por Roxin. (2004, p. 154/146).

Esta situação descrita no acórdão, na qual o assessor Mévio é apontado como partícipe, mas não tem conhecimento da intenção delitiva do autor principal deputado, nem do empresário, é estudada por Melo para apontar que, se o partícipe tem "mera suspeita", ele estaria protegido pelo princípio da confiança e sua conduta não seria punível:

> No que toca ao conhecimento, Roxin deu importantes contornos ao risco com base no conhecimento. Por oportuno, vale então relembrar os ensinamentos do autor para traçar nosso posicionamento. O professor de Munique promove uma divisão entre quem tem conhecimento do plano delitivo do autor e quem apenas suspeita do plano delitivo. Para eles, nos casos que o autor tem certeza de que sua contribuição é delitiva, deve haver punição, já nos casos de mera suspeita, o participe estaria protegido pelo princípio da confiança, exceto quando existisse uma inclinação reconhecível para o crime, daí também deverá haver punição (MELO, 2019, p. 101).

O acórdão estudado considerou que o assessor Mévio poderia desconfiar das transações bancárias, mas este estranhamento não é suficiente para imputar-lhe o conhecimento da ação criminosa de seu superior, o deputado.

No mesmo sentido, o voto proferido pelo ministro Dias Toffoli no julgamento dos 16 Embargos Infringentes[49] ao absolver o réu da imputação: "Portanto, em razão de todos esses elementos, não se pode imputar ao réu Mévio (funcionário subalterno) a ciência ou, ao menos, a possibilidade de ciência, de que aqueles recursos proviessem de fonte ilícita, de modo a corresponsabilizá-lo pelo crime de 'branqueamento' de capitais'" (2013, p. 52.932).

Ou seja, a conduta cotidiana do assessor não pode ser imputada como criminosa nem se ele tiver dúvidas sobre as intenções do seu superior. Sobre a prática de condutas neutras por alguém que está exercendo sua atividade profissional, pontuou Greco: "Além disso, pondera Otto, se o legislador não proibiu a prática de determinada atividade profissional, seria no mínimo inadequado ameaçar de punição quem exerce esta atividade em razão de meros estados subjetivos de dúvida"[50] (GRECO, 2004. p. 66).

Conclusões

Diante das características intrínsecas das organizações empresariais contemporâneas, com múltiplas divisões de tarefas e diversos agentes trabalhando em conjunto, torna-se cada vez mais difícil e complexo delimitar os contornos das condutas de cada um dos funcionários e dirigentes da empresa.

A soma de esforços e ações individuais com grande divisão do trabalho é característica do trabalho nas empresas contemporâneas e, quando o resultado final da soma dessas ações é tipificado como crime, há grande dificuldade para individualizar as condutas e apurar a responsabilidade criminal de cada agente na empresa, especialmente dos seus funcionários subordinados, em seus atos cotidianos.

É sempre necessário apurar o autor da conduta delituosa, mesmo na imbricada estrutura empresarial, pois não há no Direito brasileiro a previsão de responsabilização criminal objetiva das pessoas físicas pelos danos causados pela pessoa jurídica que integram. Nesse sentido o ensinamento de Celso de Melo é atual: "permitir a presunção de responsabilidade penal de alguém simplesmente porque faz parte de pessoa jurídica é punir por responsabilidade objetiva e inviabilizar a ampla defesa. É elevar à categoria de crime o fato de alguém ser membro de empresa" (BRASIL, 2017, p. 8[51]).

Entretanto, apesar da proibição constitucional e legal da responsabilidade criminal objetiva, tem sido comum a imputação criminal do funcionário subordinado apenas por ser membro da organização empresarial no momento do dano, cumprindo suas funções cotidianas, sem que tenha praticado ações ou omissões penalmente relevantes.

Este é um problema a ser enfrentado: a definição de parâmetros claros para a responsabilidade criminal dos funcionários subordinados por suas ações na empresa que, somadas às condutas de terceiros, possam colaborar para a ocorrência de um injusto penal.

---

[49] BRASIL. Supremo Tribunal Federal. Plenário, 16º Embargos Infringentes na Ação Penal 470/MG, Relator para acórdão Ministro Roberto Barroso. DJe 20.8.2014. Brasília, 2014.
[50] Obra citada pelo autor: OTTO, Harro. Das strafbarkeitsrisiko berufstypischen, geschäftsmässigen verhaltens, JZ 2001, p. 444.
[51] BRASIL. Supremo Tribunal Federal. Segunda Turma. Habeas Corpus 138.637/SP. Relator Ministro Celso de Mello. DJe 29.06.2017. Brasília, 2017.

É essencial a definição dos limites da tipificação das condutas dos subordinados para que eles não sejam incriminados e punidos objetivamente apenas pelo fato de ocuparem uma função na empresa, o que é absolutamente vedado em nosso sistema constitucional. Nas palavras de Greco, "ocupar uma posição em um grupo em que uma pessoa plenamente responsável pratica uma dessas condutas (ilícitas) não faz de ninguém, por si só, autor dessas condutas" (2014, p. 41).

Assim, no contexto normativo brasileiro, as condutas cotidianas praticadas pelos funcionários subordinados, no âmbito da divisão estrutural de tarefas dentro de uma empresa lícita, constituída dentro das normas legais, não podem ser criminalizadas sem o devido enquadramento de qual foi a conduta do agente que infringiu a lei.

A responsabilidade criminal do agente deve se dar quando ele efetivamente colaborar para que o resultado danoso ocorra. Sua participação deve ser provada e a contribuição individual para a ocorrência do injusto deve ser relevante.

Os funcionários da empresa não podem ser criminalizados pelos atos rotineiros de gestão, sem que se aponte a relação de causa/efeito entre as suas condutas e o dano ocorrido. As práticas rotineiras de gestão da empresa não podem ser assumidas como ilegais apenas pelo resultado danoso que tenha sido causado por terceiros.

Os subordinados da empresa exercem atividades lícitas, muitas vezes descritas em lei ou em convenções coletivas de trabalho, e suas funções rotineiras são condutas neutras que não devem ser criminalizadas sem a adequada individualização das condutas tidas por ilegais. Aos funcionários não pode ser imputada uma infração legal quando praticam ações lícitas do cotidiano.

Em conclusão, a prática de condutas rotineiras, que poderiam ser prestadas por qualquer outra pessoa que estivesse no lugar do agente, se configura em ação neutra, não imputável.

Informação bibliográfica deste texto, conforme a NBR 6023:2018 da Associação Brasileira de Normas Técnicas (ABNT):

TEIXEIRA, Daniela Rodrigues. Conteúdo jurídico das ações neutras: a responsabilidade criminal do subordinado pelas condutas cotidianas na empresa. *In*: SEEFELDER FILHO, Claudio Xavier (coord.). *Direito Econômico e Desenvolvimento*: entre a prática e a academia. Belo Horizonte: Fórum, 2023. p. 161-181. ISBN 978-65-5518-487-7.

O TRIBUNAL DE CONTAS DA UNIÃO E A LEI DA SEGURANÇA JURÍDICA (LEI Nº 13.655, DE 25 DE ABRIL DE 2018) – ANÁLISE SOBRE A APLICAÇÃO DA NORMA PELA CORTE DE CONTAS ENTRE JANEIRO DE 2019 E DEZEMBRO DE 2020

EDUARDO MAIA DA SILVEIRA

1 Introdução

A Constituição Federal de 1988 abriu caminho para a existência de múltiplas esferas de controle. Além da esfera judicial, exercida, em grande parte, com auxílio do Ministério Público, existem as esferas administrativa e controladora.

O quadro de corrupção sistêmica já existente e que se revelou após a promulgação da Carta Magna ajudou na proliferação de órgãos destinados ao exercício das atividades de fiscalização. Além de um aumento no número de legitimados, houve um significativo investimento em infraestrutura, tecnologia e recrutamento pessoal qualificado para integrarem as entidades de controle.

Ao mesmo tempo, os órgãos de gestão não foram agraciados com investimentos semelhantes. Criou-se, então, um quadro no qual o agente público controlador, na maioria das vezes, possuía instrumentos para desempenho de suas atividades superiores ao gestor público fiscalizado, causando uma assimetria evidente entre gestor e fiscal.

Também houve, nesse período, um aumento significativo no número de legitimados a promover a interpretação e aplicação do Direito. Atualmente, diversos órgãos são responsáveis por avaliar condutas e aplicar sanções aos administrados: Tribunais de Contas, Agências Reguladoras, Comissão de Valores Mobiliários (CVM), Conselho Administrativo de Defesa Econômica (Cade), Controladorias internas, entre outros.

Em alguns casos nota-se a existência de uma sobreposição de controle, situação na qual diversos entes reguladores distintos são legitimados para fiscalizar e punir algum agente pela prática de um mesmo ato. Essa prática é criticada por parte da doutrina jurídica e da Administração Pública, entretanto, não é um pensamento hegemônico, alguns autores corroboram com o pensamento do "quanto mais fiscalização melhor".

Percebeu-se, então, a existência do fenômeno classificado por diversos juristas como o "apagão das canetas".[1] Os gestores públicos, com medo de serem responsabilizados, não tomam as decisões necessárias para o bom andamento da máquina pública, optando, muitas vezes, por atuar apenas com base em decisões judiciais/administrativas proferidas pelos controladores. Em alguns casos, observa-se a troca do administrador público, legitimamente investido em suas funções, pelo agente controlador.

Nesse contexto, os professores Floriano de Azevedo Marques Neto e Carlos Ari Sundfeld elaboraram um anteprojeto de lei com propostas para enfrentar esse fenômeno. Antonio Anastasia (PDS-MG), senador mineiro, acolheu as sugestões e apresentou o Projeto de Lei nº 349, de 2015, do Senado Federal (PLS nº 349/2015).

O objetivo da proposição era incluir no Decreto-Lei nº 4.657, de 1942, a Lei de Introdução às Normas do Direito Brasileiro (LINDB), dispositivos aptos a elevar o nível de segurança jurídica e eficiência na aplicação do Direito Público. A preocupação com o fortalecimento dos pilares da segurança jurídica foi exposta na justificação da proposta e durante os debates realizados.

O projeto de lei foi aprovado pelo Senado Federal em 2017 e seguiu, então, para apreciação pela Casa Revisora. Já tramitando sob nova numeração, o Projeto de Lei nº 7.448, de 2017, foi aprovado pela Câmara dos Deputados no início de 2018.

Após a aprovação pelo Congresso Nacional, o texto foi encaminhado para sanção pelo então Presidente da República. Nesse momento, diversas entidades representativas demonstraram insatisfação com o conteúdo da norma aprovada pelas duas Casas Legislativas.

O texto, aguardando a sanção, sofreu críticas veementes oriundas do Ministério Público Federal (MPF); do Conselho Nacional dos Procuradores-Gerais de Contas (CNPGC); da Associação Nacional do Ministério Público de Contas (AMPCON); da Associação dos Membros dos Tribunais de Contas do Brasil (Atricon); da Associação Nacional dos Ministros e Conselheiros-Substitutos dos Tribunais de Contas (Audicon); da Associação Nacional dos Auditores de Controle Externo dos Tribunais de Contas do Brasil (ANTC); da Associação da Auditoria de Controle Externo do Tribunal de Contas da União (AUD-TCU); da Associação Nacional dos Magistrados da Justiça do Trabalho (Anamatra), da Associação dos Juízes Federais do Brasil (Ajufe), da Associação Nacional dos Procuradores da República (ANPR), da Associação Nacional dos Procuradores do Trabalho (ANPT), da Associação Nacional dos Membros do Ministério Público (CONAMP); e do Sindicato Nacional dos Auditores Fiscais do Trabalho (SINAIT).

Entretanto, chamou a atenção a reação do Tribunal de Contas da União (TCU), que encaminhou ao Presidente da República documento intitulado "Análise Preliminar do PL nº 7.448/2017", elaborado pela Consultoria Jurídica do Tribunal, elencando diversas razões para que pudessem embasar eventual veto do texto pelo Chefe do Poder Executivo. Entre as razões elencadas, estão desde a falta de discussão da proposta com os órgãos de controle até supostas inconstitucionalidades presentes no texto aprovado.

---

[1] Ocorre quando o agente público, com receio da responsabilização, deixa de tomar decisões no âmbito da Administração Pública. O fenômeno não é novo e ficou popularmente conhecido como "apagão das canetas". Sobre esse tema: MARQUES NETO, Floriano de Azevedo; FREITAS, Rafael Véras. O artigo 28 da nova LINDB: um regime jurídico para o administrador honesto. *Consultor Jurídico – CONJUR*, 25 maio 2018. Disponível em: https://www.conjur.com.br/2018-mai-25/opiniao-lindb-regime-juridico-administrador-honesto Acesso em: 10 jul. 2021.

Dois dias antes da sanção do texto pelo Presidente da República, o TCU promoveu o evento "Diálogo Público – Discussão do Projeto de Lei nº 7.448/2017" para criar a oportunidade de debate entre as diversas visões acerca da conveniência, eventuais benefícios e prejuízos com a eventual sanção do texto. A preocupação do Tribunal, demonstrada no evento, era de que a nova lei pudesse ter impacto negativo, com prejuízos, em especial, à fiscalização e punição da fraude e da corrupção na Administração Pública.

Essa atuação incomum de um órgão público, ao se mobilizar institucionalmente e de maneira ostensiva pelo veto de proposta aprovada pelos legisladores, motivou a presente dissertação. A Lei nº 13.655, de 25 de abril de 2018, chamada de "Lei da Segurança Jurídica", foi sancionada com vetos, que, em seguida, foram mantidos pelo Poder Legislativo.

O problema de pesquisa é saber de que forma a Corte de Contas tem aplicado os dispositivos inseridos na LINDB pela Lei nº 13.655, de 2018, em face das críticas proferidas na análise preliminar encaminhada ao Presidente da República. O objetivo é verificar se órgãos julgadores do Tribunal estão interpretando as novas normas de acordo com a intenção exposta na justificativa da proposta, defendida pelos idealizadores do anteprojeto de lei, ou se estão restringindo seu alcance e limitando os benefícios pretendidos pelos legisladores.

Nessa linha, pretende-se: a) contextualizar, brevemente, sobre o conceito de segurança jurídica no ordenamento brasileiro; b) a importância contemporânea dada aos ideais de segurança jurídica pelos atores econômicos; c) o contexto fático de idealização, proposição e sanção da nova Lei de Segurança Jurídica; d) explicar as mudanças implementadas pelos novos dispositivos da LINDB; e e) analisar os julgamentos proferidos pelo TCU, entre 2019 e 2020, que utilizaram os novos conceitos introduzidos pela inovação legislativa.

Verificou-se que o TCU tem aplicado e interpretado os dispositivos acrescidos à LINDB de maneira próxima ao imaginado pelos idealizadores da proposição legislativa que originou a Lei nº 13.655, de 25 de abril de 2018. Entretanto, a aplicação do art. 28 da LINDB, que trata da responsabilidade do agente público por erro grosseiro ou dolo, vem sendo restringida ao poder sancionatório do Tribunal. Dessa forma, os gestores públicos ainda poderão ser responsabilizados a ressarcir o erário em caso de culpa, mesmo inexistindo erro grosseiro ou dolo na conduta.

Trata-se de assunto novo, com doutrina especializada ainda escassa, o que exige grande esforço dos aplicadores da norma. A Lei nº 13.655, de 25 de abril de 2018, tem potencial para ser uma das normas mais importantes para a efetivação da segurança jurídica no Direito Público brasileiro.

2 Metodologia a apresentação dos dados coletados

O cerne do presente artigo é examinar como o Tribunal de Contas da União (TCU) tem aplicado as normas previstas entre os artigos 20 e 30 da Lei de Introdução às Normas do Direito Brasileiro (LINDB), Decreto-Lei nº 4.657, de 4 de setembro de 1942, depois de três anos da sanção da Lei nº 13.655, de 25 de abril de 2018. Para tanto examinam-se os acórdãos de Plenário mais relevantes proferidos pela Corte de Contas, entre os anos de

2019 e 2020, que citam, nos fundamentos de suas decisões, dispositivos acrescentados à LINDB pela "Lei da Segurança Jurídica".

Far-se-á a análise das decisões escolhidas em face dos argumentos apresentados pela Consultoria Jurídica do TCU, enviados ao Presidente da República, contra a sanção do texto aprovado pelo Congresso Nacional. O objetivo é verificar se houve algum tipo de resistência para aplicação das novas disposições legislativas por parte dos membros do Tribunal.

2.1 Metodologia de coleta de dados

Os acórdãos analisados foram determinados por ordem de precedência quando se tratar de fundamento idêntico. É comum que um mesmo entendimento seja aplicado inúmeras vezes para casos semelhantes e, para evitar prolixidade, analisa-se o primeiro caso julgado dentre os repetitivos.

Para coleta dos dados, utiliza-se o sistema de pesquisa jurisprudencial[2] disponível no site do Tribunal de Contas da União. A seleção dos acórdãos foi realizada na base da "Jurisprudência Selecionada",[3] disponibilizada pelo Tribunal.

A opção pela base do campo de pesquisa da Jurisprudência Selecionada é justificada pelo fato de ser alimentada pela Diretoria de Jurisprudência da Secretaria das Sessões (Dijur), que elabora enunciados de julgamentos selecionados de acordo com sua relevância jurisprudencial. A elaboração do enunciado demonstra o entendimento jurídico manifestado na decisão da qual foi extraído.[4]

O TCU ressalta que a Jurisprudência Selecionada não pode ser considerada o apanhado oficial das decisões proferidas pelo Tribunal. Também não objetiva demonstrar o posicionamento majoritário da Corte sobre a matéria respectiva.[5]

Apesar da afirmação do parágrafo anterior, a utilização da Jurisprudência Selecionada é a que melhor retrata o entendimento majoritário da Corte nos mais diversos assuntos. É função da Diretoria de Jurisprudência da Secretaria de Sessões a elaboração do "Boletim de Jurisprudência" do TCU. O periódico é publicado semanalmente e seleciona decisões relevantes que formam a jurisprudência do Tribunal.[6]

Além disso, compete à Secretaria de Sessões, órgão ao qual a Dijur é vinculada, sistematizar a jurisprudência do Tribunal e produzir informativos de jurisprudência.[7] As referidas tarefas são cumpridas pela Dijur, o que indica ser a base da "Jurisprudência

---

[2] TRIBUNAL DE CONTAS DA UNIÃO. *Pesquisa de Jurisprudência*. Disponível em: https://pesquisa.apps.tcu.gov.br/#/pesquisa/acordao-completo. Aceso em: 20 maio 2021.

[3] "A base da Jurisprudência Selecionada permite a pesquisa nos enunciados elaborados pela Diretoria de Jurisprudência da Secretaria das Sessões a partir de deliberações selecionadas sob o critério de relevância jurisprudencial." Disponível em: https://portal.tcu.gov.br/lumis/portal/file/fileDownload.jsp?fileId=8A8182A160233559016147514E500E6B. p. 8. Acesso em: 20 maio 2021.

[4] Idem.

[5] Idem.

[6] Sobre o Boletim de Jurisprudência, mais informações disponíveis em: "https://portal.tcu.gov.br/jurisprudencia/boletins-e-informativos/. Acesso em: 21 maio 2021.

[7] BRASIL. Tribunal de Contas da União. *Resolução-TCU n. 305, de 28 de dezembro de 2018*. Define a estrutura, as competências e a distribuição das funções de confiança das unidades da Secretaria do Tribunal de Contas da União. Art. 13, IV. Disponível em: https://portal.tcu.gov.br/biblioteca-digital/resolucao-305-2018.htm. Acesso em: 28 maio 2021.

Selecionada" a que melhor reflete o entendimento da Corte sobre a questão em análise neste trabalho.

2.2 Apresentação dos dados coletados

Neste tópico, apresentam-se os dados coletados utilizando a ferramenta de pesquisa "Jurisprudência Selecionada".[8] A pesquisa utiliza o recorte temporal e de legislação mencionada, inclusive com a indicação do artigo da respectiva norma a ser pesquisado.

Para a coleta dos dados disponibilizados a seguir, utilizam-se os seguintes parâmetros de pesquisa:
- Recorte temporal para pesquisa: 01.01.2019 e 31.12.2020.
- Recorte de legislação pesquisada: Decreto-Lei nº 4.657, de 4 de setembro de 1942.
- Artigos pesquisados: art. 20 ao art. 30, separadamente.

(continua)

ARGUMENTO DE PESQUISA	RESULTADO
Acórdão(s) relacionado(s) ao art. 20 da LINDB	1- Acórdão 1045/2020-Plenário Relator: BENJAMIN ZYMLER
Acórdão(s) relacionado(s) ao art. 21 da LINDB	Nenhum resultado encontrado na base Jurisprudência Selecionada
Acórdão(s) relacionado(s) ao art. 22 da LINDB	1- Acórdão 2973/2019-Segunda Câmara Relatora: ANA ARRAES 2- Acórdão 6196/2019-Segunda Câmara Relatora: ANA ARRAES 3- Acórdão 7979/2020-Primeira Câmara Relator: BENJAMIN ZYMLER 4- Acórdão 2463/2019-Primeira Câmara Relator: BRUNO DANTAS 5- Acórdão 60/2020-Plenário Relatora: ANA ARRAES 6- Acórdão 70/2020-Plenário Relator: AROLDO CEDRAZ
Acórdão(s) relacionado(s) ao art. 23 da LINDB	Nenhum resultado encontrado na base Jurisprudência Selecionada
Acórdão(s) relacionado(s) ao art. 24 da LINDB	1- Acórdão 4179/2020-Primeira Câmara Relator: VITAL DO REGO
Acórdão(s) relacionado(s) ao art. 26 da LINDB	Nenhum resultado encontrado na base Jurisprudência Selecionada
Acórdão(s) relacionado(s) ao art. 27 da LINDB	Nenhum resultado encontrado na base Jurisprudência Selecionada

---

[8] TRIBUNAL DE CONTAS DA UNIÃO. *Pesquisa de Jurisprudência*. Disponível em: https://pesquisa.apps.tcu.gov.br/#/pesquisa/acordao-completo. Aceso em: 20 maio 2021.

(conclusão)

ARGUMENTO DE PESQUISA	RESULTADO
Acórdão(s) relacionado(s) ao art. 28 da LINDB	1- Acórdão 1691/2020-Plenário Relator: AUGUSTO NARDES 2- Acórdão 4447/2020-Segunda Câmara Relator: AROLDO CEDRAZ 3- Acórdão 2699/2019-Primeira Câmara Relator: VITAL DO REGO 4- Acórdão 14536/2019- Primeira Câmara Relator: BENJAMIN ZYMLER 5- Acórdão 11069/2019- Primeira Câmara Relator: BENJAMIN ZYMLER 6- Acórdão 2028/2020-Plenário Relator: AUGUSTO SHERMAN 7- Acórdão 1941/2019-Plenário Relator: AUGUSTO NARDES 8- Acórdão 1689/2019-Plenário Relator: AUGUSTO NARDES 9- Acórdão 1264/2019-Plenário Relator: AUGUSTO NARDES 10- Acórdão 4778/2019-Primeira Câmara Relator: VITAL DO REGO 11- Acórdão 5547/2019- Primeira Câmara Relator: BENJAMIN ZYMLER 12- Acórdão 13053/2019-Segunda Câmara Relator: AUGUSTO NARDES 13- Acórdão 2768/2019- Plenário Relator: BENJAMIN ZYMLER 14- Acórdão 6486/2020-Primeira Câmara Relator: VITAL DO REGO 15- Acórdão 185/2019- Plenário Relator: BENJAMIN ZYMLER 16- Acórdão 9294/2020- Primeira Câmara Relator: BRUNO DANTAS
Acórdão(s) relacionado(s) ao art. 29 da LINDB	Nenhum resultado encontrado na base Jurisprudência Selecionada
Acórdão(s) relacionado(s) ao art. 30 da LINDB	Nenhum resultado encontrado na base Jurisprudência Selecionada

Em síntese, foram encontrados 24 (vinte e quatro) acórdãos entre os anos de 2019 e 2020 na base de pesquisa da "Jurisprudência Selecionada" com utilização de dispositivos inseridos na LINDB pela Lei da Segurança Jurídica, sendo 1 (um) relacionado ao artigo 20, 6 (seis) relacionados ao artigo 22, 1 (um) relacionado ao artigo 24 e 16 (dezesseis) relacionados ao artigo 28. A pesquisa não encontrou resultados com referências aos artigos 21, 23, 26, 27, 29 e 30.

3 Análise das decisões do TCU que utilizaram, em suas razões, os novos artigos da LINDB

Neste tópico procede-se à análise dos acórdãos em bloco, separados pelo artigo de referência utilizado nas razões da decisão. Apresentam-se, também, os argumentos contrários aos dispositivos analisados e que foram encaminhados pelo TCU ao Presidente da República antes da sanção da Lei nº 13.655, de 25 de abril de 2018.

3.1 Caso nº 1, art. 20 da LINDB: Acórdão nº 1.045/2020-Plenário. Relator: Ministro Benjamin Zymler

Após a aprovação da proposição legislativa que originou a Lei nº 13.655, de 25 de abril de 2018, chamada de "Lei da Segurança Jurídica", pelo Congresso Nacional, a Consultoria Jurídica do TCU elaborou documento com duras críticas ao texto aprovado pelos congressistas, intitulado "Análise Preliminar ao PL nº 7.448, de 2017".[9] O respectivo parecer foi entregue ao Presidente da República na tentativa de convencê-lo a vetar diversos trechos do projeto de lei.

O artigo 20 da LINDB[10] determinou que devem ser consideradas as consequências práticas de qualquer decisão nas esferas administrativa, controladora ou judicial, sempre que se decidir com base em valores jurídicos abstratos. Ademais, a motivação da decisão deverá demonstrar a necessidade e adequação da medida, inclusive em face de possíveis alternativas.

Segundo o parecer entregue pelo TCU ao Presidente da República, o julgador fica subordinado aos elementos contidos nos autos, não sendo razoável a norma exigir o exame de alternativas possíveis, fora do que está nos autos. Exigir a análise de outras possibilidades causaria um efeito perverso que fragilizaria as decisões tomadas, pois haveria uma exigência de conhecimento de realidade que somente poderia ser exigida, em detalhes, do próprio administrador público.

Alegam, ainda, que a norma promove uma inversão do ônus da prova, o que seria inconstitucional por ofensa ao disposto no art. 70, parágrafo único, da Constituição Federal, que determina a prestação de contas de qualquer pessoa física ou jurídica "que utilize, arrecade, guarde, gerencie ou administre dinheiros, bens e valores públicos ou pelos quais a União responda, ou que, em nome desta, assuma obrigações de natureza pecuniária".[11] A inversão do ônus da prova ocorreria porque o dever de analisar as melhores alternativas seria do administrador que praticou o ato posteriormente invalidado, não podendo ser transferido para o julgador.

O TCU utilizou o art. 20 da LINDB para fundamentar decisão que dispensou a devolução de valores pelo ente federado ao proceder a tomada de contas especial pela não comprovação de regularidade na aplicação de recursos repassados pela União:

---

[9] TRIBUNAL DE CONTAS DA UNIÃO. Gabinete do Presidente. *Análise Preliminar do PL 7448/2017*. Disponível em: https://www.conjur.com.br/dl/analise-consultoria-juridica-tcu-lindb.pdf. Acesso em: 17 maio 2021.

[10] "Art. 20. Nas esferas administrativa, controladora e judicial, não se decidirá com base em valores jurídicos abstratos sem que sejam consideradas as consequências práticas da decisão. Parágrafo único. A motivação demonstrará a necessidade e a adequação da medida imposta ou da invalidação de ato, contrato, ajuste, processo ou norma administrativa, inclusive em face das possíveis alternativas." (BRASIL. PRESIDÊNCIA DA REPÚBLICA. *Decreto-Lei nº 4.657, de 4 de setembro de 1942*. Lei de Introdução às Normas do Direito Brasileiro. Disponível em: http://www.planalto.gov.br/ccivil_03/decreto-lei/del4657compilado.htm. Acesso em: 20 maio 2021).

[11] "Art. 70, Parágrafo único. Prestará contas qualquer pessoa física ou jurídica, pública ou privada, que utilize, arrecade, guarde, gerencie ou administre dinheiros, bens e valores públicos ou pelos quais a União responda, ou que, em nome desta, assuma obrigações de natureza pecuniária" (BRASIL. *Constituição da República Federativa do Brasil*: promulgada em 5 de outubro de 1988. Organização dos textos, notas remissivas e índices por Juarez de Oliveira. 4. ed. São Paulo: Saraiva, 1990. 168 p. Disponível em: http://www.planalto.gov.br/ccivil_03/constituicao/constituicao.htm. Acesso em: 9 jun. 2021).

No caso de desvio de objeto no uso de recursos do SUS transferidos fundo a fundo, se a irregularidade tiver ocorrido durante a vigência de plano de saúde plurianual já encerrado, o TCU pode dispensar a devolução dos valores pelo ente federado ao respectivo fundo de saúde, em razão de a exigência ter o potencial de afetar o cumprimento das metas previstas no plano local vigente (art. 20 do Decreto-lei 4.657/1942 – Lindb); cabendo, contudo, a imposição de multa ao gestor responsável e o julgamento pela irregularidade de suas contas, uma vez que a prática de desvio de objeto com recursos da saúde constitui violação à estratégia da política pública da área definida nas leis orçamentárias.[12]

No caso em tela, determinado município recebeu recursos para o pagamento de procedimentos oftalmológicos. Entretanto, constatou-se que os recursos foram utilizados em serviços de atenção básica de saúde, configurando o desvio de objeto.

A área técnica opinou para que o município recolhesse a quantia em questão para os cofres do fundo municipal de saúde. Entretanto, o Tribunal optou por aplicar o disposto no artigo 20 da LINDB para evitar prejuízos maiores ao ente federado.

Como o desvio de objetivo havia acontecido há mais de dez anos antes do julgamento, os ministros ponderaram que obrigar o município a remanejar recursos no tempo presente poderia representar obrigação com potencial dissociação das necessidades atuais dos cidadãos residentes no município. Optou-se pela primazia da realidade, e não pela letra fria da norma.

No voto, o ministro relator destacou que deveria ser considerada a disposição contida no "art. 20 da Lei de Introdução às Normas do Direito Brasileiro para que, neste caso concreto, não seja efetuada determinação ao município para que recomponha os próprios cofres municipais". O Tribunal utilizou corretamente a norma, considerando que as consequências práticas da decisão poderiam ser prejudiciais para a coletividade, em uma interpretação e aplicação que foram ao encontro do objetivo do legislador ordinário.

3.2 Caso nº 2, art. 22 da LINDB: análise em bloco

Na "Análise Preliminar"[13] encaminhada ao Presidente de República, a Consultoria Jurídica do TCU alegou que o art. 22 da LINDB[14] poderia promover interpretações

---

[12] BRASIL. TRIBUNAL DE CONTAS DA UNIÃO. Plenário. TCE nº 005.366/2019-4. REPASSES FUNDO A FUNDO EFETUADOS PELO FUNDO NACIONAL DE SAÚDE. DESVIO DE OBJETO. OCORRÊNCIA ANTERIOR À LEI COMPLEMENTAR 141/2012. AUSÊNCIA DE INTERESSE PÚBLICO NA DETERMINAÇÃO PARA O RESSARCIMENTO DO DÉBITO PELA MUNICIPALIDADE AO FUNDO MUNICIPAL DE SAÚDE. IRREGULARIDADE DAS CONTAS DO GESTOR SEM DÉBITO. MULTA. Rel. Benjamin Zymler, julgado em: 29.04.2020., DJe em 03 maio 2020.

[13] TRIBUNAL DE CONTAS DA UNIÃO. Gabinete do Presidente. *Análise Preliminar do PL 7448/2017*. Disponível em: https://www.conjur.com.br/dl/analise-consultoria-juridica-tcu-lindb.pdf. Acesso em: 17 maio 2021.

[14] "Art. 22. Na interpretação de normas sobre gestão pública, serão considerados os obstáculos e as dificuldades reais do gestor e as exigências das políticas públicas a seu cargo, sem prejuízo dos direitos dos administrados. §1º Em decisão sobre regularidade de conduta ou validade de ato, contrato, ajuste, processo ou norma administrativa, serão consideradas as circunstâncias práticas que houverem imposto, limitado ou condicionado a ação do agente. §2º Na aplicação de sanções, serão consideradas a natureza e a gravidade da infração cometida, os danos que dela provierem para a administração pública, as circunstâncias agravantes ou atenuantes e os antecedentes do agente. §3º As sanções aplicadas ao agente serão levadas em conta na dosimetria das demais sanções de mesma natureza e relativas ao mesmo fato" (BRASIL. PRESIDÊNCIA DA REPÚBLICA. *Decreto-Lei nº 4.657, de 4 de setembro de 1942*. Lei de Introdução às normas do Direito Brasileiro. Disponível em: http://www.planalto.gov.br/ccivil_03/decreto-lei/del4657compilado.htm. Acesso em: 20 maio 2021).

casuísticas, pois o alcance e os limites seriam definidos em cada caso, considerando as particularidades envolvidas. O respectivo dispositivo prevê que, "na interpretação de normas sobre gestão pública, serão considerados os obstáculos e as dificuldades reais do gestor e as exigências das políticas públicas a seu cargo, sem prejuízo dos direitos dos administrados".

Em relação ao §1º do art. 22, o parecer apontou inconstitucionalidade por suposta ofensa ao art. 37, *caput*, da Constituição Federal,[15] especialmente no que concerne aos princípios da legalidade e razoabilidade. O §1º do art. 22[16] estabelece que as decisões sobre "regularidade de conduta ou validade de ato, contrato, ajuste, processo ou norma administrativa serão consideradas as circunstâncias práticas que houverem imposto, limitado ou condicionado a ação do agente".

De acordo com o parecer, a validade do ato, contrato, ajuste, processo ou norma administrativa precisa ser aferida tendo como parâmetro unicamente a legislação, em consonância com o princípio da legalidade. Dessa forma, seriam irrelevantes as circunstâncias práticas que houverem imposto, limitado ou condicionado a ação do agente.

Ao analisar pedido de reexame contra acórdão que rejeitou as razões apresentadas e aplicou multa a agentes públicos integrantes de autarquia federal, o TCU aplicou o seguinte entendimento:

> Na aplicação de sanções, o TCU deve considerar a natureza e a gravidade da infração, os danos que dela provieram para a Administração Pública, as circunstâncias agravantes ou atenuantes e os antecedentes do agente, nos termos do art. 22, §2º, do Decreto-lei 4.657/1942 (Lei de Introdução às Normas do Direito Brasileiro).[17]

---

[15] "Art. 37: A administração pública direta e indireta de qualquer dos Poderes da União, dos Estados, do Distrito Federal e dos Municípios obedecerá aos princípios de legalidade, impessoalidade, moralidade, publicidade e eficiência e, também, ao seguinte: (...)" (BRASIL. *Constituição da República Federativa do Brasil*: promulgada em 5 de outubro de 1988. Organização dos textos, notas remissivas e índices por Juarez de Oliveira. 4. ed. São Paulo: Saraiva, 1990. 168 p. Disponível em: http://www.planalto.gov.br/ccivil_03/constituicao/constituicao.htm. Acesso em: 9 jun. 2021).

[16] "Art. 22. Na interpretação de normas sobre gestão pública, serão considerados os obstáculos e as dificuldades reais do gestor e as exigências das políticas públicas a seu cargo, sem prejuízo dos direitos dos administrados.
§1º Em decisão sobre regularidade de conduta ou validade de ato, contrato, ajuste, processo ou norma administrativa, serão consideradas as circunstâncias práticas que houverem imposto, limitado ou condicionado a ação do agente.
§2º Na aplicação de sanções, serão consideradas a natureza e a gravidade da infração cometida, os danos que dela provierem para a administração pública, as circunstâncias agravantes ou atenuantes e os antecedentes do agente.
§3º As sanções aplicadas ao agente serão levadas em conta na dosimetria das demais sanções de mesma natureza e relativas ao mesmo fato." (BRASIL. *Constituição da República Federativa do Brasil*: promulgada em 5 de outubro de 1988. Organização dos textos, notas remissivas e índices por Juarez de Oliveira. 4. ed. São Paulo: Saraiva, 1990. 168 p. Disponível em: http://www.planalto.gov.br/ccivil_03/constituicao/constituicao.htm. Acesso em: 9 jun. 2021).

[17] BRASIL. Tribunal de Contas da União. Primeira Câmara. *RP n. 022.148/2016-7*. REPRESENTAÇÃO. INSTITUTO NACIONAL DE TECNOLOGIA DA INFORMAÇÃO. SISTEMA DE REGISTRO DE PREÇOS. ALTERAÇÃO DE REGRA EDITALÍCIA SEM A CORRESPONDENTE PUBLICIDADE. SUPOSTA PARTICIPAÇÃO INDEVIDA DE COOPERATIVAS. POSSIBILIDADE INJUSTIFICADA DE ADESÃO DE OUTROS ÓRGÃOS NA ATA DE REGISTRO DE PREÇOS. AUDIÊNCIAS. MULTAS. PEDIDOS DE REEXAME. CONHECIMENTO PARCIAL. SANEAMENTO DE ALGUMAS IRREGULARIDADES. CONSIDERAÇÕES SOBRE A POSSIBILIDADE DE CONTRATAÇÃO DE COOPERATIVAS POR ÓRGÃOS PÚBLICOS FEDERAIS. PROVIMENTO PARCIAL. ENCAMINHAMENTO DA DELIBERAÇÃO À COMISSÃO DE JURISPRUDÊNCIA PARA AVALIAR A OPORTUNIDADE E CONVENIÊNCIA. REVISTAR O ENTENDIMENTO PROFERIDO NA SÚMULA 281. Rel. Bruno Dantas, julgamento em 19.03.2019.

O §2º do art. 22 da LINDB determina que o agente decisor deve considerar a natureza e a gravidade da infração, além das condições específicas e antecedentes do agente ao aplicar a sanção. No caso em tela, o colegiado entendeu que houve desproporcionalidade na aplicação das sanções.

Os ministros entenderam que, apesar de terem constatado erros formais no processo licitatório, não houve prejuízo sob aspecto econômico. O preço mensal contratado foi significativamente inferior ao estimado na licitação e dentro do valor de mercado.

Ao analisarem as informações contidas no processo, foi constatado que as infrações na condução do processo de licitação tinham, na verdade, como objetivo concluí-la de forma mais rápida, com preço menor, com vistas a garantir a manutenção dos serviços da autarquia em face do contexto existente à época, que era de contenção orçamentária.

Ao final, consideraram que, embora tenham ficado constatadas as infrações no processo licitatório, não houve prejuízo econômico aos cofres públicos e os agentes contavam com bons antecedentes. A multa aplicada foi reduzida de R$ 15.0000,00 (quinze mil reais) para R$ 3.000,00 (três mil reais).

Em outro julgamento, ao analisar recurso de reconsideração em tomada de contas especial, o Tribunal aplicou o seguinte entendimento:

> O fiscal do contrato não pode ser responsabilizado caso não lhe sejam oferecidas condições apropriadas para o desempenho de suas atribuições. Na interpretação das normas de gestão pública, deverão ser considerados os obstáculos e as dificuldades reais do gestor e as exigências das políticas públicas a seu cargo (art. 22, caput, do Decreto-lei 4.657/1942 - Lei de Introdução às Normas do Direito Brasileiro).[18]

No caso dos autos, servidor requisitado do Tribunal Regional Eleitoral da Paraíba (TRE/PB) atuou como fiscal de contrato firmado para construção de Fórum Eleitoral. No voto, a Relatora reconheceu a existência de indícios relativos às condições precárias para fiscalização da obra.

O servidor fiscalizava, simultaneamente, três obras em municípios distintos, tendo de se deslocar semanalmente para realizar as visitas fiscalizatórias. Ademais, algumas obras eram executadas no período noturno, o que dificultava as ações de fiscalização por parte do agente.

Ao aplicar o disposto no art. 22, *caput*, da LINDB,[19] o Tribunal considerou as dificuldades reais do gestor apresentadas nos autos e acolheu o recurso. O agente foi

---

[18] BRASIL. Tribunal de Contas da União. Segunda Câmara. TCE n. *017.674/2010-7*. RECURSO DE RECONSIDERAÇÃO. TOMADA DE CONTAS ESPECIAL. OBRAS DE CONSTRUÇÃO DO FÓRUM ELEITORAL DE CAMPINA GRANDE/PB E DO NÚCLEO DE APOIO TÉCNICO ÀS URNAS ELETRÔNICAS – NATU II. ACÓRDÃO RECORRIDO, QUE CONDENOU O RESPONSÁVEL AO RESSARCIMENTO DE DÉBITO E AO PAGAMENTO DE MULTA PROPORCIONAL. CONHECIMENTO. PRESSUPOSTOS OBJETIVOS PARA A RESPONSABILIZAÇÃO FINANCEIRA NÃO CONFIGURADOS DEVIDAMENTE. AS CONDIÇÕES MATERIAIS DE EXERCÍCIO DA FUNÇÃO PÚBLICA DEVEM SER CONSIDERADAS NA ANÁLISE DA CULPABILIDADE DO GESTOR. LEI 13.6555/2018. PROVIMENTO. RETIFICAÇÃO DO ACÓRDÃO RECORRIDO. Rel. Ana Arraes, julgamento em 30.04.2019.

[19] "Art. 22. Na interpretação de normas sobre gestão pública, serão considerados os obstáculos e as dificuldades reais do gestor e as exigências das políticas públicas a seu cargo, sem prejuízo dos direitos dos administrados. (...)" (BRASIL. PRESIDÊNCIA DA REPÚBLICA. *Decreto-Lei nº 4.657, de 4 de setembro de 1942*. Lei de Introdução às Normas do Direito Brasileiro. Disponível em: http://www.planalto.gov.br/ccivil_03/decreto-lei/del4657compilado.htm. Acesso em: 20 maio 2021).

excluído do polo passivo da tomada de contas especial e teve a aplicação de multa tornada sem efeito.

Em outro recurso de reconsideração em tomada de constas municipal, a Segunda Câmara do Tribunal entendeu que:

> A sucessiva alternância na chefia do Poder Executivo municipal durante o mandato eletivo constitui obstáculo real à gestão pública, devendo ser considerada na avaliação da culpabilidade do responsável (art. 22, caput, do Decreto-lei 4.657/1942 - Lei de Introdução às Normas do Direito Brasileiro).[20]

Um ex-prefeito apresentou recurso contra condenação ao pagamento do débito ao erário apurado e multa proporcional ao dano em razão de inexecução de convênio. A Segunda Câmara entendeu que seria o caso de aplicação do art. 22, *caput*, da LINDB, para considerar os obstáculos e dificuldades reais enfrentados pelo gestor.

No caso, houve nove alterações de titularidade na prefeitura municipal em pouco mais de dois anos. Os ministros entenderam que esse fato era relevante e diminuíram o valor da multa de R$193.968,00 (cento e noventa e três mil, novecentos e sessenta e oito reais) para R$30.000,00 (trinta mil reais).

O Plenário da Corte, ao apreciar outro pedido de reexame, formulado por servidores da Advocacia-Geral da União (AGU) contra condenação imposta após constatação de irregularidades em procedimento licitatório, adotou o entendimento a seguir:

> Na aplicação de sanções, o TCU deve considerar os obstáculos e as dificuldades reais enfrentadas pelo gestor, bem como ponderar se as circunstâncias do caso concreto limitaram ou condicionaram a ação do agente (art. 22 do Decreto-lei 4.657/1942 - LINDB).[21]

Os recorrentes foram condenados por irregularidades formais na realização de pregão para registro de preços. Alegaram que suas ações tiveram como objetivo não interromper as atividades da AGU por conta de uma integração de *softwares* necessária

---

[20] BRASIL. Tribunal de Contas da União. Segunda Câmara. TC 000.605/2016-6. RECURSO DE RECONSIDERAÇÃO EM TOMADA DE CONTAS ESPECIAL. CONVÊNIO. CONSTRUÇÃO DE CISTERNAS NO MUNICÍPIO DE ICÓ/CE. AUSÊNCIA DA BOA E REGULAR APLICAÇÃO DOS RECURSOS PÚBLICOS. DELEGAÇÃO DE COMPETÊNCIA. INDEPENDÊNCIA DAS INSTÂNCIAS. DESAPARECIMENTO DE DOCUMENTOS. DESÍDIA EM BUSCAR OS ELEMENTOS DE PROVA. SUCESSIVA ALTERNÂNCIA NA CHEFIA DO PODER EXECUTIVO. ATENUAÇÃO DA CULPABILIDADE SEM EXCLUIR O DEVER DE RESSARCIR O ERÁRIO. REDUÇÃO DA MULTA PROPORCIONAL AO DANO. PROVIMENTO PARCIAL. - A DELEGAÇÃO DE COMPETÊNCIA NÃO IMPLICA DELEGAÇÃO DE RESPONSABILIDADE, COMPETINDO AO GESTOR DELEGANTE A FISCALIZAÇÃO DOS ATOS DE SEUS SUBORDINADOS. - A SENTENÇA EM AÇÃO DE IMPROBIDADE ADMINISTRATIVA NÃO VINCULA O TRIBUNAL DE CONTAS DA UNIÃO EM JULGAMENTOS DE TOMADA DE CONTAS ESPECIAL, UMA VEZ QUE TEM OBJETO E PRESSUPOSTOS DIVERSOS. - A SUCESSIVA ALTERNÂNCIA NA CHEFIA DO PODER EXECUTIVO MUNICIPAL CONSTITUI UM OBSTÁCULO REAL À GESTÃO PÚBLICA, DEVENDO SER CONSIDERADA NA AVALIAÇÃO DA CULPABILIDADE DO RESPONSÁVEL, NOS TERMOS DA LEI DE INTRODUÇÃO ÀS NORMAS DO DIREITO BRASILEIRO. Rel. Ana Arraes, julgado em 30.07.2019.

[21] BRASIL. Tribunal de Contas da União. Plenário. DEN n. 029.929/2015-6. DENÚNCIA. IRREGULARIDADES NO PREGÃO ELETRÔNICO SRP 52/2015. PROMOVIDO PELA AGU. CONHECIMENTO. PROCEDÊNCIA. DIRECIONAMENTO DO CERTAME A UM ÚNICO FABRICANTE. RESTRIÇÃO DA COMPETITIVIDADE E DA ISONOMIA DO CERTAME. IMPOSSIBILIDADE DE AFERIR O DÉBITO. MULTA AOS GESTORES. DETERMINAÇÕES. Rel. Walton Alencar Rodrigues, julgamento em 15.02.2017, *DJe* em 19.02.2017.

naquele momento e não promoveram a substituição completa dos equipamentos necessários. Optaram por um modelo de combinação de insumos, com manutenção de discos antigos e aquisição de novos, de acordo com o princípio da eficiência.

As dificuldades reais enfrentadas pelos gestores foram mais uma vez consideradas pelo Plenário do TCU. O valor das multas aplicadas foi reduzido de R$30.000,00 (trinta mil reais) para R$10.000,00 (dez mil reais).

Em outra manifestação do Plenário da Corte, ao julgar representação formulada a respeito de possíveis irregularidades ocorridas em sociedade de economia mista, relacionadas a pregão eletrônico, os ministros tiveram o seguinte entendimento:

> Em caráter excepcional, havendo circunstâncias atenuantes e inexistindo quaisquer indícios de prejuízo ao erário ou de locupletamento, pode o TCU rejeitar as razões de justificativa do responsável, sem, contudo, aplicar-lhe a multa do art. 58 da Lei 8.443/1992, com base na interpretação do art. 22, §2º, do Decreto-lei 4.657/1942 (LINDB).[22]

No caso dos autos, houve um erro na contagem do prazo para impugnações ao edital e no prazo de resposta às impugnações manifestadas. Os julgadores, no primeiro momento, consideraram que as razões apresentadas pelo pregoeiro deveriam ser rejeitadas.

Entretanto, os Ministros verificaram que não havia indícios de enriquecimento ilícito ou de prejuízo ao erário, não sendo evidenciada qualquer conduta de má-fé. Optaram, em sintonia com o art. 22, §2º, da LINDB,[23] por não aplicar multas aos agentes públicos, limitando-se à expedição de orientações corretivas que deverão ser seguidas pela entidade.

Por fim, a Primeira Câmara considerou, em sede de embargos declaratórios em tomada de contas especial, que:

> Para fins do exercício do poder sancionatório do TCU, a dosimetria da pena deve ter como parâmetro o art. 22, §2º, do Decreto-lei 4.657/1942 (Lei de Introdução às Normas do Direito Brasileiro - LINDB), podendo ser considerado, no exame dos antecedentes do responsável, o número de condenações no âmbito do Tribunal.[24]

---

[22] BRASIL. Tribunal de Contas da União. Plenário. RP n. 015.053/2017-6. REPRESENTAÇÃO. CONTAGEM IRREGULAR DE PRAZO PARA RECEBIMENTO DE IMPUGNAÇÕES AO EDITAL DO CERTAME. DESCUMPRIMENTO DE PRAZO PARA RESPOSTA A PEDIDO DE IMPUGNAÇÃO. RAZÕES DE JUSTIFICATIVA. REJEIÇÃO. CIRCUNSTÂNCIAS ATENUANTES. APLICABILIDADE DE DISPOSITIVOS DO DECRETO-LEI 4.657/1942. AFASTAMENTO EXCEPCIONAL DA SANÇÃO. CIÊNCIA. Rel. Aroldo Cedraz, julgamento em 22.01.2020.

[23] "Art. 22. Na interpretação de normas sobre gestão pública, serão considerados os obstáculos e as dificuldades reais do gestor e as exigências das políticas públicas a seu cargo, sem prejuízo dos direitos dos administrados (...). §2º Na aplicação de sanções, serão consideradas a natureza e a gravidade da infração cometida, os danos que dela provierem para a administração pública, as circunstâncias agravantes ou atenuantes e os antecedentes do agente (...)" (BRASIL. PRESIDÊNCIA DA REPÚBLICA. *Decreto-Lei nº 4.657, de 4 de setembro de 1942*. Lei de Introdução às Normas do Direito Brasileiro. Disponível em: http://www.planalto.gov.br/ccivil_03/decreto-lei/del4657compilado.htm. Acesso em: 20 maio 2021).

[24] BRASIL. Tribunal de Contas da União. Primeira Câmara. *TCE n. 025.577/2017-4*. EMBARGOS DE DECLARAÇÃO EM TOMADA DE CONTAS ESPECIAL. DESVIO DE FINALIDADE/OBJETO NA UTILIZAÇÃO DE RECURSOS DO SUS. CONTAS IRREGULARES DA GESTORA COM APLICAÇÃO DE MULTA. FIXAÇÃO DE NOVO E IMPRORROGÁVEL PRAZO PARA QUE O MUNICÍPIO RECOLHA OS RECURSOS AO FUNDO MUNICIPAL DE SAÚDE. SUPOSTAS OMISSÕES E CONTRADIÇÕES. AUSÊNCIA DE VÍCIOS NA DELIBERAÇÃO

No caso analisado, uma ex-prefeita havia sido condenada em virtude de irregularidades na utilização de recursos repassados pelo Sistema Único de Saúde (SUS). Em seus embargos, a ex-gestora argumentou que a Corte de Contas não considerou, no momento da dosimetria, que a embargante não tinha condenações antecedentes perante o TCU.

Os ministros deram razão aos argumentos apresentados, nos termos do art. 22, §2º, da LINDB.[25] A pena aplicada foi reduzida em 1/3 pela Primeira Câmara.

3.3 Caso nº 3, art. 24 da LINDB: Acórdão nº 4.179/2020-Primeira Câmara. Relator: Ministro Vital do Rêgo

O documento "Análise Preliminar ao PL 7.448/2018", elaborado pela Consultoria Jurídica do TCU e encaminhado ao Presidente da República, não fez menção ao artigo 24 da LINDB.[26] O respectivo dispositivo estabelece que a revisão de validade de ato, contrato, ajuste, processo ou norma, que já houver completado seus efeitos, deverá levar em conta as orientações gerais da época, sendo vedado que, por eventuais mudanças nessas orientações, sejam declaradas inválidas situações plenamente constituídas.

A Primeira Câmara do TCU, ao julgar recurso de reconsideração interposto contra condenação em tomada de contas especial, firmou o seguinte entendimento:

> Não pode o TCU aplicar nova interpretação da legislação se for mais gravosa ao responsável do que a jurisprudência do Tribunal vigente à época dos fatos em análise, em razão do disposto no art. 2º, parágrafo único, inciso XIII, da Lei 9.784/1999, subsidiariamente aplicável aos processos de controle externo, e no art. 24 do Decreto-lei 4.657/1942 (LINDB).[27]

RECORRIDA QUANTO À CONFIGURAÇÃO DO DÉBITO. RAZÕES RECURSAIS DO MUNICÍPIO INSUFICIENTES PARA ALTERAR A DECISÃO ATACADA. CONHECIMENTO E DESPROVIMENTO. OMISSÃO QUANTO À ANÁLISE DOS ANTECEDENTES DA GESTORA MUNICIPAL. AUSÊNCIA DE CONDENAÇÃO NESTA CORTE DE CONTAS. CONHECIMENTO E PROVIMENTO PARCIAL DOS EMBARGOS DE DECLARAÇÃO DA PREFEITA PARA O FIM DE REDUZIR O VALOR DA MULTA. Rel. Benjamin Zymler, julgado em 21.07.2020.

[25] "Art. 22. Na interpretação de normas sobre gestão pública, serão considerados os obstáculos e as dificuldades reais do gestor e as exigências das políticas públicas a seu cargo, sem prejuízo dos direitos dos administrados (...).§2º Na aplicação de sanções, serão consideradas a natureza e a gravidade da infração cometida, os danos que dela provierem para a administração pública, as circunstâncias agravantes ou atenuantes e os antecedentes do agente (...)" (BRASIL. PRESIDÊNCIA DA REPÚBLICA. *Decreto-Lei nº 4.657, de 4 de setembro de 1942*. Lei de Introdução às Normas do Direito Brasileiro. Disponível em: http://www.planalto.gov.br/ccivil_03/decreto-lei/del4657compilado.htm. Acesso em: 20 maio 2021).

[26] "Art. 24. A revisão, nas esferas administrativa, controladora ou judicial, quanto à validade de ato, contrato, ajuste, processo ou norma administrativa cuja produção já se houver completado levará em conta as orientações gerais da época, sendo vedado que, com base em mudança posterior de orientação geral, se declarem inválidas situações plenamente constituídas." (BRASIL. PRESIDÊNCIA DA REPÚBLICA. *Decreto-Lei nº 4.657, de 4 de setembro de 1942*. Lei de Introdução às Normas do Direito Brasileiro. Disponível em: http://www.planalto.gov.br/ccivil_03/decreto-lei/del4657compilado.htm. Acesso em: 20 maio 2021).

[27] BRASIL. Tribunal de Contas da União. Primeira Câmara. TCE- 019.205/2014-7. TOMADA DE CONTAS ESPECIAL. CONVÊNIO. CAPACITAÇÃO DE TRABALHADORES. RECURSOS DO FAT. CONTAS IRREGULARES. DÉBITO. RECURSO DE RECONSIDERAÇÃO. CONHECIMENTO. APLICAÇÃO DO ART. 2º, PARÁGRAFO ÚNICO, INCISO XII, DA LEI 9.784/1999 E ART. 24 DA LINDB. PROVIMENTO PARCIAL. REDUÇÃO DO DÉBITO. NOTIFICAÇÃO. Relator: VITAL DO REGO. Julgado em 20.04.2020.

No caso supracitado, um gestor público teve suas contas reprovadas e foi condenado ao pagamento de R$64.959,66 (sessenta e quatro mil novecentos e cinquenta e nove reais e sessenta e seis centavos) por irregularidades na execução de convênio com recursos do Fundo de Amparo ao Trabalhador (FAT). O referido ajuste havia sido celebrado no ano de 1999 e tinha como objeto o treinamento de 272 alunos na área de informática.

À época dos fatos, a jurisprudência do TCU era no sentido de que a comprovação da regularidade desse tipo de convênio se daria, fundamentalmente, na demonstração de sua execução física. Para tanto, três elementos eram essenciais, quais sejam: instrutores, alunos treinados e instalação física.

Com a evolução jurisprudencial, o TCU passou a exigir outros documentos para comprovar a regularidade dos convênios firmados. Além dos elementos citados anteriormente, também passou a ser necessária a análise da regularidade da execução financeira, com uma verificação documental mais aprofundada.

A Primeira Câmara aplicou o comando do art. 24 da LINDB e considerou comprovada a execução física do convênio, nos termos da jurisprudência do Tribunal à época dos fatos. Ao final, não foi afastada totalmente a condenação por outras deficiências na prestação de contas, entretanto a multa foi reduzida para menos da metade do valor inicialmente aplicado. Verifica-se, portanto, que a Corte de Contas interpretou o dispositivo inserido na LINDB pela Lei da Segurança da maneira imaginada pelos seus idealizadores.

3.4 Caso nº 4, art. 28 da LINDB: análise em bloco

O parecer elaborado pela Consultoria do TCU[28] e encaminhado ao Presidente da República antes da sanção da Lei nº 13.655, de 2018, fez críticas contundentes ao novo artigo 28 da LINDB. O artigo 28 estabelece que "o agente público responderá pessoalmente por suas decisões ou opiniões técnicas em caso de dolo ou erro grosseiro".[29]

Na opinião dos autores do documento intitulado "Análise Preliminar ao PL 7.448/2017", o texto do artigo 28 autorizaria o agente público a ser negligente, imprudente ou imperito que nada lhe aconteceria, pois, supostamente, estaria isento de responsabilidade por seus atos. Em complementação ao primeiro parecer, a Consultoria Jurídica do TCU defendeu a inconstitucionalidade do dispositivo.[30]

A área jurídica do Tribunal alegou que o *caput* artigo 28 ofenderia o art. 37, §6º, da Constituição Federal, que "estabelece o direito de regresso, nos casos de dolo ou culpa, contra os prestadores de serviços públicos responsáveis por danos causados por

---

[28] TRIBUNAL DE CONTAS DA UNIÃO. Gabinete do Presidente. *Análise Preliminar do PL 7448/2017*. Disponível em: https://www.conjur.com.br/dl/analise-consultoria-juridica-tcu-lindb.pdf. Acesso em: 17 maio 2021.

[29] "Art. 28 O agente público responderá pessoalmente por suas decisões ou opiniões técnicas em caso de dolo ou erro grosseiro." (BRASIL. PRESIDÊNCIA DA REPÚBLICA. *Decreto-Lei nº 4.657, de 4 de setembro de 1942*. Lei de Introdução às Normas do Direito Brasileiro. Disponível em: http://www.planalto.gov.br/ccivil_03/decreto-lei/del4657compilado.htm. Acesso em: 20 maio 2021).

[30] TRIBUNAL DE CONTAS DA UNIÃO. *TC-012.028/2018-5*. Parecer sobre o PL 7448/2017, em face do parecer-resposta dos autores do PL e de outros juristas. Disponível em: https://vdocuments.com.br/processo-tcuconjur-tc-0120282018-5-processo-decisorio-judicial-mas-que.html. Acesso em: 10 maio 2021.

seus agentes".[31] Argumentaram que o dispositivo constitucional não contém exigência de erro grosseiro, mas somente a culpa por parte do agente.

Ao apreciar matéria que trata da responsabilização para fins de direito de regresso, o Plenário teve o seguinte entendimento:

> O art. 28 do Decreto-lei 4.657/1942 (Lindb), que trata da responsabilização pessoal do agente em caso de dolo ou erro grosseiro, não se aplica ao particular contratado pela Administração Pública e se refere exclusivamente à aplicação de sanções, visto que o dever de indenizar os prejuízos ao erário permanece sujeito à comprovação de dolo ou culpa, sem qualquer gradação, como é de praxe no âmbito da responsabilidade aquiliana, inclusive para fins de regresso (art. 37, §6º, da Constituição Federal).[32]

Na apreciação de embargos declaratórios contra acórdão que determinou a agente público e duas empresas privadas o ressarcimento de danos causados ao erário, o Plenário da Corte de Contas formulou tese de que o dever de indenizar os prejuízos ao erário permaneceu sujeito à comprovação de dolo ou culpa, mesmo após o advento do art. 28 da LINDB. No caso em análise, o agente público e as empresas foram condenados ao ressarcimento do erário por incluírem na planilha de custos de obra utilização de modalidade de transporte das composições mais onerosa do que a que foi de fato utilizada.

As empresas argumentaram que não houve dolo ou erro grosseiro e que, portanto, não poderiam ser responsabilizas nos termos do art. 28 da LINDB. O Tribunal, no entanto, rechaçou as alegações e afirmou que o referido dispositivo se aplica exclusivamente aos agentes públicos e não aos particulares contratados pela Administração para elaboração de projetos de obras viárias.

Os membros da Corte definiram, também, que o disposto no art. 28 faz referência apenas à aplicação de sanções aos agentes públicos. De acordo com o entendimento adotado, a obrigação de indenizar por prejuízos causados ao erário ainda está sujeita à comprovação apenas de dolo ou culpa, sem falar em qualquer gradação ou erro grosseiro, igualmente para fins de regresso à Administração Pública, nos termos dispostos no art. 37, §6º, da Constituição Federal.

Para os integrantes do TCU, o art. 28 da LINDB apresentou novos parâmetros exclusivamente no que diz respeito ao direito sancionador, e não do dever de ressarcimento

---

[31] "Art. 37, §6º: As pessoas jurídicas de direito público e as de direito privado prestadoras de serviços públicos responderão pelos danos que seus agentes, nessa qualidade, causarem a terceiros, assegurado o direito de regresso contra o responsável nos casos de dolo ou culpa." (BRASIL. *Constituição da República Federativa do Brasil*: promulgada em 5 de outubro de 1988. Organização dos textos, notas remissivas e índices por Juarez de Oliveira. 4. ed. São Paulo: Saraiva, 1990. 168 p. Disponível em: http://www.planalto.gov.br/ccivil_03/constituicao/constituicao.htm. Acesso em: 9 jun. 2021).

[32] BRASIL. Tribunal de Contas da União. Plenário. TCE n. 002.048/2014-0. TOMADA DE CONTAS ESPECIAL. CONTENÇÃO DE TALUDE ÀS MARGENS DE RODOVIA. SUPERFATURAMENTO POR PREÇOS E QUANTITATIVOS. CONTAS IRREGULARES. DÉBITO. MULTA. RECURSO DE RECONSIDERAÇÃO. CONHECIMENTO. ALEGAÇÕES DE INCONSISTÊNCIA NOS CÁLCULOS EFETUADOS PELO TRIBUNAL; DE INAPLICABILIDADE DE NORMA ESPECÍFICA NAS OBRAS EXECUTADAS; E DE AUSÊNCIA DE RESPONSABILIDADE PELAS IRREGULARIDADES APURADAS. PROCEDÊNCIA PARCIAL DOS ARGUMENTOS RECURSAIS. REDUÇÃO DE UMA DAS PARCELAS DO DÉBITO. PROVIMENTO PARCIAL DO RECURSO DO FISCAL DO CONTRATO. NEGATIVA DE PROVIMENTO DO RECURSO DA PROJETISTA. PROVIMENTO PARCIAL DO RECURSO DA CONSTRUTORA. EMBARGOS DE DECLARAÇÃO. CONHECIMENTO. REJEIÇÃO. Rel. Benjamin Zymler, julgado em 20.11.2019.

ao erário. Os Ministros ressaltaram que as medidas de cunho ressarcitório não fazem parte do conceito de sanção administrativa, pois não ambicionam repreender, mas tão somente reparar os danos causados.[33]

O mesmo entendimento foi adotado em situação na qual se apreciava a existência de responsabilização financeira por dano ao erário:

> A regra prevista no art. 28 da LINDB (Decreto-lei 4.657/1942), que estabelece que o agente público só responderá pessoalmente por suas decisões ou opiniões técnicas em caso de dolo ou erro grosseiro, não se aplica à responsabilidade financeira por dano ao erário. O dever de indenizar prejuízos aos cofres públicos permanece sujeito à comprovação de dolo ou culpa, sem qualquer gradação, tendo em vista o tratamento constitucional dado à matéria (art. 37, §6º, da Constituição Federal).[34]

No caso dos autos, a Primeira Câmara apreciou embargos declaratórios opostos por ex-prefeito e secretária-adjunta municipal contra decisão que julgou como irregulares suas contas, com aplicação de multa e ressarcimento dos danos, em virtude de desconformidade prestação de contas de obra realizada em viaduto. A obra foi executada por meio de convênio entre a União e o município.

O colegiado entendeu que ficou evidenciado o erro grosseiro pela inobservância do dever de cuidado pela assinatura de termo de aditamento acintosamente ilegal. Os ministros ressaltaram, no entanto, que, mesmo se não tivesse havido erro grosseiro, o art. 28 da LINDB não teria modificado os requisitos necessários para responsabilidade financeira por débito, considerando que esta matéria tem tratamento constitucional expresso (art. 37, §6º, da Constituição Federal).

Esse ponto adquire importância significativa pelo fato de a Corte sedimentar seu entendimento a respeito da aplicação das inovações trazidas pelo artigo 28 da LINDB. A delimitação sobre seu alcance parece ter sido pacificada pelo plenário.

A responsabilização exclusivamente por dolo ou erro grosseiro fica restrita ao poder sancionador, com a aplicação de multas ou condenações diversas por irregularidades no uso de recursos públicos. A responsabilidade de reparar danos ao erário continua existindo na configuração de conduta dolosa ou culposa por parte do agente, nos termos do art. 37, §6º, da Constituição Federal.

---

[33] No acórdão foi citado Fábio Medina Osório: "O que importa ressaltar, nesse contexto, é que as medidas de cunho ressarcitório não se integram no conceito de sanção administrativa, pois não assumem efeito aflitivo ou disciplinar, não ambicionam a repressão, mas sim a reparação do dano, assumindo conteúdo restituitório, reparatório, submetendo nesse ponto a princípios próprios, específicos, mais próximos, naturalmente, do Direito Civil". Para mais, ver: OSÓRIO, Fábio de Medina. *Direito Administrativo Sancionador*. 2. ed. São Paulo: Revista dos Tribunais, 2015.

[34] BRASIL. Tribunal de Contas da União. Plenário. TCE n. 026.095/2006-8. TOMADA DE CONTAS ESPECIAL. CONVÊNIO PG 236/2000. Execução de diversas obras de infraestrutura urbana EM JOÃO PESSOA/PB, inclusive a construção do Viaduto Cristo Redentor (Viaduto do Ceasa), na BR230/PB. SUPERFATURAMENTO POR SERVIÇOS NÃO EXECUTADOS. SUPERFATURAMENTO POR PREÇOS EXCESSIVOS. PAGAMENTO A MAIOR DE REAJUSTE CONTRATUAL. ADITAMENTO CONTRATUAL ILEGAL INCLUINDO SERVIÇOS CUJA RESPONSABILIDADE ERA DA PRÓPRIA CONTRATADA. CITAÇÃO. AUDIÊNCIA. ACOLHIMENTO DAS RAZÕES DE JUSTIFICATIVA. ACOLHIMENTO DAS ALEGAÇÕES DE DEFESA DE ALGUNS DOS RESPONSÁVEIS. REJEIÇÃO DAS ALEGAÇÕES DE DEFESA DOS DEMAIS. CONTAS IRREGULARES, COM DÉBITO E MULTA. EMBARGOS DE DECLARAÇÃO. CONHECIMENTO. REJEIÇÃO. Rel. Benjamin Zymler, julgado em: 09.07.2019.

Como o conceito da expressão "erro grosseiro" é aberto, possibilitando interpretações diversas, o TCU tem buscado definir condutas passíveis de serem enquadradas como praticadas por "erro grosseiro" e, portanto, merecedoras da devida reprimenda sancionatória por parte do Tribunal. Essa busca pela delimitação de condutas reprováveis possibilita um aumento da segurança jurídica, pois permite aos gestores públicos se precaverem e evitarem determinadas práticas.

No Acórdão nº 1.691/2020, de relatoria do Ministro Augusto Nardes, o Plenário da Corte entendeu que, "para aplicação de sanções pelo TCU, deve-se caracterizar a ocorrência de culpa grave ou dolo na conduta do administrador público".[35] A culpa grave, nas palavras do Ministro Relator, é decorrente de uma grave inobservância de um dever de cuidado.[36]

No referido julgamento, o Tribunal apreciou representação formulada contra pregoeiro por aceitação de atestado de capacidade técnica com indícios de falsidade material. O Plenário entendeu que o agente público objeto de representação não poderia ter sua conduta enquadrada como "erro grosseiro" e, portanto, não sofreria sanção do TCU.

Entre as razões sopesadas para elidir a culpa grave do pregoeiro, uma chamou a atenção pelo fato de não ser vista com frequência. Trata-se da constatação de que o agente público em questão não dispunha dos mesmos recursos de informação dos quais dispõem os técnicos do TCU, "caracterizando disparidade de armas em desfavor do recorrente".[37]

Esse tipo de situação é recorrente e atinge, principalmente, pequenas prefeituras que não contam com recursos técnicos e humanos semelhantes aos encontrados nos mais variados órgãos de controle. Essas limitações interferem no exercício das atividades, evidenciando a situação relatada no julgamento mencionado.

O Tribunal também já entendeu que "pode ser tipificado como erro grosseiro o descumprimento, sem a devida motivação, de determinação expedida pelo TCU, pois tal conduta revela grave inobservância do dever de cuidado, o que configura culpa grave".[38]

---

[35] BRASIL. Tribunal de Contas da União. Plenário. *TC 011.705/2018-3*. PEDIDO DE REEXAME EM REPRESENTAÇÃO. IRREGULARIDADES NA ADJUDICAÇÃO DE OBJETO DE PREGÃO ELETRÔNICO. EVENTO AGROINDUSTRIAL. CERTIDÕES OBTIDAS DE FORMA IRREGULAR. PROCEDÊNCIA. MULTA AO PREGOEIRO. INIDONEIDADE DE EMPRESA LICITANTE. PEDIDO DE REEXAME. CIRCUNSTÂNCIAS DO CASO CONCRETO IMPEDEM A CARACTERIZAÇÃO DA CONDUTA DO RECORRENTE COMO "ERRO GROSSEIRO" PARA FINS DO ART. 28 DA LINDB E DECRETO 9.830/2019. PROVIMENTO. Rel. Augusto Nardes, julgado em 20.11.2019. Mesmo entendimento: BRASIL. Tribunal de Contas da União. Plenário. *RA n. 008.256/2010-1*. RELATÓRIO DE AUDITORIA CONSOLIDADO. FOC INSS. OBRAS DO PROJETO DE EXPANSÃO DA REDE DE ATENDIMENTO DO INSS. DEFICIÊNCIAS NO PROJETO BÁSICO PADRÃO. MULTA. EMBARGOS DE DECLARAÇÃO. CONHECIMENTO. REJEIÇÃO. RECURSO DE REEXAME. CONHECIMENTO. NÃO PROVIMENTO. Rel. Augusto Nardes, julgado em 24.07.2019.

[36] *Ibidem*.

[37] "(...) "Entretanto, sopesadas:
i) as circunstâncias do caso concreto (exíguo prazo para contratação do objeto, cuja protelação poderia pôr em risco a realização do evento e causar prejuízo à instituição) ; ii) o fato de o Senar-AR/MT não dispor dos mesmos recursos de informação presentes nesta Corte de Contas, caracterizando disparidade de armas em desfavor do recorrente; iii) o valor da contratação foi inferior ao da segunda classificada; iv) o evento foi realizado de forma satisfatória, com alcance dos objetivos pretendidos na contratação; v) não ter havido violação explícita de dispositivos legais e regulamentares aplicáveis à espécie; vi) ausência de indícios de que o pregoeiro tenha agido em conluio com empresa fictícia ou com seus representantes ou se beneficiado do certame; conclui-se não poder ser caracterizada a conduta do recorrente como erro grosseiro ou dolosa.(...)".

[38] BRASIL. Tribunal de Contas da União. Plenário. *TC n. 020.166/2015-0*. RELATÓRIO DE AUDITORIA. FISCALIZAÇÃO DE ORIENTAÇÃO CENTRALIZADA (FOC). VERIFICAÇÃO DA CONFORMIDADE DOS

No caso concreto, o TCU determinou ao órgão fiscalizado que tomasse providências a respeito da publicação da relação de beneficiários do Programa Nacional de Reforma Agrária (PNRA).

O agente público argumentou que as recomendações do Tribunal haviam sido apresentadas em momento anterior ao de sua investidura no cargo. Entretanto, a Corte entendeu que é dever do agente público inteirar-se das determinações expedidas pelo TCU relativas à sua área de atuação, visto que as determinações expedidas pela Corte de Contas não possuem caráter pessoal, e sim institucional. Com essas considerações, o Tribunal optou por reconhecer a responsabilidade do gestor público e aplicar medida sancionatória.

Em outra situação, a Primeira Câmara do Tribunal entendeu que pode ser caracterizada como erro grosseiro ou culpa grave a conduta de agente político que firma convênio, com previsão de repasse de verbas federais, a objeto não elegível pela respectiva política pública, mesmo se existirem pareceres técnicos e jurídicos autorizadores.[39] No caso em tela, Ministro de Estado foi responsabilizado, mesmo com a existência de pareceres técnicos e jurídicos, por ter assinado convênio que "violou frontalmente normas de regência" de Política Nacional da qual deveria ter conhecimento e zelo.

Observe-se que, mesmo com as novas disposições inseridas na LINDB, o Tribunal continua rigoroso na aplicação de sanções aos agentes públicos. A assinatura de convênio com base em pareceres técnicos e jurídicos formulados por servidores públicos federais não poderia ser enquadrada como erro grosseiro.

As áreas técnicas e jurídicas dos órgãos federais são formadas, geralmente, por servidores públicos estáveis e aptos a efetuar análises complexas de conformidade entre o objeto do convênio e a política pública respectiva. Não é razoável exigir do agente político a apreciação minuciosa de todos os convênios assinados por seu Ministério.

Em outro julgamento, desta vez pelo Plenário, os membros do Tribunal entenderam que pode ser considerado como erro grosseiro para fins do art. 28, da LINDB, o ato do gestor público que desconsiderar, sem motivação devida, parecer elaborado pela consultoria jurídica do respectivo órgão ou entidade.[40] A Corte considerou que tal conduta revelaria desempenho abaixo das expectativas para um administrador médio, configurando, assim, culpa grave.

A responsabilidade do parecerista jurídico também foi objeto de apreciação pela Primeira Câmara da Corte. Os integrantes do colegiado entenderam que o ato de aprovar minuta de edital licitatório contendo irregularidades que não envolvam controvérsias

---

PROCEDIMENTOS REALIZADOS NA SELEÇÃO E MANUTENÇÃO DE BENEFICIÁRIOS DO PROGRAMA NACIONAL DE REFORMA AGRÁRIA (PNRA), EM ASSENTAMENTOS IMPLANTADOS NO ESTADO DE SÃO PAULO. IRREGULARIDADES. AUDIÊNCIAS. REJEIÇÃO DAS RAZÕES DE JUSTIFICATIVA. MULTA. INABILITAÇÃO. CIÊNCIAS. Rel. Augusto Sherman, julgado em 05.08.2020.

[39] BRASIL. Tribunal de Contas da União. Primeira Câmara. *TCE n. 008.985/2016-2*. TOMADA DE CONTAS ESPECIAL. CONVÊNIO PARA A REALIZAÇÃO DE EVENTO DE CUNHO EMINENTEMENTE PRIVADO E EM DESACORDO COM AS NORMAS DA POLÍTICA NACIONAL DE TURISMO. CITAÇÃO DA ENTIDADE CONVENENTE E DE SEU DIRIGENTE. AUDIÊNCIA DOS AGENTES PÚBLICOS DO MINISTÉRIO DO TURISMO QUE PARTICIPARAM DA APROVAÇÃO DO CONVÊNIO. NÃO DEMONSTRAÇÃO DO CARÁTER ESTRITAMENTE PRIVADO DA AVENÇA. ACOLHIMENTO PARCIAL DAS ALEGAÇÕES DE DEFESA. CONTAS REGULARES COM RESSALVA. VIOLAÇÃO DA PORTARIA DO MINISTÉRIO QUE DISCIPLINAVA A CELEBRAÇÃO DE CONVÊNIOS. MULTA. Rel. Benjamin Zymler, julgado em 01.10.2019.

[40] BRASIL. Tribunal de Contas da União. Plenário. *REPR n. 014.448/2017-3* (...). Rel. Augusto Nardes, julgado em 05.06.2019.

jurídicas ou complexidades técnicas relevantes pode ser tipificada como erro grosseiro para fins do exercício do poder sancionatório do TCU.[41]

No caso analisado, a parecerista jurídica endossou edital contendo irregularidades flagrantes, em desacordo com a Lei de Licitações. Para a caracterização da culpa grave nesse caso, os ministros ressaltaram que não é necessária a existência de má-fé ou dolo, mas apenas o simples ato de elaborar parecer em desacordo com as normas vigentes.

Nesse trabalho de determinar as condutas que podem ser caracterizadas como erro grosseiro, o Tribunal firmou os seguintes entendimentos:

a) A realização de pagamento antecipado sem justificativa do interesse público na sua adoção e sem as devidas garantias que assegurem o pleno cumprimento do objeto pactuado pode ser tipificada como erro grosseiro;[42]

b) A autorização de pagamento sem a devida liquidação da despesa pode ser tipificada como erro grosseiro;[43]

c) O direcionamento de licitação para marca específica sem a devida justificativa técnica pode ser tipificado como erro grosseiro;[44]

d) A prestação de contas dos recursos oriundos do Fundo Nacional de Assistência Social, regulada pela Lei nº 9.604/1998 e pela Portaria MDS nº 625/2010, desacompanhada do parecer do Conselho Municipal de Assistência Social (CMAS), pode ser tipificada como erro grosseiro;[45]

e) O pagamento de serviços de natureza continuada prestados sem respaldo contratual, em afronta ao art. 60, parágrafo único, da Lei nº 8.666/1993, pode ser tipificado como erro grosseiro;[46]

f) Pode ser tipificado como erro grosseiro, para fins do art. 28 da LINDB, o ato que reenquadrar empregado público em cargo de natureza absolutamente diversa e com atribuições de complexidade superior às previstas no cargo original, a caracterizar ascensão funcional;[47]

---

[41] BRASIL. Tribunal de Contas da União. Primeira Câmara. TCE 004.098/2015-3. (...). Rel. Bruno Dantas, julgado em 01.09.2020.

[42] BRASIL. Tribunal de Contas da União. Plenário. TCE n. 020.244/2014-2. PAGAMENTO ANTECIPADO DE PRODUTO QUÍMICO IMPORTADO. AUSÊNCIA DA ENTREGA DO PRODUTO. CONTAS IRREGULARES. DÉBITO. Rel. Benjamin Zymler, julgado em 06.02.2019.

[43] BRASIL. Tribunal de Contas da União. Primeira Câmara. TCE n. 014.213/2014-1. TOMADA DE CONTAS ESPECIAL. (...) Rel. Vital do Rêgo, julgado em 26.03.2019.

[44] BRASIL. Tribunal de Contas da União. Plenário. REPR n. 014.448/2017-3. REPRESENTAÇÃO COM PEDIDO DE CAUTELAR. (...). ASSINATURA DE PRAZO PARA ANULAR CONTRATO DECORRENTE DE ADESÃO À ARP. DETERMINAÇÕES. AUDIÊNCIAS DOS RESPONSÁVEIS. ANÁLISE DAS RAZÕES DE JUSTIFICATIVAS. REJEIÇÃO. MULTA AOS RESPONSÁVEIS. CIENTIFICAÇÃO. Rel. Augusto Nardes, julgado em 05.06.2019. (o mesmo acórdão teve dois enunciados formulados pela área técnica do Tribunal).

[45] BRASIL. Tribunal de Contas da União. Primeira Câmara. TCE n. 020.958/2016-1. TOMADA DE CONTAS ESPECIAL. CONTAS IRREGULARES. DÉBITO. MULTA. RECURSO DE RECONSIDERAÇÃO. CONHECIMENTO. RAZÕES RECURSAIS INSUFICIENTES PARA MODIFICAR A DECISÃO COMBATIDA. NEGATIVA DE PROVIMENTO. NOTIFICAÇÃO. Relator: Vital do Rêgo, julgado em 25.06.2019.

[46] BRASIL. Tribunal de Contas da União. Segunda Câmara. ACOM n. 023.177/2018-7. RELATÓRIO DE ACOMPANHAMENTO. CONSTATAÇÃO DE GRAVE INFRAÇÃO A NORMATIVOS LEGAIS E PRINCÍPIOS QUE REGEM AS LICITAÇÕES E CONTRATOS PÚBLICOS. ERRO GROSSEIRO. CULPA GRAVE. APENAÇÃO DOS GESTORES. Rel. Augusto Nardes, julgado em 03.12.2019.

[47] BRASIL. Tribunal de Contas da União. Primeira Câmara. TCE n. 003.120/2013-9. (...) ESTABELECIMENTO DE REGRAS DE TRANSIÇÃO NOS TERMOS DO ART. 21 DA LINDB. REJEIÇÃO DAS RAZÕES DE JUSTIFICATIVAS APRESENTADAS PELOS DIRETORES DA CBTU. ACOLHIMENTO DAS RAZÕES DE JUSTIFICATIVAS APRESENTADAS PELOS TÉCNICOS DA CBTU. EXISTÊNCIA DE ERRO GROSSEIRO. APLICAÇÃO DE PENA DE MULTA. DETERMINAÇÕES. Relator: BENJAMIN ZYMLER, Julgado em 03.12.2019.

g) A execução de objeto conveniado em desacordo com o plano de trabalho aprovado pelo concedente é considerada erro grosseiro para fins de responsabilização perante o TCU.[48]

Entre os anos de 2019 e 2020 foi possível verificar que o TCU analisou casos concretos de forma a estabelecer a caracterização de diversos atos que podem ser tipificados como condutas praticadas com "erro grosseiro" ou "culpa grave". A Corte também manteve a distinção entre responsabilidade para fins de exercício do poder sancionatório, existente no caso de erro grosseiro, e a possibilidade de reparação ao erário, que, no entendimento do Tribunal, não foi alterada pelo art. 28 da LINDB, necessitando, para sua efetivação, da comprovação de dolo ou culpa, sem gradação.

Esse entendimento pode inibir alguns dos objetivos esperados com a entrada em vigor da nova legislação. O agente público ainda poderá ser exposto ao ressarcimento ao erário em casos de culpa, sem gradação, ou seja, não importando se houve erro grosseiro na conduta ou não.

4 Considerações finais

A existência da sensação de estabilidade nas relações jurídicas é fundamental para o desenvolvimento socioeconômico de um país. Existe uma relação direta entre o nível de segurança jurídica observado em uma nação e índices de confiança para atração de investimentos externos.

A legislação e a jurisprudência brasileiras estão evoluindo na busca por segurança jurídica. É notável a existência de uma sensibilização positiva em relação ao assunto no Congresso Nacional, no Governo Federal e no Poder Judiciário.

O temor de ser responsabilizado em diversas esferas distintas atrapalhava na busca de soluções criativas para os problemas enfrentados corriqueiramente na gestão da máquina pública. Em alguns casos, os órgãos controladores, utilizando-se muitas vezes de conceitos abstratos, determinavam práticas de atos de gestão que seriam de responsabilidade dos gestores públicos habilitados.

Foram apresentados dados sobre a aplicação efetiva da nova legislação pela Corte de Contas. No período analisado, entre 2019 e 2020, não foram encontradas evidências de que as críticas ao texto pendente de sanção que foram encaminhadas ao Presidente da República pelo Tribunal de Contas da União (TCU) estavam corretas. No recorte temporal analisado não houve a demonstração de prejuízo para o exercício da fiscalização ou ao combate à corrupção por parte do TCU.

Os acréscimos promovidos ao texto da Lei de Introdução às Normas de Direito Brasileiro (LINDB) tiveram como principal objetivo fortalecer a segurança jurídica e a qualidade na aplicação do direito público. Além disso, os novos dispositivos buscam atrair e manter os gestores públicos de boa-fé que desejam exercer suas funções sem risco de responsabilizações onerosas e desarrazoadas.

---

[48] BRASIL. Tribunal de Contas da União. Primeira Câmara. TCE n. 020.825/2016-1. TOMADA DE CONTAS ESPECIAL. (...) DIFICULDADE EM AFERIR EVENTUAL DÉBITO A SER ATRIBUÍDO À EMPRESA CONTRATADA. CONTAS REGULARES COM RESSALVA. Relator: VITAL DO RÊGO. Julgado em 09.06.2020.

O TCU, no período compreendido entre 2019 e 2020, realizou a interpretação e aplicação de ao menos quatro artigos acrescentados à LINDB pela Lei da Segurança Jurídica, quais sejam: art. 20, art. 22, art. 24 e art. 28 da LINDB.

O art. 20 da LINDB buscou exigir do agente com poder decisório a consideração das consequências práticas nas decisões tomadas com base em valores abstratos, como forma de garantir a previsibilidade e a estabilidade. O TCU, ao aplicar e interpretar a norma adequadamente, foi ao encontro das expectativas criadas pelos idealizadores da Lei da Segurança Jurídica.

O art. 22 da LINDB consagrou a ideia da "primazia da realidade" na apreciação da responsabilidade do gestor público. Na interpretação e aplicação da norma, o TCU excluiu a responsabilidade de agentes apreciando as condições reais que enfrentavam para o exercício das atividades. A Corte de Contas entendeu, também, que, para aplicação das sanções, devem ser consideradas a natureza e a gravidade da infração, os danos que dela provieram para a Administração Pública e as circunstâncias agravantes ou atenuantes e os antecedentes do agente. Nos casos analisados, o Tribunal aplicou a norma de acordo com os objetivos almejados pelos seus idealizadores.

O art. 24 da LINDB estabelece que a revisão de validade de ato, contrato, ajuste, processo ou norma, que já houver completado seus efeitos, deverá levar em conta as orientações gerais da época, garantindo a segurança jurídica de situações plenamente constituídas. O TCU também aplicou o dispositivo em caso concreto, nos termos pretendidos pelos idealizadores da "Lei da Segurança Jurídica".

O art. 28 da LINDB tem por objetivo proteger o agente público que atua de boa-fé. Determina que o agente responderá pessoalmente por suas decisões ou opiniões técnicas em caso de dolo ou erro grosseiro. Nesse caso, no entanto, o TCU adotou posição que, ao que parece, não convergiu com os efeitos pretendidos pelos idealizadores das mudanças na LINDB. O Tribunal firmou entendimento de que os novos parâmetros de aferição da responsabilidade dos agentes públicos são aplicados exclusivamente no que diz respeito ao Direito sancionador e não se referem ao dever de ressarcimento ao erário. Segundo as decisões analisadas, os membros da Corte entenderam que as medidas de cunho ressarcitório não fazem parte do conceito de sanção administrativa, pois não ambicionam repreender, mas tão somente reparar os danos causados.

De acordo com essa interpretação, o dever de indenizar prejuízos aos cofres públicos ainda está sujeito à comprovação de dolo ou culpa, sem qualquer gradação, tendo nos termos do art. 37, §6º, da Constituição Federal.

Restringir a responsabilização pessoal do agente, no que diz respeito ao poder sancionador do Tribunal, já é extremamente benéfico ao gestor público de boa-fé. Entretanto, o risco de responsabilização financeira ainda vai impactar negativamente na iniciativa dos gestores em tomarem decisões inovadoras ou onerosas. Os idealizadores da norma pretendiam aliviar esse tipo de temor, mas, ao que parece, prevaleceu a aplicação do texto constitucional no que diz respeito às medidas de cunho ressarcitório.

A Corte de Contas, adicionalmente, tem se preocupado em definir situações que poderiam ser ou não caracterizadas como erro grosseiro. Essa definição é importante para nortear as ações dos gestores públicos.

As mudanças legislativas trazidas pela Lei nº 13.655, de 25 de abril de 2018, são alvissareiras e podem contribuir para uma maior eficiência e qualidade na aplicação do

Direito público. Consequentemente, podem ajudar gestores públicos no desempenho de suas atividades funcionais em benefício da sociedade.

Informação bibliográfica deste texto, conforme a NBR 6023:2018 da Associação Brasileira de Normas Técnicas (ABNT):

SILVEIRA, Eduardo Maia da. O Tribunal de Contas da União e a Lei da Segurança Jurídica (Lei nº 13.655, de 25 de abril de 2018) – análise sobre a aplicação da norma pela Corte de Contas entre janeiro de 2019 e dezembro de 2020. *In*: SEEFELDER FILHO, Claudio Xavier (coord.). *Direito Econômico e Desenvolvimento*: entre a prática e a academia. Belo Horizonte: Fórum, 2023. p. 183-204. ISBN 978-65-5518-487-7.

CREDENCIAMENTO COMO HIPÓTESE DE INEXIGIBILIDADE DE LICITAÇÃO EXPRESSAMENTE PREVISTA NA LEI Nº 14.133, DE 2021

ELDER LOUREIRO DE BARROS CORREIA

1 Introdução

Parte dos administrativistas peca ao tentar definir o que seria inexigibilidade de licitação. Isso porque ao tentar fazê-lo a limitam aos casos previstos no art. 74 da Lei nº 14.133, de 2021, negligenciando que se trata de um rol exemplificativo e outras hipóteses existirão quando houver inviabilidade de competição. E é nesse contexto que se enquadravam o credenciamento de licitação e a hipótese de que trata o art. 24, X, da Lei nº 8.666, de 1993, a qual, conquanto elencada como casos de licitação dispensável, referia-se à inexigibilidade, já que, como só um imóvel poderia atender à necessidade da Administração, não haveria competição. Embora com a superveniência da Lei nº 14.133, de 2021, ambos os casos passassem a ser expressamente previstos pela norma como hipótese expressa de inexigibilidade, ressalte-se que permanece possível passarem a existir novos casos.

Pretende-se, assim, apresentar uma visão abrangente do credenciamento como hipótese de inexigibilidade de licitação, inicialmente não expressamente prevista no art. 25 da Lei nº 8.666, de 1993, mas atualmente expressamente prevista no art. 74 da Lei nº 14.133, de 2021. Mas não se poderia realizar esse intento às pressas, sem clarificar os conceitos necessários à compreensão do instituto. Assim, serão explicados, inicialmente, os alicerces fundamentais prévios à análise do instituto. Logo após, serão contempladas múltiplas abordagens concernentes ao credenciamento na doutrina. Serão abordadas, ao fim, a jurisprudência do TCU quanto ao tema, a Nova Lei de Licitações e Contratos e as Leis Estaduais nºs 9.433/2005-BA, 17.928/2012-GO e 15.608/2007-PR.

2 Alicerces fundamentais prévios à análise do instituto

A Constituição Federal (CF) estabelece *competências privativas, concorrentes, suplementares e remanescentes* para legislar sobre os temas que especifica. Nessa linha, as *competências legislativas privativas* foram estabelecidas: a) no caso da União, no art. 22; no caso dos Municípios, no art. 30, I; no caso dos Estados, nos arts. 18, §4º, 25, §§2º e 3º, 125 e 144, §10. A União pode, consoante o parágrafo único do art. 22, delegar competência legislativa privativa federal aos Estados e ao Distrito Federal (DF), desde que através de lei complementar federal, editada pelo Congresso Nacional, e a todos esses entes, uniformemente, para tratar de questões específicas.

Já nas *competências legislativas concorrentes* a União estabelece normas gerais (art. 24, §1º) de observância obrigatória a todos os entes e normas específicas de aplicação limitada ao âmbito federal; os Estados exercem a *competência suplementar complementar* para fixar as normas específicas em seu âmbito (art. 24, §2º), sem prejuízo de exercerem a *competência suplementar supletiva* para regular plenamente a matéria no caso de inexistência da norma federal (art. 24, §3º), hipótese em que a superveniência desta suspende os dispositivos da norma estadual com ela conflitantes (art. 24, §4º).

Os Municípios, conquanto não considerados expressamente no âmbito das competências legislativas concorrentes, foram contemplados com a *competência suplementar complementar* para legislar sobre assuntos de interesse local e suplementar, no que couber, às legislações federal e estadual (art. 30, I e II). Assim, podem normatizar questões específicas em seu âmbito, em harmonia com as leis federais e estaduais. Os Estados possuem, ainda, a competência *remanescente, reservada ou residual* para legislar sobre temas que não lhes sejam vedados pela Lei Fundamental (art. 25, §1º) e o DF possui simultaneamente todas as competências estaduais e municipais mencionadas (art. 32, §1º).

Nesse contexto, o art. 22, XXVII, da Carta Magna prevê que *normas gerais* em matéria de *licitação e contratação*, em todas as modalidades, constituem *competência legislativa privativa da União*. Essa competência é, pois, *sui generes*, já que é privativa da União apenas estabelecer normas gerais sobre o tema. Nesse sentido, considerando o panorama de repartição de competências elucidado e o fato de que cabe a cada ente legislar sobre Direito Administrativo em seu âmbito (inferência do art. 18, *caput*), podemos concluir que os Estados, o DF e os Municípios possuem *competência suplementar complementar* para fixar normas específicas sobre licitações e contratos em seu âmbito.

Sob esse panorama, foram editadas pela União, a título de normas gerais, as Leis nos 14.133, de 2021 (para as administrações públicas diretas, autárquicas e fundacionais), e 13.303, de 2016 (para as empresas públicas e sociedades de economia mista), além das Leis nos 10.520, de 2002 (para regular a modalidade pregão), e 12.462, de 2011 (para instituir o Regime Diferenciado de Contratações Públicas). Ademais, foram editadas diversas leis estaduais, distritais e municipais, no exercício da competência suplementar complementar, prevendo normas específicas em matéria de licitação e contratação, com aplicação restrita aos âmbitos correspondentes.

Precisamos, então, entender o que é licitação. Segundo Meirelles,[1] corresponde ao "procedimento administrativo mediante o qual a Administração Pública seleciona a proposta mais vantajosa para o contrato de seu interesse, inclusive o da promoção do desenvolvimento econômico sustentável e fortalecimento de cadeias produtivas de bens e serviços domésticos", desenvolvido "através de uma sucessão ordenada

---

[1] MEIRELLES, Hely Lopes. *Direito Administrativo Brasileiro*. 42. ed. São Paulo: Malheiros, 2016, p. 307 e 310.

de atos vinculantes para a: Administração e para os licitantes, o que propicia igual oportunidade a todos os interessados e atua como fator de eficiência e moralidade nos negócios administrativos". Assim, a licitação "tem como pressuposto a competição" e "é o antecedente necessário do contrato administrativo", o que, por sua vez, "é o consequente lógico da licitação".

Já Di Pietro[2] define licitação como o procedimento administrativo através do qual um ente político, "no exercício da função administrativa, abre a todos os interessados, que se sujeitem às condições fixadas no instrumento convocatório, a possibilidade de formularem propostas dentre as quais selecionará e aceitará a mais conveniente para a celebração de contrato". Carvalho Filho,[3] por sua vez, conceitua licitação como o procedimento administrativo vinculado através do qual a Administração Pública "e aqueles por ela controlados selecionam a melhor proposta entre as oferecidas pelos vários interessados, com dois objetivos – a celebração de contrato, ou a obtenção do melhor trabalho técnico, artístico ou científico". Mas é Mello[4] que traz talvez o conceito mais analítico do instituto:

> Pode-se conceituar licitação da seguinte maneira: é o procedimento administrativo pelo qual uma pessoa governamental, pretendendo alienar, adquirir ou locar bens, realizar obras ou serviços, outorgar concessões, permissões de obra, serviço ou de uso exclusivo de bem público, segundo condições por ela estipuladas previamente, convoca interessados na apresentação de propostas, a fim de selecionar a que se revele mais conveniente em função de parâmetros antecipadamente estabelecidos e divulgados.

O objetivo da licitação, de acordo com o art. 11º da Lei nº 14.133, de 2021, é selecionar a proposta cujo resultado de contratação seja o mais vantajoso, sem incorrer em sobrepreço ou preços manifestamente inexequíveis e ou em superfaturamento na execução dos contratos, assegurando tratamento isonômico entre os licitantes e a justa competição e incentivando a inovação e o desenvolvimento nacional sustentável.

Torna-se, então, necessário lembrar que, consoante os arts. 37, XXI, e 175, *caput*, da Constituição Federal, a licitação constitui procedimento necessário para a Administração Pública: a) regra geral, contratar obras, serviços, compras e alienações, ressalvados os casos especificados na legislação, que veremos a seguir; b) prestar serviços públicos sob regime de concessão ou permissão, sempre que for viável a competição. Por isso, Alexandrino e Paulo[5] elucidam que "a regra geral é a necessidade de a administração pública como um todo, previamente à celebração de contratos administrativos, realizar licitação, em decorrência do princípio da indisponibilidade do interesse público".

Já a Lei nº 14.133, de 2021, em seus arts. 2º e 3º, prevê que não se aplica a operação de crédito (interno ou externo), a gestão de dívida pública e a contratações sujeitas a normas previstas em legislação própria, de modo a restringir sua aplicação para compra (inclusive por encomenda), locação, prestação de serviços, alienação e concessão de

---

[2] DI PIETRO, Maria Sylvia Zanella. *Direito Administrativo*. 31. ed. São Paulo: Atlas, 2018, p. 462.
[3] CARVALHO FILHO, José dos Santos. *Manual de Direito Administrativo*. 31. ed. São Paulo: Atlas, 2017, p. 181.
[4] MELLO, Celso Antônio Bandeira de. *Curso de Direito Administrativo*. 32. ed. São Paulo: Malheiros, 2015, p. 538.
[5] ALEXANDRINO, Marcelo; PAULO, Vicente. *Direito Administrativo Descomplicado*. 25. ed. Rio de Janeiro: Forense & São Paulo: Método, 2017, p. 753.

direito real de uso de bens, concessão e permissão de uso de bens públicos, obras e serviços de arquitetura e engenharia e contratações de tecnologia da informação e de comunicação.

Carvalho Filho,[6] por sua vez, realça que diante do princípio da obrigatoriedade de licitação, relacionado aos princípios da moralidade e da publicidade (art. 37, caput, da CF) e ao controle externo dos administradores responsáveis pela gestão de dinheiros públicos (art. 71, II e VI, da CF), "não pode a Administração abdicar do certame licitatório antes da celebração de seus contratos, salvo em situações excepcionais definidas em lei", de modo que é "inadmissível lei de unidade federativa em que se permitia que pequenas empresas pagassem seus débitos tributários através de dação em pagamento de materiais para a Administração", uma vez que representaria aquisição de bens sem licitação e sem enquadramento em previsão legal que permita sua não realização.

Nesse cenário, a lei ordinária responsável por prever os casos especificados na legislação de ressalva à obrigatoriedade de contratação de obras, serviços, compras e alienações por licitação é a Lei nº 14.133, de 2021. As ressalvas definidas foram as seguintes: a) inexigibilidade de licitação, por enquadramento numa das cinco hipóteses previstas de modo exemplificativo nos incisos do art. 74 ou na previsão geral do *caput*, sempre que houver inviabilidade de competição, não sendo possível realizar o certame; b) dispensa de licitação, por enquadramento numa das dezesseis hipóteses taxativamente previstas nos incisos do art. 75, nas quais o procedimento, embora possível, não é necessário.

Nesse sentido, Mello[7] esclarece que "a dispensa contempla hipóteses em que a licitação seria possível; entretanto, razões de tomo justificam que se deixe de efetuá-la em nome de outros interesses públicos que merecem acolhida", enquanto que a inexigibilidade "resultaria de inviabilidade da competição, dada a singularidade do objeto ou do ofertante" ou "por falta dos pressupostos jurídicos ou fáticos da licitação". Ademais, Carvalho Filho[8] explica que a dispensa "caracteriza-se pela circunstância de que, em tese, poderia o procedimento ser realizado, mas que, pela particularidade do caso, decidiu o legislador não torná-lo obrigatório" – "a licitação é materialmente possível, mas em regra inconveniente" –, enquanto que na inexigibilidade "sequer é viável a realização do certame" – "é inviável a própria competição".

Di Pietro[9] aborda com maestria a possibilidade de ampliação desses institutos ao prever que "os casos de dispensa de licitação não podem ser ampliados, porque constituem uma exceção à regra geral que exige licitação, quando haja possibilidade de competição", de modo que "sua interpretação deve ser feita em sentido estrito", enquanto que "a inexigibilidade é decorrência da inviabilidade de competição; o próprio dispositivo prevê algumas hipóteses, o que não impede que outras surjam na prática", uma vez que, "se a competição inexiste, não há que se falar em licitação".

Analisaremos a seguir o instituto do credenciamento, hipótese de inexigibilidade de licitação inicialmente não prevista na Lei nº 8.666, de 1993, mas que já era adotada

---

[6] CARVALHO FILHO, José dos Santos. *Manual de Direito Administrativo*. 31. ed. São Paulo: Atlas, 2017, p. 182.
[7] MELLO, Celso Antônio Bandeira de. *Curso de Direito Administrativo*. 32. ed. São Paulo: Malheiros, 2015, p. 559.
[8] CARVALHO FILHO, José dos Santos. *Manual de Direito Administrativo*. 31. ed. São Paulo: Atlas, 2017, p. 189 e 199.
[9] DI PIETRO, Maria Sylvia Zanella. *Direito Administrativo*. 31. ed. São Paulo: Atlas, 2018, p. 484.

em virtude do caráter exemplificativo do rol e da presente inviabilidade de competição, mas que atualmente encontra-se expressamente prevista na Lei nº 14.133, de 2021.

3 O credenciamento na doutrina

A doutrina comumente realiza interpretações limitadas quanto à abrangência da inexigibilidade de licitação. Nesse sentido, Di Pietro[10] afirma que "nos casos de inexigibilidade, não há possibilidade de competição, porque só existe um objeto ou uma pessoa que atenda às necessidades da Administração; a licitação é, portanto, inviável". Já Alexandrino e Paulo[11] declaram que "há inexigibilidade quando a licitação é juridicamente impossível", de modo que "a impossibilidade jurídica de licitar decorre da impossibilidade de competição, em razão da inexistência de pluralidade de potenciais proponentes". Essas abordagens não contemplam o caráter exemplificativo inerente ao rol de inexigibilidade de licitação, porquanto inexigível a licitação sempre que houver inviabilidade de competição, tampouco contemplam os casos que, conquanto não previstos na Lei nº 8.666, de 1993, foram incluídos pela Lei nº 14.133, de 2021.

Outra parte da doutrina enfatiza o caráter exemplificativo dos casos expressamente previstos de inexigibilidade de licitação. Nessa perspectiva, Meirelles[12] ensina que "ocorre a inexigibilidade de licitação quando há impossibilidade jurídica de competição entre contratantes, quer pela natureza específica do negócio, quer pelos objetivos sociais visados pela Administração". Mello[13] também doutrina que "outras hipóteses de exclusão de certame licitatório existirão, ainda que não arroladas (...) quando se proponham situações nas quais estejam ausentes pressupostos jurídicos ou fáticos condicionadores dos certames licitatórios", ou seja, quando "o uso da licitação significaria simplesmente inviabilizar o cumprimento de um interesse jurídico prestigiado no sistema normativo e ao qual a Administração deva dar provimento" ou quando "os prestadores do serviço almejado simplesmente não se engajariam na disputa dele em certame licitatório, inexistindo, pois, quem, com as aptidões necessárias, se dispusesse a disputar o objeto de certame que se armasse a tal propósito". Mello[14] reconhece, outrossim, que "a relação dos casos de inexigibilidade não é exaustiva, já que o art. 74 "refere que a licitação é inexigível quando inviável a competição" e "apenas destaca algumas hipóteses", dizendo posteriormente "em especial (...)"; trata-se, pois, de uma "já resoluta indicação de hipóteses nas quais ficam antecipadas situações características de inviabilidade, nos termos ali enumerados, sem exclusão de casos não catalogados, mas igualmente possíveis".

Justen Filho,[15] por sua vez, reconhece que a inviabilidade de competição "não é um conceito simples, que corresponda a uma ideia única"; de fato, "é difícil sistematizar

---

[10] DI PIETRO, Maria Sylvia Zanella. *Direito Administrativo*. 31. ed. São Paulo: Atlas, 2018, p. 481 e 482.
[11] ALEXANDRINO, Marcelo; PAULO, Vicente. *Direito Administrativo Descomplicado*. 25. ed. Rio de Janeiro: Forense & São Paulo: Método, 2017, p. 753.
[12] MEIRELLES, Hely Lopes. *Direito Administrativo Brasileiro*. 42. ed. São Paulo: Malheiros, 2016, p. 333 e 334.
[13] MELLO, Celso Antônio Bandeira de. *Curso de Direito Administrativo*. 32. ed. São Paulo: Malheiros, 2015, p. 566.
[14] MELLO, Celso Antônio Bandeira de. *Curso de Direito Administrativo*. 32. ed. São Paulo: Malheiros, 2015, p. 565 e 566.
[15] JUSTEN FILHO, Marçal. *Curso de Direito Administrativo*. 12. ed. São Paulo: Revista dos Tribunais, 2016, p. 584.

todos os eventos que podem conduzir à inviabilidade de competição", devido à "complexidade do mundo real, cuja riqueza é impossível de ser delimitada por meio de regras legais". Ousa, então, ministrar que a inviabilidade de competição pode ser causada "por ausência de pluralidade de alternativas, por ausência de 'mercado concorrencial', por impossibilidade de julgamento objetivo, por ausência de definição objetiva da prestação". Conclui, enfim, que "a contratação direta por inexigibilidade de licitação, portanto, não se restringe aos casos em que apenas uma única solução estiver disponível para a Administração Pública contratar determinada prestação", pois "é possível que existam diferentes alternativas e se configure a inviabilidade de competição".

É nesse cenário que surgiu o credenciamento como hipótese de inexigibilidade de licitação não expressamente prevista no âmbito da Lei nº 8.666, de 1993, conquanto posteriormente passou a possuir previsão expressa na Lei nº 14.133, de 2021.

Mello[16] define o credenciamento como "o procedimento administrativo pelo qual a Administração convoca todos os interessados em com ela travar contratos, desde que satisfeitos os requisitos previamente estipulados, haja vista a inviabilidade de competição em determinado setor". Zancaner,[17] por sua vez, elucida:

> credenciamento é um termo vago pelo qual se designam diferentes atos administrativos ampliativos da esfera jurídica dos particulares, pelos quais ora se habilita alguém à prática de ato de ofício público (caso do tradutor juramentado) ora à prestação de serviço público (caso do médico credenciado) ou de serviço social (credenciamento de Universidade) ora à prática de ato material preparatório da prática de ato de polícia (credenciamento de empresa para aferir o bom ou mau estado de um veículo automotor) ora à designação para auxiliar, na condição de aprendiz, trabalhos jurídicos estatais.

Di Pietro[18] conceitua credenciamento como o "procedimento prévio à contratação quando haja pluralidade de interessados em prestar o serviço ou fornecer o bem", no qual "a própria Administração Pública estabelece o montante da remuneração, devendo ser assegurada igualdade de condições entre todos os contratados", constituindo "hipótese de inexigibilidade, porque, havendo possibilidade de contratação de todos os interessados, a competição torna-se inviável". Já Dallari[19] retrata o credenciamento como:

> o ato ou contrato formal pelo qual a Administração Pública confere a um particular, pessoa física ou jurídica, a prerrogativa de exercer certas atividades materiais ou técnicas, em caráter instrumental ou de colaboração com o Poder Público, a título oneroso, remuneradas diretamente pelos interessados, sendo que o resultado dos trabalhos executados desfruta de especial credibilidade, tendo o outorgante o poder/dever de exercer a fiscalização, podendo até mesmo extinguir a outorga, assegurados os direitos e interesses patrimoniais do outorgado inocente e de boa-fé.

---

[16] MELLO, Celso Antônio Bandeira de. *Curso de Direito Administrativo*. 32. ed. São Paulo: Malheiros, 2015, p. 566.
[17] ZANCANER, Weida. Congresso Brasileiro de Direito Administrativo, XXII, 2008, Brasília, DF, *apud* MELLO, Celso Antônio Bandeira de. *Curso de Direito Administrativo*. 32. ed. São Paulo: Malheiros, 2015, p. 455.
[18] DI PIETRO, Maria Sylvia Zanella. *Direito Administrativo*. 31. ed. São Paulo: Atlas, 2018, p. 495.
[19] DALLARI, Adilson Abreu. Credenciamento. *Revista Eletrônica do Direito do Estado – REDE*, n. 5, jan./mar. 2006. Disponível em: http://www.direitodoestado.com.br/codrevista.asp?cod=84. Acesso em: 8 mar. 2021.

Precisa é a lição de Jacoby,[20] o qual instrui que, "se a Administração convoca todos os profissionais de determinado setor, dispondo-se a contratar os que tiverem interesse e que satisfaçam os requisitos estabelecidos" e fixando o valor a ser pago, "os possíveis licitantes não competirão, no estrito sentido da palavra, inviabilizando a competição, uma vez que a todos foi assegurada a contratação".

O credenciamento também pode ser conceituado, de acordo com Niebuhr,[21] como uma "espécie de cadastro em que se inserem todos os interessados em prestar certos tipos de serviços, conforme regras de habilitação e remuneração prefixadas pela própria Administração Pública", de modo que "todos os credenciados celebram, sob as mesmas condições, contrato administrativo", visto que "pela natureza do serviço, não há relação de exclusão, isto é, o serviço a ser contratado não precisa ser prestado com exclusividade por um ou por outro, mas é prestado por todos".

Sundfeld[22] afirma que, "se a Administração pretende credenciar médicos ou hospitais privados para atendimento à população e se admite credenciar todos os que preencham os requisitos indispensáveis, não se há de falar em licitação", porque "o credenciamento não pressupõe disputa, que é desnecessária", de modo que "todos os interessados aptos serão aproveitados".

Destarte, atualmente podemos definir o credenciamento como espécie de inexigibilidade de licitação expressamente prevista no art. 74, IV, da Lei nº 14.133, de 2021, na qual a inviabilidade de competição decorre da possibilidade de a Administração contratar, simultânea e isonomicamente, após o período de convocação estabelecido, todos os interessados que aceitarem o preço predefinido e satisfizerem as condições exigidas no instrumento convocatório, devidamente publicado.

4 O credenciamento na legislação

O credenciamento surgiu como uma hipótese de inexigibilidade de licitação inicialmente não prevista na Lei nº 8.666, de 1993, mas que, em virtude da inviabilidade de competição, já era adotada com base no caráter exemplificativo do rol. Atualmente, o instituto é aplicável com base em previsão expressa no art. 74, IV, da Lei nº 14.133, de 2021: "Art. 74. É inexigível a licitação quando inviável a competição, em especial nos casos de: (...) IV - objetos que devam ou possam ser contratados por meio de credenciamento".

A Nova Lei de Licitações e Contratos (NLLC) também converteu em hipótese de inexigibilidade o antigo caso de licitação dispensável constante no art. 24, X, da Lei nº 8.666, de 1993,[23] ao prever que é inexigível a licitação nos casos de "aquisição ou locação de imóvel cujas características de instalações e de localização tornem necessária

---

[20] FERNANDES, Jorge Ulisses Jacoby. *Coleção de Direito Público*. Belo Horizonte: Fórum, 2008, vol. 6, p. 538, *apud* GUIMARÃES, Eduardo Augusto. Credenciamento como hipótese de inexigibilidade de licitação. Âmbito Jurídico, 2011. Disponível em: https://ambitojuridico.com.br/cadernos/direito-administrativo/credenciamento-como-hipotese-de-inexigibilidade-de-licitacao/. Acesso em: 8 mar. 2021.

[21] NIEBUHR, Joel de Menezes. *Licitação Pública e Contrato Administrativo*. 4. ed. Belo Horizonte: Fórum, 2015, p. 119.

[22] SUNDFELD, Carlos Ari. *Licitação e contrato administrativo*: de acordo com as leis 8.666/93 e 8.883/94. 2. ed. São Paulo: Malheiros, 1995, p. 42.

[23] "Art. 24. É dispensável a licitação: (...) X - para a compra ou locação de imóvel destinado ao atendimento das finalidades precípuas da administração, cujas necessidades de instalação e localização condicionem a sua escolha, desde que o preço seja compatível com o valor de mercado, segundo avaliação prévia".

sua escolha". Isso porque esse caso sempre foi criticado pela doutrina, já que, como só um único imóvel atende à necessidade da Administração, a competição seria inviável e justificar-se-ia, assim, a inexigibilidade de licitação.

O credenciamento foi definido no art. 5º, XLIII, da NLLC como o "processo administrativo de chamamento público em que a Administração Pública convoca interessados em prestar serviços ou fornecer bens para que, preenchidos os requisitos necessários, se credenciem no órgão ou na entidade para executar o objeto quando convocados". A NLLC passou a considerá-lo, em seu art. 78, I, no grupo dos "procedimentos auxiliares das licitações e das contratações", junto à pré-qualificação, ao procedimento de manifestação de interesse, ao sistema de registro de preços e ao registro cadastral, obedecendo a "critérios claros e objetivos definidos em regulamento".

Nessa linha, a NLLC dedica uma seção inteira (a Seção II do Capítulo X do Título II) para tratar do credenciamento em seu art. 79. Prevê, em seu *caput*, que o credenciamento pode ser usado nas seguintes hipóteses de contratação:

- *Paralela e não excludente:* quando a realização de contratações simultâneas em condições padronizadas é viável e vantajosa para a Administração;
- *Com seleção a critério de terceiros:* quando a seleção do contratado fica a cargo do beneficiário direto da prestação;
- *Em mercados fluidos:* quando a seleção de agente por meio de processo de licitação é inviabilizada devido à constante flutuação do valor da prestação e das condições de contratação.

Estabelece, então, os procedimentos aplicáveis ao credenciamento, que serão definidos em regulamento, obedecidas as regras constantes do seu parágrafo único:

- *Edital de chamamento de interessados:* a Administração deverá divulgá-lo e mantê-lo à disposição do público, em sítio eletrônico oficial, de modo a permitir o cadastramento permanente de novos interessados, devendo prever as condições padronizadas de contratação, além de definir o valor da contratação, quando não se tratar da hipótese de contratação em mercados fluidos;
- *Cometimento do objeto contratado a terceiros:* não é permitido sem autorização expressa da Administração;
- *Denúncia:* é admitida, por qualquer das partes, nos prazos fixados no edital;
- *Peculiaridade da hipótese de contratação paralela e não excludente:* quando o objeto não permitir a contratação imediata e simultânea de todos os credenciados, devem ser adotados critérios objetivos de distribuição da demanda;
- *Peculiaridade da hipótese de contratação em mercados fluidos:* a Administração deve registrar as cotações de mercado vigentes no momento da contratação.

A NLLC previu, ainda, uma hipótese específica expressa de aplicabilidade do credenciamento. Deveras, o art. 31 prevê que, em caso de leilão, a Administração poderá cometê-lo a servidor designado pela autoridade competente ou a leiloeiro oficial; se optar pela realização do leilão por intermédio deste, deve selecioná-lo mediante credenciamento ou licitação na modalidade pregão e adotar o critério de julgamento *maior desconto* para suas comissões, limitados aos percentuais definidos na lei que regula a profissão de leiloeiro, tomando por base os valores dos bens objeto a serem leiloados.

Abordados os dispositivos da NLLC, faz-se necessário lembrar que cabe aos Estados, ao DF e aos Municípios fixar normas específicas sobre licitações e contratos em seu âmbito, no âmbito de suas competências suplementares complementares.

Nesse quadro, a Bahia editou sua Lei Baiana de Licitações e Contratos – a Lei Estadual nº 9.433, de 1º de março de 2005 –, que previu a hipótese de inexigibilidade por credenciamento nestes termos:

> Art. 61 - É inexigível a licitação, por inviabilidade de competição, quando, em razão da natureza do serviço a ser prestado e da impossibilidade prática de se estabelecer o confronto entre os interessados, no mesmo nível de igualdade, certas necessidades da Administração possam ser melhor atendidas mediante a contratação do maior número possível de prestadores de serviço, hipótese em que a Administração procederá ao credenciamento de todos os interessados que atendam às condições estabelecidas em regulamento.

Além disso, a lei baiana estabeleceu, em seu art. 62,[24] princípios e elementos a serem garantidos no sistema de credenciamento e, em seus arts. 61, parágrafo único,[25] e 63,[26] a obrigatoriedade de a Administração elaborar regulamento específico para cada credenciamento, que obedecerá aos princípios e requisitos definidos naquela norma.

No mesmo sentido, o Estado de Goiás editou sua Lei Goiana de Licitações e Contratos – a Lei Estadual nº 17.928, de 21 de novembro de 2012 –, que, em seu art. 2º, IX, conceituou o sistema de credenciamento como "o conjunto de procedimentos por meio dos quais a administração credencia, mediante chamamento público, os fornecedores e/ou prestadores de determinados bens ou serviços, nas hipóteses em que a multiplicidade de fornecedores simultâneos melhor atenda o interesse público". Ademais, previu, no seu art. 31,[27] princípios e elementos a serem garantidos no sistema de credenciamento e

---

[24] "Art. 62 Na implantação de um sistema de credenciamento, a Administração deverá preservar a lisura, transparência e economicidade do procedimento e garantir tratamento isonômico aos interessados, com o acesso permanente a qualquer um que preencha as exigências estabelecidas em regulamento, devendo instruir o respectivo processo com os seguintes elementos: I - convocação dos interessados por meio do Diário Oficial do Estado, de jornal de grande circulação e, sempre que possível, por meio eletrônico; II - fixação criteriosa da tabela de preços que remunerará os serviços a serem prestados; III - regulamentação da sistemática a ser adotada".

[25] "Art. 61 (...) Parágrafo único. A Administração elaborará regulamento específico para cada credenciamento, o qual obedecerá, rigorosamente, aos princípios constitucionais da isonomia, da legalidade, da impessoalidade, da moralidade, da publicidade, da economicidade e aos princípios do procedimento licitatório".

[26] "Art. 63 O regulamento para credenciamento deverá ser elaborado pelo órgão público interessado e observar os seguintes requisitos: I - ampla divulgação, mediante aviso publicado no Diário Oficial do Estado, em jornal de grande circulação local e, sempre que possível, por meio eletrônico, podendo também a Administração utilizar-se de chamamento a interessados do ramo, que gozem de boa reputação profissional, para ampliar o universo dos credenciados; II - fixação de critérios e exigências mínimas para que os interessados possam se credenciar; III - possibilidade de credenciamento, a qualquer tempo, de interessado, pessoa física ou jurídica, que preencha as condições mínimas fixadas; IV - fixação de tabela de preços dos diversos serviços a serem prestados, dos critérios de reajustamento e das condições e prazos para o pagamento dos serviços; V - rotatividade entre todos os credenciados, sempre excluída a vontade da Administração na determinação da demanda por credenciado; VI - vedação expressa de pagamento de qualquer sobretaxa em relação à tabela adotada; VII - estabelecimento das hipóteses de descredenciamento, assegurados o contraditório e a ampla defesa; VIII - possibilidade de rescisão do ajuste, a qualquer tempo, pelo credenciado, mediante notificação à Administração, com a antecedência fixada no termo; IX - previsão de os usuários denunciarem irregularidade na prestação dos serviços e/ou no faturamento; X - fixação das regras a serem observadas pelos credenciados na prestação do serviço".

[27] "Art. 31. Na realização de credenciamento, a Administração deverá preservar a lisura, transparência e economicidade do procedimento e garantir tratamento isonômico aos interessados, com o acesso a qualquer um que preencha as exigências estabelecidas em regulamento, devendo instruir o respectivo processo com os seguintes elementos: I – comprovação de forma clara e inequívoca, em procedimento próprio, da ocorrência das condições previstas no art. 30, cabendo ao ordenador de despesas declará-la, publicando o seu ato no Diário Oficial do Estado, até 3 (três) dias úteis após sua edição; II – convocação dos interessados por meio da imprensa oficial, de jornal de grande circulação e, sempre que possível, por meio eletrônico; III – fixação criteriosa da tabela de remuneração dos serviços a serem prestados, se for o caso; IV – regulamentação da sistemática a ser adotada".

estabeleceu, em seu art. 32,[28] a obrigatoriedade de a Administração elaborar regulamento para credenciamento, que obedecerá aos requisitos daquela norma. A lei goiana clarifica, ainda, a hipótese de aplicabilidade do credenciamento:

> Art. 30. Quando a natureza do serviço a ser prestado exigir e uma vez comprovada a impossibilidade prática de se estabelecer o confronto entre os interessados, no mesmo nível de igualdade, indicando que determinada necessidade da Administração será melhor atendida mediante a contratação do maior número possível de prestadores de serviço, proceder-se-á ao credenciamento de todos os interessados que atendam às condições estabelecidas em regulamento.

Podemos realçar, ainda, a edição pelo Estado do Paraná de sua Lei Paranaense de Licitações e Contratos – a Lei Estadual nº 15.608, de 16 de agosto de 2007, regulamentada pelo Decreto nº 4.507, de 2009, que institui o Regulamento do Credenciamento no Estado do Paraná –, que previu, em seu art. 25,[29] os requisitos do processo de credenciamento, cabível, consoante o parágrafo único do art. 24,[30] nas "situações em que o mesmo objeto possa ser realizado simultaneamente por diversos contratados". O art. 24, *caput*, da norma, por sua vez, conceitua o credenciamento como:

> o ato administrativo de chamamento público, processado por edital, destinado à contratação de serviços junto àqueles que satisfaçam os requisitos definidos pela Administração,

---

[28] "Art. 32. O regulamento para credenciamento deverá ser elaborado pelo órgão ou pela entidade da Administração responsável, observados os seguintes requisitos: I – ampla divulgação, mediante aviso publicado na imprensa oficial, em jornal de grande circulação e, sempre que possível, por meio eletrônico, podendo também a Administração utilizar-se de chamamento a interessados do ramo, que gozem de boa reputação profissional, para ampliar a quantidade de credenciados; II – fixação de critérios e exigências mínimas para que os interessados possam se credenciar; III – possibilidade de credenciamento, no prazo estabelecido no edital de chamamento, de interessado, pessoa física ou jurídica, que preencha as condições mínimas fixadas; IV – fixação de tabela de preços dos diversos serviços a serem prestados, dos critérios de reajustamento, das condições e dos prazos para o pagamento dos serviços, bem como dos critérios para redução dos preços fixados; V – rotatividade entre todos os credenciados, sempre excluída a vontade da Administração na determinação da demanda por credenciado; VI – vedação expressa de pagamento de qualquer sobretaxa em relação à tabela adotada; VII – possibilidade de rescisão do ajuste, a qualquer tempo, pelo credenciado, mediante notificação à Administração, com a antecedência fixada no termo respectivo; VIII – previsão de os usuários denunciarem irregularidade na prestação dos serviços; IX – fixação das regras a serem observadas pelos credenciados na prestação dos serviços; X – estabelecimento das hipóteses de descredenciamento, assegurados o contraditório e a ampla defesa. §1º Na eventualidade de aplicação de descredenciamento em virtude de irregularidade cometida pelo credenciado, respeitados o contraditório e a ampla defesa, aquele a quem se impôs tal penalidade ficará impedido de novamente se credenciar, pelo período de 1 (um) a 5 (cinco) anos, conforme dispuser o edital. §2º Sem prejuízo do disposto no inciso III, a qualquer tempo, os interessados poderão solicitar seu credenciamento, o qual se dará sem efeitos retroativos.

[29] "Art. 25. O processo de credenciamento deve ser autorizado pela autoridade competente, ser processado mediante a elaboração de edital pelo órgão público interessado e atender aos seguintes requisitos: I - explicitação do objeto a ser contratado; II - fixação de critérios e exigências mínimas à participação dos interessados; III - possibilidade de credenciamento a qualquer tempo pelo interessado, pessoa física ou jurídica; IV - manutenção de tabela de preços dos diversos serviços a serem prestados, dos critérios de reajustamento e das condições e prazos para o pagamento dos serviços; V - rotatividade entre todos os credenciados, sempre excluída a vontade da Administração na determinação da demanda por credenciado; VI - vedação expressa de pagamento de qualquer sobretaxa em relação à tabela adotada; VII - estabelecimento das hipóteses de descredenciamento, assegurados o contraditório e a ampla defesa; VIII - possibilidade de rescisão do ajuste, pelo credenciado, a qualquer tempo, mediante notificação à Administração com a antecedência fixada no termo; IX - previsão de os usuários denunciarem irregularidade na prestação dos serviços e/ou no faturamento". §1º A convocação dos interessados deverá ser feita mediante publicação na forma do §1º do art. 26. §2º O pagamento dos credenciados será realizado de acordo com a demanda, tendo por base o valor pré-definido pela Administração, a qual pode utilizar-se de tabelas de referência.

[30] "Art. 24 (...) Parágrafo único. A Administração Estadual poderá adotar o credenciamento para situações em que o mesmo objeto possa ser realizado simultaneamente por diversos contratados".

observado o prazo de publicidade de no mínimo 15 (quinze) dias úteis e no máximo de 30 (trinta) dias úteis.

Percebe-se, assim, que, mesmo quando o credenciamento não era expressamente previsto na Lei nº 8.666, de 1993, o caráter exemplificativo do rol de inexigibilidade de licitação já amparava sua aplicação sempre que houvesse inviabilidade de competição. Mesmo antes de o instituto se encontrar expressamente previsto na Lei nº 14.133, de 2021, já havia várias fontes normativas estaduais de referência para a adequada compreensão do instituto.

5 O credenciamento no Poder Legislativo federal

Neste primeiro momento, analisaremos todas as hipóteses de aplicação do credenciamento como inexigibilidade de licitação no âmbito dos órgãos vinculados ao Poder Legislativo Federal: Senado Federal, Câmara dos Deputados e Tribunal de Contas da União. Serão evidenciados não apenas casos em que o instituto fora aplicado, que poderão servir de sugestão e amparo técnico para uso ulterior por outros gestores públicos, como também a incipiente expressividade que eles representam no contexto das demais contratações públicas realizadas pelo órgão que será objeto da análise.

Primeiramente, podemos analisar todos os casos em que o instituto do credenciamento foi aplicado no âmbito do *Tribunal de Contas da União*. Analisando a pesquisa de termos contratuais disponibilizada no portal do TCU, verificou-se, inicialmente, a existência do credenciamento como uma opção de filtro contida no campo modalidade de licitação; entretanto, não houve nenhum retorno ao fazer uso desse filtro. Realizando nova pesquisa com o uso do termo "credenciamento" no campo "objeto", foram obtidos dois retornos.

Procedeu-se, então, à análise, um a um, de todos os termos contratuais da base de dados, ocasião na qual foi encontrado mais um retorno positivo. Nesse sentido, podemos aferir com precisão o nível de representatividade do uso do instituto do credenciamento pelo TCU. Como houve apenas três utilizações desde 2007 e houve no período 2.905 termos contratuais na base de dados, podemos concluir que o nível de representatividade do uso do instituto do credenciamento pelo TCU frente às demais alternativas de contratações públicas foi de *0,1%*. Resta, pois, cristalino que o índice obtido foi baixo, principalmente por se tratar do órgão que mais evidenciou a possibilidade de utilização do instituto, conquanto inexistisse previsão legal expressa na norma de regência.

Nesse sentido, podemos discorrer em linhas gerais sobre os três casos em que o TCU aplicou o instituto do credenciamento como hipótese de inexigibilidade de licitação no âmbito de suas próprias contratações públicas:

- *Credenciamento para a Exploração Comercial de Feira Orgânica no TCU:*[31] Credenciamento de associações e cooperativas para concessão de autorização de uso, a título precário e oneroso, de espaço localizado nas instalações do TCU, em Brasília, para a exploração comercial de feira orgânica, com a vigência

---

[31] TCU. Pesquisar Termos Contratuais. Cessão de Uso nº 1/2020 SEGEDAM. Disponível em: https://contas.tcu.gov.br/contrata2/web/externo/consultaPublicaTermoContratual.xhtml?code=14021. Acesso em: 8 mar. 2021.

improrrogável de 3 de fevereiro de 2020 a 2 de fevereiro de 2021 e sem a assumpção de ônus no âmbito da gestão orçamentário-financeira do órgão;
- *Credenciamento de Tradutores para a Tradução em Inglês, Espanhol, Francês e Alemão:* Credenciamento de tradutores de inglês, espanhol, francês e alemão para a prestação de serviços de versão de textos do português para inglês, espanhol, francês e alemão, de tradução de um desses idiomas estrangeiros para o português ou da versão de um desses idiomas estrangeiros para outro, com as seguintes vigências e impactos:
  - *Vigência Improrrogável, de 13 de abril de 2013 a 12 de abril de 2014:*[32] Com despesa prevista de R$ 240.000,00, foram empenhados e pagos R$ 165.354,20;
  - *Vigência Improrrogável, de 17 de abril de 2015 até 17 de outubro de 2016:*[33] Com a despesa prevista de R$ 380.000,00, foram empenhados e pagos R$ 293.302,00;

Em seguida, passou-se a analisar o uso do instituto do credenciamento como inexigibilidade de licitação no âmbito do *Senado Federal*. Na ocasião, verificou-se no portal de transparência do órgão que, depois de selecionadas as opções "licitações e contratos" e "licitações", há a segregação das licitações na modalidade pregão das outras modalidades de contratações públicas, o que facilitou a identificação das hipóteses e o cálculo do nível de representatividade do instituto do credenciamento na Casa. Como houve apenas doze utilizações desde 2008 e houve no período 2.023 contratações públicas realizadas na base de dados, podemos concluir que o nível de representatividade do uso do instituto do credenciamento pelo Senado Federal frente às demais alternativas de contratações públicas foi de *0,6%*, o que, embora ainda bastante reduzido, já é seis vezes superior ao encontrado para o TCU.

Nessa linha, podemos tecer breves considerações sobre as doze utilizações do instituto do credenciamento como hipótese de inexigibilidade licitação no âmbito do Senado Federal:

- *Credenciamento para a Exploração de Food Truck:* Credenciamento de pessoas físicas ou jurídicas para concessão, a título precário e oneroso, de autorização de uso de espaço para exploração comercial de serviço do tipo Food Truck em eventos a serem realizados nas dependências da Casa, com validade de doze meses, contados da data da homologação do cadastro, mediante os termos dos instrumentos convocatórios divulgados em 16 de setembro de 2015[34] e em 20 de outubro de 2017.[35]
- *Credenciamento para a Coleta Seletiva de Resíduos Recicláveis:* Credenciamento de cooperativas ou associações de catadores para efetuar a coleta seletiva dos

---

[32] TCU. Pesquisar Termos Contratuais. Credenciamento nº 1/2013 SEGEDAM. Disponível em: https://contas.tcu.gov.br/contrata2/web/externo/consultaPublicaTermoContratual.xhtml?code=2451. Acesso em: 8 mar. 2021.

[33] TCU. Pesquisar Termos Contratuais. Credenciamento nº 1/2014 SEGEDAM. Disponível em: https://contas.tcu.gov.br/contrata2/web/externo/consultaPublicaTermoContratual.xhtml?code=2801. Acesso em: 8 mar. 2021.

[34] SENADO FEDERAL. Portal de Transparência. Credenciamento 2/2015. Disponível em: https://www6g.senado.gov.br/transparencia/licitacoes-e-contratos/licitacoes/credenciamento-2-2015. Acesso em: 8 mar. 2021.

[35] SENADO FEDERAL. Portal de Transparência. Credenciamento 3/2017. Disponível em: https://www6g.senado.gov.br/transparencia/licitacoes-e-contratos/licitacoes/credenciamento-3-2017. Acesso em: 8 mar. 2021.

resíduos recicláveis gerados nas dependências da Casa (classificados pela NBR 10004 como Classe II B – Inertes), com validade de dois anos, caso tenha havido acordo para a partilha entre as associações e cooperativas interessadas, ou de seis meses, caso a divisão temporal da coleta ocorra por sorteio, mediante os termos dos instrumentos convocatórios divulgados em 5 de junho de 2013[36] e em 21 de agosto de 2017;[37]

- *Credenciamento de Leiloeiros:* Credenciamento de leiloeiros para a prestação de serviços de alienação de bens móveis de propriedade da Casa, com validade de 24 meses, contados da publicação da relação dos leiloeiros habilitados, prorrogável por igual ou inferior período, a critério exclusivo da Casa, até o limite de sessenta meses, mediante os termos do instrumento convocatório divulgado em 15 de fevereiro de 2012;[38]

- *Credenciamento para a Exploração de Feira Orgânica:* Credenciamento para concessão, a título precário e oneroso, de autorização de uso de espaço para a exploração comercial de serviço do tipo Feira Orgânica a ser realizada nas dependências da Casa, com validade de doze meses, contados da homologação do cadastro, renováveis por iguais e sucessivos períodos, mediante os termos do instrumento convocatório divulgado em 12 de maio de 2016;[39]

- *Credenciamento para o Serviço Móvel Pessoal (SMP) e o Serviço de Telefonia Fixa Comutada (STFC) na Modalidade Longa Distância (LD):* Credenciamento de empresas para conjuntamente prestarem o SMP e o STFC na modalidade LD, no que tange aos serviços de telefonia e comunicação de dados a partir de acessos móveis, com validade de doze meses, contados da homologação do credenciamento, prorrogável por igual período, até sessenta meses, mediante os termos dos instrumentos convocatórios divulgados em 17 de maio de 2013,[40] em 7 de novembro de 2014[41] e em 5 de agosto de 2015;[42]

- *Credenciamento para a Assistência e Internação Domiciliar:* Credenciamento de pessoas jurídicas para, no âmbito do Distrito Federal, prestar os serviços de Atenção Domiciliar, nas modalidades de assistência e internação domiciliar, aos beneficiários inscritos no Sistema Integrado de Saúde do Senado Federal (SIS), senadores e seus dependentes, ex-senadores e seus cônjuges, com validade de sessenta meses, contados da assinatura do contrato, perdurando seus efeitos

---

[36] SENADO FEDERAL. Portal de Transparência. Edital de Habilitação 1/2013. Disponível em: https://www6g.senado.gov.br/transparencia/licitacoes-e-contratos/licitacoes/35951/edital. Acesso em: 8 mar. 2021.

[37] SENADO FEDERAL. Portal de Transparência. Credenciamento 2/2017. Disponível em: https://www6g.senado.gov.br/transparencia/licitacoes-e-contratos/licitacoes/credenciamento-2-2017. Acesso em: 8 mar. 2021.

[38] SENADO FEDERAL. Portal de Transparência. Credenciamento 1/2012. Disponível em: https://www6g.senado.gov.br/transparencia/licitacoes-e-contratos/licitacoes/credenciamento-1-2012. Acesso em: 8 mar. 2021.

[39] SENADO FEDERAL. Portal de Transparência. Credenciamento 1/2016. Disponível em: https://www6g.senado.gov.br/transparencia/licitacoes-e-contratos/licitacoes/credenciamento-1-2016. Acesso em: 8 mar. 2021.

[40] SENADO FEDERAL. Portal de Transparência. Credenciamento 1/2013. Disponível em: https://www6g.senado.gov.br/transparencia/licitacoes-e-contratos/licitacoes/credenciamento-1-2013. Acesso em: 8 mar. 2021.

[41] SENADO FEDERAL. Portal de Transparência. Credenciamento 1/2014. Disponível em: https://www6g.senado.gov.br/transparencia/licitacoes-e-contratos/licitacoes/credenciamento-1-2014. Acesso em: 8 mar. 2021.

[42] SENADO FEDERAL. Portal de Transparência. Credenciamento 1/2015. Disponível em: https://www6g.senado.gov.br/transparencia/licitacoes-e-contratos/licitacoes/credenciamento-1-2015. Acesso em: 8 mar. 2021.

enquanto houver interesse da Contratante, mediante os termos do instrumento convocatório divulgado em 31 de janeiro de 2017;[43]

- *Credenciamento para Assistência Complementar à Saúde:* Credenciamento de pessoas jurídicas para, no âmbito das especializações da Casa, prestar os serviços de assistência complementar à saúde, nas áreas hospitalar, ambulatorial, exames complementares ao diagnóstico e serviços especiais em saúde, com validade de sessenta meses, contados da assinatura do contrato, com efeitos enquanto houver interesse da Contratante, mediante os termos do instrumento convocatório divulgado em 15 de julho de 2010;[44]
- *Credenciamento para Assistência Integral à Saúde:* Credenciamento de pessoas jurídicas para, no âmbito das especializações da Casa, prestarem serviços de assistência integral à saúde na área hospitalar aos beneficiários inscritos no SIS e aos senadores e seus dependentes, ex-senadores e seus cônjuges, com validade de sessenta meses, contados da assinatura do contrato, com efeitos enquanto houver interesse da Contratante, mediante os termos do instrumento convocatório divulgado em 4 de julho de 2016.[45]

Por fim, examinemos os credenciamentos na *Câmara dos Deputados*. Observou-se que em seu *portal de transparência*, na seção *licitações e contratos*, havia opção específica para o *credenciamento* no bloco *licitações e compras diretas*, compatível com a encontrada na listagem geral *todas as modalidades*. Com os seguintes seis credenciamentos realizados desde 2010 e 4.008 processos de contratação pública no período, obteve-se um nível de representatividade de *0,15%* do uso do instituto pela Casa frente às demais alternativas de contratações públicas:

- Credenciamento para o Serviço Móvel Pessoal (SMP) e o Serviço de Telefonia Fixa Comutada (STFC):[46] "Credenciamento de pessoas jurídicas visando à prestação conjunta de serviços de telefonia a partir de terminais móveis, nas modalidades SMP e STFC na forma de um Plano Corporativo, envolvendo serviços de atendimento ao usuário";
- Credenciamento para a Exploração de Feira Orgânica:[47] "Credenciamento para concessão de autorização de uso, a título precário e oneroso, de espaço para exploração comercial de serviço de Feira de Alimentos Orgânicos, apenas para o público interno";

---

[43] SENADO FEDERAL. Portal de Transparência. Credenciamento 1/2017. Disponível em: https://www6g.senado.gov.br/transparencia/licitacoes-e-contratos/licitacoes/credenciamento-1-2017#conteudoPrincipal. Acesso em: 8 mar. 2021.

[44] SENADO FEDERAL. Portal de Transparência. Credenciamento 1/2010. Disponível em: https://www6g.senado.gov.br/transparencia/licitacoes-e-contratos/licitacoes/credenciamento-1-2010. Acesso em: 8 mar. 2021.

[45] SENADO FEDERAL. Portal de Transparência. Credenciamento 2/2016. Disponível em: https://www6g.senado.gov.br/transparencia/licitacoes-e-contratos/licitacoes/credenciamento-2-2016. Acesso em: 8 mar. 2021.

[46] CÂMARA DOS DEPUTADOS. Portal de Transparência. Credenciamento 2/2019. Disponível em: https://www.camara.leg.br/Internet/Diretoria/Demap/Licitacoes/SECPL/Editais/2019/Cred2_19.pdf. Acesso em: 8 mar. 2021.

[47] CÂMARA DOS DEPUTADOS. Portal de Transparência. Credenciamento 1/2019. Disponível em: https://www.camara.leg.br/Internet/Diretoria/Demap/Licitacoes/SECPL/Editais/2019/Cred1_19.pdf. Acesso em: 8 mar. 2021.

- Credenciamento de Leiloeiros:[48] "Credenciamento de leiloeiros públicos oficiais (...) visando à celebração de contrato para a realização de leilões de bens inservíveis";
- Credenciamento para o Fornecimento de Voos Domésticos:[49] "Credenciamento de empresas de transporte aéreo regular para fornecimento de passagens em linhas aéreas regulares domésticas, sem o intermédio de agência de viagem e turismo, incluindo reserva, emissão, remarcação e cancelamento de bilhete aéreo, marcação de assento e reembolso";
- Credenciamento para Planos Privados de Assistência à Saúde Coletivos Empresariais:[50] "Credenciamento de Administradoras de Benefícios, visando à celebração de Termo de Acordo para disponibilizar planos privados de assistência à saúde coletivos empresariais aos (...) cargos de Secretário Parlamentar e de Natureza Especial da Câmara dos Deputados";
- Credenciamento para Auditoria Odontológica no Pró-Saúde:[51] "Credenciamento de pessoas jurídicas (...) interessadas na prestação de serviços de auditoria odontológica aos beneficiários do programa de assistência à saúde – Pró-Saúde da Câmara Dos Deputados".

6 O credenciamento na jurisprudência do Supremo Tribunal Federal

Tecidas as considerações concernentes ao credenciamento na doutrina, na legislação e no âmbito do Poder Legislativo Federal, podemos, então, abordar a temática no bojo da jurisprudência. Não obstante a relevância da jurisprudência no âmbito do Superior Tribunal de Justiça e do Tribunal de Contas da União, dada a brevidade proposta para este estudo, optou-se por restringir a análise à esfera do Supremo Tribunal Federal.

Para a pesquisa de jurisprudência no portal do Supremo Tribunal Federal, foram usados os termos *credenciamento* e *licitação*, obtendo-se 78 retornos:[52] 54 decisões monocráticas, 17 informativos e *sete* acórdãos, dentre os quais *duas* repercussões gerais. Contudo, o termo "credenciamento" é utilizado, outrossim, em outras acepções, como uma espécie de cadastro autorizativo de uma empresa privada perante outra, como uma distribuidora junto à empresa detentora do registro dos produtos.[53] Assim, excluídos os retornos falso-positivos e descartadas as decisões monocráticas, procedeu-se à seguinte análise.

---

[48] CÂMARA DOS DEPUTADOS. Portal de Transparência. Credenciamento 2/2018. Disponível em: https://www.camara.leg.br/Internet/Diretoria/Demap/Licitacoes/SECPL/Editais/2018/Cred2_18.pdf. Acesso em: 8 mar. 2021.

[49] CÂMARA DOS DEPUTADOS. Portal de Transparência. Credenciamento 1/2018. Disponível em: https://www.camara.leg.br/Internet/Diretoria/Demap/Licitacoes/SECPL/Editais/2018/Cred1_18.pdf. Acesso em: 8 mar. 2021.

[50] CÂMARA DOS DEPUTADOS. Portal de Transparência. Credenciamento 1/2017. Disponível em: https://www.camara.leg.br/Internet/Diretoria/Demap/Licitacoes/SECPL/Editais/2017/Cred1_17.pdf. Acesso em: 8 mar. 2021.

[51] CÂMARA DOS DEPUTADOS. Portal de Transparência. Credenciamento 1/2013. Disponível em: https://www.camara.leg.br/Internet/Diretoria/Demap/Licitacoes/SECPL/Editais/Cred1_13.pdf. Acesso em: 8 mar. 2021.

[52] BRASIL. Supremo Tribunal Federal. Pesquisa de jurisprudência. "Credenciamento" e "licitação". Disponível em: https://jurisprudencia.stf.jus.br/pages/search?base=acordaos&is_repercussao_geral=true&pesquisa_inteiro_teor=false&sinonimo=true&plural=true&radicais=false&buscaExata=true&page=1&pageSize=10&queryString=%E2%80%9Ccredenciamento%E2%80%9D%20e%20%E2%80%9Clicita%C3%A7%C3%A3o%E2%80%9D&sort=_score&sortBy=desc. Acesso em: 8 mar. 2021.

[53] Vide ADI nº 4.105-MC/DF (constante do informativo 579).

Um grande marco para o instituto foi o *Recurso Extraordinário com Agravo nº 743485-RG / SP*,[54] por meio do qual controvérsia alusiva à temática do credenciamento teve sua repercussão geral reconhecida. Deveras, considerou-se que, diante da controvérsia inerente ao alcance do art. 175 da Carta Magna,[55] configurar-se-ia repercussão geral a possibilidade de a prestação do transporte público coletivo ser delegada a terceiros por autorização de serviço público, a título precário, mediante simples credenciamento, sem licitação, através do qual seria expedido Certificado de Registro de Operação (CRO), válido por 12 (doze) meses.

Esse processo foi convertido para formato eletrônico, dando ensejo ao *Recurso Extraordinário nº 1001104 / SP*,[56] que foi provido para assentar a não recepção e a interpretação conforme à Constituição dos conteúdos normativos nele aduzidos, culminando na fixação da seguinte tese: "Salvo em situações excepcionais devidamente comprovadas, serviço público de transporte coletivo pressupõe prévia licitação". Na ocasião, o STF não admitiu que o serviço de transporte coletivo de passageiros fosse prestado por simples credenciamento de terceiros, sem licitação, já que precisaria ser prestado diretamente pelo Poder Público ou, após o certame permitir a participação geral em igualdade de condições, mediante atuação de terceiro.

Nessa linha, a Corte Suprema também teve a oportunidade de abordar, no bojo do *Recurso Extraordinário nº 359444 / RJ*,[57] hipótese de credenciamento em permissão de serviço público. Na ocasião, considerou que o credenciamento de profissionais do volante para atuar na praça constitui ato do administrador que atende às exigências próprias à permissão. O objetivo seria com o tempo transformar taxistas auxiliares em permissionários, de modo a endossar a lei em projeto de verdadeiro saneamento social, considerando que a dignidade da pessoa humana impossibilita permitir a exploração do homem pelo homem.

Já no *ARE 783522 AgR/SC*,[58] combinado com a *Decisão da Presidência na ADI nº 4.707 MC/SC*,[59] o STF entendeu ser cabível a exigência de licitação para a concessão de alvará a centro de formação de condutores por se tratar, em verdade, de delegação da prestação de serviço público, sob o regime de permissão, não obstante o Código de Trânsito Brasileiro[60] prever, em seus arts. 155 e 156, que a prestação do serviço pelas

---

[54] BRASIL. Supremo Tribunal Federal (Tribunal Pleno). Recurso Extraordinário com Agravo nº 743485/SP. Relator: Min. Marco Aurélio, 1º de outubro de 2015. Disponível em: http://portal.stf.jus.br/processos/detalhe.asp?incidente=4391286. Acesso em: 8 mar. 2021.

[55] "Art. 175. Incumbe ao Poder Público, na forma da lei, diretamente ou sob regime de concessão ou permissão, sempre através de licitação, a prestação de serviços públicos".

[56] BRASIL. Supremo Tribunal Federal (Tribunal Pleno). Recurso Extraordinário nº 1001104/SP. Relator: Min. Marco Aurélio, 15 maio 2020. Disponível em: https://jurisprudencia.stf.jus.br/pages/search/sjur426821/false. Acesso em: 8 mar. 2021.

[57] BRASIL. Supremo Tribunal Federal (Tribunal Pleno). Recurso Extraordinário nº 359444/RJ. Relator: Min. Carlos Velloso, 24 de março de 2004. Disponível em: http://portal.stf.jus.br/processos/detalhe.asp?incidente=2056457. Acesso em: 8 mar. 2021.

[58] BRASIL. Supremo Tribunal Federal (Primeira Turma). Recurso Extraordinário com Agravo nº 783522/SC. Relator: Min. Roberto Barroso, 23 de fevereiro 2016. Disponível em: http://portal.stf.jus.br/processos/detalhe.asp?incidente=4493199. Acesso em: 8 mar. 2021.

[59] BRASIL. Supremo Tribunal Federal (Decisão da Presidência). Ação Direta de Inconstitucionalidade nº 4.707-MC/SC. Relator: Min. Cármen Lúcia, 29 de janeiro de 2014. Disponível em: http://portal.stf.jus.br/processos/detalhe.asp?incidente=4185322. Acesso em: 8 mar. 2021.

[60] BRASIL. Lei nº 9.503, de 23 de setembro de 1997. Institui o Código de Trânsito Brasileiro. Brasil: Congresso Nacional, [1997]. Disponível em: http://www.planalto.gov.br/ccivil_03/leis/L9503Compilado.htm. Acesso em: 31 jul. 2020.

autoescolas será objeto de credenciamento.[61] A decisão da presidência deferiu a medida cautelar para suspender os dispositivos da norma estadual que regulamentavam o tema e o processo de licitação em curso, mas o acórdão indeferiu o recurso extraordinário para manter a exigência de licitação.

Percebe-se, assim, que o posicionamento do STF no que concerne à aplicabilidade do instituto do credenciamento às hipóteses de delegação da prestação de serviços públicos à iniciativa privada por concessão, permissão ou autorização, embora tenha em 2004 apontado ser favorável, caminha para firmar sua jurisprudência no sentido de vedar tal prática (2016 e 2020). Ouso discordar dessa tendência jurisprudencial. De fato, o *caput* do art. 175 não pode ser interpretado de forma literal, devendo-se valer de interpretação teleológica para melhor atendê-lo. Isso porque o instituto do credenciamento não existia, sendo a licitação a forma que à época melhor promoveria a isonomia, frente às hipóteses de dispensa ou inexigibilidade. O credenciamento, entretanto, surgiu como uma alternativa ainda mais eficaz, na qual se permite contratar com todos os interessados. Assim, a exigência da licitação à hipótese acarreta morosidade para limitar, em prejuízo da coletividade, o número de interessados na prestação do serviço, com indevida conotação excludente, em vez de aceitarem, de forma includente, todos os interessados que cumprirem os requisitos previamente fixados.

Interessante também é observar o caso da *ADI nº 4.756/DF*, constante do *Informativo nº 884*,[62] análoga à *ADI nº 4.923/DF*,[63] julgados sobre credenciamento eleitos pelo STF para compor seu informativo de jurisprudência. Neles foi considerada constitucional a possibilidade de outorga do serviço de distribuição de acesso condicionado mediante autorização administrativa, sem prévia licitação, com fundamento na admissibilidade para as telecomunicações (art. 21, XI, da CF[64]), bem como a exigência de prévio credenciamento junto à Ancine para o exercício das atividades de programação e empacotamento, vedada a distribuição de conteúdo empacotado por empresa não credenciada. Restou evidenciado que não cabe licitação quando todos podem ter acesso ao objeto da contratação pública, de modo que o dever constitucional de licitar só incide quando o acesso de particulares a alguma situação jurídica de vantagem relacionada ao Poder Público não possa ser universalizado.

---

[61] "Art. 155. A formação de condutor de veículo automotor e elétrico será realizada por instrutor autorizado pelo órgão executivo de trânsito dos Estados ou do Distrito Federal, pertencente ou não à entidade credenciada. Parágrafo único. Ao aprendiz será expedida autorização para aprendizagem, de acordo com a regulamentação do CONTRAN, após aprovação nos exames de aptidão física, mental, de primeiros socorros e sobre legislação de trânsito. Art. 156. O CONTRAN regulamentará o credenciamento para prestação de serviço pelas autoescolas e outras entidades destinadas à formação de condutores e às exigências necessárias para o exercício das atividades de instrutor e examinador."

[62] BRASIL. Supremo Tribunal Federal (Tribunal Pleno). Ação Direta de Inconstitucionalidade nº 4.756/DF, Informativo nº 884. Relator: Min. Luiz Fux, 8 de novembro de 2017. Disponível em: http://stf.jus.br/arquivo/informativo/documento/informativo884.htm#Lei%2012.485/2011%20e%20TV%20por%20assinatura%20-%207. Acesso em: 8 mar. 2021.

[63] BRASIL. Supremo Tribunal Federal (Tribunal Pleno). Ação Direta de Inconstitucionalidade nº 4923/DF. Relator: Min. Luiz Fux, 8 de novembro de 2017. Disponível em: http://portal.stf.jus.br/processos/detalhe.asp?incidente=4382158. Acesso em: 8 mar. 2021.

[64] "Art. 21. Compete à União: (...) XI - explorar, diretamente ou mediante autorização, concessão ou permissão, os serviços de telecomunicações, nos termos da lei, que disporá sobre a organização dos serviços, a criação de um órgão regulador e outros aspectos institucionais".

Outro caso relevante refere-se ao *AI 400336/RJ*, constante do *Informativo nº 628*,[65] análogo à *ADI nº 1.923/DF*.[66] No caso, a obrigatoriedade de licitar foi afastada no procedimento de qualificação como Organização Social, etapa inicial para que o Poder Público e o particular colaborem na realização de um interesse comum (a prestação de serviços sociais à coletividade). Essa qualificação é conferida a todas as associações interessadas que satisfizerem os requisitos legais, sem licitação ou competição, de modo includente (e não excludente), através de credenciamento, só podendo ser indeferida, embora discricionária, por critérios racionais, comprovadamente objetivos e impessoais. O deferimento do título jurídico de organização social constitui apenas o início do vínculo, que se aperfeiçoa com a celebração, também sem licitação, de contrato de gestão, convênio por meio do qual o Estado fomenta a atividade com repasse de recursos e cessão de pessoal e de bens para a realização de atividade de interesse comum. Não se trata, portanto, de contratação pública, com disputa entre os interessados para a celebração de contrato administrativo com contraposição de interesses, feição comutativa e intuito lucrativo. Na *Decisão da Presidência no Rcl 22844 MC/PI*[67] a ADI em apreço foi contemplada como norma-paradigma afrontada, mas as alegações não prosperaram, culminando no indeferimento do pedido de medida liminar pleiteado.

Caso interessante também é aquele constante na *ADI nº 4.163/SP*,[68] convertida em ADPF devido ao princípio da fungibilidade, que apreciou norma estadual que previa a obrigatoriedade de Defensoria Pública do Estado celebrar convênio exclusivo com a seção local da OAB mediante credenciamento dos advogados participantes, nomeados em sistema de rodízio, com remuneração definida por esta em conjunto com aquela, para a prestação da assistência jurídica integral e gratuita aos necessitados do Estado. De maneira adequada foi declarada a inconstitucionalidade do convênio compulsório, devido à mutilação da autonomia funcional, administrativa e financeira da Defensoria (art. 134, §2º, da CF[69]), à desnaturação do conceito de convênio e à burla à obrigatoriedade de realização de concurso público (art. 134, §1º, da CF[70]). Deveras, a prestação de assistência jurídica à população carente por profissionais outros que não defensores públicos estaduais concursados, quer por convênio com a OAB, quer mediante outras

---

[65] BRASIL. Supremo Tribunal Federal (Segunda Turma). Agravo de Instrumento nº 400336/RJ, Informativo nº 628. Relator: Min. Joaquim Barbosa, 24 de maio de 2011. Disponível em: http://stf.jus.br/portal/jurisprudencia/listarJurisprudenciaDetalhe.asp?s1=000012747&base=baseInformativo. Acesso em: 8 mar. 2021.

[66] BRASIL. Supremo Tribunal Federal (Tribunal Pleno). Ação Direta de Inconstitucionalidade nº 1.923/DF. Relator: Min. Ayres Britto, 16 de abril de 2015. Disponível em: http://portal.stf.jus.br/processos/detalhe.asp?incidente=1739668. Acesso em: 8 mar. 2021.

[67] BRASIL. Supremo Tribunal Federal (Decisão da Presidência). Reclamação nº 22844-MC/PI. Relator: Min. Luiz Fux, 14 de dezembro de 2015. Disponível em: http://portal.stf.jus.br/processos/detalhe.asp?incidente=4913109. Acesso em: 8 mar. 2021.

[68] BRASIL. Supremo Tribunal Federal (Tribunal Pleno). Ação Direta de Inconstitucionalidade nº 4163/SP. Relator: Min. Cezar Peluso, 29 de fevereiro de 2012. Disponível em: http://portal.stf.jus.br/processos/detalhe.asp?incidente=2643755. Acesso em: 8 mar. 2021.

[69] "Art. 134 (...) §2º Às Defensorias Públicas Estaduais são asseguradas autonomia funcional e administrativa e a iniciativa de sua proposta orçamentária dentro dos limites estabelecidos na lei de diretrizes orçamentárias e subordinação ao disposto no art. 99, §2º."

[70] "Art. 134 (...) §1º Lei complementar organizará a Defensoria Pública da União e do Distrito Federal e dos Territórios e prescreverá normas gerais para sua organização nos Estados, em cargos de carreira, providos, na classe inicial, mediante concurso público de provas e títulos, assegurada a seus integrantes a garantia da inamovibilidade e vedado o exercício da advocacia fora das atribuições institucionais."

alternativas legítimas, só poderia existir para o Estado no qual a Defensoria ainda não exista e, ainda assim, de modo excepcional e temporário.

7 Considerações finais

Visualiza-se, então, que, conquanto o credenciamento inicialmente não fosse previsto expressamente como uma hipótese de inexigibilidade de licitação na Lei nº 8.666, de 1993, o instituto já era adotado, com base no caráter exemplificativo do rol, em virtude da inviabilidade de competição. Deveras, os Estados já vinham editando leis, no exercício de suas competências suplementares complementares, para fixar normas específicas sobre licitações e contratos em seu âmbito, nas quais são abordados o conceito, a aplicabilidade, os requisitos e os elementos do credenciamento. Já havia, outrossim, diversas lições doutrinárias e jurisprudência sobre o tema no âmbito do STF, STJ e TCU, as quais respaldam a coerência do instituto dentro do ordenamento jurídico, de modo a evidenciar que a sua utilização não representaria ilegalidade, mesmo quando não constava no rol das hipóteses de inexigibilidade de licitação, porquanto exemplificativo.

Atualmente, o instituto é aplicável com base em previsão expressa no art. 74, IV, da Lei nº 14.133, de 2021: "Art. 74. É inexigível a licitação quando inviável a competição, em especial nos casos de: (...) IV - objetos que devam ou possam ser contratados por meio de credenciamento". Impõe-se, pois, ao gestor público conhecer com afinco o instituto para que não tenha receios de utilizá-los consoante os contornos já definidos, até porque, diante da impossibilidade de competição, forçá-la indevidamente afrontaria ao interesse público.

Informação bibliográfica deste texto, conforme a NBR 6023:2018 da Associação Brasileira de Normas Técnicas (ABNT):

CORREIA, Elder Loureiro de Barros. Credenciamento como hipótese de inexigibilidade de licitação expressamente prevista na Lei nº 14.133, de 2021. *In*: SEEFELDER FILHO, Claudio Xavier (coord.). *Direito Econômico e Desenvolvimento*: entre a prática e a academia. Belo Horizonte: Fórum, 2023. p. 205-223. ISBN 978-65-5518-487-7.

REGIME JURÍDICO DO CRÉDITO: O ACESSO DE MICRO E PEQUENAS EMPRESAS E A CONCRETIZAÇÃO NORMATIVA

EMÍLIO CARLO TEIXEIRA DE FRANÇA

1 Introdução

A concessão de crédito, em qualquer sistema financeiro, exerce papel primordial nas sociedades, tendo em vista seu objetivo primário de intermediação de recursos financeiros que viabilizam fundamentalmente o exercício de princípios constitucionais basilares da cidadania e da livre-iniciativa.

As empresas se valem da intermediação financeira para acessar operações de crédito que promovam ações fundamentais, como investimentos iniciais de implantação, capital de giro, reposição de estoques e reinvestimentos.

Por sua vez, as micro e as pequenas empresas representam, de forma estruturante, um segmento responsável por indicadores relevantes para nossa sociedade, como proporcionar mais da metade dos empregos formais do País e quase a totalidade das empresas formalmente constituídas.

Essa importância é corroborada pelo art. 179 da Constituição Federal, o qual expressamente estabelece que será dispensado tratamento diferenciado com vistas a incentivar as micro e as pequenas empresas.

Da mesma forma, dispositivo legal ainda mais específico, o inciso III do art. 1º da Lei Complementar nº 123, de 14 de dezembro de 2006, traz, em seu texto, comando afirmando ser o "acesso ao crédito" objeto do tratamento diferenciado a ser oferecido às micro e às pequenas empresas.

Como problema de estudo acerca do tema, a proposta da pesquisa é analisar o regime jurídico que oferece o arcabouço constitucional, legal e infralegal normativo-regulatório relativo à concessão e à operacionalização do crédito para o segmento das micro e pequenas empresas, procurando, assim, avaliar a correlação entre o regime jurídico nacional e a concretização normativa, especificamente o que se refere ao segmento de empresas objeto do estudo.

A metodologia de pesquisa adotada foi de estudo empírico em Direito, com análise jurídica das normas do crédito, para o segmento das micro e pequenas empresas, visando, assim, demonstrar como as disposições normativas contribuíram para o crédito às micro e às pequenas empresas.

A escolha da metodologia é coadunada pela análise da norma e dos fatos, tendo como fundamentação a teoria estruturante do Direito de Friedrich Müller (2013), de concretização normativa das leis, analisando, no programa normativo, a parte do texto legal, verificando, no âmbito normativo, como é e quanto é concretizado o texto da lei.

Em suma, tal metodologia estruturada pela teoria de Müller irá permitir a análise empírica/fática do conjunto normativo quanto ao regime jurídico e seus efeitos, visando à concretização efetiva das pretensões de justiça das leis com o acesso ao crédito pelas micro e pequenas empresas.

A avaliação empírica desses dados aconteceu em conjunto com a análise normativa do regime jurídico, visando a verificação da concretização normativa intentada pelo legislador pátrio, para, então, responder à hipótese da pesquisa, que questiona se há tal concretização da norma do regime jurídico neste caso.

Com outra formulação, a pergunta respondida pela pesquisa foi: *O regime jurídico pátrio analisado no programa normativo tem sua concretização realizada no* âmbito *normativo, de forma a atingir o objetivo proposto de contribuir com o desenvolvimento da atividade empresarial das micro e pequenas empresas, por meio do acesso ao crédito, a fim de que esse segmento cumpra seu papel de propulsor do desenvolvimento econômico-social?*

Assim, a hipótese estudada foi a de que, no regime jurídico específico das micro e pequenas empresas, não é observada a concretização normativa da forma intentada pelo legislador pátrio no que se refere ao acesso ao crédito sustentável pelos agentes de tal segmento.

Nesse sentido, a pesquisa estudou o regime jurídico nacional específico das micro e pequenas empresas, por meio do art. 179 da Constituição Federal e do inciso III do art. 1º da Lei Complementar nº 123/2006, observando tais dispositivos, suas interpretações e formas de concretização.

2 Contextualização do Sistema Financeiro Nacional – SFN

Estudo[1] realizado no âmbito do programa de pós-graduação da Faculdade de Direito da Universidade Federal de Santa Catarina (PPGD/UFSC) registra que a adoção de medidas, em consonância com o Acordo de Basileia, teve como resultado uma "redução do número de bancos e maior concentração no mercado, pois, se por um lado, a entrada de bancos internacionais contribui para elevar a concorrência, por outro, os casos de aquisição e fusão podem ensejar um efeito contrário".

Dados do BCB indicam que, nos últimos sete anos, o Brasil passou por uma redução de cerca de 20% no número de instituições financeiras ou instituições assemelhadas

---

[1] GONÇALVES, Everton das Neves; NISHI, Lisandro Fin; BURG, Amanda Karolini. O controle de atos de concentração em parceria pelo Cade e pelo Banco Central sob a regulamentação do memorando de entendimentos firmado em 2018: a compra da Xp Investimentos pelo Banco Itaú. *Revista de Defesa da Concorrência*, v. 7, n. 2, p. 76-98, 2019.

autorizadas a funcionar pelo BCB; em 2013, eram 2.016 instituições; e, em maio de 2020, eram 1.625 instituições.

Sobre a concentração bancária, é relevante observar que os atos de concentração de instituições financeiras foram objeto de discussão institucional a respeito das competências do BCB e do Conselho Administrativo de Defesa Econômica (CADE).

O Sistema Brasileiro de Defesa da Concorrência (SBDC), atualmente regulamentado pela Lei nº 12.529, de 30 de novembro de 2011, conhecida como "Lei Antitruste Brasileira", criou, em seu art. 4º, o CADE, com "jurisdição em todo o território nacional, que se constitui em autarquia federal, vinculada ao Ministério da Justiça, com sede e foro no Distrito Federal, e competências previstas nesta Lei".

O CADE, nos termos do art. 5º do mesmo diploma legal, é constituído por "I – Tribunal Administrativo de Defesa Econômica; II – Superintendência-Geral; e III – Departamento de Estudos Econômicos", cabendo ressaltar a competência precípua do referido Tribunal Administrativo, expressa no inciso II do art. 9º da mesma lei, de "decidir sobre a existência de infração à ordem econômica e aplicar as penalidades previstas em lei".

Assim, o SBDC e, essencialmente, o CADE e o Tribunal Administrativo de Defesa Econômica, conforme previsão legal, têm a competência para decidir acerca de infração econômica em todos os setores da economia.

Para melhor compreender a análise dos atos de concentração, Oliveira *et al.*[2] explicam que:

> Os atos de concentração podem ser divididos em horizontais, verticais e conglomerações. Os atos de concentração horizontais são aqueles cujos participantes concorrem em um mesmo mercado. Os atos de concentração verticais são aqueles cujos participantes não concorrem entre si, mas têm uma relação de fornecedor-produtor-cliente em uma mesma cadeia produtiva. As conglomerações envolvem atos entre empresas que não concorrem em um mesmo mercado, nem tampouco mantêm relação vertical.

Vê-se, no espectro concorrencial, a necessária observação e, muitas vezes, intervenção do Estado, especialmente quando detentor de Constituição com expressos comandos de ordem econômica, como a brasileira. Nesse sentido, Salomão Filho (2013, p. 38)[3] assevera:

> Em presença do Estado, no entanto, a proteção da concorrência não se pode resumir à garantia do funcionamento da "mão invisível" smithiana. Nesse caso não é possível propugnar pela coincidência entre Constituição Econômica (em sentido material) e direito concorrencial.

Diante desse contexto de instalação do SBDC, especificamente no que se refere à análise dos atos de concentração das instituições financeiras integrantes do SFN, foi observado conflito entre essa nova legislação concorrencial e a anteriormente mencionada

---

[2] OLIVEIRA, Gesner; RODAS, João Grandino. *Direito e Economia da Concorrência*. 2. ed. rev. e atual. São Paulo: Revista dos Tribunais, 2013, p. 107 (CEDES: Centro de Estudos de Direito Econômico e Social; v. 3).
[3] SALOMÃO FILHO, Calixto. *Direito concorrencial*. São Paulo: Malheiros Editores, 2013. p. 38.

(Lei nº 4.595, de 31 de dezembro de 1964, que criou o CMN e o BCB, além de instituir diversas novas regras e sistemáticas para o SFN).

Cabe ainda registrar o que estabelece a Lei nº 4.595 acerca da competência da autarquia responsável pela regulação e supervisão do SFN, especificamente no que se refere a atos de concentração das instituições financeiras em seu art. 10, alínea "c": "Art. 10. Compete privativamente ao Banco Central da República do Brasil: [...] X – Conceder autorização às instituições financeiras, a fim de que possam: [...] c) ser transformadas, fundidas, incorporadas ou encampadas;".

O conflito residia fundamentalmente na avaliação e na decisão acerca dos atos de concentração das instituições financeiras e instituições assemelhadas a instituições financeiras autorizadas a funcionar pelo BCB.

A discussão acerca de tal conflito passou por diversas etapas, por meio de projetos de lei, análises dos mencionados diplomas legais e de outros a eles afetos, e também por questionamentos judiciais, até que em 2018 foi firmado um Memorando de Entendimentos ou também chamado de Ato Normativo Conjunto nº 1, de 2018, entre BCB e CADE.

O objeto do referido Memorando é resumido em seu item 1.1:

> As partes se comprometem a envidar os melhores esforços de cooperação e a estabelecer, de forma conjunta, regras específicas para a análise de processos administrativos de controle de atos de concentração envolvendo instituições financeiras e de apuração de infrações à ordem econômica envolvendo instituições supervisionadas pelo Banco Central do Brasil, tendo em vista o interesse público na segurança jurídica, na eficiência, na higidez e na concorrência nos mercados regulados.

Em suma, as autarquias ficaram responsáveis por analisar conjuntamente os atos de concentração das instituições financeiras integrantes do SFN e também por comunicar umas às outras o conhecimento de atos infracionais cometidos por tais instituições. Dessa forma, todos os processos de atos de concentração e de infrações à ordem econômica desse segmento serão sempre analisados e decididos conjuntamente por ambas as autarquias, buscando essencialmente o fomento à concorrência na oferta dos serviços bancários.

2.1 Taxas de juros, *spread* bancário e novos instrumentos (pix, *open banking*, central de recebíveis, *fintechs* e *sandbox* regulatório)

A preocupação com a infração econômica cometida por instituições integrantes do SFN é direcionada, de forma significativa, ao acesso ao crédito e aos serviços financeiros e também ao nível das taxas de juros cobradas dos consumidores bancários.

Acerca da relação entre concentração bancária e nível das taxas de juros, especificamente no que se refere a *spread* bancário, Pereira[4] realizou estudo com 72 instituições no qual utiliza dados anuais de 2000 a 2017 de bancos com carteira de crédito ativa, considerando, entre outras variáveis, o grau de concentração do mercado de crédito,

---

[4] PEREIRA, Edmar da Rocha. *Comportamento do spread bancário*: painel dinâmico. 2018.

fazendo inclusive análise comparativa entre instituições nacionais e estrangeiras e considerando, também, taxa de juros futuros (ETTJ) e o nível de atividade da economia.

Ao final, após regressões estatísticas realizadas com base em modelos econométricos, o estudo conclui que as variáveis com maior significância para o aumento do *spread* foram a inadimplência, as despesas administrativas e a rentabilidade dos bancos.

Já tiveram baixa significância estatística as variáveis, os tributos sobre os resultados (IR), as despesas com o Fundo Garantidor de Crédito (FGC), o índice de concentração, o produto interno bruto e os bancos estrangeiros.

Com relação às variáveis que obtiveram convergência significativa sobre o *spread*, a primeira, inadimplência, depende da ação das instituições na avaliação de risco do tomador no momento da concessão do crédito. Os custos administrativos constituem variável que está passando por diversas alterações em sua composição em razão da digitalização dos serviços financeiros, o que pode contribuir para alteração significativa dessa variável nos resultados do *spread*.

Especificamente no que se refere à baixa significância estatística do índice de concentração, é relevante observar que, conforme o estudo, o Brasil constava entre os países com maior concentração bancária, em 2017, e que considerou como premissa, na análise dos dados, que há "... uma relação positiva entre o nível de concentração e o *spread* bancário".

O modelo proposto define como premissa estatística que:

> Resultados abaixo de 10 por cento significam que o mercado não é concentrado, entre 10 e 18 por cento indicam mercado com concentração moderada, e resultados acima de 18 por cento indicam que o mercado é altamente concentrado ao observar os dados (PEREIRA, 2018, p. 88).

E, ao observar os dados (PEREIRA, 2018, p. 88), conclui-se que "... a concentração bancária primeiro aumentou durante a crise de 2008 e em seguida aumentou entre 2011 e 2016, mas permanecendo num patamar considerado moderado, pois está abaixo de 18 por cento".

Assim, com concentração moderada e *spread* muito superior ao dos outros países com o mesmo nível de concentração, como Austrália, Canadá, França, Holanda e Suécia, a conclusão é de que não há significância positiva da concentração sobre o *spread*, mas, sim, das outras variáveis analisadas (a inadimplência, as despesas administrativas e a rentabilidade dos bancos).

O fato é que há um desafio de ordem pragmática lançado aos reguladores e aos supervisores dos sistemas financeiros, o qual consiste em encontrar o ponto ótimo do equilíbrio entre o quanto deve ser exigido das instituições financeiras concedentes de crédito, em termos de prudência na concessão dos créditos e na realização de todas suas operações – inclusive interbancárias, visando a segurança e a higidez do sistema financeiro –; e o quanto deve ser exigido em termos de redução de seus ganhos, com vistas ao maior estímulo à atividade econômica por meio de maior acesso ao crédito e de menores taxas de juros.

Além das variáveis consideradas por Pereira (2018), no estudo do *spread*, podemos relacionar outras causas das altas taxas de juros do Brasil, como a dificuldade de recuperação do crédito, com e sem garantias reais ou fiduciárias, especialmente quando passa à fase de processo judicial; custos operacionais; e assimetria de informações, as quais, inclusive, estão diretamente relacionadas à variável inadimplência considerada no referido estudo.

Como forma de minimizar a assimetria de informações, foi instituído o Cadastro Positivo, por meio da Lei nº 12.414, de 9 de junho de 2011 (Lei do Cadastro Positivo), que permite a utilização de informações acerca do histórico de crédito, abrangendo adimplemento e inadimplemento de dívidas de pessoas naturais e jurídicas para a mais apurada mensuração do risco dos pretendentes a crédito do SFN.

Sobre os impactos do Cadastro Positivo na redução da assimetria de informações e, consequentemente, na redução dos custos dos créditos, Souto[5] traz as seguintes conclusões:

> Portanto, se um credor tiver informações creditícias mais completas sobre o tomador de empréstimo, o banco poderá alocar com mais precisão o valor do risco, afastando-o da taxa de juros mais alta em decorrência da assimetria informacional e resultando em um produto de valor melhor para o cliente (MERRILL, 2017, p. 4). Além disso, por meio da troca de informações sobre seus candidatos a empréstimos, os bancos podem melhorar seu conhecimento sobre as características e o comportamento deles. A princípio, essa redução das assimetrias informacionais pode diminuir os problemas de seleção adversa e risco moral nos empréstimos (LIN; MA; SONG, 2012, p. 87), bem como alterar os incentivos dos devedores para serem adimplentes (OWINO, 2014, p. 13). Assim, uma das formas de reduzir os problemas de informação é a utilização da reputação do tomador de empréstimo através da pontuação de crédito construída por meio de um histórico de desempenho positivo de adimplência, ou seja, o Cadastro Positivo.

Assim, com a expectativa de redução nas taxas de juros nos créditos aos consumidores finais, foi editada a mencionada Lei do Cadastro Positivo, alterada sob o argumento da necessidade de aperfeiçoamentos no Cadastro pela Lei Complementar nº 166, de 8 de abril de 2019.

A principal inovação dessa nova lei foi a adesão automática dos clientes bancários ao Cadastro Positivo. Anteriormente, havia a necessidade de adesão formal por iniciativa do cliente. A partir na nova lei, todos os dados dos clientes bancários ficam disponíveis às instituições integrantes do sistema bancário caso o cliente não procure uma instituição financeira e se manifeste expressamente contrário à utilização de seus dados no Cadastro Positivo.

Sobre os resultados da aprovação e consequente vigência da nova legislação acerca do Cadastro Positivo, pode-se afirmar que há dificuldade de estabelecer relação direta entre os dados do crédito oferecido e acessado antes e depois da vigência da nova lei em razão de as taxas de juros serem uma variável econômica fundada em diversas variáveis macro e microeconômicas.

Concluindo acerca do cenário que envolve o mercado de crédito no Brasil, devem ser registrados os últimos avanços do sistema financeiro, motivados principalmente

---

[5] SOUTO, Gabriel Araújo. Cadastro Positivo: a solução para o combate à assimetria informacional no setor bancário brasileiro? *Revista da Procuradoria-Geral do Banco Central*, [S.l.], v. 13, n. 1, p. 75-88, nov. 2019. ISSN 1982-9965. Disponível em: https://revistapgbc.bcb.gov.br/index.php/revista/article/view/1016. Acesso em: 22 jun. 2020.

pelas inovações tecnológicas, muitas vezes iniciadas por meio dos chamados negócios disruptivos (caracterizados fundamentalmente pela ocupação, por pequenas empresas, de espaços vagos, ou vácuos de serviços, ou ainda falhas nos negócios de grandes empresas), como os instrumentos ora em implementação pelo Banco Central do Brasil, a instituição das *fintechs*, a Central de Recebíveis, a Duplicata Eletrônica, o Sistema de Pagamento Instantâneo (PIX), o *Open Banking*.

Cabe destacar que Cadastro Positivo, Central de Recebíveis, Duplicata Eletrônica, *Open Banking, fintechs* e PIX representam parte do movimento de disrupção tecnológica chegando ao SFN e têm como um de seus principais objetivos a modernização dos instrumentos de utilização dos serviços bancários com consequente aumento do acesso ao crédito e redução do custo das operações de crédito, seja de pessoas naturais ou jurídicas, oferecendo redução da assimetria de informações, reduzindo a concentração de instituições financeiras e aumentando o acesso do cidadão a informações e a serviços bancários.

A Central de Recebíveis é fundada na Convenção entre Entidades Registradoras, aprovada pelo BCB, em agosto de 2020, e regulamentada pela Circular nº 3.952, de 27 de junho de 2019, que criou a figura do registrador de recebíveis. Essas empresas centralizam os registros dessas operações e poderão compartilhar as informações com instituições que tenham interesse em conceder o crédito.

Atualmente, duas empresas estão dentro da convenção, e uma terceira está em fase final do processo de autorização.

Trata-se da etapa definitiva para a implementação do novo sistema, que, na prática, reduz a chamada trava bancária. Antes, as informações eram centralizadas na instituição de origem. A trava bancária impede que o comerciante utilize os recebimentos futuros para outras operações de crédito, já que a agenda fica bloqueada pelo banco que concede o empréstimo.

Assim, esse instrumento se apresenta como um relevante fator de redução da verticalização da oferta dos serviços associados às operações de cartão de crédito, especialmente no que se refere às operações de adiantamento de recebíveis.

O registro das transações será feito pelo credenciador (empresas de maquininhas) e será gratuito. O compartilhamento das informações, no entanto, pode ter taxas negociadas entre as partes.

Assim, o lojista tem mais liberdade para negociar seus recebíveis e acessar o crédito a taxas mais favoráveis que as oferecidas pelo banco com o qual tem relacionamento, possibilitando o aumento da competição e a redução das taxas de juros das operações de crédito.

A centralização e a padronização dos registros desses recebíveis geram segurança jurídica, de forma que, com a nova sistemática, uma agenda de recebíveis poderá ser utilizada para mais de uma operação de crédito, respeitando o limite de 100% do valor da garantia.

Sobre o instrumento da Duplicata Eletrônica, criada pela Lei nº 13.775/2018, que regulamenta o sistema de duplicata eletrônica, trata-se de instrumento que visa a concessão de crédito mais barato para as empresas, especialmente as micro e as pequenas empresas, as quais terão mais facilidade ao oferecer suas duplicatas em garantia por operações de empréstimo.

O assunto foi regulamentado pelo CMN e pelo BCB por meio da edição da Resolução nº 4.815 e da Circular nº 4.016, disciplinando as condições para a emissão da duplicata na sua forma eletrônica, bem como a negociação dessas duplicatas, no sistema financeiro, em operações de desconto e operações de crédito garantidas por esses títulos.

O *Open Banking*, chamado na regulamentação de sistema financeiro aberto, foi regulamentado por meio da Resolução Conjunta nº 1, de 4 de maio de 2020, e tem seu principal objeto expresso no inciso I do art. 2º, qual seja: "o compartilhamento padronizado de dados e serviços por meio de abertura e integração de sistemas". O inciso II define os atingidos pela nova ferramenta:

> Qualquer pessoa natural ou jurídica, exceto as instituições de que trata o art. 1º, que mantém relacionamento destinado à prestação de serviço financeiro ou à realização de operação financeira com as instituições de que trata esta Resolução Conjunta, inclusive para a realização de transação de pagamento.

Regulamentando a mencionada Resolução, foi editada a Circular nº 4.015, de 4 de maio de 2020, estabelecendo o escopo de dados e serviços do sistema financeiro aberto.

De forma simplificada, pode ser dito que o consumidor bancário, pessoa natural ou jurídica (conforme definido no inciso II do art. 2º da referida Resolução), passa a ter a prerrogativa de disponibilizar seu histórico e seus dados financeiros bancários com a pretensão de obter a oferta de instituições financeiras para a troca dos produtos e serviços por outros ou novos produtos em condições mais vantajosos nessas outras instituições.

Ao exercer tal prerrogativa, há a expectativa de que o consumidor bancário seja beneficiado com melhores condições de contratação, inclusive e principalmente no que se refere ao crédito, tanto para fazer a portabilidade de crédito já contratado em uma instituição para outra que ofereça melhor taxa de juros e prazo quanto para o acesso a crédito negado em instituição que o consumidor não tenha histórico de relacionamento anterior, impossibilitado por ausência de informações, em razão de seu histórico de dados bancários estar exclusivamente em outras poucas instituições bancárias ou apenas uma instituição que tenha seu histórico completo de crédito.

Tal sistemática de compartilhamento de histórico de dados de crédito foi implementada em outros países, notadamente no Reino Unido, modelo que foi observado e estudado pelo Banco Central do Brasil para implementar o *Open Banking* no Brasil. Ribeiro *et al.*[6] descrevem esse modelo:

> PSD2, Second Payments Services Directive – Diretiva de Pagamentos e Serviços, já implementado na União Europeia desde janeiro de 2018, visando a regulamentação entrou em vigor, sendo a próxima revolução bancária que acontecerá e "a curto prazo, o sistema deve facilitar a visualização de suas finanças, a contratação de empréstimos e outros produtos financeiros e o pagamento on-line" e por outro lado, a longo prazo, seria um novo tipo de relacionamento do setor bancário.

A ideia central é de que, a partir do momento em que o cliente bancário puder disponibilizar seu histórico de crédito para outra instituição, de forma detalhada com

---

[6] RIBEIRO, Cinthya Imano Vicente *et al.* Privacidade digital das instituições bancárias. 2020. p. 104.

todos os produtos contratados e formas de liquidação, seja possível a negociação mais favorável em outras instituições que nada sabem sobre tal cliente e, assim, sejam, estimuladas a ofertar produtos em condições mais vantajosas, o que significa essencialmente custos inferiores, no caso do crédito, ou ganhos maiores, no caso de investimentos financeiros.

A regulamentação delimita o escopo exato e padroniza a forma como as informações devem ser compartilhadas, de forma a evitar o compartilhamento equivocado, que traria prejuízos ou a não efetividade da norma.

Em relatório,[7] a Consultoria Oliver Wyman publicou uma coleção de dados e evidências empíricas acerca do mercado de crédito do Brasil. Os dados utilizados são do BCB, de bancos centrais de outros países, além de estudos realizados por organismos internacionais.

Como destaque aplicado especificamente ao *Open Banking* e o mercado de crédito bancário, podemos mencionar o alerta trazido pelo estudo quanto a riscos, quando Abrão e Bertol (2018, p. 26) afirmam que:

> Há de se considerar os riscos associados e potencializados com o open banking. O aumento do fluxo de dados e a quantidade crescente de participantes na cadeia potencializa os riscos de ataques cibernéticos e vazamentos de dados. O uso dos dados por terceiros, mesmo através de consentimento dos clientes, pode impactar o passivo das instituições detentoras dos dados sem necessariamente existir responsabilidade pelo evento de vazamento ou fraude, por exemplo. Pessoas sem conhecimento tecnológico ou de regiões em que a provisão de banda larga é escassa, podem apresentar dificuldade de aderir aos serviços, principalmente com a potencial tendência de redução de agências bancárias.

No entanto, o BCB tem implementado novos sistemas de tecnologia com alto grau de complexidade sem intercorrências significativas, especialmente por serem utilizadas melhores práticas internacionais, parâmetros tecnológicos de última geração, investimentos em pesquisas, investigação científica por parte da instituição, e, ainda, parcerias com agentes privados no desenvolvimento de seus modelos, como tem ocorrido no desenvolvimento do *Open Banking,* o Pix e a Sandbox regulatório, que, como dito anteriormente, representam a chegada ao SFN do movimento de disrupção tecnológica.

Paralelamente ao processo de estudo e à implantação do *Open Banking*, o BCB também estudou novos entrantes para o SFN. Por meio do instituto regulatório do *Sandbox Regulatório*, observou, por um período, a sistemática e as operações das chamadas *fintechs*, e, posteriormente, editou regulamentação (Resolução nº 4.656, de 26 de abril de 2018, aperfeiçoada pela Resolução nº 4.792, de 26.03.2020), por meio do CMN, permitindo que algumas instituições, obedecidos os critérios e restrições da norma, sejam autorizadas a funcionar como instituições reguladas e supervisionadas pela autoridade estatal.

A resolução original, que regulou a instituição das *fintechs*, cria dois novos tipos de instituição financeira: a Sociedade de Crédito Direto (SCD) e a Sociedade de Empréstimo entre Pessoas (SEP); e também "disciplina a realização de operações de empréstimo e de financiamento entre pessoas, por meio de plataforma eletrônica e estabelece os requisitos

---

[7] ABRÃO, Ana Carla, coordenação técnica; BERTOL, Gabriela, coordenação geral. Mercado de Crédito Série Panorama Brasil. WYMAN, Oliver. 2018.

e os procedimentos para autorização para funcionamento, transferência de controle societário, reorganização societária e cancelamento da autorização dessas instituições" (Ementa da Resolução nº 4.656, Conselho Monetário Nacional, 2018).

A Exposição de Motivos da segunda resolução, que altera a norma original, traz como principal aperfeiçoamento "permitir que fundos de investimento possam também integrar, de forma isolada, o grupo de controle de SCDs e de SEPs".

A partir da criação das SCDs e SEPs, diversas instituições que atuavam com as mais diversas naturezas jurídicas passaram a buscar atender aos requisitos da norma, visando tornarem-se instituições financeiras autorizadas a realizar suas operações sob as obrigações, mas, também, sob a segurança da regulação e da supervisão da autoridade supervisora estatal.

A atuação dessas duas novas modalidades é destinada exclusivamente à realização de operações de crédito, tanto para pessoas naturais quanto jurídicas. A principal pretensão é de que seja verificada nova dinâmica no mercado de crédito à medida que ocorra a efetiva inserção dessas novas instituições de forma robusta, resultando, assim, em menor concentração no sistema, maior concorrência e *consequentemente maior acesso ao crédito e redução das taxas de juros.*

Ainda como uma inovação promovida recentemente pelo BCB, é relevante mencionar a implantação do Sistema de Pagamento Instantâneo (PIX), conforme Resolução nº 4.781, de 20 de fevereiro de 2020; e as Circulares nº 4.027, de 12 de junho de 2020; e nº 3.985, de 18 de fevereiro de 2020.

De forma objetiva, o PIX é um novo meio de pagamento gratuito para pessoas físicas, disponível todos os dias, úteis e não úteis, com a segurança de um sistema desenvolvido e mantido pelo BCB e operado por instituições financeiras e instituições de pagamentos.

O objetivo desse novo sistema é aumentar o acesso do cidadão aos serviços bancários, inclusive o acesso ao crédito, o chamado aumento da "bancarização", por meio do serviço eletrônico, na medida em que viabiliza pagamentos e saques realizados por meio de qualquer dispositivo eletrônico – de celulares com tecnologia básica a *tablets* mais avançados –, independentemente de acesso à internet, e de forma gratuita, facilitando, assim, o aumento do relacionamento do cidadão com os serviços disponíveis no sistema financeiro, inclusive o crédito, pois torna mais viável ter acesso tanto às informações relativas a valores e condições acerca de crédito pretendido quanto ao pagamento e ao saque de valores objeto de eventual crédito contratado.

Quanto aos reflexos nas empresas, em especial às micro e às pequenas empresas, o PIX representa significativa redução nos custos de transação com pagamento imediato, sem os custos das operações com cartão de crédito e de operações em caixa físico, e, ainda, sem necessidade de confirmação posterior do efetivo pagamento.

É relevante registrar que a confirmação imediata da realização do pagamento reduz custos com manutenção de estoques, tendo em vista que muitas vendas feitas pelo sistema atual via boleto representam uma guarda de estoque por cerca de dois dias, até a efetiva confirmação do pagamento.

Tal tempo será, então, eliminado, além do fato de que mais de 50% dos boletos emitidos em vendas pela internet não são pagos, representando prejuízo ainda maior pela empresa que disponibilizou e manteve em estoque o produto.

É importante registrar, também, que as referidas oportunidades de redução de custos são notoriamente mais significativas no universo das micro e das pequenas empresas.

De volta às variáveis que influenciam as taxas de juros e, mais especificamente, ao *spread* bancário, o sistema de crédito demandou alterações legais no sistema de recuperação de créditos, também visto como fator determinante na composição do *spread*.

A Lei nº 9.514, de 20 de novembro de 1997, foi proposta com o objetivo de trazer mais segurança na concessão e, consequentemente, facilitar o acesso e reduzir o custo das operações tanto para o concedente, que recupera o bem de forma mais célere e com menor custo, quanto para o tomador, que, em virtude da maior segurança e garantia do cedente, pode ter acesso a crédito com taxas de juros menores.

Artigo publicado na Associação de Direito e Economia da América Latina e Caribe da Universidade de Berkeley, por Timm e Druck,[8] analisa os efeitos da concretização da referida lei:

> Nesse ambiente teórico de maior estabilidade supostamente criado pela Lei citada, portanto, os agentes econômicos teriam mais segurança para operarem no mercado imobiliário. No entanto, a AFI, genericamente falando, ainda não "pegou" (com exceção da Caixa Econômica Federal, a qual fica submetida a uma justiça especial que é a Justiça Federal). A razão para isso parece ser institucional, ou seja, ainda que o texto da citada Lei tenha previsões específicas e claras, a jurisprudência tende a resistir a uma aplicação direta, preferindo dar ao texto uma interpretação "social", constitucional, na tentativa de resolver os graves problemas habitacionais e sociais do país.

Os pesquisadores concluem que a lei não teve a efetividade pretendida em razão de alegada resistência do Poder Judiciário em promover a sua aplicação em detrimento de problemas sociais ligados especificamente ao déficit habitacional do país. Na medida em que é facilitada a recuperação do bem imóvel, em uma primeira interpretação pelo Poder Judiciário, haveria um reflexo negativo no déficit habitacional provocado pela retomada acelerada de imóveis financiados por mutuários em situação de inadimplemento.

A precedência, portanto, dos elementos dogmáticos e do âmbito na norma se mostra como fator preponderante na condução da pesquisa, pois pode ser determinante e definitivo quanto às conclusões do trabalho, avaliando-se, inclusive, a hipótese de contradição e os efeitos sobre a concretização da norma, Müller:

> Conflitos entre os elementos não diretamente referidos a normas e os elementos diretamente referidos a normas: Em caso de contradição, os elementos da concretização diretamente referidos na norma (elementos metodológicos stricto sensu, determinados elementos dogmáticos e os elementos do âmbito da norma) precedem os elementos não diretamente referidos a normas (uma parte dos elementos dogmáticos, além disso uma parte dos elementos de técnica da decisão, de política constitucional e de teoria). Essa regra de preferência é normativa. Ela segue do fato, instituído pelo ordenamento jurídico (constitucional) vigente, do exercício da função estatal estar vinculado à constituição e ao direito.[9]

---

[8] TIMM, Luciano Benetti; DRUCK, Tatiana. *A alienação fiduciária imobiliária em uma perspectiva de direito e economia.* 2007, p. 5.

[9] MÜLLER, Friedrich. Métodos de trabalho do direito constitucional. *Revista da Faculdade de Direito da UFRGS*, n. 16, p. 100, 1999.

O sistema financeiro do país passou por uma série de alterações legais e regulatórias visando ora a sua reestruturação – sem a ocorrência de risco sistêmico, preservando a saúde e a integridade das instituições sobreviventes e de todo o sistema financeiro –, ora ao aumento da competitividade com esperados benefícios ao cidadão/consumidor bancário, especialmente no que se refere à redução da taxa de juros e ao aumento do acesso ao crédito.

Mais uma vez, a relação entre Direito e Economia se mostra relevante no sentido da necessária contribuição para a concretização normativa. Por outro lado, se não há tal contribuição, é, então, verificada, de forma objetivamente relacionada, a não concretização da norma.

A contribuição da Economia, portanto, tem sido oferecer os elementos para os aperfeiçoamentos no ordenamento jurídico. No entanto, os elementos oferecidos devem obedecer ao rigor técnico necessário para que os resultados sejam os desejados quanto à utilização desses elementos pelo Direito, a qual deve ser coerente com as suas indicações para que sejam produzidos leis e textos infralegais que tenham sua concretização normativa em consonância com a real intenção do legislador ou regulador.

Especificamente no que se refere aos principais agentes dos sistemas financeiros, Posner[10] traz a análise econômica para o Direito para refletir sobre o porquê de os bancos serem regulados. E o principal motivo encontrado pelo autor é a lógica fundamental da intermediação financeira realizada pelos bancos quando realizam a captação de recursos a determinada taxa para a aplicação a outra taxa com ganhos equivalentes ao risco de cada operação, baseada fundamentalmente nos dados e informações da parte tomadora do investimento realizado por essas instituições.

A questão é que o risco assumido pelo banco não é apenas dele, mas de todo o sistema do qual ele faz parte. Assim, entram também interesses não apenas do sistema bancário, mas também do sistema securitário, pois as seguradoras são contratadas para cobrir os riscos de tais operações; e, portanto, também demandam por controle e supervisão de tais operações de intermediação que estão segurando e que são realizadas pelos bancos.

E, no que se refere ao aspecto concorrencial, Posner (2014) ainda avança dizendo que, ao exarar regras de mitigação de risco, o Estado pode inibir a competição entre os bancos, o que lhes é favorável sob o ponto de vista comercial.

Este desafio de equilibrar o risco da operação com sua rentabilidade é visto, também, em nível macroeconômico quando o regulador tem que editar normas de mitigação de risco, trazendo maior saúde ao sistema financeiro, mas consegue superar essa dificuldade trazida por Posner, o que não inibe a concorrência.

Exemplos desse "exercício" podem ser observados quando da implementação de projetos como os mencionados (*Open Banking*, *fintechs*, Pagamentos Instantâneos, *sandbox* Regulatório, Duplicatas Eletrônicas), dentre outros projetos, que visam a melhoria do sistema, com segurança, mitigando riscos e, ao contrário do consignado pelo autor, estimulando a concorrência entre os agentes financeiros.

Assim como utilizado por Posner, elementos de economia e finanças ofereceram os subsídios para legisladores e reguladores elaborarem e implementarem as inovações

---

[10] POSNER, Richard A. *Economic analysis of law*. Wolters kluwer law & business, 2014.

mencionadas, como o Cadastro Positivo, o *Open Banking*, as *fintechs* e o PIX, os quais vêm se somar às alterações regulatórias com essa intenção. Mas as alterações promovidas por tais instrumentos poderão ser observadas apenas em momento futuro, tendo em vista o aspecto estrutural de suas implementações, que devem ocorrer de forma paulatina no decorrer dos próximos anos.

Ressalte-se que há equívoco comum na denominação de algumas dessas entidades como correspondentes bancários e até algumas associações que se apresentavam como *fintechs*, até a edição da mencionada regulamentação das SEPs e SCDs pelo CMN e pelo BCB, estas regularmente caracterizadas como *fintechs*.

Dessa forma, diante desse cenário do crédito no país como um todo e dos resultados de medidas legislativas e regulatórias no sentido da redução das taxas de juros a todos os tomadores, cabe a esta pesquisa verificar se tais alterações concretizaram as normas conforme os propósitos pretendidos pelo legislador, observando, de forma apartada, especificamente o acesso ao crédito pelas micro e pequenas empresas, aspecto que passaremos a explorar mais detidamente a partir desta etapa da pesquisa.

O desafio a ser considerado como essencial é a identificação de eventual ausência ou vácuo do regime jurídico, especificamente no que se refere ao art. 179 da Constituição Federal e ao inciso III do art. 1º da Lei Complementar nº 123/2002, como decorrência das análises combinadas da legislação e dos dados apresentados no âmbito jurídico.

3 Programa normativo da legislação do crédito para as micro e pequenas empresas

O regime jurídico das micro e pequenas empresas é composto primordialmente por dispositivos constitucionais com endereçamento direto ou indireto a tal segmento empresarial. Os dispositivos de ordem geral se referem à livre-iniciativa, dignidade da pessoa humana, desenvolvimento nacional e direitos fundamentais e sua aplicação imediata.

Além dos dispositivos constitucionais, as micro e pequenas empresas também encontram guarida específica em legislação especial que trata de aspectos operacionais e tributários, ora sujeita à aplicação imediata, ora sujeita à análise do texto normativo e sua interpretação no caso concreto, assim como os dispositivos constitucionais abordados anteriormente, como o inciso III do art. 1º da Lei Complementar nº 123/2006, cuja específica concretização também será analisada, juntamente com o mencionado dispositivo constitucional, o art. 179.

Por meio do método preconizado pela teoria estruturante do Direito de Müller, poderão ser verificados quais elementos essenciais foram utilizados na concretização normativa do regime jurídico das micro e pequenas empresas e qual endereçamento específico na questão do acesso ao crédito, a que Müller[11] chamou de resultados palpáveis:

> Por meio desses atos de concretização por parte da jurisprudência, da doutrina jurídica e da legislação será possível obter-se resultados palpáveis, que, por sua vez, deem sustentação aos esforços da teoria constitucional e dos direitos fundamentais, é uma outra questão.

---

[11] MÜLLER, Friedrich. *Teoria estruturante do direito*. São Paulo: Revista dos Tribunais, v. 1, 2008. p. 245.

Essa "outra questão" será objeto de reflexão quanto ao acesso ao crédito dos microempreendedores caso os resultados esperados na realização da lei não tenham sido verificados por meio de análise do programa normativo, combinada com a análise do âmbito normativo e seus elementos metajurídicos ou não linguísticos.

Schumpeter[12] afirma que os bancos têm papel preponderante como promotores da inovação e do empreendedorismo, sendo este o agente que mobiliza recursos produtivos, e para tanto há necessidade de recursos financeiros, próprios ou de terceiros, adquiridos por meio do crédito. O autor conclui que o empréstimo bancário é fundamental para o desenvolvimento da atividade empresarial e, consequentemente, para o desenvolvimento econômico e social do país.

Além do papel relevante das instituições financeiras, de pagamento, assemelhadas e alternativas não reguladas pelo BCB, outros elementos são fundamentais para a análise normativa do regime jurídico, como os dispositivos constitucionais e a legislação infraconstitucional específica para as micro e pequenas empresas; bem como os órgãos reguladores, por meio da edição de atos normativos infralegais; o Poder Judiciário, por meio de seus julgados e jurisprudências; e, por fim, a doutrina dominante.

Assim, a estrutura da análise normativa compõe-se de análise dos agentes envolvidos no processo do crédito, instituições concedentes e empresas tomadoras, e também de análise do regime jurídico que fundamenta a avaliação e a concessão das operações de crédito, além de ressaltar a importância das variáveis envolvidas em todo o processo de avaliação e concessão, como assimetria de informações, *spread* bancário, taxas de juros, informalidade e questões concorrenciais, como concentração e verticalização.

Dessa forma, além de doutrina jurídica fundamental para a análise normativa, a pesquisa também se socorre de autores da Economia e das Finanças, e seus conceitos e definições, como forma de complementar e enriquecer as conclusões.

Vale lembrar a citação realizada anteriormente, na qual Posner[13] afirma: "economia fornece ferramentas úteis para iluminar a relação entre meios jurídicos e fins normativos. Desse modo, a economia permite um tipo de crítica jurídica que já se tornou imprescindível nos dias de hoje".

3.1 Instrumentos legais de crédito para micro e pequenas empresas

Partindo, então, para o programa normativo, na esfera infraconstitucional, podemos afirmar que a Lei Complementar nº 123, de 14 de dezembro de 2006, trouxe aperfeiçoamentos ao regime tributário especial para micro e pequenas empresas e também instituiu o Estatuto Nacional da Microempresa e da Empresa de Pequeno Porte.

Tal estatuto contém regras operacionais e tributárias, visando o melhor funcionamento e a efetiva sustentabilidade e manutenção de suas atividades; cabe destaque, em especial, que a lei assevera, expressamente, em seu art. 1º, que o "tratamento diferenciado e favorecido a ser dispensado às microempresas e empresas de pequeno porte" se dará também por meio do "acesso ao crédito", inciso III, cuja concretização passaremos a analisar.

---

[12] SCHUMPETER, J. A. *Capitalismo, socialismo e democracia*. New York: Harper & Row, 1975.
[13] POSNER *cit. et al.* p. 56.

O que deve ser avaliado é se os elementos essenciais foram capazes de realizar tal lei na forma intentada pelo legislador e pelos que dele demandaram a apresentação de proposta legislativa naquela direção de fomento à atividade empresarial, com consequente e direta geração de emprego e renda.

Os elementos essenciais à interpretação devida para a concretização da norma constitucional e infraconstitucional demonstram que há, nos textos trazidos, a previsão de regimes especiais referentes à tributação, à participação em licitações e à legislação tributária e previdenciária e, também, ao crédito. Tal perspectiva é corroborada por Friedrich Müller, e Abboud *et al.*[14] consignam que: "Podemos resumir a definição pós-positivista de direito como aquela em que o fenômeno jurídico é analisado a partir da perspectiva da concretização, sendo o conceito de direito um 'conceito interpretativo'".

Pode-se dizer que há claro reconhecimento e concretização das intenções tanto do legislador constitucional quanto do legislador infraconstitucional, no sentido de fixar que o sistema tributário nacional deve oferecer tratamento favorecido às empresas de pequeno porte e, ainda, que o regime especial de tributação foi criado para equiparar as condições de competição dessas empresas com menor poder financeiro.

Tal assertiva encontra respaldo no que se refere à concretização da norma constitucional, combinada com a mencionada lei complementar, em julgado do STF, em sede de "Repercussão Geral" reconhecida, com mérito julgado, em que se decidiu:

> O Simples Nacional surgiu da premente necessidade de se fazer com que o sistema tributário nacional concretizasse as diretrizes constitucionais do favorecimento às microempresas e às empresas de pequeno porte. A LC 123, de 14-12-2006, em consonância com as diretrizes traçadas pelos arts. 146, III, d, e parágrafo único; 170, IX; e 179 da CF, visa à simplificação e à redução das obrigações dessas empresas, conferindo a elas um tratamento jurídico diferenciado, o qual guarda, ainda, perfeita consonância com os princípios da capacidade contributiva e da isonomia. Ausência de afronta ao princípio da isonomia tributária. O regime foi criado para diferenciar, em iguais condições, os empreendedores com menor capacidade contributiva e menor poder econômico, (...).
> [RE 627.543, rel. min. Dias Toffoli, j. 30-10-2013, P, DJE de 29-10-2014, Tema 363]

No entanto, até o presente momento da história do regime jurídico das micro e pequenas empresas, não foi registrado comando expresso legal ou sequer dispositivo legal endereçando a questão do crédito para as micro e as pequenas empresas, que, conforme visto anteriormente, são relevantes para o desenvolvimento da economia e da sociedade como um todo e possuem guarida no texto constitucional.

Entre os diversos estudos realizados por nosso Banco Central e por bancos centrais de outros países e organismos internacionais, estão os relatórios sobre *spread* bancário, nível de bancarização de pessoas naturais e jurídicas, acesso ao crédito, associados aos estudos de concentração e verticalização do SFN, concorrência bancária, informalidade da economia nacional e assimetria de informações.

Um dos principais aspectos relativos ao crédito é a chamada assimetria de informações, que pode ser traduzida como o conhecimento de informações detido mais

---

[14] ABBOUD, Georges; CARNIO, Henrique Garbellini; OLIVEIRA, Rafael Tomaz de. *Introdução ao direito* – teoria, filosofia e sociologia do direito, 2019. p. 156.

por um grupo do que por outro, resultando em tomada de decisões equivocadas. O tema foi objeto de estudo de três americanos, que ganharam o Prêmio Nobel de Economia, em 2001: George A. Akerlof, A. Michael Spence e Joseph E. Stiglitz.[15]

Em seu trabalho, os ganhadores do prêmio afirmam:

> Muitos mercados são caracterizados por informações assimétricas: os atores de um lado do mercado têm informações muito melhores do que as do outro. Os mutuários sabem mais do que os credores sobre suas perspectivas de reembolso, os gerentes e os conselhos sabem mais do que os acionistas sobre a lucratividade da empresa e os possíveis clientes sabem mais do que as seguradoras sobre o risco de acidentes. Durante a década de 1970, os premiados do ano lançaram as bases para uma teoria geral dos mercados com informações assimétricas. As aplicações têm sido abundantes, variando dos mercados agrícolas tradicionais aos modernos mercados financeiros. As contribuições dos laureados formam o núcleo da moderna economia da informação.

O Relatório de Cidadania Financeira do Banco Central do Brasil, em sua edição de janeiro de 2019, apresentou análises e conclusões relevantes acerca da educação financeira do microempreendedor brasileiro e de seu acesso ao crédito.

O mencionado relatório afirma que:

> Os controles também se mostram frágeis, 64% dos entrevistados responderam que fazem diariamente o registro de todas as receitas, para fazer o controle detalhado do seu fluxo de caixa. No entanto, quase a metade o faz em anotações à mão em um caderno, e só 17% utilizam um computador. Ressalte-se que parte significativa dos MEI não faz o controle diário das receitas (39%) ou não faz o controle diário das despesas (33%), o que mais uma vez evidencia problemas no controle financeiro para esse segmento de empreendedores. (...) cerca de 80% nunca fizeram qualquer curso ou treinamento na área de administração financeira.

A dificuldade de controles de gestão, principalmente financeira, obsta aos cedentes de crédito terem as informações necessárias para ponderar e calcular o risco do crédito pretendido. Tal assimetria de informação muitas vezes impede o acesso ao crédito.

Outro fator que dificulta o acesso ao crédito é o fato de o índice de inadimplência do segmento ser quase o dobro do índice de outros segmentos empresariais e de pessoas naturais. Assim, a inadimplência é fato preponderante de dificuldade para acesso ao crédito, de forma mais intensa, no segmento de micro e pequenas empresas.

Em conclusão à etapa inicial da análise quanto ao programa normativo abrangendo os dispositivos constitucionais, em especial o art. 179 e a lei complementar que instituiu o Estatuto Nacional das Micro e Pequenas Empresas, especialmente seu inciso III do art. 1º, vemos que, até o momento, não houve endereçamento algum, pelo regime jurídico desse segmento empresarial, de comando constitucional ou legal específico para a facilitação do acesso ao crédito que viabilizasse, de forma efetiva, a concretização de tais dispositivos.

---

[15] George A. Akerlof, A. Michael Spence e Joseph E. Stiglitz, ganhadores do Prêmio Nobel de Economia, 2001. Disponível em: https://www.nobelprize.org/prizes/economic-sciences/2001/press-release/.

Até 2019, os fundos constitucionais, com todas as suas limitações e restrições – pois atuam apenas nas regiões Norte, Nordeste e Centro-Oeste –, foram os únicos instrumentos para viabilizar crédito direcionado a toda atividade empresarial em que o micro e o pequeno empresário tiveram condições diferenciadas.

Assim, não houve registro de condições diferenciadas específicas apenas para as micro e pequenas empresas, com taxas, prazo e carências mais flexíveis e favorecidas do que para as médias e grandes empresas, apesar de toda fundamentação anterior quanto à significativa parcela de contribuição desse segmento, com a geração de riquezas para o país.

Portanto, a primeira iniciativa de comando legal especificamente direcionado ao crédito para micro e pequenas empresas ocorreu apenas por meio da edição da Lei Complementar nº 167, de 24 de abril de 2019, que criou a Empresa Simples de Crédito (ESC), a qual tem como público-alvo apenas as micro e as pequenas empresas.

Tais empresas são caracterizadas principalmente por sua atipicidade em relação às demais instituições hoje atuantes no SFN, particularmente na concessão de crédito para pessoas jurídicas e sem autorização para funcionar nem supervisão e regulamentação do BCB.

De início, o fato de poderem atuar apenas em municípios em que estão sediadas ou em municípios limítrofes a esses; também é caso atípico a permissão para operarem exclusivamente com recursos próprios; e, por fim, terem como público-alvo exclusivamente microempreendedores individuais, microempresas e empresas de pequeno porte.

Antes de as ESCs serem criadas, as chamadas empresas de *factoring* atuavam, e ainda atuam, nesse segmento de mercado de crédito, emprestando a esse público-alvo.

Sobre outros instrumentos legais para o incremento do acesso ao crédito, mais recentemente, em razão da pandemia de covid-19, foram aprovadas novas medidas para estimular os micros e os pequenos empreendedores. No entanto, todas são de caráter temporário, apenas para o período de calamidade pública, inicialmente reconhecida por meio do Decreto Legislativo nº 6, de 20 de março de 2020, até 31 de dezembro de 2020.

Vejamos, então, o que diz o art. 1º da Lei Complementar nº 167/2019, *in fine*:

> Art. 1º A Empresa Simples de Crédito (ESC), de âmbito municipal ou distrital, com atuação exclusivamente no Município de sua sede e em Municípios limítrofes, ou, quando for o caso, no Distrito Federal e em Municípios limítrofes, destina-se à realização de operações de empréstimo, de financiamento e de desconto de títulos de crédito, exclusivamente com recursos próprios, tendo como contrapartes microempreendedores individuais, microempresas e empresas de pequeno porte, nos termos da Lei Complementar nº 123, de 14 de dezembro de 2006 (Lei do Simples Nacional).

Alguns aspectos expressos no referido dispositivo legal chamam a atenção pela sua peculiaridade, em comparação às outras instituições que ofertam crédito e que são supervisionadas pelo BCB.

Conforme anteriormente mencionado, a Justificação do Projeto de Lei que resultou na edição da Lei Complementar nº 167/2019 menciona que o objetivo das ESCs é o de oferecer mais opções de crédito às micro e às pequenas empresas, que, muitas vezes, não conseguem realizar as operações de crédito nas condições desejadas, ou sequer conseguem realizar qualquer operação de crédito no sistema de crédito tradicional, carecendo de acesso ao crédito.

As ESCs estão operando a taxas de juros médias de 4,66% ao mês, conforme também informado pelo SEBRAE, o que representa percentual superior à taxa de juros média praticada nas operações realizadas por instituições supervisionadas pelo Banco Central, conforme informação do próprio órgão supervisor.

Ademais, tendo em vista o volume de crédito necessário para atender às demandas desse segmento empresarial, os cerca de R$ 300 milhões das ESCs representam montante reduzido diante da demanda reprimida do setor.

No que se refere à intenção de as ESCs representarem instrumento alternativo válido para alguns microempreendedores, até o momento, não estão se caracterizando como opção ao sistema bancário em iguais condições, o que, certamente leva à conclusão de que tal instrumento não representa fator de aumento da concorrência no SFN, com um ano da vigência da lei que criou tal novo instituto.

Passando ao período com edição de leis e medidas provisórias – após o Decreto Legislativo nº 6, de 20 de março de 2020, que reconhece "a ocorrência do estado de calamidade pública, com efeitos até 31 de dezembro de 2020, em razão da pandemia de Covid-19" –, foram observadas as iniciativas que descreveremos e analisaremos.

Na esteira de tais medidas, foi aprovado o Programa Nacional de Apoio às Microempresas e Empresas de Pequeno Porte (Pronampe), por meio da Lei nº 13.999, de 18 de maio de 2020, que oferece condições excepcionais de taxas de juros e prazo, além de garantia de 100% por parte da União, por meio do Fundo Garantidor de Operações (FGO), de que trata a Lei nº 12.087, de 11 de novembro de 2009.

A nova lei, originária do Projeto de Lei nº 1.282/2020, de autoria do senador Jorginho Mello, criou o Programa Nacional de Apoio às Microempresas e Empresas de Pequeno Porte (Pronampe), visando expressamente "o desenvolvimento e o fortalecimento dos pequenos negócios".

O programa realizou, até o momento, mais de 200 mil operações e já foram utilizados como garantia cerca de R$ 10 bilhões dos recursos da União transferidos do Tesouro Nacional para o FGO, conforme informação da Subsecretária da Subsecretaria de Desenvolvimento das Micro e Pequenas Empresas, Empreendedorismo e Artesanato do Ministério da Economia, Antônia Tallarida Serra Martins, em Seminário realizado pela Associação Nacional das Empresas de Fomento (Anfac), em 23.07.2020.

Tendo em vista que hoje o número de micro e pequenas empresas é de cerca de 6 milhões de CNPJs, as 200 mil operações realizadas atendem a cerca de 3% do público-alvo, restando outras iniciativas para suprir as demandas emergenciais do segmento em razão da crise gerada pela pandemia de covid-19.

Questiona-se, então, se não haveria a necessidade de endereçamento direto ao aperfeiçoamento do crédito por tal segmento empresarial, mesmo anteriormente à crise provocada pela pandemia, visando, assim, a concretização dos dispositivos constitucionais e da legislação infraconstitucional, que já reconheciam a relevância desse segmento empresarial para o desenvolvimento social e econômico do país.

Tal hipótese foi respondida ao serem analisados os dados referentes ao crédito das micro e pequenas empresas no momento anterior e durante a pandemia, juntamente com o regime jurídico anterior e o novo regime ora aqui retratado, assegurando a análise do programa normativo em consonância com a análise do âmbito normativo, conforme consignado por Müller:

> Os programas normativos de cláusulas gerais indicam, por meio de palavras-chave como 'bons costumes' ou 'boa-fé', princípios éticos, convenções sociais, práticas usuais e noções semelhantes, passíveis de concretização em certo grau, princípios esses que auxiliam o desenvolvimento dos respectivos âmbitos normativos. Transpondo os dados sistemáticos, tais programas indicam em parte também o direito positivo.[16]

Assim, como previsto pelo autor, as informações e os dados sistemáticos do direito positivo, extraídos da análise do programa normativo exposto, servirão de fundamentação, juntamente com o desenvolvimento do âmbito normativo, para a verificação da concretização do texto da norma.

4 Âmbito normativo do acesso ao crédito para micro e pequenas empresas

Tratando então dos elementos metajurídicos do "âmbito normativo", conforme denominação da teoria de Müller, com elementos não linguísticos do mercado de crédito nacional para as micro e pequenas empresas, com dados de variáveis econômicas com relação ao acesso ao crédito e às operações contratadas, são elas: risco, taxas de juros e inadimplência, sempre considerando o tamanho das empresas (micro, pequena, média e grande), visando verificar o quanto a concretização do texto da norma foi analisada no "programa normativo", no que se refere ao acesso ao crédito por esse segmento.

Ao final foram abordadas as sínteses de cada elemento teórico e prático estudado e as propostas de aperfeiçoamento normativo legal visando à concretização normativa do regime jurídico nacional específico do acesso ao crédito para as micro e pequenas empresas.

Registre-se que tais dados econômicos foram escolhidos em razão de sua relevância para demonstrar, em primeiro lugar, o comportamento do acesso ao mercado de crédito para micro e pequenas empresas durante os períodos estudados, 2015 a 2019, visando observar o histórico do acesso ao crédito; e 2020, visando análise de alterações normativas em razão da pandemia, sempre por tamanho da empresa (micro, pequenas, médias e grandes empresas), subdivididos em variáveis quanto ao risco, às condições das contratações e aos resultados das contratações.

Assim, a análise empírica desses dados – combinada com a análise normativa do regime jurídico – mostrou o quanto a concretização normativa intentada pelo legislador pátrio foi atingida. O resultado disso responderá a hipótese desta pesquisa.

Como forma de representar as condições de contratação de crédito, foram observados os dados de risco, as taxas de juros, a inadimplência, o volume de crédito concedido, em R$, sintetizados, na pesquisa, por 15 variáveis com dados extraídos do BCB, observados sob os aspectos tempo (antes e depois do estado de calamidade) e por porte de empresa (micro, pequenas e todos os portes). Para o presente artigo, estamos reduzindo para sete variáveis.

---

[16] MÜLLER, Friedrich. *Teoria estruturante do direito*. São Paulo: Revista dos Tribunais, v. 1, 2008. p. 270.

Em resumo ao comportamento de todas as variáveis, nas dimensões de períodos e portes, é possível inferir que, diante do fato de não ter sido verificada alteração do ordenamento jurídico no que se refere ao acesso ao crédito para micro e pequenas empresas, as verificações decorrem de fenômenos econômicos e operacionais, e que tais fatores influenciam as micro e pequenas empresas de forma mais intensa do que as empresas dos demais portes, permitindo a conclusão de que há maior vulnerabilidade por parte dessas empresas, que representam os pequenos negócios, expressamente priorizados pelos dispositivos constitucional e de lei complementar que fundamentam a presente pesquisa para verificar a concretização normativa. E, ainda, que o ordenamento jurídico vigente anteriormente à decretação do estado de calamidade efetivamente não protege os pequenos negócios de tal vulnerabilidade, como foi desejado pelo legislador constitucional.

Destaca-se, ainda, que tal movimento desfavorável das micro e pequenas empresas ocorre em ambiente de risco avaliado com movimento proporcional e na mesma direção que os demais portes de empresa, o que demanda ainda mais medidas de políticas públicas no sentido de redução de assimetria de informações e outras medidas que proporcionem a maior customização da avaliação de risco das micro e das pequenas empresas e o maior conhecimento do cedente do crédito quanto à realidade do tomador.

Por fim, relevante registrar que foram analisadas as inferências aqui registradas no "âmbito normativo" juntamente com as conclusões relativas ao "programa normativo", permitindo, assim, o registro das conclusões do presente trabalho.

5 Concretização das normas de acesso ao crédito das micro e das pequenas empresas

Como proposto pelo modelo de concretização da norma de Müller, foi observada a concretização dos dispositivos inicialmente propostos (art. 179 da Constituição Federal e inciso III do art. 1º da Lei Complementar nº 123/2006). Foi realizada a descrição do programa normativo, com análise linguística, por meio do sentido literal do texto de lei, de interpretação histórica, interpretação conceitual-sistemática e doutrina nacional e internacional.

Ressalta-se que, no programa normativo, foi trazido à análise o conjunto de alterações legislativas e regulatórias abrangendo o funcionamento e a estrutura do SFN, especificamente nos aspectos que influenciam a concessão do crédito.

Em seguida, no âmbito normativo ou análise não linguística, foram observados dados de variáveis refletindo o acesso ao crédito pelas micro e pequenas empresas, com respectivos aspectos econômicos e sociais.

Assim, nesta etapa, foi realizada a análise final da concretização da norma, especificamente trazendo inferências decorrentes da combinação entre o visto no programa e no âmbito normativo, além de dados e informações vistas na contextualização do SFN.

As conclusões das inferências realizadas na presente pesquisa trouxeram as sínteses de cada elemento teórico e prático estudado, considerando o programa e o âmbito normativo, e, por fim, as propostas de aperfeiçoamento normativo legal visando a maior concretização normativa do regime jurídico nacional específico do acesso ao crédito para as micro e pequenas empresas, de forma a permitir o cumprimento, de forma sustentável, de suas funções econômica e social.

As inferências partiram de observações fundadas nas hipóteses de que, em primeiro lugar, (i) o ordenamento jurídico instaurado pela Constituição Federal e pela Lei Complementar nº 167/2006 proporcionou tratamento favorecido e diferenciado às micro e pequenas empresas em relação às empresas de médio e grande porte, de 2015 a 2020.

A segunda hipótese é de que o (ii) tratamento favorecido e diferenciado permite às micro e às pequenas empresas proteção a momentos de volatilidade da economia ou alterações operacionais do mercado em que atuam, de 2015 a 2020.

Por fim, terceira hipótese, relativa especificamente ao (iii) tratamento diferenciado no período de estado de calamidade em razão da pandemia, em 2020.

5.1 Regime jurídico, elementos legais e regulatórios para a concretização da norma diante do acesso ao crédito por micro e pequenas empresas

A pesquisa se propôs a estudar o regime jurídico nacional específico das micro e pequenas empresas, por meio do art. 179 da Constituição Federal e do inciso III do art. 1º da Lei Complementar nº 123/2006, observando tais dispositivos, suas interpretações e formas de concretização.

Vistos os dispositivos originais e fundamentadores para a análise da concretização, no programa normativo, foi registrado todo o ordenamento jurídico e as reflexões dele decorrentes afetas ao mercado de crédito para todos agentes e especificamente quanto às micro e pequenas empresas. Dessa forma, pode-se concluir que há convergência entre os que estudam o tema de que há notória necessidade de aperfeiçoamento do ordenamento jurídico afeto ao acesso ao crédito pelas micro e pequenas empresas.

As melhorias implementadas visando à redução de assimetria de informações (com a implantação e o aperfeiçoamento do cadastro positivo, reestruturação do SFN, novos arranjos de pagamentos, *fintechs*), de concentração bancária e de verticalização dos sistemas de pagamento, além da criação das ESCs, são notoriamente relevantes para o melhor funcionamento do SFN, mas não atingem, de forma direta e determinante, o acesso ao crédito pelas micro e pequenas empresas.

Talvez, quando conciliados aos aperfeiçoamentos em andamento com PIX, *Open Banking, fintechs, Sandbox Regulatório* e Central de Recebíveis, os efeitos sejam mais representativos paras as micro e pequenas empresas. No entanto, não são direcionados e específicos para os pequenos negócios, de forma que não oferecem o tratamento diferenciado e favorecido previsto nos dispositivos constitucionais e infraconstitucionais com tal endereçamento.

Conforme já concluído, quando analisado o programa normativo, o cerne da questão do crédito reside, em ambas as perspectivas, em alguns pontos relatados em comum, que são convergentes com o verificado na análise do programa normativo no sentido de que, até março de 2020, quando foi declarado o estado de calamidade, não havia comando legal algum com endereçamento específico para a facilitação do acesso ao crédito pelas micro e pequenas empresas.

Tal ausência demonstra a incapacidade de o regime jurídico ver concretizado seu texto, especificamente o texto constitucional do art. 179 e o inciso III do art. 1º da Lei Complementar nº 123/2006.

As tentativas para tal concretização, conforme consignado anteriormente, foram verificadas apenas de forma deficiente, por meio dos fundos constitucionais do Norte, Nordeste e Centro-Oeste, em condições iguais às médias e às grandes empresas, que, inclusive, possuem condições mais favoráveis para a utilização de tais recursos, por possuírem bens para o oferecimento de garantias reais, fluxo de caixa mais robusto, entre outras características que reduzem consideravelmente seu risco em relação ao das micro e pequenas empresas.

Outro aspecto relevante também concluído, quando realizada a análise do programa normativo, é a necessidade, percebida tanto pelo gestor do Poder Executivo quanto pelos representantes do Poder Legislativo, de se inovar na legislação ordinária para permitir ao menos a sobrevivência das micro e pequenas empresas diante da crise econômica provocada pela pandemia do coronavírus.

O registro de diversos projetos de lei e medidas provisórias com o mesmo propósito de facilitar o crédito em razão da pandemia demonstra que tal demanda não poderia ser suprida apenas por meio de regulamentação por atos infralegais.

Por outro lado, também demonstrou que já há, em nosso ordenamento constitucional, comando expresso e suficiente oferecendo ao legislador ordinário poderes para suprir tal lacuna, como fora feito.

No entanto, apesar do comando expresso, é relevante trazermos os ensinamentos de Rui Barbosa acerca da aplicabilidade das normas constitucionais, nas palavras de Ferreira Filho:

> A doutrina clássica distingue a este respeito duas espécies. É o que Rui Barbosa já ensinava, com arrimo de Cooley, Story e outros constitucionalistas norte-americanos. Esta ainda é a lição da doutrina moderna, da estrangeira por exemplo, de Jorge Miranda, e de parte da brasileira, por exemplo, a do autor deste livro. São elas normas exequíveis por si sós (normas autoexecutáveis, *self executing*) e as normas não exequíveis por si sós.[17]

O art. 179 da Constituição Federal é exemplo de "normas não exequíveis por si sós", motivo pelo qual há necessidade da implementação de uma política pública para sua implementação, o que é denominado pela doutrina de norma pragmática.

Nos dizeres de Da Silva:

> O princípio do tratamento favorecido para as empresas de pequeno porte consta do art. 170, IX, como dissemos. A Constituição não se contentou com o simples enunciado do princípio, pois já estabeleceu que a União, os Estados, o Distrito Federal e os Municípios dispensarão às microempresas e às empresas de pequeno porte, assim definidas em lei, tratamento jurídico diferenciado, visando a incentivá-las pela simplificação de suas obrigações administrativas, tributárias, previdenciárias e creditícias, ou pela eliminação ou redução destas por meio da lei (art. 179). Reconhece aí dois tipos de pequenas empresas: as micro e as de pequeno porte, deixando à lei defini-las e distingui-las.[18]

---

[17] FERREIRA FILHO, Manoel Gonçalves. *Curso de direito constitucional*. 40. ed. São Paulo: Saraiva, 2018. p. 421.

[18] DA SILVA, José Afonso. *Curso de direito constitucional positivo*. São Paulo: Revista dos Tribunais, 2010. p. 798.

Visto que há consenso na necessidade de haver legislação infraconstitucional para sua efetiva exequibilidade, então, no caso da efetiva concretização do art. 179 da Constituição Federal, o que há de ser avaliado e deliberado pelos órgãos e poderes competentes para a efetiva implementação de uma política pública é a necessidade de tornar tais programas facilitadores de crédito de caráter permanente, passado o período da crise, mesmo que adaptados à nova realidade, e com ônus suportável pelos cofres públicos.

Registre-se que todos os programas se encerram logo que cessado o estado de calamidade, mas que a crise econômica ainda irá persistir por um período ainda não conhecido com exatidão.

Grau,[19] citando a teoria estruturante de Friedrich Müller, reforça a necessidade de produção de normas jurídicas quando não há verificação da concretização no ordenamento vigente:

> "O fato é que a norma é construída, pela intérprete, no decorrer do processo de concretização do direito. O texto, preceito jurídico, é, como diz Friedrich Müller, matéria que precisa ser "trabalhada".
>
> Partindo do texto da norma (e dos fatos), alcançamos a norma jurídica, para então caminharmos até a norma de decisão, aquela que confere solução ao caso. Somente então se dá a concretização do direito. Concretizá-lo é produzir normas jurídicas gerais nos quadros de solução de casos determinados.

Por fim, outra conclusão trazida na análise do programa normativo, especificamente para o período pós-pandemia – da necessidade de recuperação econômica, além da necessidade de manutenção e de aperfeiçoamento dos programas de acesso ao crédito –, é a implantação de políticas, por meio de regras e princípios endereçados às questões fundamentais de redução da informalidade; fomento da competitividade no SFN; e redução do *spread* bancário, com vistas ao aperfeiçoamento estrutural do acesso ao crédito.

No que se refere ao âmbito normativo, em síntese, foi observado que, nas perspectivas de custo, inadimplência e volume da contratação pelas micro e pequenas empresas, os dados demonstram que houve notória diferenciação entre tal segmento e os demais portes de empresa apenas quando da implantação dos programas destinados ao combate à pandemia.

No período anterior à decretação de calamidade pública, as micro e pequenas empresas tiveram sempre reflexos minorados em razão dos movimentos econômicos ou operacionais, pois as médias e grandes registraram aumentos proporcional e significativamente superior tanto nos eventos de crescimento quando de decrescimento do crédito para todos os portes de empresas.

Registre-se que a associação, com movimentos econômico e operacional, se deve ao fato de que o ordenamento jurídico sofreu alterações substanciais apenas em momento anterior, 2006, quando da edição da Lei Complementar nº 123/2006. Posteriormente, apenas em 2019, quando da edição da Lei Complementar nº 167/2019, que criou as ESCs e que não trouxe alteração significativa nos dados acerca do crédito para o segmento.

---

[19] GRAU, Eros Roberto. *Ensaio e discurso sobre a interpretação/aplicação do direito*. 2009. p. 25.

Assim, pode-se inferir que as alterações no acesso ao crédito observado no período estudado decorreram de tais movimentos.

Posteriormente, o acesso ao crédito passa a ter nova influência do ordenamento jurídico apenas quando das alterações promovidas pelo legislador ordinário, decorrentes da implantação dos programas de combate aos efeitos econômicos da pandemia.

Assim, observando-se as conclusões do programa e do âmbito normativo, pode ser inferido que não há a verificação da concretização normativa do ordenamento jurídico pátrio no que se refere ao intentado pelos legisladores constitucional e infraconstitucional ao acesso ao crédito pelas micro e pequenas empresas.

Pode-se chegar a tal inferência ao verificar todas as iniciativas legislativas no sentido de redução de assimetria de informações, estímulo à concorrência, redução da verticalização, dentre outras alterações legislativas que tiveram resultados positivos em diversos aspectos quanto ao funcionamento do SFN, mas, no entanto, não resultaram, de forma objetiva, no aumento do acesso ao crédito para as micro e pequenas empresas, conforme intentado pelo legislador pátrio, especificamente nos dispositivos trazidos como fundamentos para a presente pesquisa.

6 Conclusão

O princípio do tratamento favorecido para as empresas de pequeno porte tem guarida nos arts. 170 e 179 da Constituição Federal, e este último é o fundamento do estudo ora proposto para verificarmos a concretização normativa do comando constitucional.

Tal princípio, traduzido pelos mencionados dispositivos, representam importante fundamento para o efetivo desenvolvimento sustentável dos pequenos negócios. Dessa feita, a legislação infraconstitucional assume papel relevante no sentido de viabilizar a concretização normativa intentada pelo legislador constitucional.

Por conseguinte, a legislação infraconstitucional deve regulamentar o comando constitucional, permitindo o efetivo tratamento favorecido e diferenciado por meio da definição de regras e políticas que resultem na efetiva concretização normativa, tanto do comando constitucional quanto de seu próprio dispositivo regulamentador.

Retomando as perspectivas de observação da pesquisa, no que se refere ao *(i) caminho sedimentado pela Constituição Federal, em 1988, e a Lei Complementar nº 123, em 2006, no sentido de permitir o tratamento favorecido e diferenciado*, o que os dados permitiram inferir foi que as micro e pequenas empresas obtiveram menos acesso ao crédito bancário do que as médias e grandes empresas.

É relevante ainda lembrar os dados e as conclusões de estudos do SEBRAE no sentido de que apenas de 15 a 20% das micro e das pequenas empresas financiam seus negócios por meio de crédito bancário, utilizando-se, prioritariamente, crédito de fornecedores e, em segundo lugar, do sistema cooperativo, ficando o crédito bancário com papel de menor protagonismo para tal segmento.

Como visto na pesquisa, o crédito bancário é notoriamente elemento fundamental para o desenvolvimento dos negócios, e, em última instância, as economias. Isso é motivo pelo qual o legislador constitucional consignou expressamente, em seu texto, a relevância e a função social e econômica das empresas, e, ainda – especificamente quanto às micro e às pequenas, por meio dos mencionados arts. 170 e 179 – a necessidade de priorização das micro e pequenas empresas, mencionando especificamente o aspecto creditício.

Quanto às alterações pontuais ocorridas no período histórico observado, registradas no programa normativo, especificamente no que se refere à redução de assimetria de informações (com a implantação e o aperfeiçoamento do cadastro positivo, a reestruturação do SFN, os novos arranjos de pagamentos, *fintechs*, a criação das ESCs, dentre outras), não eram especificamente direcionadas para as micro e as pequenas empresas, de forma que os benefícios de tais inovações legislativas não resultaram em benefícios específicos para o segmento.

Assim, em resumo, observando conjuntamente os dados, as análises e o ordenamento jurídico, proporcionado pelos dispositivos selecionados, para verificarmos a concretização normativa (art. 179 da Constituição Federal e inciso III do art. 1º da Lei Complementar nº 123/2006), a inferência definitiva é de que não pode ser constatada a efetiva concretização intentada pelos legisladores.

No que se refere à perspectiva seguinte, de observar tratamento favorecido e diferenciado às micro e às pequenas empresas, *(ii) proteção a momentos de volatilidade da economia ou alterações operacionais do mercado que atuam*, os dados mostram que há reação diferenciada entre as micro, as pequenas e as médias e grandes empresas, em momentos de ocorrência de fenômenos econômicos ou operacionais.

Tanto nos períodos em que há a verificação de aumento do acesso ao crédito pela ocorrência de tais fenômenos quanto nos momentos de redução do referido acesso, as micro e as pequenas empresas reagem em proporção inferior às médias e grandes empresas.

Por fim, no que se refere à terceira hipótese, relativa especificamente ao *(iii) período de estado de calamidade em razão da pandemia*, os dados nos permitem inferir que houve alteração significativa no acesso ao crédito pelas micro e pequenas empresas em relação às médias e grandes empresas em razão da implementação de programas de combate aos efeitos econômicos da pandemia.

Assim, os dados observados nos levam a inferir que o tratamento favorecido e diferenciado propalado pelos dispositivos que fundamentam a pesquisa são efetivamente concretizados. No entanto, o período analisado ainda é preliminar no que se refere ao tempo de duração dos programas e políticas públicas implementadas para o combate aos efeitos econômicos da pandemia.

Os dados e os depoimentos colhidos, por meio dos seminários realizados no âmbito da pesquisa, nos permitem concluir que há notória necessidade de aperfeiçoamento do ordenamento jurídico no sentido de potencializar a intenção do art. 179 da Constituição Federal e do inciso III do art. 1º da Lei Complementar nº 123/2006 para a sua efetiva concretização normativa.

As inferências registradas são corroboradas não apenas pelos dados observados no período anterior à pandemia, mas, também, pelos dados posteriores à decretação do estado de calamidade, quando a implementação de programas emergenciais de acesso ao crédito foi capaz de alterar significativamente o cenário anterior, demonstrando o caminho que pode ser seguido para a formulação de novas políticas públicas que possibilitem a concretização normativa intentada.

Tendo sido observada a efetividade dos mencionados programas de acesso ao crédito e a constatação de que não há recursos públicos disponíveis para suportar a continuidade desses programas, com seu formato original, baseado em fundos garantidores e outras formas de aporte de recursos orçamentários da União, cabe avaliar a melhor forma de manter políticas públicas que tenham programas de acesso ao crédito que incentivem o funcionamento das micro e pequenas empresas.

É importante consignar que a implementação de políticas públicas de aperfeiçoamento de acesso ao crédito não significa, necessariamente, a manutenção dos programas adotados emergencialmente em razão da pandemia, no qual foram oferecidas garantias robustas por parte da União, dentre outras formas idealizadas.

A observação dos dados e dos depoimentos e das análises do período, diante do paradigma pós-positivista e da metódica da Teoria Estruturante do Direito de Friedrich Müller utilizados na pesquisa, mostrou que há necessidade de alteração legislativa promovendo a gestão de políticas públicas em tal sentido.

Informação bibliográfica deste texto, conforme a NBR 6023:2018 da Associação Brasileira de Normas Técnicas (ABNT):

FRANÇA, Emílio Carlo Teixeira de. Regime jurídico do crédito: o acesso de micro e pequenas empresas e a concretização normativa. *In*: SEEFELDER FILHO, Claudio Xavier (coord.). *Direito Econômico e Desenvolvimento*: entre a prática e a academia. Belo Horizonte: Fórum, 2023. p. 225-250. ISBN 978-65-5518-487-7.

ASPECTOS CONTROVERTIDOS DA DISTRIBUIÇÃO DE *ROYALTIES* DE PETRÓLEO E GÁS SOB A ÉGIDE DAS LEIS Nº 7.990/89 E Nº 9.478/97. A INCLUSÃO DA SDV – *SHUT DOWN VALVE* NO CRITÉRIO DE INSTALAÇÕES DE EMBARQUE E DESEMBARQUE

FREDERICO MOTA DE MEDEIROS SEGUNDO

1 Introdução

A exploração de petróleo e gás no Brasil tem sua primeira descoberta no ano de 1930, no Lobato, subúrbio da capital baiana, Salvador. De 1930 até a presente data, a indústria extrativa mineral, com suas regulares oscilações e ciclos econômicos internacionais, não parou de crescer.[1]

Este crescimento acarretou um considerável incremento de receitas através de compensações financeiras e participações, popularmente conhecidas como *royalties*, recolhendo-se a importância de R$537 bilhões aos cofres públicos nos últimos 10 anos.[2]

Para regulamentar a distribuição da vultosa quantia, foram editadas leis, decretos e criada uma autarquia reguladora, a Agência Nacional do Petróleo, Gás Natural e Biocombustíveis – ANP, responsável pela fiscalização, contratação e, notoriamente, regulamentação da atividade.

Segundo a respectiva agência reguladora, somente para o ano de 2022 encontra-se prevista uma distribuição de *royalties* da ordem de R$60,59 bilhões, estimando-se a monta R$82,58 bilhões no ano 2029 conforme projeções oficiais.

Este aumento pode ser atribuído às inovações legislativas que durante duas décadas foram sendo aperfeiçoadas, em especial a Lei nº 9.478/97, responsável pelo fim

---

[1] Disponível em: https://brasilescola.uol.com.br/brasil/historia-do-petroleo-no-brasil.htm. Acesso em: 20 jun. 2022.

[2] Disponível em: https://www.gov.br/anp/pt-br/assuntos/royalties-e-outras-participacoes. Acesso em: 20 jun. 2022.

do monopólio da Petrobras, pelo regime de concessão e, com o advento do Pré-sal, o regime de partilha, através da Lei nº 12.351/2010, em que o governo, com regras bem definidas, relativas à segurança jurídica, proporcionou o ingresso de cada vez mais investidores estrangeiros e ampliou o número de empresas exploradoras.

No último Seminário da ANP, para apresentar os relatórios anuais de exploração lavra e licenças,[3] verificou-se após, mais de dez anos, um crescimento no número de poços em terra sob estudo e exploração, resultado direto das respectivas políticas públicas.

Indubitável que cifras consideráveis têm acarretado exacerbada disputa, seja na seara política, administrativa ou judicial, em especial entre Municípios que possuem exploração ou equipamentos afetando seu território e não são contemplados com a compensação financeira.

O objetivo central da presente pesquisa é qualificar, sob a égide das normas constitucionais, a Lei nº 9.478/1997 e alterações promovidas pela Lei nº 12.734/2012 e pelo Decreto nº 001/91, o atual enquadramento realizado pela ANP em relação às instalações de embarque e desembarque situadas nos Municípios brasileiros, em especial a *Shut Down Valve* – SDV.

O enquadramento na sistemática atual tem provocado um exponencial aumento de ações judiciais, tendo em vista que o benefício econômico médio mensal para cada ente público é aa monta de R$800.000,00 (oitocentos mil reais), rubrica superior aos repasses do Fundo de Participação dos Municípios – FPM para comunas menores.[4]

A contemporânea negativa pela ANP tem por fundamento a deliberação administrativa contida na Portaria nº 29, de 22 de fevereiro de 2001, e na Resolução de Diretoria/ANP nº 624, de 19 de junho de 2013, não reconhecendo que alguns pontos de entrega (*city gates*) se inserem no conceito de instalação de embarque e desembarque para fins de pagamento de compensação financeira pelo critério instalação.

A pretensão dos Municípios, via de regra, tem por fundamento nos dispositivos das Leis nº 7.990/89 e 9.478/97, que, respectivamente, regulam o repasse da cota de até 5% e do que exceder esse percentual até o limite de 10% dos valores recolhidos pelas empresas concessionárias, sob o argumento de que os valores são devidos aos Municípios em que "se localizarem instalações marítimas ou terrestres de embarque e desembarque de óleo bruto e/ou gás natural".[5]

Neste cenário, é imperativo um amplo estudo sobre o tema, observando-se as diretrizes constitucionais, uma análise interpretativa das Leis nº 7.990/89 e nº 9.478/97, os efeitos da ADI nº 4.917 MC/DF e a Resolução de Diretoria/ANP nº 624, de 19 de junho de 2013, para qualificação dos equipamentos de embarque e desembarque, em especial a SDV.

Para tanto, o presente trabalho foi dividido em quatro capítulos. O primeiro conceitua as compensações financeiras, sua natureza jurídica e sua abordagem pela Constituição Federal. No segundo capítulo são apontados os critérios de participação e distribuição adotados.

---

[3] Disponível em: https://www.youtube.com/watch?v=3bXP1Oj3wdg. Acesso em: 20 jun. 2022.
[4] Disponível em: https://www.gov.br/anp/pt-br/assuntos/royalties-e-outras-participacoes/royalties. Acesso em: 20 jun. 2022.
[5] Disponível em: https://www.gov.br/anp/pt-br/canais_atendimento/imprensa/noticias-comunicados/anp-realiza-workshop-sobre-arrecadacao-calculo-e-distribuicao-de-royalties. Acesso em: 20 jun. 2022.

A pesquisa e as informações foram colhidas perante a agência reguladora (ANP) e o IBGE para quantificação e enquadramento de compensação financeira. Por fim, no quarto e último capítulo, são classificadas as instalações de embarque e desembarque, conceituando-se a SDV e o enquadramento dos Municípios que possuem tal equipamento, com a natural conclusão.

Nesse contexto, o trabalho visa sugerir as melhores práticas que dariam seguimento à ANP, evitando um excesso de judicialização, recomendando a melhoria de políticas públicas visando adequar a regulamentação, especialmente no que tange à distribuição de *royalties* pelos critérios de embarque e desembarque.

2 *Royalties* – compensações financeiras e a Constituição Federal de 1988

Neste capítulo serão detalhados a origem, o conceito da expressão *royalties*, a distinção de tais receitas, as principais interpretações da origem, a natureza jurídica, a diferenciação entre recursos renováveis e não renováveis e a destinação das rendas extraordinárias geradas pela exploração dos recursos naturais.

2.1 Conceito de *royalties*

Segundo o dicionário Aurélio,[6] o termo *royalty* se refere à importância que é paga ao detentor de uma patente ou ao autor de uma obra original, seja ela literária, artística, científica, para sua exploração comercial e se traduz em um conceito mais estrito do termo.

Fazendo uma digressão histórica, é possível extrair que:

> O termo *royalty* é um anglicismo, cuja raiz "royal" significa "da realeza" ou "relativo ao rei" e refere-se a contrapartida ao direito real para uso de minerais, concedido pelo soberano a uma corporação. Atualmente, nos países que não adotaram a monarquia, o Estado assumiu o papel de "rei" nesse particular.[7]

Na Roma antiga, todas as partes integrantes de propriedade e exploradas eram de direito do possuidor, inclusive as de origens minerais, cabendo apenas o adimplemento do quinhão que competia ao Império. Note-se que, neste momento, as riquezas minerais ainda não possuíam elevado valor agregado, exceto o ouro.

Alinhando-se como norte do sistema atual, o Direito alemão inova ao fazer a primeira distinção entre o direito de propriedade e o direito de pesquisar minérios, em termos formais são criadas distinções que possibilitam a expansão do sistema de exploração.[8]

---

[6] FERREIRA, Aurélio Buarque de Holanda. *Dicionário da língua portuguesa*. 5. ed. Curitiba: Positivo, 2010. 2222 p. ISBN 978-85-385-4198-1.
[7] BARBOSA, D.; BASTOS, A. C. *Impacto da Tributação nas Atividades de E&P em águas profundas no Brasil*. Monografia de conclusão do Curso de Especialização em Regulação para Petróleo e Gás Natural. Campinas-SP, UNICAMP, 2000. p. 25.
[8] MIRANDA, Pontes de. *Tratado de direito privado*. São Paulo: RT, 2012, t. II, p 164.

Importante lembrar que a taxação, tributação ou pagamento por direito exploratório acompanha o homem desde seus primórdios. Desde o início da vida coletiva, de uma forma ou de outra, os indivíduos foram institucionalizando e aprimorando o regime de contribuição participativa, destes, para com a comunidade.

Não de outro modo, os Estados modernos, através da pressão social, passaram a indicar uma retomada do *telos* original de tributos, incluindo os *royalties* nesse conceito para alguns doutrinadores, qual seja, a instrumentação do ente público para a realização do bem comum. É o que nos ensina Carrazza:

> [...] um tributo não pode ter outro escopo que o de instrumentar o Estado a alcançar o bem comum. A nosso ver, qualquer exação que não persiga esta finalidade é inconstitucional.[9]

2.2 *Royalties* em sentido amplo e estrito

Hodiernamente, designam-se pelo termo *royalty* diversas realidades: o pagamento realizado pelo uso de invenção, marca, direitos autorais ou petróleo. No caso dos recursos naturais, o termo *royalty* é empregado em razão de que o titular do bem é o Estado e quem quiser explorá-lo deve pagar a este um valor pela sua exploração. Daí por que se designa por *royalty* o pagamento efetuado por quem explora um direito que pertence a outrem.[10]

Ainda aqui a definição do termo permanece em zona cinzenta, pois não se pode usar o termo *royalty* para o pagamento do preço decorrente de qualquer compra e venda, por exemplo, – são coisas diversas. Do mesmo modo, não se pode atribuir o uso do termo *royalty* apenas para o pagamento de bens incorpóreos – os recursos naturais não se inserem nesse conceito.

Neste contexto, far-se-á necessária a distinção de *royalty* em sentido amplo e sentido genérico, sob as palavras de Scaff (2021):

> (...) O que caracteriza o termo *royalty*, em sentido amplo, é o fato de ser um pagamento pelo uso do bem de outrem que se insere no processo produtivo do usuário. Assim ocorre com o direito de autor – suas ideias são materializadas em livros e remuneradas pelas editoras. Isso também ocorre com o direito de invenção ou marca – fruível por quem adquire tal bem imaterial e o incorpora ao processo produtivo, pagando uma quantia ao titular daquele direito.
>
> Assim, pode-se conceituar *royalty* (em sentido genérico) como o preço que é pago ao proprietário de um bem tangível ou intangível, extraído, inserido ou consumido por meio de processo produtivo. Observe-se que tal pagamento tem característica diversa do pagamento que é feito a título de aluguel, por exemplo, que decorre do uso de um bem móvel ou imóvel, mas que deve ser restituído de forma integra ao final do período de uso. Ou mesmo de uma tarifa pelo uso de um bem público, tal como a que é cobrada pelos usuários do serviço de transporte urbano e visa remunerar os custos do delegatário. O conceito exposto serve, em sentido genérico, para toda e qualquer espécie de *royalty*. Quem usar uma marca de comércio, um desenho industrial ou extrair um barril de petróleo do fundo do mar deverá pagar *royalties* ao proprietário daqueles bens, que serão extraídos, inseridos ou con- sumidos por intermédio de processo produtivo (...).[11]

---

[9] CARRAZA, Roque Antonio. *Curso de Direito Constitucional Tributário*. 24. ed. São Paulo: Malheiros, 2008. p. 77.
[10] SACFF, Fernando Facury. *Royalties do Petróleo, Minério e Energia*. 2. ed. Belo Horizonte: Fórum, 2021 p. 107.
[11] SACFF, Fernando Facury, *Royalties do Petróleo, Minério e Energia*. 2. ed. Belo Horizonte: Fórum, 2021, p. 107.

A presente diferenciação é de suma importância, para melhor compreensão do tema, em especial no que tange a sua natureza jurídica e espécies, tendo em vista que o constituinte de 1988 optou por não incluir o termo *royalties* na carta magna, empregando palavras como "compensações financeiras e participações". Acredita-se que a ausência decorre da origem estrangeira da palavra e, assim como o escritor Ariano Suassuna, o legislador intrinsecamente registrou sua deferência pela língua portuguesa.

2.3 A natureza jurídica dos *royalties* – compensações financeiras e participações

Uma questão que vem suscitando debates acirrados desde o advento da Constituição de 1988 é a natureza jurídica das compensações financeiras e especialmente as participações governamentais. Por que o legislador fez opção por essas semânticas?

A hermenêutica constitucional não pode jamais deixar de ser considerada, inclusive atribuindo um caráter interpretativo e amplo às normas basilares do texto maior.

Atualmente têm-se duas grandes correntes teóricas para definição da natureza tributária das compensações financeiras e participações.

A primeira mais abalizada doutrina ensina e adverte que a definição legal de tributo contida no artigo 3º do CTN, conquanto didática, não pode alargar, reduzir ou modificar o seu conceito, que é constitucional.[12] Vejamos:

> Art. 3º Tributo é toda prestação pecuniária compulsória, em moeda ou cujo valor nela se possa exprimir, que não constitua sanção de ato ilícito, instituída em lei e cobrada mediante atividade administrativa plenamente vinculada.[13]

Deste modo, defende Geraldo Ataliba que os *royalties* pelas semelhanças e correlações constitucionais são um tributo e que interpretação diversa vai de encontro às restrições conceituais da carta republicana e seus princípios.

Para Alberto Xavier, apesar de toda a fluidez e hibridez do texto, devem-se apontar três características precípuas que decorrem do §1º do artigo 20 da Constituição: o fato de serem prestações patrimoniais, compulsórias e necessariamente instituídas por lei federal.[14]

Por estes contornos, portanto, sustenta a natureza tributária das prestações em causa, pois os seus traços essenciais se subsumem por inteiro no conceito de tributo dado pelo artigo 3º do Código Tributário Nacional, tendo como fato gerador a exploração dos recursos minerais e, por via de consequência, nos termos do artigo 4º do CTN, a natureza de imposto.

Essa linha também é defendida por Roque Antonio Carraza, para quem a legislação criou um tributo com uma nomenclatura divergente, ressaltando que obrigações jurídicas se dividem em *ex voluntate* e em *ex lege*, ou seja, o termo compensação financeira decorre

---

[12] ATALIBA, Geraldo. *Hipótese de incidência tributária*. 4. ed. São Paulo: Revista dos Tribunais, 1990, p. 29.
[13] BRASIL. Lei nº 5.172/66 Disponível em: http://www.planalto.gov.br/ccivil_03/leis/l5172compilado.htm. Acesso em: 25 jun. 2022.
[14] XAVIER, Alberto. Natureza Jurídica e Âmbito de Incidência da Compensação Financeira por Exploração de Recursos Minerais. In: *Revista Dialética de Direito Tributário*, São Paulo, v. 33, p. 7-15, 1998.

do ato de vontade das partes, o explorador e a união, o que não se observa no presente instituído, ao reverso, este decorre de imposição legal.

Por tal fato, não reconhecer a natureza tributária da compensação financeira nas palavras de Carraza é deixar de considerar os traços característicos da "compensação financeira pela exploração de recursos minerais", a CFEM, e que vale para o conceito de *royalties* de petróleo e gás com o de tributo:

> De fato, a "compensação financeira pela exploração de recursos minerais" é:
>
> I - uma prestação pecuniária: as empresas que exploram recursos minerais estão sendo obrigadas, pela lei, a transferirem dinheiro para os cones públicos (um percentual das receitas de vendas dos minerais);
>
> II - compulsória: o vínculo obrigacional não nasceu da vontade destas empresas, mas decorreu de imperativo legal (*ex vi legis*);
>
> III - em moeda: a "compensação financeira" tem por objeto a transferência de dinheiro do patrimônio das empresas que exploram recursos minerais, para os cofres estatais;
>
> IV - que não se constitui em sanção por ato ilícito: a exploração, mediante concessão ou autorização, de recursos minerais, colocando-os depois, *in commercium*, está longe de tipificar uma ilicitude; é uma conduta perfeitamente lícita, já que não descumpre nenhum dever jurídico;
>
> V - instituída em lei: efetivamente, a obrigação em causa foi criada *in abstracto*, pelas Leis nº 7 990/89 e 8001/90; a vontade das empresas que exploram recursos minerais é irrelevante para determinar o nascimento do vínculo obrigacional; ele nasce *ex vi legis* e,
>
> VI - cobrada de modo totalmente vinculado: o cálculo do montante da "compensação financeira", a fixação de seus sujeitos e a forma de seu pagamento não foi discricionariamente deixada ao sabor das circunstâncias de momento, mas, pelo contrário, está sendo feita por meio de atividade administrativa plenamente vinculada, vale dizer, por meio de lançamento e cobrança fiscais.[15]

Em suma, quem defende a natureza tributária da compensação sustenta-se na similitude e proximidade do regulamento regente da compensação financeira, qual seja, o Decreto nº 1/91 utilizar termos próprios do Direito Tributário, tais como fato gerador (art. 15) e lançamento (art. 16).

De outro modo, as palavras são meros rótulos, sendo irrelevantes para determinar a natureza jurídica de dado instituto, importando, para esse fim, o regime normativo ao qual está submetido e que, *in casu*, não é o fiscal.

Não parece que a característica fundamental no conceito de tributo, qual seja, a compulsoriedade no pagamento de verbas para a exploração de um bem público dominial, através da delegação de atividades econômicas monopolizadas pelo Estado, sendo regidas, em linhas gerais, por normas de direito privado, apesar de a lei ou o próprio contrato preverem obrigações e poderes publicistas. E um típico caso de *ex voluntate* do concessionário que manifesta seus ânimos e interesse de participar, aderindo às regras estabelecidas pela União por vontade própria através de um contrato, em uma atividade sujeita à livre concorrência e à livre iniciativa.

---

[15] CARRAZA, Roque Antônio. *Natureza jurídica da compensação financeira pela exploração de recursos minerais* São Paulo: Max Limonad, 1995. Acesso em: http://bdjur.stj.jus.br/dspace/handle/2011/22981.

Nessa linha de entendimento, defende Kiyoshi Harada:

> Não se pode conceber a compensação financeira como tributo se ela envolve, necessariamente, contraprestação de bens pertencentes à União (recursos hídricos ou minerais). Ora, entre a União, proprietária dos bens, e os concessionários de recursos hídricos ou minerais não há uma relação de poder a legitimar a imposição tributária. O que existe é, mera relação de propriedade. É o que acontece, por exemplo, quando o Estado, mediante lei específica, promove, a título oneroso, a concessão de uso de bem público, ou a concessão de direito de uso. Nessas hipóteses, haverá mera relação de propriedade, de sorte que a prestação pecuniária percebida pelo Estado ingressará no Tesouro a título de receita pública corrente, de natureza patrimonial. Assim, não basta a prestação pecuniária compulsória, que não constitua sanção de ato ilícito, para classificar determinado ingresso de dinheiro como tributo. E mais, é preciso que estejam presentes todos os elementos ou aspectos do fato gerador.
>
> No caso sobe exame, em relação aos diversos órgãos da União, despidos de personalidade jurídica, destinatários dessa compensação financeira, sequer poderia existir o sujeito ativo do tributo. Sintomaticamente, os defensores da natureza tributária silenciam sobre o sujeito ativo dessa "tributação" em que figuram como destinatários de prestações pecuniárias os órgãos da União, os Estados, o DF e os Municípios.
>
> A verdade é que essa compensação veio à luz como sucedâneo da difícil e inconveniente participação das entidades políticas no resultado da exploração de bens e recursos hídricos ou minerais pertencentes a uma delas, ou seja, à União. Assim sendo, ela classifica-se como receita pública, mas, não na espécie de receita derivada. Positivamente, é matéria que se insere no âmbito do Direito Financeiro e não na esfera do Direito Tributário.[16]

Neste raciocínio, não se pode concluir que a compensação financeira seja uma imposição contratual, pelo simples fato de que sua exigência independe de qualquer tratativa entre as partes interessadas para que seja devida.

Em verdade, é ela uma imposição constitucional, cujo perfil é delineado pela lei ordinária. Assim, havendo exploração de petróleo ou gás natural, de recursos hídricos para fins de geração de energia elétrica e de outros recursos minerais, assegura-se aos Estados, ao Distrito Federal, aos Municípios e órgãos da administração direta da União participação nos lucros ou compensação financeira por essa exploração.

Veja-se que tais pessoas são estranhas às partes envolvidas na própria concessão ou autorização para a exploração desses recursos, mas têm garantido, de uma forma ou de outra, o ressarcimento se a exploração ocorrer em seu território.

2.4 Da natureza financeira de receita originária

Com base nas lições diferidas, excluindo-se a autoridade de tributos da compensação financeira, em que pese sua proximidade, devemos classificar o presente instituto como receita financeira originária.

O primeiro ponto para construir uma correlata digressão é que os recursos minerais foram constitucionalmente qualificados como bens da união, e eventual

---

[16] HARADA, Kiyoshi. *Royalties do petróleo*. Novo critério ignora os Municípios e Estados produtores. Disponível em: https://haradaadvogados.com.br/royalties-do-petroleo-novo-criterio-ignora-os-municipios-e-Estados-produtores/. Acesso em: 20 jun. 2022.

exploração direta de patrimônio público deve ser compensada/indenizada conforme modelo escolhido pela Administração, não se tratando de receitas devidas por constrições impostas à economia particular.

A receita pública originária classifica-se quanto à origem dos recursos, agrupando rendimentos que os governos auferem, pela utilização dos seus recursos patrimoniais, industriais e outros, não entendidos como tributos. Corresponde às rendas, como os foros, laudêmios, aluguéis, dividendos e, no caso em estudo, as participações patrimoniais.

Para Aliomar Baleeiro a receita pública é a entrada que, integrando-se no patrimônio público sem quaisquer reservas, condições ou correspondência no passivo, vem acrescer o seu vulto, como elemento novo e positivo, sendo de suma importância destacar que são, portanto, receitas originárias, em ambos os seus elementos identificadores, o político-jurídico (desnecessidade do exercício do poder coativo reservado ao Estado) e o econômico (a origem dos recursos está no próprio setor público) (BALEEIRO, Aliomar).[17]

Sob o auspício da suprema corte constitucional brasileira tem-se dois julgamentos balizadores para o debate, são eles o Recurso Extraordinário nº 228.800-5/DF, Mandado de Segurança nº 24.312-1 DF e o Ag. Reg. no Agravo de Instrumento nº 453.025-1/DF.

No primeiro, o Supremo Tribunal Federal analisou a compensação financeira pela exploração de recursos minerais (CFEM), instituída pela Lei nº 7.990/89. No segundo com relação especificamente às participações governamentais previstas pela Lei nº 9.478/97, tema aqui em estudo, concluindo pela natureza não tributária das compensações financeiras.

Em complemento, em um terceiro julgamento a natureza financeira de receita originária resta evidente, merecendo destaque ao trecho do voto proferido pelo Ministro Gilmar Mendes no julgamento do Ag. Reg. no Agravo de Instrumento nº 453.025-1/DF, com a consolidação do entendimento da Corte, um compilado dos precedentes:

> Ora, no MS 24.312 restou inequivocamente assentada a natureza da 'compensação financeira', prevista no §1º do art. 20 da CF, como receita constitucional originária dos entes federados beneficiados, o que per se afasta a sua tipificação tributária - ou sujeita à disciplina do sistema constitucional tributário. (...)
>
> Naquele precedente também foi expressamente consignado nos votos dos Ministros Sepúlveda Pertence (inicialmente, inclusive invocando o decidido pela 1ª Turma no RE 228.800) e Nelson Jobim (posteriormente), cujos fundamentos foram incorporados pela relatora e pela integralidade do Plenário, que a causa à compensação não é a propriedade do bem, pertencente exclusivamente à União, mas sim a sua exploração e o dano por ela causado.

Assim, indubitável que as participações governamentais na indústria do petróleo, como espécie do gênero compensações financeiras, são receitas originárias de cada ente público beneficiado constitucionalmente por esta verba, cuja valoração deve levar em conta a expressão econômica do recurso mineral explorado, os impactos na infraestrutura estatal que a indústria impõe e critérios ambientais à luz do princípio do poluidor-pagador, expressamente previsto no §3º do artigo 225 da Constituição.

---

[17] BALEEIRO, Aliomar. Uma introdução à ciência das finanças, ob. cit. p. 116.

A natureza jurídica de receita originária de cada ente beneficiado será fundamental para nortear a possibilidade de fiscalização direta do Estado-membro em sua arrecadação, conforme se verá no item que se passa a desenvolver.[18]

3 Os *royalties* e a constituição de 1988

Os termos compensação financeira e participações surgiram pela vez primeira, na Constituição Federal de 1988, como alternativa da participação dos entes federativos no resultado da exploração de recursos naturais no respectivo território nos termos do §1º, do art. 20, do CF.[19]

Antes da concebida constitucionalização dos *royalties*, a matéria era unicamente regulada pela Lei nº 2.004, de 3 de outubro de 1953, que disciplinava a Política Nacional do Petróleo, definia as atribuições do Conselho Nacional do Petróleo e institui a maior sociedade anônima estatal, a Petrobras.

Neste contexto, de 1953 até 9 de novembro de 1995, quando foi promulgada a Emenda Constitucional nº 9 e sua entrada em vigor, o monopólio da União na exploração e produção de petróleo e gás natural no Brasil era exercido, exclusivamente, pela Petrobras.

A EC nº 09/95 alterou o artigo 177 da Constituição de 1988,[20] sem retirar o monopólio da União, mas anuindo a possibilidade de empresas privadas também executarem as atividades de exploração e produção.

Por outro turno, o constituinte em compasso optou por consignar, no artigo 158, inciso IV e respectivo parágrafo único da Constituição, a obrigação dos Estados transferirem aos Municípios 25% (vinte e cinco por cento) do valor arrecadado com *royalties* e participações, reforçando a imposição no artigo 9º da Lei nº 7.990/89:

---

[18] Disponível em: https://www.scielo.br/j/rdgv/a/n69LbpVCFTymTbPcWLnQYfm/?lang=pt#:~:text=As%20participa%C3%A7%C3%B5es%20governamentais%20na%20ind%C3%BAstria%20do%20petr%C3%B3leo%2C%20como%20esp%C3%A9cie%20do,os%20impactos%20na%20infra%2Destrutura. Acesso em: 20 ago. 2022.

[19] Art. 20. São bens da União: §1º É assegurada, nos termos da lei, à União, aos Estados, ao Distrito Federal e aos Municípios a participação no resultado da exploração de petróleo ou gás natural, de recursos hídricos para fins de geração de energia elétrica e de outros recursos minerais no respectivo território, plataforma continental, mar territorial ou zona econômica exclusiva, ou compensação financeira por essa exploração. (Redação dada pela Emenda Constitucional nº 102, de 2019).

[20] Redação da Constituição Federal de 1988 "Art. 177. Constituem monopólio da União:
I - a pesquisa e a lavra das jazidas de petróleo e gás natural e outros hidrocarbonetos fluidos;
II - a refinação do petróleo nacional ou estrangeiro;
III - a importação e exportação dos produtos e derivados básicos resultantes das atividades previstas nos incisos anteriores;
IV - o transporte marítimo do petróleo bruto de origem nacional ou de derivados básicos de petróleo produzidos no País, bem assim o transporte, por meio de conduto, de petróleo bruto, seus derivados e gás natural de qualquer origem;
(...)
§1º A União poderá contratar com empresas estatais ou privadas a realização das atividades previstas nos incisos I a IV deste artigo observadas as condições estabelecidas em lei.
§2º A lei a que se refere o §1º disporá sobre
I - a garantia do fornecimento dos derivados de petróleo em todo o território nacional;
II - as condições de contratação
III - a estrutura e atribuições do órgão regulador do monopólio da União;

Art. 158. Pertencem aos Municípios:

(...)

IV - vinte e cinco por cento do produto da arrecadação do imposto do Estado sobre operações relativas à circulação de mercadorias e sobre prestações de serviços de transporte interestadual e intermunicipal e de comunicação.

Parágrafo Único - As parcelas de receita pertencentes aos Municípios, mencionadas no inciso IV, serão creditadas conforme os seguintes critérios:

I - três quarto, no mínimo, na proporção do valor adicionado nas operações relativas à circulação de mercadorias e nas prestações de serviços, realizadas em seu território;

II - até um quarto, de acordo com o que dispuser lei estadual ou, no caso dos Territórios, lei federal.

Sob o prisma ambiental, alguns doutrinadores atribuem elevada importância ao consignado no §3º do artigo 225 da Constituição, que ainda que não conduza expressa referência às receitas originárias, mas em interpretação ampla aos dispositivos de proteção do art. 5º e a luz de princípios ambientais como o poluidor pagador, qualificando assim como uma subespécie da natureza jurídica das compensações financeiras, em total semântica com o termo selecionado pelo legislador.

3.1 Os critérios de participações e distribuição dos *royalties*

Sob o plano histórico, imperioso registrar que a promulgação da Lei nº 9.478/97 (lei do petróleo), além da criação da Agência Nacional do Petróleo, Gás Natural e Biocombustíveis – ANP, representou também um marco na abertura do mercado a agentes privados, ampliando as receitas originárias e sua distribuição para os entes públicos.

Os critérios para distribuição das compensações financeiras encontram-se insculpidos na Lei nº 7.990/89 para exploração sobre o regime de concessão e cessão onerosa até 5% e sob a Lei nº 9.478/97 para o regime de partilha maior que 5%, distribuídos entre a União, Estados Confrontantes e Produtores, Municípios Confrontantes e Produtores, Municípios com Instalações de Embarque e Desembarque e Fundo Especial.

Ademais, a distribuição para os Municípios é dividida em produção marítima e terrestre, com subdivisões destas em: zona principal, zona secundária, limítrofe, confrontante, produtor e afetação por zona de influência e/ou instalação de embarque e desembarque – IED, este último critério que passaremos a discorrer.

Disso, vê-se que os Municípios cujos territórios forem afetados pela presença de uma IED na exploração de petróleo/gás natural contam com a garantia constitucional de serem remunerados por essa exploração. Ou seja, outorga-se às municipalidades direito cujo conteúdo não pode ser diminuído por interpretações restritivas de preceitos infraconstitucionais.

Neste prumo, coube ao legislador infraconstitucional definir a forma dessa participação. Por meio da Lei nº 7.990, de 28 de dezembro de 1989, que deu nova redação ao art. 27 da Lei nº 2.004, de 3 de outubro de 1953, determinando que aos Municípios em cujos territórios se fixasse a lavra do petróleo ou se localizassem instalações marítimas ou terrestres de embarque e desembarque fossem destinados 5% (cinco por cento) do valor total do petróleo ou do gás natural embarcado ou desembarcado em seus respectivos territórios, a título de compensação financeira pela exploração de tais minerais.

Desse total, 70% (setenta por cento) e 20% (vinte por cento) seriam destinados, respectivamente, aos Estados e Municípios produtores, cabendo o restante (10%) aos Municípios que contassem com instalações marítimas ou terrestres de embarque e desembarque de petróleo/gás natural, tudo de acordo com o que prescreve o art. 27, *caput* e inciso III, da citada Lei nº 2.004/53.[21]

O Decreto nº 1, de 11 de janeiro de 1991, regulamentou as disposições da Lei nº 7.990/89 e, dentre outras disposições, definiu o que é uma instalação marítima ou terrestre de embarque e desembarque de petróleo e gás natural no seu art. 19.[22]

O transcrito dispositivo, portanto, prescreve que os Municípios que possuíssem em seus territórios instalações destinadas ao transporte de petróleo ou gás natural, como os pontos de entrega (*city gates*), Estações de Regulagem e Pressão e Estações de Regulagem, Pressão e Medição fariam jus ao recebimento dos valores a título de compensação financeira.

Entretanto, como será mais detalhadamente demonstrado adiante, a Agência Nacional do Petróleo, Gás Natural e Biocombustíveis – ANP adota posicionamento restritivo na Portaria ANP nº 29, estabelecendo os entes públicos que possuem alguns destes equipamentos, incluídas as Estações de Regulagem e Pressão – SDV, que não fazem *jus* a tal benefício.

Já nos contratos regidos pela Lei nº 9.478/97 (Lei do Petróleo), é outorgado ao entre público concedente poder para aumentar o valor dos *royalties* devidos pelo concessionário, de modo que se garante um mínimo de 5% – distribuído na forma da Lei nº 7.990/89, sendo possível um aumento até o máximo de 10% (dez por cento) do valor total do petróleo/gás natural explorado. Sobre o que exceder 5% (cinco por cento),

---

[21] Redação da Lei nº 7.990/89. "Art. 27. A sociedade e suas subsidiárias ficam obrigadas a pagar a compensação financeira aos Estados, Distrito Federal e Municípios, correspondente a 5% (cinco por cento) sobre o valor do óleo bruto, do xisto betuminoso ou do gás extraído de seus respectivos territórios, onde se fixar a lavra do petróleo ou se localizarem instalações marítimas ou terrestres de embarque e desembarque de óleo bruto ou de gás natural, operados pela Petróleo Brasileiro S.A. – PETROBRAS, obedecidos os seguintes critérios:
I - 70% (setenta por cento) aos Estados produtores;
II - 20% (vinte por cento) aos Municípios produtores;
III - 10% (dez por cento) aos Municípios onde se localizarem instalações marítimas ou terrestres de embarque ou desembarque de óleo bruto e/ou gás natural.
§4º. É também devida a compensação financeira aos Estados, Distrito Federal e Municípios confrontantes, quando o óleo, o xisto betuminoso e o gás forem extraídos da plataforma continental nos mesmos 5% (cinco por cento) fixados no caput deste artigo, sendo 1,5% (um e meio por cento) aos Estados e Distrito Federal e 0,5% (meio por cento) aos Municípios onde se localizarem instalações marítimas ou terrestres de embarque ou desembarque; 1,5% (um e meio por cento) aos Municípios produtores e suas respectivas áreas geoeconômicas; 1% (um por cento) ao Ministério da Marinha, para atender aos encargos de fiscalização e proteção das atividades econômicas das referidas áreas de 0,5% (meio por cento) para constituir um fundo especial a ser distribuído entre os Estados, Territórios e Municípios".

[22] Redação da Lei nº 7.990/89 "Art. 19. A compensação financeira aos Municípios onde se localizarem instalações marítimas ou terrestres de embarque ou desembarque de óleo bruto ou gás natural será devida na forma do disposto no art. 27, inciso III e §4º da Lei nº 2.004, de 3 de outubro de 1953, na redação dada pelo art. 7º da Lei nº 7.990, de 28 de dezembro de 1989.
Parágrafo único. Para os efeitos deste artigo, consideram-se como instalações marítimas ou terrestres de embarque ou desembarque de óleo bruto ou gás natural, as monobóias, os quadros de bóias múltiplas, os píeres de atracação, os cais acostáveis e as estações terrestres coletoras de campos produtores e de transferência de óleo bruto ou gás natural".

o legislador atribui um critério de distribuição distinto, cabendo aos Municípios o equivalente a 7,5% (sete e meio por cento) do total pago.[23]

Como se denota do dispositivo transcrito, os valores serão distribuídos aos Municípios afetados pelas operações de embarque e desembarque de petróleo/gás natural, 7,5% (sete e meio por cento) da parcela que exceda os 5% (cinco por cento) do valor pago aos entes da Federação, cabendo à ANP a definição quanto à forma de distribuição desse percentual.

Desse modo, em nossa compreensão, tendo o Município instalado em seu território os pontos de entrega/*city gates*, ERPs e ERPMs, é conclusão lógica a existência do seu direito à percepção de valores a título de compensação financeira, afetado que está pelas operações de embarque e desembarque de gás natural.

No regular exercício de seu poder regulamentador, a ANP editou a Portaria nº 29, de 22 de fevereiro de 2001, e a Resolução de Diretoria/ANP nº 624, de 19 de junho de 2013, por meio da qual adotou critérios de distribuição restritivos, limitando o seu pagamento apenas àqueles Municípios que possuíssem em seus territórios os equipamentos previstos no §2º, do art. 2º, da citada portaria, e, ainda, que estivessem localizados em área objeto de concessão da ANP, conforme o §3º.[24]

Na prática, isso resultou na concentração do pagamento dos valores apenas aos Municípios da Bacia de Campos, no Estado do Rio de Janeiro, uma vez que é nessa região que se concentra aproximadamente 80% (oitenta por cento)[25] de toda a produção de petróleo e gás natural do país. Já os Municípios que, não obstante se localizarem distantes das regiões produtoras, tivessem seus territórios afetados com a instalação de equipamentos de transporte e distribuição de gás natural, como no caso dos pontos de entrega, foram sumariamente excluídos da percepção dos valores de compensação financeira.

Durante anos a discussão sobre a inclusão dos pontos de entrega/*city gates* e instalações afins (como as ERPs e ERPMs), no conceito de instalação de embarque e desembarque foi travada essencialmente nos tribunais, com raríssimos trabalhos da academia sobre o tema. Paralelamente a isso, surgiu no âmbito no Congresso Nacional a necessidade de se estabelecerem novas regras para a distribuição da compensação financeira do petróleo e do gás natural. Foi a partir daí que se editou a Lei nº 12.734/12,

---

[23] Redação da Lei nº 7.990/89. "Art. 49. A parcela do valor do royalty que exceder a cinco por cento da produção terá a seguinte distribuição:
I – quando a lavra ocorrer em terra ou largos, rios, ilhas fluviais e lacustres: (...)
c) sete inteiros e cinco décimos por cento aos Municípios que sejam afetados pelas operações de embarque e desembarque de petróleo e gás natural, na forma e critério estabelecidos pela ANP; (...) II – quando a lavra ocorrer na plataforma continental: (...)
d) sete inteiros e cinco décimos por cento aos Municípios que sejam afetados pelas operações de embarque e desembarque de petróleo e gás natural, na forma e critério estabelecidos pela ANP;

[24] "Art. 2º.
(...) §2º. Para efeitos deste artigo, consideram-se instalações de embarque e desembarque de petróleo ou de gás natural as estações terrestres coletoras de campos produtores e de transferência de petróleo ou gás natural, as monoboias, os quadros de boias múltiplas, os quadros de âncoras, os píeres de atracação e os cais acostáveis destinados ao embarque e desembarque de petróleo ou gás natural.
"§3º. As instalações referidas no parágrafo anterior deverão fazer parte de uma área de concessão contratada com a ANP nos termos dos arts. 56 e 57 da Lei nº 9.478, de 6 de agosto de 1997."

[25] Disponível em: https://www.gov.br/anp/pt-br/assuntos/royalties-e-outras-participacoes. Acesso em: 20 jun. 2022.

que inicialmente teve alguns de seus dispositivos vetados pela Presidente da República. Tais vetos, no entanto, foram derrubados pelo Congresso Nacional, sendo finalmente publicada em 15.02.2013.

O fato é que a Lei nº 12.734/12 entrou em vigor e com ela a redação do §3º do art. 48 e do §7º do art. 49, ambos da Lei Federal nº 9.478/97, que comungam a mesma redação:

> Os pontos de entrega às concessionárias de gás natural produzido no país serão considerados instalações de embarque e desembarque, para fins de pagamento de *royalties* aos Municípios afetados por essas operações, em razão do disposto na alínea "c" dos incisos I e II.

Tal modificação, como será mais bem demonstrado adiante, não trouxe qualquer inovação legislativa, mas apenas explicita a condição dos pontos de entrega/*city gates* como sendo instalações de embarque e desembarque para fins de pagamento de compensação financeira, afastando as dúvidas que porventura ainda existissem quanto a esse enquadramento.

3.2 Do caráter interpretativo da alteração promovida pela Lei nº 12.734/12

Em suma, a Lei nº 12.734/12 almejava reduzir significativamente o percentual de distribuição dos Municípios produtores, confrontantes e afetados, ampliando o percentual destinado ao Fundo Especial do Petróleo, fundo amplo e irrestrito, no qual todos os entes públicos recebem a compensação financeira com base em critérios similares ao Fundo de Participação dos Municípios – FPM.

Neste ponto, não se pode olvidar de destacar que foram promovidas alterações pelo legislador ordinário através da Lei nº 12.734/12, mas que parte dela se encontra com seus efeitos suspensos por força da medida cautelar preferida nos autos da ADIN nº 4.917/DF.[26]

Ademais, não há como deixar de identificar na redação do §3º do art. 48 e do §7º do art. 49 da Lei nº 9.478/97, trazida pela Lei nº 12.734/12, um nítido caráter interpretativo,

---

[26] ADIN nº 4.917/DF, Rel. Min Cármen Lúcia "(...) 32. De se anotar, ainda, que se for (ou se fosse) constitucionalmente possível – e há densa plausibilidade de não o ser – possa ser promovida alteração da matéria na forma feita (alteração legislativa é certo ser possível, porque a matéria cuidada no §1º do art. 20 da Constituição assegura direito "nos termos da lei"), poder-se-ia chegar, talvez, a duas incongruências da nova legislação com os princípios e regras constitucionais: em primeiro lugar, Estados e Municípios não dotados dos requisitos constitucionais para titularizar direito à participação no resultado da exploração de petróleo e de gás natural passariam a receber recursos que, em contrapartida, seriam retirados do que se tem como direito de outros Estados e Municípios, em afronta ao que dispõe o §1º do art. 20 da Constituição. Em segundo lugar, o legislador teria alterado, tácita e indiretamente, o sistema tributário, pois a regra da al. b do inc. X do §2º do art. 155 da Constituição do Brasil estabelece regime que se compõe com a interpretação e aplicação do §1º do art. 20 nos termos legislados antes da alteração agora promovida. Estados e Municípios titulares do direito à participação no resultado da exploração de petróleo e gás natural ou compensação financeira por essa exploração teriam diminuído os recebimentos decorrentes da aplicação desse dispositivo e não teriam sido beneficiados com o que lhes é negado constitucionalmente quanto ao ICMS. (...)
Em face da urgência qualificada comprovada no caso, dos riscos objetivamente demonstrados da eficácia dos dispositivos e dos seus efeitos, de difícil desfazimento, defiro a medida cautelar para suspender os efeitos dos arts. 42-B; 42-C; 48, II; 49, II; 49-A; 49-B; 49-C; §2º do art. 50; 50-A; 50-B; 50-C; 50-D; e 50-E da Lei Federal nº 9.478/97, com as alterações promovidas pela Lei nº 12.734/2012, *ad referendum* do Plenário deste Supremo Tribunal, até o julgamento final da presente ação.

que se sobressai na leitura do parecer dado pelo Senado Federal ao Substitutivo[27] que inseriu esses dois dispositivos:

> Incorporamos ao Substitutivo dispositivo explicitando que os pontos de entrega às concessionárias estaduais de gás natural produzido no País serão considerados instalações de embarque e desembarque. Atualmente, há grande insegurança jurídica em relação ao assunto, havendo Municípios que recebem os *royalties* e outros não, dependendo de decisões judiciais.

A vontade do legislador foi clara no sentido de firmar a nova previsão legal como um instrumento de interpretação da expressão "embarque e desembarque" trazida tanto na Lei nº 7.990/89 quanto na Lei nº 9.478/97.

Importante reiterar que a Lei nº 12.734/12 não acrescentou nova instalação às já compreendidas dentre as que realizam embarque e desembarque, apenas sanou possíveis dúvidas sobre a matéria, de modo que seus efeitos operam *ex tunc* e aderem à redação original das citadas Leis nºs 7.990/89 e 9.478/97.

Ademais, mesmo que não se identifique na Lei nº 12.734/12 um efeito meramente interpretativo, é preciso se atentar ao fato de que a inclusão das Unidades de Processamento de Gás Natural – UPGNs no conceito de embarque e desembarque decorreu por liberalidade da agência reguladora, pois aquele diploma legal em nenhum momento trata delas. Apenas os pontos de entrega ou *city gates* são mencionados.

Tal debate foi objeto de julgamento pelo Superior Tribunal de Justiça, em recurso especial interposto pelo Município sergipano de Rosário do Catete, reconhecendo o caráter interpretativo da norma:

> ADMINISTRATIVO. RECURSO ESPECIAL. MUNICÍPIO AFETADO POR CITY-GATE. PONTO DE ENTREGA DE GÁS NATURAL PRODUZIDO NO PAÍS. INSTALAÇÕES CONSIDERADAS COMO DE EMBARQUE E DESEMBARQUE DO RECURSO NATURAL, PARA FINS DE PAGAMENTO DE *ROYALTIES*. RETIFICAÇÃO CONCEITUAL INCORPORADA À LEI 9.478/97 PELA LEI 12.734/2012. RECURSO ESPECIAL DO MUNICÍPIO DE ROSÁRIO DO CATETE-SE PROVIDO.[28]

De tudo aqui abordado se vê que o tratamento jurídico a ser dado ao equipamento Estação de Regulagem e Pressão SDV – *Shut Down Valve* deve observar de forma ampla e não restrita alguns conceitos legais.

4 Do conceito de SDV – *Shut Down Valve* e seu enquadramento como instalação de embarque e desembarque

Por outro turno, para melhor compreensão e abordagem do presente trabalho, é imperiosa a conceituação do equipamento SDV – *Shut down Valve*, que pode ser traduzido em português como válvula de parada e válvula de fecho.

---

[27] Disponível em: https://www25.senado.leg.br/web/atividade/materiasDocumento. Acesso em: 22 ago. 2022.
[28] BRASIL, Superior Tribunal de Justiça, Recurso Especial nº 1.592.995 - SE (2015/0027354-3) Recorrente: Município de Rosário do Catete Recorrido: Agencia Nacional do Petróleo, Gás Natural e Biocombustíveis, Relator: Ministro Napoleão Nunes Maia Filho.

A SDV – *Shut down Valve* é um dos inúmeros equipamentos que compõem a extensa e complexa rede de exploração, produção, distribuição e entrega do petróleo, gás natural e seus derivados.

Neste trabalho, analisam-se especificamente as Estações de SDV – *Shut down Valve* situadas em diversos Municípios brasileiros, componente fundamental do sistema de transmissão e distribuição de gás combustível em sua malha de gasodutos. Com efeito, as citadas estações podem ser conceituadas como o conjunto de área de válvulas visando reduzir a pressão do gás natural para entrega às demais unidades consumidoras,[29] enquadrando-se na definição de um *"city gate"* ou ponto de entrega de gás natural, responsáveis pela transferência, coleta e distribuição dos hidrocarbonetos provenientes dos campos petrolíferos marítimos da plataforma continental (Bacia de Campos) de origem nacional.

A ABNT, através da norma NBR 12.712/2002 no item 15.6, afirma expressamente que a função de uma válvula SDV é a regulagem de pressão:

> 15.6 Dispositivos de alívio de pressão
>
> 15.6.1 Devem ser instalados dispositivos de alívio de pressão, com sensibilidade e capacidade para garantir que a pressão na tubulação e nos demais equipamentos não exceda em mais de 10% a máxima pressão de operação admissível.
>
> 15.6.2 Uma válvula de alívio de pressão deve ser instalada na linha de descarga de cada compressor de desloca- mento positivo, entre o compressor e a primeira válvula de bloqueio. A capacidade de alívio deve ser igual ou superior à capacidade do compressor. Caso as válvulas de alívio do compressor não evitem sobrepressão na tubulação, como descrito em 15.6.1, deve ser prevista instalação de dispositivo de alívio na tubulação.
>
> 15.6.3 As linhas de alívio devem ser dimensionadas de forma a não prejudicarem o funcionamento das válvulas de alívio e devem conduzir o gás para local seguro.

Ademais, sob o aspecto da segurança e proteção, as válvulas de segurança *Shut Down Valve* (SDV), na espécie de válvula de fechamento de emergência, têm por função impedir a entrada de fluido no vaso ou tubulação, em situações de paradas emergenciais de equipamento ou sistema de equipamentos (*shutdown*).

Tais fundamentos são extraídos dos conceitos gerais para a legislação pátria em deferência clara do legislador aos termos técnicos, nos termos do art. 2º da Lei nº 11.909/2009[30] (Lei do Gás).

Em termos ainda mais técnicos, uma SDV é uma Estação de Redução de Pressão (ERP) que controla a pressão do gás nos pontos em que o gasoduto muda de pressão de projeto. Até estes pontos de entrega, o gás natural possui uma pressão máxima admissível

---

[29] Disponível em: https://royaltiesdopetroleo.ucam-campos.br/wp-content/uploads/2017/05/Guia_Royalties.pdf. Acesso em: 31 ago. 2022.

[30] Redação dada pela Lei nº 11.909/2009 "Art. 2º Ficam estabelecidas as seguintes definições para os fins desta Lei e de sua regulamentação: XVIII – Gasoduto de Transporte: gasoduto que realize movimentação de gás natural desde instalações de processamento, estocagem ou outros gasodutos de transporte até instalações de estocagem, outros gasodutos de transporte e pontos de entrega a concessionários estaduais de distribuição de gás natural, ressalvados os casos previstos nos incisos XVII e XIX do caput deste artigo, INCLUINDO ESTAÇÕES DE COMPRESSÃO, DE MEDIÇÃO, DE REDUÇÃO DE PRESSÃO E DE ENTREGA, respeitando-se o disposto no §2º do art. 25 da Constituição Federal".

de operação (*maop*) de 100 kgf/cm², a partir destes pontos, a *maop* é reduzida para 75 kgf/cm², de modo a poder ser distribuída às unidades consumidoras.[31]

Deste modo, a estação SDV existe justamente na função de redução de pressão. Este sistema é composto de um filtro tipo cartucho, uma válvula *shutoff*, uma válvula de redução de pressão e um medidor de vazão.

Ademais, o objetivo dessa instalação é regular a pressão do gás natural de um sistema, operando sua redução, para transferir o hidrocarboneto a outro sistema. É o que se pode verificar das normas estabelecidas na Norma Técnica – NT PETROBRÁS nº 115, que regula a fabricação e montagem de tubulação industrial:

> NT PETROBRÁS 115:
> 1.1 Esta Norma fixa as condições mínimas exigíveis para a fabricação, montagem, manutenção, condicionamento, inspeção e testes de tubulações metálicas em unidades industriais, compreendendo: [...] estações de compressão e estações reguladoras de pressão e de medição de vazão de gás ("city-gates").

Assim, com esteio nos elementos técnicos e legais, bem como a exposição a risco, não há como excluir a estação de redução de pressão SDV do conceito de instalação de embarque e desembarque.

5 Conclusão

Por fim, cumpre lembrar que os riscos pela presença ou exploração de atividades econômicas de hidrocarbonetos são implícitos e diretamente ligados a inúmeros desastres ambientais, que independentemente da evolução nos mecanismos de segurança infelizmente sempre ocorrerão.

Não é possível aplicar interpretação restritiva aos critérios legais consoante vem fazendo a Agência Nacional do Petróleo, Gás Natural e Biocombustíveis – ANP em relação às Estações de Redução de Pressão – SDV, enquanto por outro turno, para outros equipamentos a própria agência reguladora tem hermenêutica ampliativa, em clara afronta ao princípio da isonomia.

Assim, indubitável que as participações governamentais na indústria do petróleo, como espécie do gênero compensações financeiras, são receitas originárias de cada ente público beneficiado constitucionalmente por esta verba, cuja valoração deve levar em conta a expressão econômica do recurso mineral explorado, os impactos na infraestrutura estatal que a indústria impõe e critérios ambientais à luz do princípio do poluidor-pagador, expressamente previsto no §3º do artigo 225 da Constituição.

Assim, com base nos elementos técnicos e critérios normativos legais aqui apresentados, é que a Estações de Redução de Pressão – SDV são consideradas instalações de embarque e desembarque para efeito de enquadramento no rol de beneficiários de *royalties* marítimos e terrestres de acordo com as regras previstas nas Leis nºs 7.990/89 e 9.478/97.

---

[31] Disponível em: http://tbg-homolog.ipsense.com.br/lumis/portal/file/fileDownload.jsp?fileId=2C9FA42949583FA8014A874C14144791. Acesso em: 20 jul. 2022.

Informação bibliográfica deste texto, conforme a NBR 6023:2018 da Associação Brasileira de Normas Técnicas (ABNT):

SEGUNDO, Frederico Mota de Medeiros. Aspectos controvertidos da distribuição de *royalties* de petróleo e gás sob a égide das Leis nº 7.990/89 e nº 9.478/97. A inclusão da *SDV – Shut Down Valve* no critério de instalações de embarque e desembarque. *In*: SEEFELDER FILHO, Claudio Xavier (coord.). *Direito Econômico e Desenvolvimento*: entre a prática e a academia. Belo Horizonte: Fórum, 2023. p. 251-267. ISBN 978-65-5518-487-7.

A NEGOCIAÇÃO DO PRODUTO DO ILÍCITO E O ENTENDIMENTO DO SUPREMO TRIBUNAL FEDERAL NO *HABEAS CORPUS* Nº 127.483/PR

IURI DO LAGO NOGUEIRA CAVALCANTE REIS

1 Introdução

No decorrer dos anos a busca por respostas mais céleres e eficientes no Direito Penal e Processual Penal tem sido uma tendência global. Ao mesmo tempo em que se pretende evitar o encarceramento desnecessário e utilizar medidas alternativas que sejam menos gravosas,[1] é indispensável que tais respostas sejam capazes de reprimir e prevenir a ocorrência de novos delitos.

Entretanto, não se pode negar que, no Brasil, coexistem, com o movimento da Justiça Criminal Negocial, tendências opostas que buscam o aumento da repressão pelo sistema penal, visando constituir uma verdadeira guerra contra o crime, ainda que à custa da relativização dos direitos fundamentais.[2] Convivem, portanto, a expansão dos instrumentos negociais e a tentativa político-legislativa de recrudescer a aplicação da pena.

Ocorre que o desgaste da pena privativa de liberdade, como evidenciam os dados do CNJ, contribuiu para o advento de um novo modelo de justiça criminal: a justiça penal negociada, cujo cerne reside na noção de que o exercício da autonomia da vontade, por parte do réu, é um elemento importante para romper a visão de que o órgão acusador (Ministério Público) e a defesa são antagônicos entre si.[3]

---

[1] VASCONCELLOS, Vinícius Gomes de. *Colaboração premiada no Processo Penal*. 3. ed. São Paulo: Thonsom Reuters Brasil, 2020, p. 11.
[2] SUXBERGER, Antonio Henrique Graciano; GOMES FILHO, Dermeval Farias. Funcionalização e expansão do Direito Penal: o Direito Penal negocial. In: *Revista de Direito Internacional*, Brasília, v. 13, n. 1, 2016.
[3] MENDONÇA, Andrey Borges de; DIAS, Fernando Lacerda. A renúncia ao direito recursal em acordo de colaboração premiada. In: SIDI, Ricardo; LOPES, Anderson Bezerra (org.). *Temas atuais da investigação preliminar no Processo Penal*. Belo Horizonte: D'Plácido, 2017, p. 64.

Assim, o acusado se compromete a colaborar com o Poder Público a fim de fornecer elementos relevantes para a persecução penal e, em contrapartida, obtém alguns benefícios que podem abrandar a pena ou, em geral, atenuar a intensidade dos efeitos penais e extrapenais de eventual condenação. Trata-se, assim, de uma verdadeira via de mão dupla que almeja uma maior eficiência processual.[4]

O atual acordo de colaboração premiada, positivado pela Lei nº 12.850/2013, inevitavelmente, guarda em si muita inspiração do *plea bargaining*, mesmo que com ele não possa ser confundido, uma vez que os traços típicos do primeiro – meio de obtenção de prova constituído sob o jaez de negócio jurídico processual – o distinguem por completo do segundo – renúncia do direito ao devido processo legal tradicional.[5]

No entanto, quando a atual matriz do acordo de colaboração premiada foi introduzida no País, não trouxe consigo uma regulamentação completa, gerando inúmeras dúvidas e variados questionamentos acerca de seus limites e de sua amplitude no que concerne ao poder de barganha possível entre o Ministério Público e o investigado, já que a Lei nº 12.850/2013 apenas elenca como critérios gerais de sua feitura a presença de interesse público e utilidade para a persecução penal.[6]

Em particular, um dos problemas que mais inquietam a doutrina e a jurisprudência – e que constitui objeto do presente estudo – é a (im)possibilidade de pactuar benefícios não previstos em lei no acordo de colaboração premiada. Diga-se, de maneira especial, a transação sobre o produto do ilícito e a possibilidade de impugnação do acordo por outros interessados.

O marco jurídico que tratou sobre o tema foi o *Habeas Corpus* nº 127.483/PR, impetrado pela defesa de um corréu inconformado por ter sido citado como autor de diversos delitos durante a feitura do acordo de colaboração premiada de Alberto Youssef. O *writ*, de relatoria do Ministro Dias Toffoli, foi julgado pelo Plenário do Supremo Tribunal Federal no dia 27 de agosto de 2015, sendo indeferido por unanimidade, pelo Plenário da Suprema Corte.

Contudo, a argumentação desenvolvida no voto condutor do Ministro Relator, aliada ao posicionamento externado pelos demais julgadores, serve como uma luz para clarear diversas questões acerca da natureza e dos limites do acordo de colaboração premiada. Notadamente, a possibilidade de transacionar sobre o produto do ilícito, que é o cerne da presente pesquisa.

Diante de tal questão, este estudo se propõe a analisar o devido processo penal consensual, para depois abordar a legislação nacional e internacional aplicável aos casos para, então, realizar um estudo de caso sobre o *Habeas Corpus* nº 127.483/PR, que retrata o entendimento do Plenário sobre diversas nuances importantes e os limites do acordo de colaboração premiada.

---

[4] *Idem*, p. 64.
[5] BADARÓ, Gustavo Henrique Righi Ivahy. A colaboração premiada: meio de prova, meio de obtenção de prova ou um novo modelo de justiça penal não epistêmica? *In*: BADARÓ, Gustavo Henrique Righi Ivahy. *Colaboração premiada*. São Paulo: Revista dos Tribunais, 2017, p. 128-132.
[6] PEREIRA, Frederico Valdez. Delação *premiada, legitimidade e procedimento*. 4. ed. Curitiba: Juruá, 2019, p. 35-39.

2 O devido processo penal consensual e a legislação local

Segundo o art. 3º-A da Lei nº 12.850/2013, "o acordo de colaboração premiada é negócio jurídico processual e meio de obtenção de prova, que pressupõe utilidade e interesse públicos". Isso significa que há reconhecimento pelos instrumentos jurídicos formais da natureza do instituto.

Uma vez estabelecido o negócio e vencidos os requisitos de admissibilidade, há que se conferir o resultado fático da colaboração, medido por meio do impacto provocado na persecução criminal correspondente. Portanto, há aqui um acordo negociado, que deverá ser submetido a controle legal e que, uma vez homologado, gera uma espécie de contrato – lei entre as partes. Ao final, analisa-se o resultado das informações reveladas pelo negociante, de modo a revelar a eficácia da colaboração e o cumprimento dos objetivos regulados pela Lei de regência.

Trata-se, desta forma, de negócio que estará sujeito a cumprimento depois de atingidas todas as condicionantes legais, salvo repactuação bilateral ou descumprimento do acordo.

Para tanto, é preciso destacar que a colaboração premiada é negócio jurídico bilateral, tratando-se de meio de obtenção de prova para a acusação, e reflete verdadeira estratégia defensiva para o acusado e sua defesa. Ocorre que a reserva de jurisdição, norteada pelo princípio da legalidade, exige que, a depender do caso, haja o reconhecimento dos benefícios subjetivos e sua devida aplicação, não podendo ser dispensada a visão privatista.

A colaboração premiada, enquanto negócio jurídico, já foi tratada como "exclusivo favor de pena, concedendo ao juiz o poder de reduzir a resposta penal daquele acusado que colaborasse eficazmente em prol da persecução penal".[7] Segundo o mesmo autor, com a alteração da legislação de base, "a negociação passa a se dar em qualquer fase processual e a ser o caminho ordinário para os favores da colaboração premiada".[8]

A negociação, conforme Cordeiro, pode levar a algum tipo de minorante ao final do processo de persecução penal, se tratando de negócio jurídico que gera discussões a respeito dos critérios adotados pela lei e da flexibilização de "princípios clássicos de segurança pública, de obrigatoriedade, de não autoincriminação, de contraditório. É a opção pela celeridade e eficiência no processo penal, com a concordância do acusado".[9]

Neste sentido, há que se considerar que, em jogo, estão diversas esferas de direitos e consequências que ultrapassam em muito o âmbito de liberdade pessoal do negociante.

Assim, foi aberta discussão a respeito da possibilidade de o resultado da colaboração premiada ser um direito subjetivo, podendo ser evocado a partir do entendimento de que o negócio jurídico está baseado em lei.

As ferramentas de consenso introduzidas na esfera criminal deram origem a um novo modelo de atuação da justiça penal, acarretando uma necessária e nova interpretação do processo penal como instrumento de resolução de conflitos penais: a justiça penal consensual, negociada ou pactuada. Porém, como asserta Andrade, a ideia

---

[7] CORDEIRO, Nefi. *Colaboração premiada*: caracteres, limites e controles. Rio de Janeiro: Forense, 2020, p. 23.
[8] *Idem*.
[9] *Idem*, p. 24.

de modelo consensual não implica uma alteração total de trâmite processual, mas sim concorre com o modelo conflitivo.[10]

Há quem faça distinção entre a justiça penal consensual e a justiça penal negociada. Em relação ao consenso, haveria uma diferença entre o consentimento positivo, sendo ele definido pelos limites de atuação das partes a partir da legislação, sem muito espaço para discussão, traduzindo-se em uma aceitação, e o consentimento negativo, definido pela ausência de recusa, em que as partes detêm certa autonomia para a formulação de propostas e para a delimitação do conteúdo, havendo maior discricionariedade na busca do acordo e maior poder de discussão entre as partes.

Ambas as justiças se orientam pelo espaço do consenso, sendo o diálogo o paradigma para alcançar a resolução pactuada do conflito. A justiça penal consensual, sob o prisma procedimental, é alternativa de resolução de conflitos criminais, com vistas a possibilitar uma resposta mais rápida, útil e efetiva tanto para o réu quanto para os atores públicos.

Contudo, não se pode olvidar que a transição entre o modelo tradicional de resolução de conflitos e o chamado processo penal consensual tende a ser conturbada, uma vez que determinados institutos oriundos do Direito Comparado nem sempre são traduzidos, ou se adéquam, com exatidão, ao ordenamento jurídico brasileiro, podendo gerar graves problemas tanto de ordem teórica quanto prática.

Dentre as adversidades que mais se destacam, provenientes da instituição do consenso na esfera penal, segundo dispõe Rosemeire Ventura Leite na obra literária "Justiça Consensual e Efetividade do Processo Penal", destacam-se (i) o "embate" com os direitos fundamentais; (ii) a problemática da verdade consensual; (iii) o choque com a obrigatoriedade e a oportunidade da ação penal; (iv) a diminuição dos poderes do magistrado; e, ainda, (v) a contratualização do processo penal.[11]

Os direitos fundamentais, absorvidos pelo ordenamento jurídico e pela sociedade, bem como fortemente sedimentados ao longo das décadas, dentre outros fatores, existem a fim de garantir dignidade à pessoa do acusado contra abusos do poder punitivo estatal. Neste espectro, quando se opta por incorporar a resolução negociada do conflito no processo penal, há quem entenda que o devido processo legal resta prejudicado.

Rosimeire, entretanto, salienta que na colaboração premiada o que ocorre é que a "limitação ao direito fundamental" se efetiva por vontade explícita do titular do direito salvaguardado, isto é, por renúncia.[12] Essa renúncia é estabelecida por critérios legais e, por isso, compatível com o Estado de Direito.

Jorge Reis Novais, da mesma maneira, compreende que "há sempre a existência prévia de uma posição jurídica subjetiva, tutelada por uma norma de direito fundamental, que, por força da expressão de vontade concordante do seu titular, sofre um enfraquecimento face ao Estado ou a entidades públicas".[13]

O argumento preponderante contra o consenso, em matéria criminal, gira em torno do conceito de que os direitos fundamentais são inalienáveis e irrenunciáveis. Contudo,

---

[10] ANDRADE, Flávio da Silva. *Justiça penal consensual*. Salvador: Juspodivm, 2022, p. 57-58.
[11] LEITE, Rosimeire Ventura. *Justiça consensual e efetividade do Processo Penal*. Belo Horizonte: Del Rey, 2013, p. 29.
[12] *Idem*, p. 29-30.
[13] NOVAIS *apud* LEITE, 2013, p. 30.

há de ressaltar que as mencionadas garantias precisam ser observadas e respeitadas em proteção não somente do titular imediato delas, mas também de toda a sociedade.[14]

Visando impedir que a colaboração premiada viole os direitos fundamentais do sujeito delator, nas palavras do jurista alemão Heinrich Henkel, o processo penal deve ser compreendido como um verdadeiro processo constitucional aplicado,[15] uma vez que há inúmeros princípios processuais e constitucionais que formam um sistema sob o qual a leitura dos instrumentos negociais será realizada. Ademais, a justiça penal negociada não é autônoma, porquanto se encontra submetida ao crivo do processo penal e de toda a sua base principiológica.[16]

Evidencia-se que, em sentido conceitual, "as garantias", inerentes aos direitos fundamentais, estão dispostas na Constituição Federal, figurando como "de máxima relevância" ao ordenamento jurídico pátrio. Assim, todos os demais regramentos existentes devem ir ao encontro das garantias fundamentais, preservando-as e tutelando-as.[17]

Os direitos fundamentais são intrínsecos ao Estado Democrático de Direito, pelo que qualquer norma ou cláusula contratual em descompasso com essas garantias "perderia o fio institucional de contato com a realidade concreta", não sendo eficiente e, portanto, vazio e inválido.[18]

O acordo de colaboração premiada – um dos principais instrumentos da justiça penal negociada brasileira – deve ser vislumbrado através de uma óptica utilitarista,[19] mas sem deixar de assegurar ao colaborador os seus direitos e garantias fundamentais, e não apenas visar o desmantelamento de eventual organização criminosa ou a obtenção de elementos para a continuidade da persecução penal *in juditio*.

Em outras palavras, em razão de estar atrelada à dignidade humana, a eventual celebração de um acordo não poderia vilipendiar os direitos e as garantias fundamentais do investigado em prol da obtenção de informações relevantes acerca da prática delitiva de um determinado grupo. Isto é, não é admitido privilegiar o poder estatal, com constrangimento aos direitos do réu.

A busca pela verdade, por certo, não pode ocorrer em detrimento dos preceitos fundamentais do Estado Democrático de Direito.[20]

---

[14] *Idem*, p. 31.
[15] HENKEL *apud* DIAS, Jorge de Figueiredo. *Direito processual penal*. Coimbra: Coimbra Ed., 1984, p. 74.
[16] DE-LORENZI, Felipe da Costa. Pena criminal, sanção premial e a necessária legalidade dos benefícios da colaboração premiada: aportes para uma teoria geral da Justiça Penal Negociada. *Revista de Estudos Criminais*, Porto Alegre, v. 19, n. 79, p. 151-183, 2020, p. 158.
[17] LEITE, Rosimeire Ventura. *Justiça consensual e efetividade do Processo Penal*. Belo Horizonte: Del Rey, 2013, p. 205.
[18] *Idem*, p. 205.
[19] O princípio da utilidade denota uma tendência humana de evitar o mal e de obter o bem, isto é, aumentar o prazer e diminuir a dor, garantindo a eficiência da vida em sociedade (SOUSA, 2020, p. 102-103). Assim, cada vez mais presentes na Justiça Penal, a barganha e o consenso estariam priorizando, de acordo com a doutrina do utilitarismo, um melhor custo-benefício na resposta ao problema da ineficácia dos julgamentos criminais brasileiros (SOUSA, 2020, p. 257).
[20] REIS, Iuri do Lago Nogueira Cavalcante; DIAS, Yuri Coelho; CUNHA, Leandro Barbosa da. Acordo de colaboração premiada e direitos fundamentais: desafios da consolidação de uma Justiça Penal Negociada. *In*: BRANCO, Paulo Gustavo Gonet *et al.* (org.). *Direitos fundamentais em processo*: estudos em comemoração aos 20 anos da Escola Superior do Ministério Público da União. Brasília: ESMPU, 2020, p. 342.

3 O que a legislação internacional tem a dizer?

Outro ponto que precisa de aprofundamento no presente trabalho é a análise do cenário internacional e, em especial, dos tratados que foram ratificados pelo Brasil, os quais podem influenciar na matéria do acordo de colaboração premiada (e, por conseguinte, na possibilidade de transacionar o produto do ilícito, objeto deste capítulo). Entre estes, os mais importantes são a Convenção de Palermo e a Convenção de Mérida.

Visando atenuar os efeitos nefastos provocados pela criminalidade organizada, em 15 de novembro de 2000, assinou-se a Convenção das Nações Unidas contra o Crime Organizado Transnacional, também denominada Convenção de Palermo, cujo escopo é o combate contra esse tipo de criminalidade, em especial contra a prática da lavagem de dinheiro, ponto nevrálgico desse combate, uma vez que é inviável a subsistência de uma organização criminosa sem que ela possua mecanismos para ocultar e para inserir o capital ilícito no mercado legal.[21]

O artigo 6º da Convenção de Palermo define o delito de lavagem de capitais e estabelece uma série de parâmetros para que cada Estado que ratificou o referido tratado possa promover, na maior medida possível, o combate à ocultação ou à dissimulação de bens ou de proventos do crime.

Tal combate tem impacto direto nas organizações criminosas, porquanto suas empreitadas sempre possuem reflexos econômicos, razão pela qual se mostra tão importante que os Estados e os organismos internacionais busquem arrefecer principalmente os aspectos patrimoniais do funcionamento de tais organizações.

Sobretudo, a Convenção de Palermo, em seu artigo 26, dispôs que os Estados que a ela aderiram deverão adotar meios para estimular os integrantes das organizações criminosas a delatar seus outros participantes. Não delimitou, entretanto, quais seriam ao certo os limites de tais meios ou, ainda, se seria possível negociar com o investigado o produto do ilícito a fim de obter as informações necessárias para o desmantelamento das organizações criminosas.

Com o mesmo desiderato de combater a criminalidade internacional, no dia 31 de janeiro de 2006, foi promulgada pelo Brasil a Convenção das Nações Unidas contra a Corrupção (Decreto nº 5.687/2006), popularmente conhecida como Convenção de Mérida.

O escopo de sua formulação traduz o anseio de atenuar a enorme corrupção existente nos mais diversos governos nacionais do mundo.[22] Em geral, o diploma trata de medidas para prevenir e combater a corrupção, além de dispor acerca de normas de cooperação internacional e da recuperação de ativos que foram subtraídos através da corrupção. As duas convenções incorporadas ao ordenamento jurídico pátrio se assemelham no que tange a permitir o emprego das "medidas adequadas" para ensejar a colaboração de réus.[23]

---

[21] PELLEGRINI, Angiolo; COSTA JÚNIOR, Paulo José da. *Criminalidade organizada*. Jurídica Brasileira, 1999, p. 54-55.
[22] BADARÓ, Gustavo Henrique Righi Ivahy; BOTTINI, Pierpaolo Cruz. *Lavagem de dinheiro*: aspectos penais e processuais penais. 3. ed. São Paulo: Revista dos Tribunais, 2016, p. 37.
[23] BRASIL. Supremo Tribunal Federal. Habeas Corpus 127.483/Paraná. Plenário. Impetração contra ato de Ministro do Supremo Tribunal Federal. Paciente: Erton Medeiros Fonseca. Impetrante: José Luiz Oliveira Lima e outros(as). Coautor: relator da PET 5244 do Supremo Tribunal Federal. Relator: Min. Dias Toffoli. Acórdão publicado em: 27 ago. 2015, p. 48. Disponível em: https://redir.stf.jus.br/paginadorpub/paginador.jsp?docTP=TP&docID=10199666. Acesso em: 23 mar. 2022.

Enquanto a Convenção de Palermo prevê as já mencionadas "medidas adequadas" para encorajar o consenso, a Convenção de Mérida enuncia a "mitigação da pena".[24] Ambos os diplomas normativos incorporados ao nosso ordenamento pátrio agem em conjunto a fim de obstar a criminalidade, por meio da introdução e abertura de espaços de consenso entre a acusação e a defesa do investigado ou do acusado.[25]

O questionamento que ainda permanece é se existe algum óbice, nos tratados internacionais incorporados ao ordenamento brasileiro, para o investigado (i) permanecer com uma parte dos proveitos que obteve durante as práticas delitivas (*v.g.*, imóvel, carro ou determinada quantia) ou (ii) deixar uma parcela do fruto do ilícito com sua família, em troca do seu efetivo auxílio nas investigações.[26] Estas questões foram alvo de análise pelo Supremo Tribunal Federal e serão esmiuçadas a seguir.

4 O entendimento adotado pelo STF no caso concreto: o HC nº 127.483/PR

A primeira fase da investigação propiciou a deflagração da denominada "Operação Lava Jato", em março de 2014, com o escopo de apurar a atuação de organizações criminosas responsáveis pela operação de estruturas paralelas ao mercado de câmbio com fins de lavagem de dinheiro, abrangendo um grupo de doleiros com atuação nacional e transnacional.

Encontram-se atualmente em curso mais de 250 (duzentos e cinquenta) procedimentos investigatórios direta ou indiretamente abertos em consequência da colaboração premiada firmada com Alberto Youssef, o que atesta a sua eficácia e a sua utilidade.

Neste contexto, foi impetrado *Habeas Corpus* (HC nº 127483/PR) perante o Supremo Tribunal Federal, questionando aspectos deste acordo.[27] O impetrante, que não foi um dos signatários do acordo, mas sim partícipe nos atos delatados, sustenta no *writ* que, ao liberar bens que, em tese, poderiam ser objeto de reparação do dano civil por parte da Petrobras, o acordo violou a preferência legal do ofendido na recuperação de ativos, prevista no art. 125 do Código de Processo Penal; art. 7º, inciso I, da Lei nº 9.615/98; art. 57 do Decreto nº 5.687/2006 (Convenção de Mérida) e art. 12 do Decreto nº 5.015/2004 (Convenção de Palermo).

---

[24] *Idem*, p. 48.
[25] SUXBERGER, Antonio Henrique Graciano; GOMES FILHO, Dermeval Farias. Funcionalização e expansão do Direito Penal: o Direito Penal Negocial. *Revista de Direito Internacional*, Brasília, v. 13, n. 1, 2016, p. 378.
[26] CORDEIRO, Nefi. *Colaboração premiada*: caracteres, limites e controles. Rio de Janeiro: Forense, 2020, p. 57-62.
[27] Firmado em 24 de setembro de 2014, o acordo de colaboração premiada entre o MPF e Alberto Youssef também concede diversos benefícios não previstos pela Lei nº 12.850/2013, dentre eles, os seguintes: *(i)* Fixação do tempo máximo de cumprimento de pena privativa de liberdade, independente das penas cominadas em sentença, em no mínimo 3 (três) e no máximo 5 (cinco) anos, a ser cumprida em regime fechado, com progressão automática para o regime aberto, mesmo que não estejam presentes os requisitos legais (Cláusula 5ª, III e V); *(ii)* A permissão de utilização, pelas filhas do colaborador, de bens que são, declaradamente, produto de crime, durante o tempo em que ele estiver preso em regime fechado (Cláusula 7ª, h e i e §3º); *(iii)* A liberação de quatro imóveis e um terreno, que seriam destinados ao juízo a título de multa compensatória, caso os valores recuperados com o auxílio do colaborador superem em 50 vezes o valor dos imóveis (Cláusula 7ª, §4º); *(iv)* A liberação de um imóvel em favor da ex-mulher do colaborador e de outro imóvel em favor das filhas do colaborador, sem que esteja claro se tais imóveis são oriundos de crime ou não (Cláusula 7ª, §§5º e 6º). (CORDEIRO, Nefi. *Colaboração premiada*: caracteres, limites e controles. Rio de Janeiro: Forense, 2020, p. 60).

Apesar de ter sido denegado por unanimidade,[28] o referido *Habeas Corpus* teve um papel fundamental para clarear as discussões em torno do instituto da colaboração premiada, as quais adentraram especialmente no tema da possibilidade de transacionar o produto do ilícito no âmbito do acordo, visto que esta era uma das maiores queixas do impetrante do *writ*.

Atualmente, a corrente mais atualizada no Supremo Tribunal Federal entende que existe a impossibilidade de que o coautor ou partícipe dos crimes impugne eventual acordo de colaboração. Este juízo foi construído e apresentado no julgamento deste processo, que, embora não apresente qualquer tipo de eficácia vinculante, coloca-se como forte precedente a ser considerado por quaisquer discussões empreendidas a respeito desta impossibilidade.

A raiz da argumentação levada adiante pelos impetrantes versava sobre a possibilidade de produção de prova ilícita a partir da aceitação do acordo de colaboração. Nesta toada, alegaram ser necessário aferir características próprias de cada acordo, dentre elas a confiança no acordante.

Aduziram o art. 4º da lei de regência, que estipula a verificação da personalidade do colaborador no momento da concessão do benefício, como pressuposto de validade violado em virtude de descumprimento de acordo de colaboração anterior.

O caso mencionado inaugurou a discussão a respeito da admissibilidade do acordo de colaboração premiada de Alberto Youssef. Vejamos:

> A partir de procedimentos investigatórios no âmbito do Inquérito Policial nº 714/2009, foi possível identificar um conjunto de pessoas físicas e jurídicas envolvidas em operações ilícitas, entre as quais as 'utilizadas inclusive para lavar dinheiro oriundo de crimes antecedentes praticados em detrimento da Petrobrás'. A primeira fase da investigação propiciou a deflagração da denominada 'Operação Lava Jato', em março de 2014, 'com finalidade de apurar a atuação de organizações criminosas responsáveis peça operação de estruturas paralelas ao mercado de câmbio e lavagem de dinheiro, abrangendo um grupo de doleiros com âmbito de atuação nacional e transnacional'. Encontram-se atualmente em curso, segundo a petição, mais de duzentos e cinquenta procedimentos investigatórios.[29]

Foi requerido, na ocasião, "o reconhecimento da ilegalidade do despacho que homologou o acordo de colaboração premiada, determinando-se a nulidade de toda prova a partir dele produzida".[30]

---

[28] Os Ministros do STF observaram, em resumo, que "as cláusulas em questão não repercutem, nem sequer remotamente, na esfera jurídica do ora paciente, que não tem, portanto, interesse jurídico para impugná-las nem legitimidade para postular em nome da União, como beneficiária de eventual confisco, ou da Petrobras" (BRASIL, 2015).

[29] BRASIL. Supremo Tribunal Federal. Habeas Corpus 127.483/Paraná. Plenário. Impetração contra ato de Ministro do Supremo Tribunal Federal. Paciente: Erton Medeiros Fonseca. Impetrante: José Luiz Oliveira Lima e outros(as). Coautor: relator da PET 5244 do Supremo Tribunal Federal. Relator: Min. Dias Toffoli. Acórdão publicado em: 27 ago. 2015, p. 7. Disponível em: https://redir.stf.jus.br/paginadorpub/paginador.jsp?docTP=TP&docID=10199666. Acesso em: 23 mar. 2022.

BRASIL. Supremo Tribunal Federal. Habeas Corpus 127.483/Paraná. Plenário. Impetração contra ato de Ministro do Supremo Tribunal Federal. Paciente: Erton Medeiros Fonseca. Impetrante: José Luiz Oliveira Lima e outros(as). Coautor: relator da PET 5244 do Supremo Tribunal Federal. Relator: Min. Dias Toffoli. Acórdão publicado em: 27 ago. 2015, p. 7. Disponível em: https://redir.stf.jus.br/paginadorpub/paginador.jsp?docTP=TP&docID=10199666. Acesso em: 23 mar. 2022.

[30] BRASIL. Supremo Tribunal Federal. Habeas Corpus 127.483/Paraná. Plenário. Impetração contra ato de Ministro do Supremo Tribunal Federal. Paciente: Erton Medeiros Fonseca. Impetrante: José Luiz Oliveira Lima e outros(as).

O *Habeas Corpus*, relatado pelo Ministro Dias Toffoli, destacou o entendimento de que a colaboração premiada é um negócio jurídico processual, no qual o Poder Judiciário se limita a aferir a regularidade, a voluntariedade e a legalidade do acordo.

Na mesma linha, o Ministro indica se tratar de negócio processual personalíssimo, sendo inadmissível a sua impugnação por terceiros. Isso porque, de acordo com seu raciocínio, há a possibilidade de que os coautores e partícipes confrontem judicialmente as provas em seu desfavor obtidas a partir da colaboração, por meio do crivo do contraditório e da ampla defesa.

Ainda no resumo, indica que a análise da personalidade do colaborador (se é voltada para o crime ou não) é descabida enquanto requisito de cabimento do negócio jurídico processual em questão, sendo válida apenas enquanto elemento para que se considerem as cláusulas e benefícios a serem estabelecidas no acordo, "notadamente na escolha da sanção premial a qual fará jus o colaborador, bem como no momento da aplicação dessa sanção pelo juiz na sentença",[31] sendo inconcebível analisar a confiança no agente colaborador enquanto elemento de existência ou requisito de validade do acordo de colaboração.

Assevera, ainda, que "os princípios da segurança jurídica e da proteção da confiança tornam indeclinável o dever estatal de honrar o compromisso assumido no acordo de colaboração, concedendo a sanção premial estipulada, legítima contraprestação ao adimplemento da obrigação por parte do colaborador".[32]

O caso concreto permitiu o embate entre as correntes de argumentação sobre o assunto existentes, onde se levou em consideração a estrutura jurídica existente para dar base ao instituto negocial no Brasil para a decisão.

O Ministro relator pondera as seguintes questões: (i) o caráter de negócio jurídico processual da colaboração premiada; (ii) a sua utilização enquanto meio de obtenção de prova; (iii) o objeto da colaboração, indicado como a cooperação do imputado para o processo criminal; e (iv) a repercussão da colaboração no direito penal material.

Enquanto negócio, preceitua o Ministro, a colaboração premiada está sujeita aos atributos da Escada Ponteana (existência, validade, eficácia), sendo que, "uma vez aceita por uma das partes a proposta formulada pela outra, forma-se o acordo de colaboração, que, ao ser formalizado por escrito, passa a existir (plano da existência)".[33]

Na mesma linha de raciocínio, coordenou os elementos de existência do acordo (art. 6º da Lei nº 12.850/2013), para concatenar a argumentação a respeito da validade ou não deste tipo de negócio processual. Ao final, votou pela denegação da ordem de *habeas corpus*.

Ao analisar os requisitos no caso concreto, concluiu que o acordo é válido e eficaz mesmo quando realizado com negociante em custódia prisional, desde que presente a voluntariedade na colaboração, uma vez que "entendimento em sentido contrário importaria em negar injustamente ao imputado preso a possibilidade de firmar acordo de

---

Coautor: relator da PET 5244 do Supremo Tribunal Federal. Relator: Min. Dias Toffoli. Acórdão publicado em: 27 ago. 2015, p. 7. Disponível em: https://redir.stf.jus.br/paginadorpub/paginador.jsp?docTP=TP&docID=10199666. Acesso em: 23 mar. 2022.

[31] *Idem*, p. 3.
[32] *Idem*, p. 4.
[33] *Idem*, p. 20.

colaboração e de obter sanções premiais por seu cumprimento, em manifesta vulneração ao princípio da isonomia".[34]

Ao enfrentar diretamente o tema aduzido no *writ*, o Ministro indica que o "negócio jurídico processual tem por finalidade precípua a aplicação da sanção premial ao colaborador, com base nos resultados concretos que trouxer para a investigação e o processo criminal".[35] Por isso, entende que a homologação não é capaz de, por si só, interferir na esfera jurídica do acusado, mas sim levar a eventuais resultados neste sentido.[36]

É exatamente por conta da existência do contraditório e controle judicial posterior ao acordo que o Ministro Relator entende que a negativa ao direito ao delatado de impugnar o instrumento negocial não implica qualquer desproteção aos seus interesses, visto que "será assegurado ao delatado, pelo contraditório judicial, o direito de confrontar as declarações do colaborador e as provas com base nela obtidas".[37]

O acordo, em si, não pode sozinho constituir elemento de prova, e eventuais desdobramentos serão submetidos a todo o devido processo legal, com participação e intervenção direta dos delatados. Com base nesse raciocínio, o Ministro entendeu pela impossibilidade da impugnação pelos coautores ou partícipes.

Os Ministros da Suprema Corte, para solucionar controvérsia acerca da legitimidade de terceiro para impugnar acordo do qual não figurou como parte, expuseram diversas ideias e fizeram muitas referências que acabaram por mostrar-se capazes de orientar as futuras negociações penais e de iluminar os seus mais problemáticos aspectos, servindo o precedente, portanto, como um farol para guiar o operador do Direito na resolução das controvérsias que permeiam o tema.

Neste sentido, apesar de não haver ainda um caso julgado pelo Plenário do Supremo Tribunal Federal em sede de controle concentrado de constitucionalidade ou em recurso extraordinário afetado enquanto tema de repercussão geral, é preciso ressaltar que há entendimento atualmente dominante por parte do órgão de vértice do Poder Judiciário brasileiro.

Portanto, considerando as circunstâncias do caso concreto, trata-se de importante julgado a ser observado para fins de discutir o instituto da colaboração premiada, que merece uma atenção aprofundada a respeito dos seus possíveis desdobramentos futuros, pela via processual que permita efeito devolutivo pleno.

---

[34] *Idem*, p. 21.

[35] *Idem*, p. 29.

[36] Assim, a homologação do acordo de colaboração, por si só, não produz nenhum efeito na esfera jurídica do delatado, uma vez que não é o acordo propriamente dito que poderá atingi-la, mas sim as imputações constantes dos depoimentos do colaborador ou as medidas restritivas de direitos fundamentais que vierem a ser adotadas com base nesses depoimentos e nas provas por ele indicadas ou apresentadas – o que, aliás, poderia ocorrer antes, ou mesmo independentemente, de um acordo de colaboração.
Tanto isso é verdade que o direito do imputado colaborador às sanções premiais decorrentes da delação premiada prevista no art. 14 da Lei nº 9.807/99; no art. 1º, §5º, da Lei nº 9.613/98 (Lavagem de Dinheiro); no art. 159, §4º, do Código Penal, na redação dada pela Lei nº 9.269/96 (extorsão mediante sequestro); no art. 25, §2º, da Lei nº 7.492/86 e no art. 41 da Lei nº 11.343/06 (Lei de Drogas), independe da existência de um acordo formal homologado judicialmente. (STF, 2015: p. 29).

[37] BRASIL. Supremo Tribunal Federal. Habeas Corpus 127.483/Paraná. Plenário. Impetração contra ato de Ministro do Supremo Tribunal Federal. Paciente: Erton Medeiros Fonseca. Impetrante: José Luiz Oliveira Lima e outros(as). Coautor: relator da PET 5244 do Supremo Tribunal Federal. Relator: Min. Dias Toffoli. Acórdão publicado em: 27 ago. 2015, p. 31. Disponível em: https://redir.stf.jus.br/paginadorpub/paginador.jsp?docTP=TP&docID=10199666. Acesso em: 23 mar. 2022.

5 Abordagem crítica da decisão e conclusão

No sistema da *civil law*, não se mostraria adequado que o Ministério Público, em comum acordo com o investigado, pudesse dispor de tema que não fora previamente autorizado pela lei, dando um ar de vilipêndio ao princípio da legalidade, que rege tanto o Direito Penal quanto o Direito Processual Penal.

A situação se torna ainda mais grave quando se nota que a natureza dos bens lesionados é de empresa estatal, qual seja, a Petrobras. Muito embora seu patrimônio seja constituído predominantemente por bens privados, estes são regidos por um regime híbrido entre o público e o privado, que não se confunde com aquele que rege pessoas jurídicas de Direito Privado que estão além da Administração Pública.

Neste sentido, acabaria por ser tolerado um prejuízo ao patrimônio de tal entidade constituinte da Administração Pública Indireta (e, por conseguinte, atingiria toda a sociedade), o que não se mostra razoável, haja vista que não se trata de regime puramente privado.[38]

Em que pese as Convenções de Palermo e de Mérida possibilitarem a interpretação ampla das possíveis medidas destinadas a neutralizar as organizações criminosas, a análise pode gerar dúvidas quanto à disposição dos efeitos extrapenais.

Dispõe o art. 12.8 da Convenção de Palermo: "As disposições do presente artigo não deverão, em circunstância alguma, ser interpretadas de modo a afetar os direitos de terceiros de boa-fé". Ao contrário do que já foi visto, há quem entenda que este dispositivo parece conflitar com a possibilidade de transacionar o produto do ilícito em sede de acordo de colaboração premiada.

Do mesmo modo, a Convenção de Mérida, em seu art. 31, também ressalta igual entendimento, o que direciona o intérprete à conclusão de que não seria possível transacionar o produto do ilícito no acordo de colaboração.

A flexibilização das normas referentes ao confisco de bens ilícitos ofenderia frontalmente o disposto pelas referidas convenções internacionais, que foram, conforme já analisado, ratificadas pelo Brasil e integram, portanto, o ordenamento jurídico interno.

No Brasil, o Código de Processo Penal, ainda, dispõe, no art. 125,[39] que inclusive os bens ilícitos transferidos a terceiros poderão ser sequestrados, o que demonstra que a preferência legal não se constitui no sentido da manutenção dos bens ilícitos com o infrator ou com os seus interpostos.

Ora, se não se pode o menos, não haveria de cogitar o mais, haja vista que favorecer as filhas e a ex-cônjuge seria como favorecer o próprio colaborador – ainda mais se levar em conta que ele provavelmente virá a residir com elas após o cumprimento de eventual pena privativa de liberdade, de modo que ele poderá vir a usufruir diretamente do bem como se dele fosse o proprietário.

O impetrante do *Habeas Corpus* argumentou que, considerando todas essas circunstâncias, a homologação do acordo de colaboração premiada não seria admissível, já que o acordo se encontraria eivado de ilegalidade por diversas de suas cláusulas, e,

---

[38] OLIVEIRA, Rafael Carvalho Rezende. *Organização administrativa*. 4. ed. rev. e atual. Rio de Janeiro: Forense; São Paulo: Método, 2018, p. 164.

[39] Art. 125. Caberá o sequestro dos bens imóveis, adquiridos pelo indiciado com os proventos da infração, ainda que já tenham sido transferidos a terceiro.

inclusive, que não seria recomendável celebrá-lo com um sujeito que já descumpriu negócio anterior.

Quanto a esse aspecto, analisando o mesmo *Habeas Corpus*, Vinicius Vasconcellos observa que a personalidade do colaborador ou a sua confiabilidade não são requisitos de validade que possam impedir a homologação do acordo, mas são pontos que devem ser considerados para valorar a narração do delator e para aferir a necessidade de buscar outros elementos externos para corroborar o alegado.[40]

Existem, outrossim, argumentos favoráveis à negociação do produto ilícito em sede de colaboração premiada, o que foi inclusive referendado pelo Supremo Tribunal Federal no voto condutor já referido.

É oportuno enfatizar que a decisão não possui efeitos *erga omnes*, pois foi tomada em sede de *Habeas Corpus* (controle de constitucionalidade difuso) e, por isso, produz efeito somente para as partes no caso concreto. Ademais, a própria Corte Suprema destacou que a matéria exige mais aprofundamento e reflexão.

Contudo, o fato de o *writ* ter sido debatido em plenário do STF, impetrado contra uma autoridade coatora que era um Ministro da Corte,[41] o que é uma exceção diante da necessidade de superar o Enunciado Sumular nº 606 do STF, possibilita que o julgado sirva como um referencial para as tratativas e para a formulação de novos acordos.

Isto é, os argumentos que admitem a possibilidade de o acordo de colaboração dispor sobre efeitos extrapenais de natureza patrimonial da condenação foram todos extraídos, naquele julgamento, do voto condutor do Ministro Relator, Dias Toffoli, e constaram do acórdão do STF, que foi produzido após um caloroso debate em plenário travado pelos Ministros, servindo como um marco em relação ao instituto da colaboração premiada.

Ao julgar o HC nº 127.483/PR, o Ministro Relator destacou no acórdão que: "as cláusulas em questão não repercutem, nem sequer remotamente, na esfera jurídica do paciente, que não tem, portanto, interesse jurídico para impugná-las nem legitimidade para postular em nome da União, como beneficiária de eventual confisco, ou da Petrobras". Ou seja, terceiros não podem impugnar cláusulas de um negócio jurídico personalíssimo firmado entre a acusação e o investigado.

Ainda que assim não fosse, foram reputadas válidas as cláusulas do acordo de colaboração que dispuseram sobre a transmissão, às filhas e à ex-mulher do agente colaborador, de imóveis seus. Para chegar a essa decisão, foi debatido, também pelo Plenário do STF, qual seria a melhor interpretação para os dispositivos da Convenção de Mérida e de Palermo com relação à possibilidade, ou não, de transacionar o produto do ilícito.

---

[40] Nas discussões recentes sobre a realização de colaboração premiada, debate-se a possibilidade de sua prática com acusado que já havia anteriormente descumprido acordo em persecuções por crimes diversos. De acordo com a posição firmada pelo STF (HC nº 127.483), a personalidade do colaborador ou a sua confiabilidade não são requisitos de validade que possam impedir a homologação do acordo, mas elementos que devem ser considerados no momento da valoração de suas declarações. Assim, o fato de o delator ter rompido acerto anterior deve fragilizar a credibilidade de sua narração, reforçando a necessidade de corroboração externa da tese acusatória. Contudo, vale citar que há projeto de lei em tramitação no Congresso Nacional (PL nº 4.081/15) propondo a inserção de parágrafo no art. 4º da Lei nº 12.850/13, com a previsão expressa de que, "ressalvada a hipótese do inciso V do *caput*, é vedada a colaboração premiada daquele que ostenta maus antecedentes ou que tenha rompido colaboração anterior" (VASCONCELLOS, 2020, p. 189).

[41] A autoridade coatora era o saudoso Ministro Teori Zavascki: Relator da Pet nº 5.244/DF, que homologou o termo de colaboração premiada de Alberto Youssef.

A esse propósito, foi destacado, no voto do Ministro Relator, que a Convenção das Nações Unidas contra o Crime Organizado Transnacional (Convenção de Palermo) autoriza, em seu artigo 26, que os países signatários adotem "as medidas adequadas" para que integrantes de organizações criminosas colaborem para o desvendamento da estrutura dessas organizações e para a identificação de coautores e partícipes.

Na mesma toada, a Convenção das Nações Unidas contra a Corrupção (Convenção de Mérida), aprovada pelo Congresso Nacional pelo Decreto Legislativo nº 348/05 e incorporada ao ordenamento jurídico brasileiro pelo Decreto nº 5.687, de 31 de janeiro de 2006, estabelece, em seu art. 37.2, que "[c]ada Estado Parte considerará a possibilidade de prever, em casos apropriados, a mitigação de pena de toda pessoa acusada que preste cooperação substancial à investigação ou ao indiciamento dos delitos qualificados de acordo com a presente Convenção".

Tal foi a interpretação realizada pelo Ministro Dias Toffoli, do Supremo Tribunal Federal, que não vislumbrou incompatibilidade das disposições das Convenções de Mérida e de Palermo com o ordenamento jurídico pátrio, já que ambas determinam que se adotem as medidas necessárias para levar a cabo a investigação de organizações criminosas e de crimes de embranquecimento de capitais.

Neste caminho que se desenvolveu a argumentação do Relator, entendeu-se pela possibilidade de negociação dos efeitos extrapenais da condenação na via da colaboração premiada.[42]

Partindo de uma interpretação teleológica das expressões "redução de pena" e "mitigação de pena", previstas na Convenção de Palermo e na de Mérida, respectivamente, o STF entendeu como lícito o acordo de colaboração também dispor sobre questões de caráter patrimonial, como o destino de bens adquiridos com o produto da infração pelo agente colaborador, em seu nome ou de interposta pessoa.

Sabe-se que a condenação é fato jurídico que irradia um plexo de situações jurídicas, dentre as quais estão a pena propriamente dita, que pode ser a típica privativa de liberdade, e os efeitos da pena, que também não deixam de ser uma forma de sanção ao condenado.

É compreensível que parcela da população possa não concordar com a autorização de permanência de parte de valores ou de bens advindos da prática do ilícito com o

---

[42] 10. Havendo previsão em Convenções firmadas pelo Brasil para que sejam adotadas "as medidas adequadas para encorajar" formas de colaboração premiada (art. 26.1 da Convenção de Palermo) e para "mitigação da pena" (art. 37.2 da Convenção de Mérida), no sentido de abrandamento das consequências do crime, o acordo de colaboração, ao estabelecer as sanções premiais a que fará jus o colaborador, pode dispor sobre questões de caráter patrimonial, como o destino de bens adquiridos com o produto da infração pelo agente colaborador. [...]. Logo, havendo previsão em Convenções firmadas pelo Brasil para que sejam adotadas "as medidas adequadas para encorajar" formas de colaboração premiada, tais como a redução ou mitigação da pena (no sentido, repita-se, de abrandamento das consequências do crime), parece-me lícito, sem prejuízo de ulterior e mais aprofundada reflexão sobre o tema, que o acordo de colaboração, ao estabelecer as sanções premiais a que fará jus o colaborador dentre as "condições da proposta do Ministério Público ou do delegado de polícia" (art. 6º, II, da Lei nº 12.850/13), possa também dispor sobre questões de caráter patrimonial, como o destino de bens adquiridos com o produto da infração pelo agente colaborador, em seu nome ou de interposta pessoa. [...]. Embora o confisco, de acordo com o art. 92, II, c, do Código Penal, não se qualifique como pena acessória, mas sim como efeito extrapenal da condenação, uma interpretação teleológica das expressões "redução de pena", prevista na Convenção de Palermo, e "mitigação de pena", prevista na Convenção de Mérida, permite que elas compreendam, enquanto abrandamento das consequências do crime, não apenas a sanção penal propriamente dita, como também aquele efeito extrapenal da condenação (BRASIL, 2015).

agente colaborador. Ocorre que essa garantia é um reles adiantamento dos deveres legais do Estado, desobrigando-o, nesta senda, de futuras incumbências para com o delator.[43]

Muito embora a Lei nº 9.613/1998 preveja, em seu art. 7º, I, a perda de todos os bens, direitos e valores relacionados, direta ou indiretamente, à prática dos crimes de lavagem ou de ocultação de bens, direitos e valores,[44] em conjunto com o texto normativo do art. 91, II, "b" do Decreto-Lei nº 2.848/1940 (Código Penal), deve-se considerar que não se pode cogitar em efeito extrapenal enquanto não houver pena fixada.

Do mesmo modo, se a colaboração premiada pode conduzir ao não oferecimento da denúncia nas hipóteses em que o colaborador (i) não é líder da organização criminosa; (ii) for o primeiro a prestar efetiva colaboração (art. 4º, §4º, da Lei nº 12.850/13), entendeu o acórdão do STF que "parece-me plausível que determinados bens do colaborador possam ser imunizados contra esse efeito no acordo de colaboração, no caso de uma sentença condenatória".[45]

Cumpre ressaltar, também, que essa cláusula patrimonial somente surtirá efeitos se o acordo de colaboração premiada for cumprido na íntegra, ocasião na qual o colaborador terá direito subjetivo à sua aplicação, conforme Pereira.[46]

Tal argumento, consoante o julgado do STF (HC nº 127.483/PR), caminha lado a lado com o disposto no art. 5º, I, da Lei nº 12.850/2013,[47] o qual elucida que é direito do colaborador usufruir de medidas de proteção previstas na legislação específica

---

[43] PEREIRA, Frederico Valdez. *Delação premiada*. 4. ed. Curitiba: Juruá, 2019. p. 183.

[44] Art. 7º São efeitos da condenação, além dos previstos no Código Penal:
I – a perda, em favor da União – e dos Estados, nos casos de competência da Justiça Estadual -, de todos os bens, direitos e valores relacionados, direta ou indiretamente, à prática dos crimes previstos nesta Lei, inclusive aqueles utilizados para prestar a fiança, ressalvado o direito do lesado ou de terceiro de boa-fé;
II – a interdição do exercício de cargo ou função pública de qualquer natureza e de diretor, de membro de conselho de administração ou de gerência das pessoas jurídicas referidas no art. 9º, pelo dobro do tempo da pena privativa de liberdade aplicada.
§1º A União e os Estados, no âmbito de suas competências, regulamentarão a forma de destinação dos bens, direitos e valores cuja perda houver sido declarada, assegurada, quanto aos processos de competência da Justiça Federal, a sua utilização pelos órgãos federais encarregados da prevenção, do combate, da ação penal e do julgamento dos crimes previstos nesta Lei, e, quanto aos processos de competência da Justiça Estadual, a preferência dos órgãos locais com idêntica função.
§2º Os instrumentos do crime sem valor econômico cuja perda em favor da União ou do Estado for decretada serão inutilizados ou doados a museu criminal ou a entidade pública, se houver interesse na sua conservação.

[45] BRASIL. Supremo Tribunal Federal. Habeas Corpus 127.483/Paraná. Plenário. Impetração contra ato de Ministro do Supremo Tribunal Federal. Paciente: Erton Medeiros Fonseca. Impetrante: José Luiz Oliveira Lima e outros(as). Coautor: relator da PET 5244 do Supremo Tribunal Federal. Relator: Min. Dias Toffoli, 27 de agosto de 2015. Disponível em: https://redir.stf.jus.br/paginadorpub/paginador.jsp?docTP=TP&docID=10199666. Acesso em: 23 mar. 2022.

[46] O acordo preliminar homologado judicialmente não importa a concessão antecipada do benefício, mas significa que, preenchidos os seus termos, cumprindo o agente com suas obrigações e ônus assumidos no acerto, passa a ter direito a tratamento favorável, o que deveria mesmo constar no termo, o qual é condicional, mas vinculado pelo seu conteúdo (PEREIRA, 2019, p. 138).

[47] Art. 5º São direitos do colaborador:
I – usufruir das medidas de proteção previstas na legislação específica;
II – ter nome, qualificação, imagem e demais informações pessoais preservados;
III – ser conduzido, em juízo, separadamente dos demais coautores e partícipes;
IV – participar das audiências sem contato visual com os outros acusados;
V – não ter sua identidade revelada pelos meios de comunicação, nem ser fotografado ou filmado, sem sua prévia autorização por escrito;
VI – cumprir pena ou prisão cautelar em estabelecimento penal diverso dos demais corréus ou condenados.

"combinado com o art. 6º,[48] *locus* normativo onde se prevê o conteúdo do acordo de colaboração premiada".[49]

O inciso V da referida Lei prescreve, por sua vez, que pode compor o contrato personalíssimo "a especificação das medidas de proteção ao colaborador e à sua família, quando necessário". Esse foi, inclusive, um dos últimos argumentos suscitados no acórdão do STF ora em debate.[50]

Naturalmente, a interpretação dos referidos dispositivos não elide a possibilidade de acordar acerca dos bens ilícitos oriundos das práticas delitivas. Muito pelo contrário: aparentemente autoriza a utilização de tais bens em prol da família do colaborador, já que assim se estaria, de certa forma, protegendo, em geral, a entidade familiar, *ratio* esta que se aplicou ao acordo firmado entre o Ministério Público Federal e Alberto Youssef, e que assegurou dois de seus imóveis, oriundos de crimes, às filhas e à ex-cônjuge.

A Lei nº 9.807/1999, a qual institui normas para a organização e a manutenção de programas especiais de proteção a vítimas e a testemunhas ameaçadas, possui, no seu art. 7º, diversas medidas passíveis de utilizar, a fim de proteger a testemunha ou a vítima.

Em analogia, poder-se-ia justificar as cláusulas de negociação acerca dos efeitos extrapenais de cunho patrimonial em sede de colaboração premiada, pois a *ratio legis* do art. 6º, inciso V, da Lei nº 12.850/2013 não se distingue muito da presente nos incisos III e V da Lei de Proteção da Testemunha, como se pode notar pelo seu teor.

Com base nesse último argumento de amparo social, o acórdão em análise observa que um dos objetivos do programa de proteção é justamente conseguir meios de subsistência ao colaborador e à sua família, devendo o Estado fornecer até mesmo auxílio mensal quando necessário. Com efeito, possibilitar que o colaborador permaneça com determinados bens ou valores se mostra congruente com os mencionados fins, até mesmo por desonerar o Estado daquela obrigação legal.

Aqui também não é possível cogitar que o criminoso já cometa o crime prevendo que será descoberto e, ainda, que ficará com parte do ilícito após negociar com o órgão acusador, visto que (i) via de regra ninguém comete um crime planejando ser preso ou descoberto; (ii) não existe nenhum direito subjetivo automático na propositura do acordo de colaboração, tampouco nenhuma regra prévia de que no bojo desse pacto será prevista a transação sobre o produto do ilícito (que é uma hipótese totalmente excepcional); e

---

[48] Art. 6º O termo de acordo da colaboração premiada deverá ser feito por escrito e conter:
I – o relato da colaboração e seus possíveis resultados;
II – as condições da proposta do Ministério Público ou do delegado de polícia;
III – a declaração de aceitação do colaborador e de seu defensor;
IV – as assinaturas do representante do Ministério Público ou do delegado de polícia, do colaborador e de seu defensor;
V – a especificação das medidas de proteção ao colaborador e à sua família, quando necessário.

[49] BRASIL. Ministério Público Federal. Manual Colaboração Premiada – ENCCLA. Disponível em: http://www.mpf.mp.br/atuacao-tematica/sci/dados-da-atuacao/eventos-2/eventos-internacionais/conteudo-banners-1/enccla/restrito/manual-colaboracao-premiada-jan14.pdf. Acesso em: 21 jul. 2022.

[50] Ora, se um dos objetivos do programa de proteção é conferir meios de subsistência ao colaborador e a sua família, impondo ao Estado o dever de fornecer-lhe residência e ajuda financeira mensal, possibilitar-se que o colaborador permaneça com determinados bens ou valores mostra-se congruente com os mencionados fins, inclusive por desonerar o Estado daquela obrigação. Em suma, não soa desarrazoado que o Estado-Administração, representado pelo titular da ação penal pública, possa dispor, no acordo de colaboração, sobre questões de natureza patrimonial, ressalvado o direito de terceiros de boa-fé. Ademais, essa cláusula patrimonial somente produzirá efeitos se o agente colaborador cumprir integralmente a obrigação por ele assumida no acordo, quando, então, terá direito subjetivo a sua aplicação (BRASIL, 2015).

(iii) os acordos de colaboração são negócios jurídicos personalíssimos, ou seja, o fato de o colaborador Alberto Youssef ter feito um pacto, negociando o produto do ilícito, não determina a sua aplicação a outros casos concretos. A avaliação será feita caso a caso, conforme determinou o STF.

Os espaços de consenso tratam, de uma forma, de despenalizar, mas igualmente faz com que o sujeito avalie os benefícios e malefícios de praticar a conduta criminosa. Cumpre dizer que as teorias economicistas do Direito Penal refletem institutos despenalizadores, interessando neste caso a redução de custos e o apoio às penas alternativas, desincentivando a imposição de penas privativas de liberdade.[51]

Em verdade, o Estado gastará muito menos em casos concretos onde exista um acordo firmado, em comparação aos elevados custos para fazer cumprir uma pena condenatória de prisão, além das despesas atreladas à movimentação e aos desdobramentos de um processo criminal, devendo tudo isso ser considerado pelo Poder Estatal, por meio do exame das teorias econômicas dos delitos e das penas, as quais se fundamentam em análises de custo-benefício.

Por último e não menos importante, como mencionado, existem doutrinadores que defendem a possibilidade de transacionar o produto do ilícito quando couber o perdão judicial, diante da consequente extinção de punibilidade, sem qualquer efeito condenatório (artigo 107, inciso IX, do CP). Assim, embora prevaleça o dissenso na doutrina, predomina o posicionamento de que, em tais casos de perdão, não se aplica o art. 91, inc. II, "b", do Código Penal, que prevê a perda do produto do crime em favor da União como efeito da condenação.

Nessa situação, o Ministério Público poderia incluir uma cláusula beneficiando o colaborador ou a sua família, permitindo a utilização ou a permanência da propriedade de bens móveis/imóveis, ou de uma determinada quantia, em troca do efetivo auxílio na persecução penal.

Trata-se, por certo, de um debate inacabado que merece maior reflexão acadêmica e conta com argumentos relevantes produzidos por ambos os lados, devendo haver mais pesquisas sobre a legislação brasileira e a alienígena, a fim de estabelecer os limites legais do poder de barganha do acusado no momento de pactuar um acordo de colaboração com o órgão acusador.

É fato que apenas com o aprimoramento da pesquisa na instância acadêmica a doutrina e a jurisprudência poderão tornar mais eficiente a utilização do instituto da colaboração premiada, bem como estabelecer o seu alcance e fixar os seus limites legais. Até que haja maior estabilidade no uso do instituto, objeto do presente estudo, é importante ter em mente que o STF decidiu autorizar a negociação do produto do ilícito no âmbito da colaboração para um caso em específico, muito embora ainda não tenha exaurido a discussão e fixado os parâmetros que deverão nortear as partes.

Pode se cogitar, portanto, que se está diante de um cheque em branco, assinado pela Corte Máxima e sem limite de valores. E é relativamente fácil perceber que não se trata de caso fechado, visto que já foi admitido na Corte Suprema[52] HC impugnando

---

[51] GONÇALVES, Carlos Eduardo. A delação premiada como fundamento de prisão preventiva. *In*: ESPIÑEIRA, Bruno; CALDEIRA, Felipe (org.). *Delação premiada*: estudos em homenagem ao ministro Marco Aurélio de Mello. 2. ed. Belo Horizonte: Editora D'Plácido, 2017.

[52] HC nº 142.205/PR e HC nº 151.605, julgados pelo 2ª Turma do Supremo Tribunal Federal. Acontece, que nestes

acordos de colaboração premiada por delatados, considerando o potencial impacto à esfera de direitos dos delatados, especialmente quanto às declarações do colaborador e as provas produzidas, bem como a necessidade de controle de eventuais cláusulas e benefícios abusivos.

No caso do paradigmático HC nº 127.483/PR, restou expressamente definido que, em nome dos princípios da confiança e da segurança jurídica, o Estado tem o dever de honrar o compromisso (a proposta) assumido no acordo de colaboração, concedendo a devida sanção premial, reconhecido o direito subjetivo do colaborador, sendo essa a legítima contraprestação pelo adimplemento da obrigação, que, por sua vez, foi inicialmente oferecida por escolha do titular da ação.

É preciso continuar a observar como a Suprema Corte e os demais órgãos relacionados ao Poder Judiciário brasileiro irão se comportar na efetivação deste regramento.

Informação bibliográfica deste texto, conforme a NBR 6023:2018 da Associação Brasileira de Normas Técnicas (ABNT):

REIS, Iuri do Lago Nogueira Cavalcante. A negociação do produto do ilícito e o entendimento do Supremo Tribunal Federal no Habeas Corpus nº 127.483/PR. In: SEEFELDER FILHO, Claudio Xavier (coord.). *Direito Econômico e Desenvolvimento*: entre a prática e a academia. Belo Horizonte: Fórum, 2023. p. 269-285. ISBN 978-65-5518-487-7.

---

casos, o *distinguish* reside na figura do impugnador. Aqui, quem levanta a impugnação é o coautor ou partícipe, já nos referidos HCs, o irresignado é pessoa terceira aos fatos.

(IM)POSSIBILIDADE DE SUPRESSÃO DAS GARANTIAS REAIS: O IMPACTO DA MODIFICAÇÃO DA JURISPRUDÊNCIA DO SUPERIOR TRIBUNAL DE JUSTIÇA NOS CRÉDITOS BANCÁRIOS

JULIA DE BAÉRE C. D'ALBUQUERQUE

MARLON TOMAZETTE

Introdução

O presente artigo tem por objetivo analisar a possibilidade ou não de supressão de uma garantia real, num processo de recuperação judicial, sem o consentimento expresso do próprio credor garantido. O tema é especialmente relevante, considerando a importância que as garantias reais possuem para a segurança do crédito, bem como a importância do tratamento dos credores em bloco, num processo de recuperação judicial.

Para analisar esse tema, é fundamental entender o papel das garantais reais como reforço dos direitos dos credores. As garantias, de modo geral, têm papel para a diminuição de riscos de inadimplência e para a aceleração da satisfação dos credores, em tais casos. Por essas funções, as garantias são capazes de reduzir o próprio custo do crédito, na medida em que o risco é bem diminuído em comparação com créditos não garantidos.

De outro lado, também é fundamental analisar a recuperação judicial como um mecanismo legítimo de buscar a recuperação de negócios, que interessam não apenas aos seus titulares, mas a todos aqueles que circundam aquela atividade, como empregados, consumidores, fisco, entre outros. A recuperação judicial só consegue alcançar seus resultados pela união dos credores em uma massa, ainda que dividida em classes, em busca da celebração do acordo, com o devedor, que vise à superação da crise. Apesar da união dos credores para fins de votação, é fundamental identificar quais são os limites que essa votação encontra, especialmente considerando os parâmetros da própria Lei nº 11.101/2005.

Diante da importância dos valores em jogo, a jurisprudência sobre a supressão das garantias variou ao longo do tempo, sendo fundamental estudar essa evolução jurisprudencial, fazendo uma análise crítica das decisões proferidas ao longo do tempo. Para fins de delimitação do estudo, será considerada a evolução das decisões no âmbito do Superior Tribunal de Justiça.

Por fim, será abordado o impacto da instável interpretação jurisprudencial do Superior Tribunal de Justiça em relação aos créditos com garantia real na concessão dos créditos bancários por meio de dados divulgados pelo Banco Central, a fim de concluir pela necessidade de fortalecimento das garantias reais para ampliação de acesso ao crédito, o que não deixa de ser um dos objetivos da Lei de Recuperação de Empresas e Falências.

1 As garantias reais e seu limite

Afastada a vinculação pessoal do devedor, é o seu patrimônio que responde por seus débitos, representando a garantia geral de todos os credores (CC – art. 391). Apesar dos compromissos contratuais assumidos e das sanções decorrentes de seu descumprimento, existe a probabilidade de que uma das partes não alcance as suas expectativas em decorrência do não cumprimento do acordado.[1]

O risco de que as obrigações não se concretizem e a busca por sua mitigação fazem com que as partes assumam novas obrigações, que são acessórias às originais, a que se dá o nome de garantia, quando servem de reforço para o credor, seja pela vinculação prévia de bens, seja pelo acréscimo de novos responsáveis pelo pagamento.

As garantias podem ser reais ou pessoais (fidejussórias). Nas garantias pessoais, há a indicação "de outra pessoa, cujo patrimônio ficará vinculado ao pagamento".[2] No ordenamento jurídico brasileiro, existem duas espécies de garantias pessoais: a fiança e o aval. Não ocorrendo o adimplemento da obrigação pelo afiançado ou avalizado, o credor pode optar entre executar o patrimônio do devedor principal ou o do fiador ou avalista, podendo, inclusive, executá-los solidariamente.

As garantias pessoais são eficientes para o comércio e mútuas com curto prazo de vida, o que não ocorre com empréstimos a longo prazo, os quais carecem de garantias mais sólidas, que não dependam das variações do patrimônio do fiador ou do avalista.[3]

As garantias reais representam a vinculação de bens à satisfação da obrigação (CC – art. 1.419), isto é, ela "separa do patrimônio do devedor/terceiro garantidor um dado bem, afetando-o ao pagamento prioritário de determinada obrigação".[4] Dessa forma, em oposição à pessoal, as garantias reais implicam o gravame de coisa, que pode ser móvel ou imóvel, vinculada à obrigação e assegurando que o pagamento do crédito não dependa da variação patrimonial de quem garante o crédito, pois envolve bem de propriedade do devedor ou de terceiros.[5]

---

[1] NASCIMENTO, Roberto de Oliveira Meyer. *Análise (micro)econômica do tratamento legal concedido às garantias reais pela legislação falimentar e recuperacional*. Dissertação de mestrado defendida em 2019. Universidade Federal da Bahia, p. 60.
[2] CASTRO NEVES, José Roberto de. As Garantias do Cumprimento da Obrigação. *Revista da EMERJ*, v. 11, n. 44, p. 191, 2008.
[3] WALD, Arnoldo. *Direito civil*: direito das coisas. 14. ed. São Paulo: Saraiva, 2015. Vol. 4, p. 325.
[4] CARNACCHIONI, Daniel Eduardo. *Curso de direito civil*: direitos reais. São Paulo: Revista dos Tribunais, 2014, e-book, cap. 13, item 13.1.
[5] VENOSA, Silvio de Salvo. *Direito civil: direitos reais*. 13. ed. São Paulo: Atlas, 2013. Vol. 5, p. 536.

A garantia real se classifica em duas categorias: direitos reais de garantia e direitos reais em garantia. Os direitos reais de garantia asseguram o adimplemento da obrigação mediante a instituição de um direito real titulado pelo credor sobre o bem da propriedade do devedor, que são o penhor, a hipoteca e a anticrese. Não pago oportunamente o débito, o credor pode executar o bem dado em garantia, qualquer que seja, na ocasião, seu proprietário, pois a garantia segue o bem nas mãos de quem estiver – direito de sequela.[6] Nos direitos reais em garantia, o adimplemento da obrigação é garantido pela transferência da propriedade do bem onerado ao credor, que são a alienação fiduciária e a cessão fiduciária de direitos creditórios.

O presente estudo vai se ater aos direitos reais de garantia (mencionados na Lei de Recuperação de Empresas e Falências no §5º do art. 49).

Atualmente, para que uma garantia assegure, de forma eficiente, uma operação de crédito no meio empresarial, é importante que permita o emprego eficiente do bem e que proporcione uma rápida liberação e recuperação do crédito.[7] Isso porque, em que pese a preferência no recebimento do crédito decorrente da garantia real, a legislação relativizou a prioridade do titular de crédito com garantia real em situações de insolvência, pois tais credores estão submetidos ao plano de recuperação judicial e ao concurso falimentar.

2 A concessão da recuperação judicial e o credor com garantia real: o credor com garantia real deve ou não se curvar ao plano de recuperação judicial aprovado e homologado, sem sua aprovação?

A recuperação judicial é um negócio jurídico privado realizado sob supervisão judicial, isto é, há uma natureza contratual na recuperação judicial. A fim de simplificar a atuação da recuperação, a lei permite que se considere a vontade dos credores em conjunto (massa de credores),[8] ainda que algum deles individualmente possua certas divergências. O conjunto de credores é tratado como uma comunhão para todos os efeitos, na recuperação judicial.[9]

Para que esse acordo seja celebrado, é necessária a propositura de uma ação, o pedido de recuperação judicial. No bojo dessa ação, o devedor deve apresentar um plano de recuperação judicial que represente uma espécie de proposta de acordo, o qual só está firmado com a aprovação do plano pelos credores, seja tacitamente, seja em assembleia geral de credores.

O plano de recuperação judicial, em regra, possui ampla liberdade para sugerir os meios de recuperação judicial necessários para a superação da crise. Contudo, pelo reconhecimento da importância dos créditos com garantia real, na recuperação judicial e na extrajudicial a "alienação de bem objeto de garantia real, a supressão da garantia ou sua substituição somente serão admitidas mediante aprovação expressa do credor titular da respectiva garantia", nos termos dos artigos 50, §1º, e 163, §4º, da LRF. Além disso,

---

[6] WALD, Arnoldo. *Direito civil:* direito das coisas. 14. ed. São Paulo: Saraiva, 2015. Vol. 4, p. 325.
[7] WALD, Arnoldo. *Direito civil:* direito das coisas. 14. ed. São Paulo: Saraiva, 2015. Vol. 4, p. 63.
[8] CAMPINHO, Sérgio. *Falência e recuperação de empresa*: o novo regime de insolvência empresarial. Rio de Janeiro: Renovar, 2006, p. 13.
[9] PORFIRIO CARPIO, Leopoldo José. *La junta de acreedores*. Madrid: Civitas, 2008, p. 42-43.

para a apreciação dessa proposta de acordo, os credores com garantia real possuem uma classe própria na assembleia geral de credores da recuperação judicial (art. 41, II, da LRF).

A exegese dos mencionados artigos deixa bem evidente a preocupação com a manutenção da garantia real, a fim de assegurar o cumprimento da obrigação, ainda que em sede de recuperação judicial e extrajudicial, conferindo a previsibilidade das relações empresariais, traduzida no cumprimento dos contratos. Todavia, em prol de uma suposta preservação da empresa, como se dogma fosse, surgiram algumas decisões liberando as garantias reais pela aprovação da maioria dos credores, sem o consentimento expresso do credor garantido,[10] como será detalhado mais à frente.

Obtida a aprovação do plano de recuperação judicial pelos credores, o juiz, se preenchidos todos os requisitos estabelecidos, concederá a recuperação judicial por sentença, a qual vinculará todos os créditos abrangidos pelo acordo. Dessa forma, vinculando todos os credores a ela sujeitos, a concessão da recuperação judicial implicará a novação dos créditos existentes, vincendos ou vencidos, exceto as exceções legais dispostas no art. 49 da LRF. O crédito anterior ao pedido de recuperação judicial é extinto pela aprovação do plano, passando a vigorar nos termos e nas condições por este estabelecidas.

A novação decorrente da recuperação judicial se submete a uma condição resolutiva fundamentada no cumprimento do plano de recuperação judicial pelo período de até 2 anos, pois caso não sejam adimplidas as obrigações durante esse período de fiscalização, a recuperação judicial será convolada em falência e os créditos voltam às suas condições anteriores, ressalvados os atos validamente praticados.[11]

É por isso que a concessão da recuperação judicial acarreta a extinção das execuções das dívidas novadas, bem como outras demandas de cobrança, com a consequente desconstituição de eventuais penhoras realizadas, em função da perda de seu objeto.[12] Isso porque, mesmo sendo uma novação condicional, "em nenhuma circunstância vislumbra-se a possibilidade de o credor retomar a execução embasada no crédito extinto por novação".[13]

Nesse ponto, é importante destacar que a novação, em seu sentido clássico, é caracterizada pela extinção de uma obrigação antiga para dar lugar a uma nova obrigação. Desse modo, em regra, a extinção da obrigação original implica a extinção das garantias anteriores, sejam elas reais ou fidejussórias, bem como a extinção das obrigações dos devedores solidários, conforme arts. 360, 364 e 366, todos do Código Civil.

No entanto, na Lei de Recuperações de Empresas e Falência, apesar de a concessão da recuperação judicial acarretar a novação dos créditos alterados em relação à obrigação original, essa novação é *sui generis*,[14] pois o art. 59 diz que o plano de recuperação

---

[10] REsp. 1700487/MT, Rel. Ministro RICARDO VILLAS BÔAS CUEVA, Rel. p/ Acórdão Ministro MARCO AURÉLIO BELLIZZE, TERCEIRA TURMA, julgado em 02.04.2019, DJe 26.04.2019.

[11] STJ – REsp. 1260301/DF, Rel. Ministra NANCY ANDRIGHI, TERCEIRA TURMA, DJe 21.08.2012; STJ – AgRg no REsp. 1334284/MT, Rel. Ministro PAULO DE TARSO SANSEVERINO, TERCEIRA TURMA, DJe 15.09.2014; STJ – REsp. 1272697/DF, Rel. Ministro LUIS FELIPE SALOMÃO, QUARTA TURMA, DJe 18.06.2015.

[12] SCALZILLI, João Pedro; SPINELLI, Luis Felipe; TELLECHEA, Rodrigo. *Recuperação de empresas e falência*: teoria e prática na Lei nº 11.101/2005. 3. ed. rev., atual. e ampl. São Paulo: Almedina, 2018, p. 485.

[13] AYOUB, Luiz Roberto; CAVALLI, Cássio. *A construção jurisprudencial da recuperação de empresas*. Rio de Janeiro: Forense, 2013, p. 299.

[14] SACRAMONE, Marcelo Barbosa. *Comentários à Lei de Recuperação de Empresas e Falências*. São Paulo: Saraiva Educação, 2018, p. 265.

judicial "implica novação dos créditos anteriores ao pedido, e obriga o devedor e todos os credores a ele sujeitos, sem prejuízo das garantias". No mesmo sentido, o art. 49, §1º, aduz que "Os credores do devedor em recuperação judicial conservam seus direitos e privilégios contra os coobrigados, fiadores e obrigados de regresso".

Nos termos do citado art. 49, §1º, da LRF, a execução contra os coobrigados não será suspensa pela distribuição da recuperação judicial, nem extinta pela sua concessão, podendo prosseguir normalmente, mantendo a responsabilidade dos coobrigados, pois não participaram do negócio. Tal questão foi analisada pelo Superior Tribunal de Justiça, em recurso repetitivo, Resp. nº 1.333.349/SP, julgado sob a relatoria do Ministro Luiz Felipe Salomão, que reafirmou a interpretação da lei no seguinte sentido:

> A recuperação judicial do devedor principal não impede o prosseguimento das execuções nem induz suspensão ou extinção de ações ajuizadas contra terceiros devedores solidários ou coobrigados em geral, por garantia cambial, real ou fidejussória, pois não se lhes aplicam a suspensão ou extinção prevista nos arts. 6º, caput, e 52, III, ou a novação a que se refere o art. 59, caput, por força do que dispõe o art. 49, §1º, todos da Lei 1.101/2005.

Dessa forma, com a satisfação integral da dívida pelo coobrigado ou pelo garantidor, estes sub-rogam-se nos direitos do credor, com as mesmas condições e natureza de seu crédito, possuindo o direito de regresso do valor pago. Contudo, esse direito de regresso está submetido às limitações do plano de recuperação judicial, pois o novo credor não poderá receber exatamente da forma e valor que pagou, mas nos termos estabelecidos no plano, sofrendo, assim, os efeitos da novação.[15]

Para afastar tal garantia, o plano de recuperação judicial a ser submetido à votação dos credores pode prever a renúncia à cobrança dos coobrigados. No entanto, não pode a maioria dispor sobre o direito de exigir o cumprimento da obrigação de um coobrigado se o credor detentor de tal garantia não concordar. Portanto, "apenas se o credor não se absteve, não votou contra ou, caso tenha votado favoravelmente ao plano de recuperação judicial, não tenha ressalvado a cláusula de renúncia, perderá o direito de cobrar os coobrigados".[16]

A mesma interpretação deve ser aplicada aos direitos reais de garantia, na medida em que o art. 59 da LRF faz menção expressa ao art. 50, §1º, apontando que a novação do crédito principal não extingue o direito de penhor, hipoteca e anticrese sobre os bens, exceto se houver renúncia expressa. Quer dizer, a concessão da recuperação judicial não ocasionará a liberação dos bens dados em penhor, hipoteca e anticrese.

Há doutrinadores que defendem que a concessão da recuperação judicial implicará a liberação dos bens dados em penhor, hipoteca ou anticrese pertencentes a terceiros que não fazem parte do plano de recuperação judicial, bem como liberará a fiança, quando o fiador não consentir expressamente com o plano.[17]

---

[15] SCALZILLI, João Pedro; SPINELLI, Luis Felipe; TELLECHEA, Rodrigo. *Recuperação de empresas e falência*: teoria e prática na Lei nº *11.101/2005*. 3. ed. rev., atual. e ampl. São Paulo: Almedina, 2018, p. 489.
[16] SACRAMONE, Marcelo Barbosa. *Comentários à Lei de Recuperação de Empresas e Falências*. São Paulo: Saraiva Educação, 2018, p. 266.
[17] MUNHOZ, Eduardo Secchi. Comentários aos artigos 55 a 69. *In*: SOUZA JUNIOR, Francisco Satiro de; PITOMBO, Antônio Sérgio A. de Moraes (coord.) *Comentários à Lei de Recuperação de Empresas e Falências, Lei nº 11.101/2005* – artigo por artigo. 2. ed. rev., atual. e ampl. São Paulo: Revista dos Tribunais, 2007, p. 290; CHAVES,

Todavia, em que pese o esforço de parte da doutrina que defende a liberação da garantia oferecida por terceiro, quando da concessão da recuperação judicial, a LRF é expressa quanto à ressalva quando menciona "sem prejuízo das garantias". A ressalva expressa da lei, que menciona 'sem prejuízo das garantias', deixa entrever a intenção do legislador de alterar o regime próprio da novação, mantendo as garantias mesmo dadas por terceiros.

Fábio Ulhoa Coelho faz uma diferenciação entre a liberação do crédito suportado em direito real de garantia e o crédito garantido pela garantia fidejussória quando houver a concessão da recuperação judicial. Para o autor, o fato de os créditos hipotecários, pignoratícios e anticréticos estarem sujeitos aos efeitos da recuperação judicial implica a possibilidade de alteração de todos os elementos da obrigação, pois a LRF não aponta para uma possível imunidade à novação dessas garantias.[18]

A situação não se aplicaria, segundo o doutrinador, aos créditos com garantias fidejussórias, pois, enquanto não se encontra na LRF nenhum artigo obstando a novação de direitos reais de garantia, no que se refere às garantias fidejussórias, há disposição expressa pela sua manutenção (art. 49, §1º).[19]

A questão atinente à manutenção das garantias suportadas por créditos incluídos na recuperação judicial é matéria controvertida, não somente na doutrina, mas também na jurisprudência, haja vista a modificação da interpretação dada ao tema pela Terceira Turma do STJ,[20] que vigorou por cinco anos, no sentido de que o plano de recuperação judicial, devidamente aprovado, pode afastar garantias reais e fidejussórias mesmo sem a concordância dos credores beneficiados por tal garantia.

A modificação da interpretação conferida pelo STJ, recentemente superada com o julgamento do Recurso Especial nº 1.794.209/SP pela Segunda Seção, será analisada de forma mais aprofundada no próximo tópico, mas, desde já, destaca-se que é surpreendente, ante a literalidade e exegese da LRF no sentido de fornecer ao credor uma segurança na fluência de seu crédito.

A diferença da novação recuperacional em relação à novação civil estabelecida pela LRF é proposital e não pode ser desconsiderada. O texto da lei deve ser o ponto de partida para a sua interpretação, afigurando-se equivocado opor a interpretação gramatical à lógica, já que estas necessariamente se complementam.[21]

Carlos Maximiliano consigna importante registro ao se dedicar ao estudo do processo de interpretação gramatical:

> A prescrição obrigatória acha-se contida na fórmula concreta. Se a letra não é contraditada por nenhum elemento exterior, não há motivo para hesitação: deve ser observada. A linguagem tem por objetivo despertar em terceiros pensamento semelhante ao daquele que fala; presume-se que o legislador se esmerou em escolher expressões claras e precisas,

---

Natália Cristina. Novação ou inovação? *In:* CARVALHO, William Eustáquio de; CASTRO, Moema A. S. de. *Direito falimentar contemporâneo.* Porto Alegre: Sérgio Antônio Fabris, 2008, p. 164.

[18] COELHO, Fábio Ulhoa. *Comentários à nova Lei de Falências e de Recuperação de Empresas.* São Paulo: Saraiva, 2018, p. 195-196.

[19] *Idem*, p. 197.

[20] STJ – Resp. 1.532.943/MT e Resp. 1.700.487/MT, ambos de relatoria do Ministro MARCO AURÉLIO BELLIZZE, TERCEIRA TURMA, publicados no *DJe* 10.10.2016 e 26.04.2019, respectivamente.

[21] MAXIMILIANO, Carlos. *Hermenêutica a aplicação do Direito.* 22. ed. Rio de Janeiro: Forense, 2020, p. 93.

com a preocupação meditada e firme de ser bem compreendido e fielmente obedecido. Por isso, em não havendo elementos de convicção em sentido diverso, atém-se o intérprete à letra do texto.[22]

Todavia, o processo gramatical por si só pode não alcançar o real espírito da lei, seja porque o legislador fez uso de palavras ambíguas ou termos inadequados, seja porque as palavras sozinhas não demonstram a intenção da norma posta. Afinal, a regra positiva deve ser entendida de modo que satisfaça ao seu propósito.

O Direito é uma ciência primariamente normativa ou finalística, por isso a sua interpretação há de ser teleológica, mirando o hermeneuta, em sua finalidade, no resultado que a norma precisa atingir em sua atuação prática, porém dentro da letra dos dispositivos. "Respeita-se esta, e concilia-se com o fim".[23]

Nesse sentido, a LRF claramente buscou preservar as garantias do crédito, levando em consideração o seu relevante impacto na economia e no pressuposto de que não se concebe atividade econômica sem a circulação do crédito e a segurança para o seu recebimento. Exatamente por isso o §1º do art. 50 aduz que, "na alienação de bem objeto de garantia real, a supressão da garantia ou sua substituição somente serão admitidas mediante aprovação expressa do credor titular da respectiva garantia". O art. 59, ao disciplinar a novação, determinou sua estrita observância.

Tais afirmações podem ser reforçadas com a promulgação da nova LRF, que manteve a redação original dos arts. 49, §1º, §2º, 50, §1º, 59 e 163, §4º (sobre garantias reais na recuperação extraconcursal), além da manutenção do art. 50, *caput*, que estabelece os meios que podem ser adotados para a reestruturação da empresa em crise e determina, para tanto, a observância da "legislação pertinente" a cada caso.

Nesse ponto, quando a LRF faz menção à "legislação pertinente", no que tange aos direitos reais de garantia, essa legislação é o Código Civil, o qual traz o conjunto de normas aplicáveis aos direitos reais de garantia sobre coisa alheia, estipulando o seu rol em *numerus clausus*. Quer dizer, as hipóteses de criação e a extinção das garantias reais estão previstas em lei (arts. 1.436 e 1.499 do CC).[24]

Portanto, a manutenção, na LRF, das disposições originais sobre a proteção das garantias aliadas à aplicação da "legislação pertinente" para a criação e a extinção das garantias fidejussórias e dos direitos reais de garantia e à novação *sui generis* do processo recuperacional, que, repita-se, apesar de novar as obrigações, não exonera as garantias, asseguram a estabilidade e a segurança necessárias ao mercado de crédito, fomentando a atividade produtiva.

A conclusão do legislador não poderia ser outra, pois a exoneração das garantias reais e fidejussórias, ante a previsão em plano de recuperação judicial e aprovação em assembleia de credores, não está em consonância com as regras disciplinadas nos arts. 61, §2º, e 62 da LRF, pois impossibilita a execução específica do plano de recuperação

---

[22] MAXIMILIANO, Carlos. *Hermenêutica a aplicação do Direito*. 22. ed. Rio de Janeiro: Forense, 2020, p. 102.
[23] MAXIMILIANO, Carlos. *Hermenêutica a aplicação do Direito*. 22. ed. Rio de Janeiro: Forense, 2020, p. 139.
[24] ASSUMPÇÃO, Márcio Calil de. A Reforma na Lei de Falências e Recuperação de Empresas e seus reflexos no Sistema Financeiro Nacional. *In*: SALOMÃO, Luis Felipe; GALDINO, Flávio (coord.). *Análise de impacto legislativo na recuperação e na falência*. 1. ed. Rio de Janeiro: JC, 2020, p. 172.

judicial descumprido, o que é direito do credor detentor da garantia real.[25] Isso porque, convolada a recuperação judicial em falência, os direitos e as garantias se restabelecem ante a condição resolutiva, mas estas últimas, na medida do possível, em atenção aos atos e aos negócios jurídicos válidos celebrados no bojo da recuperação judicial. O ônus real suprimido em relação a um bem alienado na recuperação judicial não será reconstituído com a decretação da falência, bem como não serão recompostas as desonerações de garantias reais e pessoais prestadas por terceiros, porque já produziram seus efeitos.[26]

Pelo exposto, o credor com garantia real não deve se curvar à decisão da assembleia geral de credores quando esta aprova plano de recuperação judicial que suprime o seu direito real de garantia sem a sua expressa anuência, pois o contrário seria atribuir-lhe um poder não concedido pela lei.

A deliberação da assembleia geral de credores deve ser soberana quando tomada nos limites da lei, competindo ao juiz realizar o seu controle de legalidade, não só quanto ao próprio procedimento decisório, mas também em relação ao seu aspecto substancial, verificando, dentre outros elementos, os limites de validade e eficácia das cláusulas constantes do plano de recuperação judicial.[27]

3 Jurisprudência sobre o tema: modificação da interpretação do artigo 50, §1º, da Lei de Recuperação de Empresas e Falências, no âmbito do Superior Tribunal de Justiça

Conforme narrado no tópico anterior, a assembleia geral de credores não pode suprir a declaração de vontade do credor detentor de garantias reais e pessoais, pois a lei não lhe atribui essa competência. As deliberações assembleares apenas vinculam todos os credores nos limites da lei.

No entanto, apesar da literalidade da lei, o Superior Tribunal de Justiça, até o julgamento do Recurso Especial nº 1.794.209/SP[28] pela Segunda Seção, vinha relativizando a manutenção das garantias, cuja análise do presente artigo se aterá à supressão das garantias reais.

É importante destacar, inicialmente, que, no julgamento do Recurso Especial nº 1.374.534/PE,[29] a Quarta Turma do STJ deu provimento ao recurso interposto para restabelecer decisão proferida na primeira instância que determinou o diferimento das garantias consubstanciadas em colheita de cana-de-açúcar, penhor agrícola, sem a anuência do credor titular.

---

[25] ASSUMPÇÃO, Márcio Calil de. A Reforma na Lei de Falências e Recuperação de Empresas e seus reflexos no Sistema Financeiro Nacional. *In:* SALOMÃO, Luis Felipe; GALDINO, Flávio (coord.). *Análise de impacto legislativo na recuperação e na falência.* 1. ed. Rio de Janeiro: JC, 2020, p. 173.

[26] LOBO, Jorge. Comentários aos arts. 34 a 69 da Lei de Recuperação de Empresas e Falências. *In:* TOLEDO, Paulo Fernando Campos Salles de; ABRÃO, Carlos Henrique (coord.). *Comentários à Lei de Recuperação de Empresas e Falências.* 4. ed. São Paulo: Saraiva, 2010, p. 193.

[27] CAMPINHO, Sérgio. *Curso de Direito Comercial:* falência e recuperação de empresa. 10. ed. São Paulo: Saraiva, 2019, p. 160.

[28] STJ – REsp. 1794209/SP, Rel. Ministro RICARDO VILLAS BÔAS CUEVA, SEGUNDA SEÇÃO, julgado em 12.05.2021.

[29] STJ – REsp. 1374534/PE, Rel. Ministro LUIS FELIPE SALOMÃO, QUARTA TURMA, julgado em 11.03.2014, DJe 05.05.2014.

Situação semelhante aconteceu no âmbito da Terceira Turma do STJ, no julgamento do Recurso Especial nº 1.388.948/SP,[30] cujo fundamento que ensejou o provimento é de que o diferimento do penhor agrícola não implica supressão ou substituição da garantia, devendo aplicar-se à espécie o art. 1.443 do Código Civil, que dispõe que "O penhor agrícola que recai sobre colheita pendente, ou em via de formação, abrange a imediatamente seguinte, no caso de frustrar-se ou ser insuficiente a que se deu em garantia".

De fato, em ambos os julgamentos, não houve a substituição do penhor agrícola por outra espécie de garantia, bem como a sua supressão da titularidade do credor, na medida em que restou assegurada a higidez do penhor na hipótese de a recuperação judicial da devedora revelar-se frustrada.

A menção aos julgados se faz necessária, pois, no julgamento realizado pela Quarta Turma, o voto vencedor proferido pelo Ministro Luis Felipe Salomão, apesar de restabelecer decisão que apenas diferiu a garantia pignoratícia, consignou a possibilidade de supressão das garantias pignoratícia, anticrética e hipotecária.

Todavia, no mesmo ano de 2014, a Quarta Turma do STJ foi provocada a se manifestar sobre a possibilidade de supressão de garantia fidejussória ante a aprovação do plano de recuperação judicial e, no voto condutor de negativa de provimento ao Recurso Especial nº 1.326.888/RS,[31] da lavra do Ministro Luis Felipe Salomão, consignou unanimemente, na linha da jurisprudência consolidada, que as garantias reais e fidejussórias se preservam, embora a aprovação do plano de recuperação judicial opere novação das dívidas a ele submetidas.

Ainda em 2014, a Segunda Seção do STJ, ao julgar sob o rito dos recursos repetitivos o Recurso Especial nº 1.333.349/SP,[32] reforçou a manutenção das garantias reais, aduzindo que, muito embora o plano de recuperação judicial opere novação das dívidas a ele submetidas, as garantias reais ou fidejussórias são preservadas, circunstância que possibilita ao credor exercer seus direitos contra terceiros garantidores e impõe a manutenção das ações e das execuções aforadas em face de fiadores, avalistas ou coobrigados em geral.

A tese fixada no julgamento, Tema Repetitivo nº 885, deu origem à Súmula nº 581/STJ, que dispõe que "A recuperação judicial do devedor principal não impede o prosseguimento das ações e execuções ajuizadas contra terceiros devedores solidários ou coobrigados em geral, por garantia cambial, real ou fidejussória".

No entanto, a Terceira Turma do STJ, na contramão do entendimento consolidado no tribunal, que se manifestava no sentido da preservação das garantias creditórias, inaugurou divergência pela possibilidade de supressão das garantias reais e fidejussórias ante a aprovação do plano de recuperação judicial pela assembleia geral de credores.

A modificação da interpretação do art. 50, §1º, da LRF, que trata das garantias reais e, portanto, foco do estudo, se deu com o julgamento do Recurso Especial

---

[30] STJ – REsp. 1388948/SP, Rel. Ministro PAULO DE TARSO SANSEVERINO, TERCEIRA TURMA, julgado em 01.04.2014, DJe 08.04.2014.
[31] STJ – REsp. 1326888/RS, Rel. Ministro LUIS FELIPE SALOMÃO, QUARTA TURMA, julgado em 08.04.2014, DJe 05.05.2014.
[32] STJ – REsp. 1333349/SP, Rel. Ministro LUIS FELIPE SALOMÃO, SEGUNDA SEÇÃO, julgado em 26.11.2014, DJe 02.02.2015.

nº 1.532.943/MT,[33] julgado em setembro de 2016, sob a relatoria do Ministro Marco Aurélio Bellizze e com a participação dos Ministros Moura Ribeiro, Paulo de Tarso Sanseverino e João Otávio de Noronha, pois o Ministro Ricardo Villas Bôas Cueva se declarou impedido à época.

O voto condutor proferido pelo Ministro Marco Aurélio Bellizze destacou que as garantias ajustadas mantêm suas condições originariamente contratadas, salvo se o plano de recuperação judicial aprovado dispuser, de modo diverso, nos termos do §2º do art. 49, que dispõe que "As obrigações anteriores à recuperação judicial observarão as condições originalmente contratadas ou definidas em lei, inclusive no que diz respeito aos encargos, salvo se, de modo diverso, ficar estabelecido no plano de recuperação judicial".

O Ministro em questão aduziu que a particularidade do caso analisado era justamente o fato de a assembleia geral de credores ter aprovado, sem nenhuma ressalva, a supressão das garantias, o que não violaria o art. 50, §1º, da LRF, pois a decisão da maioria vincula indistintamente todos os credores representados pelas respectivas classes.

O mesmo entendimento restou consignado no voto proferido pelo Ministro Paulo de Tarso Sanseverino e no voto-vista proferido pelo Ministro Moura Ribeiro que, destacando a soberania da assembleia geral de credores, pontuou que "As considerações acima denotam que o consentimento exigido no art. 50, §1º, da LREF é a aprovação da maioria em deliberação assemblear da respectiva classe de credores, e não a manifestação individual de cada credor".

Vencido, o Ministro João Otávio de Noronha chamou a atenção para a necessidade de se fazer uma análise sistemática da LRF, bem como de sua estrutura, pois o art. 50, em seu *caput*, estabelece quais são os meios que podem ser adotados para a recuperação da empresa, com a observância da legislação pertinente a cada caso; os incisos trazem as medidas de forma não exaustiva; e o §1º aborda a excepcionalidade que precisa ser observada, caso o plano de recuperação judicial preveja a alienação de bens.

O Ministro ressaltou, ainda, ao negar provimento ao recurso especial, que a indivisibilidade do direito real de garantia impede a sua liberação sem a anuência do credor, sob pena de ferir o ato jurídico perfeito, o que deve ser feito individualmente pelos credores titulares da garantia.

Após o julgamento do recurso especial, foram opostos embargos de declaração que acabaram sendo rejeitados,[34] por maioria, pelos mesmos ministros que deram provimento ao especial, ficando vencido, nessa oportunidade, o Ministro Ricardo Villas Bôas Cueva, que, à época do julgamento do recurso especial, se declarou impedido.

Em seu voto, o Ministro Cueva consignou a consolidação da jurisprudência do STJ sobre o tema, por meio da edição da Súmula nº 581/STJ, destacando a impossibilidade de assegurar o prosseguimento das execuções e das ações ajuizadas contra terceiros solidários e coobrigados em geral por garantia real e fidejussória com a extinção da própria garantia. Ele alertou, por fim, para o perigo decorrente do enfraquecimento das garantias para a economia do País, o que foge da exegese da LRF.

---

[33] STJ – REsp. 1532943/MT, Rel. Ministro MARCO AURÉLIO BELLIZZE, TERCEIRA TURMA, julgado em 13.09.2016, *DJe* 10.10.2016.

[34] STJ – EDcl. no REsp. 1532943/MT, Rel. Ministro MARCO AURÉLIO BELLIZZE, TERCEIRA TURMA, julgado em 18.05.2017, *DJe* 02.06.2017.

O acórdão ainda foi infirmado por embargos de divergência, com a tentativa frustrada de ingresso da FEBRABAN como "amicus curiae", todavia, a Segunda Seção do STJ entendeu por sua inadmissibilidade ante a ausência de similitude fática entre o acórdão embargado e os julgados utilizados como paradigmas, o que inviabilizou a definição da questão[35] à época.

Novamente, em 2019, a Terceira Turma foi instada a se debruçar sobre a questão, nos autos do Recurso Especial nº 1.700.487/MT,[36] levado a julgamento sob a relatoria do Ministro Ricardo Villas Bôas Cueva.

O argumento principal das empresas recuperandas para provimento de seu apelo especial, no que se refere às garantias reais, foi o de que, além de o art. 49, §2º, da LRF prever a novação das obrigações e respectivos encargos com a aprovação do plano de recuperação judicial, não havendo previsão de alienação dos bens dados em garantia no plano de recuperação judicial, fica afastada a prescindibilidade de aceitação expressa do credor acerca da extinção da garantia.

O voto do então relator Ministro Ricardo Villas Bôas Cueva, ao negar provimento ao especial quanto ao ponto, reafirmou o seu posicionamento anterior no sentido de que a novação decorrente da concessão da recuperação judicial não afeta as garantias firmadas, bem como que o art. 50, §1º, da LRF não deixa dúvidas quanto à necessária anuência do credor com garantia real para que haja a substituição ou a supressão de sua garantia. Isso porque, mesmo que os bens gravados possam ser alienados no bojo da falência para atender às classes de credores que precedem os com garantia real, o benefício se mantém com a existência de bens suficientes para o adimplemento das classes prioritárias.

Por fim, o magistrado externalizou a sua preocupação quanto aos reflexos da supressão das garantias em relação ao custo do crédito, já que o credor precisa ter segurança no retorno de seus investimentos para disponibilizar capital mais barato, o que aumenta o número de empréstimos, fortalece a segurança econômica do País e, por consequência, atrai investidores.

Seu voto foi acompanhado pela Ministra Nancy Andrighi, que aduziu que "As regras de hermenêutica não autorizam concluir que a previsão legal de que o plano de soerguimento possa dispor de modo diverso sobre as condições das obrigações originalmente contratadas seja estendida às garantias pactuadas".

Todavia, apesar dos fundamentos apresentados nos mencionados votos, prevaleceu o voto do Ministro Marco Aurélio Bellizze, que, mais uma vez, foi acompanhado pelos Ministros Paulo de Tarso Sanseverino e Moura Ribeiro.

Na mesma linha do entendimento declinado no julgamento do Recurso Especial nº 1.532.943/MT, o Ministro Marco Aurélio Bellizze aduziu não haver ofensa ao art. 50, §1º, da LRF, pois o plano de recuperação judicial que previu a supressão das garantias reais foi aprovado pelos credores, respeitados os respectivos quóruns.

---

[35] STJ – AgInt. nos EDcl. nos EREsp. 1532943/MT, Rel. Ministra MARIA ISABEL GALLOTTI, SEGUNDA SEÇÃO, julgado em 28.11.2018, DJe 18.12.2018.

[36] STJ – REsp. 1700487/MT, Rel. Ministro RICARDO VILLAS BÔAS CUEVA, Rel. p/ Acórdão Ministro MARCO AURÉLIO BELLIZZE, TERCEIRA TURMA, julgado em 02.04.2019, DJe 26.04.2019.

Diante da expressiva divergência sobre o tema, em outubro de 2019, a Terceira Turma decidiu afetar o julgamento do Recurso Especial nº 1.797.924/MT[37] à apreciação da Segunda Seção, o que definiria o posicionamento do STJ, já que não existem precedentes específicos da Quarta Turma sobre a matéria.

A relatora do recurso, Ministra Nancy Andrighi, negou provimento ao recurso e reforçou o seu posicionamento contrário à previsão de substituição ou à supressão das garantias sem consignar a necessidade do consentimento do seu titular, já que "o art. 59, *caput*, da Lei nº 11.101/05 é expresso ao dispor que, apesar de o plano de soerguimento implicar a novação dos créditos e obrigar o devedor e os credores a ele sujeitos, as garantias ajustadas não são alcançadas pelas disposições lá constantes".

Em seguida, pediu vista o Ministro Luis Felipe Salomão, que, abrindo uma terceira linha de interpretação da LRF em relação à supressão ou à substituição das garantias, aduziu, em seu voto, que "a depender do tipo de garantia do crédito, poderá ser exigida ou não a concordância do credor titular, ainda que a cláusula de supressão tenha sido aprovada pelo Plano de Recuperação Judicial".

Segundo o Ministro Luis Felipe Salomão, as garantias reais podem ser suprimidas ou substituídas com a aprovação do plano de recuperação judicial, pois o art. 50, §1º, da LRF apenas assegura que o credor hipotecário, pignoratício ou anticrético exerça a sua preferência em caso de convolação da recuperação judicial em falência. Em seu sentir, a interpretação do §2º do art. 49 da LRF "acaba por autorizar que a deliberação assemblear disponha no Plano de Recuperação a supressão do direito de garantia real, já que a restrição interpretativa do dispositivo, segundo as regras de hermenêutica, volta-se apenas às garantias fidejussórias do §1º".

Na sequência, houve pedido de vista do Ministro Marco Aurélio Bellizze e, antes da apresentação de seu voto, a relatora Ministra Nancy Andrighi suscitou questão de ordem, pois as recorrentes apresentaram petição informando a aprovação e a homologação de novo plano de recuperação judicial, requerendo a decretação de perda do objeto recursal. A relatora tentou dar continuidade ao julgamento do recurso demonstrando a importância de se definir, o quanto antes, a matéria no âmbito da Seção de Direito Privado, mas ficou vencida.

Em recente julgamento, o assunto voltou a ser debatido pelo Superior Tribunal de Justiça, com a afetação à Segunda Seção do Recurso Especial nº 1.794.209/SP, inicialmente distribuído à Terceira Turma.

O recurso, julgado sob a relatoria do Ministro Ricardo Villas Bôas Cueva, teve o seu provimento negado, por maioria, ficando vencidos os Ministros Marco Aurélio Bellizze, Moura Ribeiro e Paulo de Tarso, e vencido, em parte, o Ministro Luis Felipe Salomão, para restabelecer o entendimento de que a cláusula do plano de recuperação judicial que prevê a supressão das garantias reais não pode atingir os credores que não manifestaram sua expressa concordância com a aprovação do plano.

Todos os ministros que já haviam se manifestado sobre o tema, conforme julgamentos anteriormente mencionados, mantiveram suas interpretações. A novidade foi o posicionamento adotado pelos Ministros Raul Araújo, Marco Buzzi e Antonio Carlos

---

[37] STJ – REsp. 1797924/MT, Rel. Ministra NANCY ANDRIGHI, Rel. p/ Acórdão Ministro MARCO AURÉLIO BELLIZZE, SEGUNDA SEÇÃO, julgado em 09.09.2020, *DJe* 19.11.2020.

Ferreira, que se alinharam ao entendimento do relator. A Ministra Isabel Gallotti não teve a oportunidade de se manifestar, pois presidia, à época do julgamento, a Segunda Seção e não foi necessário voto de desempate, apesar da manifesta divergência entre os julgadores.

Em seu voto, o Ministro Cueva reforçou a sua preocupação com a segurança jurídica proporcionada pelas garantias em geral e seu reflexo no setor econômico do País, aduzindo que o enfraquecimento das garantias é nitidamente conflitante com o que determina a Lei nº 11.101/2005 e as novas previsões de financiamento trazidas pela Lei nº 14.112/2020.

Dessa forma, apesar da expressiva divergência, houve definição sobre o tema, com destaque para a sua relevância social e econômica, bem como para a ausência de alteração pela nova LRF dos artigos objeto da análise.

Retomando os ensinamentos de Carlos Maximiliano, afirma-se que a jurisprudência é o elemento de formação e aperfeiçoamento do Direito, funcionando como "suplemento da legislação, enquanto serve para a integrar nos limites estabelecidos".[38] Quer dizer, mesmo que existam lacunas normativas, o que não ocorre no presente caso, o juiz estará vinculado aos textos normativos, contido nos lindes da legalidade.[39]

Portanto, por mais que a norma posta não consiga solucionar o caso apresentado ao magistrado, de modo a ensejar uma suposta discricionariedade judicial, "a interpretação jurídica constitui atividade cognitiva (e não criativa), pois seu único objetivo é identificar a vontade da autoridade criadora das normas, tal como esta foi objetivada e fixada nos dispositivos legais".[40]

Não se está a negar aqui a relevância dos princípios que embasam a LRF, notadamente os princípios da preservação da empresa e da soberania da assembleia geral de credores enaltecidos nos mencionados julgados. No entanto, tais princípios não podem ser utilizados para reforçar a negativa de vigência e a aplicação das regras estampadas nos arts. 50, §1º, e 59 da LRF, pois não possuem obscuridade em seus comandos, inexistindo qualquer dúvida em relação ao seu conteúdo e aplicação.

A insegurança jurídica causada pelos precedentes mencionados, os quais não por acaso têm bancos como partes, tem implicação nas operações de crédito realizadas pelas instituições financeiras, já que as garantias contratuais fazem parte do mercado de crédito[41] e caminham na contramão do art. 20 da LINDB, que introduziu o consequencialismo no ordenamento jurídico para trazer segurança jurídica e eficiência na criação e na aplicação do Direito, a fim de coibir decisões que refutam normas jurídicas baseando-se apenas em argumentos principiológicos.

Dessa forma, o recente julgado da Segunda Seção do Superior Tribunal de Justiça, que afasta a possibilidade de supressão das garantias reais no bojo da recuperação judicial sem a expressa anuência do titular, reorganiza a questão e traz de volta a segurança jurídica necessária às operações de crédito.

---

[38] MAXIMILIANO, Carlos. *Hermenêutica a aplicação do Direito*. 22. ed. Rio de Janeiro: Forense, 2020, p. 164.

[39] GRAU, Eros Roberto. *Por que tenho medo dos juízes (a interpretação/aplicação do direito e os princípios)*. 9. ed. São Paulo: Malheiros, 2018, p. 91.

[40] DIMOULIS, Dimitri. *Positivismo jurídico*: teoria da validade e da interpretação do Direito. 2. ed., rev. e atual. Porto Alegre: Livraria do Advogado, 2018, p. 162.

[41] PIPOLO, Henrique Afonso. *Princípio da preservação da empresa na recuperação judicial:* uma análise da sua aplicação na jurisprudência. 2016. Tese de Doutorado em Direito Comercial. PUC-São Paulo, p. 130.

4 Impacto na concessão de créditos bancários: modificação dos contratos bancários em razão da instável jurisprudência do Superior Tribunal de Justiça

A vigência da Lei nº 11.101/2005 inaugurou um novo caminho de modernização do ambiente econômico brasileiro, pois remodelou por completo o sistema de insolvência, até então regido pelo Decreto-Lei nº 7.661/45, trazendo como um de seus principais objetivos a estipulação de regras cogentes que resultassem na redução do custo do crédito e na facilitação quanto ao seu acesso.

O reconhecimento de que a qualidade da legislação e a proteção que ela confere a devedores e credores são importantes determinantes tanto na taxa de juros como do tamanho e da composição do mercado de crédito, o qual há muito reclamava da adequação do ordenamento jurídico brasileiro. A falta de uma lei concursal que concedesse meios ao credor para reaver seus créditos de forma célere, equitativa e pouco onerosa causava impactos significativos tanto no volume do crédito concedido quanto nos juros praticados pelas instituições financeiras.

O diálogo pautado pelo Decreto-Lei nº 7.661/45, existente entre juiz e devedor, passou a ser, com a edição da Lei nº 11.101/2005, entre devedor e credores. O novo diálogo resulta em celebração de acordo, instrumentalizado pelo plano de recuperação judicial, contemplando a vontade da maioria dos credores, o que é referendado pelo Judiciário, nos limites da lei.[42]

No entanto, em que pese os grandes avanços decorrentes da edição da Lei nº 11.101/2005, passados 15 anos, a própria interpretação pelos tribunais sinalizou a necessidade de aprimoramento do direito positivado a fim de corrigir distorções, possibilitando o soerguimento de empresas realmente viáveis, mediante aprimoramento da recuperação extrajudicial, incremento da segurança jurídica e preservação de garantias como fator de previsibilidade dos negócios.[43]

Conforme demonstrado no tópico anterior, a Terceira Turma do STJ, por cinco anos, deu interpretação diversa ao preconizado pela Lei nº 11.101/2005 e mantido na Lei nº 14.112/2020, no que se refere à manutenção das garantias reais. Não por outro motivo, a tentativa de alteração do sistema jurídico de garantias em favor dos credores e do crédito foi rejeitada no Senado Federal (PL nº 4.458/2020), quando da elaboração da nova lei vigente.

É fato que parcela da taxa contratada com o tomador praticada pelos bancos concentra o custo decorrente das expectativas de inadimplementos, funcionando como um mecanismo de provisão de possíveis perdas, por isso que as medidas destinadas a evitar ou reduzir inadimplementos reduzem os *spreads* bancários e facilitam o acesso ao crédito.[44] Com efeito, somente nos cenários de previsibilidade e segurança jurídica,

---

[42] ASSUMPÇÃO, Márcio Calil de. A reforma na lei de falências e recuperação de empresas e seus reflexos no Sistema Financeiro Nacional. *In:* SALOMÃO, Luis Felipe; GALDINO, Flávio (coord.). *Análise de impacto legislativo na recuperação e na falência*. 1. ed. Rio de Janeiro: JC, 2020, p. 170.

[43] Idem.

[44] ASSUMPÇÃO, Márcio Calil de. A reforma na lei de falências e recuperação de empresas e seus reflexos no Sistema Financeiro Nacional. *In:* SALOMÃO, Luis Felipe; GALDINO, Flávio (coord.). *Análise de impacto legislativo na recuperação e na falência*. 1. ed. Rio de Janeiro: JC, 2020, p. 169.

garantidos pela lei e por sua interpretação pela jurisprudência, que a tutela jurídica do crédito poderá atuar como fomentadora do desenvolvimento econômico e social do país.

Dessa forma, é inegável que a instabilidade na interpretação do STJ, no que se refere às garantias reais, cause impacto na concessão do crédito bancário, acarretando prejuízo ao mercado, aos investidores e à comunidade como um todo, pois cria uma atmosfera de insegurança jurídica que implica a redução da previsibilidade sobre a chance de obtenção da recuperação judicial, dificultando a negociação entre os agentes econômicos e o empresário devedor.[45]

A fim de verificar a relação direta do período de modificação da interpretação jurisprudencial do STJ e o impacto na concessão do crédito bancário, a presente pesquisa buscou dados disponibilizados pelo Banco Central,[46] no que tange ao número total de concessões de crédito a pessoas jurídicas entre junho de 2015 e junho de 2020, bem como a variação da taxa média de juros das operações de crédito destinadas a pessoas jurídicas no mesmo período.[47]

A pesquisa se pautou nessas duas variáveis, pois, por meio do volume de crédito concedido no período, é possível verificar se de fato o primeiro julgado do STJ, ocorrido em setembro de 2016, impactou no número de concessões de crédito fornecidas a pessoas jurídicas, quer dizer, se houve ou não uma redução no número de concessões.

Já a escolha da taxa média de juros demonstra se houve uma variação na taxa ponderada pelo valor das concessões, o que possibilita uma visualização clara do impacto da modificação da jurisprudência do STJ na flexibilização das garantias reais.

Vejamos os gráficos referentes ao volume de concessões de créditos concedidos a pessoas jurídicas no período. O primeiro gráfico, mais amplo, compreende o período das duas decisões do STJ, em setembro de 2016 e abril de 2019, proferidas pela Terceira Turma e que suprimem as garantias reais. O segundo gráfico em quantitativo real, compreendendo o período de junho de 2015 a maio de 2017, o que corresponde somente ao impacto concernente à primeira decisão.

---

[45] PATROCÍNIO, Daniel Moreira. Os princípios do processo de recuperação judicial de empresas. *Revista Magister de Direito Empresarial, Concorrencial e do Consumidor*, Porto Alegre, ano X, n. 56, vol. 1, p. 94, fev./mar. 2005.

[46] Para ter acesso aos dados no *site*, basta inserir o código da variável que está na planilha e no gráfico https://www3.bcb.gov.br/sgspub/localizarseries/localizarSeries.do?method=prepararTelaLocalizarSeries. Acesso em: 7 jan. 2021.

[47] Destaca-se que são inferências básicas e que uma dimensão maior do impacto exigiria um modelo mais sofisticado de análise de dados.

Gráfico 1 – Concessões de créditos concedidos a pessoas jurídicas (jan. 2015 e jun. 2020)

Fonte: a autora baseada em dados disponibilizados pelo Banco Central.

Gráfico 2 – Concessões de créditos concedidos a pessoas jurídicas (jun. 2015 a maio 2017)

Fonte: a autora baseada em dados disponibilizados pelo Banco Central.

A partir da análise dos gráficos, percebemos que, em setembro de 2016, o número de concessões foi de 123.879 e, no mês seguinte, de 112.895, representando uma queda de 10%. Mas, nos meses de novembro e dezembro, os números voltaram a subir, em percentual próximo a 30%.

Nos primeiros meses do ano seguinte, 2017, também pode ser verificado comportamento com variações da mesma ordem, cerca de 30%, tanto negativas quanto positivas, demonstrando que a decisão do STJ não resultou em um comportamento uniforme dessa variável, a curto e médio prazos.

O mesmo desempenho é observado no que se refere ao impacto causado pela segunda decisão do STJ que suprime as garantias reais, em abril de 2019, demonstrando que o número de concessões não oscilou de forma relevante.

Situação semelhante pode ser observada por meio dos gráficos que apresentam a taxa média de juros das operações de crédito realizadas com pessoas jurídicas nos mesmos períodos – o primeiro gráfico entre junho de 2015 e junho de 2020, e o segundo gráfico os percentuais aplicados entre junho de 2015 e maio de 2017.

Gráfico 3 – Taxa média de juros concedida a pessoas jurídicas (jan. 2015 a jul. 2020)

Fonte: a autora baseada em dados disponibilizados pelo Banco Central.

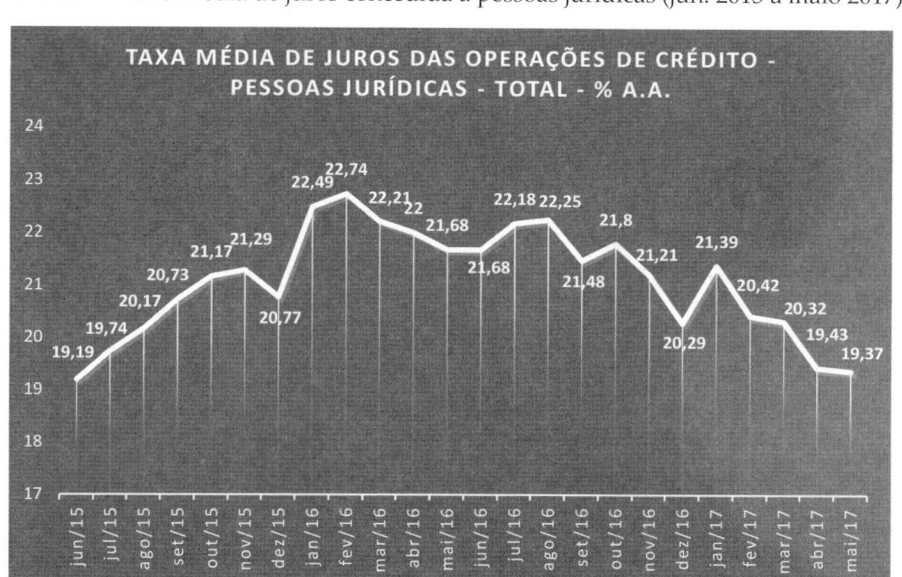

Gráfico 4 – Taxa média de juros concedida a pessoas jurídicas (jun. 2015 a maio 2017)

Fonte: a autora baseada em dados disponibilizados pelo Banco Central.

Em que pese um leve aumento do percentual da taxa média de juros aplicada em outubro de 2016, período subsequente à primeira decisão do STJ, nos meses de novembro e dezembro de 2016, o percentual da taxa média de juros volta a cair. E, ainda que tenha tido uma elevação em janeiro de 2017, os percentuais não oscilaram de forma significativa nos meses posteriores, tampouco nos anos de 2018 e 2019, certamente em razão de outras variáveis de ordem econômica, política e estruturais diversas de tal decisão judicial.

Não há dúvidas de que a segurança jurídica no que se refere à eficiência de medidas de proteção ao crédito contribui para a redução do *spread* bancário e dos juros, bem como amplia o acesso ao crédito às mais variadas camadas da sociedade. No entanto, o que a presente pesquisa evidenciou é que as decisões proferidas pelo STJ, modificando consolidada jurisprudência que, seguindo a interpretação sistemática da LRF, aduzia pela impossibilidade de supressão das garantias reais sem a anuência expressa do credor, ante a aprovação do plano de recuperação judicial que contém tal previsão pela assembleia geral de credores, não impactaram de forma determinante no volume de concessões de crédito a pessoas jurídicas, bem como na aplicação da taxa média de juros em tais operações.

Os motivos para que a hipótese da presente pesquisa não tenha se confirmado podem ser vários, repita-se, decorrentes de inúmeros fatores de ordem econômica, política e estrutural pelos quais passou o país nos períodos seguintes às decisões do STJ, o que não modifica o posicionamento defendido de que a LRF foi idealizada com o objetivo de garantir segurança jurídica e proteção aos interesses dos credores, o que impacta na aplicação da taxa de juros em operações de crédito, facilitando o seu acesso.

Conclusão

A Lei de Recuperação de Empresas e Falências claramente buscou preservar as garantias do crédito, levando em consideração o seu relevante impacto na economia e no pressuposto de que não se concebe atividade econômica sem a circulação do crédito e a segurança para o seu recebimento.

Dessa forma, por mais que os julgados analisados no trabalho não tenham impactado, de forma determinante, no volume de concessões de crédito a pessoas jurídicas, bem como na aplicação da taxa média de juros em tais operações, não há dúvidas de que a segurança jurídica, no que se refere à eficiência de medidas de proteção ao crédito, contribui para a redução do *spread* bancário e dos juros, bem como amplia o acesso ao crédito às mais variadas camadas da sociedade.

Informação bibliográfica deste texto, conforme a NBR 6023:2018 da Associação Brasileira de Normas Técnicas (ABNT):

D'ALBUQUERQUE, Julia de Baére C.; TOMAZETTE, Marlon. (Im)possibilidade de supressão das garantias reais: o impacto da modificação da jurisprudência do Superior Tribunal de Justiça nos créditos bancários. *In*: SEEFELDER FILHO, Claudio Xavier (coord.). *Direito Econômico e Desenvolvimento*: entre a prática e a academia. Belo Horizonte: Fórum, 2023. p. 287-304. ISBN 978-65-5518-487-7.

AS CONEXÕES DE CONFIANÇA ENTRE CONSUMIDORES E FORNECEDORES: A BOA-FÉ OBJETIVA NOS ATENDIMENTOS DAS OUVIDORIAS DE SEGUROS

KÉDINA DE FÁTIMA GONÇALVES RODRIGUES

1 Introdução

O trabalho a seguir dirige um olhar específico para a relação de consumo existente entre os consumidores e os fornecedores de seguros e examina os atendimentos das ouvidorias privadas do setor. Tem como objetivo entender como a concretização do princípio da boa-fé objetiva, disposto no art. 4º, III, do Código de Defesa do Consumidor (CDC), nos atendimentos das ouvidorias do setor de seguros, contribui para a harmonização na relação de consumo, gerando conexões de confiança entre consumidores e fornecedores.

O artigo apresentado pretende responder as seguintes perguntas: como o princípio da boa-fé pode ser concretizado nos atendimentos das resoluções de conflitos pelas ouvidorias? Uma reclamação do consumidor de seguros, perante a ouvidoria do setor, pode recriar ou criar uma relação de confiança desses consumidores com os fornecedores? Como essas reclamações podem servir de insumos para boas práticas das ouvidorias do setor?

O trabalho pretende aprofundar os pontos de conexão e irritação, expressão utilizada por Niklas Lhumann (1997, p. 68), que afetam o relacionamento das partes envolvidas na jornada de uma reclamação de consumo. Quanto mais o consumidor percorre o caminho para a resolução de sua insatisfação e não obtém êxito, mais acentuado fica o desgaste e a quebra de confiança. A análise da aplicação da boa-fé objetiva, nas reclamações de consumo nas ouvidorias, por meio de indicadores do site do consumidor.gov.br, demonstrará os comentários dos consumidores sobre o atendimento.

Procurou-se examinar como a boa-fé cria um ambiente harmônico e gera conexões de confiança entre consumidores e fornecedores, mesmo em contextos conflituosos. O modo como é tratada uma reclamação de consumo gera conexões de confiança entre as partes e possibilita recomendações de melhorias para evitar reincidência do mesmo problema. Assim, as demandas imprimem caráter de melhoria nos produtos e nos processos, com base nas recomendações apresentadas pelas ouvidorias às empresas e no modo como essa reclamação é conduzida, balizada na aplicação dos princípios da boa-fé e da confiança.

Assim, é encontrado um rol de conexões de confiança e a constatação do quanto uma relação transparente, ética, com informações claras e adequadas, com a efetiva reparação de danos, com acolhimento e empatia, poderá agregar valor tanto para a empresa quanto para o consumidor e toda a sociedade.

2 A boa-fé objetiva e as ouvidorias de seguros

A princípio é importante dizer que as relações de natureza securitária são estabelecidas pelo CDC como relação de consumo, conforme prevê o art. 3º do CDC[1] ao conceituar no *caput* a figura do fornecedor e, nos parágrafos 1º e 2º, o produto e a prestação de serviços, respectivamente. Tem-se, portanto, que a relação jurídica estabelecida na atividade securitária é de consumo e está sujeita às normas do CDC.

Com o advento da Lei nº 8.078/1990, o Código de Defesa do Consumidor, apresentado como instrumento para desbravar o campo da relação de consumo, torna-se essencial para as atividades das ouvidorias que são fortalecidas perante as empresas.[2] Conclui-se, assim, o elo entre as ouvidorias do setor securitário e a relação de consumo.

Em uma breve linha do tempo, veja-se a relação das ouvidorias do mercado segurador e o CDC. O incentivo à criação das ouvidorias vinculadas à Superintendência de Seguros Privados (Susep)[3] surge com a Resolução CNSP nº 110/2004, considerada como o marco regulatório que impulsionou as empresas de seguros a implementarem a ouvidoria como componente organizacional, mantendo, dessa forma, a responsabilidade nessas empresas por solucionar os conflitos decorrentes da relação de consumo. Um dos incentivos oferecidos foi a redução de 25% sobre as multas porventura aplicadas, além de possibilitar que as empresas resolvessem internamente os conflitos existentes com seus consumidores. Disso resultou que, em 2010, 99 ouvidorias, equivalentes a 95% da participação do mercado, foram reconhecidas pela Susep (VISMONA; BARREIRO, 2015, p. 141). Em 2013, ocorreu um avanço em termos regulamentares, com a publicação da Resolução CNSP nº 279/2013, por meio da qual a instituição de ouvidorias pelas empresas de seguros, previdência e capitalização deixou de ser um ato voluntário e passou a ter caráter obrigatório, com a função principal de atuar na defesa dos direitos dos consumidores com o objetivo de assegurar a estrita observância das normas legais

---

[1] Art. 3º Fornecedor é toda pessoa física ou jurídica, pública ou privada, nacional ou estrangeira, bem como os entes despersonalizados, que desenvolvem atividade de produção, montagem, criação, construção, transformação, importação, exportação, distribuição ou comercialização de produtos ou prestação de serviços. (...)
§2º Serviço é qualquer atividade fornecida no mercado de consumo, mediante remuneração, inclusive as de natureza bancária, financeira, de crédito e *securitária*, salvo as decorrentes das relações de caráter trabalhista. (grifei)

[2] Nesse sentido é a dissertação de mestrado profissional de Margareth Mauricio Monteiro: "O CDC é transformado numa ferramenta essencial para que as ouvidorias, especialmente as pertencentes à iniciativa privada, possam balizar suas ações e reconhecimento de direitos, tomando por orientação o Código e sua amplitude no que diz respeito às relações de consumo" (2020, p. 32).

[3] Art. 36. Compete à Susep, na qualidade de executora da política traçada pelo CNSP, como órgão fiscalizador da constituição, organização, funcionamento e operações das Sociedades Seguradoras: (...).

e regulamentares, além de ser um canal de comunicação entre as empresas e o cliente na prevenção, na mediação e na solução de conflitos.[4]

Mediante a relação de consumo existente de um lado e a dificuldade de compreensão do instituto do seguro de outro lado, vislumbra-se a necessidade apresentada pelo próprio consumidor de procurar um órgão para mediar o seu conflito.

As ouvidorias, além de atuarem na defesa dos direitos dos consumidores (art. 1º), também exercem um papel de fornecedor de informações – *input* – de *compliance* para as organizações. A própria norma estipula que cumpre às ouvidorias realizarem proposições de medidas corretivas ou de aprimoramento de procedimentos e rotinas, em decorrência da análise das reclamações recebidas e das deficiências identificadas (Resolução CNSP 279/2013, art. 4º, inciso V). Como meio de prevenção de processos administrativos nos Órgãos de Defesa do Consumidor e nos Órgãos Reguladores, e diminuição da busca desnecessária pelo Poder Judiciário, as ouvidorias de seguros apresentam alto índice de efetividade[5] ao longo dos anos, conforme apresentado no relatório de ouvidorias da CNSEG: 98% de todas as demandas que passam pelas ouvidorias são finalizadas sem repercussão em ações judiciais em 2020;[6] 97% em 2019 foram finalizadas sem repercussão em outras instâncias; em 2018 o índice foi de 94,03%; e em 2017 foi de 94%. Isso demonstra o crescimento anual da efetividade das ouvidorias no negócio de seguros.

Dessa forma, como área imparcial para o tratamento de demandas de relação de consumo nas empresas de seguros, os atendimentos das ouvidorias são pautados pela boa-fé objetiva.

Para isso, a boa-fé é estudada neste trabalho sob a perspectiva do CDC, especificamente no art. 4º, inciso III, como princípio balizador da atuação das ouvidorias do mercado segurador. Nessa toada, para a leitura funcional do conceito de boa-fé a ser utilizada na análise proposta, vale observar o diálogo realizado entre o Código Civil Brasileiro (CCB) e o CDC, o qual enriquece as considerações sobre o tema. Veja-se que a boa-fé é tratada no CCB por mais de 50 (cinquenta) vezes em artigos dos mais variados, além de ser um instituto estudado em inúmeras obras. Em razão disso, o intuito não é estudar de forma profunda a boa-fé e suas nuances, mas realizar uma análise conjuntural de maneira sintética, de forma a destacar, em linhas gerais, os artigos 113, 187, 422 e 423 para, assim, contextualizar a boa-fé nos negócios jurídicos gerais e, especificamente para o contrato de seguro, por meio do art. 765, todos do CCB. Após, será alcançado o CDC com o exame da boa-fé objetiva nos artigos 4º, inciso III; e 51, inciso IV, do CDC.

Partindo-se do art. 113, é possível verificar a função da boa-fé na interpretação das cláusulas contratuais para os contratos em geral, segundo Flávio Tartuce (2011, p. 183):

> Art. 113. Os negócios jurídicos devem ser interpretados conforme a boa-fé e os usos do lugar de sua celebração.

---

[4] A Resolução CNSP nº 279/2013 trouxe, em seu art. 1º, como principal função das ouvidorias: atuar na defesa dos direitos dos consumidores, como objetivo de assegurar a estrita observância das normas legais e regulamentares relativas aos direitos do consumidor e de atuar como canal de comunicação entre essas entidades e os consumidores de seus produtos e serviços, na mediação de conflitos, esclarecendo, prevenindo e solucionando conflitos.

[5] Fontes: Relatório de atividades das ouvidorias do setor de seguros de 2020. Disponível em: https://cnseg.org.br/publicacoes/relatorio-de-ouvidorias.html. Acesso em: 26 ago. 2022.

[6] Fonte: Relatório de atividades das ouvidorias do setor de seguros de 2020.

§1º A interpretação do negócio jurídico deve lhe atribuir o sentido que: (...)

III – corresponder à boa-fé; (...).[7]

Em continuidade à contextualização, é verificada outra funcionalidade, não menos importante, do princípio da boa-fé, como função de controle (TARTUCE, 2011). O art. 187 preceitua que "comete ato ilícito o titular de um direito que, ao exercê-lo, excede manifestamente os limites impostos pelo seu fim econômico ou social, pela boa-fé ou pelos bons costumes". O compromisso das partes contratantes é reafirmado com os artigos 422 e 423 CCB,[8] para fazer constar que, de igual forma, a boa-fé precisa ser preservada não apenas na conclusão do contrato, mas durante sua execução, sendo que, nos casos de contrato de adesão (como é o caso do contrato de seguro), que contenham cláusulas ambíguas ou contraditórias, a interpretação deve ser a mais favorável ao aderente.[9] Resta, dessa forma, definitivamente consagrada no Direito brasileiro a boa-fé objetiva (FRITZ, 2007, p. 1).

Disposto o que consta para os contratos em geral, passa-se para o âmbito específico do contrato de seguro. No ambiente do seguro tanto o segurado-consumidor como a empresa seguradora-fornecedora devem observar, em todo o tempo de relacionamento com o consumidor, a máxima boa-fé, "princípio da ubérrima fides", "é a denominada regra de ouro do negócio jurídico denominado de seguro" (DELGADO, 2004, p. 10). O diploma legal enfatiza a observância da mais estrita boa-fé, não apenas no momento da contratação, no preenchimento da proposta, mas também na execução do contrato, conforme os termos dispostos no art. 765: "o segurado e o segurador são obrigados a guardar na conclusão e na execução do contrato, a mais estrita boa-fé e veracidade, tanto a respeito do objeto como das circunstâncias e declarações a ele concernentes".

O próximo passo para a sintética exposição da boa-fé objetiva para este trabalho é a disposição do instituto da boa-fé no CDC. Primeiramente, no art. 4º, inciso III, que é objeto do estudo e traz, em seu *caput,* o objetivo da Política Nacional de Relações de Consumo, qual seja, "o atendimento das necessidades dos consumidores, o respeito a sua dignidade, saúde e segurança, a proteção de seus interesses econômicos, a melhoria da sua qualidade de vida, bem como a transparência e harmonia das relações de consumo", e afirma a necessidade de atendimento de alguns princípios elencados, dentre eles o contido no inciso III descrito como:

> princípio da harmonização dos interesses dos participantes das relações de consumo e compatibilização da proteção do consumidor com a necessidade de desenvolvimento econômico e tecnológico, de modo a viabilizar os princípios nos quais se funda a ordem

---

[7] Entendimento contrário a respeito por Nelson Nery Júnior, para o qual o art. 113 do Código Civil trata da boa-fé subjetiva, isto é, "da intenção e do comportamento efetivo das partes na conclusão do negócio jurídico. Nesse contexto, a boa-fé assume caráter subjetivo, tendo natureza jurídica de regra de interpretação do negócio jurídico. Para interpretar o negócio jurídico, o juiz deve buscar a intenção das partes (CC 112), que devem ter agido de acordo com a boa-fé (subjetiva) (2019)".

[8] Art. 422. Os contratantes são obrigados a guardar, assim na conclusão do contrato, como em sua execução, os princípios de probidade e boa-fé.
Art. 423. Quando houver no contrato de adesão cláusulas ambíguas ou contraditórias, dever-se-á adotar a interpretação mais favorável ao aderente.

[9] Também o art. 47 do CDC estabelece que: "As cláusulas contratuais serão interpretadas de maneira mais favorável ao consumidor".

econômica (art. 170 da CF), sempre com base na boa-fé e equilíbrio nas relações entre consumidores e fornecedores.

Mais à frente, no art. 51, inciso IV, o legislador retoma o tema, de forma mais abrangente, protagonizando a boa-fé como cláusula geral (GARCIA, 2010, p. 46). Destrincha as cláusulas abusivas e preceitua que são nulas de pleno direito, entre outras, as cláusulas contratuais relativas ao fornecimento de produtos e serviços que estabeleçam obrigações consideradas iníquas, abusivas, que coloquem o consumidor em desvantagem ou sejam incompatíveis com a boa-fé ou a equidade (AGUIAR JÚNIOR, 1995, p. 3). Diante do viés protetivo do consumidor na relação de consumo, o princípio encontrado no art. 4º, inciso III, se estabelece como um fio condutor para evitar e proibir as práticas abusivas, condenadas pelos artigos 39[10] e 51[11] do CDC.

Dessa forma, ao tratar da aplicação da concretude da boa-fé objetiva, encontra-se um ponto desafiador, que é a sua conceituação do princípio, para alcançar a materialização. Apesar das dificuldades e das complexidades da conceituação, a boa-fé, pode-se dizer, é um direcionamento condutor de comportamento esperado que respeita valores éticos, de justiça, de confiança, de lealdade, de equidade. Comportamento importa ação e "o agir, segundo a boa-fé objetiva, concretiza as exigências de probidade, correção e comportamento leal hábeis a viabilizar um adequado tráfico negocial", conforme entendimento de Judith Martins-Costa (2015, p. 37).

3 A confiança como corolário do princípio da boa-fé

Ousa-se falar de conexões de confiança,[12] mas para isso é preciso definir o que se entende como conexão de confiança para fins deste trabalho. Pois bem, são elementos favoráveis que vinculam o consumidor ao fornecedor e são geradas a partir da concretização da boa-fé objetiva no atendimento de uma reclamação de consumo.

Agora, é salutar entender em qual contexto fático e situacional a confiança é discutida e examinada. Ao chegar à ouvidoria, o consumidor já passou por outras instâncias, sem obter êxito na resolução do seu problema. Assim, o tratamento do conflito do consumidor deve ser pautado pela empatia devida ao seu estado de ânimo e pela sua proteção enquanto consumidor.

Para traçarmos algumas conexões de confiança nas relações de consumo conduzidas pelas ouvidorias, vale observar o caráter sociológico impresso por Niklas Luhmann, nas palavras de Menezes Cordeiro (1997, p. 1242), em que a confiança reduz a complexidade social, quando legitima o Direito. A complexidade social é uma das consequências da modernidade, conforme as lições de Anthony Giddens (1991), e

---

[10] O art. 39 preceitua, dentre outras, que "é vedado ao fornecedor de produtos ou serviços, dentre outras práticas abusivas: I – condicionar o fornecimento de produto ou de serviço ao fornecimento de outro produto ou serviço, bem como, sem justa causa, a limites quantitativos [...]".

[11] Art. 51. São nulas de pleno direito, entre outras, as cláusulas contratuais relativas ao fornecimento de produtos e serviços que: [...] IV – estabeleçam obrigações consideradas iníquas, abusivas, que coloquem o consumidor em desvantagem exagerada, ou sejam incompatíveis com a boa-fé ou a equidade; [...].

[12] A principal definição de "confiança" no Oxford English Dictionary é descrita como "crença ou crédito em alguma qualidade ou atributo de uma pessoa ou coisa, ou a verdade de uma afirmação", e esta definição proporciona um ponto de partida útil (GIDDENS, 1991, p. 32).

"só se exige confiança onde há ignorância". A ignorância, nesse aspecto, é gerada mediante a falta de informação a respeito dos produtos e serviços, aos apelos do consumo, às marcas, à publicidade, às falsas necessidades impostas, à corrida desenfreada pelo novo. Assim, a complexidade é gerada pela modernidade de apelos do consumo e ausência de informações necessárias e educativas. Mais uma vez recorremos à confiança para suprir a ignorância.

Alain Peyrefitte, na obra *A sociedade da confiança* (2020), de igual modo, realiza uma análise do desenvolvimento econômico dos países e como a confiança se apresenta como espinha dorsal desse processo. O autor denomina de sociedade de confiança e sociedade de desconfiança, tendo como um dos pontos de distinção entre elas a segurança e a insegurança dos indivíduos, o grau de dependência do Estado, ou seja, nas sociedades de confiança, há uma menor participação do Estado como intervencionista, pois elas possuem uma maior tendência à competição saudável, ao esporte, sendo que os propósitos existentes nos indivíduos são fatores condicionantes para o desenvolvimento e a inovação.

Posto isso, as conexões de confiança observadas a partir da concretude do princípio da boa-fé são fontes geradoras de inovação e desenvolvimento, ponto que demandaria um artigo específico.

4 A análise dos dados: reclamações de seguro de vida no consumidor.gov.br e seguros de vida para os anos de 2018, 2019 e 2020[13]

Para aprofundar a análise das causas de reclamações, optou-se pela mineração dos dados coletados da plataforma pública do consumidor.gov.br[14] e foi utilizado o filtro por assunto "seguro" separados por semestres. No primeiro movimento de análise foram selecionados os ramos de seguros mais reclamados (seguros de vida, seguro de automóvel e seguro de garantia estendida); constatou-se que o ramo mais acionado se refere ao seguro de vida, a partir daí todas as demais análises foram direcionadas para as reclamações referentes a este ramo de seguro que abrange vida, acidentes pessoais, desemprego (prestamista).[15]

Passa-se a avaliar quais são os maiores problemas que levaram esses consumidores a reclamar referentes aos seus contratos de seguro de vida no consumidor.gov.br.[16] Constatam-se cinco problemas ao todo: "cobranças por produtos e serviços não contratados", "negativa de cobertura", "cobrança indevida ou abusiva", "venda casada" e "cobrança de valores não previstos".[17]

---

[13] Para a extração dos dados, é necessário buscar, no campo *indicadores*, dados abertos; segregar os períodos; filtrar por assuntos de seguros.
[14] Na página do sítio eletrônico do consumidor.gov.br, verifica-se como são calculados os indicadores das empresas. Disponível em: https://consumidor.gov.br/pages/conteudo/publico/1. Acesso em: 30 jan. 2021.
[15] Para o ramo do seguro de vida, estão contemplados o seguro de acidentes pessoais e desemprego e refere-se ao prestamista. Considerando que o seguro prestamista é conhecido no mercado de seguros, faz-se necessária a presente nota explicativa.
[16] A exibição está filtrada em assunto, seguro de vida/pessoais/desemprego, separação por problemas.
[17] O consumidor, ao cadastrar sua reclamação, informa o problema de acordo com as classificações que são disponibilizadas no sítio eletrônico. Nos casos especificados nesta pesquisa, as denominações dos problemas foram abreviadas.

Identificados os motivos mais reclamados referentes ao seguro de vida, passa-se a examinar o grau de satisfação desses consumidores com os atendimentos prestados. Para isso, foram analisadas as reclamações que foram avaliadas, separadas por aquelas que foram resolvidas e as que não foram resolvidas.

Para entender o grau de satisfação dos consumidores, a análise conta com a nota que é dada pelo consumidor para o atendimento, as quais são de 1 a 5. Para este trabalho considerou-se como bem avaliadas as notas 5 e 4; como neutra a nota 3; e como mal avaliadas as notas 2 e 1.

Os dados mostram uma tendência natural ao revelar que o grau de satisfação quando a reclamação é "resolvida" é maior que quando a reclamação é considerada "não resolvida". Vale, no entanto, destacar os meandros do cenário, como avaliações ruins para casos resolvidos e avaliações boas para casos não resolvidos. Para este movimento de aprofundamento, foram analisados 209 relatos dos consumidores, referentes às demandas avaliadas no referido site. Dessas análises foram separados dois cenários: demandas não resolvidas e bem avaliadas e demandas resolvidas e mal avaliadas.

Demandas não resolvidas e bem avaliadas

Em análise de cinco reclamações não resolvidas com notas 5 para 2018 (1º e 2º semestres), foi possível entender pelos comentários de três delas o que leva o consumidor a avaliar bem, mesmo sem ter obtido a resolução do seu problema. O comentário a seguir evidencia que os consumidores prezam pelas informações claras que os levam à segurança e à confiança. Em um dos comentários, o consumidor expressa:

> justificando a não resolução da reclamação, a seguradora por não resolver via telefone, me encaminhou para a agencia a qual ainda não me dirigi a ela ainda, sendo assim, ainda não sei o posicionamento da minha agência com relação ao pedido de cancelamento do seguro. Mas tenho a certeza que depois das orientações passado pelo seguradora da xxxx, estarei mais seguro em terminar o procedimento do cancelamento sem problemas. (sic)

Foram analisados também oito casos não resolvidos, do 1º e 2º semestres de 2019, de "cobrança por produto não contratado", com notas 4 e 5. Após o exame dos respectivos comentários contidos nos relatos, os consumidores demonstram o alto grau de satisfação ao serem acolhidos, ouvidos, respeitados, esclarecidos em suas dúvidas, mesmo que não tenham tido seu pleito resolvido. Veja-se no exemplo que segue:

> O atendente [...] foi extremamente solícito e educado. Recebi tratamento personalizado, telefonou-me com frequência para dar esclarecimentos a respeito do andamento da reclamação sem deixar de registrar os dados neste site. Infelizmente, não consegui recuperar todo o valor que paguei ao banco, pois não ficou esclarecido o que foi feito com o restante do dinheiro que não foi aplicado em seguros. Porém, no que diz respeito à [...], agradeço ao [...] por fazer o possível e me atender com excelência.

Devido à quantidade de reclamações do 2º semestre de 2020 referentes à "cobrança de produtos não contratados" e não resolvidas (135), apurou-se alguns destaques de notas altas. Foram analisados os 18 (dezoito) relatos que avaliaram bem os atendimentos, com notas 4 e 5. Embora a situação não tenha sido resolvida, os consumidores consideraram que tiveram um bom atendimento:

> Apesar da situação ainda não ter sido resolvida, foi um bom atendimento!!! Obrigada!!![18]

Registra-se o comentário que agradece à plataforma – neste caso à empresa, pois a plataforma apenas conecta os consumidores aos fornecedores – em que pese não tenha a reclamação resolvida:

> Quero agradecer pelo ótimo atendimento recebido pela plataforma do Consumidor, apesar de ainda não ter resolvido com a justiça, quero agradecer pelo atendimento!! Muito Obrigado!!

Ainda no 2º semestre de 2020, foram examinados dois casos de "venda casada" que não foram resolvidos e com notas altas. Uma das reclamações demonstra que a nota se deu pela satisfação com resposta rápida: "Resposta da empresa rápida e satisfatória". Assim, o prazo no atendimento é um fator relevante para os consumidores, tanto para os casos de notas altas como de notas baixas, pois em alguns dos relatos analisados os consumidores mostram a insatisfação com o prazo de atendimento, como a seguir:

> Falta de respeito com o cliente. São tão covardes que só responderam no último dia. Isso é a cara do atendimento que os tem em todo o país. (sic)

Demandas resolvidas e mal avaliadas

No contexto do 2º semestre para os casos resolvidos, a "cobrança por produtos não contratados" aparece com 131 (cento e trinta e uma) demandas avaliadas e resolvidas, destas 10 (dez) foram mal avaliadas, 8%. A "venda casada" teve 43 (quarenta e três) casos, sendo três mal avaliados, correspondendo a 7%. Para "cobrança indevida/abusiva" foram 31 (trinta e uma) reclamações e três mal avaliadas, o que representa 10% aproximadamente.

No contexto de 2018 foram observadas baixas notas para todos os três maiores problemas, mesmo sendo resolvido, conforme pode ser constatado pelos relatos referentes ao problema "cobrança por produtos não contratados":

> Depois de um bom tempo de reclamações e aborrecimentos, finalmente a empresa realizou a devolução do valor, mas como era de se esperar, o fez após o prazo que a mesma estabeleceu, pois deveria ter sido creditado no dia 23/04 no período noturno, mas ocorreu apenas no dia 25/04. Pouco tempo? Sim, mas destaco que a mesma não respondeu atendimentos de sua ouvidoria no prazo de 5 dias úteis, nem mesmo neste espaço, sempre respondendo após o prazo. Fica aqui registrado a revolta por ter sido vítima de uma FRAUDE pelo motivo de a empresa acolher uma proposta de uma corretora inidônea, Justificar essa ação como um ato normal, não entregar (muito convenientemente) a cópia da apólice, alegando que

---

[18] Vale ressaltar que foram encontrados 15 comentários às notas, com o mesmo teor ou semelhante, o que denota serem de uma mesma pessoa ou representante.

não encontrou (claro, não há nada que eu autorize) e os atrasos para resolver esta situação que em nenhum momento, provoquei. (*sic*))

precisei abrir reclamação para ter o meu direito garantido. e mesmo assim, depois que o banco verificou que estava errado e informou que resolveria, não resolveu. precisei abrir novamente outra reclamação por descumprimento do acordado. O problema agora foi resolvido, com a devolução dos valores cobrados indevidamente por mais de 03 anos. (*sic*)

Em 2019, foram analisados 11 (onze) relatos da amostra obtida, para o problema de "cobrança por produto não contratado". Tiveram sua reclamação resolvida e, ainda assim, imputaram a nota 1.[19] Das declarações inseridas nos comentários para a nota, é apresentado descontentamento pela ausência de transparência. A pesquisa, ao longo de 2020, também demonstra que a falta de clareza, simplicidade e a demora no atendimento exprimem a insatisfação gerada, mesmo com a demanda resolvida.

Pessimo atendimento com informações inverídicas e enrolando para resolver o problema (*sic*)

Depois de muita demora, dor de cabeça e burocracia, meu pedido foi atendido.

Outro fator demonstrado, nos dizeres dos próprios reclamantes, é que a ausência de comportamento ético influencia, de forma significativa, o atendimento. Os consumidores utilizam expressões de quebra de confiança:

Não estou satisfeita, pois se fossem uma empresa seria, idônea, ética, tinham respeitado a primeira manifestação feita contraria a estes débitos, isso em dezembro. Mas e necessário provocar estresse, constrangimento, obrigar a me humilhar, implorar pelo meu dinheiro, mesmo existindo uma liminar proibindo os débitos. Espero que não repitam isso, e não se esqueçam que esses 21 dias foram informados no processo, e não irei abrir mão da multa imposta na liminar. Apaguem meus dados, esqueçam mas por precaução, irei mudar de banco, inclusive meus recebimentos do INSS, e fechar essa conta. Assim não se corre mais o risco de ser roubada novamente. (*sic*)

No 2º semestre de 2020, foram examinados 8 (oito) casos resolvidos com nota 1 e 2. Destaca-se que é perceptível que a prática de "venda casada" surge como um dos principais problemas que violam a confiança entre consumidores e fornecedores, conforme ilustra o comentário:

É lamentável a atitude da instituição financeira que faz uma coerção para a assinatura de contratos de seguros, afirmando, inclusive o próprio gerente da agência financeira que, sem a aquisição destes "seguros" não é possível conseguir o financiamento imobiliário.

coação restituição em desacordo com o art. 42 do CDC uma vez q devido a coação a contratação e pgto. (*sic*).

---

[19] O critério utilizado para esta pesquisa se deu em virtude da maior quantidade de amostras de demandas apresentadas em 2019, sendo que as reclamações classificadas com problema de "cobrança por produto não contratado" têm o maior quantitativo para 2019. A pesquisa foi realizada com os seguintes critérios: indicadores, relato do consumidor, assunto seguro de vida/acidentes pessoais/desemprego, problema "cobrança por serviço/produto não contratado/não reconhecido/não solicitado", avaliação resolvida, ano de 2019 (11 casos). Foram analisados todos os casos contidos nesse critério filtrado.

5 Rol das conexões de confiança e boas práticas

Assim, com base nos relatos dos consumidores no consumidor.gov.br foram identificados alguns elementos linguísticos que possibilitam a compreensão de elementos que resgatam a confiança e podem reconectar consumidores e fornecedores. Os marcadores comunicacionais – as denominadas "conexões de confiança" referidas neste trabalho – possuem uma importância fundamental e inovadora. São eles que permitem encontrar, em linguagem, as expressões utilizadas pelos consumidores que materializam o sentido de boa-fé objetiva diante de um conflito. A identificação das conexões de confiança permite o resgate ou a reconstituição da relação, como eixo desafiador deste trabalho, porque a reconstrução da confiança é que nos leva à paz social, ao equilíbrio e, portanto, ao objetivo último de todo ordenamento jurídico, que é a convivência possível entre os homens. A seguir, será apresentado o rol de conexões de confiança encontradas.

5.1 Transparência

Segundo Byung-Chul Han, "em vez do mote 'transparência cria confiança' dever-se-ia propriamente dizer: a transparência destrói a confiança" (2017, p. 111). Nesta ótica, se exige transparência quando não se tem mais confiança, pois se há relacionamentos baseados na confiança numa sociedade, não há necessidade de exigir-se transparência. Nessa linha de Chul Han, pode-se verificar que se está diante de uma sociedade de desconfiança no Brasil, na qual os indivíduos não têm mais fé[20] uns nos outros e não se estabelecem relações de confiança.

Pela análise dos dados do consumidor.gov.br, verificou-se como um dos principais motivos de reclamações de seguro[21] o desconhecimento da contratação, ou seja, conflitos gerados por cobrança de valores indevidos, produtos não contratados, venda casada, além da negativa de cobertura. Ao analisar os relatos, é verificada, pela extração das narrações, a linguagem dos consumidores e como eles entendem a materialização da transparência nos conflitos de consumo por eles enfrentados. Um dos fatos é a indignação do consumidor ao sentir-se enganado, lesado, por ter um desconto em sua conta sem sua autorização. A ausência da transparência, na comercialização do seguro, tem o viés de abusividade. Portanto, para uma relação transparente é de suma importância que ela esteja presente em todas as fases da relação contratual, mas, essencialmente, na fase pré-contratual, "na qual o fornecedor usa de todos os meios para estimular o consumidor a aderir aos serviços e produtos oferecidos" (GARCIA, 2010, p. 49). A seguir temos isso expressado nas palavras do consumidor:

> Em 28/02, compareci a minha ag xxxx e fiz um financiamento de um veículo zero km com a minha gerente xxxxx. no dia 25/03, recebi uma carta informando sobre o seguro proteção financeira xxx no valor de r$ xxxx. 28/03/2019, liguei no tel informado, a atendente disse que "foi embutido no meu financiamento esta proteção" e que faria a devolução do valor dentre 5 dias úteis. estou horrorizada com a prática enganosa e abusiva que o banco xxxx teve comigo. a questão nao é fazer algo errado e devolver o valor se a cliente reclamar. é

---

[20] Mariano Grondona utiliza o termo "fé no indivíduo".
[21] Apenas recordando que a pesquisa se aprofundou no tema do segmento de seguros de pessoas para o ramo de seguro de vida, acidentes pessoais e prestamista.

> nao fazer o que não foi contratado. é não enganar o cliente. eu com toda certeza, vou pagar juros maiores, no decorrer do meu financiamento. eu nao aceito isso. exijo providências. a depender, se não for satisfatória, irei à justiça. isso é falta de lealdade, de transparência, de boa fé contratual. o ordenamento jurídico prevê penalidade para este tipo de conduta abusiva como forma de punir a ação ilegal, mas tbm como efeito pedagógico, para se evitar práticas futuras como esta. (*sic*)

A transparência, além de normativa, é um requisito exigido pelos consumidores e sem ela há uma crise da confiança instalada. Vale colacionar mais um relato que embasa que a falta de transparência é um problema grave, pois, se o consumidor desconhece que contratou algo, como ele poderá utilizá-lo num momento de necessidade do produto? Ainda mais se tratando de um seguro de vida?

> Descobri na por acaso na última sexta-feira que possuí um Seguro de Vida Mulher ao qual eu nunca contratei. Possivelmente foi embutido como venda casada no momento da quitação de um empréstimo. Se por um acaso, durante o período de vigência eu tivesse necessitado utilizar o mesmo, nem eu ou meus familiares teriam usufruído do benefício simplesmente porque a xxxxx não informa aos seus clientes as transações que são feitas com transparência.

Ademais, nesse caso não há que se falar que o consumidor teve conhecimento prévio do contrato, pois, se não há transparência na contratação, como haverá conhecimento e informações necessárias das cláusulas contratuais? Judith Martins-Costa (1999, p. 410) recorda que a boa-fé objetiva constitui modelo de condutas da sociedade, pela qual "cada pessoa deve ajustar a própria conduta a esse arquétipo, obrando como obraria um homem reto: com honestidade, lealdade, probidade".[22] Assim, agir com transparência, nas contratações de seguros, é agir de acordo com a boa-fé objetiva nos termos da norma e na concretização dela, conforme a linguagem e os dados encontrados nas reclamações pesquisadas.

Nesse sentido, o duplo sim, ações de boas-vindas, meios tecnológicos a favor do conhecimento do contrato, são práticas que auxiliam os fornecedores na transparência da relação com os consumidores. Segue extração de um relato em que o consumidor, após reclamação alegando uma venda casada, é atendido com o esclarecimento de que o contrato foi realizado por meio de "duplo sim" com senha pessoal. Mediante os esclarecimentos, o consumidor reconhece o equívoco: "Nesse caso, toda culpa do problema ocorrido foi exclusivamente minha. Peço escusas pelo ocorrido. Tudo foi devidamente esclarecido antes e depois pela minha Gerente. Eu que não me atentei aos valores".

Portanto, a transparência é um dos modos concretos de atuação nos atendimentos pelo princípio da boa-fé objetiva e contribuição para a harmonização e o equilíbrio almejado na relação de consumo.

---

[22] Este sentido advém da "interpretação conferida ao §242 do Código Civil alemão, de larga força expansionista em outros ordenamentos, e, bem assim, daquela que lhe é atribuída nos países da '*common law*'" (COSTA, 1999, p. 410).

5.2 Informação clara

Uma das causas motivadoras de conflitos é a interpretação das cláusulas contratuais, tendo em vista os termos técnicos utilizados. Os contratos de seguros, como contratos de adesão, possuem as chamadas cláusulas restritivas ou limitativas de direito,[23] ou seja, as não coberturas ou coberturas predeterminadas, as situações não cobertas pelo seguro, os riscos excluídos da contratação, deveres a serem respeitados pelos segurados e outras dificuldades de interpretação contratual.

Sobre a importância da informação, Luhmann (1997, p. 52) ensina que "nós conhecemos a realidade porque somos excluídos dela – como do paraíso". Esse é um dos aspectos geradores de reclamações atinentes ao contrato de seguro, muitos são excluídos da realidade, pela dificuldade do entendimento e da complexidade do ambiente do instituto.

Uma prática necessária e urgente para o setor é entender a distinção entre informação clara e quantidade de informação.

Os contratos de adesão, especificamente os de seguros, contêm muitas informações em suas diversas páginas, observam a fonte tamanho doze, nos termos estabelecidos pelo CDC,[24] dispõem sobre todos os conceitos e as diretrizes estipuladas pelo órgão regulador (Susep), ou seja, não há falta de informação nos contratos de seguros, mas falta clareza e objetividade para melhor entendimento dos termos técnicos, do que está coberto e o que não está, quais são as restrições, as exceções, as características.

É urgente a melhoria da comunicação com os consumidores de seguros, inclusive pelos canais de atendimento colocados à disposição destes pelas empresas. É possível perceber esforços do setor para desmistificar o seguro[25] com glossários, imagens lúdicas, vídeos, desenhos, ou seja, meios criativos para alcançar o objetivo da transparência na informação que deve chegar até o consumidor final. Tais ajustes e adaptações pelo setor podem ser considerados como boas práticas para reconectar as empresas seguradoras com os seus consumidores, trazendo-os mais próximos da realidade do produto. São medidas que auxiliam na educação da sociedade pela informação e pela construção da confiança entre as partes.

A prática de respostas padronizadas pelas áreas de atendimento é ofensiva, causa desconforto e transparece descuido com a reclamação. Um dos modos de concretizar a boa-fé objetiva no atendimento é o cuidado com a resposta individualizada.

No relato a seguir é visto o quanto o assunto é sensível e a informação clara é imprescindível para o amparo do consumidor em ocasiões que ele necessita acionar o seguro:

---

[23] Art. 54, §4º, do CDC preceitua que "as cláusulas que implicarem limitação de direito do consumidor deverão ser redigidas com destaque, permitindo sua imediata e fácil compreensão". Dessa forma, as cláusulas limitadoras de direitos não são consideradas cláusulas abusivas, no entanto, devem obedecer ao disposto neste artigo.

[24] Art. 54, §3º, do CDC.

[25] O Jornal Estado de São Paulo, em 5 mar. 2021, publicou a seguinte matéria: "Bancos digitais 'descomplicam' o seguro para tentar atrair novos clientes". O jornal destacou que: "Interessados em gerar receita em cima dos milhões de clientes que atraíram, nos últimos anos, os principais bancos digitais do País têm avançado sobre um dos negócios mais lucrativos do setor financeiro, o mercado de seguros. Para isso, apostam em parcerias com seguradoras e em uma linguagem simples, que fuja do 'segurês' e, assim, se aproximar daqueles que fogem do seguro por considerarem um produto complexo e inacessível" (Jornal Estado de São Paulo, 2021).

Meu marido, xxxx, faleceu depois de vários dias internados em uma cidade distante da minha residência (cerca de 100 km), como consta nos documentos enviado à seguradora. Na ocasião, fiquei em estado de choque pelo acontecido, sem condições de informar aos meus filhos sobre as condições do seguro que tinha. Estava há vários dias acompanhando meu marido, sem dormir ou comer de forma adequada, e diante da perda de um ente querido, meu esposo há 40 anos. Assim, meus filhos, que também residem em cidades distantes do ocorrido, buscaram resolver todos os trâmites referentes ao transporte do corpo bem como a organização do funeral da maneira mais rápida. Passado o momento mais complicado do ocorrido, busquei uma agência do xxxx e registrei o sinistro, solicitando junto a esta seguradora informações sobre o procedimento para solicitar o ressarcimento dos gastos desembolsados com o funeral. Depois de várias ligações, e ser encaminhados a diversos canais, em nenhum momento conseguimos uma atenção adequada da seguradora referente ao assunto, que se resumia a informar que não cabia análise de reembolso e que deveríamos ter acionado o seguro no momento do óbito. Além disso, foi aberta uma reclamação na ouvidoria, protocolo 35429491, que se resumiu a enviar novamente o "Kit morte natural do segurado", que não está relacionado à reclamação em questão. Assim, gostaria de ressaltar mais uma vez, que não estava em condições clinicas de cumprir o protocolo exigido por seguradora. Canal este, que se mostrou ineficaz e moroso, visto que precisei acionar a ouvidoria (protocolo 35257544) após diversas ligações, para poder receber os documentos para preenchimento referente ao pagamento da morte do cônjuge. Gostaria de ressaltar que possuo seguro junto à xxxx desde 2002, sendo migrado para o atual em 2007. Por isso, venho através deste canal, solicitar que o meu pedido de reembolso seja analisado por esta seguradora, uma vez que consta em nosso contrato (de 2007) a possibilidade de ressarcimento.

Nessa linha, a leitura dessa reclamação suscita a possibilidade de inovação em relação à comunicação e ao relacionamento da seguradora com as partes envolvidas no seguro de vida. Ora, veja-se que, em caso de cobertura para morte, o beneficiário ou um representante acionará a seguradora para análise do sinistro, assim as empresas podem, desde a contratação, solicitar ao segurado a indicação de um interlocutor, independente, se é ou não beneficiário. Para cada demanda, percebe-se que as empresas têm fontes de inovação para seus produtos e processos e, ainda, a possibilidade de criar conexão de confiança com o consumidor por meio da informação clara a ser repassada.

5.3 Reparação devida

Ora, a proteção almejada pelos consumidores passa pela reparação em ocasiões em que sua liberdade é violada, especialmente, a liberdade de contratação, conforme verificado das análises realizadas. O dever de prevenção de danos não se restringe ao momento da concepção do contrato, mas estende-se aos efeitos desse contrato, como verificou-se nas reclamações voltadas para a negativa de uma cobertura ou pagamento de uma indenização.[26] São direitos básicos do consumidor a "efetiva prevenção e reparação de danos patrimoniais e morais, individuais, coletivos e difusos" (art. 6º, inciso VI, do CDC). O dever de reparação é uma consequência da violação dos direitos do consumidor e impacta toda a sociedade.

---

[26] O princípio da proteção da confiança do consumidor abrange dois aspectos, segundo lição de Claudia Lima Marques (2019), no vínculo contratual e na prestação contratual.

Como em qualquer relacionamento, enquanto existir o vínculo, as partes são expostas a ocasiões de desgastes para a resolução do conflito. Tais situações geradas pelos mais diversos problemas, conforme visto nas análises dos dados, enfraquecem a confiança entre as partes. Nesses momentos, é de suma relevância a reparação dos danos causados, conforme os preceitos do CDC.

Vale ressaltar que a reparação de danos não está apenas no campo financeiro, mas se estende, também, na atuação do atendimento ao reconhecer que houve um erro e este deve ser reparado. Os relatos analisados demonstram que, a depender do objeto de rompimento da confiança, a reparação do dano sofrido não é suficiente para reconectar o consumidor com a empresa. Ela pode amenizar, evitar um conflito judicial, uma penalidade administrativa por um órgão de defesa do consumidor, mas não gera conexão de confiança para os casos em que o rompimento da relação se deu de forma abusiva, agressiva e desleal sob o ponto de vista do consumidor, como o caso relatado em que há uma expressão de rompimento definitivo com o fornecedor:

> Apaguem meus dados, esqueçam mas por precaução, irei mudar de banco, inclusive meus recebimentos do INSS, e fechar essa conta. Assim não se corre mais o risco de ser roubada novamente.

Nesse aspecto, Menezes Cordeiro (1997) explica que, violada a confiança, o dever de indenização é imposto para a preservação da confiança entre as partes contratuais. Bruno Miragem (2018) exemplifica esta condição pelo disposto no art. 46 do CDC[27] e "o direito à indenização por perdas e danos em decorrência do descumprimento da oferta, nos termos previstos no art. 35, III, do CDC,[28] ou mesmo pela quebra da confiança despertada".

Assim, há vastos meios de se reparar uma violação a um direito básico do consumidor, em instância administrativa, como é o caso das ouvidorias, como meios alternativos de solução de conflitos. Não se pode perder de vista a oportunidade de retomar a confiança ferida, além da prevenção a ações judiciais, por meio da reparação devida, seja pela devolução em dobro estabelecida no art. 42 do CDC, seja por outros meios.

5.4 Acolhimento e empatia

No atendimento acolhedor encontra-se um elemento central de conexão, que é o diálogo entre o fornecedor e o consumidor. Para um atendimento sob o olhar da boa-fé objetiva, faz-se necessária a empatia, expressão atualmente em voga. Compreender as necessidades por meio da escuta ativa – fundamentada no acolhimento da insatisfação

---

[27] Art. 46. Os contratos que regulam as relações de consumo não obrigarão os consumidores, se não lhes for dada a oportunidade de tomar conhecimento prévio de seu conteúdo, ou se os respectivos instrumentos forem redigidos de modo a dificultar a compreensão de seu sentido e alcance.

[28] Art. 35. Se o fornecedor de produtos ou serviços recusar cumprimento à oferta, apresentação ou publicidade, o consumidor poderá, alternativamente e à sua livre escolha: I - exigir o cumprimento forçado da obrigação, nos termos da oferta, apresentação ou publicidade; II - aceitar outro produto ou prestação de serviço equivalente; III - rescindir o contrato, com direito à restituição de quantia eventualmente antecipada, monetariamente atualizada, e a perdas e danos.

dos consumidores, na busca da resolução do conflito ou de uma resposta esclarecedora – materializa o princípio da boa-fé e contribui para a harmonia das relações e do ambiente de conflito. O atendimento personalizado, o "olho no olho", é expressão de confiança e satisfação pelo consumidor, conforme relato contido nas demandas analisadas:

> O atendente [...] foi extremamente solícito e educado. Recebi tratamento personalizado, telefonou-me com frequência para dar esclarecimentos a respeito do andamento da reclamação sem deixar de registrar os dados neste site. Infelizmente, não consegui recuperar todo o valor que paguei ao banco, pois não ficou esclarecido o que foi feito com o restante do dinheiro que não foi aplicado em seguros. Porém, no que diz respeito à [...], agradeço ao [...] por fazer o possível e me atender com excelência.

Ora, os momentos de crise e de conflito na relação de consumo são ocasiões oportunas para se retomar o relacionamento rompido ou a se romper. Com a crise social e econômica da pandemia da covid-19, abriu-se um leque de fatores a serem considerados nesse relacionamento, inclusive de exceções para o acolhimento de reclamações que, ordinariamente, são consideradas como improcedentes. Isso é evidenciado também nos comentários dos consumidores:

> A empresa não levou em consideração a atual situação que estou passando não podendo trabalhar devido a pandemia do COVID 19. Como vou pagar se estou desempregada Como pode eles cobrarem um seguro desemprego e quando a pessoa fica sem emprego eles não cobrem? (sic)

Assim, o modo pelo qual é recebida uma reclamação de consumo por parte do fornecedor é uma forma de expressar a boa-fé objetiva e estabelecer a conexão de confiança. A reclamação não é um custo, mas uma oportunidade de melhoria, de harmonizar o ambiente conflituoso. O contrário disso rompe a confiança e pode ser causa da ruptura da relação contratual, conforme ilustrado pelo comentário extraído do consumidor.gov.br:

> O atendente do reclame aqui foi muito cordial e solícito, mas a gerente XXXX a qual me atendeu na própria loja onde foi vendido o seguro, foi extremamente grosseira e áspera, além de me fazerem esperar cerca de 1 hora para receber a devolução do dinheiro do seguro, mesmo eu sendo cliente antigo e tendo gasto 2 mil reais na compra de uma lavadora, me destrataram, por isso acabaram de perder um cliente.

As ouvidorias têm a oportunidade de atuar como esse agente de harmonia no momento do conflito, auxiliar na construção de um relacionamento confiável e contribuir para a criação de uma sociedade de confiança, rumo ao desenvolvimento.

5.5 Conduta ética

A conduta ética é inserida como elemento de conexão de confiança e um dos modos de concretização da boa-fé objetiva. Este modo de agir pode ser manifestado de algumas formas constatadas pelas reclamações analisadas, tal como dar conhecimento prévio das cláusulas contratuais, não apenas disponibilizando o contrato, mas incentivando e auxiliando de modo a facilitar o conhecimento real da contratação.[29]

Nesta seara, pode-se trazer correlacionado o conceito de ética empresarial, vinculado, por sua vez, à responsabilidade social. A responsabilidade social não deixa de ter caráter estratégico,[30] conforme entendimento de Peter Drucker (2002), que em sua doutrina afirma que as empresas, ao se preocuparem com a responsabilidade social, "estão perseguindo a própria perenidade", ou seja, são empresas economicamente sustentáveis.

Além de gerar o lucro, espera-se que a organização contribua para uma sociedade ética. Veja-se, por meio do comentário seguinte, que a ausência de comportamento ético pelos representantes está relacionada à imagem da empresa:

> Descobri recentemente na minha conta a cobranca de um seguro proteção familia, que cobra xxx por mes, totalizando ate o momento atual xxxxx, procurei a gerente do banco e ela alegou que nao iam devolver.. ou seja eu fui lesada embutiram um seguro em minha conta sem meu conhecimento, eu nunca nem se quer recebi apolice nem nada. ou seja o gerente querendo bater suas metas faz uma venda sem conhecimento do cliente e nao explica .. como todos sabem a maioria dos gerentes fazem vendas sem etica e nunca explica que colou seguro ou outra coisa , apenas pedem para os clientes assinar,.. absurdo um banco desse tamanho e nao fazer vendas eticas e nao devolver o dinheiro do cliente.isso é roubo o profissional nao respeita o codigo de ética anbima da certificação, e faz vendas so por fazer. liguei no sac, e ninguem resolve. sera que tenho que nos canais de televisao e na justiça mostrar esta falta de respeito. quero meu dinheiro de volta, nao posso ser lesada e sair no prejuizo por causa de um empresa que faz vendas sem o conhecimento do cliente, e contrata gerentes sem ética. (*sic*)

Vale destacar que esse elemento consta no trabalho como conexão de confiança, considerando que o comportamento dos representantes das empresas é visto como reflexo dos valores cultivados por ela. Fato é que as empresas não podem mais estar atentas apenas para os aspectos econômicos e legais, a responsabilidade ética é exigida pelos consumidores e pela sociedade.

Dessa forma, o princípio da boa-fé objetiva, preconizado na norma consumerista e no diploma civil, tem seu conceito voltado para o que se espera do comportamento do outro. Vincula-se, portanto, a esse princípio a ética, a justiça, a confiança, a lealdade, a equidade. Segundo Menezes Cordeiro (2005, p. 414), "a confiança e a sua tutela correspondem a aspirações éticas elementares. A pessoa defraudada na sua confiança é, desde logo, uma pessoa violentada na sua sensibilidade moral". Com isso, percebe-se que a concretização da boa-fé no tratamento de uma reclamação de consumo vincula-se aos valores éticos expressados por comportamentos que criam conexões de confiança,

---

[29] Os consumidores relatam como falta de ética a abusividade de contratação sem conhecimento adequado, conforme ilustrado a seguir: "Fui cobrada pelo um serviço não contratado. Debitado direto da minha conta bancaria, sem autorização. Acho isso uma falta de *ética*, e abusivo, pois eu percebi após dois meses e se não reclamasse iria descontar até não sei quando. E sem contar que o valor mensal *é* alto" (*sic*).

[30] Sobre este aspecto, o jornal Valor Econômico trouxe matéria recente sobre os fundos ESG que "ganham espaço no portfólio das seguradoras". Disponível em: https://valor.globo.com/publicacoes/suplementos/noticia/2021/03/25/fundos-esg-ganham-espaco-no-portfolio-das-seguradoras.ghtml. Acesso em: 28 mar. 2021.

segurança, harmonia para os consumidores que são atendidos de acordo com as normas, mas também de acordo com a visão de justiça, do que é fazer a coisa certa.[31]

A sociedade exposta a riscos não tolera mais o descaso ou a indiferença de fornecedores que sonegam informações ou não são coerentes com as expectativas sociais,[32] ações que representam um rompimento das conexões de confiança. De outro modo, a reafirmação de padrões éticos, mesmo diante do conflito e da tensão, pode manter a conexão de confiança com os consumidores.

6 Conclusão

Pelo presente artigo foi possível averiguar e responder algumas perguntas que motivaram o tema, dentre elas: como o princípio da boa-fé pode ser concretizado nos atendimentos das resoluções de conflitos pelas ouvidorias? Uma reclamação do consumidor de seguros perante a ouvidoria do setor pode recriar ou criar uma relação de confiança desses consumidores com os fornecedores? Como essas reclamações podem servir de insumos para boas práticas das ouvidorias do setor?

Percebe-se que, devido às especificidades do instituto do seguro, não são raras as reclamações nessa seara. Diante disso, as ouvidorias possuem um papel essencial como meio alternativo de solução de conflitos, as quais são organizadas de forma obrigatória no mercado segurador. A atuação das ouvidorias é baseada no princípio da boa-fé objetiva sob o prisma da Política Nacional de Relações de Consumo, notadamente, pelo disposto no inciso III do art. 4º do CDC. Assim, é compreendido que a boa-fé objetiva e o equilíbrio da relação de consumo são impulsionadores de harmonia do ambiente de conflito.

O ponto culminante da análise dos dados das reclamações demonstrou que as conexões de confiança, buscadas ao longo do trabalho, foram encontradas a partir da compreensão de como o princípio da boa-fé objetiva é aplicado nos atendimentos das demandas pelas ouvidorias e como isso foi percebido pelos consumidores, por meio das avaliações e da linguagem.[33] Foi fundamental conhecer as dores apresentadas pelos consumidores nos conflitos de consumo envolvendo o seguro, por meio dos dados colhidos no sítio eletrônico do consumidor.gov.br. A mineração dos dados mostrou que os assuntos mais propícios ao ambiente de reclamações de consumo no mercado segurador, especialmente, na plataforma do consumidor.gov.br, referem-se a problemas de transparência e ausência de informações claras por ocasião da contratação de um seguro.

---

[31] Para melhor aprofundar no conceito de fazer a coisa certa, recomenda-se a obra de Michael J. Sandel, Justiça. O que é fazer a coisa certa.

[32] Há interesses próprios há serem considerados e com razão das partes, tanto os fornecedores quanto os consumidores. Tais interesses, no entanto, podem encontrar pontos de equilíbrio e ganhos adequados para os envolvidos. Em entrevista, a Professora Rebecca Henderson, da Harvard Business School, descreve como o governo, os negócios e a sociedade interagem, por meio de seus próprios interesses e podem encontrar esse equilíbrio do livre mercado, do governo e da sociedade civil, cada um dentro do seu papel. A docente explica que o governo contribui para a definição das regras, os negócios, a criação de empregos, a inovação e a sociedade, desafiando constantemente o governo e os negócios, mantendo "esses dois entes sempre em xeque". (HENDERSON, Rebecca. O Capitalismo precisa de democracia forte e inclusiva para conseguir se sustentar. *Estadão*, São Paulo, 28 fev. 2021).

[33] Segundo Luhmann, "a linguagem aumenta a irritabilidade da consciência através da comunicação e a irritabilidade da sociedade através da consciência" (1997, p. 85).

Dessa forma, a partir da transparência, independência, autonomia e imparcialidade, nos atendimentos realizados, descobriu-se o que se denomina nesta pesquisa de "rol de conexões de confiança", elementos de boas práticas vinculadas à conduta para atendimento ou tratamento de uma demanda de consumo. O rol encontrado foi estabelecido em cinco pontos: (i) a transparência no relacionamento desde a fase pré-contratual; (ii) a clareza nas informações repassadas; (iii) a reparação do dano causado financeiramente e a reparação pela linguagem de reconhecimento do erro; (iv) o acolhimento e a empatia no atendimento; e (v) a conduta ética que evoca os valores da responsabilidade das empresas. Com isso, uma reclamação do consumidor de seguros perante a ouvidoria do setor pode recriar ou criar uma relação de confiança desses consumidores com os fornecedores e ainda servir de matéria-prima para melhorias nos processos e nos produtos.

Na leitura de toda a pesquisa, percebe-se que é a partir da linguagem que os homens podem se relacionar com outros em sociedade, se fazendo entender aos outros e, principalmente, a si mesmo (Arendt). A finalização deste artigo torna-se o começo de um olhar dos dados de reclamações de consumo como matéria-prima para a construção de uma relação entre consumidores e fornecedores com impactos positivos irremediáveis para o ambiente cultural de reclamações nas empresas e a construção de laços de confiança.

Informação bibliográfica deste texto, conforme a NBR 6023:2018 da Associação Brasileira de Normas Técnicas (ABNT):

RODRIGUES, Kédina de Fátima Gonçalves. As conexões de confiança entre consumidores e fornecedores: a boa-fé objetiva nos atendimentos das ouvidorias de seguros. *In*: SEEFELDER FILHO, Claudio Xavier (coord.). *Direito Econômico e Desenvolvimento*: entre a prática e a academia. Belo Horizonte: Fórum, 2023. p. 305-322. ISBN 978-65-5518-487-7.

PRETENSÃO PUNITIVA NO LANÇAMENTO TRIBUTÁRIO

LEANDRO CABRAL E SILVA

1 Introdução

O Código Tributário Nacional (CTN), de 1966, reúne importantes e bem elaborados dispositivos, e nos propomos a analisar a redação do seu art. 142, mais precisamente a pretensão punitiva manifestada na proposição de penalidade no ato do lançamento.

A interpretação literal do art. 142 do CTN não basta à compreensão do objetivo do legislador quanto à expressão *propor a penalidade cabível*, isto é, qual seria a competência da autoridade lançadora no exercício da pretensão punitiva, principalmente considerando as características de vinculação e obrigatoriedade da atividade de lançamento.

Em vista disso, investigamos o sentido específico da pretensão punitiva definida no CTN e sua consequência na interpretação da legislação ordinária que define penalidades, fazendo o recorte no plano federal sobre o art. 44 da Lei nº 9.430/1996, que define as multas cabíveis no lançamento de ofício de tributos em geral.

2 Raízes da pretensão punitiva no lançamento tributário

A compreensão do tema demanda análise do processo legislativo do CTN, iniciado em 1953 e concluído em 1966, sob a coordenação de Rubens Gomes de Sousa.

2.1 Anteprojeto do CTN

Em agosto de 1953, foi designada uma Comissão Especial[1] para projetar a sistematização das normas gerais de Direito Tributário – um código tributário nacional – baseado no texto elaborado por Rubens Gomes de Sousa.[2]

---

[1] Presidida pelo Ministro e composta por Rubens Gomes de Sousa e pelos técnicos do Ministério Afonso Almiro Ribeiro da Costa, Pedro Teixeira Soares Júnior, Gerson Augusto da Silva e Romeu Gibson.

[2] LUQUI, Juan Carlo. O projeto de Código tributário nacional do Brasil. *Revista de Direito Administrativo – RDA*, n. 44, p. 540-547, 1956.

A minuta foi publicada no Diário Oficial de 25 de agosto de 1953[3] e a Comissão Especial iniciou seus trabalhos, também considerando as 1.152 sugestões recebidas da sociedade, entre setembro de 1953 e maio de 1954.

O anteprojeto tratava do lançamento em seu art. 168, refletindo a pretensão arrecadatória do Estado e definindo o conceito e a finalidade do ato de constituição do crédito tributário, nos seguintes termos:

> Art. 168. Lançamento é a atividade destinada a constituir o crédito tributário mediante a verificação da ocorrência e das circunstâncias materiais do fato gerador da obrigação tributária principal, a avaliação da matéria tributável, o cálculo do montante do tributo devido e a expedição do título formal de dívida.

As penalidades eram tratadas em título próprio, entre os arts. 270 e 301, cuja aplicação competia à autoridade fiscal, seguida da sua graduação pela autoridade julgadora, baseada em circunstâncias agravantes e atenuantes previstas em seus arts. 276 e 281, respectivamente.[4]

O mandamento da graduação se destinava ao julgador administrativo e continha instrumental próprio ao longo dos arts. 294 a 297.[5]

---

[3] P. 14.567 e seguintes.

[4] "Art. 276. Constituem circunstâncias agravantes, para os efeitos referidos no art. 295, além de outros que sejam expressamente previstos em lei tributária: I. A circunstância da infração depender ou resultar de infração de outra lei, tributária ou não, ou de contrato social ou estatuto de pessoa jurídica de direito privado, ou ainda de excesso ou violação de mandato, função, cargo ou emprego; II. A reincidência; III. A sonegação; IV. A fraude; V. O conluio". "Art. 281. Constituem circunstâncias atenuantes, para os efeitos previstos no art. 295, sem prejuízo de outros que sejam expressamente previstos em lei tributária, ou dela decorram, observado o disposto na alínea I do art. 273: I. As circunstâncias que reduzem a imputabilidade, nos têrmos do disposto no art. 287; II. O pagamento do tributo ou o depósito da importância respectiva, nos têrmos do disposto na alínea I do art. 289, após o início da ação fiscal, mas antes de qualquer decisão condenatória. Parágrafo único. A enumeração constante dêste artigo não é taxativa, podendo a autoridade julgadora, a seu critério, considerar outras circunstâncias que resultem do processo, ainda que não expressamente previstas em lei como atenuantes". (SOUSA, Rubens Gomes de. Anteprojeto de autoria do Prof. Rubens Gomes de Sousa, que serviu de base aos trabalhos da Comissão Especial do Código Tributário Nacional. *In*: BRASIL. Ministério da Fazenda. *Trabalhos da Comissão Especial do Código Tributário Nacional*. Rio de Janeiro: IBGE, p. 263-406, 1954. p. 336-338. Disponível em: http://www2.senado.leg.br/bdsf/handle/id/511517. Acesso em: 9 ago. 2022).

[5] "Art. 294. Salvo para as infrações de dispositivos da legislação tributária referentes a obrigações tributárias acessórias, a lei tributária fixará o mínimo e o máximo da multa aplicável, designando-os expressamente pela indicação de quantias certas de dinheiro, ou de porcentagens a serem calculadas sobre o tributo devido.
Art. 295. A graduação da multa pela autoridade julgadora obedecerá aos seguintes critérios, observado ainda o disposto nos arts. 296 e 297:
I. Ocorrendo apenas circunstâncias atenuantes, a multa será aplicada no mínimo;
II. Ocorrendo apenas circunstâncias agravantes, a multa será aplicada no máximo;
III. Na ausência de circunstâncias tanto atenuantes como agravantes, a multa será aplicada na média do mínimo com o máximo;
IV. Concorrendo circunstâncias atenuantes e agravantes, a multa será fixada em quantia intermediária entre o mínimo e a média do mínimo com o máximo, se preponderarem as atenuantes; ou em quantia intermediária entre o máximo e a média do mínimo com o máximo, se preponderarem as agravantes; prevalecendo, para a conceituação da preponderância, a natureza das circunstâncias, quer atenuantes quer agravantes, sôbre o seu número;
V. Nos casos de reincidência específica, concorrendo qualquer das demais circunstâncias agravantes previstas no art. 276, a multa poderá ser elevada até o dôbro do máximo.
Art. 296. Quando seja aplicada, cumulativamente com a multa, uma ou mais de uma das outras penalidades previstas no art. 292, a multa será reduzida:
I. De um terço, se fôr cumulada com mais uma penalidade;
II. De metade, se fôr cumulada com mais duas penalidades;
III. De dois terços, se fôr cumulada com mais de duas penalidades.

No anteprojeto, Gomes de Sousa pretendeu trazer à legislação tributária um regramento de infrações e sanções tributárias passíveis de graduação.

Em contribuição, o então Instituto Brasileiro de Direito Financeiro (IBDF) constituiu uma comissão[6] que opinou sobre os arts. 1º a 446 do anteprojeto,[7] sugerindo a exclusão do regramento de infrações e penalidades, por considerá-lo pertinente ao Direito Penal, compreendendo tratar-se de infrações formais, o que tornaria prescindível o elemento doloso à sua configuração, pelo que não haveria vantagens práticas apreciáveis em se valorar a intenção do acusado no cometimento da infração.

Também, criticou a gradação de penalidades na forma prevista no anteprojeto, por considerar que poderia ser estabelecida (gradação) naturalmente, mediante multas proporcionais aos tributos inadimplidos. Nas palavras da Comissão do IBDF:[8] "As leis fiscais tendem, cada vez mais, a estabelecer multas proporcionais aos tributos fraudados ou sonegados, estabelecendo-se assim uma gradação natural".

Foram eliminadas as previsões de gradação da penalidade e da competência da autoridade administrativa julgadora para fazê-la (gradação),[9] cedendo espaço para uma dosimetria *ex lege*, por meio de previsão de multa como um percentual do tributo, indiferente ao casuísmo e passível de aplicação automatizada por parte da autoridade lançadora.

Art. 297. Nos casos de infração continuada, aplicam-se cumulativamente as penalidades cominadas a cada uma das ações ou omissões que concorram para a sua consumação, desde que constituam isoladamente infrações". (SOUSA, Rubens Gomes de. Anteprojeto de autoria do Prof. Rubens Gomes de Sousa, que serviu de base aos trabalhos da Comissão Especial do Código Tributário Nacional. *In*: BRASIL. Ministério da Fazenda. *Trabalhos da Comissão Especial do Código Tributário Nacional*. Rio de Janeiro: IBGE, p. 263-406, 1954. p. 341-342. Disponível em: http://www2.senado.leg.br/bdsf/handle/id/511517. Acesso em: 8 ago. 2022).

[6] Drs. Tito Rezende (Presidente), Carlos da Rocha Guimarães, Eduardo Lopes Rodrigues, Jayme Péricles e Gilberto de Ulhôa Canto.

[7] INSTITUTO BRASILEIRO DE DIREITO FINANCEIRO (IBDF). *Codificação do direito tributário*. Rio de Janeiro: IBDF, 1955.

[8] INSTITUTO BRASILEIRO DE DIREITO FINANCEIRO (IBDF). *Codificação do direito tributário*. Rio de Janeiro: IBDF, 1955. p. 137.

[9] Sem prejuízo da influência sobre a legislação tributária contemporânea às discussões que antecederam o Código, notadamente quanto à metodologia de dosimetria da penalidade fiscal. Ilustra essa afirmação a Lei nº 4.502/1964, que antecedeu em, praticamente, 2 anos o advento do Código Tributário Nacional, prevendo critérios de graduação da penalidade fiscal relativamente ao antigo imposto de consumo e, mais, atribuiu à autoridade julgadora a aplicação da penalidade considerando circunstâncias agravantes e atenuantes, a teor dos arts. 67 e 68:
"Art. 67. Compete à autoridade julgadora, atendendo aos antecedentes do infrator, aos motivos determinantes da infração e à gravidade de suas consequências efetivas ou potenciais;
I – determinar a pena ou as penas aplicáveis ao infrator;
II – fixar, dentro dos limites legais, a quantidade da pena aplicável".
"Art. 68. A autoridade fixará a pena de multa partindo da pena básica estabelecida para a infração, como se atenuantes houvesse, só a majorando em razão das circunstâncias agravantes ou qualificativas provadas no processo.
§1º São circunstâncias agravantes:
I – a reincidência;
II – o fato de o imposto, não lançado ou lançado a menos, referir-se a produto cuja tributação e classificação fiscal já tenham sido objeto de decisão passada em julgado, proferida em consulta formulada pelo infrator;
III – a inobservância de instruções dos agentes fiscalizadores sobre a obrigação violada, anotada nos livros e documentos fiscais do sujeito passivo;
IV – qualquer circunstância que demonstre a existência de artifício doloso na prática da infração, ou que importe em agravar as suas consequências ou em retardar o seu conhecimento pela autoridade fazendária.
§2º São circunstâncias qualificativas a sonegação, a fraude e o conluio'".

2.2 Projeto de 1954

O texto final do anteprojeto foi vertido em projeto em 1954.

O resultado dos trabalhos da Comissão Especial de 1953 sobre o anteprojeto, com a colaboração da Comissão do IBDF, promoveu relevante alteração no tratamento da pretensão punitiva do Estado no plano tributário, especialmente com a exclusão das regras voltadas à aplicação e determinação da sanção[10] tributária, implicando a redação final do art. 168, renumerado para o art. 105 no Projeto do CTN de 1954:

> Art. 105. Lançamento é o ato privativo da autoridade administrativa, destinado a constituir o crédito tributário mediante a verificação da ocorrência da obrigação tributária correspondente, a determinação de matéria tributável, o cálculo do montante do tributo devido, a identificação do contribuinte *e sendo caso, a aplicação da penalidade cabível*. (grifo nosso).[11]

A parte final do dispositivo inaugurou a previsão do tratamento da penalidade pelo lançamento, no sentido de se aplicar a penalidade cabível quando fosse o caso, atribuindo à autoridade lançadora a tarefa de aplicar multa cabível, indicando não haver espaço para sua gradação pela mesma autoridade, tampouco dúvida acerca da competência para impor a penalidade, de acordo com a sua redação.

A Comissão Especial apresentou a versão final do anteprojeto ao então Ministro da Fazenda, Oswaldo Aranha, e este o encaminhou à Presidência da República, em julho de 1954, após o que o texto foi apresentado à Câmara dos Deputados, onde foi recebido como Projeto de Lei (PL) nº 4.834/1954, cuja leitura e publicação ocorreu em 6 de setembro de 1954,[12] iniciando o processo no âmbito do Poder Legislativo.

O PL nº 4.834/1954 foi objeto de aprofundado estudo do então deputado Aliomar Baleeiro, que acolheu as 54 emendas oferecidas à consideração do Plenário, cujo parecer foi aprovado por unanimidade pela Comissão de Constituição e Justiça, em 7 de outubro de 1959, sob a relatoria do então Deputado Bilac Pinto, seguido de aprovação, também, pelas Comissões de Economia e de Finanças, em pareceres de 20 de novembro de 1959, do deputado Oscar Corrêa, e 12 de dezembro de 1962, do deputado Oton Nader.

Contudo, de acordo com informação publicada no Diário do Congresso Nacional, de 2 de abril de 1971, p. 45, esse projeto de lei[13] teria sido arquivado nos termos do art. 58, §2º, da Constituição Federal.[14] Ou seja, nos anais da Câmara dos Deputados, consta

---

[10] Hugo de Brito Machado leciona que sanção é gênero e pena é espécie, sendo que aquela pode ser executória, indenizatória ou punitiva. No âmbito tributário, a sanção se afiguraria punitiva – também chamada penalidade ou pena – dado objetivar a repressão da prática do ilícito a que corresponde, possuindo caráter patrimonial ou pessoal. A sanção punitiva pode ser classificada em administrativa – a cargo da Administração – ou penal – passível de aplicação pelo Direito Penal. A sanção punitiva passível de aplicação pela autoridade administrativa é a de caráter patrimonial (MACHADO, Hugo de Brito. *Crimes contra a ordem tributária*. 4. ed. São Paulo: Atlas, 2015. p. 8-10).

[11] INSTITUTO BRASILEIRO DE DIREITO FINANCEIRO (IBDF). *Codificação do Direito Tributário*. Rio de Janeiro: IBDF, 1955, p. 226-230.

[12] Conforme registrado no DCN, Seção I, de 7 de setembro de 1954, p. 6071. Disponível em: http://imagem.camara.gov.br/montaPdf.asp?narquivo=DCD07SET1954.pdf&npagina=. Acesso em: 15 ago. 2022.

[13] Indicado na p. 46, coluna 4, do DCN de 02.04.1971, Seção I. Disponível em: http://imagem.camara.gov.br/montaPdf.asp?narquivo=DCD02ABR1971.pdf&npagina=. Acesso em: 15 ago. 2022.

[14] O referido dispositivo da Constituição de 1967, com a redação dada pela Emenda Constitucional nº 1, de 17 de outubro de 1969, dispunha o seguinte: "Art. 58. O projeto de lei aprovado por uma Câmara será revisto pela

que o PL nº 4.834/1954 não teria sido aprovado, mas rejeitado na Casa, ensejando o seu arquivamento em 1º de abril de 1971.[15]

2.3 Projeto de 1966

A continuidade do PL nº 4.834/1954 deu-se mediante o Projeto de Lei do Congresso Nacional (PLN) nº 13/1966,[16] também de iniciativa do Poder Executivo, apresentado à Câmara dos Deputados por meio da Mensagem nº 14, de 14 de setembro de 1966,[17] cujo texto foi publicado no DCN, Seção I, de 15 de setembro de 1966.[18]

No texto desse PLN, encontramos no art. 142 o comando do lançamento nos mesmos termos em que veio a ser aprovado e promulgado sob o CTN, a saber:

> Art. 142. Compete privativamente à autoridade administrativa constituir o crédito tributário pelo lançamento, assim entendido o procedimento administrativo tendente a verificar a ocorrência do fato gerador da obrigação correspondente, determinar a matéria tributável, calcular o montante do tributo devido, identificar o sujeito passivo *e, sendo o caso, propôr a aplicação da penalidade cabível.* (grifo nosso)

O PLN tramitou de forma célere sob apreciação conjunta[19] das duas Casas do Congresso Nacional, liderada por uma comissão mista,[20] tendo recebido 63 propostas de emendas[21] de iniciativa dos congressistas e mais 17 propostas apresentadas pelo Relator.

---

outra, em um só turno de discussão e votação. (...) §2º O projeto de lei, que receber, quanto ao mérito, parecer contrário de tôdas as comissões, será tido como rejeitado".

[15] Vide última ação legislativa do PL nº 4.834/1954 em: https://www.camara.leg.br/proposicoesWeb/fichadetramitacao?idProposicao=224724. Acesso em: 15 ago. 2022.

[16] Interessante observar a disposição preliminar do PLN nº 13/1966, que estabelece a sua matriz constitucional: "Art. 1º Esta lei regula, com fundamento na Emenda Constitucional número 18, de 1º de dezembro de 1965, o sistema tributário nacional e estabelece, com fundamento no art. 5º, inciso XV, alínea "b", da Constituição Federal, as normas gerais de Direito Tributário aplicáveis à União, aos Estados, ao Distrito Federal e aos Municípios, sem prejuízo da respectiva legislação complementar, supletiva ou regulamentar" (Diário do Congresso Nacional, Seção 1, 15.9.1966, p. 5.790. Disponível em: http://imagem.camara.gov.br/montaPdf.asp?narquivo=DCD15SET1966.pdf&npagina=. Acesso em: 10 ago. 2022)

[17] Com os seguintes dizeres: "Senhores Membros do Congresso Nacional: Na forma do artigo 5º, §3º do Ato Institucional nº 2, tenho a honra de submeter à deliberação de Vossas Excelências, acompanhado de Exposição de Motivos do Ministro de Estado dos Negócios da Fazenda, o incluso projeto de lei que dispõe sôbre o Sistema tributário Nacional e institui normas gerais de Direito Tributário, aplicáveis á união, Estados e Municípios".

[18] Páginas 5.790 a 5.799. Disponível em: http://imagem.camara.gov.br/montaPdf.asp?narquivo=DCD15SET1966.pdf&npagina=. Acesso em: 10 ago. 2022.

[19] Consta do DCN, Seção I, de 16 de setembro de 1966, p. 5875, coluna 3, ofício emitido pelo Presidente do Senado Federal endereçado à Presidência da Câmara dos Deputados, reportando a deliberação daquela Casa à convocação de sessão conjunta das duas Casas para 15 de setembro de 1966 para iniciar o curso de determinadas proposições, dentre as quais o PLN nº 13/1966. Disponível em: http://imagem.camara.gov.br/montaPdf.asp?narquivo=DCD16SET1966.pdf&npagina=. Acesso em: 12 ago. 2022.

[20] A composição da Comissão consta do DCN, Seção I, de 17 de setembro de 1966, p. 5.961, coluna 1: Presidente: Senador Argemiro Figueiredo; Vice-Presidente: Senador José Leite; Relator: Deputado Daniel Faraco; Senadores: Eurico Rezende, Menezes Pimentel, José Leite, Neribaldo Vieira, Eugênio de Barros, Antônio Carlos, Attilio Fontana, Argemiro Figueiredo, Bezerra Neto, José Ermirio e Josaphat Marinho; Deputados: Antônio Feliciano, Dnar Mendes, Ivan Luiz, Flávio Marcílio, Daniel Faraco, Elias do Carmo, Rui Santos, César Prieto, Pacheco Chaves, Aloísio de Castro e Wilson Martins.

[21] Conforme consta do DCN, Seção I, de 24 de setembro de 1966, p. 6.163-6.170. Disponível em: http://imagem.camara.gov.br/montaPdf.asp?narquivo=DCD24SET1966.pdf&npagina=. Acesso em: 12 ago. 2022.

Em 23 de setembro de 1966, no plenário da Câmara dos Deputados, foram lidas as emendas ao PLN nº 13/1966 e, em sessão de 6 de outubro de 1966, o Plenário do Congresso Nacional deliberou e aprovou o Substitutivo do PLN nº 13/1966 com pequenas alterações.[22]

Encerrando o processo legislativo, seguiu ao Presidente da República e foi promulgado em 25 de outubro de 1966, originando a Lei nº 5.172/1966, publicada no Diário Oficial da União em 27 de outubro de 1966.[23]

2.4 Código Tributário Nacional

Em sua versão final aprovada, o CTN replicou o texto do art. 142 do PLN nº 13/1966. O legislador incluiu a pretensão punitiva no lançamento unida à expressão "se caso" e ao termo "propor", conferindo a natureza casuística e propositiva da penalidade a cargo da autoridade administrativa competente à constituição do crédito tributário.

Relevante o contexto encimado para se compreender a redação do art. 142 do CTN, mormente pelo fato de as inúmeras leis tributárias em vigor, em especial aquelas que tratam de penalidades, serem posteriores ao CTN – a exemplo da Lei nº 9.430/1996 –, o que, à obviedade, por força hierárquica e normativa do *Codex*, implica baliza direta à vontade do legislador ordinário e mesmo das autoridades tributárias, notadamente ao exercício da pretensão punitiva.

Durante o III Curso de Especialização em Direito Tributário realizado na Pontifícia Universidade Católica de São Paulo, em 1972, Rubens Gomes de Sousa ministrou aula magna sobre procedimento tributário[24] e comentou sua interpretação acerca da natureza propositiva da pretensão punitiva no art. 142 do CTN.

Convidando Geraldo Ataliba (coordenador do Curso) a discutir a interpretação desse comando legal, Gomes de Sousa destacou a diferença entre as atividades de constituição do crédito tributário *stricto sensu* (i.e., tributo) e a cominação de penalidade, ambas no bojo do lançamento, e suscitou que este (lançamento) seria impositivo quanto ao tributo e propositivo em relação à penalidade. São suas as palavras transcritas a seguir:

> (...) ao distinguir entre a atividade administrativa de constituição de um crédito tributário e a atividade administrativa de imposição de uma penalidade, que podem ser separadas ou concomitantes, e na maioria dos casos serão concomitantes; basta ver o art. 142 do Código Tributário, que diz que o objetivo do lançamento é propor a aplicação das penalidades. Compete privativamente à autoridade administrativa constituir o crédito tributário pelo lançamento, assim entendido o procedimento administrativo tendente a verificar a ocorrência do fato gerador, determinar a matéria tributável, calcular o montante do

---

[22] O Plenário reverteu o parecer contrário à emenda nº 11 e a acresceu dentre as outras emendas acolhidas pelo Relator, restando aprovado nos demais termos, conforme deliberação consignada no DCN, Seção I, de 7 de outubro de 1966, p. 6.625 e 6.626. Disponível em: http://imagem.camara.gov.br/montaPdf.asp?narquivo=DCD07OUT1966.pdf&npagina=. Acesso em: 12 ago. 2022.

[23] DOFC de 27.10.1966, p. 12.452. Retificada em 31 de outubro de 1966. RETIFICAÇÃO: DOFC de 31.10.1966, p. 12.567. Disponível em: https://www.planalto.gov.br/ccivil_03/leis/l5172.htm. Acesso em: 12 ago. 2022.

[24] SOUSA, Rubens Gomes de. Do procedimento tributário. *In*: ATALIBA, Geraldo. *Elementos de direito tributário*: notas taquigráficas do III Curso de Especialização em Direito Tributário, realizado na Pontifícia Universidade Católica de São Paulo, São Paulo: Revista dos Tribunais, p. 369-409, 1978.

tributo devido, identificar o sujeito passivo e, sendo caso, propor a aplicação de penalidade cabível. De maneira que o lançamento é ato impositivo, no que tange ao tributo? No que se refere à aplicação de uma sanção, de uma penalidade, ele é apenas uma propositura, suposta e obviamente, para uma autoridade hierarquicamente superior àquela que emite o lançamento.[25]

Em resposta, Geraldo Ataliba ponderou que o caráter propositivo seria imanente à competência da autoridade lançadora em ato praticado anteriormente ao exercício do direito de defesa por parte do sujeito passivo, refletindo a sistemática do Direito Administrativo. As palavras de Ataliba são esclarecedoras:

> Como, na nossa sistemática, as medidas de maior responsabilidade para administração são tomadas por órgãos superiores, chefes, diretores, às vezes até secretários ou ministros curvando-se a esta sistemática, que adotamos no direito administrativo, a lei diz que o fiscal procede ao lançamento imediatamente e propõe, ao seu superior imediato ou não, a penalidade a ser aplicada e este só irá aplicá-la depois da defesa do contribuinte, depois que ele exponha seus argumentos, deduza suas provas e assim exerça o direito de ampla defesa. (...) Ela se dá na própria esfera administrativa. Assim se interpreta, sistematicamente, esta disposição.[26]

Portanto, em se tratando de lançamento decorrente de auto de infração com proposta de penalidade, o crédito tributário tornar-se-ia definitivo e a penalidade seria considerada 'aplicada' mediante decisão final administrativa, caso esta mantenha a proposição feita pela autoridade lançadora, sujeitando-se à inscrição em Dívida Ativa e, somente a partir daí, gozando de presunção de certeza e liquidez e com efeito de prova pré-constituída, representando, somente em tal estágio, o entendimento da autoridade administrativa acerca da obrigação tributária correspondente.

3 Interação entre teoria e prática da pretensão punitiva prevista no art. 142 do CTN

A partir do histórico do art. 142 do CTN, analisemos os efeitos do exercício da pretensão punitiva na prática do Fisco federal.

3.1 Proposição *versus* imposição da penalidade pela autoridade fiscal

O caráter propositivo da pretensão punitiva previsto no art. 142 do CTN é fruto do aperfeiçoamento do Projeto do CTN de 1954, mediante reformulação do comando do lançamento com as relevantes alterações promovidas até o advento do CTN.

---

[25] SOUSA, Rubens Gomes de. Do procedimento tributário. *In*: ATALIBA, Geraldo. *Elementos de direito tributário*: notas taquigráficas do III Curso de Especialização em Direito Tributário, realizado na Pontifícia Universidade Católica de São Paulo, São Paulo: Revista dos Tribunais, p. 369-409, 1978. p. 386.

[26] SOUSA, Rubens Gomes de. Do procedimento tributário. *In*: ATALIBA, Geraldo. *Elementos de direito tributário*: notas taquigráficas do III Curso de Especialização em Direito Tributário, realizado na Pontifícia Universidade Católica de São Paulo, São Paulo: Revista dos Tribunais, p. 369-409, 1978. p. 387.

Na redação atual, seria possível o agente lançador não propor a aplicação de penalidade vinculada ao tributo, a exemplo das hipóteses previstas no próprio CTN, dentre as quais: art. 100, parágrafo único;[27] art. 108, IV e §2º;[28] e art. 112.[29] E, se for caso de penalidade, a proposta feita no auto de infração projetaria a sua aplicabilidade para ato distinto, posterior, de natureza judicante, mediante o sopesamento das razões de fato e de direito trazidas aos autos, no pleno exercício do contraditório e da ampla defesa.

A natureza propositiva da pretensão punitiva não prejudicaria a constituição do crédito tributário, inclusive para se evitar a decadência, conforme asseverado pelo STF[30] e pacificado no âmbito do STJ.[31]

A valoração da conduta do contribuinte – em especial a sua boa-fé – e a verificação do enquadramento do caso em hipótese de não cabimento de penalidade e a necessária motivação da proposição de penalidade já compõem o trabalho fiscal e não seriam tarefas novas sob a interpretação da natureza propositiva da pretensão fiscal.

Essa compreensão afastaria a automaticidade do trabalho fiscal de considerar vinculada ao tributo uma multa punitiva pelo simples e exclusivo fato da lavratura do auto de infração.

A exegese ora defendida arrimaria outros efeitos importantes.

Admitir-se-ia que a autoridade julgadora administrativa decidisse pelo cancelamento da penalidade vinculada ao tributo por reconhecê-la inaplicável ao caso com amparo no próprio CTN, nos mesmos termos aventados à autoridade lançadora.

Se cabível e proposta, a multa não se incorporaria ao crédito tributário quando da lavratura da autuação, mas somente quando da sua constituição definitiva, mediante ausência de contestação do contribuinte, ou decisão irrecorrível na esfera administrativa que aplique a penalidade.

Há relevante diferença entre se considerar devido o valor do tributo e acrescer ao seu montante uma parcela de 75%, 150% ou 225%, mormente para fins de procedimentos também praticados de ofício com a pretensão de assegurar a solvência do crédito tributário, a exemplo do arrolamento de bens e direitos.[32]

---

[27] "Art. 100. São normas complementares das leis, dos tratados e das convenções internacionais e dos decretos:
I - os atos normativos expedidos pelas autoridades administrativas;
II - as decisões dos órgãos singulares ou coletivos de jurisdição administrativa, a que a lei atribua eficácia normativa;
III - as práticas reiteradamente observadas pelas autoridades administrativas;
IV - os convênios que entre si celebrem a União, os Estados, o Distrito Federal e os Municípios.
Parágrafo único. A observância das normas referidas neste artigo exclui a imposição de penalidades, a cobrança de juros de mora e a atualização do valor monetário da base de cálculo do tributo."

[28] "Art. 108. Na ausência de disposição expressa, a autoridade competente para aplicar a legislação tributária utilizará sucessivamente, na ordem indicada:
(...) IV - a equidade.
(...) §2º O emprego da equidade não poderá resultar na dispensa do pagamento de tributo devido."

[29] "Art. 112. A lei tributária que define infrações, ou lhe comina penalidades, interpreta-se da maneira mais favorável ao acusado, em caso de dúvida quanto:
I - à capitulação legal do fato;
II - à natureza ou às circunstâncias materiais do fato, ou à natureza ou extensão dos seus efeitos;
III - à autoria, imputabilidade, ou punibilidade;
IV - à natureza da penalidade aplicável, ou à sua graduação."

[30] Nesse sentido, o entendimento vazado nos autos dos Embargos de Divergência no RE nº 94.462/SP, julgados pelo Pleno, sob a relatoria do Ministro Moreira Alves, em 06.10.1982.

[31] Nesse sentido, o entendimento vazado nos autos do AgInt no REsp 1.587.540/PE, julgado pela Primeira Turma da Primeira Seção, sob a relatoria da Ministra Regina Helena Costa, em 18.08.2016.

[32] Previsto nos arts. 64 e 64-A da Lei nº 9.532/1997 e disciplinado no âmbito federal pela Instrução Normativa RFB nº 1.565/2015.

Ora, estando em discussão a própria infração e a sua gradação, mostra-se apropriado não considerar o *quantum* da penalidade integrado no crédito tributário até que se tenha a sua constituição definitiva por meio de decisão da autoridade julgadora competente confirmando a sua proposição e a aplicando.

A percepção da exclusividade da ação fiscal na cominação de penalidade, enquanto ato unilateral perpetrado pelo credor, parece-nos suficiente para justificar o caráter propositivo da pretensão punitiva encerrada no art. 142 do CTN, não apenas em função da assimetria entre os interesses e poderes do Fisco e do contribuinte, mas, também, da compreensão dos fatos e atos *in concreto* sem a prévia oitiva do seu protagonista, ou seja, do sujeito passivo.

Creditamos ao exercício do contraditório e da ampla defesa, no bojo do processo administrativo submetido à função judicante administrativa, o equacionamento da assimetria existente no curso do procedimento fiscal e, invariavelmente, na justificação da lavratura do auto de infração, ratificando, a nosso ver, a proposta de penalidade pelo agente fiscal, para que a sua aplicação, se ocorrer, resulte da atividade judicante, fruto do devido debate e conhecimento pleno das circunstâncias de fato e de direito relevantes à aferição da obrigação tributária e, especialmente, de infração tributária passível de penalidade.

Talvez seja motivado pela importante coerência do caráter propositivo da pretensão punitiva no bojo das próprias normas gerais de Direito Tributário que mesmo autores discordantes dessa linha admitam[33] a possibilidade de interpretação em tal sentido, mormente no contexto do fluxo de formação do crédito tributário, mediante o contencioso administrativo, onde o lançamento seria apenas o ato inicial e a constituição definitiva daquele jungida à aplicação da penalidade competiriam à autoridade julgadora.

---

[33] A exemplo dos autores a seguir referenciados e seus dizeres:
- Paulo de Barros Carvalho: "Só existe "auto de infração" onde há infração da lei tributária. Não se pode cogitar de auto de infração para simples lançamento do tributo. A infringência de dispositivo tributário pode ou não estar ligada à falta de cumprimento da obrigação tributária. É apenas um característico secundário. Pode haver o auto de infração ou pelo descumprimento de um dever acessório, ou pela falta de recolhimento de um tributo. Todavia, a essência do auto de infração é o registro, que um funcionário externo da fiscalização faz, da existência de infringência de um dispositivo tributário. Concordamos que é uma simples proposta, pois, o Código diz "ou propor a aplicação de penalidades pecuniárias". Nesse caso, talvez seja correta essa conclusão, que diz que "o auto de infração constitui o início de um lançamento. Evidentemente, essa proposta será ou não aceita. Quem tiver competência para acolher ou não essa proposta fará definitivamente o lançamento (...)". (*Apud* BARROS, José Eduardo Monteiro de. Teoria geral do lançamento. *In*: ATALIBA, Geraldo. *Elementos de direito tributário*: notas taquigráficas do III Curso de Especialização em Direito Tributário, realizado na Pontifícia Universidade Católica de São Paulo. São Paulo: Revista dos Tribunais, p. 411-445, 1978. p. 440).
- Noé Winkler: "Proposição, num certo sentido, pode ser até do próprio lançamento sem multa." (WINKLER, Noé. Aspectos do imprescindível esforço para demonstração da inércia e outras considerações. *In*: MARTINS, Ives Gandra da Silva (coord.). *Caderno de Pesquisas Tributárias n. 1*: decadência e prescrição. São Paulo: Resenha Tributária, p. 285-312, 1976. p. 299).
- Marcelo Guerra Martins: "É importante notar que, enumerando os atos que compõem o procedimento de lançamento, o art. 142 não estabeleceu a proposta de aplicação da penalidade como regra geral e única. A aplicação da penalidade será proposta, sendo o caso, diz o artigo. E em que caso a penalidade será apenas proposta, e não diretamente aplicada e lançada? O CTN não esclarece que caso seria esse, mas é possível admitir que seja aquele em que, por exemplo, (...) a penalidade, embora pecuniária, deva ser confirmada ou dosada por outra autoridade, havendo, em razão disso, simples proposta para aplicação da multa em lançamento que, de todo modo, será obrigatoriamente feito, em outro momento" (*In*: FREITAS, Vladimir Passos (coord.). *Código tributário nacional comentado*. 8. ed. São Paulo: RT, 2020. E-book. Disponível em: https://proview.thomsonreuters.com/launchapp/title/rt/codigos/72655091/v8/page/1. Acesso em: 12 ago. 2022).

Frise-se que o art. 142, *caput, in fine*, do CTN define dois comandos igualmente relevantes ao exercício da pretensão punitiva pelo Fisco: o primeiro liga-se à expressão "sendo o caso", definindo que pode haver lançamento desacompanhado de penalidade; e o segundo refere-se à ação "propor", no sentido de que a penalidade não é aplicada pelo agente fiscal, mas proposta para que uma outra autoridade – no caso, a julgadora – delibere a sua aplicação.

E a compreensão da expressão "sendo o caso" demanda uma interpretação sistemática do próprio CTN, antes de se descer à legislação ordinária, a exemplo da Lei nº 9.430/1996, sob pena de se inverter o plano hierárquico das normas e alijar a antecedência natural do CTN na atividade hermenêutica.

Um dos comandos do CTN que orienta o (não) cabimento de penalidade – mais precisamente a multa de ofício básica – é o seu art. 100, ao definir hipóteses *numerus clausus* em que o lançamento de ofício de tributo deverá ser desacompanhado de penalidade.

Contudo, tal dispositivo não encerra as únicas hipóteses em que *não seria caso* de cominação da multa de ofício básica no lançamento de ofício de tributo, seja porque a sua redação não elimina outras hipóteses previstas no próprio CTN, ou em legislação ordinária – a exemplo do art. 63 da Lei nº 9.430/1996[34][35] e do art. 5º, §2º, do Decreto-Lei nº 2.124/1984 –[36] seja porque não vincula a etapa judicante do fluxo de formação do crédito tributário, onde o julgador administrativo está a analisar a proposta de penalidade formulada pelo agente fiscal e, para tanto, aprecia, dentre outros, aspectos subjetivos da conduta do sujeito passivo, sendo competente para deliberar, também, pelo descabimento da multa de ofício básica.

A Secretaria da Receita Federal do Brasil (RFB), na função de autoridade lançadora de tributos federais considerados devidos e não recolhidos, impõe a penalidade prevista no art. 44, I, da Lei nº 9.430/1996,[37] de forma automática e vinculada ao tributo,[38] arvorada

---

[34] "Art. 63: Na constituição de crédito tributário destinada a prevenir a decadência, relativo a tributo de competência da União, cuja exigibilidade houver sido suspensa na forma dos incisos IV e V do art. 151 da Lei nº 5.172, de 25 de outubro de 1966, não caberá lançamento de multa de ofício".

[35] Em adição às duas causas suspensivas previstas no art. 63, *caput*, da Lei nº 9.430/1996, a Secretaria da Receita Federal do Brasil e a Procuradoria-Geral da Fazenda Nacional reconheceram o descabimento de multa de ofício, também, na hipótese de depósito judicial integral (art. 151, II, do CTN), incluindo multa e juros após o vencimento, por meio do Parecer Cosit nº 2/1999 e Parecer PGFN/CAT nº 507/2001, respectivamente.

[36] "Art. 5º (...) §2º: Não pago no prazo estabelecido pela legislação o crédito, corrigido monetariamente e acrescido da multa de vinte por cento e dos juros de mora devidos, poderá ser imediatamente inscrito em dívida ativa, para efeito de cobrança executiva, observado o disposto no §2º do artigo 7º do Decreto-lei nº 2.065, de 26 de outubro de 1983".

[37] "Art. 44. Nos casos de lançamento de ofício, serão aplicadas as seguintes multas: (Redação dada pela Lei nº 11.488, de 2007)
I - de 75% (setenta e cinco por cento) sobre a totalidade ou diferença de imposto ou contribuição nos casos de falta de pagamento ou recolhimento, de falta de declaração e nos de declaração inexata; (Redação dada pela Lei nº 11.488, de 2007)."

[38] A RFB assinala em seus planos de ação anuais o caráter vinculado da multa de ofício básica em relação ao tributo não recolhido e lançado de ofício, inclusive como forma de motivar a autorregularização anterior à ação fiscal por parte de pessoas físicas, conforme consta dos seguintes excertos: "Quem se autorregulariza evita o procedimento fiscal, e multa de, no mínimo, 75% sobre o valor de imposto a pagar que vier a ser apurado no procedimento." (Relatório Anual de Fiscalização – Resultados de 2019 e Plano de Ação para 2020, p. 18. Disponível em: https://receita.economia.gov.br/dados/resultados/fiscalizacao/arquivos-e-imagens/plano-anual-de-fiscalizacao-resultados-de-2019-e-plano-para-2020.pdf. Acesso em: 12 ago. 2022); "A autorregularização só é permitida se feita antes de o contribuinte ser intimado ou notificado pela Receita Federal. A vantagem para o contribuinte é evitar o início de procedimento fiscal e o pagamento de multa de, no mínimo, 75% sobre o valor

no entendimento de que tal dispositivo vincularia e obrigaria a sua atividade à cominação de tal penalidade, enquadrando-se no parágrafo único do art. 142 do CTN.

Embora o art. 44, *caput*, da Lei nº 9.430/1996 disponha sobre a aplicação de multas em casos de lançamento de ofício, há que se observar que não foi dado ao legislador ordinário definir ou aplicar a penalidade como mera consequência do lançamento de ofício de imposto ou contribuição, como se vinculada ao principal fosse.

Ora, é o Código Tributário Nacional que consigna a forma de constituição do crédito tributário e, sendo caso, proposição da penalidade aplicável, mediante o lançamento.

Na prática, a multa de 75% do tributo devido majora a multa de mora (20%) pelo fato de o lançamento ser feito de ofício,[39] independentemente da natureza da infração – excepcionada a hipótese de caracterização de sonegação, fraude ou conluio que qualifica tal penalidade, duplicando o seu percentual, nos termos do art. 44, §1º, da Lei nº 9.430/1996.

Schubert de Farias Machado critica tal penalidade por prescindir do motivo que acarreta a falta de pagamento e mesmo a forma de acesso do Fisco às informações necessárias ao lançamento, o que classifica como essenciais à adequada fixação da penalidade.[40]

O autor também sublinha a desproporção da multa nos casos de simples falta de pagamento frente às hipóteses em que tal falta é cumulada com ausência de declaração ou inexatidão de informações em obrigação acessória, dado que em todos esses casos o percentual é o mesmo: 75% do tributo devido.[41]

No plano do julgamento administrativo, afora as hipóteses mencionadas linhas atrás,[42] é praxe não haver discussão da multa de ofício básica, ou a sua impugnação ser rechaçada por seu alegado caráter *ex lege*, decorrente do inadimplemento do principal, ou seja, se mantida a exigência do tributo, manter-se-ia de forma automática e infalível a multa de ofício vinculada de forma proporcional na composição do crédito tributário.

A jurisprudência do CARF[43] é no sentido de que a multa de ofício básica seria de aplicação obrigatória pela autoridade fiscal no lançamento de ofício de tributo e

---

do imposto não pago que vier a ser apurado pelo Auditor-Fiscal." (Plano Anual da Fiscalização da Secretaria da Receita Federal do Brasil para o ano-calendário de 2019: quantidade, principais operações fiscais e valores esperados de recuperação de crédito tributário, p. 19. Disponível em: https://receita.economia.gov.br/dados/resultados/fiscalizacao/arquivos-e-imagens/2019_05_06-plano-anual-de-fiscalizacao-2019.pdf. Acesso em: 12 ago. 2022.

[39] MACHADO, Schubert de Farias. O ilícito como pressuposto da sanção e a proporcionalidade nas multas tributárias. *In*: ROCHA, Valdir de Oliveira (org.). *Grandes questões atuais do direito tributário*. São Paulo: Dialética, p. 367-383, 2012. v. 16.

[40] MACHADO, Schubert de Farias. O ilícito como pressuposto da sanção e a proporcionalidade nas multas tributárias. *In*: ROCHA, Valdir de Oliveira (org.). *Grandes questões atuais do direito tributário*. São Paulo: Dialética, p. 367-383, 2012. v. 16.

[41] MACHADO, Schubert de Farias. O ilícito como pressuposto da sanção e a proporcionalidade nas multas tributárias. *In*: ROCHA, Valdir de Oliveira (org.). *Grandes questões atuais do direito tributário*. São Paulo: Dialética, p. 367-383, 2012. v. 16.

[42] No âmbito federal, seriam as hipóteses de lançamento de ofício de tributo com exigibilidade suspensa ou já declarado ao Fisco.

[43] Nesse sentido, os julgados colacionados a seguir: "COLABORAÇÃO PREMIADA. REDUÇÃO DA MULTA DE OFÍCIO. NÃO CABIMENTO. A atividade administrativa do lançamento é obrigatória e vinculada, sendo assim, não há como afastar a aplicação da multa de ofício ou mesmo reduzi-la, com base em acordo de colaboração premiada, em face de ausência de determinação expressa em Lei, nesse sentido." (Acórdão nº 3002-001.372, de

insuscetível de ser afastada ou reduzida pela autoridade julgadora,[44] por decorrer de comando legal encerrado no art. 44, I, da Lei nº 9.430/1996, alegando-se, no mais das vezes, ser defeso ao CARF se pronunciar sobre a inconstitucionalidade de lei tributária, a teor da sua Súmula nº 2.[45]

É dizer: sob os argumentos de (i) ser vinculado o ato do lançamento tributário (pressupondo incorporar a penalidade) e (ii) de que a apuração de crédito tributário implicaria necessária imposição de multa de ofício, a autoridade administrativa, seja na função lançadora, seja na função julgadora, considera-se obrigada a aplicar penalidade e incompetente à sua revisão, respectivamente, independentemente das circunstâncias de fato do caso concreto, mais precisamente dos aspectos subjetivos na infração decorrente do inadimplemento do tributo, incluindo-se hipóteses de induzimento a erro ou qualquer outra razão capaz de afastar a culpabilidade.

Estamos convictos da natureza propositiva da pretensão punitiva tal como encetada pelo art. 142, *caput, in fine,* do CTN, servindo de baliza fundamental ao respeito do *due process of law* e da cidadania no Estado Democrático de Direito que abriga a sociedade brasileira, valorizando-se a licitude e a boa-fé da conduta do sujeito passivo na relação fisco-contribuinte, mormente para fins de regras sancionatórias, conforme assegurado pela Constituição Federal de 1988.

3.2 Discussões de multas tributárias com repercussão geral reconhecida no STF

Em agosto de 2022, identificamos, no STF,[46] seis temas de repercussão geral acerca da constitucionalidade de multas fiscais,[47] com julgamento findo em dois deles (temas

---

16/07/2020); "MULTA DE OFÍCIO E VEDAÇÃO AO CONFISCO. No lançamento de ofício a multa a ser aplicada é de 75% conforme estabelece a legislação. Uma vez positivada a norma, é dever da autoridade administrativa aplicá-la, não lhe competindo o exame da constitucionalidade das Leis, nem deixar de aplicá-las, salvo se já houver decisão do Supremo Tribunal Federal neste sentido. Art. 44, I da Lei 9.430/96 (...)" (Acórdão nº 2301-007.429, de 07/07/2020); "MULTA DE OFÍCIO DE 75%. A multa de ofício de 75% está prevista em lei, razão pela qual deve ser exigida." (Acórdão nº 1201-003.797, de 17/06/2020); "MULTA DE OFÍCIO. DECORRÊNCIA DA LEGISLAÇÃO TRIBUTÁRIA. A aplicação da multa de ofício, constatado o não pagamento ou pagamento parcial do tributo devido, é decorrência da legislação tributária, devendo ser efetuado o correspondente lançamento pelo autuante, a teor do art. 142 do CTN". (Acórdão nº 2402-008.473, de 06.07.2020).

[44] Exceto nas hipóteses de lançamento de ofício de tributo com exigibilidade suspensa ou já declarado ao Fisco, ou em caso de aplicação do art. 100 do CTN, este último ilustrado pelo seguinte julgado: "DECISÃO JUDICIAL TRANSITADA EM JULGADO. AFASTAMENTO DA MULTA E DOS JUROS. CABIMENTO. As decisões dos órgãos singulares ou coletivos de jurisdição administrativa, a que a lei atribua eficácia normativa excluem a imposição de penalidades e a cobrança de juros de mora (parágrafo único do artigo 100 do CTN); com muito mais razão, a observância de decisão judicial transitada em julgado deve ter as mesmas consequências" (Acórdão nº 1302-002.934, de 25.07.2018).

[45] "Súmula CARF nº 2: O CARF não é competente para se pronunciar sobre a inconstitucionalidade de lei tributária". Disponível em: http://idg.carf.fazenda.gov.br/jurisprudencia/sumulas-carf/quadro-geral-de-sumulas-1. Acesso em: 12 ago. 2022.

[46] Mediante pesquisa realizada em 12 ago. 2022 em: https://portal.stf.jus.br/jurisprudenciaRepercussao/pesquisarProcesso.asp, com as seguintes classificações: Situação do Tema de Repercussão Geral: "Todas"; Palavra Chave: "multa"; Análise de Repercussão Geral: "Com Repercussão Geral"; Ramo do Direito: "DIREITO TRIBUTÁRIO".

[47] - Tema: 214; fundamento legal discutido: arts. 87 e 98 da Lei nº 6.374/1991 (SP); natureza da multa: moratória; percentual da multa: 20%; paradigma: RE 582.461; relator: Min. Gilmar Mendes; situação: julgado; tese: "I - É constitucional a inclusão do valor do Imposto sobre Circulação de Mercadorias e Serviços - ICMS na sua própria base de cálculo; II - É legítima a utilização, por lei, da taxa SELIC como índice de atualização de débitos tributários; III- Não é confiscatória a multa moratória no patamar de 20%.";

214 e 872), julgamento em curso noutro (tema 736) e três temas com julgamento ainda não iniciado (temas 487, 816 e 863).

Embora esses temas não tratem da multa prevista no art. 44, I, da Lei nº 9.430/1996, analisamos os votos já proferidos no esforço de inferir um entendimento da Corte Constitucional sobre a natureza da pretensão punitiva no lançamento tributário.

Dos votos vazados no julgamento do RE 606.010,[48] sob a Relatoria do Ministro Marco Aurélio, cujo entendimento se sagrou vencedor, mostra-se relevante a percepção da maioria[49] dos Ministros no sentido de que a punição pela conduta prevista no antecedente da norma punitiva – atraso ou falta de apresentação de DCTF – seria constitucional, em razão da importância da referida obrigação acessória no âmbito federal, por ser indispensável ao conhecimento do Fisco acerca dos débitos apurados e recolhidos, viabilizando eventual lançamento de ofício de diferenças.

No julgamento do RE 606.010, não se discutiu a perspectiva subjetiva da conduta do sujeito passivo,[50] ou seja, o que teria levado a empresa a entregar a obrigação acessória de forma extemporânea, tampouco influenciou a tese definida: "Revela-se constitucional a sanção prevista no artigo 7º, inciso II, da Lei nº 10.426/2002, ante a ausência de ofensa aos princípios da proporcionalidade e da vedação de tributo com efeito confiscatório".

Por sua vez, no julgamento do RE 796.939 acerca da multa decorrente da não homologação de compensação, prevista no art. 74, §17, da Lei nº 9.430/1996,[51] o voto do

---

[ ] - Tema: 487; fundamento legal discutido: art. 78, III, "i", da Lei nº 688, de 1996 (RO); natureza da multa: isolada; percentual da multa: 40%-5%; paradigma: RE 640.452; relator: Min. Roberto Barroso; situação: aguarda julgamento; título: "Caráter confiscatório da "multa isolada" por descumprimento de obrigação acessória decorrente de dever instrumental";
- Tema: 736; fundamento legal discutido: art.74, §§15 e 17, da Lei nº 9.430/1996; natureza da multa: isolada (declaração de compensação não homologada); percentual da multa: 50%; paradigma: RE 796.939; relator: Min. Edson Fachin; situação: julgamento interrompido por pedido de destaque; título: "Constitucionalidade da multa prevista no art. 74, §§15 e 17, da Lei 9.430/1996 para os casos de indeferimento dos pedidos de ressarcimento e de não homologação das declarações de compensação de créditos perante a Receita Federal.";
- Tema: 816; fundamento legal discutido: art. 36, I, "b", da Lei nº 1.611/1986, do Município de Contagem; natureza da multa: moratória; percentual da multa: 50%; paradigma: RE 882.461; relator: Min. Luiz Fux; situação: aguarda julgamento; título: "a) Incidência do ISSQN em operação de industrialização por encomenda, realizada em materiais fornecidos pelo contratante, quando referida operação configura etapa intermediária do ciclo produtivo de mercadoria. b) Limites para a fixação da multa fiscal moratória, tendo em vista a vedação constitucional ao efeito confiscatório.";
- Tema: 863; fundamento legal discutido: art. 44, §1º, da Lei nº 9.430/1996; natureza da multa: qualificada e vinculada a tributo devido (sonegação, fraude ou conluio); percentual da multa: 150%; paradigma: RE 736.090; relator: Min. Luiz Fux; tese: aguarda julgamento; título: "Limites da multa fiscal qualificada em razão de sonegação, fraude ou conluio, tendo em vista a vedação constitucional ao efeito confiscatório.";
- Tema: 872; fundamento legal discutido: art. 7º, II, da Lei nº 10.426/2002; natureza da multa: isolada (por ausência ou atraso na entrega de DCTF); percentual da multa: 2% a 20%; paradigma: RE 606.010; relator: Min. Marco Aurélio; situação: julgado; tese: "Revela-se constitucional a sanção prevista no artigo 7º, inciso II, da Lei nº 10.426/2002, ante a ausência de ofensa aos princípios da proporcionalidade e da vedação de tributo com efeito confiscatório".

[48] Julgado pelo Plenário do STF em sessão virtual realizada de 14.8.2020 a 21.8.2020. Disponível em: http://portal.stf.jus.br/processos/detalhe.asp?incidente=3797543. Acesso em: 12 ago. 2022.

[49] Decisão: O Tribunal, por maioria, apreciando o tema 872 da repercussão geral, conheceu do recurso extraordinário e negou-lhe provimento, nos termos do voto do Relator, vencido o Ministro Edson Fachin. Não participou do julgamento, por motivo de licença médica, o Ministro Celso de Mello. Disponível em: http://portal.stf.jus.br/processos/detalhe.asp?incidente=3797543. Acesso em: 12 ago. 2022.

[50] Não obstante, observe-se que o voto do Ministro Alexandre de Moraes consigna, dentre usas razões de decidir, a contumácia da recorrente no descumprimento de obrigações acessórias.

[51] "Art. 74. (...) §17. Será aplicada multa isolada de 50% (cinquenta por cento) sobre o valor do débito objeto de declaração de compensação não homologada, salvo no caso de falsidade da declaração apresentada pelo sujeito passivo. (Redação dada pela Lei nº 13.097, de 2015)."

Ministro Edson Fachin, na condição de Relator,[52] critica a índole automática e indiferente à conduta do agente:

> (...) a automaticidade da sanção, sem quaisquer considerações de índole subjetiva acerca do animus do agente, representaria, ao fim e ao cabo, imputar ilicitude ao próprio exercício de um direito subjetivo público com guarida constitucional.

Ressalta que a mera não homologação de compensação tributária não consiste em ato ilícito passível de sanção, novamente sublinhando o despropósito de uma multa cujo antecedente é o exercício de um direito do contribuinte (no caso, a compensação) e sem aferir qualquer ilicitude no seu exercício a justificar a penalidade.

Citando o art. 110 do CTN,[53] também destaca o texto constitucional quanto à utilização iterativa da ilicitude para fins de responsabilização, notadamente nos âmbitos penal (arts. 5º, XLIII, LI e LVI; 144, II; 243, parágrafo único; e 245 da CF/88) e cível (arts. 37, §§5º e 6º; e 141 da CF/88), sendo a conceituação de ato ilícito pela legislação cível[54] também aplicável para fins tributários.

E, na ótica do CTN, a própria diferenciação entre tributo e sanção – frisada pelo art. 113 do CTN[55] – repercutiria na configuração dos fatos geradores possíveis à configuração do preceito cominatório, definindo o perfil normativo das penalidades pecuniárias, de acordo com os arts. 113, 115[56] e 122,[57] todos do CTN.

Tal compreensão endereça o entendimento do Relator do RE 796.939 no sentido de que o exercício de um direito (pedido de compensação tributária) não se compatibilizaria com a função teleológica repressora das multas tributárias, mormente por faltar a devida aferição da correção material da conduta do contribuinte que exerce o direito de compensação tributária na via administrativa e carecer de um juízo concreto e fundamentado acerca da (in)observância do princípio da boa-fé em sua dimensão objetiva a justificar a punição.

Noutro giro, o seu voto também critica o modo de aplicação da penalidade à luz do princípio do devido processo legal, reputando violadas as suas dimensões processual

---

[52] Disponível em: http://portal.stf.jus.br/processos/detalhe.asp?incidente=4531713. Acesso em: 12 ago. 2022.

[53] "Art. 110. A lei tributária não pode alterar a definição, o conteúdo e o alcance de institutos, conceitos e formas de direito privado, utilizados, expressa ou implicitamente, pela Constituição Federal, pelas Constituições dos Estados, ou pelas Leis Orgânicas do Distrito Federal ou dos Municípios, para definir ou limitar competências tributárias."

[54] Código Civil de 2002:
"Art. 186. Aquele que, por ação ou omissão voluntária, negligência ou imprudência, violar direito e causar dano a outrem, ainda que exclusivamente moral, comete ato ilícito.
Art. 187. Também comete ato ilícito o titular de um direito que, ao exercê-lo, excede manifestamente os limites impostos pelo seu fim econômico ou social, pela boa-fé ou pelos bons costumes".

[55] "Art. 113. A obrigação tributária é principal ou acessória.
§1º A obrigação principal surge com a ocorrência do fato gerador, tem por objeto o pagamento de tributo ou penalidade pecuniária e extingue-se juntamente com o crédito dela decorrente.
§2º A obrigação acessória decorre da legislação tributária e tem por objeto as prestações, positivas ou negativas, nela previstas no interesse da arrecadação ou da fiscalização dos tributos.
§3º A obrigação acessória, pelo simples fato da sua inobservância, converte-se em obrigação principal relativamente à penalidade pecuniária."

[56] "Art. 115. Fato gerador da obrigação acessória é qualquer situação que, na forma da legislação aplicável, impõe a prática ou a abstenção de ato que não configure obrigação principal."

[57] "Art. 122. Sujeito passivo da obrigação acessória é a pessoa obrigada às prestações que constituam o seu objeto."

e substancial,[58] por não garantir às partes, no bojo do processo administrativo, a ampla defesa e o contraditório acerca do antecedente da norma punitiva, e, no plano substancial, por carência de legitimidade tributária fundada no binômio *eficiência e justiça fiscal* por parte do Poder Público.[59]

O Ministro Edson Fachin também indefere o pedido subsidiário da Fazenda Nacional de aplicabilidade da multa em caso de reiteração de compensação de rubricas rejeitadas anteriormente, asseverando que tal solução não afastaria o despropósito da multa frente ao regular exercício do direito do contribuinte (de compensar tributos), pois a mera iteração de compensações permitiria que se reputasse configurado abuso, igualmente ofendendo o direito de petição e desprestigiando a boa-fé do jurisdicionado.

Em conclusão, propõe a seguinte tese: "É inconstitucional a multa isolada prevista em lei para incidir diante da mera negativa de homologação de compensação tributária por não consistir em ato ilícito com aptidão para propiciar automática penalidade pecuniária".

O julgamento foi interrompido por pedido de destaque do Ministro Luiz Fux, na sessão virtual de 12.05.2020, após os votos dos Ministros Gilmar Mendes, Luiz Fux, Celso de Mello, Alexandre de Moraes, acompanhando o Relator.[60]

O entendimento vazado na tese proposta pelo Ministro Edson Fachin denota especial valoração do aspecto subjetivo da conduta do contribuinte, ao fundamentar a inconstitucionalidade da multa no fato de ser aplicável de forma automática a uma conduta que não configura ato ilícito.

A forma automática de aplicação da penalidade decorreria do fato de prescindir da verificação da regularidade material da conduta do contribuinte e da sua boa-fé, sendo que efeito repressor da punição recairia sobre o mero exercício de um direito e sem a prévia oportunidade do uso dos poderes e faculdades assegurados no bojo do devido processo legal.

É possível inferir da visão encimada que, à luz do texto constitucional, não se admitiria uma pretensão punitiva de natureza impositiva indiferente à licitude e boa-fé da conduta do contribuinte – diga-se, à efetiva aferição desses elementos no plano concreto – e anterior ao exercício do contraditório e da ampla defesa pelas partes, antes demandando uma análise da índole subjetiva da vontade do agente, o que seria insuscetível de se realizar de forma automática, tampouco por mera vinculação a um crédito tributário.

Nessa perspectiva, parece-nos que o entendimento do Ministro Edson Fachin tenderia à natureza propositiva da pretensão punitiva, mormente por prestigiar a necessária aferição *in concreto* do aspecto subjetivo da conduta do contribuinte e a garantia do *due process of law* no bojo do processo administrativo tributário.

---

[58] FONSECA, Reynaldo Soares da. *A conciliação à luz do princípio constitucional da fraternidade*: a experiência da justiça federal da primeira região. 120 f. Dissertação (Mestrado) – Faculdade de Direito, Pontifícia Universidade de São Paulo, São Paulo, 2014. p. 36.

[59] O Ministro Edson Fachin arrima o seu entendimento nos seguintes julgados da Corte Constitucional: ADI 173, de RE 796939/RS, relatoria do Ministro Joaquim Barbosa, Tribunal Pleno, DJe 20.03.2009; ARE-AgR 915.424, de relatoria do Ministro Celso de Mello, Segunda Turma, DJe 30.11.2015; e ADPF 156, de relatoria da Ministra Cármen Lúcia, Tribunal Pleno, DJe 28.10.2011.

[60] Disponível em: http://portal.stf.jus.br/processos/detalhe.asp?incidente=4531713. Acesso em: 12 ago. 2020.

Em conjunto com o RE 796.939, está em julgamento a Ação Direta de Inconstitucionalidade (ADI) nº 4.905, sob a relatoria do Ministro Gilmar Mendes, também relativa à multa prevista no art.74, §17, da Lei nº 9.430/1996. Na sessão virtual de 08.05.2020, o Relator apresentou o seu voto no sentido da inconstitucionalidade do §17 do art. 74 da Lei nº 9.430/1996, no que foi acompanhado pelo Ministro Luiz Fux, seguindo-se o pedido de destaque deste último e a consequente retirada do julgamento virtual.[61][62]

Amparando-se no princípio da proporcionalidade e no direito de petição, o Ministro Gilmar Mendes conclui que a multa descumpriria ambos, por desatender os requisitos de adequação, necessidade e proporcionalidade em sentido estrito, e repreender o exercício do direito assegurado no art. 5º, XXXIV, "a", da CF/88.

Cotejando essa penalidade com outras também relacionadas à compensação tributária, o Relator da ADI nº 4.905 assevera que aquelas possuiriam pressupostos bem delimitados e definidos, cumprindo suas funções pedagógica e preventiva sem implicar insegurança jurídica, ou inibir o exercício do direito subjetivo à compensação tributária.

Ou seja, a inconstitucionalidade da multa residiria no fato de o antecedente da norma não definir a conduta vedada, mas prever a aplicação de multa pela mera discordância fiscal quanto ao direito de compensação. Por sua vez, as penalidades consideradas pelo Ministro como corretamente construídas delimitam as condutas em função da sua ilicitude, a exemplo de falsidade quanto ao crédito compensado,[63] a utilização de créditos vedados por lei,[64] ou na hipótese de compensação que configure sonegação, fraude ou conluio.[65]

De fato, nas três situações encimadas, o legislador ordinário define o antecedente da norma punitiva em função de compensações expressamente proibidas *ex lege* e atribui qualificação da penalidade em função de conduta tipificada como crime contra a ordem tributária ou dolo – este no caso de falsidade. Difere – e muito – do mero exercício do direito à compensação indeferida pelo Fisco por razões quaisquer.

O Ministro prossegue em seu voto abordando a classificação das multas tributárias, segundo a sua natureza – em multas moratórias e multas punitivas, e estas últimas classificadas em isoladas ou de ofício[66] –, e demonstra o descumprimento dos requisitos

---

[61] Disponível em: http://portal.stf.jus.br/processos/detalhe.asp?incidente=4357242. Acesso em: 12 ago. 2022.

[62] A ADI nº 4.905 foi incluída no calendário de julgamento de 10.12.2020, conforme a pauta nº 126/2020, DJE edição extra nº 227, de 14.09.2020.

[63] A multa aplicável é de 150% sobre o valor total do débito indevidamente compensado, nos termos do art. 18, §2º, da Lei nº 10.833/2003 c/c art. 44, I, da Lei nº 9.430/1996.

[64] Nos termos do art. 74, §12, II, da Lei nº 9.430/1996, considera-se "não declarada" a compensação de créditos vedados, não surtindo efeito de extinção do débito compensado passível de homologação e a multa aplicável é de 75% do débito indevidamente compensado, de acordo com o art. 18, §4º, da Lei nº 10.833/2003 c/c art. 44, I, da Lei nº 9.430/1996.

[65] A multa aplicável é de 150% do débito indevidamente compensado, na forma do art. 18, §4º, da Lei nº 10.833/2003 c/c art. 44, I e §1º, da Lei nº 9.430/1996 c/c arts. 71 a 73 da Lei nº 4.502/1964.

[66] "Esta Corte já teve a oportunidade de se manifestar de forma a esclarecer sobre a referida classificação: No direito tributário, existem basicamente três tipos de multas: as moratórias, as punitivas isoladas e as punitivas acompanhadas do lançamento de ofício. As multas moratórias são devidas em decorrência da impontualidade injustificada no adimplemento da obrigação tributária. As multas punitivas visam coibir o descumprimento às previsões da legislação tributária. Se o ilícito é relativo a um dever instrumental, sem que ocorra repercussão no montante do tributo devido, diz-se isolada a multa. No caso dos tributos sujeitos a homologação, a constatação de uma violação geralmente vem acompanhada da supressão de pelo menos uma parcela do tributo devido. Nesse caso, aplica-se a multa e promove-se o lançamento do valor devido de ofício. Esta é a multa mais comum, aplicada nos casos de sonegação". (AI-AgR 727.872/RS, Rel. Min. Roberto Barroso, Primeira Turma, *DJe* 18.5.2015)

da proporcionalidade, pela carência de previsão no antecedente da norma da prática de fraude, falsidade ou abuso de direito, pelo risco de atingimento de contribuintes de boa-fé que tiveram a sua compensação não homologada por erro formal em sua declaração, bem como por inibir o sujeito passivo de exercer o direito de compensação tributária. E, conclui:

> Isso posto, tenho que a aplicação de multa isolada pela mera não homologação de declaração de compensação, sem que esteja caracterizada a má-fé, falsidade, dolo ou fraude, fere o direito fundamental de petição e o princípio da proporcionalidade.

Como se nota, o Relator da ADI nº 4.905 critica o comando punitivo encerrado no art. 74, §17, da Lei nº 9.430/1996, por carecer da necessária definição de um ilícito no seu antecedente e por ferir um direito assegurado pelo ordenamento jurídico.

Também no prisma da análise encetada pelo Ministro Gilmar Mendes, exsurge descabida a pretensão punitiva de feição exclusivamente impositiva – como tal definida por lei ordinária, permitindo-nos elucubrar sua tendência de admitir a sua natureza como propositiva, como pedra de toque da proporcionalidade da punição e do respeito ao direito do contribuinte de não ser punido por conduta não vedada *ex lege*.

Realizando um exercício exegético do efeito de tal entendimento sobre o art. 44, I, da Lei nº 9.430/1996, permitimo-nos admitir que as críticas e conclusões vazadas pelos Ministros Edson Fachin e Gilmar Mendes seriam igualmente aplicáveis, mormente em razão da ausência de ato ilícito previsto no antecedente da norma – à cominação de multa bastaria um tributo devido sob alegação de falta ou insuficiência de recolhimento – e da forma automática de aplicação – a automaticidade da multa de ofício vinculada decorre de programação de sistema para ser aplicada em todo e qualquer auto de infração.[67]

4 Conclusão

A natureza propositiva da pretensão punitiva prevista no art. 142, *caput, in fine*, do CTN, é amparada pela visão histórica e sistemática das normas gerais encetadas no CTN, servindo de vetor à legislação tributária, conforme competência atribuída pelo art. 146 da CF/88.

Isso é corroborado pela própria compreensão do lançamento como um plexo de atos tendentes à constituição definitiva do crédito tributário, composto pelo procedimento a cargo do Fisco, iniciado pela notificação ao sujeito passivo, e pela impugnação do

---

(realce atual). As multas punitivas incidem, também, no caso de descumprimento de deveres instrumentais, reforçando o dever de todos em colaborar com o Fisco na arrecadação e fiscalização de tributos. As multas punitivas tributárias podem ser classificadas em isoladas, de ofício, qualificadas e agravadas. São isoladas: "as multas punitivas aplicáveis diretamente pelo Fisco 'de ofício' em face do descumprimento do contribuinte de suas obrigações. Sem observância pelo sujeito passivo de seus deveres de informar ou pagar antecipadamente, tanto a obrigação principal quanto as sanções decorrentes de seu descumprimento dependem de ato do Fisco, constituindo e sancionando, de ofício, os deveres inobservados pelo agente particular" (Multas Tributárias de Ofício, Isolada, Qualificada e Agravada – Considerações sobre Cumulação de Multas e sobre o Entendimento Jurisprudencial dos Princípios da Proporcionalidade e do não Confisco Aplicados às Multas Tributárias. *Revista Dialética de Direito Tributário*, São Paulo, n. 225, p. 62, jun. 2014).

[67] Exceto nos casos enquadrados pelo agente fiscal em hipótese legal de não aplicação de penalidade, a exemplo do art. 100 do CTN ou do art. 63 da Lei nº 9.430/1966, ou, ainda, do art. 5º, §2º, do Decreto-lei nº 2.124/1984.

sujeito passivo, encerrado com a decisão administrativa definitiva que mantém o crédito tributário *lato sensu* (tributo e penalidade), conforme art. 201, *caput,* do CTN.

O fato de o art. 44 da Lei nº 9.430/1996 conter comando de aplicação de penalidade de forma vinculada ao lançamento de tributo não suplantaria o comando do CTN no sentido de que o lançamento apenas inaugura o processo de constituição do crédito tributário *lato sensu,* sendo que a penalidade indicada pela autoridade lançadora será considerada se o devedor não se opuser ao lançamento ou se a autoridade julgadora assim decidir.

Disso já decorreria, a nosso ver, boa parte da solução da *quaestio,* por implicar que a penalidade não é aplicada antes da decisão final no contencioso administrativo provocado pela impugnação do sujeito passivo.

A penalidade é proposta (e não imposta) pela autoridade fiscal no exercício da sua função de formalizar, unilateralmente, a ocorrência do que classifica como infração decorrente do inadimplemento de obrigação tributária, originando o procedimento do lançamento, sendo que a sua definitividade dependerá, necessariamente, da concordância do sujeito passivo acerca do crédito tributário, mediante pagamento, parcelamento ou compensação, ou, no caso de irresignação, de decisão de órgão julgador administrativo, este sim investido da competência de aplicar a penalidade ou de afastar aquela proposta pela autoridade fiscal.

Considera-se aplicada a penalidade no momento que o crédito tributário *lato sensu* (tributo e penalidade) se afigura constituído em definitivo – e não antes.

É dizer: a natureza propositiva da pretensão punitiva prevista decorre do CTN, notadamente em razão do modelo de lançamento escolhido pelo legislador, que não se encerra num só ato isolado, mas resulta da realização de um conjunto encadeado de atos voltados ao fim de constituição definitiva do crédito tributário *lato sensu* (tributo e penalidade).

Também, à luz do texto constitucional, não se admitiria uma pretensão punitiva de natureza impositiva cujo exercício prescinda de concreta aferição da licitude e boa-fé da conduta do sujeito passivo e que anteceda a realização do contraditório e da ampla defesa pelas partes. Estamos convictos de que há de se assegurar o *due process of law* antes de se considerar aplicada a penalidade e valorar a índole subjetiva da vontade do sujeito passivo na prática da conduta reputada infracional, o que afastaria de *per se* a automaticidade da multa em função da mera acusação da existência de um crédito tributário ainda não constituído em definitivo.

Disso decorrem diversos efeitos jurídicos relevantes, a começar pela limitação da competência do legislador ordinário à definição de penalidades, ficando vedado prever a sua aplicação antes de encerrado o iter do lançamento, mormente no bojo do contencioso administrativo em que o sujeito passivo impugna o auto de infração.

As normas ordinárias que versam sobre penalidade tributária hão de ser interpretadas à luz de tal comando, a exemplo do art. 44, I, da Lei nº 9.430/1996, que deve ser compreendido nos lindes do CTN, inclusive como condição de legalidade, no sentido de que tal aplicação possui cunho propositivo e não impositivo.

Outro efeito fundamental ecoado de tal compreensão é a competência do julgador administrativo de deliberar sobre a aplicação de penalidade, seja aquela proposta pelo agente fiscal, outra menos gravosa, ou mesmo entender não ser caso de penalidade, seja por reconhecer o enquadramento do caso em hipótese legal de vedação de multa ou de sua relevação – a exemplo dos arts. 100 e 112, ambos do CTN –, seja por valorar aspectos subjetivos da conduta do contribuinte e concluir não caracterizar *ipso facto* infração sujeita à punição.

Tais efeitos, a nosso ver, seriam suficientes para justificar a revisão da prática atual da pretensão punitiva no contencioso administrativo tributário, em prol da sua coerência com as normas gerais preconizadas pelo CTN, o que prescindiria de alteração legislativa, antes demandando a plena observância daquelas.

Informação bibliográfica deste texto, conforme a NBR 6023:2018 da Associação Brasileira de Normas Técnicas (ABNT):

SILVA, Leandro Cabral e. Pretensão punitiva no lançamento tributário. *In*: SEEFELDER FILHO, Claudio Xavier (coord.). *Direito Econômico e Desenvolvimento*: entre a prática e a academia. Belo Horizonte: Fórum, 2023. p. 323-341. ISBN 978-65-5518-487-7.

RELEITURA DO MECANISMO DA REPACTUAÇÃO DE PREÇOS DOS CONTRATOS DE SERVIÇOS CONTÍNUOS PRESTADOS MEDIANTE DEDICAÇÃO EXCLUSIVA DE MÃO DE OBRA

LUIZ FELIPE BEZERRA ALMEIDA SIMÕES

1 Introdução

Além de dar concretude à isonomia entre aqueles que desejam contratar com o Poder Público e de incentivar a inovação e o desenvolvimento nacional sustentável, bem assim evitar sobrepreço e superfaturamento na execução dos contratos, a licitação tem por objetivo, conforme dispõe o art. 11, inciso I, da Lei nº 14.133/2021,[1] assegurar a seleção da proposta apta a gerar o resultado de contratação mais vantajoso para a Administração Pública,[2] com o vencedor do certame sendo, ao final da disputa, contratado para executar o objeto demandado.

Os interessados participam da licitação concorrendo entre si pelo objeto pretendido pela Administração e, para tanto, apresentam proposta de preço, a qual reflete, além da expectativa de lucro que o particular almeja auferir, os custos nos quais estima incorrer para: a) executar o objeto em conformidade com as especificações do projeto

---

[1] No dia 1º de abril de 2021, entrou em vigor a Lei nº 14.133, que veio para substituir a antiga Lei de Licitações (Lei nº 8.666/1993), bem como a Lei nº 10.520/2002 (Lei do Pregão) e os artigos 1º a 47-A da Lei nº 12.462/2011 (Regime Diferenciado de Contratações Públicas – RDC). Embora a nova Lei de Licitações e Contratos Administrativos já esteja em vigor, o seu art. 193, inciso II, estabeleceu o prazo de dois anos de transição até que aqueles outros regimes jurídicos sejam definitivamente revogados. Até lá, as administrações públicas diretas, autárquicas e fundacionais da União, Estados, Distrito Federal e Municípios poderão optar por utilizar uma ou outra legislação em seus processos de licitação.

[2] Art. 11. O processo licitatório tem por objetivos:
I - assegurar a seleção da proposta apta a gerar o resultado de contratação mais vantajoso para a Administração Pública, inclusive no que se refere ao ciclo de vida do objeto;
II - assegurar tratamento isonômico entre os licitantes, bem como a justa competição;
III - evitar contratações com sobrepreço ou com preços manifestamente inexequíveis e superfaturamento na execução dos contratos;
IV - incentivar a inovação e o desenvolvimento nacional sustentável.

básico ou termo de referência;[3] e b) arcar com todas as obrigações fiscais, trabalhistas, previdenciárias e comerciais resultantes da execução do contrato.[4]

O melhor preço ofertado pelo licitante vencedor na competição, isto é, o preço aceito pela Administração e que passa a constar do contrato que ele celebra com o Poder Público, representa aquilo que se convencionou chamar de 'justa remuneração' acordada com o particular em face dos encargos envolvidos na execução do objeto pactuado.

Estabelece-se, assim, a chamada equação econômico-financeira original do contrato, a qual representa o equilíbrio presumido entre a prestação (encargos) a que se obrigou o contratado e o preço pactuado com o ente público.

E essa equação deve manter-se equilibrada até o término da vigência contratual. É o que preconiza o inciso XXI do art. 37 da Constituição Federal,[5] o qual assegura ao particular que contrata com a Administração Pública a manutenção das condições efetivas da proposta aceita.

A manutenção das "condições efetivas da proposta" implica a obrigatoriedade da preservação do equilíbrio entre as obrigações do contratado e a contraprestação da Administração contratante, assumidas ao tempo da celebração da avença resultante da licitação.

Na ocorrência de eventos que, durante a execução do negócio jurídico, afetem o seu equilíbrio econômico-financeiro, aumentando ou reduzindo os encargos do particular, a legislação infraconstitucional prevê a possibilidade de alteração proporcional da retribuição devida, para manter-se hígida a sobredita equação. Isso se dá mediante a adoção de mecanismos de alteração dos preços pactuados. São eles:

a) o *reajustamento em sentido estrito*, que tem previsão nos arts. 6º, inciso LVIII, 25, §§7º e 8º, inciso I, e 92, §§3º e 4º, inciso I, todos da Lei nº 14.133/2021;[6]

b) a *revisão*, que encontra amparo nos arts. 104, §2º, 124, inciso II, alínea "d", 130 e 134, todos da Lei nº 14.133/2021;[7]

c) a *repactuação*,[8] prevista nos arts. 6º, inciso LIX, 92, §4º, inciso II, e 135, incisos I, II e §§3º e 4º, todos da Lei nº 14.133/2021.[9]

Tanto para apresentação da proposta de preço na licitação – momento em que se aperfeiçoa o equilíbrio econômico-financeiro do contrato – quanto para futuro pleito

---

[3] Os conceitos de 'termo de referência' e de 'projeto básico', bem como os seus respectivos conteúdos, estão dispostos no art. 6º, incisos XXIII e XXV, da Lei nº 14.133/2021.

[4] Conforme o art. 121 da Lei nº 14.133/2021, "o contratado será responsável pelos encargos trabalhistas, previdenciários, fiscais e comerciais resultantes da execução do contrato".

[5] Art. 37. [...].
XXI - ressalvados os casos especificados na legislação, as obras, serviços, compras e alienações serão contratados mediante processo de licitação pública que assegure igualdade de condições a todos os concorrentes, com cláusulas que estabeleçam obrigações de pagamento, *mantidas as condições efetivas da proposta*, nos termos da lei [...];

[6] O instrumento do reajuste por índice (ou reajustamento em sentido estrito) tem previsão nos arts. 40, inciso XI, e 55, inciso III, ambos da Lei nº 8.666/1993.

[7] O mecanismo da revisão encontra amparo nos arts. 58, §2º, e 65, inciso II, alínea "d", c/c §§5º e 6º, ambos da Lei nº 8.666/1993.

[8] Conforme a Lei nº 14.133/2021, o reajustamento de preços se subdivide em 'reajustamento em sentido estrito' e 'reajustamento por repactuação'.

[9] Por não ter previsão expressa na Lei nº 8.666/1993, a repactuação passou a ser considerada, a partir da jurisprudência do TCU e das normas de regência, como espécie de reajuste de preços.

de readequação ou recomposição desse equilíbrio (mediante o manejo do instrumento adequado), tem-se levado em conta a existência de duas áleas – ordinária e extraordinária –, as quais abarcam os seguintes eventos:

a) álea ordinária: evento previsível e suportável, por ser usual no mercado, ou seja, pode ser mitigado por correto planejamento e conhecimento dos custos necessários para cumprir o contrato; tem-se entendido o fenômeno inflacionário como o fator determinante (fato gerador) do desequilíbrio; o instrumento adequado para, nessas situações, recompor a equação econômico-financeira do contrato é o reajustamento de preços (tanto o reajustamento por índice quanto o reajustamento por repactuação);

b) álea extraordinária: evento imprevisível que, pela onerosidade excessiva que acarreta a um dos contratantes, desafia os cálculos feitos quando da orçamentação e da formulação da proposta de preço; inclui-se também em tal categoria o evento futuro que, embora previsível na sua ocorrência, não possa ter suas consequências dimensionadas (evento previsível de consequências incalculáveis), bem como as modificações legais (normativas) que interfiram nos encargos suportados pelo particular para executar o objeto pactuado; nessas situações, o mecanismo aplicável para restabelecer o equilíbrio econômico-financeiro do contrato é a revisão de preços.

2 O Estado da arte do mecanismo da repactuação

É indispensável para a compreensão do tratamento que a Lei nº 14.133/2021 confere à técnica da repactuação esclarecer como o TCU e grande parte da doutrina chegaram ao entendimento de que, sob o prisma da teoria das áleas, o mecanismo da repactuação, utilizado para assegurar o equilíbrio econômico-financeiro contratual, é espécie ou critério de reajustamento (reajuste) de preços, devendo por isso ser observado o lapso temporal de 1 (um) ano para sua aplicação.

Preliminarmente, frise-se que a Lei nº 8.666/1993 nada dispõe sobre o mecanismo da repactuação. Em 1997, foi editado o Decreto Federal nº 2.271, o qual disciplinou a contratação de serviços contínuos no âmbito da Administração Federal direta, autárquica e fundacional, prevendo a aplicação da técnica da repactuação com vistas à adequação dos preços pactuados aos novos valores praticados no mercado, mediante a demonstração, pela empresa contratada, da variação dos componentes dos custos do contrato.

> Art. 5º Os contratos de que trata este Decreto, que tenham por objeto a *prestação de serviços executados de forma contínua* poderão, desde que previsto no edital, admitir *repactuação* visando a *adequação aos novos preços de mercado*, observados o interregno mínimo de um ano e a demonstração analítica da variação dos componentes dos custos do contrato, devidamente justificada.

Na sequência, foi editada a Instrução Normativa MARE nº 18/1997, que passou a ser o regulamento da contratação de serviços executados de forma indireta e contínua, celebrados por órgãos ou entidades integrantes do Sistema de Serviços Gerais – SISG (Administração federal direta, autárquica e fundacional). Suas principais disposições diziam respeito à:

1ª) permissão para utilização da técnica da repactuação, desde que observado o interregno mínimo de um ano, a contar da data da proposta, ou da data do orçamento a que a proposta se referisse, ou da data da última repactuação (item 7.1);

2ª) adoção, como data do orçamento a que a proposta se referisse, da data do acordo, convenção, dissídio coletivo de trabalho ou equivalente, que estipulasse o salário vigente à época da apresentação da proposta (item 7.2);

3ª) necessidade de que a repactuação fosse precedida de demonstração analítica do aumento dos custos (item 7.3).

2.1 Espécie ou critério de reajustamento de preços

Tanto o art. 5º do Decreto Federal nº 2.271/1997[10] quanto o item 7.1 da IN-MARE nº 18/1997,[11] disposições normativas que admitiram a incidência da repactuação nos contratos de prestação de serviços contínuos no âmbito da Administração federal direta, autárquica e fundacional, nada esclareceram quanto à natureza jurídica do aludido mecanismo.

Precisamente no ano de 2008, quando da prolação dos Acórdãos nºs 1.827 e 1.828, ambos do Plenário, o TCU, neles sustentando tese idêntica, ao interpretar os sobreditos normativos, concluiu que estes, ao preverem o instrumento da repactuação, não criaram instituto jurídico autônomo, mas buscaram tão somente disciplinar a aplicação dos arts. 40, inciso XI, e 55, inciso III, da Lei nº 8.666/1993 (tratam do reajuste de preços) para os contratos de prestação de serviços de natureza continuada. Ao analisar, portanto, a natureza jurídica da repactuação, o TCU concluiu, naquela assentada, tratar-se de espécie de reajuste, nos seguintes termos:

> *Acórdão nº 1827/2008-Plenário*[12]
>
> 3. A *repactuação* de preços não foi editada pelo Decreto nº 2.271/97 como figura jurídica autônoma, mas como *espécie de reajuste de preços*, a qual, ao contrário de valer-se da aplicação de índices de preços, adota apenas a efetiva alteração dos custos contratuais. Desse modo, não há se falar em inconstitucionalidade quanto ao aspecto previsto no artigo 84, inciso IV, da Constituição Federal.
>
> 25. *A Lei nº 8.666/93 prevê que o valor pactuado inicialmente entre as partes pode sofrer três espécies de alterações*: reajuste (artigo 40, inciso XI), atualização financeira em decorrência de atraso no pagamento (artigo 40, inciso XIV, alínea 'c') e *reequilíbrio econômico-financeiro* (artigo 65, inciso II, alínea 'd').
>
> 26. O *reajuste de preços*, conforme previsto pelo artigo 40, inciso XI, da Lei nº 8.666/93, tem como ideia central a reposição da perda do poder aquisitivo da moeda por meio do emprego de índices de preços prefixados no contrato administrativo.

---

[10] Art. 5º Os contratos de que trata este Decreto, que tenham por objeto a prestação de serviços executados de forma contínua poderão, desde que previsto no edital, admitir repactuação visando a adequação aos novos preços de mercado, observados o interregno mínimo de um ano e a demonstrarão analítica da variação dos componentes dos custos do contrato, devidamente justificada.

[11] 7.1. Será permitida a repactuação do contrato, desde que seja observado o interregno mínimo de um ano, a contar da data da proposta, ou da data do orçamento a que a proposta se referir, ou da data da última repactuação;

[12] Relator Ministro Benjamin Zymler.

27. O *reequilíbrio econômico-financeiro stricto sensu*, por sua vez, trata do reestabelecimento da relação contratual inicialmente ajustada pelas partes, desde que a altere por álea extraordinária superveniente ao originalmente contratado. Instituto previsto no artigo 65, inciso II, alínea 'd', da Lei nº 8.666/93, é concedido ao contratado pela Administração, desde que se verifique a ocorrência das hipóteses específicas de sua admissibilidade apontadas pela lei.

28. Especificamente para os *contratos administrativos de serviços contínuos* na esfera federal, o *Decreto nº 2.271/97* e a *Instrução Normativa MARE nº 18, de 1997*, apresentam a *repactuação* de preços como mecanismo para manter a relação econômico-financeira do contrato.
[...]

33. Diante do exposto, *o instituto da repactuação contratual, entendido como espécie de reajuste, encontra seu fundamento legal nos artigos 40, inciso XI, e 55, inciso III, da Lei nº 8.666/93* [...].

E esse entendimento da Corte de Contas, no sentido de que a técnica da repactuação tem características mais próximas do reajuste do que da revisão de preços, começou a ser delineado no Acórdão nº 1563/2004-Plenário,[13] oportunidade em que o TCU, também se debruçando sobre o conteúdo do Decreto Federal nº 2.271/1997 e da IN-MARE nº 18/1997, deixou assente:

9.1.2. os *incrementos dos custos de mão-de-obra* ocasionados pela data-base de cada categoria profissional nos contratos de prestação de serviços de natureza contínua *não se constituem em fundamento para a alegação de desequilíbrio econômico-financeiro*;

Da leitura dos sobreditos acórdãos, depreende-se que o TCU chegou à conclusão de que repactuação não é espécie de revisão de preços – e sim de reajuste – pelo fato de os incrementos dos custos de mão de obra (em especial o aumento salarial) por força de acordo, convenção ou dissídio coletivo de trabalho não configurarem, na ótica da Corte de Contas, álea extraordinária, ou seja, tratar-se-ia de álea ordinária.

Nesse sentido, tanto o reajuste de preços, como gênero, quanto a repactuação (espécie) visariam tão somente à recomposição do valor acordado como consequência dos efeitos da inflação.

2.2 Âmbito de aplicação do instrumento

De acordo com o TCU, o mecanismo da repactuação é modalidade especial de reajuste de preços, que objetiva o restabelecimento do equilíbrio dos contratos que envolvem serviços de natureza continuada[14] executados mediante dedicação exclusiva

---

[13] Relator Ministro Augusto Sherman.
[14] De acordo com o art. 15 da Instrução Normativa Seges-MPDG nº 5/2017, serviços prestados de forma contínua são "aqueles que, pela sua essencialidade, visam atender à necessidade pública de forma permanente e contínua, por mais de um exercício financeiro, assegurando a integridade do patrimônio público ou o funcionamento das atividades finalísticas do órgão ou entidade, de modo que sua interrupção possa comprometer a prestação de um serviço público ou o cumprimento da missão institucional". Conforme o parágrafo único do referido artigo, a contratação de serviços prestados de forma contínua "deverá observar os prazos previstos no art. 57 da Lei nº 8.666, de 1993".

de mão de obra.[15] [16] Esse entendimento da Corte de Contas acerca do âmbito de aplicação do instituto da repactuação, circunscrito aos contratos que têm por objeto a prestação de serviços contínuos mediante dedicação exclusiva de mão de obra, restou consignado, entre outras, na seguinte deliberação:

> Acórdão nº 1574/2015-Plenário[17]
> A repactuação de preços aplica-se apenas às contratações de serviços continuados com dedicação exclusiva de mão de obra e ocorre a partir da variação dos componentes dos custos do contrato, desde que seja observado o interregno mínimo de um ano das datas dos orçamentos aos quais a proposta se referir, conforme estabelece o art. 5º do Decreto 2.271/97, devendo ser demonstrada analiticamente, de acordo com a Planilha de Custos e Formação de Preços.

O entendimento do TCU foi inicialmente incorporado ao art. 37 da extinta IN SLTI-MPOG nº 2/2008[18] (revogou a IN-MARE nº 18/1997), passando a figurar, posteriormente, no art. 54 da IN Seges-MPDG nº 5/2017,[19] que revogou aquela. Nesse mesmo sentido, o Decreto Federal nº 9.507/2018 (revogou o Decreto Federal nº 2.271/1997), que hoje disciplina a contratação de serviços no âmbito da Administração federal direta, autárquica e fundacional, das empresas públicas e das sociedades de economia mista controladas pela União, estabelece, em seu art. 12,[20] que o mecanismo da repactuação seja adotado apenas nos contratos de prestação de serviços contínuos em que haja o regime de mão de obra exclusiva, ou a cessão da mão de obra empregada na execução por parte da empresa contratada.

Por seu turno, o art. 6º, inciso LIX, da Lei nº 14.133/2021 assinala que a repactuação é a "forma de manutenção do equilíbrio econômico-financeiro de contrato utilizada para serviços contínuos com regime de dedicação exclusiva de mão de obra ou predominância de mão de obra".

---

[15] Em conformidade com o art. 17 da IN Seges-MPDG nº 5/2017, serviços com regime de dedicação exclusiva de mão de obra são aqueles em que o modelo de execução contratual exija, entre outros requisitos, que: "I - os empregados da contratada fiquem à disposição nas dependências da contratante para a prestação dos serviços; II - a contratada não compartilhe os recursos humanos e materiais disponíveis de uma contratação para execução simultânea de outros contratos; e III - a contratada possibilite a fiscalização pela contratante quanto à distribuição, controle e supervisão dos recursos humanos alocados aos seus contratos". Conforme o parágrafo único do referido artigo, tais serviços "poderão ser prestados fora das dependências do órgão ou entidade, desde que não seja nas dependências da contratada e presentes os requisitos dos incisos II e III". É importante destacar que o art. 9º, *caput*, do Decreto Federal nº 9.507/2018 se reporta a tais avenças como "contratos de prestação de serviços continuados que envolvam disponibilização de pessoal da contratada de forma prolongada ou contínua para consecução do objeto contratual".

[16] A Lei nº 14.133/2021, em seu art. 6º, inciso XVI, adotou os mesmos elementos caracterizadores descritos no art. 17 da IN Seges-MPDG nº 5/2017.

[17] Relator Ministro Benjamin Zymler.

[18] Art. 37. A repactuação de preços, como espécie de reajuste contratual, deverá ser utilizada nas contratações de serviços continuados com dedicação exclusiva de mão de obra, desde que seja observado o interregno mínimo de um ano das datas dos orçamentos aos quais a proposta se referir, conforme estabelece o art. 5º do Decreto nº 2.271, de 1997 [redação dada pela IN SLTI/MPOG nº 3/2009].

[19] Art. 54. A repactuação de preços, como espécie de reajuste contratual, deverá ser utilizada nas contratações de serviços continuados com regime de dedicação exclusiva de mão de obra, desde que seja observado o interregno mínimo de um ano das datas dos orçamentos aos quais a proposta se referir.

[20] Art. 12. Será admitida a repactuação de preços dos serviços continuados sob regime de mão de obra exclusiva, com vistas à adequação ao preço de mercado [...].

2.3 Observância da anualidade e marco para contagem

Acerca da necessidade de se observar o período de um ano (anualidade) para aplicação do mecanismo da repactuação, há muito já havia o TCU deliberado nesse sentido, por meio do Acórdão nº 1.563/2004-Plenário,[21] invocando, para tanto, os então vigentes Decreto Federal nº 2.271/1997 e Instrução Normativa MARE nº 18/1997:

> 9.1.3. no caso da primeira repactuação dos contratos de prestação de serviços de natureza contínua, o prazo mínimo de um ano [...] conta-se a partir da apresentação da proposta ou da data do orçamento a que a proposta se referir, sendo que, nessa última hipótese, considera-se como data do orçamento a data do acordo, convenção, dissídio coletivo de trabalho ou equivalente que estipular o salário vigente à época da apresentação da proposta, vedada a inclusão, por ocasião da repactuação, de antecipações e de benefícios não previstos originariamente, nos termos do disposto no art. 5º do Decreto 2.271/97 e do item 7.2 da IN/Mare 18/97;

Em termos práticos, para fim de aplicação do mecanismo da repactuação, o marco inicial para contagem da anualidade é a data do acordo, convenção coletiva ou dissídio coletivo (da categoria profissional empregada na execução dos serviços) ao qual o orçamento esteja vinculado, para os custos decorrentes da mão de obra.

Outros acórdãos foram prolatados na sequência, corroborando esse entendimento:

> *Acórdão nº 1827/2008-Plenário*[22]
> Nos contratos referentes à prestação de serviços executados de forma contínua a data de referência que servirá para a contagem do *interregno de 1 (um) ano para a primeira repactuação*, em regra, é a *data-base da categoria envolvida*.

> *Acórdão nº 2094/2010-Segunda Câmara*[23]
> Deve ser observado, por ocasião das repactuações de contratos administrativos para a prestação de serviços de natureza contínua, o *interregno de um ano da data da apresentação da proposta ou do orçamento a que a proposta se referir*, conforme previsto no edital, sendo que, na última hipótese, *considera-se como data do orçamento a data do acordo, convenção, dissídio coletivo de trabalho ou equivalente que estipular o salário vigente* à época *da apresentação da proposta*, ou da data considerada para a última repactuação, se for o caso.

Tal entendimento encontra-se hoje consubstanciado no *caput* do art. 54 da IN Seges-MPDG nº 5/2017, em que se ressalta justamente a observância do "interregno mínimo de um ano das datas dos orçamentos aos quais a proposta se referir".

> Art. 54. A *repactuação* de preços, como *espécie de reajuste* contratual, deverá ser utilizada nas contratações de serviços continuados com regime de dedicação exclusiva de mão de obra, desde que seja observado o *interregno mínimo de um ano das datas dos orçamentos aos quais a proposta se referir*.

---

[21] Relator Ministro Augusto Sherman.
[22] Relator Ministro Benjamin Zymler.
[23] Relator Ministro André de Carvalho.

No que concerne ao marco inicial para contagem da anualidade visando à repactuação, deve o órgão ou entidade responsável pela contratação, em seus editais de licitação e/ou minutas de contrato, em conformidade com o art. 55 da IN Seges-MPDG nº 5/2017,[24] deixar clara a data de referência que servirá para a contagem do interregno de um ano para a primeira repactuação (tanto no que concerne à mão de obra quanto no que diz respeito aos demais insumos envolvidos na prestação do serviço), da seguinte forma:

I) a data do acordo, convenção coletiva, dissídio coletivo de trabalho ou equivalente vigente à época da apresentação da proposta, quando a variação dos custos for decorrente da mão de obra e estiver vinculada às datas-bases destes instrumentos; e

II) a data limite para apresentação das propostas constante do ato convocatório, em relação aos custos com a execução do serviço decorrentes do mercado, tais como o custo dos materiais e equipamentos necessários.

Esse mesmo entendimento pode ser extraído da leitura conjunta dos arts. 6º, inciso LIX,[25] e 135, §4º,[26] ambos da Lei nº 14.133/2021.

Nas repactuações subsequentes à primeira, a anualidade será contada a partir da data do fato gerador que deu ensejo à última repactuação,[27] ou, mais especificamente, da data em que iniciados seus efeitos financeiros.[28] É também o que se depreende do conteúdo do art. 135, §3º, da Lei nº 14.133/2021.[29]

São, na verdade, duas etapas ou formas de reajustamento, incidentes sobre parcelas distintas (mão de obra e outros insumos) relacionadas à prestação do serviço contínuo. Essas duas formas de reajuste correspondem então: a) ao reajustamento em sentido estrito, para os custos decorrentes do mercado (envolvendo, por exemplo, materiais e equipamentos); e b) ao reajustamento por repactuação, para os custos decorrentes da mão de obra.

---

[24] Art. 55. O interregno mínimo de um ano para a primeira repactuação será contado a partir:
I - da data limite para apresentação das propostas constante do ato convocatório, em relação aos custos com a execução do serviço decorrentes do mercado, tais como o custo dos materiais e equipamentos necessários à execução do serviço; ou
II - da data do Acordo, Convenção, Dissídio Coletivo de Trabalho ou equivalente vigente à época da apresentação da proposta, quando a variação dos custos for decorrente da mão de obra e estiver vinculada às datas-bases destes instrumentos.

[25] Art. 6º Para os fins desta Lei, consideram-se: [...]
LIX - repactuação: forma de manutenção do equilíbrio econômico-financeiro de contrato utilizada para serviços contínuos com regime de dedicação exclusiva de mão de obra ou predominância de mão de obra, por meio da análise da variação dos custos contratuais, devendo estar prevista no edital com data vinculada à apresentação das propostas, para os custos decorrentes do mercado, e com data vinculada ao acordo, à convenção coletiva ou ao dissídio coletivo ao qual o orçamento esteja vinculado, para os custos decorrentes da mão de obra.

[26] Art. 135. [...].
§4º A *repactuação* poderá ser dividida em tantas parcelas quantas forem necessárias, *observado o princípio da anualidade do reajuste de preços da contratação*, podendo ser realizada em momentos distintos para discutir a variação de custos que tenham sua anualidade resultante em datas diferenciadas, como os decorrentes de mão de obra e os decorrentes dos insumos necessários à execução dos serviços.

[27] Instrução Normativa Seges-MPDG nº 5/2017: "Art. 56. Nas repactuações subsequentes à primeira, a anualidade será contada a partir da data do fato gerador que deu ensejo à última repactuação".

[28] Orientação Normativa-AGU nº 26: "No caso das repactuações subsequentes à primeira, o interregno de um ano deve ser contado da última repactuação correspondente à mesma parcela objeto da nova solicitação. Entende-se como última repactuação a data em que iniciados seus efeitos financeiros, independentemente daquela em que celebrada ou apostilada".

[29] Art. 135. [...].
§3º A repactuação deverá observar o interregno mínimo de 1 (um) ano, contado da data da apresentação da proposta ou da data da última repactuação.

2.4 Exigências para o pleito e início dos efeitos

Segundo o TCU, a nota distintiva essencial entre o reajuste por índice e a repactuação é quanto à técnica empregada para promover-se o reequilíbrio econômico-financeiro do contrato: no reajuste em sentido estrito, dá-se por simples aplicação do índice definido contratualmente; na repactuação, ocorre mediante a demonstração analítica da variação dos custos do contrato.

> *Acórdão nº 1105/2008-Plenário*[30]
> A *diferença entre repactuação e reajuste* é que *este é automático e realizado periodicamente, mediante aplicação de* índice *de preço* que, dentro do possível, deve refletir os custos setoriais. Enquanto que *naquela, de periodicidade anual, não há automatismo, pois é necessário demonstrar a variação dos custos do serviço*. Para que ocorra a repactuação, com base na variação dos custos do serviço contratado, deve ser observado o prazo mínimo de um ano, mediante a demonstração analítica da variação dos componentes dos custos, devidamente justificada, não sendo admissível repactuação com base na variação do IGPM.

A repactuação depende de requerimento formal da contratada, no qual sejam explicitados os custos que sofreram variação no curso da execução contratual e a comprovação dos fatos que a provocaram.

A comprovação da necessidade da repactuação exige, pois, a demonstração analítica da variação dos custos, por meio da apresentação de planilhas detalhadas de composição dos itens contratados, com todos os seus insumos, especificamente em relação à mão de obra, exigência essa que hoje advém do art. 135, *caput*, da Lei nº 14.133/2021, segundo o qual os preços dos contratos para serviços contínuos com regime de dedicação exclusiva de mão de obra ou com predominância de mão de obra serão repactuados "mediante demonstração analítica da variação dos custos contratuais".

A mesma exigência encontra-se presente na IN Seges-MPDG nº 5/2017 e no Decreto Federal nº 9.507/2018, que assim dispõem:

> *Instrução Normativa Seges-MPDG nº 5/2017*
> Art. 57. As repactuações serão precedidas de solicitação da contratada, acompanhada de demonstração analítica da alteração dos custos, por meio de apresentação da planilha de custos e formação de preços ou do novo Acordo, Convenção ou Dissídio Coletivo de Trabalho que fundamenta a repactuação, conforme for a variação de custos objeto da repactuação.

> *Decreto Federal nº 9.507/2018*
> Art. 12. Será admitida a repactuação de preços dos serviços continuados sob regime de mão de obra exclusiva, com vistas à adequação ao preço de mercado, desde que:
> I - seja observado o interregno mínimo de um ano das datas dos orçamentos para os quais a proposta se referir; e
> II - seja demonstrada de forma analítica a variação dos componentes dos custos do contrato, devidamente justificada.

---

[30] Relator Ministro Benjamin Zymler.

A repactuação só se mostra então viável caso exista planilha demonstrativa da formação de preços. A instrumentalização do contrato por planilha de custos e formação de preços unitários, com detalhamento dos custos com mão de obra e demais insumos empregados na execução dos serviços, é pressuposto básico essencial da repactuação, ante a necessidade, para o deferimento desta, de demonstração analítica da variação dos preços.

O edital do certame deve então exigir a indicação, pela empresa licitante (futura contratada), da convenção coletiva de trabalho (CCT) – ou instrumento equivalente – a que a empresa se vincula em função da sua atividade econômica preponderante,[31] adotada para fim de elaboração da sua proposta de preço. Por ocasião da repactuação, a mesma CCT – em cotejo com a nova norma coletiva de trabalho, pactuada pelos mesmos sindicatos – servirá de base para apreciação do pedido da contratada.

3 Repactuação como espécie de revisão e não de reajuste

3.1 Características que aproximam a repactuação da revisão

Não obstante ser incontroverso que as normas coletivas de trabalho são de observância cogente (arts. 7º, inciso XXVI, e 8º, inciso VI, ambos da Constituição Federal[32]), o TCU tem entendimento no sentido de que o incremento de custos ao empregador por força de acordo ou convenção coletiva de trabalho (art. 611, *caput* e §1º, da CLT[33]) a que ele se vincula, ainda que com significativos reflexos na equação econômico-financeira do contrato administrativo celebrado com o ente público, não dá azo à revisão de preços.

Como já frisado, esse entendimento da Corte de Contas começou a ser delineado no Acórdão nº 1.563/2004-Plenário,[34] no qual restou deliberado:

> 9.1.2. os *incrementos dos custos de mão-de-obra* ocasionados pela data-base de cada categoria profissional nos contratos de prestação de serviços de natureza contínua *não se constituem em fundamento para a alegação de desequilíbrio econômico-financeiro*;[35]

---

[31] Nesse sentido já se posicionou o TCU por meio do Acórdão nº 2.101/2020-Plenário, Relator Ministro Augusto Nardes, nos seguintes termos: "Na elaboração de sua planilha de formação de preços, o licitante pode utilizar norma coletiva de trabalho diversa daquela adotada pelo órgão ou entidade como parâmetro para o orçamento estimado da contratação, tendo em vista que o enquadramento sindical do empregador é definido por sua atividade econômica preponderante, e não em função da atividade desenvolvida pela categoria profissional que prestará os serviços mediante cessão de mão de obra (art. 581, §2º, da CLT e art. 8º, inciso II, da Constituição Federal)".

[32] Art. 7º São direitos dos trabalhadores urbanos e rurais, além de outros que visem à melhoria de sua condição social: [...]
XXVI - reconhecimento das convenções e acordos coletivos de trabalho;
[...]
Art. 8º É livre a associação profissional ou sindical, observado o seguinte: [...]
VI - é obrigatória a participação dos sindicatos nas negociações coletivas de trabalho;

[33] Art. 611. *Convenção Coletiva de Trabalho* é o acordo de caráter normativo, pelo qual dois ou mais Sindicatos representativos de categorias econômicas e profissionais estipulam condições de trabalho aplicáveis, no âmbito das respectivas representações, às relações individuais de trabalho.
§1º É facultado aos Sindicatos representativos de categorias profissionais celebrar *Acordos Coletivos* com uma ou mais empresas da correspondente categoria econômica, que estipulem condições de trabalho, aplicáveis no âmbito da empresa ou das acordantes respectivas relações de trabalho.

[34] Relator Ministro Augusto Sherman.

[35] No mesmo sentido há diversos julgados do STJ.

Depreende-se que o TCU chegou à conclusão de que repactuação não é espécie de revisão de preços – e sim de reajuste – pelo fato de os "incrementos dos custos de mão de obra" por força de acordo, convenção ou dissídio coletivo de trabalho não se constituírem, na ótica da Corte de Contas, em fundamento para a "alegação de desequilíbrio econômico-financeiro" a justificar a incidência do mecanismo da revisão de preços, ou seja, tratar-se-ia de álea ordinária (risco do negócio) e não de álea extraordinária.

O TCU considerou então que só haveria de falar em efetivo desequilíbrio econômico-financeiro do contrato caso o fato gerador fosse um daqueles previstos no art. 65, inciso II, alínea "d", da Lei nº 8.666/1993, quais sejam, "fatos imprevisíveis, ou previsíveis, porém de consequências incalculáveis, retardadores ou impeditivos da execução do ajustado, ou ainda, em caso de força maior, caso fortuito ou fato do príncipe". Em síntese, o eventual incremento dos custos de mão de obra por força de norma coletiva de trabalho não provocaria, sob o prisma do TCU, reflexos na equação econômico-financeira contratual aptos a justificar a revisão de preços.

Ainda sobre a matéria, instado a se manifestar em sede de consulta, o TCU prolatou o Acórdão nº 2.225/2005-Plenário,[36] nos seguintes termos:

> 2. Trata-se de *consulta* formulada pelo Exmo. Sr. Deputado Federal Severino Cavalcanti, na ocasião em que presidia a Câmara dos Deputados, *pela qual indaga se os incrementos dos custos de mão-de-obra ocasionados pela data-base de cada categoria profissional nos contratos de prestação de serviços de natureza contínua não se constituiriam em fundamento para a alegação de desequilíbrio econômico-financeiro.*
>
> [...]
>
> 8. Dado que o reajuste ocorrerá, e a despeito da incerteza relativa ao índice e à ocorrência ou não de abonos, não há como se aplicar aqui qualquer variante da teoria da imprevisão, pois *o reajuste trabalhista não é resultante de evento aleatório. Há neste caso tão-somente o reflexo nos custos da previsão de uma realidade existente, ou seja, o fenômeno inflacionário.*
>
> [...]
>
> 12. Considerando que não foram esses os termos da Consulta formulada pelo Presidente da Câmara, mesmo assim, *penso ser de bom alvitre lembrar ao ilustre consulente que*, na mesma decisão ensejadora da presente consulta, Acórdão nº 1.563/2004-TCU-Plenário, da relatoria do eminente Ministro-Substituto Augusto Sherman Cavalcanti, ficou esclarecido que *o incremento dos custos de mão-de-obra em razão de dissídios coletivos das categorias profissionais não é hipótese ensejadora de reequilíbrio econômico-financeiro do contrato, mas sim de adequação de preços contratuais por meio de repactuação*, com fundamento no art. 5º do Decreto 2.271/97.
>
> 9.2. responder ao ilustre consulente que a viabilidade da situação por ele em tese descrita contraria o disposto no art. 65, inciso II, alínea d, da Lei nº 8.666/93, que estabelece as hipóteses de reequilíbrio econômico-financeiro dos contratos. Tal posição é corroborada pelo STJ, pelo teor das deliberações contidas nos RESPs 134797/DF, 411101/PR e 382260/RS, das quais se retira que *o aumento salarial a que está obrigada a contratada por força de dissídio coletivo não é fato imprevisível capaz de autorizar o reequilíbrio econômico-financeiro do contrato de que trata o art. 65 da Lei 8.666/93;*

Pelo teor da parte dispositiva do sobredito acórdão, percebe-se nitidamente que a Corte de Contas, em resposta à consulta que lhe foi endereçada, considerou como

---

[36] Relator Ministro Lincoln Magalhães da Rocha.

"incrementos dos custos de mão de obra ocasionados pela data-base de cada categoria profissional" tão somente o "aumento salarial a que está obrigada a contratada por força de dissídio coletivo", para então concluir que o mero incremento (reajuste) salarial não é fato ensejador de reequilíbrio fundado no art. 65, inciso II, alínea "d", da Lei nº 8.666/1993.[37]

Em contrariedade ao entendimento do TCU, quando uma convenção coletiva de trabalho (CCT) fixa novos patamares de salário para a categoria profissional envolvida na prestação de serviço contínuo com dedicação exclusiva de mão de obra, há sim, a partir do início dos efeitos financeiros da norma laboral – o que por vezes ocorre de forma retroativa –, aumento de encargos para a contratada (elevação dos seus custos), com reflexos imediatos no equilíbrio econômico-financeiro da avença celebrada com o Poder Público.

Não se pode olvidar que, além do incremento salarial,[38] com os respectivos encargos trabalhistas e previdenciários que lhe são decorrentes, outros direitos/benefícios poderão ser criados/majorados por força da norma coletiva de trabalho, a exemplo de auxílio odontológico, plano de saúde, auxílio funeral, auxílio alimentação, adicionais etc., incrementando ainda mais os custos da contratação e, via de consequência, acentuando o desequilíbrio na equação econômico-financeira do contrato.

Nesse contexto, a superveniência da norma coletiva de trabalho no curso da execução contratual evidenciar-se-ia, portanto, como fato previsível de consequências incalculáveis,[39] a justificar, nesse contexto, a pertinência da utilização do mecanismo da revisão. Não obstante a previsibilidade quanto à ocorrência da convenção coletiva de trabalho (anualmente), não é possível dimensionar prévia e precisamente o seu impacto nos custos da contratação.

O entendimento de que a superveniência de norma coletiva de trabalho no curso da execução contratual pode ser evidenciada como fato previsível de consequências incalculáveis também é sustentado por Lucas Furtado:

> Por outro lado, sendo o dissídio das categorias profissionais um fato mais do que previsível, não caberia alegar a sua ocorrência como fundamento para a recomposição dos preços do contrato, conforme analisamos em exemplo anteriormente mencionado. A lei, porém, dispõe que *o fato provocador do desequilíbrio do contrato não necessariamente terá de ser imprevisível. Ainda que ele pudesse ser previsto (a realização do dissídio da categoria), se seus efeitos (o valor do reajuste obtido pela categoria) forem "incalculáveis", estará autorizada a recomposição de preços.*
>
> *Imagine uma categoria que, nos dias atuais, com a inflação próxima a 0% ao ano, obtivesse um aumento de 20%. Ainda que o fato seja previsível (a realização do dissídio), o seu efeito (o valor do*

---

[37] Nesse mesmo sentido também se manifestou o TCU ao proferir o Acórdão nº 1.621/2011-Primeira Câmara, Relator Ministro Valmir Campelo: "Reajuste salarial não é situação para reequilíbrio econômico-financeiro contratual".

[38] Conforme o item XXII do Anexo I da IN Seges-MPDG nº 5/2017, salário é o "valor a ser efetivamente pago ao profissional envolvido diretamente na execução contratual, não podendo ser inferior ao estabelecido em Acordo ou Convenção Coletiva, Sentença Normativa ou lei. Quando da inexistência destes, o valor poderá ser aquele praticado no mercado ou apurado em publicações ou pesquisas setoriais para a categoria profissional correspondente".

[39] Ainda que se admita a existência de certa periodicidade na data-base de uma categoria profissional, garantindo previsibilidade quanto à edição da norma coletiva de trabalho, o mesmo não se pode dizer acerca do seu conteúdo, com reflexos incalculáveis nos custos da contratada, acarretando significativo desequilíbrio na equação econômico-financeira do contrato.

reajuste obtido pela categoria) seria incalculável. Desse modo *estaria justificada a aplicação da teoria da imprevisão* para que se concedesse a recomposição do preço do contrato.[40]

Fato é que as deliberações do TCU acabaram sendo a fonte de inspiração da hoje vigente IN Seges-MPDG nº 5/2017 (assim como o foram da revogada IN SLTI-MPOG nº 2/2008, com a redação que lhe foi conferida pela IN SLTI-MPOG nº 3/2009). Não por outra razão assim dispõe a aludida norma regulamentar:

> Art. 54. A *repactuação* de preços, como *espécie de reajuste* contratual, *deverá ser utilizada nas contratações de serviços continuados com regime de dedicação exclusiva de mão de obra*, desde que seja observado o *interregno mínimo de um ano das datas dos orçamentos aos quais a proposta se referir*.
>
> §1º A *repactuação* para fazer face à elevação dos custos da contratação, respeitada a *anualidade* disposta no *caput*, e que vier a ocorrer durante a vigência do contrato, é *direito do contratado* e não poderá alterar o equilíbrio econômico e financeiro dos contratos, conforme estabelece o inciso XXI do art. 37 da Constituição da República Federativa do Brasil, sendo assegurado ao prestador receber pagamento mantidas as condições efetivas da proposta.

Acontece que, tal qual ocorre na revisão de preços, a repactuação produz efeitos financeiros desde o momento da ocorrência do fato gerador da majoração dos custos da contratada. Essa é justamente a regra insculpida no art. 58 da própria IN Seges-MPDG nº 5/2017, que assim dispõe:

> Art. 58. Os *novos valores* contratuais decorrentes das repactuações terão suas vigências iniciadas da seguinte forma:
>
> I - *a partir da ocorrência do fato gerador* que deu causa à repactuação, como *regra geral*;
>
> [...]
>
> III - em *data anterior* à *ocorrência do fato gerador*, exclusivamente quando a *repactuação* envolver *revisão* do custo de mão de obra em que o próprio fato gerador, na forma de Acordo, Convenção ou Dissídio Coletivo de Trabalho, contemplar *data de vigência retroativa*, podendo esta ser considerada para efeito de compensação do pagamento devido, assim como para a contagem da anualidade em repactuações futuras.

Impende ressaltar aqui que o próprio inciso III do sobredito art. 58 faz expressa alusão ao mecanismo da revisão de preços na situação de a norma coletiva de trabalho prever efeitos financeiros retroativos (data de vigência retroativa), caso contrário a regra da anualidade, típica do reajuste de preços e erroneamente associada ao instituto da repactuação para o incremento de custos de mão de obra, ficaria totalmente comprometida.[41] Não se pode perder de perspectiva que, consoante o §3º do art. 61 da própria IN Seges-MPDG nº 5/2017, "São nulos de pleno direito quaisquer expedientes

---

[40] FURTADO, Lucas Rocha. *Curso de direito administrativo*. 4. ed. rev. e atual. Belo Horizonte: Fórum, 2013, p. 305-306.

[41] Seria então completamente desarrazoado admitir que a situação a que se reporta o inciso III do art. 58 da IN Seges-MPDG nº 5/2017 (antecipação dos efeitos da data-base, por exemplo) representaria, na verdade, exceção à regra da anualidade. Ao contrário, essa regra é absolutamente inócua para fim de repactuação.

que, na apuração do índice de reajuste, produzam efeitos financeiros equivalentes aos de reajuste de periodicidade inferior à anual".

Nas situações que envolvem efeitos financeiros retroativos, Ricardo Ribeiro[42] também defende a incidência do mecanismo da revisão de preços, não associada, no caso, à teoria da imprevisão.

> Se a data-base for postergada, o início dos efeitos financeiros da repactuação dos custos de mão de obra a ela vinculados deverá ser fixado na nova data. Se essa data-base for antecipada para janeiro, e não mais em março, por exemplo, surgirá um problema jurídico, pois *isso significará a desobediência à regra da anualidade. Entre o início dos efeitos financeiros da nova repactuação e da repactuação anterior teria decorrido um interregno mínimo inferior a um ano*. Pergunta-se: seria possível repactuar nessas condições? A resposta é negativa, pois a regra da anualidade seria violada. A despeito disso, lembremos que o incremento de custos de mão de obra estipulado por CCT ou por ACT é obrigatório em razão da natureza normativa desses instrumentos, o que suscita a *incidência do art. 65, §5º, da Lei nº 8.666/93*.
>
> [...]
>
> Por esse dispositivo, a criação, alteração ou extinção de qualquer encargo legal, inclusive na tributação, implicará revisão dos preços a serem pagos para mais ou para menos. *Não se trata aqui de aplicação da teoria da imprevisão*. O art. 65, §5º, mereceu tratamento em dispositivo distinto do art. 65, II, "d": é, portanto, uma *espécie diferenciada de revisão contratual que não se confunde com a* álea *econômica*. É por essa razão que incidirá sempre que houver repercussão nos preços contratados.
>
> Desse modo, nos parece que o art. 65, §5º, da Lei nº 8.666/93 não contempla um caso de fato do príncipe, mas outra hipótese de revisão que com ele não se confunde. Lembremos, ainda, que *CCTs e ACTs, apesar de serem atos normativos, não são produzidos pelo Estado e, ainda assim, podem ser enquadrados no art. 65, §5º, nas condições especiais já vistas (revisão por antecipação de data-base da categoria)*.

Em termos práticos, se os efeitos financeiros decorrentes da norma coletiva de trabalho editada em função da data-base da categoria envolvida na prestação dos serviços contratados pela Administração forem antecipados para uma data anterior àquela (exemplo: data-base em 1º de maio e efeitos financeiros retroativos a 1º de janeiro), esta última data passará a ser considerada o novo parâmetro para fim de repactuação.

A despeito de o TCU e as normas de regência considerarem a repactuação como espécie de reajuste de preços, e ambos os institutos exigirem a observância do lapso temporal de um ano para o seu pleito (regra da anualidade), tal prazo, em se tratando de repactuação, é mera ficção, já que o que realmente ocorre é uma revisão de preços que tem como fato gerador o novo acordo, convenção ou dissídio coletivo de trabalho.

Mais especificamente, tão logo haja a superveniência da norma coletiva de trabalho, com a definição de seus efeitos financeiros sobre os custos de mão de obra da contratada (fato previsível de consequências incalculáveis), esta estará apta a pleitear perante a Administração, independentemente do aguardo de qualquer lapso temporal, a repactuação[43] dos preços praticados até então. Donde se conclui que, na prática, esse

---

[42] RIBEIRO, R. S. *Terceirizações na Administração Pública e equilíbrio econômico dos contratos administrativos*: repactuação, reajuste e revisão. Belo Horizonte: Fórum, 2016.

[43] Num contrato de serviços contínuos com dedicação exclusiva de mão de obra, tem-se a repactuação (espécie de revisão) para os custos de mão de obra, e o mero reajuste de preços (por índices setoriais ou gerais) para os demais insumos envolvidos na prestação dos serviços (uniformes, materiais e equipamentos).

processamento de repactuação é exatamente igual ao que se verifica por ocasião dos pleitos de revisão de preços.

Esse mesmo raciocínio vale para as situações em que há aumento da tarifa de transporte público numa determinada municipalidade, evento de certa forma imprevisível quanto à sua ocorrência e ainda com reflexos de difícil dimensionamento nos custos de mão de obra do contrato administrativo de prestação de serviços. Apesar de esse incremento de custos para a empresa contratada não ser decorrência de acordo ou convenção coletiva de trabalho, e sim de simples imposição do poder estatal (pela via do decreto), com efeitos financeiros desde a ocorrência do fato gerador, o instrumento de reequilíbrio a ser utilizado é o da repactuação, consoante dispõe a Orientação Normativa SLTI-MPOG nº 2/2014:

> I - os órgãos e entidades da Administração Pública Federal direta, autárquica e fundacional deverão observar, nos processos de repactuação referentes a serviços continuados com dedicação exclusiva de mão de obra, quando envolver reajuste do vale transporte, as seguintes condições:
>
> a) a *majoração da tarifa* de transporte público gera a possibilidade de *repactuação* do item relativo aos valores pagos a título de vale-transporte;
>
> b) o *início da contagem do prazo de um ano* para a primeira repactuação deve tomar como referência a data do orçamento a que a proposta se refere, qual seja, a *data do* último *reajuste de tarifa* de transporte público;
>
> c) os *efeitos financeiros* da repactuação contratual decorrente da majoração de tarifa de transporte público devem viger *a partir da efetiva modificação do valor de tarifa de transporte público*;[44]

A situação muda completamente quando o fato gerador do desequilíbrio é, pura e simplesmente, o fenômeno inflacionário, em que incide o mecanismo do reajuste de preços. Nesse caso, mês a mês, há um desequilíbrio na equação econômico-financeira (inflação mensal), que deverá ser totalmente suportado (assumido) pelo contratado (aqui sim álea ordinária, contornável mediante adequado planejamento) e perfeitamente dimensionado quando da formulação da sua proposta na licitação.

Isso porque somente após o interregno de um ano é que o contratado poderá efetivamente pleitear o reajuste de preços perante a Administração contratante. Em termos práticos, ele sabe de antemão que, durante esse lapso temporal, que tem como marco inicial a data da apresentação da proposta de preço na licitação,[45] qualquer incremento de custos decorrente do processo inflacionário terá que ser por ele suportado.

E apesar de sustentar a necessidade da observância do prazo mínimo de um ano para a repactuação dos contratos de prestação de serviços de natureza contínua envolvendo dedicação exclusiva de mão de obra, o próprio TCU, de forma até mesmo

---

[44] Tal "orientação" não pode se sobrepor à lei, ou seja, não se pode dela extrair comando que confronte com a lei, que garante a revisão por força de ato normativo estatal (é o caso). A orientação é no sentido de que a majoração do vale-transporte "gera a possibilidade de repactuação", a significar que esse item pode ser discutido na repactuação, não sendo razoável exigir que o particular formulasse, no caso, pedido autônomo de revisão.

[45] Com a Lei nº 14.133/2021, há uniformidade do marco temporal inicial para contagem da anualidade, aplicável tanto ao reajuste quanto à repactuação, qual seja, a data do orçamento a que se referir a proposta, sendo que, no reajuste, é a data do orçamento base, e, na repactuação, é a data-base fixada na CCT.

conflitante, tem sustentado que a repactuação é devida a partir do fato gerador do desequilíbrio, qual seja, a contar do momento da efetiva majoração dos custos da contratada. Foi exatamente esse o entendimento fixado pelo TCU por meio do paradigmático Acórdão nº 1.827/2008-Plenário:

> O *direito à repactuação decorre de lei*, enquanto que apenas o valor dessa repactuação é que dependerá da Administração e da negociação bilateral que se seguirá. Assim, *a partir da data em que passou a viger as majorações salariais da categoria profissional* que deu ensejo à revisão, *a contratada passou a deter o direito* à *repactuação de preços*.
>
> [...]
>
> Portanto, em vista de todas as razões apresentadas, considero que a *repactuação* de preços, sendo um direito conferido por lei ao contratado, *deve ter sua vigência reconhecida imediatamente desde a data da convenção ou acordo coletivo que fixou o novo salário normativo* da categoria profissional abrangida pelo contrato administrativo a ser repactuado.[46]

Ainda com relação ao Acórdão nº 1827/2008-TCU-Plenário, o próprio Ministro-Relator Benjamin Zymler, em seu voto, ao discorrer sobre o instrumento da repactuação, associou-o expressamente ao mecanismo da revisão de preços, nos seguintes termos:

> Sendo a *repactuação contratual* um *direito que decorre de lei* (artigo 40, inciso XI, da Lei nº 8.666/93) e, tendo a lei vigência imediata, forçoso reconhecer que não se trata, aqui, de atribuição, ou não, de efeitos retroativos à repactuação de preços. A questão ora posta diz respeito à atribuição de eficácia imediata à lei, que concede ao contratado o direito de adequar os preços do contrato administrativo de serviços contínuos aos novos preços de mercado.
>
> *A partir da data em que passou a viger as majorações salariais da categoria profissional* que deu ensejo à *revisão, a contratada passou deter o direito* à *repactuação de preços*. Todavia, ao firmar o termo aditivo de prorrogação contratual sem suscitar os novos valores pactuados no acordo coletivo, ratificando os preços até então acordados, a contratada deixou de exercer o seu direito à repactuação pretérita, dando azo à ocorrência de preclusão lógica.

Tal qual ocorre na revisão de preços, a repactuação é decorrente de uma elevação anormal de custos. No caso do reajuste, a elevação de custos é absolutamente normal, comum de mercado. A propósito, a conclusão de que o emprego da técnica da repactuação se faz necessário para contornar elevação anormal de custos de mão de obra (álea extraordinária) foi externada pelo próprio TCU, nos seguintes termos:

> *Acórdão nº 2408/2009-Plenário*[47]
>
> A comprovação da *necessidade de repactuação* de preços, *decorrente da elevação anormal de custos*, exige a apresentação de planilhas detalhadas de composição dos itens contratados, com todos os seus insumos, assim como dos critérios de apropriação dos custos indiretos.

---

[46] Relator Ministro Benjamin Zymler.
[47] Relator Ministro Walton Alencar Rodrigues.

Em outra deliberação mais recente, o Pleno do TCU, por meio do Acórdão nº 712/2019,[48] ao apreciar os efeitos da reforma trabalhista (Lei nº 13.467/2017[49]) na planilha de custos e formação de preços de contratos que envolvem a prestação de serviços de vigilância com jornada em regime de 12x36 horas, deliberou no sentido de que os órgãos e entidades da Administração Pública deveriam promover, em relação a tais contratos, revisão ou repactuação (em proveito, pois, da Administração contratante e não da empresa contratada[50]), conforme o caso, haja vista a superveniência de fato imprevisível ou previsível de consequências incalculáveis (álea extraordinária),[51] à evidência da similitude entre os institutos, senão veja-se:

> Os órgãos *e entidades* da Administração Pública *devem promover revisão ou repactuação, conforme o caso, dos contratos de serviços prestados mediante dedicação exclusiva de mão de obra com jornada em regime de 12x36 horas,* tendo em vista as *alterações trazidas pelo art. 59-A do Decreto-lei 5.452/1943 (CLT), incluído pela Lei 13.467/2017 (reforma trabalhista),* por não serem mais devidos o pagamento em dobro pelo trabalho realizado em feriados e o adicional noturno nas prorrogações de trabalho noturno, salvo se previstos em acordo, convenção coletiva ou contrato individual de trabalho.

Da mesma forma que o TCU tem exigido dos agentes públicos, antes de concederem pleitos de revisão de preços, a verificação da repercussão dos eventos majoradores nos custos pactuados originalmente, esse mesmo cuidado lhes vem sendo exigido para a concessão da repactuação,[52] o que reforça ainda a semelhança existente entre estes dois mecanismos de reequilíbrio.

3.2 Assunção de fato dos novos custos de mão de obra

Em relação ao incremento dos custos de mão de obra (decorrente da convenção coletiva de trabalho), não há nenhum risco a ser assumido pelo particular contratado, que pudesse configurar álea ordinária.[53]

---

[48] Relator Ministro Bruno Dantas.

[49] O legislador potencializou a negociação coletiva, um dos direitos fundamentais dos trabalhadores como previsto no art. 7º, inciso XXVI, da Constituição Federal, que reconhece os instrumentos a ela inerentes, a convenção e o acordo coletivo, ao estabelecer a regra geral da possibilidade de negociação dos direitos trabalhistas, com preferência sobre a legislação estatal, conforme o *caput* do art. 611-A da CLT, reconhecendo, por outro lado, os direitos mínimos que não podem ser objeto de qualquer ato de disposição, nos termos do art. 611-B da CLT. A regra agora é que os próprios atores sociais possuem o poder de autorregulamentação, ficando eliminada a insegurança jurídica acerca do objeto da negociação, o que privilegia a autonomia coletiva de vontade.

[50] Tal qual ocorre com a revisão, a repactuação de preços pode ser para mais ou para menos, isto é, em proveito da pessoa jurídica contratada ou da própria Administração contratante (via de duas mãos), a depender obviamente da situação concreta.

[51] Poder-se-ia até mesmo dizer que a Reforma Trabalhista (Lei nº 13.467/2017) configura-se como fato do príncipe, enquadrando-se no contexto da "superveniência de disposições legais, quando ocorridas após a data da apresentação da proposta, de comprovada repercussão nos preços contratados", constante do art. 65, §5º, da Lei nº 8.666/1993.

[52] Foi o que se verificou, por exemplo, quando da prolação do Acórdão nº 2.094/2010-Segunda Câmara, em que o Tribunal deliberou no seguinte sentido: "9.4.2. *compare as planilhas de custos e formação de preços fornecidas pela contratada nos momentos da apresentação da proposta* e do requerimento de repactuação, nos termos do §1º, art. 57 da Lei nº 8.666, de 16 de junho de 1993, e do art. 5º do Decreto nº 2.271, de 7 de julho de 1997, com vistas a *verificar se ocorreu ou não a efetiva repercussão dos eventos majoradores nos custos pactuados originalmente;*".

[53] Outro argumento é que a própria Constituição Federal confere força normativa às convenções coletivas; por seu turno, o art. 611-A da CLT confere força a tais normas de tal sorte que elas preponderam sobre a lei. Dado o

A rigor, o risco será todo transferido para a Administração contratante, pois, como já frisado, tão logo haja a superveniência da norma coletiva de trabalho, com a definição de seus efeitos financeiros sobre os custos de mão de obra da empresa contratada – fato previsível de consequências incalculáveis, pois não é possível antever o seu impacto –, esta estará apta a pleitear, perante a Administração, a repactuação dos preços praticados até então, independentemente do aguardo de qualquer lapso temporal.

Isso fica bem evidente quando se observa o conteúdo do art. 71, *caput*, da Lei nº 8.666/1993, segundo o qual o contratado "é responsável pelos encargos trabalhistas, previdenciários, fiscais e comerciais resultantes da execução do contrato". Da simples leitura desse dispositivo legal, constata-se que o risco do incremento de custos decorrentes de obrigações trabalhistas (por força de acordo ou convenção coletiva de trabalho) é alocado inicialmente (*ex ante*) ao contratado.

Portanto, por intermédio da repactuação dos preços pactuados em tais contratos, pleiteada em consequência do aumento de encargos (custos) impingidos por acordo ou convenção coletiva de trabalho, o risco originalmente atribuído à empresa contratada é simplesmente realocado *ex post* ao ente público contratante.

Esse mesmo entendimento pode ser extraído da leitura combinada dos arts. 54, §§1º e 4º, e 57, ambos da Instrução Normativa Seges-MPDG nº 5/2017, os quais dispõem que:

I) a repactuação para "fazer face à elevação dos custos da contratação (...), e que vier a ocorrer durante a vigência do contrato, é direito do contratado" (art. 54, §1º);

II) a repactuação "em razão de novo Acordo, Convenção ou Dissídio Coletivo de Trabalho" deve "*repassar integralmente* o aumento de custos da mão de obra decorrente desses instrumentos" (art. 54, §4º);

III) as repactuações serão precedidas de solicitação da contratada, acompanhada de demonstração analítica da alteração dos custos, por meio de "apresentação da planilha de custos e formação de preços ou do novo Acordo, Convenção ou Dissídio Coletivo de Trabalho que fundamenta a repactuação" (art. 57).

Não é outro o entendimento que se extrai do teor do §1º do art. 63 da Lei nº 14.133/2021, segundo o qual constará do edital de licitação cláusula que exija dos licitantes, sob pena de desclassificação, declaração de que "suas propostas econômicas compreendem a integralidade dos custos para atendimento dos direitos trabalhistas assegurados na Constituição Federal, nas leis trabalhistas, nas normas infralegais, nas convenções coletivas de trabalho e nos termos de ajustamento de conduta vigentes na data de entrega das propostas".

Destarte, quando da formulação da proposta, a planilha de preços do licitante (e futuro contratado) já deverá conter todos os custos relativos às obrigações trabalhistas (e às obrigações previdenciárias delas decorrentes) dos profissionais que serão colocados à disposição da Administração contratante visando à prestação dos serviços contínuos pactuados, incluindo, por óbvio, aquelas obrigações previstas no instrumento coletivo de trabalho vigente na data de entrega da proposta.

Por seu turno, o *caput* do art. 135 da Lei nº 14.133/2021 assinala que os preços dos contratos para serviços contínuos com regime de dedicação exclusiva de mão de obra ou

---

caráter normativo, pode-se sustentar que as normas coletivas ensejam a revisão por serem normas de observância cogente pelo contratado, com impacto direto nos preços pactuados, à semelhança do que ocorre com o fato do príncipe.

com predominância de mão de obra "serão repactuados para manutenção do equilíbrio econômico-financeiro". E o §6º do mesmo art. 135 prevê que a repactuação será precedida de solicitação do contratado, acompanhada de demonstração analítica da variação dos custos, por meio de apresentação da planilha de custos e formação de preços, "ou do novo acordo, convenção ou sentença normativa que fundamenta a repactuação".

Ou seja, tão logo editado um novo acordo ou convenção coletiva (em razão da data base da categoria), com novos encargos previstos para atendimento dos direitos trabalhistas (e previdenciários) dos empregados que prestam serviços de terceirização, a empresa contratada vem imediatamente, perante a Administração contratante, pleitear a repactuação de preços.

Em termos práticos, durante a execução contratual, uma vez celebrado novo acordo ou convenção coletiva de trabalho, os novos encargos (custos) de mão de obra advindos para o empregador (empresa contratada) serão assumidos, em última análise, pela própria Administração contratante.

3.3 Técnica híbrida de reequilíbrio econômico-financeiro

Nem a IN Seges-MPDG nº 5/2017 nem o Decreto Federal nº 9.507/2018, tampouco a Lei nº 14.133/2021, preveem expressamente a possibilidade de aplicação dos mecanismos do reajuste por índice e do reajuste por repactuação simultaneamente, no mesmo contrato, ou seja: utilização do reajustamento em sentido estrito para parte dos custos (uniformes, materiais, equipamentos etc.) e do reajustamento por repactuação para a outra parte dos custos (mão de obra) envolvidos na execução do objeto pactuado.

Porém, essa tem sido a prática nos contratos em que, além do emprego da mão de obra cedida, há a utilização de insumos para a prestação dos serviços. Tal prática passou a ser admitida a partir das seguintes recomendações veiculadas por intermédio do Acórdão nº 1214/2013-TCU-Plenário,[54] nos seguintes termos:

> 9.1 recomendar à Secretaria de Logística e Tecnologia da Informação do Ministério do Planejamento que incorpore os seguintes aspectos à IN/MP 2/2008:
> [...]
> 9.1.17 *a vantajosidade econômica para a prorrogação dos contratos de serviço continuada estará assegurada, dispensando a realização de pesquisa de mercado, quando:*
> 9.1.17.1 houver previsão contratual de que os *reajustes dos itens envolvendo a folha de salários serão efetuados com base em convenção, acordo coletivo de trabalho ou em decorrência da lei;*
> 9.1.17.2 houver previsão contratual de que os *reajustes dos itens envolvendo insumos (exceto quanto a obrigações decorrentes de acordo ou convenção coletiva de trabalho e de Lei) e materiais* serão *efetuados com base em* índices *oficiais*, previamente definidos no contrato, que guardem a maior correlação possível com o segmento econômico em que estejam inseridos tais insumos ou materiais;

Embora a matéria tratada nos dispositivos transcritos diga respeito à prorrogação (renovação) contratual, fica evidente que o TCU admite a aplicação, no mesmo contrato,

---

[54] Relator Ministro Aroldo Cedraz.

do reajustamento em sentido estrito (reajuste por índice) simultaneamente com o reajustamento por repactuação.

A sobredita orientação do TCU, aplicada à renovação dos contratos de serviços contínuos prestados com mão de obra exclusiva, encontra-se contemplada no item 7 do Anexo IX da IN Seges-MPDG nº 5/2017, que assim dispõe:

> 7. A *vantajosidade econômica para prorrogação dos contratos com mão de obra exclusiva* estará assegurada, sendo dispensada a realização de pesquisa de mercado, nas seguintes hipóteses:
>
> a) quando o contrato contiver previsões de que os *reajustes dos itens envolvendo a folha de salários serão efetuados com base em Acordo, Convenção, Dissídio Coletivo de Trabalho* ou em decorrência de lei;
>
> b) quando o contrato contiver previsões de que os *reajustes dos itens envolvendo insumos (exceto quanto a obrigações decorrentes de Acordo, Convenção, Dissídio Coletivo de Trabalho e de lei) e materiais* serão *efetuados com base em* índices *oficiais, previamente definidos no contrato*, que guardem a maior correlação possível com o segmento econômico em que estejam inseridos tais insumos ou materiais ou, na falta de qualquer índice setorial, o Índice Nacional de Preços ao Consumidor Amplo (IPCA/IBGE);

Após restar evidenciado neste artigo que a técnica da repactuação guarda mais semelhanças com o instrumento da revisão de preços do que tem sido sustentado nos campos legislativo, doutrinário e jurisprudencial, não seria desarrazoado qualificar a repactuação como uma técnica híbrida de reequilíbrio econômico-financeiro do contrato de prestação de serviços em que há predominância dos custos de mão de obra em detrimento dos custos envolvendo outros insumos (uniformes, materiais, equipamentos etc.). Seria ela, mais especificamente, uma revisão de preços em relação ao incremento dos custos de mão de obra e um reajustamento em sentido estrito quanto aos demais insumos envolvidos na prestação dos serviços.

Exemplificando, num contrato de prestação de serviços de vigilância, o preço praticado é composto de custos com mão de obra (remuneração dos vigilantes, adicionais, contribuição previdenciária, FGTS, outras contribuições, benefícios etc.) e custos com insumos, a exemplo de uniforme, revólver e colete balístico para os vigilantes e eventuais câmeras de vigilância que venham a ser utilizadas. O mesmo ocorre com a prestação dos serviços de limpeza e conservação, em que há custos com mão de obra e custos também com insumos (uniformes, itens de limpeza e eventual maquinário). Destarte, em termos práticos, o que ocorre é o seguinte:

I) revisão de preços (mediante procedimento de negociação entre as partes) em razão dos reflexos financeiros da norma coletiva de trabalho pactuada no curso da execução do contrato administrativo e aplicada à categoria profissional envolvida na prestação do serviço, provocando alteração dos custos com mão de obra;

II) reajustamento de preços (mera aplicação de índices) após o interregno de um ano a contar da data limite para apresentação das propostas na licitação,[55] isso em relação aos custos com outros insumos necessários à execução do serviço contratado

---

[55] Com a Lei nº 14.133/2021, há uniformidade do marco temporal inicial para contagem da anualidade, aplicável tanto ao reajustamento em sentido estrito quanto à repactuação, qual seja, a data do orçamento a que se referir a proposta, sendo que, no reajustamento, é a data do orçamento base, e, na repactuação, é a data-base fixada na CCT.

pela Administração; no caso de novo reajuste, o termo inicial do período de correção monetária será a data a que o anterior tiver se referido.[56]

Em resumo, a repactuação consiste na técnica que abarca: a) revisão de preços, em relação ao incremento dos custos de mão de obra; e b) reajuste por índices, quanto aos custos relativos aos demais insumos.

4 Conclusão

Depois de explicitadas as razões pelas quais se deve considerar o mecanismo da repactuação como espécie de revisão e não de reajuste de preços, ou no máximo considerá-lo como uma técnica híbrida (revisão para os custos de mão de obra e reajuste para os outros insumos), cabe agora elencar algumas vantagens que adviriam desse novel entendimento para o universo das contratações de serviços contínuos com predominância de custos de mão de obra.

Em primeiro lugar, o novo entendimento propiciaria maior publicidade (transparência) às negociações de preços efetivadas no âmbito dos contratos administrativos,[57] haja vista que as repactuações, como espécie de reajuste, vêm sendo formalizadas por meio de simples apostilamento,[58] tal qual ocorre com o reajuste em sentido estrito,[59] dispensando-se, portanto, a celebração de termo aditivo, o qual só estaria apto a produzir efeitos depois de devidamente publicado na imprensa oficial.[60] [61]

Não se pode, também, perder de perspectiva que as contratações em que incide o mecanismo da repactuação (serviços contínuos prestados mediante dedicação exclusiva de mão de obra) envolvem valores vultosos, da ordem de milhões de reais (serviços como conservação, limpeza, segurança, transporte, informática, manutenção predial e mesmo atividades de apoio administrativo), justamente em razão da predominância

---

[56] Instrução Normativa Seges-MPDG nº 5/2017: "Art. 61. O reajuste em sentido estrito, como espécie de reajuste contratual, consiste na aplicação de índice de correção monetária previsto no contrato, que deverá retratar a variação efetiva do custo de produção, admitida a adoção de índices específicos ou setoriais. [...] §2º O reajuste em sentido estrito terá periodicidade igual ou superior a um ano, sendo o *termo inicial do período de correção monetária do reajuste*, a data prevista para apresentação da proposta ou do orçamento a que essa proposta se referir, ou, no caso de *novo reajuste*, a *data a que o anterior tiver se referido*".

[57] Instrução Normativa Seges-MPDG nº 5/2017: "Art. 53. O ato convocatório e o contrato de serviço continuado deverão indicar o critério de reajustamento de preços, que deverá ser sob a forma de reajuste em sentido estrito, com a previsão de índices específicos ou setoriais, ou por *repactuação*, pela *demonstração analítica da variação dos componentes dos custos*".

[58] Instrução Normativa Seges-MPDG nº 5/2017: "Art. 57. [...] §4º As *repactuações*, como espécie de reajuste, serão *formalizadas por meio de apostilamento*, exceto quando coincidirem com a prorrogação contratual, em que deverão ser formalizadas por aditamento".

[59] Lei nº 8.666/1993: "Art. 65. [...] §8º A variação do valor contratual para fazer face ao *reajuste de preços* previsto no próprio contrato, as atualizações, compensações ou penalizações financeiras decorrentes das condições de pagamento nele previstas, bem como o empenho de dotações orçamentárias suplementares até o limite do seu valor corrigido, não caracterizam alteração do mesmo, podendo ser *registrados por simples apostila, dispensando a celebração de aditamento*".

[60] Lei nº 8.666/1993: "Art. 61. Todo contrato deve mencionar os nomes das partes e os de seus representantes, a finalidade, o ato que autorizou a sua lavratura, o número do processo da licitação, da dispensa ou da inexigibilidade, a sujeição dos contratantes às normas desta Lei e às cláusulas contratuais. Parágrafo único. A *publicação resumida do instrumento de contrato ou de seus aditamentos na imprensa oficial, que é condição indispensável para sua eficácia*, será providenciada pela Administração até o quinto dia útil do mês seguinte ao de sua assinatura, para ocorrer no prazo de vinte dias daquela data, qualquer que seja o seu valor, ainda que sem ônus, ressalvado o disposto no art. 26 desta Lei".

[61] No âmbito da Lei nº 14.133/2021, também não será dada publicidade à apostila (art. 174, §2º, inciso V).

dos custos de mão de obra, aliados ao fato de que, por se tratar de serviços de natureza contínua, podem ter sua vigência prorrogada por iguais e sucessivos períodos, limitada a sessenta meses, com base no art. 57, inciso II, da Lei nº 8.666/1993.[62]

Frise-se por oportuno que, consoante o art. 107 da Lei nº 14.133/2021,[63] a vigência máxima de tais contratos passa a ser de dez anos, aumentando ainda mais o volume de recursos públicos neles despendidos.

Tudo isso estaria a exigir maior transparência e publicidade nas negociações entre agentes públicos e empresas contratadas, exatamente como acontece quando incide o instrumento da revisão, o qual também pressupõe negociação entre as partes envolvidas. Esse entendimento, aliás, vai ao encontro do voto condutor do paradigmático Acórdão nº 1.827/2008-TCU-Plenário:

> 47. Vale destacar, ainda, que a *repactuação de preços* poderia dar-se mediante apostilamento, no limite jurídico, já que o artigo 65, §8º, da Lei nº 8.666/93, faz essa alusão quanto ao reajuste. Contudo, *não seria antijurídico e seria, inclusive, mais conveniente que fosse aperfeiçoada por meio de termo aditivo, uma vez que a repactuação tem como requisitos a necessidade de prévia demonstração analítica quanto ao aumento dos custos do contrato, a demonstração de efetiva repercussão dos fatos alegados pelo contratado nos custos dos preços inicialmente pactuados e, ainda, a negociação bilateral entre as partes.* E, para reforçar o entendimento ora exposto, vale mencionar que o referido termo aditivo teria natureza declaratória, e não constitutiva de direitos, pois apenas reconheceria o direito à repactuação preexistente.[64]

Ademais, não se pode desperdiçar a oportunidade para refletir sobre a importância do controle social dos gastos públicos e do papel central que a transparência possui na construção de uma política anticorrupção eficiente.

Tratando-se a repactuação não como espécie (ou critério) de reajustamento de preços, mostrar-se-ia imprescindível, como frisado, o aditamento ao contrato, o que estaria a exigir análise da minuta do termo aditivo pela assessoria jurídica do órgão/entidade contratante,[65] a fim de verificar, entre outros requisitos, a presença efetiva dos pressupostos para se promover o reequilíbrio econômico-financeiro contratual.

Não se ignora o fato de que classificar a repactuação como espécie de reajuste tem a virtude de tornar o processamento mais célere e menos formal. Em sendo uma técnica de revisão, importa numa alteração contratual, a exigir formalização por meio de termo aditivo e análise da área jurídica, o que, se por um lado torna o processamento pouco

---

[62] Art. 57. A duração dos contratos regidos por esta Lei ficará adstrita à vigência dos respectivos créditos orçamentários, exceto quanto aos relativos: [...]
II - à prestação de serviços a serem executados de forma contínua, que poderão ter a sua duração prorrogada por iguais e sucessivos períodos com vistas à obtenção de preços e condições mais vantajosas para a administração, limitada a sessenta meses;

[63] Art. 107. Os contratos de serviços e fornecimentos contínuos poderão ser prorrogados sucessivamente, respeitada a vigência máxima decenal, desde que haja previsão em edital e que a autoridade competente ateste que as condições e os preços permanecem vantajosos para a Administração, permitida a negociação com o contratado ou a extinção contratual sem ônus para qualquer das partes.

[64] Relator Ministro Benjamin Zymler.

[65] *Lei nº 8.666/1993*:
Art. 38. [...]
Parágrafo único. As minutas de editais de licitação, bem como as dos contratos, acordos, convênios ou ajustes devem ser previamente examinadas e aprovadas por assessoria jurídica da Administração.

mais lento, por outro propicia maior controle desses atos negociais da Administração, quer pelos órgãos de controle (internos e externos), quer pela própria sociedade (controle social).

Informação bibliográfica deste texto, conforme a NBR 6023:2018 da Associação Brasileira de Normas Técnicas (ABNT):

SIMÕES, Luiz Felipe Bezerra Almeida. Releitura do mecanismo da repactuação de preços dos contratos de serviços contínuos prestados mediante dedicação exclusiva de mão de obra. *In*: SEEFELDER FILHO, Claudio Xavier (coord.). *Direito Econômico e Desenvolvimento*: entre a prática e a academia. Belo Horizonte: Fórum, 2023. p. 343-365. ISBN 978-65-5518-487-7.

ASSOCIAÇÕES PARA FINS LÍCITOS: ESTUDO SOBRE A LEGALIDADE DAS ASSOCIAÇÕES DE PROTEÇÃO VEICULAR

MÁRCIO MESSIAS CUNHA

1 Introdução

O mercado de seguros no Brasil é responsável em movimentar bilhões de reais todos os anos, sendo um dos mais importantes segmentos de comércio para o Produto Interno Bruto – PIB no país.

A contratação de seguros está intimamente ligada ao ressarcimento de danos incertos, mas predeterminados em uma apólice, conforme regulamenta o Código Civil. Como consequência deste mercado complexo, alguns problemas começaram a surgir com o passar dos anos.

Assim, o mercado de seguros no Brasil é bastante regulado, tendo em vista tratar-se de um negócio de alto risco. As empresas que desejam atuar nesse ramo de negócio necessitam de autorização do órgão supervisor para que suas atividades sejam permitidas na modalidade desejada.

Com a visão de proteger o consumidor, que se via como parte frágil nas relações de seguros, criou-se a Superintendência de Seguros Privados – SUSEP e o Conselho Nacional de Seguros Privados – CNSP com função de fiscalizar e regular as atividades das seguradoras que fossem criadas. Além disso, as mesmas estabeleceram regras rígidas para a constituição de seguradoras, como por exemplo, a necessidade de um capital mínimo para atuar e a obrigatoriedade de ser constituída em forma de sociedade anônima.

Os altos índices de roubos, furtos e violência fizeram com que estas seguradoras criassem "grupos de risco" dificultando o acesso destes ao seguro, impondo desde restrições até valores exorbitantes pelos bens que pretendiam proteger. Entre estas pessoas estavam os caminhoneiros, taxistas e recém-habilitados.

Assim, com a imposição de altos valores e requisitos praticamente inalcançáveis, um grupo de pessoas se reuniu, sob a égide do direito constitucional à associação, e resolveu ratear entre os seus associados as eventuais despesas sofridas por roubo, furto ou colisão.

O Fundo de Assistência ao Carreteiro Autônomo – FACA foi um dos pioneiros nessa modalidade de associação, fundada em 1987 por caminhoneiros que buscavam garantir e proteger o seu patrimônio de eventuais acidentes, furtos ou roubos de carga, já que seguro para este tipo de veículo apresenta valores aviltantes.

Outras classes, que observaram que o sistema de rateio funcionava, constituíram as suas próprias associações a fim de seguirem os mesmos moldes do FACA.

Assim, iniciam-se as associações de proteção veicular, que nada mais são do que um sistema de divisão de prejuízos sofridos entre os associados, através de valores mais acessíveis aos grupos anteriormente excluídos pelas seguradoras.

Atualmente estima-se que existem cerca de duas mil associações nesta modalidade que protegem mais de três milhões de veículos, evidenciando a sua força.

Tendo em vista o crescimento das associações de ajuda mútua no mercado, a Superintendência de Seguros Privados – SUSEP, autarquia responsável pela regulamentação e fiscalização das seguradoras, começou uma verdadeira "caça às bruxas" contra estas entidades, alegando o seu funcionamento irregular. O que ocasionou o fechamento de inúmeros estabelecimentos.

O presente artigo tem o objetivo de elucidar o tema, sem a necessidade de esgotá-lo, vista a sua extensa complexidade, demonstrando a viabilidade de coexistência entre associações de proteção veicular e seguradoras, além de pontuar o seu principal argumento que justifica a sua formação, o direito à livre associação, protegido como garantia fundamental.

Ao situar o tema, sobretudo no universo dos direitos fundamentais, faz-se necessário situá-lo na perspectiva do estudo do direito constitucional e da liberdade de associação. Optou-se, em um primeiro momento, pela análise das constituições brasileiras quanto ao direito de associação, e que se encontra dentre os direitos individuais e coletivos, previsto no art. 5º da Constituição de 1988.

2 O direito constitucional à livre associação

O direito à associação só ganhou notoriedade após a Segunda Guerra Mundial, principalmente com a Constituição italiana de 1947, que previa expressamente o direito de os cidadãos unirem-se entre si para um objetivo comum, desde que não ferissem o próprio ordenamento constitucional e o Direito Penal vigente à época.

Anteriormente pairava um sentimento de incerteza, pois grupos sem finalidade lucrativa eram vistos como uma ameaça à soberania do rei ou do parlamento, uma vez que o cunho político poderia perdurar, sendo capaz de enfraquecer o governo.

O direito à associação só foi introduzido no Brasil na Constituição de 1891, a primeira constituição da era republicana, tornando-se a predecessora das demais que garantiriam esse direito fundamental.

Em 1893 foi promulgada a primeira lei que regulamentava a criação e término das associações, a Lei nº 173, de 10 de setembro, a partir de então a população poderia se reunir em grupos para fins religiosos, morais, científicos, artísticos, políticos ou de simples recreio, bem como se registrarem e constituírem sede.[1]

---

[1] Artigo 1º da Lei nº 173/1893: "As associações que se fundarem para fins religiosos, moraes, scientíficos, artísticos, políticos, ou de simples recreio, poderão adquirir individualidade jurídica, inscrevendo o contrato social no registro civil da circusncripção onde estabelecerem a sua sede" (sic).

A Carta Magna de 1934 manteve a estrutura material e os fundamentos liberais praticamente intactos sobre a liberdade e a propriedade, conservando os conceitos e definições já existentes na Constituição de 1891. A inovação manteve-se nos direitos trabalhistas, da família e a previsão do mandado de segurança, além de conceder uma maior importância às associações civis, já que impossibilitou a dissolução compulsória destas, senão por sentença judiciária.

Como é de conhecimento notório, a Constituição de 1934 foi a de menor tempo de vigência, durou apenas três anos, pois o então presidente, Getúlio Vargas, outorgou em 1937 o texto elaborado por Francisco Campos, sendo denominada como Constituição dos Estados Unidos do Brasil.

Por mais que a Carta Politica tivesse um conteúdo democrático, esta não reproduzia o momento atual do Brasil e a implementação do Estado Novo por Getúlio Vargas, pois representava a sua manutenção no poder. O Congresso Nacional, as Assembleias Legislativas e as Câmaras Municipais foram fechados e o presidente passou a concentrar os Poderes Executivo e Legislativo, possuindo como marco principal o autoritarismo.

Apesar desse autoritarismo, a Constituição de 1937 previa liberdades individuais, preservando em seus artigos 122 e 138 o direito à livre associação, desde que seguissem regras rígidas, como, por exemplo, a necessidade de serem reconhecidas pelo Estado e preservarem os bons costumes. O que dificultava o pleno exercício do direito, pois ficavam condicionadas ao que o presidente considerava bons costumes.

Em contrapartida, a Carta Magna de 1946 foi considerada a mais democrática da história, o seu principal ideal era o repúdio ao totalitarismo e o autoritarismo que permeavam a constituição anterior, já que centralizava o poder nas mãos do presidente. A nova constituição trouxe textos semelhantes à carta de 1934, como, por exemplo, o fato de nenhuma associação poder ser dissolvida de forma compulsória, senão em face de sentença judiciária, além de retirar a necessidade de seguir os bons costumes.

Com o advento da Constituição de 1967, o direito à associação foi suprimido, existindo apenas a garantia de permanência das associações já existentes nos moldes da constituição anterior.

Somente com a Emenda Constitucional nº 01/1969 é que o direito à associação passou novamente a constar expressamente, em seu artigo 153, §28, sendo praticamente idêntico ao texto da Carta Política de 1934.

A Constituição de 1988 foi o marco de retornada do regime democrático no Brasil após os 21 anos do regime militar. Apelidada de Constituição Cidadã, sendo uma das mais avançadas do mundo, garantiu direitos sociais que não existiam em outros países, como licença-maternidade, saúde pública e as liberdades e direitos individuais.

No que concerne ao direito à associação, este voltou a ter espaço no rol de direitos e garantias fundamentais, existindo como limitação apenas a necessidade de possuir fins lícitos, sendo vedada a de caráter paramilitar.

A inovação se fez presente na previsão da não obrigatoriedade em permanecer-se associado, além da proibição de interferência do Estado em suas atividades, desde que seja lícita.

Apesar de estar no rol de garantias fundamentais individuais, este é um direito que só alcança a sua plenitude quando exercido de forma coletiva, evidenciando a sua suma importância na concretização do Estado Democrático de Direito.

A Constituição Federal de 1988, em seu artigo 5º, trouxe a seguinte redação:

> XVII - é plena a liberdade de associação para fins lícitos, vedada a de caráter paramilitar;
>
> XVIII - a criação de associações e, na forma da lei, a de cooperativas independem de autorização, sendo vedada a interferência estatal em seu funcionamento;
>
> XIX - as associações só poderão ser compulsoriamente dissolvidas ou ter suas atividades suspensas por decisão judicial, exigindo-se, no primeiro caso, o trânsito em julgado;
>
> XX - ninguém poderá ser compelido a associar-se ou a permanecer associado;
>
> XXI - as entidades associativas, quando expressamente autorizadas, têm legitimidade para representar seus filiados judicial ou extrajudicialmente;

Concedendo uma maior segurança jurídica ao direito de constituir associações, preservando a vontade coletiva da população na busca de interesses comuns baseados nos princípios fundamentais.

A inteligência jurídica que norteia o inciso XVII do artigo 5º da Constituição Federal mantém a liberdade de pessoas se associarem, desde que observadas as vedações legais, ou seja, a partir do momento em que pessoas se reúnem para formalizar uma atividade-fim sem lucro, de caráter lícito, podendo ser extinta de modo diverso.

As associações não se confundem com sociedade, porque o principal intuito da associação é defender um interesse comum dos associados que se juntam para tal fim, e, portanto, não podendo existir fins lucrativos, enquanto que para a sociedade seu principal princípio é a atividade de cunho lucrativo, visto que a renda proveniente será dividida entre os sócios.

Logo, a formação de associações tornou-se uma noção básica para o Estado Democrático de Direito formado pelo constitucionalismo atual, onde o sujeito que deseja obter bens, e não o consegue de forma individual, se une, por meio de associações, angariando reforços e promovendo a satisfação individual. Tal pensamento é o mesmo demonstrado por Gilmar Mendes e Paulo Gustavo Gonet, senão vejamos:

> A liberdade de associação presta-se a satisfazer necessidades várias dos indivíduos, aparecendo, ao constitucionalismo atual, como básica para o Estado Democrático de Direito. Quando não podem obter os bens da vida que desejam, por si mesmo, os homens somam esforços, e a associação é a fórmula para tanto. Associando-se com outros, promove-se maior compreensão recíproca, amizade e cooperação, além de se expandirem as potencialidades de autoexpressão. A liberdade de associação propicia autoconhecimento, desenvolvimento da personalidade, constituindo-se em meio orientado para a busca da autorrealização. Indivíduos podem-se associar para alcançar metas econômicas, ou para se defenderem, para mútuo apoio, para fins religiosos, para promover interesses gerais ou da coletividade, para fins altruísticos, ou para se fazerem ouvir, conferindo maior ímpeto à democracia participativa. Por isso mesmo, o direito de associação está vinculado ao preceito de proteção da dignidade da pessoa, aos princípios de livre iniciativa, da autonomia da vontade e da garantia da liberdade de expressão.[2]

---

[2] MENDES, Gilmar; COELHO, Inocêncio Mártires; BRANCO, Paulo Gustavo Gonet. *Curso de Direito Constitucional.* São Paulo. Saraiva 2009. p. 445.

Como mencionado anteriormente, a liberdade de associação foi colocada dentro do rol de direitos fundamentais, possibilitando uma imensa liberdade de atuação, dentro dos limites legais, o que corrobora para a formação de inúmeros grupos de associados com finalidades variadas. Estes grupos também poderão pleitear, em seus objetivos futuros, o fomento de atividades e a criação de regras para possíveis novos integrantes que visassem os mesmos objetivos daquele grupo original. Com isso, o grupo de pessoas reunidas passaria a representar a pessoa que ali estava, visto ser uma "personalidade mais forte" que a presença de uma única pessoa.[3]

É requisito necessário, nos casos de união de um grupo de pessoas com uma finalidade recíproca, a elaboração de um estatuto, assim, este será togado de personalidade jurídica, contendo especificamente a finalidade para a qual irá se destinar, sua denominação para reconhecimento e personalidade jurídica, bem como a forma de ingresso dos associados, direitos e obrigações que estes deverão ter no momento em que se associarem. A constituição de uma associação com tais requisitos encontra-se devidamente expressa no Código Civil, em seu artigo 54.[4]

3 Os princípios constitucionais e a liberdade de associação

Princípio é o "mandamento nuclear de um sistema, verdadeiro alicerce dele",[5] servindo como base das normas, além de auxiliar em sua interpretação. Os princípios podem ser considerados como os alicerces do ordenamento jurídico, dando estrutura ao Estado Democrático de Direito.

A Constituição Federal de 1988, em seu artigo 1º, trouxe como fundamentos da República Federativa do Brasil e, consequentes, princípios norteadores:

I – a soberania;

II – a cidadania;

III – a dignidade da pessoa humana;

IV – os valores sociais e da livre-iniciativa;

V – o pluralismo político.

Deste modo, estes e outros mais princípios que constam no decorrer do texto constitucional orientam e iluminam a interpretação de todas as normas do ordenamento brasileiro.

Neste diapasão, a liberdade de associação irradia-se de forma diferente em relação aos direitos fundamentais, que são iluminados pelos princípios da dignidade humana, liberdade, do regime democrático, da legalidade e da soberania nacional, pois representam um dos principais pilares que sustentam a democracia no país.[6]

---

[3] Op. cit. MENDES; COELHO; BRANCO, p. 446.
[4] Serão detalhadamente melhor exemplificados os requisitos para a constituição de associações no capítulo 4, item 4.4. Requisitos para uma constituição legalmente constituída, p. 86.
[5] SILVA, José Afonso da. *Curso de Direito Constitucional Positivo*. 19. ed. São Paulo: Malheiros, 2001.
[6] CUNHA, Márcio Messias. *Criação e formação de associações para fins lícitos*: estudo sobre a legalidade das associações de proteção veicular. Brasília, 392 páginas. Mestrado Dissertação. Instituto Brasileiro de Ensino, Pesquisa e Desenvolvimento. IDP.

Assim, a união de pessoas com um objetivo comum, sendo ele cultural, social, artístico ou altruístico, tem como principal propósito assegurar existência digna, possibilitando que a população usufrua de direitos previstos na Constituição Federal, mas que não são concedidos pelo Estado.

Portanto, o direito à associação está intimamente ligado ao não fazer do Estado, já que a sua inércia corrobora para a atuação coletiva que busca assistência em determinadas áreas mais sensíveis, como a saúde, a educação e o patrimônio, caso das associações de proteção veicular.

Deste modo, as associações são uma forma de preservar garantias e direitos fundamentais não oferecidos à população, apesar de previstos na Constituição Federal, concretizando a dignidade da pessoa humana, a cidadania, dentre outros fundamentos da República, além de usar como alicerce o princípio da livre-iniciativa, garantindo a todos uma existência digna, como preceitua o artigo 170 da Carta Magna.[7]

4 Requisitos essenciais para uma associação lícita

Associações são pessoas jurídicas de direito privado constituídas pela união de pessoas sem fins lucrativos, conforme preceitua o artigo 53 do Código Civil, tendo como principal objetivo a benemerência ou o fortalecimento de uma classe ou causa, incentivada pelo bem-estar social ou para a realização de processos produtivos ou venda de bens ou serviços.

O Código Civil não delimita um número mínimo ou máximo de pessoas que pode conter em uma associação, mas na prática o número recomendado é de pelo menos dez pessoas, já que é a quantidade necessária para preencher os cargos do Conselho de Administração e do Conselho Fiscal.

A Constituição Federal veda apenas a formação de associações para fins ilícitos e de caráter paramilitar, o que dá amplo entendimento para a população criá-las.

De acordo com pesquisa efetuada pelo Instituto Brasileiro de Geografia e Estatística (IBGE) com a finalidade de averiguar o número de fundações privadas e associações sem fins lucrativos (FASFIL), tendo com ano de referência 2016, estima-se a existência de 236.950 mil associações ou fundações no Brasil que atuam nas mais diversas áreas.[8]

Mas para que ocorra o pleno funcionamento de uma associação devem-se seguir parâmetros impostos pela lei brasileira, com isso, exemplificaremos de uma forma sucinta como funciona o registro de uma associação, demonstrando os documentos necessários no momento de sua fundação, bem como o seu procedimento de abertura.

O primeiro passo é o Estatuto Social, documento obrigatório para a constituição de uma associação. Este é produzido por uma assembleia na qual os participantes redigem

---

[7] Art. 170. A ordem econômica, fundada na valorização do trabalho humano e na livre iniciativa, tem por fim assegurar a todos existência digna, conforme os ditames da justiça social, observados os seguintes princípios: I - soberania nacional; II - propriedade privada; III - função social da propriedade; IV - livre concorrência; V - defesa do consumidor; VI - defesa do meio ambiente, inclusive mediante tratamento diferenciado conforme o impacto ambiental dos produtos e serviços e de seus processos de elaboração e prestação; VII - redução das desigualdades regionais e sociais; VIII - busca do pleno emprego; X - tratamento favorecido para as empresas de pequeno porte constituídas sob as leis brasileiras e que tenham sua sede e administração no País.

[8] INSTITUTO BRASILEIRO DE GEOGRAFIA E ESTATÍSTICA. Número de associações privadas e fundações sem fins lucrativos no Brasil. 2016. Disponível em: https://sidra.ibge.gov.br/pesquisa/fasfil/tabelas. Acesso em: 3 mar. 2020.

e debatem as diretrizes, regras, objetivos sociais e regulamentos da associação, e após o seu crivo a associação deve-se registrar no Cartório de Títulos e Documentos e Registro Civil de Pessoa Jurídica por meio de um requerimento assinado pelo representante legal da instituição, normalmente o presidente, devendo constar o seu nome, por extenso, residência e cargo, nos termos do artigo 121 da Lei nº 6.015/73 e artigo 1.151 do Código Civil, visto que a representará em eventuais lides.

Posteriormente a entidade deve ser registrada junto ao Cadastro Nacional de Pessoa Jurídica, o CNPJ, passando a ter plena capacidade de direito, podendo contratar funcionários, firmar parcerias, alugar ou comprar imóveis.

Outro requisito muito discutido é o *animus* de se associar, apesar de não estar previsto expressamente no ordenamento jurídico, o Supremo Tribunal Federal entende ser necessário à vontade de se ligar a um determinado grupo. Deste modo, caso a associação obrigue a filiação, esta estaria contrariando a boa-fé e a jurisprudência e, portanto, seria um instituto ilícito.

Gilmar Mendes e Paulo Gonet tratam a associação como um "ato de vontade", pois a pretensão de se unir coletivamente com um objetivo comum está intimamente ligada à voluntariedade, não sendo permitida a união forçosa.

As associações de proteção veicular não fogem disso, necessitando que todos os requisitos legais para uma constituição lícita sejam seguidos, assim como o *animus* associativo, far-se-á necessidade do registro do estatuto junto ao cartório, constituindo uma pessoa jurídica para associação, que será o caminho para que o grupo atinja seus objetivos e só após o cumprimento destas exigências é que a entidade está legalmente constituída.

5 Associações de proteção veicular: conceito e objetivo

Associação de proteção veicular é uma entidade sem fins lucrativos formada por pessoas com o objetivo comum de minimizar o risco sobre seus bens ou veículos, através de cooperação mútua, rateando entre os associados os danos ou prejuízos sofridos dentre seus membros.

Assim, as associações de proteção veicular são caracterizadas pela autogestão e o rateio de despesas, evidenciando a não lucratividade da instituição. Nesse sentido Carlos Ayres Britto[9] a conceitua como:

> Associações de proteção veicular, assim comumente referidas para dar conta das pessoas jurídicas de direito privado: a) que tenham por objeto social a tutela financeiro-coletiva de veículos dos respectivos associados; b) desprovidas de qualquer finalidade lucrativa por parte delas próprias, associações civis particulares. Mais precisamente, trata-se de entidades associativas privadas que se constituem com o fito de assumir, assim por modo coletivo, as consequências financeiras de eventuais furtos, roubos, incêndios ou então colisão de veículos automotores de propriedade.

---

[9] BRITTO, Carlos Ayres. O Regime Constitucional das Associações Civis. Parecer Jurídico. 2015. Disponível em: https://onedrive.live.com/?authkey=%21AL0dlbd7IG6zRms&cid=1F74C2C9313BAF47&id=1F74C2C9313BAF47%213521&parId=1F74C2C9313BAF47%213522&o=OneUp. Acesso em: 13, de fevereiro de 202, p. 03.

As associações de ajuda mútua, como também são denominadas, adotam dois modelos de operação. O primeiro é constituído pelo pagamento de contribuições periódicas pelos próprios associados. Já o segundo é efetuado por meio de rateio de prejuízos auferidos mensalmente, deste modo, pode o valor variar a cada mês.

Todos colaboram pelos prejuízos de forma consciente, mesmo que não tenham participação no evento danoso.

Essa autogestão e ajuda mútua difere-se das empresas de seguro, já que estas são sociedades anônimas (S/A) que por meio de um contrato de adesão são obrigadas a indenizarem o seu cliente em decorrência dos sinistros cobertos, e que são discriminados na apólice.

A indenização por danos futuros é um dos principais pontos diferenciais entre as duas instituições, já que as seguradoras apresentam apólice discriminando os sinistros cobertos, sendo obrigadas a repará-lo; as associações de proteção veicular, por sua vez, rateiam despesas que já foram auferidas no mês anterior, ou seja, que já ocorreram, não possuindo obrigação de ressarcir os associados, caso não tenha dinheiro em caixa.

O objetivo dessas associações mostra-se claro em seu conceito, a proteção do patrimônio de seus associados por meio de ajuda mútua, atuando principalmente no mercado não abarcado pelas seguradoras.[10]

O Brasil apresentou um grande crescimento na frota de veículos antes do recesso econômico. Com esse superaquecimento do mercado, as seguradoras procuraram mecanismos de seleção de riscos, criando critérios mais rígidos na aceitação de novos clientes. Neste momento criaram-se "perfis de risco" que nada mais são do que pessoas com altas possibilidades de se envolverem em acidentes, como, por exemplo, os recém-habilitados, taxistas, motoristas de aplicativos, caminhoneiros, etc.

Deste modo, as pessoas que não conseguiam contratar um seguro, por não serem aceitas ou devido aos altos valores, criaram as associações de proteção veicular, rateando eventuais despesas entre si. Possuindo um campo fértil de atuação as pessoas não atendidas pelas seguradoras.

Esse é o caso do Fundo de Assistência ao Carreteiro Autônomo – FACA, associação formada por caminhoneiros em 1987 com o objetivo de firmar proteção veicular a um preço mais justo e acessível a sua categoria, protegendo contra furtos, roubos de carga e eventuais acidentes através de um rateio mensal dos prejuízos entre os associados.

Essa associação está em pleno funcionamento até os dias atuais, sendo uma das pioneiras neste segmento no Brasil.

De acordo com a Agência de Autorregulamentação das Entidades de Autogestão de Planos de Proteção Contra Riscos Patrimoniais – AAAPV existem cerca de 2.000 associações de proteção veicular no mercado e estima-se que 3 milhões de veículos são protegidos por essas entidades, variando entre veículos leves, motocicletas, caminhões, táxis, dentre outros.

A fim de demonstrar a diferença entre os valores das associações e seguradoras, foram recolhidas informações de três seguradoras (Mpafre, Liberty e HDI) e três associações (Segbem, Proauto e Ancore), todas em Goiânia. O perfil utilizado para

---

[10] CUNHA, Márcio Messias. *Criação e formação de associações para fins lícitos: estudo sobre a legalidade das associações de proteção veicular.* Brasília, 392 páginas. Mestrado Dissertação. Instituto Brasileiro de Ensino, Pesquisa e Desenvolvimento. IDP.

comparação foi de jovem, 24 anos, do sexo masculino, com CNH definitiva com o veículo Ford Focus Sedan 1.6, 2013/2013, flex, manual, o qual apresentou os seguintes valores:

Tabela 1 – Cotação de preços por ano

MODELO	COTAÇÃO DE PREÇOS POR ANO					
	SEGURADORAS	PREÇOS	FRANQUIA	ASSOCIAÇÕES	PREÇOS	COTA PARTICIPAÇÃO
Ford Focus Sedan 2013 1.6/1.6 Flex 8V/16V 4p Manual	MAPFRE	R$ 3.256,92	R$ 3.606,00	SEGBEM	R$ 1.596,00	R$ 3.105,99
	LIBERTY	R$ 3.339,54	R$ 7.448,00	PROAUTO	R$ 1.428,00	R$ 2.940,66
	HDI	R$ 3.501,31	R$ 7.330,86	ANCORE	R$ 1.866,60	R$ 2.500,00

Fonte: Elaborada pelo Autor

Como pode ser observado há uma grande variação nos preços entre as associações e as seguradoras. Vale ressaltar que as associações não cobram franquia, sendo substituída por uma cota participação caso o associado sofra algum sinistro.

Existe também uma variação entre os benefícios ofertados aos associados/segurados pelas duas entidades, muitas das associações extrapolam a proteção do bem em si e fornecem outros serviços, como desconto em combustíveis, escolas e etc.

A Superintendência de Seguros Privados – SUSEP manejou algumas ações civis públicas em desfavor destas associações sob a justificativa de serem "seguros piratas", além de promoverem uma concorrência desleal, vista a apresentação de valores ínfimos comparados com as associações.

A discussão sobre concorrência desleal nunca foi devidamente enfrentada, já que, em tese, atuam em campos distintos, uma vez que as associações possuem como foco principal as pessoas não atingidas pelas seguradoras.

6 O caráter não lucrativo das associações e o seu campo de atuação

As associações se encontram em diversos ramos do mercado, mas, via de regra, as suas atividades econômicas estão em segundo plano, já que não podem possuir caráter lucrativo, por isso, a grande maioria destes institutos atua como organizações filantrópicas, principalmente no campus da educação, saúde e cultura.

Basicamente é possível constituir associação para qualquer fim, desde que seja lícito e não possua caráter paramilitar, assim, as pessoas podem se reunir para promover qualquer objetivo que almeje, inclusive patrimonialmente.

No caso das associações de proteção veicular a ideia principal é a de reduzir despesas provenientes de acidentes de trânsito, furto ou roubo, permitindo que as pessoas que normalmente não teriam capacidade de ingressar no mercado de seguros possam proteger seu bem material.

As associações de proteção veicular não pretendem, mesmo que inicialmente, atingir o mercado das seguradoras, mas sim o campo não atingido por elas ou que criaram grandes dificuldades, como é o caso dos caminhoneiros, taxistas, pessoas com restrições cadastrais diversas, etc.

Portanto, não haveria concorrência desleal entre os dois institutos, além de criar uma expectativa de bom convívio entre as associações de ajuda mútua e as seguradoras, já que ambas buscam atingir categorias diferentes.

Vale ressaltar que o Enunciado nº 534 do Conselho da Justiça Federal tem permitido que as associações realizem atividades de cunho econômico para incorporar o seu patrimônio ou para a sua própria subsistência. Flávio Tartuce pontua que o artigo 53 do Código Civil não deveria constar o termo geral "fins econômicos" e sim "fins lucrativos", pois é inteiramente viável que uma associação venda serviços ou produtos a fim de promover as suas atividades, vejamos:

> Nesse trilhar, o Enunciado n. 534 CJF/STJ, da VI Jornada de Direito Civil (2013): "As associações podem desenvolver atividade econômica, desde que não haja finalidade lucrativa". Segundo as justificativas do enunciado doutrinário, "andou mal o legislador ao redigir o caput do art. 53 do Código Civil por ter utilizado o termo genérico 'econômicos' em lugar do específico 'lucrativos'. A dificuldade está em que o adjetivo 'econômico' é palavra polissêmica, ou seja, possuidora de vários significados (econômico pode ser tanto atividade produtiva quanto lucrativa). Dessa forma, as pessoas que entendem ser a atividade econômica sinônimo de atividade produtiva defendem ser descabida a redação do caput do art. 53 do Código Civil por ser pacífico o fato de as associações poderem exercer atividade produtiva. Entende- se também que o legislador não acertou ao mencionar o termo genérico 'fins não econômicos' para expressar sua espécie 'fins não lucrativos'".[11]

Assim sendo, as associações só não podem obter lucratividade e, portanto, não podem dividir lucros entre seus associados.

Nos casos de dissolução da associação o seu estatuto social deverá prever o que será feito com o seu patrimônio, nos termos do artigo 61 do Código Civil,[12] não podendo ser dividido entre os associados, mesmo com o seu encerramento.

---

[11] TARTUCE, Flávio. *Manual de Direito Civil*: Volume Único. São Paulo: Método, 2014.

[12] Art. 61. Dissolvida a associação, o remanescente do seu patrimônio líquido, depois de deduzidas, se for o caso, as quotas ou frações ideais referidas no parágrafo único do art. 56, será destinado a entidade de fins não econômicos designada no estatuto, ou, omisso este, por deliberação dos associados, à instituição municipal, estadual ou federal, de fins idênticos ou semelhantes.
§1º Por cláusula do estatuto ou, no seu silêncio, por deliberação dos associados, podem estes, antes da destinação do remanescente referida neste artigo, receber em restituição, atualizado o respectivo valor, as contribuições que tiverem prestado ao patrimônio da associação.
§2º Não existindo no Município, no Estado, no Distrito Federal ou no Território, em que a associação tiver sede, instituição nas condições indicadas neste artigo, o que remanescer do seu patrimônio se devolverá à Fazenda do Estado, do Distrito Federal ou da União.

7 Atuação da Superintendência de Seguros Privados frente às associações de proteção veicular

A Superintendência de Seguros Privados – SUSEP foi criada em 1966 através do Decreto-Lei nº 73/66, que dispõe e regulamenta o Sistema de Seguros Privados e Resseguros juntamente com o Conselho Nacional de Seguros Privados – CNSP.

A SUSEP é uma autarquia federal vinculada ao Ministério da Economia, sendo responsável pela fiscalização e acompanhamento da comercialização dos serviços ofertados pelas seguradoras, resseguradoras, corretoras ou qualquer grupo econômico que comercialize seguros ou previdência privada.

A autarquia é composta por um Conselho Diretor, formada pelo superintendente e quatro diretores técnicos, possuindo como atribuições:

> 1 - Fiscalizar a constituição, organização, funcionamento e operação das Sociedades Seguradoras, de Capitalização, Entidades de Previdência Privada Aberta e Resseguradores, na qualidade de executora da política traçada pelo CNSP;
>
> 2 - Atuar no sentido de proteger a captação de poupança popular que se efetua através das operações de seguro, previdência privada aberta, de capitalização e resseguro;
>
> 3 - Zelar pela defesa dos interesses dos consumidores dos mercados supervisionados;
>
> 4 - Promover o aperfeiçoamento das instituições e dos instrumentos operacionais a eles vinculados, com vistas à maior eficiência do Sistema Nacional de Seguros Privados e do Sistema Nacional de Capitalização;
>
> 5 - Promover a estabilidade dos mercados sob sua jurisdição, assegurando sua expansão e o funcionamento das entidades que neles operem;
>
> 6 - Zelar pela liquidez e solvência das sociedades que integram o mercado;
>
> 7 - Disciplinar e acompanhar os investimentos daquelas entidades, em especial os efetuados em bens garantidores de provisões técnicas;
>
> 8 - Cumprir e fazer cumprir as deliberações do CNSP e exercer as atividades que por este forem delegadas;
>
> 9 - Prover os serviços de Secretaria Executiva do CNSP.[13]

O que demonstra a forte atuação da SUSEP no mercado de seguros, bem como a rigorosidade do Decreto-Lei nº 73/66.

Essa rigorosidade resultou em consequências para o mercado. Segundo relatório da SUSEP atualmente existem 122 seguradoras no país, incluindo as de vida, previdência e imóveis. Número relativamente pequeno em relação ao comércio atual.

A SUSEP, sob a justificativa de fiscalizar o mercado de seguros, ingressou com ações civis públicas em desfavor de algumas associações de proteção veicular, argumentando que estas atuavam de forma irregular no mercado de seguros, solicitando a penalização dos administradores e o fechamento das instituições.

---

[13] BRASIL. Decreto-Lei nº 73, de 21 de novembro de 1966. Dispõe sobre o Sistema Nacional de Seguros Privados, regula as operações de seguros e resseguros e dá outras providências. Brasília, 21 de novembro de 1966; 145º da Independência e 78º da República. Disponível em: http://www.planalto.gov.br/ccivil_03/Decreto-Lei/Del0073.htm. Acesso em: 28 fev. 2020.

O principal argumento da autarquia é, além de serem irregulares, a falta de experiência das associações para atuar no mercado de proteção veicular, o que poderia comprometer a segurança das pessoas que aceitaram ter os seus carros protegidos por estas associações.

Assim, começou uma verdadeira guerra entre as duas instituições, a SUSEP pedindo o fechamento das associações de ajuda mútua e a responsabilização dos administradores e as associações de ajuda mútua com o argumento de monopólio do mercado para as seguradoras que não atendem devidamente o mercado.

Essa é uma discussão que perdurará até a regulamentação das associações de proteção veicular ou a completa proibição de suas atividades.

Existem inúmeros projetos de lei favoráveis à regulamentação das associações de ajuda mútua e apenas um desfavorável, solicitando a extinção das existentes e a aplicação de multas milionárias à instituição.[14]

Mas a única certeza que é viável auferir é a de que a SUSEP não pode fiscalizar as associações de proteção veicular, pois não está no rol de suas atribuições e, por óbvio, já que manejou inúmeras ações, não pretende permitir o funcionamento destas entidades, a não ser que a legislação permita.

8 A (i)legalidade das associações de proteção veicular

Os requisitos impostos pela SUSEP para abertura de empresas que pudessem operar seguros são bastante "pesados", como, por exemplo, a exigência de capital de 15 milhões, um fundo de reserva e a necessidade de ser operado por meio de sociedade anônima.

Esses requisitos serviram intrinsecamente como uma válvula de afastamento dos pequenos e médios empresários que queriam ingressar no mercado. Dessa forma, poucas foram as empresas de seguro que sobreviveram ao mercado brasileiro, isso somado às regulamentações da SUSEP. Atualmente, cerca de 120 seguradoras operam regularmente no Brasil e em todas pode-se notar um certo tipo de investigação de perfil.

Com isso, as seguradoras estabelecem perfis que consideram alto risco e baixo risco, refletindo assim no valor ofertado ao cidadão nas mensalidades do seguro. Através dessa prática, as seguradoras reduziram o valor pago com as indenizações e aumentaram supervenientemente os seus lucros. Entretanto, viram-se ameaçadas com o surgimento das associações de proteção veicular.

A SUSEP realizou uma verdadeira maratona de processos junto à justiça federal para tentar barrar o funcionamento das associações de proteção veicular, com o principal argumento de que estas atuavam à margem da lei, oferecendo serviços próprios de seguradoras, sem que obtivessem autorização junto ao órgão federal competente ou cumprissem com os critérios técnicos.

Com base nestas alegações, vários juízos federais passaram a determinar a suspensão do funcionamento destas associações de proteção veicular, embasando suas decisões de acordo com a ilegalidade de funcionamento e desvio de finalidade, sobre o

---

[14] Projetos de Lei favoráveis nºs 39/2017, 2.441/2019, 356/2012 e 5.127/2019. Projeto de Lei desfavorável às associações nº 3.139/2015.

fundamento de que comercializavam seguros, atividades próprias de seguradoras, que são reguladas pela SUSEP.

Pois bem, as associações têm como principal argumento para sua funcionalidade a previsão constitucional para sua formação, sob a égide do artigo 5º, que apenas não permite associações para fins ilícitos ou de caráter paramilitar. Seguindo esse princípio, o ministro OG Fernandes concedeu voto em seu relatório, garantindo o funcionamento das associações que trabalhavam com proteção veicular, sob o fato de estas não se utilizarem de vendas de seguros, e sim de socorro mútuo, uma forma de rateio de prejuízos entre seus associados.

As associações, no entender jurisprudencial elencado, não trabalham com venda de seguros, mercado de riscos, pois isso representa assumir o risco de indenizar seus "clientes" associados, não sendo essa atividade própria desta instituição. O que elas garantem, e isso presente em seu estatuto, é tão somente a "garantia" de que os prejuízos serão repartidos entre todos os demais associados.

Em síntese, observadas as vedações constitucionais, o funcionamento das associações de proteção veicular está livre desses vícios, se faz correto e possível, à luz do Código Civil e da Constituição Federal.

9. Entendimento do Conselho de Justiça Federal e Aplicação do Conceito de Associação de Proteção Veicular

É notório que essas associações cobram um tipo de mensalidade a seus associados, contanto, se trata de uma normalidade no meio. Se faz comum o ato, tendo em vista que a associação é uma pessoa jurídica, precisa de uma fonte de renda para custear seu funcionamento e, tradicionalmente, o custeio partir-se-á das mensalidades de seus associados.

Não obstante, uma das vedações impostas às associações é a finalidade lucrativa ante suas atividades primárias, no entanto, são facilmente confundidas com atividades econômicas.

O Conselho de Justiça Federal, em sua Jornada de Direito Civil, interpretou através do Enunciado 185 que a disciplina dos seguros do Código Civil e as normas da previdência privada que impõem a contratação exclusivamente por meio de entidades legalmente autorizadas não impedem a formação de grupos restritos de ajuda mútua, caracterizados pela autogestão. Ou seja, para que um contrato de seguro seja caracterizado, este tem que seguir as normas do artigo 757, senão vejamos:

> Art. 757. Pelo contrato de seguro, o segurador se obriga, mediante o pagamento do prêmio, a garantir interesse legítimo do segurado, relativo à pessoa ou a coisa, contra riscos predeterminados. Parágrafo único. Somente pode ser parte, no contrato de seguro, como segurador, entidade para tal fim legalmente autorizada.[15]

De certo, em que pese a semelhança nos serviços, as associações não trabalham com a modalidade prevista no artigo 757, pelo contrário, não se vê uma relação de empresa e consumidor, onde basta chegar e assinar um contrato e se tem um seguro, onde a

---

[15] BRASIL. Lei nº 10.406, de 10 de janeiro de 2002. Institui o Código Civil. Disponível em: http://www.planalto.gov.br/ccivil_03/leis/2002/L10406compilada.htm. Acesso em: 31 jan. 2020.

empresa acobertará o risco previsto naquele contrato durante um tempo determinado e mediante o pagamento de um prêmio legítimo.

As associações operam de uma forma mais simplificada e sem adentrar nenhum dos pontos do artigo 757 do Código Civil, que representaria a atividade-fim das seguradoras. Segundo estudos empíricos realizados, as associações que prestam esse tipo de serviço preveem a "cobertura" dos danos não em contrato, mas sim em estatuto, dessa forma, todos os que desejarem se associar terão os mesmos privilégios e, diferentemente das seguradoras, que fazem distinção de perfis para gerar o valor do seguro, nas associações, isso não é possível, pois o valor da taxa de adesão e mensalidade é predefinido, sem distinção de perfis, e, por se tratar de rateio entre os associados, todos pagam uma quota parte pelo sinistro ocorrido a um dos seus.

Dessa forma, quanto mais associados, menor o valor do rateio, o que torna o serviço mais atrativo para os cidadãos. Outro argumento trazido pela SUSEP, bem como pelos defensores do seguro, é que as associações trabalham à margem da lei, descumprindo uma de suas vedações legais, que seria o desenvolvimento de atividade lucrativa.

Como já visto anteriormente, o próprio CJF[16] tratou de dar uma interpretação mais adequada à vedação trazida ao artigo 53 do CC/02, que tratou de coibir as atividades econômicas. Desta forma, com o auxílio destes entendimentos e apoiados na decisão do ministro OG Fernandes, trazida alhures, apresentou uma excelente segurança jurídica para firmar o funcionamento destas associações de socorro mútuo sem que haja interferência do Estado.

Ao unir essas duas linhas de pensamento, pode-se concluir pelo legítimo funcionamento dessas associações como um serviço prestado legalmente e sob a tutela do Estado (através das decisões jurisprudenciais).

9 Regulamentação das associações no Estado de Goiás

Apesar da ilustre e correta decisão do Ministro do STJ, OG Fernandes, tal entendimento ainda encontra resistência em alguns tribunais ao redor do país. Contudo, não é o caso do Estado de Goiás.

O governo local tem aceitado a presença das associações, inclusive, redigiu uma lei estadual no intuito de regulamentar o funcionamento destas, bem como instituir poucas e acessíveis regras para a sua regularização.

A Lei Complementar Estadual nº 20.894, de 29 de outubro de 2020, assinada pelo Governador Ronaldo Caiado, vem com o escopo de, principalmente, transpassar a responsabilidade consumerista às associações de socorro mútuo, uma inovação até então, visto que a relação entre associados e associações era uma relação civil.

Dessa forma, nos termos do artigo 1º da lei, ficou assim definido:

> Art. 1º Define como fornecedor a Associação de Socorro Mútuo destinada a organizar e intermediar o rateio/divisão das despesas certas e ocorridas entre os seus associados.

---

[16] JORNADAS DE DIREITO CIVIL. I, III, IV e V: enunciados aprovados / coordenador científico Ministro Ruy Rosado de Aguiar Júnior. – Brasília: Conselho da Justiça Federal, Centro de Estudos Judiciários, 2012.135 p. ISBN 978-85-85572-93-8. Disponível em: https://www.cjf.jus.br/cjf/corregedoria-da-justica-federal/centro-de-estudos-judiciarios 1/publicacoes-1/jornadas-cej/EnunciadosAprovados-Jornadas-1345.pdf. Acesso em: 2 mar. 2020.

Parágrafo único. Conceitua-se como consumidor os associados que participam do grupo de rateio e utilizam de serviços prestados por tais associações.[17]

Com uma relação consumerista sendo estabelecida pelo Estado para caracterizar os negócios fornecidos por estas, fica também suscetível à fiscalização estatal, e a lei também tratou desse ponto, quando no seu artigo 8º impõe sujeição ao PROCON – GO como seu órgão fiscalizador.

Quanto à questão de regularização, as principais trataram apenas das questões técnicas referentes ao estatuto, como, por exemplo, explicitar aos futuros interessados que se trata de uma associação de rateio, e não seguro propriamente dito, além de dar publicidade das normas de rateios em documentos escritos e/ou sítios eletrônicos.

Assim dispõem os artigos 3º e 4º da legislação:

> Art. 3º Deve expor de forma expressa em sua ficha de filiação, site e regulamento a informação de que é uma associação civil que realiza rateio de despesas já ocorridas entre os seus membros e que não se confunde com o seguro empresarial.
>
> Parágrafo único. Além das informações de que não é seguro empresarial, deve conter também de forma clara que não existe apólice ou contrato de seguro, mas que as normas são da própria associação.
>
> Art. 4º A norma criada pela associação, referente ao rateio de despesas, deve ser exposta ao associado por meio de documento escrito, o qual deverá conter em linguagem clara os direitos dos associados quanto às despesas que a associação irá amparar e as que serão excluídas do rateio, forma de procedimentos de amparo, filiação e desfiliação, prazos, obrigações pecuniárias e outras regras que impliquem limitações de direitos dos associados.[18]

Desse modo, o legislador tratou de diferenciar as associações que agem corretamente, com o devido rateio, das que se passam por seguradoras, submetendo-as à fiscalização do órgão responsável. Além do mais, fica dada a segurança jurídica, permitindo o funcionamento legal das associações, que, devido ao sucesso entre os cidadãos interessados em proteger seu patrimônio, tem garantido uma importante função social: a geração de emprego e renda.

10 Considerações finais

Pela leitura do presente artigo é possível observar que as associações estão pautadas sob a égide da garantia fundamental à livre associação, presente desde a primeira constituição da era republicana.

Conclui-se perante atenta leitura analítica do presente texto, com relação aos argumentos aqui trazidos, que o direito de associação é pautado como fundamental

---

[17] Goiás. Lei nº 20.894, de 29 de outubro de 2020. Dispõe sobre normas protetivas aos consumidores filiados às Associações de Socorro Mútuo no Estado de Goiás. Disponível em: https://legisla.casacivil.go.gov.br/pesquisa_legislacao/103557/lei-20894. Acesso em: 30 out. 2020.

[18] Goiás. Lei nº 20.894, de 29 de outubro de 2020. Dispõe sobre normas protetivas aos consumidores filiados às Associações de Socorro Mútuo no Estado de Goiás. Disponível em: https://legisla.casacivil.go.gov.br/pesquisa_legislacao/103557/lei-20894. Acesso em: 30 out. 2020.

pela Constituição vigente, tendo se originado na Constituição de 1891 e perdurado até os dias atuais. A atual Constituição, a de 1988, garantiu em mais incisos os direitos relacionados às associações. Elencados no rol do artigo 5º, o direito à associação veio caracterizado como cláusula pétrea e, portanto, imutável.

O direito à livre associação é instrumento de suma importância para o Estado Democrático de Direito, permitindo que a população alcance objetivos não oferecidos pelo Estado, ou que intervinham de forma precária, o que efetiva direitos e garantias fundamentais, no caso das associações de proteção veicular alcança o direito à pessoa de baixa renda em ter o seu bem assegurado.

O rateio de despesas por entidades de autogestão já vinha sendo reconhecido em outras áreas, como a da saúde, moradia e educação, não sendo viável a proibição desta modalidade no campo patrimonial, já que não causa significativas interferências no mercado de seguros.

Assim, não há o que se falar em ilegalidade ou concorrência desleal na prática da ajuda mútua, que inclusive foi indiretamente reconhecida como lícita pelo Estado de Goiás, uma vez que editou lei efetivando a atuação dos órgãos do consumidor, bem como reconheceu a relação de consumo.

Associar-se permite a um indivíduo unir-se a um grupo de pessoas com os mesmo objetivos. Essa ferramenta é de suma importância para a manutenção do Estado Democrático de Direito, vez que deixa as fragilidades individuais de lado para fortalecer a união de pessoas. Quanto mais ativa é a associação, mais ela contribui para a democracia.

Portanto, fica claro que existe tanto legitimidade quanto legalidade em indivíduos se unirem para proteger seus patrimônios através de um sistema de rateio de prejuízos, não ferindo a ordem econômica financeira do Estado, concorrendo de forma desleal com as seguradoras, por que estas uniões associativas não comercializam seguros. Em suma, trata-se apenas de repartição de sinistros, e não de apólices de seguro, onde o segurado receberia uma indenização para suportar todos os prejuízos causados por eventual sinistro.

Portanto, a regularização desta modalidade é essencial para que a SUSEP encerre a perseguição contra as associações de proteção veicular, bem como para trazer maior segurança jurídica aos associados desta modalidade.

Como demonstrado no decorrer deste trabalho, existem requisitos extremamente complicados a serem alcançados por pequenos e médios empresários que adorariam ingressar no lucrativo mercado de seguros. Consequentemente, o ingresso acaba que restrito apenas a grandes grupos econômicos, com capacidade financeira de solvência elevada, o que acarreta muita procura, pouca demanda e preços elevados. O trabalho tratou de demonstrar que, no decorrer do tempo, as próprias seguradoras foram demonstrando a existência de determinados grupos de risco, e menor risco.

Como resultado, as pessoas que não dispunham de recursos para arcar com os valores ofertados pela seguradora encontraram, através do importante instituto associativo, uma alternativa mais atrativa, chamando assim com preços acessíveis todos aqueles sem condições de arcarem com os custos de uma seguradora comum.

Todavia, apesar dessas associações possuírem uma forte atividade econômica, os ganhos não são repartidos aos associados ou aos seus diretores, pois traria prejuízo aos valores constitucionais que as regem, mas são convertidos para o patrimônio da própria pessoa jurídica, que, deduzidos os gastos de sua manutenção, representam um suporte de benefícios aos membros, fidelizando-os e atraindo-os cada vez mais, em um crescente e novo mercado nacional.

Informação bibliográfica deste texto, conforme a NBR 6023:2018 da Associação Brasileira de Normas Técnicas (ABNT):

CUNHA, Márcio Messias. Associações para fins lícitos: estudo sobre a legalidade das associações de proteção veicular. *In*: SEEFELDER FILHO, Claudio Xavier (coord.). *Direito Econômico e Desenvolvimento*: entre a prática e a academia. Belo Horizonte: Fórum, 2023. p. 367-383. ISBN 978-65-5518-487-7.

A UTILIZAÇÃO DO LABORATÓRIO DE INOVAÇÃO, INTELIGÊNCIA E OBJETIVOS DE DESENVOLVIMENTO SUSTENTÁVEL (LIODS) DO CONSELHO NACIONAL DE JUSTIÇA COMO INSTRUMENTO PARA AUXILIAR NA PREVENÇÃO DE CONFLITOS E NA DESJUDICIALIZAÇÃO DO PODER JUDICIÁRIO

PAULA FERRO COSTA DE SOUSA

1 Introdução

O presente artigo examinará como o Laboratório de Inovação, Inteligência e Objetivos de Desenvolvimento Sustentável (LIODS), instituído no âmbito do Conselho Nacional de Justiça, tem o potencial de auxiliar nas medidas adotadas em prol da prevenção de conflitos e na tentativa de reduzir o acervo do Poder Judiciário.

Atualmente estão em tramitação quase de 80 milhões de processo no Judiciário. O último Relatório publicado, denominado "Justiça em Números",[1] demonstra que nos últimos anos apenas se consegue dar vazão à mesma quantidade de processos que ingressa para análise. Ou seja, se os órgãos do Poder Judiciário não conseguem julgar mais do que entra,[2] o quantitativo existente fica parado à espera de solução, o que representa a taxa de congestionamento. No entanto, desde 2017, percebe-se uma tímida redução do acervo. Apesar disso, no ano de 2019 ingressaram mais de 30 milhões de casos novos, o que representa a maior quantidade de processos medida até hoje. Em contrapartida, em 2020, esse número despencou para 26 milhões de casos novos, talvez em razão da dificuldade de acesso à justiça gerada pela pandemia.

---

[1] Disponível em: https://www.cnj.jus.br/wp-content/uploads/2021/11/relatorio-justica-em-numeros2021-221121.pdf. Acesso em: 28 ago. 2022.

[2] Desde o ano de 2017, são baixados mais processos do que a quantidade de casos novos que ingressa no Judiciário. No entanto, no ano de 2019, houve um crescimento de 6,8% dos casos novos. Conforme consta do relatório de 2020, "[t]anto a demanda pelos serviços de justiça como o volume de processos baixados atingiram, no último ano, o maior valor da série histórica", que mede esses números desde o ano de 2009. Relatório Justiça em Números.

A continuar dessa maneira, uma simples inferência nos leva à conclusão de que será necessário algo em torno de 80 anos para solucionar a taxa de congestionamento do Poder Judiciário. Esse não é o cenário de uma prestação jurisdicional célere e eficiente que tenha como foco o cidadão e a observância dos direitos e garantias fundamentais. Ao contrário, esse quadro nos leva à constatação de que "há inegável déficit no funcionamento da Justiça brasileira" (NALINI, 2016, p. 107).

Este artigo demonstrará como se deu o processo de criação e estruturação do Laboratório de Inovação, Inteligência e Objetivos de Desenvolvimento Sustentável (LIODS), bem como os conceitos jurídicos relacionados à inovação, e como as técnicas utilizadas com esse viés contribuem para auxiliar na gestão dos dados, acelerar o processo de conhecimento e de tomada de decisão dos órgãos do Judiciário.

2 Conselho Nacional de Justiça

Órgão central de controle administrativo e financeiro, o Conselho Nacional de Justiça (CNJ) foi introduzido no sistema jurídico pela Emenda Constitucional (EC) nº 45/2004, com a "[...] ideia de que era preciso 'fiscalizar a Justiça' (ou 'abrir a caixa preta do Judiciário') para garantir maior eficiência ao Poder Judiciário, despi-lo do corporativismo e combater desvios" (RICHA, 2014, p. 10).

Inserido no art. 92, inc. I-A, como órgão do Poder Judiciário, suas competências constam do §4º art. 103-B, da Constituição Federal.[3] Com atribuições que vão além da correção disciplinar da magistratura nacional, compete também ao CNJ o desempenho das funções de controle administrativo e financeiro do Judiciário.

Para a professora Maria Tereza Sadek as competências constitucionais do CNJ "são de três ordens: organização e planejamento de políticas institucionais; fiscalização dos atos administrativos; acompanhamento do cumprimento de regras disciplinares" (SADEK, 2015, p. 295).

---

[3] §4º Compete ao Conselho o controle da atuação administrativa e financeira do Poder Judiciário e do cumprimento dos deveres funcionais dos juízes, cabendo-lhe, além de outras atribuições que lhe forem conferidas pelo Estatuto da Magistratura:
I - zelar pela autonomia do Poder Judiciário e pelo cumprimento do Estatuto da Magistratura, podendo expedir atos regulamentares, no âmbito de sua competência, ou recomendar providências;
II - zelar pela observância do art. 37 e apreciar, de ofício ou mediante provocação, a legalidade dos atos administrativos praticados por membros ou órgãos do Poder Judiciário, podendo desconstituí-los, revê-los ou fixar prazo para que se adotem as providências necessárias ao exato cumprimento da lei, sem prejuízo da competência do Tribunal de Contas da União;
III - receber e conhecer das reclamações contra membros ou órgãos do Poder Judiciário, inclusive contra seus serviços auxiliares, serventias e órgãos prestadores de serviços notariais e de registro que atuem por delegação do poder público ou oficializados, sem prejuízo da competência disciplinar e correicional dos tribunais, podendo avocar processos disciplinares em curso e determinar a remoção, a disponibilidade ou a aposentadoria com subsídios ou proventos proporcionais ao tempo de serviço e aplicar outras sanções administrativas, assegurada ampla defesa;
IV - representar ao Ministério Público, no caso de crime contra a administração pública ou de abuso de autoridade;
V - rever, de ofício ou mediante provocação, os processos disciplinares de juízes e membros de tribunais julgados há menos de um ano;
VI - elaborar semestralmente relatório estatístico sobre processos e sentenças prolatadas, por unidade da Federação, nos diferentes órgãos do Poder Judiciário;
VII - elaborar relatório anual, propondo as providências que julgar necessárias, sobre a situação do Poder Judiciário no País e as atividades do Conselho, o qual deve integrar mensagem do Presidente do Supremo Tribunal Federal a ser remetida ao Congresso Nacional, por ocasião da abertura da sessão legislativa (BRASIL, 1988).

Indica ainda que as competências constantes do §4º do art. 103-B foram regulamentadas e explicitadas no bojo do Regimento Interno do Conselho Nacional de Justiça (RICNJ). A necessidade de descortinar as competências aconteceu em razão da quantidade de emendas apresentadas durante a tramitação da proposta de EC, o que provocou uma visível "imprecisão legislativa" (AGUIAR JUNIOR, 2016, p. 297), que acabou por deixar de fora da Constituição Federal expressões como planejamento estratégico, eficiência, acesso e racionalização dos serviços. Mas a ausência dessas palavras não constituiu obstáculo à abertura do leque de atribuições do Conselho, pois as alíneas VI e VII, do §4º, do art. 103-B, "cuidam de funções que permitiram que as sucessivas administrações do Conselho avançassem nas áreas de gestão e planejamento" (AGUIAR JUNIOR, 2016, p. 297).

Portanto, o elo entre as competências constitucionais e normativas atribuídas ao Conselho Nacional de Justiça relacionadas ao potencial gerencial do órgão, na busca do aumento da eficiência, racionalização, produtividade, ampliação do acesso à justiça, transparência e prestação de contas (SADEK, 2016) do Poder Judiciário, consta do seu Regimento Interno, mais especificamente dos incisos constantes no art. 4º.[4]

Conhecer a realidade vivenciada por cada tribunal e os seus dados foi o primeiro passo dado – porém, contínuo – para que fosse possível avaliar e formular propostas de melhoria com vistas à modernização, desburocratização e eficiência.[5] Afinal, não há como se produzir estudos e propor medidas sem que haja um retrato da atuação do Poder Judiciário, seja para identificar problemas, gargalos ou estabelecer prioridades.

O CNJ se firma como órgão central do Judiciário com poder político para reunir e avaliar dados necessários com vistas a respaldar eventual ação/projeto/programa em prol da solução de problemas conjunturais e com potencial para adotar medidas institucionais e estratégicas de distribuição de justiça (ESCRIVÃO FILHO, 2010).

Nessa perspectiva, cristalino enxergar o papel conferido ao CNJ como "órgão formulador de uma indeclinável política judiciária nacional", conforme reconhecido pelo Supremo Tribunal Federal no julgamento da ADI nº 3.367-1, cuja relatoria coube ao Ministro Cezar Peluso.

3 Laboratório de Inovação, Inteligência e Objetivos de Desenvolvimento Sustentável – LIODS

Somente um órgão "capaz de concretizar, ainda que gradualmente, a profunda reforma estrutural do Poder Judiciário" (NALINI, 2016, p. 107) pode inovar nas bases sólidas desse poder a ponto de criar um laboratório de inovação, justamente por se tratar de um "órgão indutor de mudanças que se fazem necessárias" (FERRAZ, 2016, p. 362), especialmente porque o Judiciário possui "vocação para a transformação da realidade social" (*idem*).

É preciso lançar novos olhares sobre os problemas de sempre: morosidade, acúmulo de acervo, excesso de judicialização, baixo índice de confiança da população.

---

[4] Art. 4º, inc. XIII, *in fine*, do Regimento Interno do Conselho Nacional de Justiça (CONSELHO NACIONAL DE JUSTIÇA, 2009b).

[5] Art. 4º, inc. XXVIII, *in fine*, do Regimento Interno do Conselho Nacional de Justiça (CONSELHO NACIONAL DE JUSTIÇA, 2009b).

Paralelamente a esses temas centrais que estão ligados à atividade fim do Judiciário, existem os periféricos, que nos aproximam dos cidadãos e nos fazem pensar como problemas reais e palpáveis podem ser solucionados com menor impacto para as partes.

Em contraponto à demora da prestação jurisdicional, está a celeridade, que, por si só, representa um ganho incalculável para o cidadão. Nessa ótica, "*não* basta facilitar o ingresso. É preciso evitá-lo, quando for possível e, promovida a ação, dar-lhe resposta adequada, e em tempo *útil*" (AGUIAR JUNIOR, 2016, p. 301).

O Poder Judiciário, por natureza, é passivo aos reclames sociais, somente podendo atuar quando é chamado. E é exatamente por isso que "[c]ontinuamos a fazer mais do mesmo sem perceber que estamos defasados" (NALINI, 2016, p. 97). A defasagem, aliás, salta aos olhos. Não conseguimos resolver a gigantesca taxa de congestionamento existente e nem diminuir o acervo de processos. A série histórica de casos pendentes de julgamento apresentada na publicação Justiça em Números do ano de 2021, do Conselho Nacional de Justiça, revela exatamente isso. São milhões de processos que transitam nas unidades judiciárias do país por anos a fio.

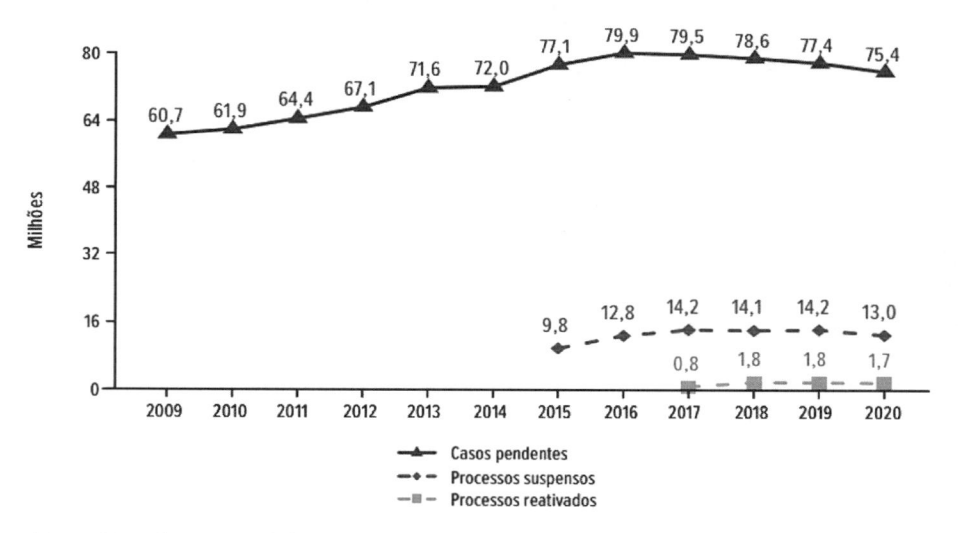

Figura 54 - Série histórica dos casos pendentes

Fonte: Conselho Nacional de Justiça, 2021.

Certo é que não se pode pensar apenas nessa matemática de mais um processo julgado, menos um processo no acervo. Pois, como "[a]firmava o Ministro Joaquim Barbosa, ao assumir a presidência [do CNJ], que 'a Justiça por si só e para si não existe'. O conceito de efetividade, antes construído sob a exigência da prestação jurisdicional mais célere, começava a sofrer densificação" (GOMES; ZANONI; SOUSA; FERRAZ; MORAES, 2019, p. 433). A preocupação deve ser muito mais abrangente. "A Justiça precisa ser dinâmica, cooperativa, participativa, mais próxima do cidadão e da realidade social" (*idem*, p. 432).

Como registra Nalini (2016, p. 97), "[o]s tempos são de céleres transformações globais. [...] Toda organização tem de mergulhar no caminho da reinvenção, pois o futuro será muito diferente do que se previra".

Com uma mensagem que revelava todo o potencial inovador que estava para ser aportado no Judiciário no ano de 2018, o Ministro Dias Toffoli, em seu discurso de posse como Presidente do STF e do CNJ, disse "que era necessário fazer novas escolhas. 'Sem as fronteiras e os padrões de antes, precisamos criar novos espaços, novos limites. Precisamos ser criativos'" (GOMES; ZANONI; SOUSA; FERRAZ; MORAES, 2019, p. 435).

Nessa perspectiva, foi criado o Laboratório de Inovação, Inteligência e Objetivos de Desenvolvimento Sustentável (LIODS) pelo Conselho Nacional de Justiça no ano de 2019, com vistas a dar sequência a um movimento crescente que estava florescendo no Poder Judiciário, de mudança de visão e de valores, que coloca o cidadão no centro das discussões e busca a transformação social através da efetividade da prestação do serviço judicial.

De acordo com o art. 1º, da Portaria CNJ nº 119/2019, o LIODS é um programa que une o conhecimento institucional, a inovação e a cooperação com o objetivo de se alcançar a paz, a justiça e a eficiência institucional.

Ancorado em três pilares, o Laboratório foi estruturado com foco na inovação, na inteligência e nos Objetivos de Desenvolvimento Sustentável, da Agenda 2030 da ONU. Em linhas gerais, a inovação abre um leque de ideias e possibilidades para a solução de problemas complexos; a inteligência – que pode ser a humana e a artificial – permite a sistematização de conceitos e encaminhamentos para promover a celeridade, unicidade e efetividade; e os Objetivos de Desenvolvimento Sustentável trazem métricas capazes de realizar uma análise global de como melhorar e garantir uma vida mais digna para as pessoas e estimulam a cooperação para a construção de um país menos desigual.

Esses conceitos unidos possuem um potencial transformador gigantesco, especialmente no âmbito de um laboratório, que é "um espaço de produção provido de instalações e equipamentos próprios para a realização de estudos, pesquisas, criação e desenvolvimento de projetos e programas, com o uso de metodologias e técnicas colaborativas que propiciam a solução de problemas complexos, modelagens de serviços e uso de plataformas de inovação aberta, lançamento e maturação de projetos, bem como a realização de pilotos e modelagem de estrutura de gestão" (GOMES; ZANONI; SOUSA; FERRAZ; MORAES, 2019, p. 438).

Mais do que um espaço de criatividade e de utilização de metodologias modernas, o laboratório deve ser enxergado como um novo ambiente de trabalho, onde as novas ideias e o conhecimento possam circular o tempo todo, alterando cotidianos e realizando mudanças no *mindset* das corporações (GREGÓRIO, 2019, p. 62).

Os laboratórios de inovação surgem para abrir as portas do Judiciário para outros atores do sistema de justiça; para inverter a forma de prestação do serviço judiciário; para ressignificar o sistema olhando primeiramente para o ser humano, para atender seus anseios e necessidades.

Com essa mesma ótica, os Centros de Inteligência surgem a partir da constatação de que "as soluções individuais não mais davam conta das demandas complexas, estruturais e repetitivas que desaguavam no Judiciário" (CONSELHO DA JUSTIÇA FEDERAL, 2020) e que era necessário "promover ações de prevenção de litígios e gestão de precedentes, em especial por meio dos diálogos interinstitucionais e entre instâncias, transcendendo os limites da atuação jurisdicional dentro do processo" (*idem*), pois "não há mais espaço para um Judiciário sem coexistência sintonizada com os cidadãos, distante da preocupação com a oferta da melhor resposta às querelas e não alinhado à maior celeridade possível, e que ignore as dificuldades vivenciadas pelos cidadãos-jurisdicionados e eventuais problemas sociais" (*ibidem*).

A junção desses dois pilares com o pilar da Agenda 2030 – que possui objetivos direcionados para que seja alcançada a paz e a prosperidade; para que pensem no planeta, estabeleçam parcerias e promovam a melhoria da qualidade de vida das pessoas – foi estratégica para a constituição do LIODS.

Sequenciando esse movimento, em junho de 2021, o CNJ publicou a Política Judiciária de Gestão da Inovação no Poder Judiciário.[6]

4 Política Judiciária de Gestão da Inovação no Poder Judiciário – RenovaJud

A Resolução CNJ nº 395/2021 instituiu a Política Judiciária de Gestão da Inovação no Poder Judiciário e a Rede de Inovação respectiva. De acordo com o normativo, a política judiciária tem como escopo o aprimoramento das atividades do Judiciário por meio da difusão da cultura da inovação.

Para a resolução, inovação consiste na "implementação de ideias que criam uma forma de atuação e geram valor para o Poder Judiciário, seja por meio de novos produtos, serviços, processos de trabalho, ou uma maneira diferente e eficaz de solucionar problemas complexos encontrados no desenvolvimento das atividades que lhe são afetas".[7]

Além disso, elenca no art. 3º os princípios da gestão da inovação que devem ser observados no Judiciário:

> I – cultura da inovação: promoção da cultura da inovação a partir da adoção de valores voltados ao estímulo da inovação incremental ou disruptiva, com prospecção e desenvolvimento de procedimentos que qualifiquem o acesso à justiça e promovam a excelência do serviço judicial, processual ou administrativo, com vistas a propiciar melhor atendimento ao usuário do Poder Judiciário;
>
> II – foco no usuário: observância, sempre que possível, da construção de solução de problemas a partir dos valores da inovação consistentes na concepção do usuário como eixo central da gestão;
>
> III – participação: promoção da ampla participação de magistrados e servidores, bem como de atores externos ao Poder Judiciário, sempre buscando a visão multidisciplinar;
>
> IV – colaboração: trabalho em rede de inovação para a coordenação de esforços, cocriação, criatividade, experimentação e o compartilhamento de boas práticas;
>
> V – desenvolvimento humano: desenvolvimento de novas habilidades dos magistrados e servidores que lhes permitam adquirir conhecimentos necessários às novas competências para solução de problemas complexos, pensamento crítico, flexibilidade cognitiva, orientada a serviços, criatividade;

---

[6] Resolução CNJ nº 395/2021.
[7] Art. 2º, Resolução CNJ nº 395/2021.

VI – acessibilidade: fomento à acessibilidade e à inclusão;

VII – sustentabilidade socioambiental: promoção da sustentabilidade socioambiental;

VIII – desenvolvimento sustentável: desenvolvimento econômico-social com a preservação da qualidade do meio ambiente e do equilíbrio ecológico, alinhado aos Objetivos de Desenvolvimento Sustentável – Agenda 2030;

IX – desburocratização: aprimoramento e simplificação de tarefas, procedimentos ou processos de trabalho, de modo a promover agilidade, otimização de recursos e ganho de eficiência à prestação de serviços; e

X – transparência: acesso à informação e aos dados produzidos pela Poder Judiciário, respeitadas as hipóteses de restrição e de sigilo legal e a proteção de dados pessoais.

A resolução reconhece ainda seu caráter estratégico para adoção da inovação no Judiciário e, como forma de executar essa política no âmbito operacional, determina que os Tribunais devem instituir laboratórios de inovação.

Uma modificação trazida pela norma refere-se à estruturação do LIODS. Os pilares do LIODS, que antes estavam relacionados à inovação, inteligência e ODS, agora, apenas a inovação faz parte de sua estrutura, tanto que no art. 6º consta que o "Laboratório de Inovação do Conselho Nacional de Justiça *é* denominado Laboratório de Inovação e dos Objetivos de Desenvolvimento Sustentável – LIODS/CNJ".

As competências permanecem basicamente as mesmas da extinta Portaria CNJ nº 119/2019.

No entanto, a inteligência que antes integrava o LIODS agora faz parte de outra estrutura, a do Centro de Inteligência do Poder Judiciário – CIPJ e da Rede de Centros de Inteligência do Poder Judiciário, conforme Resolução CNJ nº 349/2020.

Como se verifica, as estruturas foram segmentadas. A inovação continuará a ser tratada no âmbito do LIODS e da Rede de Inovação, enquanto a inteligência será objeto dos Centros de Inteligência e da sua respectiva rede.

5 Inovação aplicada ao Direito

5.1 O que é inovação?

A definição legal de inovação encontra suporte na Lei nº 10.973/2004, que dispõe sobre incentivos à inovação e à pesquisa científica e tecnológica no ambiente produtivo. Essa legislação foi posteriormente alterada pela Lei nº 13.243/2016, que introduziu novos conceitos e modificou alguns já existentes. No âmbito normativo, considera-se inovação:

> [...] introdução de novidade ou aperfeiçoamento no ambiente produtivo e social que resulte em novos produtos, serviços ou processos ou que compreenda a agregação de novas funcionalidades ou características a produto, serviço ou processo já existente que possa resultar em melhorias e em efetivo ganho de qualidade ou desempenho (*idem*).

Denominada Marco Legal da Ciência, Tecnologia e Inovação, a Lei nº 13.243/2016 foi posteriormente regulamentada pelo Decreto nº 9.283/2018.

Para corroborar o reconhecimento da importância da inovação, a nova Lei de Licitações e Contratos Administrativos[8] definiu como objetivo do processo licitatório o incentivo à inovação (art. 11, inciso IV).

A Política de Dados Abertos, por sua vez, foi consolidada pelo Decreto nº 8.777/2016, estando entre os objetivos a promoção da "inovação nos setores público e privado e fomentar novos negócios". A disponibilização de dados abertos constitui importante forma de o Estado incentivar a inovação.

Apesar de não existir no campo doutrinário uma definição comum ou amplamente aceita (SANO, 2020, p.13) sobre inovação, o conceito legal abarca todas as tentativas de conceituar inovação, por ser mais abrangente e por tocar em todos os pontos indispensáveis para refletir a ocorrência de uma inovação, quais sejam: desenvolvimento de novo produto, processo ou serviço e que melhore a qualidade do que existia.

No entanto, existem vários conceitos que complementam a definição proposta na lei.

Drucker entende que "a inovação *é* um instrumento específico dos empreendedores, o meio pelo qual eles exploram a mudança como uma oportunidade [...] para um serviço diferente" (DRUCKER, 1987, p. 25). Na sua *ótica,* os empreendedores "criam algo novo, algo diferente; eles mudam e transformam valores" (*idem*, p. 29).

Inovação significa a introdução de novos elementos em um serviço público, na forma de novos conhecimentos, nova organização e/ou nova habilidade de gestão ou processual e tem como finalidade a "[...] implementação de novas ideias com vistas *à* criação de valor para a sociedade [...]" (CAVALCANTE; CUNHA, 2017, p. 15), sendo este o maior ativo da inovação.

A inovação pode surgir tanto de decisões políticas ou de gestores de alto escalão (*top-down*); pode ser fruto da atuação de níveis organizacionais que não os de liderança (*bottom-up*); ou pode ser construída através de um processo de cocriação entre servidores de uma mesma organização ou com envolvimento de atores externos (horizontal) (SANO, 2020, p.14).

Para que a inovação aconteça, é necessário que haja um ambiente institucional voltado para "[...] aprender, desenvolver e compartilhar conhecimentos" (CAVALCANTE; CUNHA, 2017, p. 19), com o objetivo de desmontar paradigmas e estruturas preconcebidas.

Já a inovação em governo pode ser aberta ou fechada. A definição apresentada por Neves Júnior (2020) é a seguinte:

> A inovação em governo fechada é aquela decorrente de pesquisa ou desenvolvimento realizado totalmente dentro do próprio ente público que a implementará. [...]
>
> A inovação aberta utiliza fontes internas e externas do ente público implementador para aprimorá-lo, reconhecendo que o desenvolvimento colaborativo envolvendo o setor público, o setor privado e a academia é o melhor caminho para seu sucesso (NEVES JUNIOR, 2020, p. 133).

---

[8] Lei nº 14.133/2021.

Como exemplo de inovação aberta no âmbito do CNJ,[9] o LIODS realizou seu primeiro *hackathon* entre os dias 28 e 30 de maio de 2021.

Outro ponto que vale a pena diferenciar trata-se de inovação disruptiva ou incremental. A disruptiva rompe com a situação anterior, criando alguma coisa completamente nova, enquanto a incremental aprimora algo já existente.

Como se verifica, inovação agrega conhecimento, oportunidade e novas ideias para gerar algo novo ou melhorar o que já existe. A inovação no serviço público tenciona-se à necessidade de melhoria da qualidade, transparência e eficiência dos serviços prestados para a população. Portanto, inovação deveria ser imperativo e não uma opção.

No Poder Judiciário, a inovação está atrelada, direta ou indiretamente, à melhoria da prestação jurisdicional, que impacta invariavelmente na vida dos cidadãos e na garantia dos direitos inerentes. É impositivo que o Judiciário some esforços em prol da melhoria da qualidade de vida das pessoas, ampliando o horizonte para além da razoável duração do processo.

Como diz Neves Júnior, é chegada a hora de se falar do Judiciário 5.0, que "[...] deve ser construído com base nos pilares inovação e governança, tendo o ser humano, o planeta, a sustentabilidade, a comunicação, a inteligência coletiva, a criatividade, a tecnologia e a segurança jurídica no centro de suas atenções" (NEVES JUNIOR, 2020, p. 104).

Na mesma ótica, Brown acrescenta:

> Precisamos de novas escolhas – novos produtos que equilibrem as necessidades de indivíduos e da sociedade como um todo; novas ideias que lidem com os desafios globais da saúde, pobreza e educação; novas estratégias que resultem em diferenças que importam e um senso de propósito que inclua todas as pessoas envolvidas (BROWN, 2017, p. 3).

Nessa perspectiva, a inovação "apresenta-se [...] como um bom caminho para o aperfeiçoamento do Judiciário, e isso graças a seus valores e a seus métodos" (NEVES JUNIOR, 2020, p. 143).

Os valores da inovação são a colaboração, foco no usuário e a prototipagem (ZANONI, 2019, p. 51). Então, como a inovação – manifestada através da utilização desses valores – pode ser incorporada no dia a dia dos órgãos judiciários?

É exatamente nesse momento que se encaixam os Laboratórios de Inovação e os Centros de Inteligência. São nesses espaços que a busca pela inovação se tornará mais presente, para alcançar soluções para os problemas complexos. Não são analisadas situações isoladas e individuais, mas as causas/origem de judicialização, a demora no julgamento dos processos de forma ampla, a dificuldade de acesso a sistemas, entre outros problemas que apenas podem ser entendidos quando o magistrado tira a toga e se coloca na mesma posição dos servidores e usuários para discutir o motivo e a ocorrência de determinadas situações que impactam diretamente na prestação da Justiça.

Para que seja possível encontrar soluções inovadoras – além da disponibilidade das pessoas de abrir espaço para o novo –, existem várias metodologias e técnicas para suporte e auxílio nesse caminho. Denominadas de metodologias ou métodos ágeis, as técnicas utilizadas se valem de:

---

[9] Disponível em: https://www.cnj.jus.br/agendas/1o-hackathon-liods-cnj/. Acesso em: 14 jun. 2022.

[...] uma nova abordagem para o planejamento e para uma execução iterativa e incremental envolvendo problemas complexos, dividindo-os em partes menores e elaborando as soluções por meio de colaboração entre o time de desenvolvimento, especialistas no negócio e clientes, visando chegar a um resultado que seja rápido, útil e de qualidade (NEVES JUNIOR, 2020, p. 146).

As metodologias ágeis mais utilizadas são: *legal design, design thinking, visual law, scrum, sprint e lean*, que têm o potencial de auxiliar "[...] na obtenção de respostas e definição objetiva do escopo de atuação do projeto, permitindo vislumbrar as atividades, produtos esperados e o prazo envolvido" (FERRAREZI; LEMOS; BRANDALISE, 2018, p. 73).

Possibilitam também a "[...] visibilidade simultânea do material do projeto, permitem-nos identificar padrões e fazem com que a síntese criativa ocorra muito mais rápido do que quando os recursos estão escondidos em pastas de arquivos, cadernos ou apresentações de *PowerPoint*" (KNAPP, 2017, p. 61).

Não se pode perder de vista, no entanto, que "[...] [p]ara qualquer tipo de projeto ou metodologia, a definição do problema é etapa-chave para o desenho de uma solução eficaz" (*idem*, p.74).

6 A utilização do LIODS como instrumento para auxiliar na prevenção de conflitos e na desjudicialização do Poder Judiciário

Como já enfatizado, o Conselho Nacional de Justiça possui competência para conhecer, analisar, pensar, inovar e aperfeiçoar o Judiciário em nível nacional (AGUIAR JUNIOR, 2016, p. 311). Nesse sentido, deve definir políticas judiciárias que tenham a finalidade de, em última análise, buscar a solução pacífica dos conflitos.

Em artigo intitulado "O que esperar do CNJ nos próximos 10 anos?", Aguiar Junior (2016, p. 312-313) apresenta reflexão no sentido de que o "CNJ foi um alívio", na medida em que tem sido capaz de atacar focos das notórias falhas do Poder Judiciário brasileiro. No entanto, entende ser "[...] preciso reconhecer que planos e metas para melhorar os serviços, aumentar a produtividade, eliminar gargalos burocráticos, agilizar distribuição de processos etc., são insuficientes: incidem sobre um sistema judicial estruturalmente inadequado para atender à demanda. A ordem judiciária do Brasil carece urgentemente de mudanças profundas [...]".

Nesse sentido, é preciso avançar alguns passos para além da criatividade com vistas a encontrar soluções (NALINI, 2016, p. 94).

Das várias soluções, nenhuma é mais abrangente do que a integração do Judiciário à Agenda 2030, da Organização das Nações Unidas. Essa política judiciária tem o desafio de identificar, prever e mensurar as consequências das decisões judiciais no mundo real (FERRAZ, 2016, p. 383), através de uma lupa de direitos humanos.

Enxergar a judicialização a partir dessa nova perspectiva permite olhar para os problemas que afligem os cidadãos de uma forma diferente. Trata-se efetivamente de um novo *design* da Justiça, que coloca o ser humano no centro do serviço judicial.

Com foco na melhoria da qualidade de vida das pessoas, saúde de qualidade, erradicação da pobreza, combate à corrupção, redução das desigualdades, paz e justiça, os ODS constituem objetivos a serem perseguidos por todos.

Assim, o Judiciário soma esforços a esse coro social a partir de uma construção inovadora, baseada na integração da Agenda 2030 às suas ações, processos e estratégia nacional, como já exposto nessa pesquisa nos capítulos antecedentes.

Nesse caminho, a principal ferramenta utilizada para promoção dessa agenda no âmbito do Judiciário foi o Laboratório de Inovação, Inteligência e ODS – LIODS.

O LIODS apresenta-se como instrumento para a prática da inovação, a partir da implementação dos seus valores, que consistem na colaboração, empatia e experimentação das novas ideias.

Para além da teoria, a análise do trabalho desenvolvido sobre o auxílio emergencial demonstrará como o LIODS tem o potencial de auxiliar nas medidas adotadas em prol da prevenção de conflitos e na desjudicialização do Poder Judiciário.

Como já enfatizado, o LIODS é um ambiente horizontal de diálogo, onde as ideias podem fluir com naturalidade, com vistas à construção de soluções a partir da perspectiva do usuário do serviço.

Para tanto, é necessário, primeiramente, definir o que se entende por prevenção de conflitos e o que significa desjudicialização.

Bueno entende que desjudicializar é retirar "[...] do Estado-juiz diversas hipóteses que a tradição do Direito brasileiro sempre concebeu [...], sem que isto viole o inciso XXXV do art. 5º da CF" (2020, p. 908).

Por sua vez, Oliveira (2013, p. 7.546-7.547) assevera que o movimento chamado de desjudicialização tem por objetivo subtrair temas da apreciação judicial para serem entregues a instâncias administrativas.

Dessa forma, referido conceito tem o condão de conclamar a união de esforços para que as demandas não sejam analisadas individualmente, mas que haja uma concentração de energia para que se encontrem soluções para a resolução do conflito em sua origem, seja através de medidas de prevenção ou da utilização de métodos adequados para a solução de conflitos.

A prevenção de conflitos, nessa ótica, deve ser entendida como a tentativa de realizar ações com vistas a prevenir, ou seja, evitar que determinado conflito chegue às portas do Judiciário para ser resolvido. Existem muitas formas de se prevenir um conflito, seja através de ações estratégicas, justiça multiportas, seja através da produção de cartilhas educativas, manuais e, inclusive, da adequada execução de políticas públicas.

Recentemente, a Política Nacional Judicial de Atenção a Pessoas em Situação de Rua e suas interseccionalidades[10] foi construída dentro do LIODS de uma forma totalmente inovadora.

Na sequência, será avaliado o trabalho feito pelo LIODS em relação ao auxílio emergencial, com vistas a demonstrar o potencial de utilização do laboratório como ferramental do Judiciário na busca de novos caminhos para a solução dos problemas complexos de sempre.

---

[10] Resolução CNJ nº 425/2021.

6.1 Auxílio emergencial

A crise sanitária ocasionada pela covid-19 fez com que os países declarassem situação de emergência em saúde pública e com o Brasil não foi diferente. A pandemia mundial assolou o mundo.

Em 30 de janeiro de 2020, a Organização Mundial da Saúde emitiu a Declaração de Emergência em Saúde Pública de Importância Internacional, em decorrência da infecção humana pelo novo coronavírus (2019-nCoV). Na sequência, em 4 de fevereiro, o Brasil publicou a Portaria nº 188/GM/MS, que declarava Emergência em Saúde Pública de Importância Nacional (ESPIN).

Não demorou muito tempo para que a população começasse a sentir os impactos desse novo vírus no seu cotidiano. A Lei nº 13.979/2020 estabeleceu medidas para o enfrentamento dessa situação de emergência, com vistas à proteção da coletividade. Além da necessidade de isolamento e quarentena, bem como do uso obrigatório de máscaras, várias outras medidas foram adotadas e impactaram severamente no cenário econômico do país, especialmente as relacionadas ao fechamento das atividades não essenciais.

Diante disso, foi reconhecido o estado de calamidade pública pelo Decreto Legislativo nº 6/2020.

Com o intuito de minimizar a situação de vulnerabilidade dos cidadãos que perderam seus empregos e os que atuavam na informalidade, foi editada a Lei nº 13.982, de 2 de abril de 2020, para concessão de auxílio emergencial no valor de R$ 600,00 (seiscentos reais), durante o período de três meses. O Decreto nº 10.412, de 30 de junho de 2020, prorrogou o referido auxílio por mais dois meses. Em 2 de setembro de 2020, foi editada a Medida Provisória nº 1.000/2020, que instituiu o auxílio emergencial residual, com o pagamento de mais quatro parcelas de R$ 300,00 (trezentos reais) até dezembro de 2020.

Em março de 2021, foi instituído o auxílio emergencial 2021, a ser pago em quatro parcelas mensais, no valor de R$250,00 (duzentos e cinquenta reais) para suporte à população.

A quantidade de brasileiros que se cadastrou para o recebimento do auxílio emergencial surpreendeu a todos. Dados de outubro de 2020 do Ministério da Cidadania revelaram que mais da metade da população brasileira foi favorecida, direta ou indiretamente, pelo benefício concedido pelo governo federal. Foram mais de 118 milhões de pessoas assistidas, ou seja, 55,8% (cinquenta e cinco vírgula oito por cento) de brasileiros beneficiados.

Para operacionalização do pagamento do auxílio emergencial, o Ministério da Cidadania firmou alguns contratos. Foram contratados a Caixa Econômica Federal, a Dataprev e os Correios. À Caixa coube desenvolver o APP para solicitar o auxílio; desenvolver o aplicativo de pagamento digital (Caixa Tem); abrir as agências aos sábados e em horário estendido; e contratar serviço de armazenamento e de processamento. À Dataprev coube a análise de elegibilidade e a plataforma de informações ao cidadão; desenvolver o sistema para o cadastramento assistido dos Correios; o desenvolvimento de sistema de contestações (CPU e Cidadania) e o sistema de gerenciamento dos pagamentos judiciais. Aos Correios coube realizar o cadastramento dos assistidos.

De acordo com o Ministério da Cidadania, em julho de 2020, foram mais de 150 milhões de cadastros avaliados desde o início do programa. Não obstante a quantidade de pedidos, mais de 66 milhões de pessoas foram considerados elegíveis para o recebimento do auxílio pelos critérios legais. Portanto, algo em torno de 84 milhões de brasileiros teve esse auxílio indeferido.

Ciente da potencialidade de judicialização que poderia advir em razão desse indeferimento, o Conselho Nacional de Justiça editou inúmeras medidas para "preparar" o Judiciário para essa fase difícil, especialmente para conseguir dar respostas ágeis compatíveis com a necessidade da população.

Uma dessas medidas foi a edição da Portaria CNJ nº 57/2020, que, além de incluir o caso covid-19 no Observatório Nacional sobre Questões Ambientais, Econômicas e Sociais de Alta Complexidade e Grande Impacto e Repercussão, instituiu o Comitê de Crise para suporte às suas atividades.

De acordo com o último "considerando" da Portaria, a proposta de inclusão do caso covid-19 no Observatório Nacional tinha como escopo monitorar os dados estatísticos das ações judiciais e das medidas extrajudiciais.

Para o acompanhamento quantitativo dos processos, foi determinada a inclusão do assunto "covid-19" no Sistema de Gestão de Tabelas Processuais Unificadas – TPU, em código definido, com vistas a permitir o prévio cadastramento da informação, seu acompanhamento, a extração de dados estatísticos e a promoção de ações estratégicas em relação à situação do coronavírus (art. 2º). Além disso, o normativo deixou claro que o tema referido se tratava de assunto complementar, não excluindo a necessidade de inserção das questões principais relacionadas com o objeto específico da demanda (art. 3º, §1º).

Consideradas as competências referidas, estão disponíveis no portal do Observatório Nacional vários painéis com dados sobre a pandemia da covid-19. O primeiro que aparece é o "Painel Interinstitucional de Dados abertos sobre covid-19", que apresenta a "atualização do número de processos relacionados à covid-19, auxílio emergencial e saúde, a partir da integração das bases de dados do CNJ, AGU, DPU e MPF".

Os painéis existentes são destinados a dar publicidade aos dados do Judiciário, em cumprimento às determinações constantes da Portaria CNJ nº 57/2020.

O que interessa ao presente trabalho é o Painel Interinstitucional de Dados abertos sobre covid-19, desenvolvido pelo LIODS e publicado no portal do Observatório Nacional do CNJ e do Conselho Nacional do Ministério Público,[11] que mapeia a quantidade de processos que ingressaram no Judiciário com o assunto covid-19.

De acordo com esse painel, existiam pouco mais de 344 mil ações judiciais sobre covid-19, cuja prevalência estava nos cinco Tribunais Regionais Federais. Ao aplicar o filtro "CNJ-Datajud",[12] foi possível enxergar 275 mil ações, com concentração nos mesmos tribunais.

Ao realizar o filtro auxílio emergencial, o painel apresenta 225 mil processos e, ao acrescentar o filtro "CNJ-Datajud", são quase 160 mil processos sobre esse assunto. Em qualquer um dos casos, a prevalência continua nos Tribunais Regionais Federais, especialmente em decorrência da competência dos juizados especiais federais.

---

[11] Disponível em: https://observatorionacional.cnj.jus.br/observatorionacional/. Acesso em: 28 ago. 2022.
[12] O Datajud é a Base Nacional de Dados do Poder Judiciário, de acordo com a Resolução CNJ nº 331/2020. Essa base é responsável pelo armazenamento centralizado dos dados e metadados processuais relativos a todos os processos físicos ou eletrônicos, públicos ou sigilosos dos tribunais indicados nos incisos II a VII do art. 92 da Constituição Federal.

A análise quantitativa desses dados de forma individualizada tem o condão de demonstrar a judicialização e as suas variações de processos existentes em torno dos assuntos indicados. No entanto, a esses dados devem ser acrescentadas algumas informações para que seja possível enxergar os dados de forma qualitativa.

Informações disponibilizadas no site do CNJ auxiliam nessa avaliação, especialmente no que concerne aos documentos produzidos e publicados relativos ao LIODS Auxílio Emergencial – ODS 1,[13] diretamente ligado ao objetivo global de erradicação da pobreza.

A judicialização em torno desse tema não foi tão impactante quanto se esperava – considerados os mais de 80 milhões de auxílios indeferidos –, apesar de expressiva. Isso se deve à atuação coordenada dos atores envolvidos com a política pública.

Como a judicialização atrapalha a execução da política, especialmente diante da necessidade de dedicação de força de trabalho para viabilizar o fornecimento de subsídios às defesas técnicas ou às propostas de conciliação, com prejuízo ao aprimoramento de sua modelagem, além do alto custo que envolve a judicialização,[14] o Ministério da Cidadania atuou com vistas à prevenção de conflitos através da assinatura de Acordo de Cooperação Técnica com a Defensoria Pública da União e da edição da Portaria nº 423, de 19 de junho de 2020, que dispõe sobre a contestação extrajudicial relativa aos indeferimentos de requerimentos de auxílio emergencial no âmbito da Defensoria Pública da União, por meio de comprovação documental.

Com foco na esfera judicial, o LIODS operacionalizou a realização de reuniões semanais,[15] onde "surgiu a proposta de batimento de dados [...], com vistas a diminuir a judicialização do Auxílio Emergencial".[16]

Essa proposta foi materializada através do Acordo de Cooperação Técnica firmado pelo CNJ, Ministério da Cidadania e Dataprev, onde as partes se comprometeram a "buscar maior eficiência e celeridade na entrega da prestação jurisdicional relativa ao auxílio emergencial [...]".

Para isso, estabeleceram que as informações relativas ao auxílio emergencial de autores de ações judiciais seriam disponibilizadas aos órgãos do Poder Judiciário através do CNJ, por meio de cruzamento de dados da judicialização com a base de resultados das solicitações processadas pela Dataprev ou por acesso direto ao sistema de consulta detalhada dos motivos do indeferimento do benefício.

Em outros termos, os processos que ingressassem no Judiciário sobre esse tema passariam por uma espécie de triagem para que fosse possível verificar as causas do indeferimento pelo governo e, assim, possibilitar que as falhas eventualmente existentes fossem supridas pelos órgãos envolvidos ou na fase conciliatória, sem que houvesse necessidade de decisão judicial ou de julgamento do processo.

---

[13] Disponível em: https://www.cnj.jus.br/programas-e-acoes/agenda-2030/liods-cnj-laboratorio-de-inovacao-inteligencia-e-ods/liods/. Acesso em: 24 maio 2022.

[14] Disponível em: https://www.cnj.jus.br/programas-e-acoes/agenda-2030/liods-cnj-laboratorio-de-inovacao-inteligencia-e-ods/liods/. Acesso em: 24 maio 2022.

[15] Disponível em: https://www.cnj.jus.br/programas-e-acoes/agenda-2030/liods-cnj-laboratorio-de-inovacao-inteligencia-e-ods/liods/. Acesso em: 29 maio 2022.

[16] Disponível em: https://www.cnj.jus.br/programas-e-acoes/agenda-2030/liods-cnj-laboratorio-de-inovacao-inteligencia-e-ods/liods/. Acesso em: 24 maio 2022.

Além disso, o acordo tinha por finalidade a padronização de fluxo para utilização de métodos consensuais de solução de controvérsia centrada no auxílio emergencial.

Paralelamente, os centros locais de inteligência da Justiça Federal se movimentavam para entender as nuances da temática, com o objetivo de buscar estratégias para o enfrentamento das demandas repetitivas, sobretudo as voltadas à mitigação dos seus impactos na atividade jurisdicional.

Como as demandas de auxílio emergencial recaíam sobre os Juizados Especiais Federais em razão do valor da causa e por se tratar de demandas de menor complexidade e que exigiam celeridade na prestação jurisdicional, os Tribunais Regionais Federais, de acordo com o Acordo de Cooperação Técnica, receberam, através do CNJ, acesso ao sistema de consulta detalhada dos motivos de indeferimento do auxílio emergencial.

A padronização dos procedimentos relativos ao auxílio emergencial, bem como do fluxo, agregou celeridade à atuação do Judiciário. Essas medidas, além encurtar o tempo da tramitação da ação no Judiciário – que muitas vezes sequer chegou a ser julgada –, agilizaram, em muito, o recebimento do auxílio emergencial – o que, aliás, parece ser o maior ganho desse acordo.

Para amparar essa constatação, é necessário que os números sejam avaliados. Dados obtidos em consulta ao painel disponibilizado no site do CNJ revelam que existiam quase 190 mil processos sobre auxílio emergencial.[17]

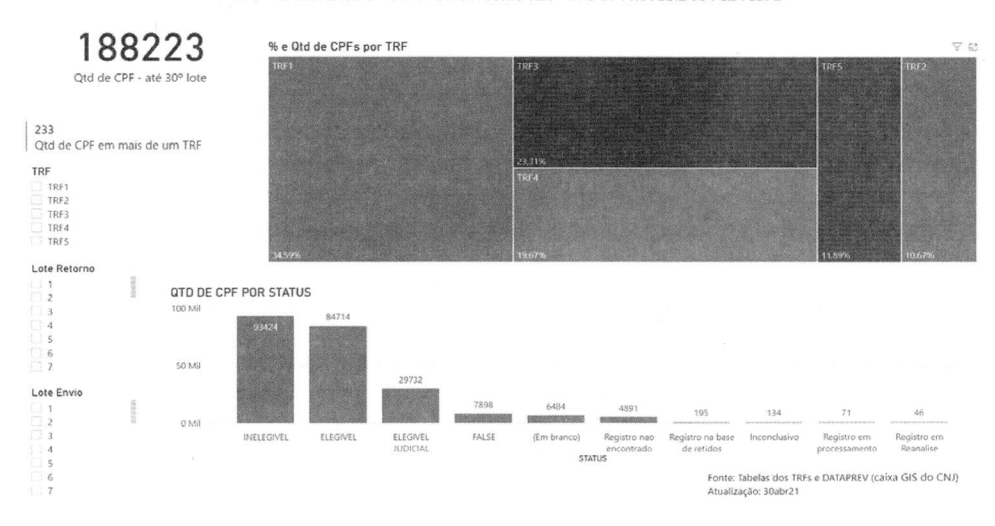

Fonte: Conselho Nacional de Justiça.

---

[17] A divergência entre os dados do Painel Interinstitucional de dados abertos sobre covid-19 e o painel específico sobre auxílio emergencial ocorre pelo fato de os dados terem fontes distintas. No painel interinstitucional os dados são extraídos do Datajud. Nesse caso, se não for cadastrado o assunto no processo "auxílio emergencial", ele não será contabilizado dentre os processos respectivos, pois o filtro utilizado depende do assunto. Já o segundo painel, específico do auxílio emergencial, é o que retrata o batimento dos processos com a Dataprev. Mesmo que não tenha sido inserido o assunto corretamente, o Tribunal, ao identificar que se trata de processo sobre o auxílio emergencial, pode encaminhar o CPF da parte respectiva para batimento. Portanto, as formas distintas de extração do dado acabam impactando no quantitativo de processos sobre determinado tema.

Esses dados eram relativos aos processos judiciais que estavam em tramitação nos quais foi realizado batimento através do CPF das partes, de acordo com o objeto do Acordo de Cooperação Técnica.

O fluxo era o seguinte: o CNJ recebia dos 5 Tribunais Regionais Federais os CPFs de todas as partes dos processos judiciais que tramitavam sobre auxílio emergencial. O CNJ consolidava esses dados em planilha e remetia para a Dataprev analisar os motivos do indeferimento do recebimento do auxílio por essas partes. Após, devolvia a planilha com os motivos do indeferimento, para que os Tribunais entendessem a razão pela qual, sob a ótica do governo federal, aquela pessoa não tinha recebido o benefício.

Muitas vezes, com essas simples informações, o magistrado conseguia constatar que a parte estava apresentando o documento no processo e determinava o pagamento, ou seja, a parte se tornava elegível judicialmente. Esse procedimento/fluxo diminuiu consideravelmente o tempo de tramitação do processo, pois a União sequer contestava a determinação judicial, haja vista que o motivo do indeferimento havia sido suprido.

Em outras situações, não existia sequer necessidade de o processo ser julgado, pois a Dataprev retornava com a informação que o motivo do indeferimento não mais subsistia, passando a considerar a pessoa elegível. Nesses casos, o magistrado podia extinguir o processo sem julgamento do mérito.

Como se verifica na figura anterior, dos 188.223 processos judiciais, 93 mil foram considerados efetivamente inelegíveis e os processos devem ser/foram julgados. No entanto, mais de 84 mil foram considerados elegíveis e os processos respectivos extintos. Outros 29 mil foram considerados elegíveis judicialmente, através de decisão.

A maior judicialização desse tema residia no Tribunal Regional Federal da 1ª Região, seguido dos Tribunais da 3ª, 4ª, 5ª e 2ª Regiões.

Portanto, a análise dos dados indica que 44% dos processos judiciais, ou seja, quase 85 mil processos que estavam tramitando no Judiciário, foram resolvidos sem a necessidade de intervenção do órgão jurisdicional competente. Esse valor representa a desjudicialização ocorrida em torno do tema a partir do estabelecimento de um fluxo pelo LIODS.

Como o batimento era realizado semanalmente, o impacto real era sentido de forma imediata, pois quase metade dos processos que ingressavam sobre o assunto acabava sendo resolvida da forma mais simples possível, o que acarretou um ganho sem precedentes para o cidadão, especialmente diante da natureza alimentar desse benefício.

No painel desenvolvido pelo CNJ, a página 2 apresenta os dados semanais dos batimentos realizados. Esses dados expressam, em tese, a quantidade de ações judiciais que ingressaram no Judiciário por semana.

AUXÍLIO EMERGENCIAL - CONSULTAS A DATAPREV - DADOS PROTEGIDOS PELA LGPD

QTD DE CPF POR LOTE E TRIBUNAL - SEM DUPLICAÇÃO DE CPF POR TRIBUNAL

TRF	1	2	3	4	5	6	7	8	9	10	11	12	13	14	15	16	17	18	19	20	21	22	23
TRF1	18360		2785		15585	4812	1209			2163	682	1624	1295	1582				6524	1027	937	603		1200
TRF2	5904	2144	609	866	1387	423	1129	469	384	459	883	462	338	270	320	335	54	1128	329	262	123	250	19
TRF3	10669	2353	2536	1133	1153	1185	11882	679	731	817	1417	703	644	751	645	844	414	1704	427	279	187	326	20
TRF4	2223		10296	1444	1564	1370	2652	891	1141	986	1921	912	969	981	951	1018	917	1683	531	454		746	
TRF5		3926		1501	1267	814	958	621		868	1209	665	355	857	301			3336	778	405	206	636	46
Total	37133	8422	13441	7727	5370	19377	21429	3868	2256	3130	7593	3424	3930	4154	3799	2197	1385	14371	3092	2337	1119	1958	206

QTD DE CPF POR LOTE E TRIBUNAL - RETORNO DATAPREV ELEGÍVEL

TRF	8	9	10	11	12	13	14	15	16	17	18	19	20	21	22	23	24	25	26	27	28	29	Total
TRF1	559	2687		1011		319	815	675	796		3448	520	403	285		536	303	259	278	387	358	628	27117
TRF2	1	16	5969	420	220	169	136	156	166	30	583	178	127	51	109	102	79	94	99	97	118	155	9107
TRF3	278	2217	398	732	330	339	414	351	513	265	975	246	150	90	157	119	140	123	128	236	389	208	19993
TRF4	415	3224	446	918	460	517	538	515	535	509	884	275	231		370		370	204	189	367	232	279	17322
TRF5		1358	367	544	275	163	379	125			1577	330	157	87	211	181	72	283	146	19	143	629	8792
Total	1253	9498	7180	3625	1604	2003	2142	1943	1214	804	7465	1549	1068	513	847	938	963	963	840	1106	1240	1899	82258

Fonte: Tabelas dos TRFs e DATAPREV (caixa GIS do CNJ)
Atualização: 30abr21

Fonte: Conselho Nacional de Justiça

O Tribunal Regional Federal da 3ª Região também desenvolveu painel para monitoramento dos processos relacionados ao auxílio emergencial.

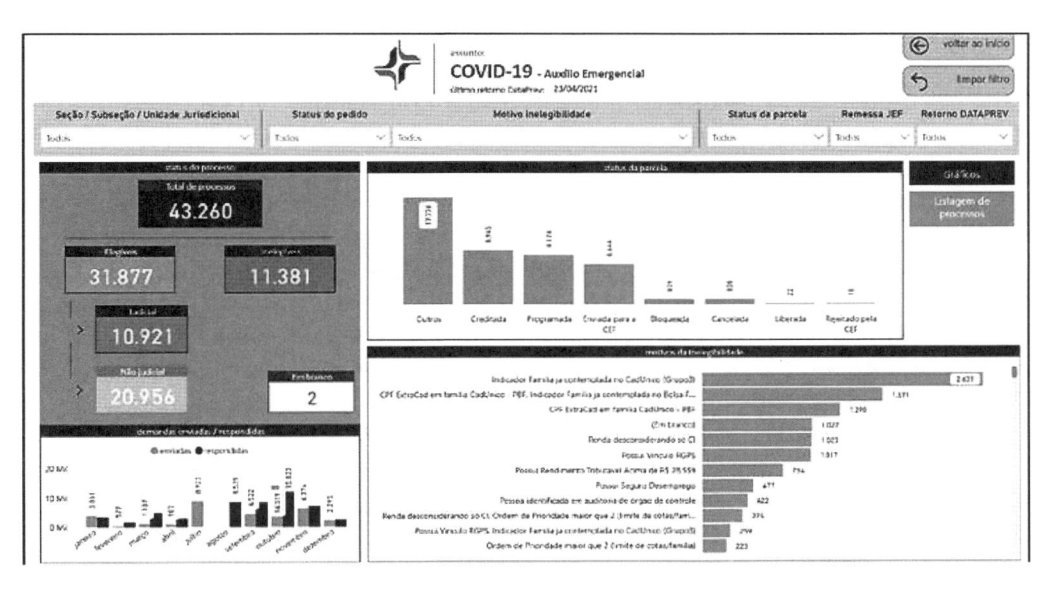

Fonte: TRF 3ª Região

Esses painéis permitem o gerenciamento dos dados para enxergar se o tratamento dado, de fato, apresentou ganhos para a prestação da justiça e em que medida.

Não há discussão de que a solução encontrada durante as reuniões organizadas pelo LIODS foi inovadora para o Judiciário, através do desenho de um novo fluxo de trabalho, ou seja, de um novo processo que gerou valor para a sociedade, construída com base nos pilares da inovação, quais sejam, colaboração interinstitucional, com vários atores de outros órgãos envolvidos; empatia, que coloca o usuário no centro da prestação do serviço; e experimentação, que realiza testes antes de o fluxo começar a funcionar.

Nessa ótica, o que se percebe é que as atribuições do LIODS foram amplamente exploradas.

Como evidenciado, a atuação do LIODS foi fundamental para a diminuição da judicialização em relação ao assunto auxílio emergencial no âmbito do Poder Judiciário, a revelar a desjudicialização de mais de 40% dos processos judiciais na oportunidade.

7 Conclusão

O LIODS foi estratégico para a continuidade e o avanço da inovação no Judiciário. Após sua criação, foi instituída a Política Judiciária de Gestão da Inovação no Poder Judiciário,[18] que, além de outras diretrizes destinadas à promoção da inovação, determinou aos tribunais a instituição de laboratórios de inovação (art. 4º).

Exatamente em razão dessa posição do LIODS é que se entendeu pela relevância de analisar se esse instrumento – estratégico e ao mesmo tempo operacional – atuou para auxiliar na prevenção de conflitos e na desjudicialização do Poder Judiciário.

Foi demonstrada a existência de metodologias ágeis que podem potencializar o desenvolvimento dos projetos, especialmente em relação à busca de soluções para problemas complexos. Além disso, todas as técnicas exploram a centralidade do ser humano, o que se coaduna perfeitamente com a política judiciária da Agenda 2030 inserida no Judiciário, que também busca, em última análise, a melhoria da qualidade de vida das pessoas.

A análise feita em torno do auxílio emergencial evidencia como o LIODS efetivamente contribuiu para a prevenção de conflitos e desjudicialização do Judiciário.

Os dados apresentados, especialmente em relação à redução de 40% dos processos para serem julgados no âmbito dos juizados especiais federais, em razão dos batimentos de dados entre a Dataprev e os Tribunais Regionais Federais, viabilizado através do Acordo de Cooperação Técnica entabulado entre o Ministério da Cidadania, CNJ e Dataprev, como resultado das reuniões operacionalizadas pelo LIODS, revelam o grande ganho obtido em prol da desjudicialização do Poder Judiciário.

Todos os que se deparam com os números do Judiciário sabem como a redução de 40% (quarenta por cento) de processos judiciais representa algo efetivo para solucionar o conflito de forma célere.

A atuação do LIODS nesse tema representa importante boa prática que deve ser observada em outras situações complexas. A partir da colaboração interinstitucional, empatia e prototipagem – valores da inovação –, foi possível construir uma solução com alto grau de impacto no Poder Judiciário, no Poder Executivo e para os cidadãos.

---

[18] Resolução CNJ nº 395/2021.

Portanto, inconteste que o LIODS se consolida como vigoroso instrumento para auxiliar na prevenção e desjudicialização do Poder Judiciário.

É certo que vivemos em uma sociedade por si só complexa, com inúmeros desafios para o Estado e seus dirigentes. Assim como a inafastabilidade da jurisdição, a eficiência e a celeridade na prestação jurisdicional são garantias do Estado Democrático de Direito que devem ser resguardadas a todos os cidadãos, na busca constante da pacificação social.

Informação bibliográfica deste texto, conforme a NBR 6023:2018 da Associação Brasileira de Normas Técnicas (ABNT):

SOUSA, Paula Ferro Costa de. A utilização do Laboratório de Inovação, Inteligência e Objetivos de Desenvolvimento Sustentável (LIODS) do Conselho Nacional de Justiça como instrumento para auxiliar na prevenção de conflitos e na desjudicialização do Poder Judiciário. *In*: SEEFELDER FILHO, Claudio Xavier (coord.). *Direito Econômico e Desenvolvimento*: entre a prática e a academia. Belo Horizonte: Fórum, 2023. p. 385-403. ISBN 978-65-5518-487-7.

GUERRA FISCAL DO ITCMD NA LAVRATURA DE INVENTÁRIOS EXTRAJUDICIAIS: CONFLITO DE COMPETÊNCIA NA TRIBUTAÇÃO DE BENS MÓVEIS

PAULO HENRIQUE MARINHO BORGES

1 Introdução

A Constituição Federal do Brasil de 1988, ao regulamentar o Sistema Tributário Nacional, estabeleceu regras de repartição das competências tributárias, indicando os entes federativos para instituir cada um dos impostos existentes no país.

Nessa toada, estipulou quais são os impostos sob a responsabilidade da União, dos Estados e Distrito Federal, e, por fim, dos Municípios. Assim, a pretensão da Magna Carta foi conceber um modelo tributário no qual os entes federativos possuíssem autonomia financeira para a concretização de políticas públicas regionais e locais.

Entretanto, em decorrência da dificuldade dos entes regionais manterem o equilíbrio de suas finanças públicas após a redemocratização, da imposição da redução e do controle dos gastos públicos, e de relevante concentração de receitas com a União, viu-se o surgimento de uma relevante instabilidade econômica entre os Estados, que passaram a competir entre si, oferecer benefícios fiscais como meio para atrair mais investimentos e, consequentemente, auferir mais arrecadação para suprir seus déficits orçamentários. Desta forma, acabaram por ferir os pilares de apoio do desenvolvimento federal harmônico.

Todavia, a disputa tributária entre os entes federativos não se restringe ao ICMS, imposto amplamente debatido na doutrina e na jurisprudência pátria, mas também se estende a outros tributos de competência estadual, como o IPVA e o ITCMD, em razão da autonomia dos entes regionais para definir alíquotas, base de cálculo e isenções dos tributos de sua competência.

O objeto do presente artigo é a implicação da desjudicialização do procedimento de inventário, autorizado a partir da edição da Lei nº 11.441/2007, tornando-se possível sua realização perante os tabelionatos de notas, e sua inferência no surgimento da guerra fiscal do imposto de transmissão *causa mortis* e doações (ITCMD), quando incidente sobre bens móveis.

Diante desse fato, é possível constatar a relevância do planejamento tributário na elaboração do inventário extrajudicial e na partilha dos bens móveis, uma vez que a livre escolha do tabelião de notas possibilita o pagamento do ITCMD no Estado de menor incidência tributária, independentemente do local do último do falecido, uma vez que, tratando-se de bens móveis, o imposto sobre a herança caberá ao local de realização do inventário.

Portanto, o planejamento tributário do ITCMD na realização do inventário extrajudicial tem origem não apenas na possibilidade de as partes escolherem o tabelião de sua confiança, mas também em razão de relevantes divergências em relação às alíquotas, base de cálculo e isenções entre as legislações estaduais que regulam a aplicação do referido imposto.

2 A federação entre o estado de guerra e o de cooperação

No Brasil, por possuir um extenso território, povoado de modo irregular e com características diferentes, viu-se o surgimento de desigualdades entre as diversas regiões do país. Essas distinções, vistas por alguns como problemas a serem enfrentados isoladamente pela população residente nos estados menos favorecidos, são, na verdade, de responsabilidade da sociedade como um todo, por refletirem toda a exclusão social do desenvolvimento brasileiro em função do desequilíbrio regional.[1]

Historicamente, viu-se no Brasil o antagonismo do desenvolvimento entre as regiões Centro-Sul e Nordeste. Se, nos estados do Centro-Oeste e Sudeste brasileiro, era possível verificar a forte industrialização, acompanhada de grandes investimentos em infraestrutura, nos estados da região Nordeste, a preocupação do Governo Federal resumia-se a tentar minimizar os efeitos da seca no sertão por meio de políticas assistencialistas.

Em que pese a nobreza das iniciativas que procuravam solucionar os problemas da região Nordeste, tais ações acabaram por agravar ainda mais a desigualdade com os entes de outras regiões, uma vez que os estados do Centro-Sul, por serem mais industrializados, passaram a vender significativamente mais produtos manufaturados ao Nordeste em contraste com a quantidade de produtos básicos adquiridos dessa região.[2]

Desta forma, percebeu-se que a solução para o equilíbrio financeiro entre as regiões não dependia apenas da aplicação de políticas assistencialistas, mas também da execução de projetos que viabilizassem o desenvolvimento industrial dos estados das regiões Norte e Nordeste.

Nesse diapasão, Celso Furtado assevera que as desigualdades regionais são causadas pela falta de planejamento para a integração econômica, de forma que o livre mercado tende a aumentar, e não a diminuir, as desigualdades regionais. Assim, afirma ser necessária a execução de políticas que promovam o desenvolvimento de maneira igualitária entre as diversas regiões do país, de forma a evitar a concentração regional da renda.[3] Para o referido autor, a solução para o problema das desigualdades regionais

---

[1] BERCOVICI, Gilberto. *Desigualdades regionais, estado e constituição*. 1. ed. São Paulo: Max Limonad, 2003, p. 62-63.
[2] BERCOVICI, Gilberto. *Desigualdades regionais, estado e constituição*. 1. ed. São Paulo: Max Limonad, 2003, p. 95-99.
[3] FURTADO, Celso. *Teoria e política do desenvolvimento econômico*. 10. ed. Rio de Janeiro: Paz e Terra, 2000, p. 118-119.

passa por uma nova forma de integração econômica dos entes federados, diversa da praticada até então, em que boa parte dos recursos foi encaminhada para as regiões mais industrializadas. Exige-se uma nova forma de integração regional de modo a efetuar um aproveitamento mais racional dos recursos e fatores da economia doméstica. Não há mais espaço para iniciativas que gerem o rápido desenvolvimento de uma região em detrimento da prosperidade da outra.[4]

Ressalta-se que o desenvolvimento econômico do Estado brasileiro é marcado não apenas pela dependência dos entes regionais com os programas de incentivo e investimentos diretos promovidos pela União, mas também pela relevância que a repartição de riquezas auferidas com a cobrança de impostos possui para o fechamento de suas contas e realização dos programas de governo.

Entretanto, para a existência de uma verdadeira federação, é fundamental que haja o suprimento de recursos financeiros suficientes às unidades federadas para que possam cumprir seus deveres constitucionais. Por esse motivo, sem desmerecer os demais atributos federativos, a repartição constitucional das receitas tributárias apresenta-se como aspecto fundamental para garantir autossuficiência financeira dos entes federados.[5]

A Constituição Federal, ao estabelecer a forma federativa de Estado, definiu que, no Brasil, a arrecadação tributária seguiria o modelo de descentralização financeira, de modo a atribuir também aos entes menores competência para instituir tributos e, assim, gerar suficiência financeira diante de seus anseios e objetivos.

Nesse sentido, Heleno Taveira Torres informa que a Constituição de 1988 pode também ser denominada como uma Constituição Financeira, pois instituiu e organizou a origem das rendas tributárias dos entes integrantes do federalismo brasileiro para fazer frente de forma eficiente ao financiamento do Estado.[6]

No que tange aos Estados e ao Distrito Federal, a Constituição atribui competência para a criação dos impostos a seguir:[7] 1) transmissão *causa mortis* e doação, de quaisquer bens e direitos; 2) operações relativas à circulação de mercadorias e sobre prestação de serviços de transporte interestadual e intermunicipal e de comunicação, ainda que as operações e as prestações se iniciem no exterior; 3) propriedade de veículos automotores; e 4) contribuição para o custeio do regime previdenciário de seus servidores.[8]

Observa-se, portanto, que a repartição de receitas tributárias pode ser considerada um pilar fundamental do federalismo fiscal ao asseverar a autonomia financeira dos Estados, Distrito Federal e Municípios.

Conclui-se, pois, que a colaboração da Constituição de 1988 para o federalismo brasileiro foi o estabelecimento de uma relação de equilíbrio entre os entes, na convergência da autonomia da União para planejar e ordenar as políticas públicas e

---

[4] FURTADO, Celso. *Formação econômica do Brasil*. 24. ed. São Paulo: Companhia Editora Nacional, 1991, p. 240.
[5] BALTHAZAR, Ezequiel Antônio Ribeiro. Fundos constitucionais como instrumento de redução das desigualdades regionais na federação. *In*: CONTI, José Maurício (org.). *Federalismo fiscal*. Barueri: Manole, 2004, p. 103-104.
[6] TORRES, Heleno Taveira. Constituição financeira e o federalismo cooperativo brasileiro. *In*: SCAFF, Fernando Facury *et al.* (coord.). *Federalismo(s) em juízo*. 1. ed. São Paulo. Noeses, 2019, p. 289.
[7] Art. 155 da CF.
[8] Art. 149, §1º, da CF.

elaborar as competências dos demais entes federados de forma que o sistema esteja alinhado com os objetivos a serem alcançados.⁹

Não obstante o "equilíbrio" almejado pela Magna Carta na relação federativa brasileira, a realidade se apresenta de forma distinta.

Em razão da dificuldade dos entes federativos em equilibrar suas finanças públicas devido à instabilidade econômica surgida após a redemocratização, os pilares de apoio de um desenvolvimento federal harmônico com os princípios do pacto federativo foram consideravelmente prejudicados. Ademais, o programa de estabilização econômica colocado em prática com a implantação do Plano Real foi fundamentado na redução e controle dos gastos públicos juntamente com a realização de privatizações. Tal programa acabou por contribuir ainda mais para a piora da situação fiscal dos entes federados, uma vez que a autonomia política e financeira dos entes regionais era um entrave às metas federais de ajuste fiscal, o que gerou uma forte concentração de receitas para a União.¹⁰

Ademais, conforme se pode observar, ao menos no que diz respeito ao número de impostos capazes de serem instituídos, o constituinte originário não atribuiu competência igualitária entre os entes federativos. Por um lado, a União tem a possibilidade de criar sete impostos:[11] 1) importação de produtos estrangeiros; 2) exportação, para o exterior, de produtos nacionais ou nacionalizados; 3) renda e proventos de qualquer natureza; 4) produtos industrializados; 5) operações de crédito, câmbio e seguro, ou relativas a títulos ou valores mobiliários; 6) propriedade territorial rural; e 7) grandes fortunas. Por outro lado, os Estados poderão conceder apenas três:[12] 1) transmissão *causa mortis* de quaisquer bens ou direitos; 2) operações relativas à circulação de mercadorias e sobre a prestação de serviços de transporte interestadual e intermunicipal e de comunicação; e 3) incidente sobre a propriedade de veículos automotores. Por fim, os Municípios também terão competência para formular apenas três impostos:[13] 1) propriedade predial e territorial urbana; 2) transmissão *inter vivos* de bens imóveis; e 3) serviços de qualquer natureza.

Desde a edição da Constituição de 1988, o desenvolvimento do país concentrou-se nos Estados de São Paulo e Rio de Janeiro, fazendo com que os demais entes, como instrumento de defesa de seus interesses, buscassem meios para suprir a falta de investimentos. Indubitavelmente, a alternativa encontrada foi a concessão de benefícios fiscais como meio de atrair investimentos para seus territórios.¹⁴

---

[9] TORRES, Heleno Taveira. Constituição financeira e o federalismo cooperativo brasileiro. *In*: SCAFF, Fernando Facury et al. (coord.). *Federalismo(s) em juízo*. 1 ed. São Paulo. Noeses, 2019, p. 314-315.

[10] LOPREATO, Francisco Luiz C. Um novo caminho do federalismo no Brasil? *Economia e Sociedade*, Campinas, n. 9, p. 97-100, dez. 1997.

[11] Art. 153, incisos I a VII, da CF.

[12] Art. 155, incisos I a III, da CF.

[13] Art. 156, incisos I a III, da CF.

[14] Soraia Aparecida Cardozo, em sua tese de doutorado apresentada ao Instituto de Economia da UNICAMP, destaca que as rápidas transformações econômicas nas últimas duas décadas geraram mudanças no papel do estado no Brasil. Aduz que a crise fiscal e financeira é resultado direto da escolha de inserir no país políticas de desenvolvimento que retiram do Estado instrumentos essenciais para a redução de desigualdades regionais. Exemplos práticos dessa situação são a queda no investimento público em infraestrutura e a crise das instituições de desenvolvimento regional, como a SUDAM e a SUDENE. CARDOZO, Soraia Aparecida. *Guerra fiscal no Brasil e alterações das estruturas produtivas estaduais desde os anos 1990*. Tese (Doutorado) – Instituto de Economia da UNICAMP, Campinas, 2010, p. 33.

O fornecimento de benefícios tributários, por meio de programas estaduais de desenvolvimento, por entes federados da mesma esfera de poder, gerou uma verdadeira guerra fiscal.

Ricardo Varsano[15] leciona que a guerra fiscal é uma situação de conflito na Federação, na qual o ente federado beneficiado impõe uma perda aos demais. Trata-se de espécie de política pública de disputa fiscal na federação, em que o ente regional, incapaz de conter o déficit público, faz uso de políticas desenvolvimentistas predatórias, por meio da concessão de benefícios tributários, atitude que vai de encontro aos preceitos de uma federação cooperativa.

No mesmo sentido, Gilberto Bercovici conceitua guerra fiscal como a situação pela qual se torna explícita a falta de cooperação no federalismo brasileiro, gerando conflitos vazios em que não há ganhadores. O referido autor prossegue asseverando que, caso existisse no Brasil uma política nacional de investimentos privados, caberia à União promover certos tipos de incentivos cujos critérios de concessão seriam definidos com a participação direta dos Estados. Entretanto, não é o que ocorre no Brasil, onde, além de não haver um programa nacional de política industrial, os benefícios não são concedidos de modo coordenado e controlado pelo setor público.[16]

Nesse diapasão, a guerra fiscal reflete a disputa econômica entre os entes, detentores de competência para a instituição de tributos, com o objetivo de atrair investimentos para sua região em troca de benesses não apenas tributárias, mas também crédito com juros subsidiados e capacitação de colaboradores.[17]

Desta forma, verifica-se a inversão das políticas de desenvolvimento dos Estados, as quais deixam de ter natureza de planejamento estadual para atenderem projetos de empresas privadas específicas e, por conseguinte, fazem com que surjam leilões de facilidades oferecidos pelos entes regionais.[18]

A igualdade entre os estados federados almejada pela Constituição não tem como ser factível quando um ente, de modo solitário e independente, decide promover benefícios fiscais que seus pares não podem conceder. Desta forma, quando determinado Estado consegue atrair investimentos em função dos benefícios tributários fornecidos, não há ganhador, mas apenas perdedores, uma vez que esse processo é causador da dilapidação do patrimônio público, pois os prováveis ganhos não superam os custos econômicos e sociais da retração da atividade econômica nos demais Estados.[19]

Pode-se dizer que as consequências negativas da disputa comercial entre os entes federativos geram a diminuição da arrecadação do tributo em litígio como um todo, de modo a ocasionar uma verdadeira renúncia fiscal e o aumento das desigualdades regionais em detrimento dos Estados mais pobres.[20]

---

[15] VARSANO, Ricardo. A guerra fiscal do ICMS: quem ganha e quem perde? *Planejamento e Políticas Públicas*, Brasília, n. 15, p. 3-18, jun. 1997.

[16] BERCOVICI, Gilberto. *Desigualdades regionais, estado e constituição*. 1. ed. São Paulo: Max Limonad, 2003, p.183-186.

[17] SCAFF, Fernando Facury. Guerra fiscal, neoliberalismo e democracia. *Revista do Direito*, Santa Cruz do Sul, n. 11, p. 135-143, jan./jul. 1999.

[18] RODRIGUES-POSE, Andrés; ARBIX, Glauco. Estratégias do desperdício: a guerra fiscal e as incertezas do desenvolvimento. *Revista Novos Estudos CEBRAP*, São Paulo, n. 54, p. 70-71, 1999.

[19] BORGES, José Souto Maior. Incentivos fiscais e financeiros. *Revista Trimestral de Direito Público – RTDP*, São Paulo, n. 8, p. 159-180, 1994, p. 89/91.

[20] FARIA, Luiz Alberto Gurgel de. *A extrafiscalidade e a concretização dos princípios da redução das desigualdades regionais*. São Paulo: Quartier Latin, 2010, p. 270.

Ademais, a reprodução da guerra fiscal de forma generalizada pelos Estados acaba por prejudicar os entes mais pobres em benefício dos mais ricos, detentores de maior infraestrutura e consequentemente de um ambiente mais favorável à instalação de novos negócios.[21]

Outro relevante fator negativo na falta de coordenação na concessão de benefícios fiscais é a geração de insegurança para os investidores, pois, ao realizarem investimentos, muitas vezes de grande vulto, não conseguem prever se o Estado fornecerá benefícios ainda maiores para seus concorrentes se instalarem na mesma região. Caso o Estado de fato favorecesse seus rivais, os investidores ficariam incapacitados para competir e sobreviver no mercado em que atuam e, ainda, prejudicariam consumidores por meio da prática de preços mais elevados para cobrir seus altos custos.[22]

Portanto, uma vez verificada a ocorrência de guerra fiscal, não há que se falar na existência de ganhadores, pois, mais cedo ou mais tarde, todas as partes sairão prejudicadas do estado de beligerância.

Everardo Maciel chama atenção para a existência de uma condescendência das instituições para a existência da disputa fiscal entre os entes federados. Destaca que o Tribunal de Contas da União nunca exerceu a competência que lhe foi atribuída pelo artigo 8º da Lei Complementar nº 24/1975,[23] em que lhe é permitido suspender o pagamento das quotas referentes ao Fundo de Participação dos Estados e a partilha das parcelas dos impostos de competência da União, que, por disposição constitucional, devem ser repartidos com os estados-membros. Aduz, ainda, que o Ministério Público se omite no tratamento da questão, salvo em pontuais iniciativas, e o Judiciário trata com indiferença e morosidade as raras demandas, de forma que "nada se faz e todos protestam".[24]

Historicamente, a disputa comercial entre os entes regionais iniciou-se com a concessão de benefícios relativos ao ICMS,[25] em claro desrespeito ao artigo 155, §2º, XII, "g", da Constituição, o qual estabelece, no que diz respeito ao ICMS, que cabe a lei complementar "regular a forma como, mediante deliberação dos Estados e do Distrito Federal, isenções, incentivos e benefícios fiscais serão concedidos ou revogados". Mas não é só isso. A disputa por novos investimentos e recursos demonstrou-se tão séria que não apenas o ICMS passou a ser utilizado na guerra fiscal, mas também o Imposto sobre a Propriedade Predial e Territorial Urbana – IPTU[26] e o Imposto sobre Transmissão *Causa*

---

[21] CAMARGO. Guilherme Bueno de. A guerra fiscal e seus efeitos: autonomia x centralização. *In*: CONTI, José Maurício (org.). *Federalismo fiscal*. Barueri: Manole, 2004, p. 211.

[22] FARIA, Luiz Alberto Gurgel de. *A extrafiscalidade e a concretização dos princípios da redução das desigualdades regionais*. São Paulo: Quartier Latin, 2010, p. 281.

[23] BRASIL. *Lei complementar nº 24*, de 7 de janeiro de 1975. Dispõe sobre convênios para a concessão de isenções do imposto sobre operações relativas à circulação de mercadorias, e dá outras providências. Disponível em: http://www.planalto.gov.br/ccivil_03/leis/lcp/lcp24.htm. Acesso em: 2 abr. 2020.

[24] MACIEL, Everardo. *A tragicomédia da guerra fiscal*. Disponível em: http://fundacaoanfip.org.br/site/wp-content/uploads/2016/03/A_tragicomedia_da_guerra_fiscal-Everardo-Maciel-maio-de-2009.pdf. Acesso em: 26 fev. 2020.

[25] ICMS: Imposto sobre Operações relativas à Circulação de Mercadorias e Prestação de Serviços de Transporte Interestadual e Intermunicipal e de Comunicação.

[26] Exemplo dessa situação foi a instalação da fábrica da General Motors no Rio Grande do Sul, nos anos 90, quando três municípios (Gravataí, Guaíba e Eldorado) disputaram de forma acirrada a atração da indústria, mediante diminuição da alíquota de IPTU. Exemplo retirado de ARBIX, Glauco. Guerra fiscal e competição intermunicipal por novos investimentos no setor automotivo brasileiro. *DADOS - Revista de Ciências Sociais*, Rio de Janeiro, v. 43, n. 1, p. 109-129, 2000, p. 17/29.

Mortis e Doação de Quaisquer Bens e Direitos – ITCMD, conforme será demonstrado no decorrer deste trabalho.

Desta forma, a realidade fiscal da Federação brasileira mostrou-se distinta da desejada pela Carta de 1988, pois, em vez de um federalismo cooperativo, verifica-se um estado de beligerância fiscal entre os entes, tanto na busca por novos empreendimentos como na retaliação pelos Estados que se julgam prejudicados, por meio de ações judiciais, legislativas e administrativas que acabam por prejudicar o pacto federativo.[27]

3 A guerra fiscal do ITCMD

De acordo com a Constituição da República de 1988, é princípio fundamental a inafastabilidade da jurisdição, e a prestação jurisdicional é dever exclusivo do Estado.[28]

Ademais, a Carta da República instituiu como direito fundamental a razoável duração do processo, devido à relevância da celeridade na atuação jurisdicional para a efetivação de suas decisões e, consequentemente, a realização da justiça.[29]

Ocorre que o Poder Judiciário guardou para si uma ampla quantidade de competências, as quais nem sempre ficam restritas ao provimento jurisdicional de litígios. Esse fato, somado ao desenvolvimento dos grandes centros, ao crescimento demográfico e à ampliação das relações sociais, foi restringindo a capacidade dos magistrados de fazer frente ao volume de demandas judiciais.[30]

Pode-se observar que, no momento da edição da Magna Carta, em 1988, o Poder Constituinte originário não teve o objetivo de angariar, fora das amarras do Poder Judiciário, maneiras de reduzir a quantidade de processos, o que pode ser verificado nos procedimentos de jurisdição voluntária, nos quais os juízes atuam como "administradores públicos" de interesses particulares.[31]

A edição da Lei nº 11.441/2007 foi, sem dúvida alguma, a maior e mais eficaz iniciativa para concretizar a vontade do legislador em promover a desjudicialização e combater a morosidade da prestação jurisdicional. O referido diploma inseriu no nosso ordenamento jurídico a possibilidade da realização de inventário e partilha de bens na sucessão de forma extrajudicial, além de possibilitar a formalização de separação e divórcio consensuais por tabeliães.

Entretanto, não é todo e qualquer inventário que poderá ser realizado na forma extrajudicial. Tanto a Lei nº 11.441/2007 quanto a Resolução do CNJ indicaram os requisitos que devem ser obedecidos para a lavratura desta espécie de escritura, quais sejam:

---

[27] FARIA, Luiz Alberto Gurgel de. *A extrafiscalidade e a concretização dos princípios da redução das desigualdades regionais*. São Paulo: Quartier Latin, 2010, p. 270-272.

[28] Art. 5º da CF. Todos são iguais perante a lei, sem distinção de qualquer natureza, garantindo-se aos brasileiros e aos estrangeiros residentes do País a inviolabilidade do direito à vida, à liberdade, à igualdade, à segurança e à propriedade nos termos seguintes: (...) XXXV - a lei não excluirá da apreciação do Poder Judiciário lesão ou ameaça a direito.

[29] Art. 5º, inciso LXXVIII, da CF: (...) a todos, no âmbito judicial e administrativo, são assegurados a razoável duração do processo e os meios que garantam a celeridade de sua tramitação.

[30] BORTZ, Marco Antônio Greco. A Desjudicialização: um fenômeno histórico e global. *Revista de Direito Notarial e Registral,* São Paulo, ano 1, n. 1, p. 80-81, jul./set. 2009.

[31] ALMEIDA, João Alberto de. Desjudicialização: a relação entre a arbitragem e os serviços notariais e registrais. *Revista da Faculdade de Direito da Universidade Federal de Minas Gerais,* Belo Horizonte, n. 59, p. 101-122, jul./dez. 2011.

partes maiores e capazes; inexistência de filhos menores; existência de consenso entre os envolvidos; intervenção de advogado; impossibilidade de processamento na via judicial de forma conjunta e, por fim, inexistência de testamento.[32]

A referida lei beneficiou a celeridade dos atos sem deixar de lado a segurança jurídica, uma vez que a escritura pública independe de homologação judicial, por ser documento suficiente para registros e averbações junto ao registro civil, bem como para prenotações perante as serventias imobiliárias, o que permite a transferência de bens, direitos e levantamento de valores junto às instituições financeiras.

Ademais, as inovações trazidas pela lei em questão geraram significativa redução de custos. Ainda que seja necessário o pagamento dos emolumentos pela lavratura das escrituras e participação obrigatória de advogado no procedimento, o trabalho realizado pelos causídicos é infinitamente menor e mais célere; logo, resulta em uma significativa redução de honorários e de taxas judiciárias.

Portanto, observa-se que o advento da Lei nº 11.441/2007 trouxe vantagens não apenas para os interessados, mas também para o próprio Poder Judiciário, em razão de manter a competência exclusiva apenas para os casos onde não haja consenso entre os envolvidos ou existam direitos de incapazes.

Para Luiz Guilherme Loureiro, a possibilidade da lavratura de escrituras de inventário e partilha nas dependências das serventias extrajudiciais é "(...) um mecanismo extrajudicial de administração pública de interesses privados em que o notário substitui o juiz na recepção da vontade das partes em relação jurídica marcada pela inexistência de litígio".[33]

Outrossim, o novo Código de Processo Civil, em que pese ter revogado expressamente a Lei nº 11.441/2007, manteve o entendimento anterior ao estabelecer, no §1º do artigo 610, que, "se todos forem capazes e concordes, o inventário e a partilha poderão ser feitos por escritura pública, a qual constituirá documento hábil para qualquer ato de registro, bem como para levantamento de importância depositada em instituições financeiras". Observa-se, portanto, que o atual código processual prezou pela livre escolha dos interessados na realização do inventário judicial ou do extrajudicial.

Evidencia-se, dessa forma, que o procedimento a ser realizado por meio de escritura pública será a partilha dos bens do falecido entre os beneficiários, sejam eles herdeiros ou legatários, não sendo tecnicamente um inventário, mas sim um arrolamento dos bens.[34]

Outrossim, o referido código processual manteve a aptidão da desjudicialização de procedimentos processuais ao delegar às serventias extrajudiciais os casos em que a participação de um juiz togado se mostra desnecessária, de forma a reduzir o número de litígios que, hoje, abarrotam o Poder Judiciário

---

[32] Art. 1º da Lei nº 11.441/2007: Os arts. 982 e 983, da Lei nº 5.869, de 11 de janeiro de 1973 – Código de Processo Civil, passam a vigorar com a seguinte redação: "Art. 982. Havendo testamento ou interessado incapaz, proceder-se-á ao inventário judicial; se todos forem capazes e concordes, poderá fazer-se o inventário e a partilha por escritura pública, a qual constituirá título hábil para o registro imobiliário. Parágrafo único. O tabelião somente lavrará a escritura pública se todas as partes interessadas estiverem assistidas por advogado comum ou advogados de cada uma delas, cuja qualificação e assinatura constarão do ato notarial".

[33] LOUREIRO, Luiz Guilherme. *Registros públicos*: teoria e prática. 7. ed. Salvador: Juspodivm, 2016, p. 1128.

[34] LIPPMANN, Rafael Knorr. Artigo 610. *In*: TALAMINI, Eduardo; ALVIM, Teresa Arruda; DIDIER JUNIOR, Fredie. *Breves comentários ao Código de Processo Civil*. 3. ed. São Paulo: Revista dos Tribunais, 2016, p. 1.686.

Ademais, o inventário e a partilha realizados por meio de escritura pública, assim como o procedimento judicial, individualizam a cota hereditária de cada herdeiro na partilha dos bens do falecido. Em se tratando de um único sucessor, não haverá a necessidade de realização de partilha, mas sim de uma simples adjudicação de todos os bens do autor da herança para o único beneficiário.

Neste diapasão, Luiz Guilherme Loureiro assevera: "(...) Além da atribuição dos quinhões, o inventário tem uma importância social indiscutível, pois desembaraça as transações de ordem civil, impede as discórdias e dificulta os litígios entre os herdeiros e outros interessados na herança".[35]

Não obstante, é competência do tabelião de notas auxiliar as partes envolvidas no inventário para a realização dos efeitos do prévio acordo de partilha de bens celebrado pelos herdeiros, devendo o notário, ainda, realizar os atos necessários da forma menos dispendiosa possível.

Assim, verifica-se que a possibilidade da realização do inventário fora do burocrático, lento e custoso procedimento judicial foi um avanço na legislação e contribuiu para a celeridade, a redução de custos e a promoção das transações de forma mais célere, uma vez que os bens do *de cujus* são rapidamente transferidos para o patrimônio dos herdeiros de direito.

O novo Código de Processo Civil, ao tratar do inventário e da partilha, revogou expressamente a Lei nº 11.441/2007 e estabeleceu, no parágrafo 1º do artigo 610, que: "Se todos forem capazes e concordes, o inventário e a partilha poderão ser feitos por escritura pública, a qual constituirá documento hábil para qualquer ato de registro, bem como para o levantamento de importância depositada em instituições financeiras".

Em seu artigo 48, o Código Processual estabeleceu que o foro de domicílio do autor da herança no Brasil é o competente para a realização do inventário, partilha, arrecadação, cumprimento de disposições de última vontade, impugnação ou anulação da partilha extrajudicial e para todas as ações em que o espólio for réu, ainda que o óbito tenha ocorrido no estrangeiro.

A escolha do último domicílio do falecido, em prejuízo do local da morte, como competente para realização do inventário judicial, se justifica em razão da probabilidade de acumular a maior quantidade de relações jurídicas do *de cujus* e, assim, resguardar os direitos de eventuais credores do espólio que eventualmente poderiam ser prejudicados caso o inventário fosse realizado em outra localidade.[36]

Ademais, não obstante a personalidade jurídica da pessoa natural se extinguir com a morte, muitas das convenções celebradas ainda em vida continuarão a surtir efeitos perante terceiros. Nesse sentido, Clóvis Beviláqua aduz que: "nenhum outro juiz terá melhores elementos para julgar, com acerto, as questões referentes à sucessão".[37]

Em seguida, no parágrafo único do artigo 48 do CPC, o legislador preocupou-se em estabelecer a competência nos casos em que o *de cujus* não tenha domicílio certo, ao indicar como competente o local dos bens imóveis quando situados na mesma circunscrição,

---

[35] LOUREIRO, Luiz Guilherme. *Registros públicos*: teoria e prática. 7. ed. Salvador: Juspodivm, 2016, p. 1.138.
[36] KÜMPEL, Vitor Frederico *et al*. *Tratado notarial e registral*. v. III. 1. ed. São Paulo: YK, 2017, p. 635.
[37] BEVILAQUA, Clóvis. *Código Civil dos Estados Unidos do Brasil comentado*. v. VI. 3. ed. Rio de Janeiro: Francisco Alves, 1935, p. 757.

o foro de qualquer dos prédios quando existentes em mais de uma localidade ou, não havendo construções, o lugar de qualquer dos bens do espólio.[38]

O Código Civil traz previsão semelhante acerca da competência para a realização do inventário, entretanto, de forma mais sucinta: "A sucessão abre-se no lugar do último domicílio do falecido".[39]

O Superior Tribunal de Justiça já se manifestou sobre o tema ao decidir que a competência para a realização do inventário judicial proposta pelo Código de Processo Civil, definida em decorrência do domicílio do autor da herança, é relativa e, portanto, pode ser derrogada em decorrência da vontade dos herdeiros de realizá-la em outra localidade que torne o procedimento mais cômodo, célere ou menos oneroso.[40]

Com o objetivo de regulamentar o procedimento a ser adotado pelas serventias extrajudiciais e suprir as divergências acerca da aplicação do inventário extrajudicial,[41] o Conselho Nacional de Justiça editou a Resolução nº 35/2007, que acabou por privilegiar o interesse privado das partes ao acolher a orientação jurisprudencial do Superior Tribunal de Justiça, pela qual a competência para a realização do procedimento de inventário e partilha é relativa, permitindo aos interessados a livre escolha do tabelião de sua confiança para a lavratura da escritura de inventário e partilha independentemente de sua localização.[42]

O motivo para a exclusão da aplicação da regra processual de competência na lavratura dos inventários extrajudiciais se deu em razão de a Lei nº 8.935/1994, conhecida como Estatuto dos Notários e Registradores, consagrar o princípio da liberdade de escolha do tabelião de notas pelas partes interessadas, uma vez que este é um profissional do direito de confiança dos interessados.[43]

Entretanto, o artigo 9º da mesma lei veda ao tabelião de notas praticar atos de seu ofício fora da circunscrição territorial do município pelo qual recebeu a delegação.

---

[38] Parágrafo único do art. 48 do CPC: Se o autor da herança não possuía domicílio certo, é competente:
I - o foro de situação dos bens imóveis;
II - havendo bens imóveis em foros diferentes, qualquer destes;
III - não havendo bens imóveis, o foro do local de qualquer dos bens do espólio.

[39] Art. 1.785 do CC.

[40] Ementa: CONFLITO DE COMPETÊNCIA. INVENTÁRIO. COMPETÊNCIA TERRITORIAL. TRATANDO-SE DE COMPETÊNCIA TERRITORIAL, DE NATUREZA RELATIVA, NÃO CABE AO JUIZ DE DIREITO DA COMARCA ONDE FOI INSTAURADO O INVENTÁRIO SUSCITAR DE OFÍCIO A SUA INCOMPETÊNCIA, SOB A ALEGAÇÃO DE QUE O "DE CUJUS" TIVERA SEU ÚLTIMO DOMICÍLIO EM OUTRA COMARCA. (CC 11.629/MG, Rel. Ministro RUY ROSADO DE AGUIAR, SEGUNDA SEÇÃO, julgado em 14.12.1994, DJ 20.02.1995, p. 3.100). BRASIL. Superior Tribunal de Justiça. Conflito de Competência n. 11629/MG. Suscitante: Juízo de Direito de Iturama - MG. Suscitado: Juízo da 1ª Vara Cível de Mirassol D'Oeste – MT. Relator: Ministro Ruy Rosado de Aguiar. Disponível em: https://scon.stj.jus.br/SCON/jurisprudencia/toc.jsp?livre=%28%22RUY+ROSADO+DE+AGUIAR%22%29.MIN.&processo=11629&b=ACOR&thesaurus=JURIDICO&p=true. Acesso em: 12 maio 2020.

[41] Ao comentar a Resolução nº 35 do CNJ, Silvio Venosa aduz: "A resolução 35 do Conselho Nacional de Justiça veio regulamentar essa lei 11.441/2007, que, de fato, deixava algumas dúvidas em aberto. Alguns dos tópicos regulamentados pareciam óbvio, outros nem tanto. Foi boa a medida na tentativa de padronizar os procedimentos, aplicáveis às centenas de escrivanias do país. No entanto, essa regulamentação deveria ter partido do próprio Legislativo, que se mostra sempre um passo atrás das nossas necessidades sociais". VENOSA, Silvio S. Direito civil: direito das sucessões. v. VII. 8. ed. São Paulo: Atlas, 2008, p. 84.

[42] Art. 1º da Resolução nº 35/2007 do CNJ: Para a lavratura dos atos notariais de que trata a Lei 11.441/07, é livre a escolha do tabelião de notas, não se aplicando as regras de competência do Código de Processo Civil.

[43] Art. 8º da Lei nº 8.935/1994: É livre a escolha do tabelião de notas, qualquer que seja o domicílio das partes ou o lugar de situação dos bens objeto do ato ou negócio.

Isso significa que o tabelião poderá lavrar escrituras de inventário de quaisquer bens ou direitos do acervo patrimonial localizados em território nacional, independentemente da localização dos referidos haveres. Entretanto, não poderá se deslocar para fora dos limites de sua delegação e, consequentemente, não poderá efetuar diligências fora de seu território.[44]

Logo após a edição da Resolução nº 35 do CNJ, parte da doutrina passou a questionar a possibilidade de uma norma administrativa afastar regra de competência estabelecida pelo Código de Processo Civil, para permitir que qualquer notário promova a lavratura da escritura de inventário e partilha.[45]

Não obstante tais questionamentos, na atualidade a matéria encontra-se pacificada, pois os Poderes Judiciários de todos os Estados da federação, por meio de suas corregedorias, editaram consolidações normativas da atividade notarial e registral para permitir a livre escolha do tabelião de notas na lavratura dos inventários extrajudiciais.[46]

Em verdade, o inventário extrajudicial não é uma ação judicial, mas sim um procedimento administrativo, estabelecido pela Lei nº 11.441/2007, com o objetivo de simplificar e desburocratizar a forma como se dá a distribuição dos bens do falecido aos herdeiros. Portanto, não há razão para restringir a competência para a lavratura da escritura de inventário uma vez que é requisito fundamental o prévio consenso dos beneficiários não apenas em relação à espécie da via escolhida, mas também em relação à forma como será feita a distribuição dos bens.

Assim sendo, não é relevante o local da situação dos bens a serem inventariados e partilhados, tampouco a localidade da ocorrência da morte ou a região do território nacional onde residam os herdeiros, que sempre poderão escolher o tabelião de sua confiança para a lavratura da escritura de inventário, mesmo que o notário tenha atribuição territorial em município diverso.

De acordo com a Constituição Federal, a instituição do imposto sobre a transmissão *causa mortis* e doações de quaisquer bens ou direitos é de competência dos Estados e do Distrito Federal, conforme indicado em seu artigo 155, inciso I.[47]

Ao atribuir o ITCMD aos Estados, a Carta da República indicou qual é o ente regional competente para a realização de seu recolhimento, ao dispor no parágrafo primeiro do artigo 155 que, em relação aos imóveis, será competente o ente da Federação de localização do bem, e, no tocante aos bens móveis, títulos e créditos, caberá ao Estado onde processar o inventário ou arrolamento.[48]

Desta forma, verifica-se que a competência para a instituição do ITCMD é a aptidão destinada pela Constituição aos Estados da Federação para a criação, por meio de lei

---

[44] Art. 9º da Lei nº 8.935/1994: O tabelião de notas não poderá praticar atos de seu ofício fora do Município para o qual recebeu delegação.
[45] QUEIROGA, Onaldo Rocha de. *Desjudicialização dos litígios*. Rio de Janeiro: Renovar, 2012, p. 67.
[46] Nesse sentido, cite-se por exemplo o item 76 da Subseção III das Normas de Serviço dos Cartórios Extrajudiciais do Estado de São Paulo: O Tabelião de Notas será livremente escolhido pelas partes, não se aplicando as regras processuais de competência, nas hipóteses legais em que admitida a realização de separação e divórcio consensuais, inventário e partilha por via administrativa, mediante escritura pública.
[47] Art. 155, inciso I, da CF: Compete aos Estados e ao Distrito Federal instituir impostos sobre: I- transmissão causa mortis e doação, de quaisquer bens ou direitos.
[48] Art. 155, §1º, da CF: O imposto previsto no inciso I: I - relativamente a bens imóveis e respectivos direitos, compete ao Estado da situação do bem, ou ao Distrito Federal; II - relativamente a bens móveis, títulos e créditos, compete ao Estado onde se processar o inventário ou arrolamento, ou tiver domicílio o doador, ou ao Distrito Federal.

específica, do referido tributo. Nesta feita, a Magna Carta estabelece os limites a serem observados por cada ente federativo no momento do exercício do seu poder de tributar.

Nesse diapasão, o tributo sobre heranças e doações possui função eminentemente fiscal e, consequentemente, seu objetivo primordial é angariar receitas aos cofres públicos estaduais. Entretanto, o referido imposto também exerce uma função extrafiscal, ao desencorajar os contribuintes ao acúmulo patrimonial, através de alíquotas variáveis com percentuais distintos a depender do montante a ser recebido pelos herdeiros.[49]

Outrossim, é fundamental frisar que a Constituição estabeleceu caber à União, aos Estados, ao Distrito Federal e aos Municípios[50] a competência para legislar sobre Direito Tributário, tratando-se, assim, de competência legislativa concorrente.[51] Isso significa que a União será responsável pela edição de normas gerais, ao passo que os Estados e Municípios terão competência suplementar. Entretanto, caso haja abstenção do ente maior em editar normas gerais acerca do tributo, caberá aos entes regionais e locais exercer competência legislativa plena.[52]

Contudo, há de se observar que o Código Tributário Nacional é lei ordinária em sentido formal e lei complementar em sentido material, pois, em que pese ter sido editado sob a égide da Constituição anterior, foi assim recepcionado pela Carta de 1988, nos termos do art. 146, III, tratando da matéria ali prevista. Este fato é de grande relevância para a análise do ITCMD, uma vez que a referida codificação tributária não distinguiu a competência para a instituição do tributo incidente sobre a sucessão *causa mortis* e *inter vivos* de bens imóveis, além de não contemplar a incidência tributária sobre bens móveis e doações.[53]

---

[49] Hugo de Brito Machado leciona que o imposto sobre doações e heranças poderá possuir caráter extrafiscal, com o objetivo de desestimular a acumulação de riquezas em valores elevados, através da instituição de alíquotas progressivas em percentuais elevados para os valores mais expressivos. (MACHADO, Hugo de Brito. *Curso de Direito Tributário*. 35. ed. Editora Malheiros. São Paulo. 2014. p. 366).

[50] Em que pese a Constituição não ter explicitado a possibilidade de os Municípios exercerem competência tributária concorrente, o Supremo Tribunal Federal em diversas oportunidades já se manifestou a respeito de sua viabilidade. Confira julgado: *Ementa: RECURSO – AGRAVO DE INSTRUMENTO – COMPETÊNCIA. A teor do disposto no artigo 28, §2º, da Lei nº 8.038/90, compete ao relator a que for distribuído o agravo de instrumento, no âmbito do Supremo Tribunal Federal, bem como no Superior Tribunal de Justiça, com o fim de ver processado recurso interposto, o julgamento respectivo. IMPOSTO SOBRE PROPRIEDADE DE VEÍCULOS AUTOMOTORES - DISCIPLINA. Mostra-se constitucional a disciplina do Imposto sobre Propriedade de Veículos Automotores mediante norma local. Deixando a União de editar normas gerais, exerce a unidade da federação a competência legislativa plena - §3º do artigo 24, do corpo permanente da Carta de 1988 -, sendo que, com a entrada em vigor do sistema tributário nacional, abriu-se à União, aos Estados, ao Distrito Federal e aos Municípios, a via da edição de leis necessárias à respectiva aplicação - §3º do artigo 34 do Ato das Disposições Constitucionais Transitórias da Carta de 1988.* (BRASIL. Supremo Tribunal Federal. *Agravo Regimental em Agravo de Instrumento nº 167777/SP*. Agravante: Indústria Metalúrgica Favorita e outros. Agravado: Estado de São Paulo. Relator: Ministro Marco Aurélio. Disponível em: https://jurisprudencia.stf.jus.br/pages/search?classeNumeroIncidente=%22AI%20167777%22&base=acordaos&sinonimo=true&plural=true&page=1&pageSize=10&sort=_score&sortBy=desc&isAdvanced=true. Acesso em: 9 jun. 2020).

[51] Art. 24, inciso I, da CF: Compete à União, aos Estados e ao Distrito Federal legislar concorrentemente sobre: I - direito tributário, financeiro, penitenciário, econômico e urbanístico.

[52] Art. 24, §3º, da CF: Inexistindo lei federal sobre normas gerais, os Estados exercerão a competência legislativa plena, para atender a suas peculiaridades.

[53] Art. 35 do CTN: O imposto, de competência dos Estados, sobre a transmissão de bens imóveis e de direitos a eles relativos tem como fato gerador: I - a transmissão, a qualquer título, da propriedade ou do domínio útil de bens imóveis por natureza ou por acessão física, como definidos na lei civil; II - a transmissão, a qualquer título, de direitos reais sobre imóveis, exceto os direitos reais de garantia; III - a cessão de direitos relativos às transmissões referidas nos incisos I e II.

Por conseguinte, não há no Código Tributário Nacional normas gerais com o objetivo de regular o imposto incidente na transmissão de bens *causa mortis* e doações. Por esta razão, não há que negar a existência de lacunas legislativas acerca da instituição do ITCMD a serem sanadas pelas respectivas legislações estaduais no exercício de sua competência legislativa plena.[54] Entretanto, o exercício da competência legislativa de forma ampliada pelos entes regionais, muitas vezes, faz com que surjam normas muito distintas sobre uma mesma matéria, não apenas no que diz respeito às alíquotas, mas também sobre a base de cálculo, as hipóteses de incidência e os respectivos sujeitos passivos.

Outrossim, é sabido que o Brasil possui 26 Estados, além do Distrito Federal, o que nos leva a inferir que existem 27 legislações diversas sobre o Imposto de Transmissão *Causa Mortis* e Doações no País. A quantidade de leis emanadas por entes federativos distintos, sobre uma mesma temática, acaba por gerar insegurança jurídica, em razão do tratamento desigual da matéria, trazendo à baila a necessidade da edição de uma lei complementar com normas gerais sobre o ITCMD, para que sua incidência seja mais efetiva, equânime e justa em todo o território nacional.[55]

Não obstante a Constituição ter atribuído ao Senado Federal[56] a definição das alíquotas máximas aplicáveis ao ITCMD, e a mesma casa legislativa ter permitido sua aplicação progressiva,[57] é possível identificar regras bastante divergentes entre si, principalmente no que diz respeito aos parâmetros de progressividade. A título de exemplo, a lei do ITCMD do Estado de São Paulo não faz uso da regra da progressividade ao determinar a aplicação da alíquota única de 4%[58] sobre a base de cálculo do imposto; por outro lado, a lei fluminense que regula o mesmo tributo estabelece alíquotas progressivas que variam de 4% a 8%, a depender do valor da totalidade dos bens e direitos transmitidos.[59]

Ao tratar da base de cálculo do ITCMD, o Código Tributário Nacional prevê, no artigo 38, que o valor do imposto será calculado com base no valor venal do bem ou do direito transmitido.[60] Entretanto, as legislações estaduais tratam de forma distinta o

---

[54] SOARES, Milton Delgado. *O Imposto sobre a Transmissão Causa Mortis e Doação (ITCMD)*. Rio de Janeiro: Lumen Juris, 2006. p. 37.

[55] Nesse sentido, Hugo de Brito Machado leciona: *Cabe à lei complementar tornar mais precisa a descrição do âmbito constitucional do tributo. É exigência do art. 146, III, "a", da vigente CF. A rigor, portanto, o imposto sobre heranças e doações ainda não poderia ser instituído, à míngua da lei complementar na qual seu âmbito constitucional deve ser detalhado, explicitado, de sorte a evitar que os legisladores dos diversos Estados brasileiros estabeleçam tratamento diferentes.*

[56] Art. 155, §1º, inciso IV, da CF: O imposto previsto no inciso I: terá suas alíquotas máximas fixadas pelo Senado Federal.

[57] A Resolução nº 9/1992 do Senado Federal fixou a alíquota máxima do ITCMD em 8% e permitiu a incidência progressiva em razão do quinhão recebido por cada herdeiro. Disponível em: https://legis.senado.leg.br/norma/590017/publicacao/15785996. Acesso em: 10 jun. 2020.

[58] Art. 16 da Lei nº 10.725/2000 do Estado de São Paulo: O imposto é calculado aplicando-se a alíquota de 4% (quatro por cento) sobre o valor fixado para a base de cálculo.

[59] Art. 26 da Lei nº 7.174/2015 do Estado do Rio de Janeiro: O imposto é calculado aplicando-se, sobre o valor fixado para a base de cálculo, considerando-se a totalidade dos bens e direitos transmitidos, a alíquota de: I – 4,0% (quatro e meio por cento), para valores até 70.000 UFIR-RJ; II – 4,5% (quatro e meio por cento), para valores acima de 70.000 UFIR-RJ e até 100.000 UFIR-RJ; III – 5,0% (cinco por cento), para valores acima de 100.000 UFIR-RJ e até 200.000 UFIR-RJ; IV – 6% (seis por cento), para valores acima de 200.000 UFIR-RJ até 300.000 UFIR-RJ; V – 7% (sete por cento), para valores acima de 300.000 UFIR-RJ e até 400.000 UFIR-RJ; VI – 8% (oito por cento) para valores acima de 400.000 UFIR-RJ.

[60] Art. 38 do CTN: A base de cálculo do imposto é o valor venal dos bens ou direitos transmitidos.

valor da base de cálculo do referido tributo. No caso de bens imóveis, alguns Estados atribuem o mesmo valor utilizado para a exigência do IPTU, outros fazem uso do valor real do bem, ao indicar a necessidade de avaliação judicial ou verificação específica realizada pela própria Fazenda Pública Estadual.[61]

No que se refere aos bens móveis, a divergência dos critérios utilizados para a definição da base de cálculo do imposto é ainda maior, em razão de alguns Estados desfrutarem de relevante aptidão agropecuária e tributarem de forma mais veemente rebanhos e lavouras. Pode-se citar, como exemplo, a Instrução Normativa nº 1.191/2014 do Estado de Goiás, que, ao estabelecer os parâmetros para definição da base de cálculo do ITCMD sobre semoventes, determina ao contribuinte a indicação de quantidade, espécie, raça, sexo e idade.[62]

O Conselho Nacional de Justiça, ao editar a Resolução nº 35, com o objetivo de regulamentar a aplicação da Lei nº 11.441/2007 e equalizar os procedimentos adotados pelas serventias extrajudiciais na realização de escrituras de inventário e partilha, dispôs, no artigo 15, que o recolhimento dos tributos incidentes sobre o referido procedimento deve ser realizado de forma prévia, ou seja, antes da lavratura da respectiva escritura,[63] e listou, no artigo 22, os documentos a serem apresentados pelos interessados, entre eles a certidão negativa de tributos dos imóveis a serem inventariados e partilhados.

Na prática, o advogado das partes ou o próprio tabelião, anteriormente à confecção do instrumento de inventário e partilha, presta auxílio aos interessados na herança com o preenchimento do formulário de declaração do ITCMD no site da respectiva Secretaria de Fazenda do Estado competente para arrecadar o tributo, para que a guia de recolhimento seja emitida e paga, bem como o respectivo comprovante anexado e arquivado pela serventia, juntamente com os demais documentos apresentados pelos beneficiários.

Portanto, observa-se que a atuação diligente tanto do advogado contratado pelos interessados na herança quanto pelo próprio tabelião é de fundamental importância para o correto recolhimento do ITCMD incidente sobre o patrimônio a ser inventariado, uma vez que há a possibilidade de um mesmo inventário conter bens imóveis situados em diferentes Estados da Federação, o que demandará a expedição de várias guias de pagamento distintas, muitas vezes com alíquotas e base de cálculo diversas, a depender da localização das propriedades. Tratando-se de bens móveis, o procedimento de pagamento do tributo torna-se relativamente mais simples por este ser atribuído ao Estado do local da realização do procedimento de inventário.

Em virtude de a Constituição Federal ter tratado de forma distinta os bens móveis e os imóveis, no que diz respeito à localidade de recolhimento do ITCMD, juntamente com a existência de 27 legislações que tratam de forma diversa o mesmo tributo, seja em razão da alíquota aplicável, seja de sua progressividade, viabilizou-se a possibilidade de relevante planejamento tributário no momento da realização do inventário extrajudicial.

---

[61] Cite-se, por exemplo, a Lei nº 11.651/1991 do Estado de Goiás, que, no §1º do seu artigo 77, estabelece a necessidade de avaliação judicial ou perícia a ser realizada pela Fazenda Pública do referido Estado para a definição do valor de mercado do bem.

[62] Art. 3º, inciso III, da IN nº 1191/14 do Estado de Goiás. Disponível em: https://www.economia.go.gov.br/images/imagens_migradas/upload/arquivos/2014-10/in-no.-1191--2014---06.10.14.pdf. Acesso em: 24 jun. 2020.

[63] Art. 15 da Resolução nº 35 do CNJ.

Nesse diapasão, a possibilidade de realização do planejamento tributário tem origem não apenas na possibilidade de as partes escolherem o tabelião para a realização do inventário, mas também em decorrência da existência de relevantes divergências entre as 27 legislações sobre o ITCMD existentes no país, que dispõem de forma distinta não apenas sobre o valor das alíquotas, mas também sobre base de cálculo, progressividade e isenções.

Retomando o exemplo citado, os herdeiros poderiam livremente realizar o inventário com qualquer tabelião do Estado de São Paulo com o objetivo de pagar um menor tributo sobre os bens móveis, levando em conta que a alíquota do ITCMD aplicável no referido ente é fixada em 4%, ao passo que no Estado do Rio de Janeiro a alíquota é progressiva em razão do valor inventariado, variando de 4% a 8%. No que se refere aos imóveis objeto de partilha, de acordo com a regra constitucional, o ITCMD caberá ao Estado de sua localização, sendo indiferente a localidade de realização do inventário.

Nesse ponto, surge o questionamento se deve haver conexão entre as relações sociais do falecido e o local da lavratura do inventário. É inegável que o local de último domicílio do autor da herança é o que concentra a maior quantidade de negócios jurídicos por ele celebrados e que continuam a surtir efeitos mesmo após a morte.

Entretanto, não há qualquer impedimento legal para que se realize o inventário e a partilha dos bens em local diverso do domicílio do falecido, caso haja plena concordância de todos os herdeiros. Observa-se que a realização do inventário em Estado diverso não implica qualquer prejuízo a eventuais credores ou herdeiros desconhecidos excluídos da sucessão, pois estes, através da ação de petição de herança, poderão anular a partilha anterior e fazer jus ao seu patrimônio de direito e, em relação àqueles, têm a faculdade de, em qualquer momento, propor medida processual de urgência para bloqueio e penhora dos bens transferidos aos beneficiários, para, assim, saldar seus créditos.

Atualmente, por disposição da já referida Resolução nº 9 do Senado Federal, a alíquota máxima do Imposto de Transmissão *Causa Mortis* e Doações a ser cobrada pelos Estados é de 8% do patrimônio herdado e, além disso, pode ser progressiva em razão do quinhão recebido por cada herdeiro.[64] Fundamental destacar que está em análise na referida casa legislativa projeto de resolução de autoria do Senador Cid Gomes, com o objetivo de majorar a alíquota máxima do ITCMD para 16%, sob o fundamento de atenuar a atual crise econômica enfrentada pelos governos subnacionais.[65]

Ademais, o referido projeto de resolução do Senado justifica a majoração da alíquota máxima do ITCMD sob o argumento de privilegiar o princípio da capacidade contributiva e, consequentemente, realizar maior justiça tributária em virtude de o imposto sobre o patrimônio recair majoritariamente sobre os contribuintes mais privilegiados economicamente. Traz, ainda, como argumento para sua aprovação, a aproximação da alíquota cobrada pelos Estados brasileiros frente aos valores praticados pelos países desenvolvidos que, em sua maioria, tributam de forma veemente a herança.[66]

---

[64] A Resolução nº 9/1992 do Senado Federal. Disponível em: https://legis.senado.leg.br/norma/590017/publicacao/15785996. Acesso em: 10 jun. 2020.

[65] Disponível em: https://legis.senado.leg.br/sdleg-getter/documento?dm=7964978&ts=1560377128899&disposition=inline#:~:text=A%20proposta%20tem%20por%20finalidade,inciso%20IV%2C%20da%20Constitui%C3%A7%C3%A3o%20Federal. Acesso em: 22 jun. 2020.

[66] Em sua justificativa, o projeto de resolução cita exemplos de alíquotas praticadas por alguns países: França (60%), Alemanha (50%), Suíça (50%), EUA (40%), Japão (55%) e Chile (25%).

Entretanto, caso seja aprovada a nova alíquota máxima sem a elaboração de uma lei geral do ITCMD, com o objetivo de uniformizar as regras do referido tributo em todo território nacional, o campo para a realização de planejamento tributário será ainda maior.

Ademais, em que pese a possibilidade de utilização do benefício da livre escolha do tabelião para buscar uma menor incidência tributária sobre a realização do inventário, tal viabilidade acabou por gerar uma verdadeira disputa entre os entes regionais.

Desta forma, o exercício da competência suplementar pelos entes regionais possui como consequência não apenas a possibilidade de realização de planejamento tributário, mas também relevante obstáculo na lavratura do inventário extrajudicial pelo tabelião de confiança das partes, em razão da falta de segurança jurídica,[67] diante da possibilidade de os herdeiros serem surpreendidos com lançamentos fiscais do ITCMD sobre bens móveis pagos em outro Estado que não o de último domicílio do *de cujus*.

Relevante ressaltar que muitos Estados da Federação exigem, para a homologação da declaração do ITCMD e consequente expedição da guia de recolhimento, o prévio envio da minuta da escritura de inventário e partilha, com o objetivo de averiguar quantidade e espécie dos bens deixados pelo falecido. Não obstante tal exigência, com frequência efetuam o lançamento da exação englobando todo o patrimônio herdado, bens móveis e imóveis, desprezando o fato de o procedimento realizar-se em outro Estado. A consequência do referido posicionamento é o atraso na realização do inventário ou até a desistência dos herdeiros em realizar o inventário com o tabelião de sua confiança, para promovê-lo junto a algum notário que tenha competência na circunscrição do sujeito ativo do tributo.

A circunstância descrita foi exatamente a ocorrida no julgamento realizado pela 2ª Turma Recursal dos Juizados Especiais do Tribunal de Justiça de Goiás, que por unanimidade conheceu e negou provimento ao recurso apresentado pela procuradoria estadual, para assegurar a competência tributária do ITCMD incidente sobre bens móveis ao Estado de localização do tabelião escolhido pelos interessados para a realização do inventário extrajudicial.[68]

Contudo, a falta de segurança jurídica ocasionada ante o exercício da competência ampliada pelos entes regionais, no que diz respeito ao ITCMD sobre bens móveis, não atinge apenas os interessados no inventário, mas também o próprio tabelião de notas responsável pela sua lavratura. O motivo da referida responsabilidade se dá em virtude de o Código Tributário Nacional ter conferido responsabilidade tributária aos notários, escrivães e demais serventuários de ofício, pela fiscalização do recolhimento dos tributos incidentes sobre os atos praticados em razão de seu ofício.[69] A responsabilidade tributária

---

[67] Para Heleno Taveira Torres, segurança jurídica tributária consiste em um "princípio-garantia constitucional que tem por finalidade proteger direitos decorrentes das expectativas de confiança legítima na criação ou aplicação das normas tributárias, mediante certeza jurídica, estabilidade do ordenamento ou efetividade de direitos e liberdades fundamentais". Portanto, para a efetiva existência de segurança jurídica tributária, faz-se necessário que haja uma "coerência estrutural" das normas e órgãos, de modo a respeitar hierarquia e competências. (TORRES, Heleno Taveira. Segurança Jurídica em Matéria Tributária. *Revista Brasileira de Direito Tributário*, Porto Alegre, n. 58, p. 28-49, set./out. 2016).

[68] EMENTA: RECURSO INOMINADO. AÇÃO DECLARATÓRIA. IMPOSTO SOBRE A TRANSMISSÃO *CAUSA MORTIS* E DOAÇÃO – ITCMD. BENS MÓVEIS. COMPETÊNCIA TRIBUTÁRIA. LOCAL EM QUE FOR ESCOLHIDO PARA LAVRAR A ESCRITURA. SENTENÇA MANTIDA. BRASIL. Tribunal de Justiça de Goiás. *Recurso Inominado 5094375.64*. Relator. Fernando César Rodrigues Salgado, 2ª Turma Recursal dos Juizados Especiais, julgado em 30.01.2020.

[69] Art. 134, inciso VI, do CTN.

dos delegatários extrajudiciais será objeto de estudo mais aprofundado no próximo tópico do presente trabalho.

Conclusão

Conforme demonstrado no decorrer do presente artigo, resta evidente a ocorrência de guerra fiscal entre alguns entes federativos, na cobrança do ITCMD incidente sobre a sucessão *causa mortis* de bens móveis.

A referida disputa pode ser identificada em duas situações distintas: a primeira e mais clara consiste na exigência prevista em lei estadual de recolhimento do ITCMD sobre bens móveis, mesmo quando a escritura de inventário tenha sido lavrada em outro Estado, sob o fundamento de o último domicílio do falecido ser localizado em ente federativo diverso do local de realização do inventário extrajudicial, violando, assim, o disposto no art. 155, parágrafo 1º, inciso II, do texto constitucional.

A segunda causa da guerra fiscal é a identificação de regras tributárias muito distintas, tais como a concessão de descontos no pagamento do tributo, grande diferença na progressividade de alíquotas e falta de parâmetros na definição da base de cálculo.

Em função das razões expostas, vislumbram-se três alternativas para a mitigação do conflito fiscal com o objetivo de proporcionar não apenas a convivência harmônica entre os Estados federados, mas também proporcionar maior segurança jurídica para as partes e tabeliães que atuam nos referidos atos.

Em primeiro lugar, como caminho para a solução do conflito apresentado, propõe-se a edição de uma Lei Geral do ITCMD onde o legislador estabeleça os parâmetros mínimos, não apenas de competência para cobrança da exação, mas também para a definição da base de cálculo, progressividade de alíquotas e isenções.

A segunda alternativa proposta para a solução da guerra fiscal consiste na propositura de ações diretas de inconstitucionalidade com o objetivo de retirar do ordenamento jurídico os dispositivos legais estaduais que flagrantemente violam a Carta de República.

Por fim, a terceira e última alternativa vislumbrada para a solução da guerra fiscal apresentada no decorrer do presente estudo é a alteração do artigo 1º da Resolução nº 35 do CNJ, ato normativo de natureza infralegal, editado pelo Conselho Nacional de Justiça, com o objetivo de sistematizar e uniformizar a aplicação dos preceitos estabelecidos pela Lei nº 11.441/2007 nas serventias extrajudiciais, ao possibilitar a realização de escrituras de inventários, divórcios e separações perante qualquer tabelionato de notas do Estado de domicílio dos interessados.

Informação bibliográfica deste texto, conforme a NBR 6023:2018 da Associação Brasileira de Normas Técnicas (ABNT):

BORGES, Paulo Henrique Marinho. Guerra fiscal do ITCMD na lavratura de inventários extrajudiciais: conflito de competência na tributação de bens móveis. *In*: SEEFELDER FILHO, Claudio Xavier (coord.). *Direito Econômico e Desenvolvimento*: entre a prática e a academia. Belo Horizonte: Fórum, 2023. p. 405-421. ISBN 978-65-5518-487-7.

O PAPEL DA AUTORIDADE NACIONAL DE PROTEÇÃO DE DADOS E OS COLEGITIMADOS NA DEFESA DOS TITULARES DE DADOS PESSOAIS

RAFAEL SILVEIRA GARCIA

1 Introdução

A efetiva implementação da ANPD, com a publicação do Decreto nº 10.474, de 26 de agosto de 2020, foi fundamental para que pudéssemos entender de forma mais concreta como se darão o controle e a fiscalização da LGPD, bem como a atuação da autoridade frente aos demais colegitimados na defesa dos titulares de dados pessoais.

O sistema de proteção dos titulares de dados pessoais no Brasil revela-se, por conta da multiplicidade de atores envolvidos, de forma única e complexa no mundo. Por isso, não é fácil chegar a conclusões de maneira simples sobre qual seria a melhor solução para adequação do controle e fiscalização, nem utilizar puramente modelos de autoridades internacionais para nos espelharmos.

Nesse ponto, necessária a reflexão sobre a conciliação dos papéis que caberiam a cada um dos atores envolvidos no controle e fiscalização de cumprimento da LGPD. Miriam Wimmer indica que, até mesmo em razão do tamanho da estrutura atualmente mantida pela autoridade e a amplitude de situações de potenciais infrações à LGPD, seria impossível considerar que a ANPD fosse capaz de tratar de todos os casos relativos à questão.

> A lei atribui à ANPD um papel muito importante, que é ser o eixo central desse sistema de proteção de dados pessoais, e a ela que compete, em última instância a interpretação da lei na esfera administrativa. Essa é a talvez a competência mais importante, mais nobre, quando a gente pensa em estabelecer relações cooperativas, relações de coordenação, e não de disputa num ambiente jurídico institucional que já é bastante complexo.[1]

---

[1] WIMMER, Miriam. *Autoridade Nacional de Proteção de Dados:* da letra da lei para a implementação prática | 20/08 – Centro de Direito, Internet e Sociedade do Instituto Brasiliense de Direito Público (CEDIS-IDP) e o Centre for Information Policy Leadership (CIPL). Disponível em: https://www.youtube.com/watch?v=rV15os VmwaE&list=PLfhZjWODW9JVDesdWqEQIVov0sUzLWwfS&index=4. Acesso em: 20 ago. 2020.

Diante disso, uma solução seria justamente o que a princípio poderia ser considerado um problema, qual seja, a divisão de atribuição no controle e fiscalização dos direitos dos titulares de dados pessoais pelos diversos atores hoje existentes no Brasil.

No entanto, essa tarefa não pode ser feita de forma desorganizada e descontrolada, a fim de que seja a principal atribuição da LGPD, qual seja, a implementação de uma efetiva política de tratamento de dados pessoais no Brasil, e não apenas a base para uma forma de imposição de multas aos operadores e controladores de dados em uma corrida de atores buscando quem será o primeiro a atuar no caso de eventual infração à LGPD.

Não se desconhece que a estrutura da ANPD é relativamente pequena frente ao desafio de regular e fiscalizar o cumprimento da LGPD em um país com um extenso número de titulares de dados pessoais. Assim, a autoridade deverá, a princípio, focar sua atuação em casos específicos e de grande repercussão, bem como servir como órgão central de interpretação e regulação sobre questões relacionadas ao tratamento de dados pessoais no Brasil, atuando em conjunto com os colegitimados na tutela da defesa dos titulares de dados pessoais, como PROCONS, ONGs, MP ou, até mesmo, para demanda do próprio titular.

Nesse sentido, Miriam Wimmer indica a transversalidade do tema relacionado à proteção de dados pessoais, a complexidade quanto aos inúmeros órgãos envolvidos e a importância do papel de coordenação a ser exercido pela ANPD em relação aos demais órgãos colegitimados para tutela dos direitos dos titulares de dados pessoais.[2]

Assim, conforme será a seguir indicado, a ANPD terá um grande trabalho na organização desse cenário, a fim de que a tutela do direito dos titulares de dados pessoais seja exercida adequadamente.

2 A interpretação dos conceitos e regulamentação da LGPD

A LGPD reconhece a complexidade de atores envolvidos na defesa dos titulares de dados pessoais e busca, assim, uma solução para essa questão ao determinar que a ANPD deverá articular sua atuação com os demais órgãos e entidades com competências sancionatórias e normativas (art. 55-K, parágrafo único, LGPD). No entanto, a mesma lei prevê que a autoridade nacional será o órgão central de interpretação da lei e do estabelecimento de normas e diretrizes para a sua implementação.[3]

Assim, não há dúvida do papel de protagonista atribuído à ANPD para conduzir e organizar a atuação dos demais colegitimados na autuação para tutela dos direitos de titulares de dados pessoais. Não se trata, todavia, de uma limitação aos poderes sancionadores e normativos desses demais órgãos e entidades, mas sim a escolha do órgão mais especializado e adequado para definição de conceitos extremamente técnicos e cuja interpretação poderá afetar drasticamente a plena aplicação da lei.

---

[2] WIMMER, Miriam. *Autoridade Nacional de Proteção de Dados:* da letra da lei para a implementação prática | 20/08 – Centro de Direito, Internet e Sociedade do Instituto Brasiliense de Direito Público (CEDIS-IDP) e o Centre for Information Policy Leadership (CIPL). Disponível em: https://www.youtube.com/watch?v=rV15osVmwaE&list=PLfhZjWODW9JVDesdWqEQIVov0sUzLWwfS&index=4. Acesso em: 20 ago. 2020.

[3] BRASIL. *Lei nº 13.709, de 14 de agosto de 2019.* Lei Geral de Proteção de Dados Pessoais (LGPD). Disponível em: http://www.planalto.gov.br/ccivil_03/_ato2015-2018/2018/lei/l13709.htm. Acesso em: 29 jun. 2021.

Caberá, assim, à autoridade nacional editar regulamento próprio sobre sanções administrativas, que deverá ser objeto de consulta pública, contendo as metodologias que orientarão o cálculo do valor-base das sanções de multa. Conforme indicado pela ANPD "tais metodologias devem ser previamente publicadas e apresentar objetivamente as formas e dosimetrias para o cálculo do valor-base das sanções de multa".[4] Isso porque, nos termos da LGPD, a aplicação de sanções requer, ainda, criteriosa apreciação e ponderação de inúmeras circunstâncias, dentre as quais a gravidade e a natureza das infrações e dos direitos pessoais afetados, a condição econômica do infrator, o grau do dano, a cooperação do infrator, a adoção de política de boas práticas e governança e a pronta adoção de medidas corretivas.

Destaca-se, ainda, que, embora o legislador tenha indicado que a autoridade nacional e os órgãos e entidades públicos responsáveis pela regulação de setores específicos da atividade econômica e governamental "devem coordenar suas atividades, nas correspondentes esferas de atuação, com vistas a assegurar o cumprimento de suas atribuições com a maior eficiência e promover o adequado funcionamento dos setores regulados, conforme legislação específica, e o tratamento de dados pessoais" (art. 55-J, §3º, LGPD), a aplicação das sanções previstas na LGPD compete exclusivamente à autoridade nacional, que também terá prevalência de suas competências quanto à proteção de dados pessoais com relação às competências correlatas de outras entidades ou órgãos da administração pública (art. 55-K, LGPD).[5]

Conclui-se, assim, que seja pela opção expressa do legislador, seja lógica de que a ANPD seja o órgão mais tecnicamente preparado e adequado para interpretação dos conceitos e regulamentação da LGPD, esse papel deverá ser desenvolvido pela autoridade nacional, devendo os demais órgãos que tenha legitimidade para tutelar os direitos e garantias dos titulares de dados pessoais valerem-se necessariamente das interpretações e regulamentações em questão.

3 A cooperação entre os demais colegitimados e a ANPD

Não obstante o papel de protagonismo da ANPD quanto ao cumprimento e fiscalização da LGPD, verifica-se que o legislador não afastou os demais órgãos e entidades com competências sancionatórias e normativas afetas ao tema de proteção de dados pessoais. Muito pelo contrário, como dito anteriormente, houve a reconhecimento de que esses demais colegitimados deverão continuar contribuindo na tutela dos titulares de dados pessoais.

Diante disso, foi atribuído à autoridade nacional o papel de articulação perante os demais órgãos e entidades, a fim de que atue como órgão central de interpretação da Lei Geral de Proteção e Dados e no estabelecimento de normas e diretrizes para a sua implementação (art. 55-K, parágrafo único, LGPD).[6]

---

[4] BRASIL. ANPD. *Perguntas Frequentes*. Disponível em: https://www.gov.br/anpd/pt-br/acesso-a-informacao/perguntas-frequentes-2013-anpd. Acesso em: 21 jun. 2021.
[5] BRASIL. *Lei nº 13.709, de 14 de agosto de 2019*. Lei Geral de Proteção de Dados Pessoais (LGPD). Disponível em: http://www.planalto.gov.br/ccivil_03/_ato2015-2018/2018/lei/l13709.htm. Acesso em: 29 jun. 2021.
[6] BRASIL. *Lei nº 13.709, de 14 de agosto de 2019*. Lei Geral de Proteção de Dados Pessoais (LGPD). Disponível em: http://www.planalto.gov.br/ccivil_03/_ato2015-2018/2018/lei/l13709.htm. Acesso em: 29 jun. 2021.

E, assim, nota-se que os primeiros passos já foram dados nesse sentido, com a atuação de forma conjunta em caso concreto envolvendo recomendação,[7] elaborada pela ANPD, o CADE, o Ministério Público Federal (MPF) e a SENACON em relação a pontos de preocupação apresentados pelas instituições sobre a nova política de privacidade do aplicativo de mensagens.

Além disso, destacam-se dois acordos de cooperação técnica firmados recentemente entre a ANPD e (i) a SENACON do Ministério da Justiça e (ii) o CADE.

Com relação ao acordo firmado entre a ANPD e a SENACON,[8] trata-se de cooperação técnica que prevê a proteção e fiscalização dos dados do consumidor brasileiro.

Um dos objetivos do referido acordo é dar maior agilidade nas investigações de incidentes de segurança, além da promoção das seguintes ações:

a) Apoio institucional e intercâmbio de informações relativas *às* suas respectivas esferas de atuação;
b) Compartilhamento de informações agregadas e de dados estatísticos quanto a reclamações de consumidores relacionadas *à* proteção de dados pessoais, em especial aquelas registradas no Sistema Nacional de Informações de Defesa do Consumidor – SINDEC e nas bases de dados do Consumidor.gov.br;
c) Uniformização de entendimentos e coordenação de ações, inclusive no que tange ao endereçamento de reclamações de consumidores e *à* atuação no caso de incidentes de segurança envolvendo dados pessoais de consumidores;
d) Desenvolvimento de indicadores conjuntos relacionados *à* proteção de dados pessoais no *âmbito* de relações de consumo;
e) Elaboração conjunta e intercâmbio de estudos, análises, notas técnicas e projetos de pesquisa sobre direitos do consumidor e proteção de dados pessoais;
f) Desenvolvimento, organização e promoção de ações conjuntas de formação e de capacitação, incluindo cursos, seminários e elaboração de materiais informativos; e
g) Cooperação quanto a ações de fiscalização relacionadas *à* proteção de dados pessoais no *âmbito* das relações de consumo.[9]

Além disso, destacam-se como obrigação da ANPD em referido acordo:

"Disponibilizar, quando formalmente solicitado, informações e esclarecimentos relativas às normas expedidas pela ANPD que afetem os interesses dos consumidores" e "esclarecer, em caso de dúvidas, o posicionamento da ANPD quanto à interpretação e à aplicação das normas relativas à proteção de dados pessoais que, de alguma forma, afetem os interesses dos consumidores".[10]

---

[7] BRASIL. ANPD. *CADE, MPF, ANPD e Senacon recomendam que WhatsApp adie entrada em vigor da nova política de privacidade*, 7 maio 2021. Disponível em: https://www.gov.br/anpd/pt-br/assuntos/noticias/cade-mpf-anpd-e-senacon-recomendam-que-whatsapp-adie-entrada-em-vigor-da-nova-politica-de-privacidade. Acesso em: 20 maio 2021.

[8] BRASIL. ANPD. *ANPD e Senacon assinam acordo de cooperação técnica*, 23 mar. 2021. Disponível em: https://www.gov.br/anpd/pt-br/assuntos/noticias/anpd-e-senacon-assinam-acordo-de-cooperacao-tecnica. Acesso em: 20 maio 2021.

[9] BRASIL. ANPD. *Acordo de Cooperação Técnica*. Disponível em: https://www.gov.br/anpd/pt-br/acesso-a-informacao/arquivos/acordo_anpd_senacon_assinado.pdf. Acesso em: 20 maio 2021.

[10] BRASIL. ANPD. *Acordo de Cooperação Técnica*. Disponível em: https://www.gov.br/anpd/pt-br/acesso-a-informacao/arquivos/acordo_anpd_senacon_assinado.pdf. Acesso em: 20 maio 2021.

Já no tocante ao acordo celebrado entre a ANPD e CADE, trata-se de acordo de cooperação técnica para "viabilizar ações a serem adotadas pelas partes, de forma conjunta e coordenada, quando da ocorrência de situações que interseccionam ambas as esferas de competências".[11]

De acordo com a notícia divulgada pela ANPD, o objetivo principal do acordo é instituir a cooperação e o diálogo para viabilizar as medidas "a serem adotadas pela ANPD e pelo CADE, quando verificadas situações de infrações à ordem econômica que envolvam dados pessoais, como é o caso de Atos de Concentração com transferência de dados".[12]

Assim, verifica-se que a ANPD, embora recém-instituída, tem trilhado o caminho adequado para a plena cooperação com os demais colegitimados, especialmente para fornecer condições técnicas para a melhor tutela dos titulares de dados pessoais, mesmo que nos mais diversos setores e com o apoio conjunto dos envolvidos.

4 A coordenação entre os demais colegitimados e a ANPD

Outro papel a ser desenvolvido pela ANPD envolve a coordenação das atividades relacionadas à proteção de dados pessoais com os órgãos e entidades públicas:

> Responsáveis pela regulação de setores específicos da atividade econômica e governamental (...) nas correspondentes esferas de atuação, com vistas a assegurar o cumprimento de suas atribuições com a maior eficiência e promover o adequado funcionamento dos setores regulados[13].

Nesse sentido, destaca-se que a aplicação das sanções previstas na LGPD compete exclusivamente à ANPD, e suas competências prevalecerão, no que se refere à proteção de dados pessoais, sobre as competências correlatas de outras entidades ou órgãos da Administração Pública.[14]

A importância desse papel, conforme expõe Rafael Zanata, diz respeito à possibilidade de outros órgãos, como o MP, ajuizar ações e atuar de forma repressiva administrativamente.

> É evidente, portanto, que tanto o MP quanto as associações civis poderão ajuizar ações civis públicas para proteção de dados pessoais para proteção de direitos difusos, como já tem ocorrido em diversos exemplos, como no caso da pioneira ação do Instituto Brasileiro de Defesa do Consumidor contra a ViaQuatro (caso das Portas Interativas Digitais, que não será aprofundado aqui) (RINALDI, 2018) ou na ação do MPDFT contra o Banco Inter (incidente de segurança) (PAYÃO, 2018). A partir da leitura conjunta do art. 22 com o

---

[11] BRASIL. *Acordo de Cooperação Técnica nº 5/2021*. Disponível em: https://www.gov.br/anpd/pt-br/assuntos/noticias/act-tarjado-compactado.pdf. Acesso em: 20 jun. 2021.
[12] BRASIL. ANPD. *ANPD e CADE assinam Acordo de Cooperação Técnica*, 2 jun. 2021. Disponível em: https://www.gov.br/anpd/pt-br/assuntos/noticias/anpd-e-cade-assinam-acordo-de-cooperacao-tecnica. Acesso em: 20 jun. 2021.
[13] BRASIL. ANPD. *Perguntas Frequentes*. Disponível em: https://www.gov.br/anpd/pt-br/acesso-a-informacao/perguntas-frequentes-2013-anpd. Acesso em: 21 jun. 2021.
[14] BRASIL. ANPD. *Perguntas Frequentes*. Disponível em: https://www.gov.br/anpd/pt-br/acesso-a-informacao/perguntas-frequentes-2013-anpd. Acesso em: 21 jun. 2021.

art. 42 da LGPD de forma íntegra ao sistema jurídico brasileiro, pode-se afirmar com segurança que a legislação brasileira (i) permitirá uma atuação repressiva, em nível administrativo, para a tutela da proteção de dados pessoais, valendo-se do microssistema de proteção dos direitos difusos, (ii) fomentará a atuação de entidades civis especializadas e do MP na tutela dos direitos difusos de proteção de dados pessoais, por meio do Poder Judiciário, e (iii) possibilitará o uso de um ferramental do processo civil brasileiro para interrupção de violações de direitos assegurados na LGPD, tornando a dinâmica regulatória mais complexa.[15]

Zanata indica, ainda, que o exercício dos direitos do titular de dados pessoais poderá ser plenamente exercido perante os mais diversos organismos de defesas do consumidor, "reforçando a estrutura de centenas de PROCONS, Defensorias Públicas, Organizações Não Governamentais (ONGs) e Ministérios Públicos – o que é chamado de 'SINDEC'".[16]

Ao mesmo tempo, a LGPD adota uma séria de elementos típicos da defesa ambiental e da defesa do consumidor, em especial a mobilização de ideias relacionadas a 'direitos difusos' e tutela coletiva. A legislação é clara ao afirmar que o direito de peticionamento pode ser exercido 'perante organismos de defesa do consumidor' (art. 18, §8º), reforçando a estrutura das centenas de Procons, Defensorias Públicas, ONGs e Ministérios Públicos (o que é chamado de 'Sistema Nacional de Defesa do Consumidor'), na medida em que a LGPD também afirma que a 'a defesa dos interesses e dos direitos dos titulares de dados poderá ser exercida em juízo, individual ou coletivamente', 'acerca dos instrumentos de tutela individual e coletiva' (art. 22).[17]

Assim, a coordenação a ser exercida pela ANPD em face dos demais colegitimados envolve, justamente, a organização desse acesso à tutela coletiva dos titulares de dados pessoais, para que o denominado SINDEC, dentre outros órgãos, possa aplicar a interpretação mais adequada sobre conceitos extremamente técnicos relacionados à temática da proteção de dados pessoais, bem como conferir a correta adequação aos termos previstos na LGPD.

Nesse sentido, Solano de Camargo lembra que o objetivo da LGPD não deve se liminar à imposição de multas, mas sim voltar-se à pressão para que organizações promovam o correto e adequado, diante disso, é importante que esse papel de coordenação seja exercido pela ANPD.

Obviamente, o objetivo tanto da GDPR quanto da LGPD não deve ser a mera cobrança de multas, mas sim pressionar as organizações que tratam os dados pessoais a proteger a privacidade de seus usuários. A aplicação da GDPR (e principalmente o risco de sanções) tem impulsionado as empresas que atuam na União Europeia a avaliar a arquitetura de seus fluxos de trabalho e os controles gerais de segurança de dados, criando soluções robustas para defender os dados sob sua guarda e manter a reputação de sua marca.[18]

---

[15] ZANATTA, Rafael A. F. A tutela coletiva na proteção de dados pessoais. *Revistas da AASP*, n. 144, p. 206, nov. 2019.
[16] ZANATTA, Rafael. Tutela coletiva e coletivização da proteção de dados pessoais. *In*: PALHARES, Felipe (coord.). *Temas atuais de proteção de dados*. São Paulo: Thomson Reuters Brasil, 2020, p. 359.
[17] ZANATTA, Rafael. Tutela coletiva e coletivização da proteção de dados pessoais. *In*: PALHARES, Felipe (coord.). *Temas atuais de proteção de dados*. São Paulo: Thomson Reuters Brasil, 2020, p. 359.
[18] CAMARGO, Solano de. As sanções da LGPD e o Inferno de Dante. *Revistas da AASP*, n. 144, nov. 2019, p. 224.

Destaca-se que o papel de coordenação envolve, justamente, a previsão de que a ANPD é um dos únicos atores em que há previsão expressa no ordenamento jurídico brasileiro para prevalência de sua competência no que se refere à proteção de dados pessoais (art. 55-K, LGPD), mesmo com a possibilidade que os direitos dos titulares de dados sejam exercidos perante e por outros colegitimados.

Uma observação necessária, no entanto, diz respeito ao ponto destacado por José de Lima, de que a regulação estatal referente à proteção de dados não é, necessariamente, setorial, mas sim transversal, envolvendo os mais diversos setores que realizam o tratamento de dados, como a área da saúde, telecomunicações, bancária e industrial.[19]

Nesse sentido, considerando que esses diversos setores são, atualmente, regulados pelas denominadas agências reguladoras, que, de acordo com Paula Almeida, são definidas como os entes competentes para regular atividades econômicas, a exploração privada de bens e serviços públicos e possuem, diante disso, funções de natureza normativa, executiva e jurisdicional. Almeida, valendo-se da lição de Leila Cuélla, indica, ainda, que a agência se caracteriza como um organismo técnico e não político, e que, justamente em razão de sua especialidade, detém competência para dispor e fiscalizar com autonomia determinados assuntos.[20]

Assim, considerando que as agências respondem por determinados setores que, certamente, processam dados pessoais de titulares dos usuários dos serviços prestados pelas empresas reguladas, há certamente o seu interesse e a legitimidade para sua regulamentação e fiscalização no tratamento de dados pessoais.

No entanto, a LGPD deixa claro o papel da ANPD como órgão central de coordenação, com a prevalência de suas competências para proteção de dados pessoais (art. 55-K, LGPD). Isso porque, diante da especialidade da Autoridade Nacional, deverá essa atuar como órgão central a indicar a forma adequada de interpretação dos conceitos técnicos relacionados à proteção de dados pessoais.

Em última análise, o que se verifica é que os demais órgãos da Administração Pública, dentre os quais se encontram as agências reguladoras, poderão regular e fiscalizar questões setoriais referentes ao tratamento de dados pessoais de forma complementar à ANPD. No entanto, pela leitura da LGPD, essa regulação não poderá, a princípio, ir contra diretrizes e interpretações técnicas já conferidas pela ANPD, justamente em razão de sua especificidade para o tema, sob pena de implicar eventual violação à segurança jurídica tanto aos agentes de tratamento como aos titulares de dados pessoais.

5 A ANPD como órgão capaz de dirimir eventuais conflitos na defesa dos titulares de dados pessoais

Por fim, verifica-se que a ANPD possui, ainda, mesmo que implicitamente, o papel de dirimir os eventuais conflitos que surjam na defesa dos titulares de dados pessoais.

---

[19] LIMA, José Jerônimo Nogueira de. *A estruturação da Autoridade Nacional de Proteção de Dados:* desafios para a efetividade da LGPD, p. 14. Disponível em: https://www.conteudojuridico.com.br/openpdf/phpjP4VB0.pdf/consult/phpjP4VB0.pdf. Acesso em: 29 jun. 2021.

[20] ALMEIDA, Paula Joyce de Carvalho Andrade de. *O controle da atuação das agências reguladoras federais brasileiras.* Dissertação (Mestrado em Direito Político e Econômico) – Universidade Presbiteriana Mackenzie. São Paulo, 2007, p. 32. Disponível em: http://www.dominiopublico.gov.br/download/teste/arqs/cp061960.pdf. Acesso em: 29 jun. 2021.

Isso porque, da leitura de todas as atribuições impostas à Autoridade Nacional, verifica-se que a interpretação final conferida à LGPD ficou reservada à ANPD.

Bruno Miragem indica, por sua vez, que a LGPD determina, justamente, que a autoridade nacional irá articular sua atuação com os demais órgãos com competências sancionadoras e normativas e que, apenas nos casos em que impliquem violação a normas específica da LGPD, a autoridade exercerá sua competência exclusiva, uma vez que o legislador não teria indicado prevalência quanto ao exercício da competência sancionadora dos demais órgãos.

> A LGPD prevê que a Autoridade Nacional de Proteção de Dados articulará sua atuação com os órgãos "com competências sancionatórias e normativas". Deste modo, são preservadas estas competências de fiscalização (sancionatórias) e regulamentares, relativamente às normas previstas no CDC (LGL\1990\40). Não sugere a lei, qualquer prevalência quanto ao exercício da competência sancionatória, razão pela qual, a exemplo do que já ocorre na fiscalização de fornecedores regulados por órgãos ou entidades setoriais, a lesão a direitos do consumidor decorrentes da violação da privacidade ou utilização indevida de dados pessoais poderá também ser objeto de atuação dos órgãos e entidades de defesa do consumidor, quando tenham por fundamento a infração a normas do CDC (LGL\1990\40) ou de sua regulamentação. Apenas quando se trate da violação de deveres previstos expressamente na LGPD, e que não se reflitam na violação de alguma norma específica da legislação de proteção do consumidor, é que a Autoridade Nacional de Proteção de Dados exercerá sua competência exclusiva. Não será por outra razão, inclusive, que o art. 18, §8º, da LGPD prevê que o direito de petição do titular dos dados contra o controlador em razão da violação de qualquer dos direitos previstos na lei pode ser dirigido também aos "organismos de defesa do consumidor". Porém, mesmo nos casos de competência exclusiva da Autoridade Nacional de Proteção de Dados, sua atuação deverá também considerar a aplicação das normas de proteção do consumidor. É o que resulta da interpretação dos arts. 2º, inciso VI, e 64 da LGPD.[21]

Além disso, Bruno Miragem conclui que a "prevalência da competência da ANPD não afasta a observância das normas de proteção do consumidor, por força do princípio da legalidade". Além disso, afirma que, no exercício da atividade de regulação e supervisão de tratamento de dados, "eventuais situações de conflito de competências entre os órgãos deverão orientar-se segundo o critério de predominância da matéria em exame".[22]

Ocorre, no entanto, que essa situação deve ser analisada sob o prisma da denominada teoria do diálogo das fontes, a qual, conforme expressam Herman Benjamin e Claudia Lima Marques, se revela como uma solução para a tomada de decisões em situações de potencial conflitos de leis "resolver esses casos usando um novo paradigma, o da aplicação conjunta e coerente das normas em diálogo, orientada pelos valores da CF/88, especialmente o de direitos humanos e de proteção dos vulneráveis".[23]

---

[21] MIRAGEM, Bruno. A lei geral de proteção de dados (Lei 13.709/2018) e o direito do consumidor. *Revista dos Tribunais*, v. 1009, nov. 2019.

[22] MIRAGEM, Bruno. A lei geral de proteção de dados (Lei 13.709/2018) e o direito do consumidor. *Revista dos Tribunais*, v. 1009, nov. 2019.

[23] BENJAMIN, Antônio Herman V.; MARQUES, Cláudia Lima. A teoria do diálogo das fontes e seu impacto no Brasil: uma homenagem a Erik Jayme. *Revista de Direito do Consumidor*, v. 115, p. 21-40, jan./fev. 2018.

Herman Benjamin e Claudia Lima Marques expõem, ainda, que o CDC já indicava que as fontes deveriam ser aplicadas em conjunto, sempre a favor do consumidor.

> Como vimos, o art. 7º do CDC (LGL\1990\40) já prevê, desde 1990, que as fontes devem ser aplicadas em conjunto, a favor dos consumidores, podendo o direito do consumidor estar em outras leis, que o CDC (LGL\1990\40). Como esclarece o referido julgado STJ: o art. 7º da Lei 8.078/1990 fixa o chamado diálogo de fontes, segundo o qual sempre que uma lei garantir algum direito para o consumidor, ela poderá se somar ao microssistema do CDC (LGL\1990\40), incorporando-se na tutela especial e tendo a mesma preferência no trato da relação de consumo (REsp 1.037.759/RJ, rel. Min. Nancy Andrighi, Terceira Turma, j. 23.02.2010, DJe 05.03.2010). Se, nos primeiros anos, a reação inicial ao art. 7º do CDC (LGL\1990\40) na jurisprudência das mais altas não foi a das mais positivas, a decisão da ADin 2.591 "popularizou" a teoria do diálogo das fontes, e a tendência atual é que sua utilização firme-se cada vez mais no cenário nacional.[24]

E justamente isso deve ser considerado para a tutela do titular de dados pessoais, uma vez que se revela como detentor de direito fundamental já reconhecido pelo STF como garantido constitucionalmente no julgamento para referendo da liminar concedida nos autos das ADIs nºs 6.387, 6.388, 6.389, 6.390, 6.393.

Assim, considera-se que o eventual conflito na defesa de titulares de dados pessoais deva levar em consideração a aplicação da teoria das fontes, uma vez que a própria LGPD reconhece a existência e prevê a sua aplicação em consonância com o Microssistema de Defesa do Consumidor.

Ainda sobre esse ponto, Miriam Wimmer indica que a opção legislativa para a promulgação da LGPD, inspirada no modelo europeu, previu a criação da autoridade nacional como essencial para a coordenação do tema da proteção de dados, sabidamente inserido em um contexto de grande complexidade regulatória, sendo, então, necessária que justamente essa mesma autoridade se posicione de forma central para conduzir a discussão acerca do tema de forma técnica e adequada para implementação da efetiva proteção aos titulares de dados pessoais.

> A opção do legislador brasileiro foi por um modelo inspirado na experiencia europeia que tem como elemento central essa figura da autoridade, uma peça essencial do quebra cabeça, uma autoridade dotada de certas características institucionais, mas que não surge no vácuo. Ela vai surgir dentro de um ambiente institucional muito complexo, plural, com inúmeros órgãos públicos, não apenas na esfera federal, mas na estadual e municipal, dotados de competência. Vamos lembrar ainda do sistema de defesa do consumidor, do Ministério Público, do Poder Judiciário, um ambiente realmente muito complexo. E são órgãos que não possuem uma relação hierárquica de subordinação, e que em muitos casos a gente não consegue recortar adequadamente as competências, porque muitas vezes esses órgão irão atuar sobre o mesmo objeto da realidade, ainda que estejam perseguindo bens jurídicos distintos. E ai, chegando à resposta da sua pergunta, a importância da coordenação. E há um comando que a lei atribui muito claramente à ANPD, ela determina realmente no artigo 55-J de que a ANPD deve coordenar órgãos e entidades públicas, com competência

---

[24] BENJAMIN, Antônio Herman V.; MARQUES, Cláudia Lima. A teoria do diálogo das fontes e seu impacto no Brasil: uma homenagem a Erik Jayme. *Revista de Direito do Consumidor*, v. 115, p. 21-40, jan./fev. 2018.

regulatórias e em áreas específicas, manter um fórum permanente de comunicação, inclusive por meio de cooperação técnica.[25]

Dessa forma, é possível concluir que, por meio dos papéis impostos pela promulgação da LGPD, aliada à aplicação da teoria das fontes, a ANPD se revela, dentro desse cenário de extrema complexidade, como o órgão capaz de auxiliar na interpretação da temática relacionada à proteção de dados pessoais, mesmo quando essa questão esteja em eventual conflito por mais de um colegitimado apto a tutelá-la. Isso porque, além de ser o órgão tecnicamente mais adequado para a análise da questão, possui nítida influência e papel de coordenação previsto pelo próprio legislador para assumir essa posição.

6 Conclusão

A implementação de forma adequada da ANPD possui papel essencial – previsto expressamente na lei (art. 55-J, da LGPD) para implementação da efetiva proteção de dados pessoais no Brasil. Não há como negar que a promulgação da LGPD por si só foi relevante para o incremento do debate em território nacional. No entanto, mais do que sanções, a preocupação com relação à proteção dos dados pessoais é que deve nortear a implementação da política nacional de proteção de dados no Brasil. Para isso, mostra-se essencial a atuação da ANPD de forma central e independente para, em especial, regulamentar e conferir a interpretação adequada aos temas afetos à LGPD.

Considerando a natureza jurídica dos titulares de dados pessoais, verificamos que, além do próprio titular, que poderá demandar para buscar a solução adequada para eventual violação dos seus dados, diversos atores também são igualmente legitimados para a defesa de interesses coletivos inerentes ao grupo de eventuais titulares de dados, seja de forma administrativa ou até mesmo judicial.

Nesse sentido, um ponto dos principais pontos a se destacar é a criação da figura da ANPD, com os poderes e funções trazidos na nova lei. Além disso, foram expostas como a atuação da ANPD como órgão central, independente, capaz, assim, de implementar a efetiva proteção dos titulares de dados pessoais no Brasil.

O desafio maior será centralizar na autoridade a resolução dos conflitos sobre o tema. Assim, o papel da ANPD deverá focar na regulamentação da LGPD e conferir a interpretação apropriada a conceitos técnicos relacionados ao tema, a fim de que os demais colegitimados a atuar na defesa dos titulares de dados pessoais possam desenvolver os seus trabalhos de forma adequada, garantindo a plena proteção aos titulares de dados pessoais, bem como a segurança jurídica adequada aos operadores e controladores dos mencionados dados.

Dessa forma, é possível concluir que, por meio dos papéis impostos pela promulgação da LGPD, aliada à aplicação da teoria das fontes, a ANPD se revela, dentro de um cenário regulatório de extrema complexidade, como o órgão capaz de auxiliar

---

[25] WIMMER, Miriam. *Autoridade Nacional de Proteção de Dados:* da letra da lei para a implementação prática | 20/08 – Centro de Direito, Internet e Sociedade do Instituto Brasiliense de Direito Público (CEDIS-IDP) e o Centre for Information Policy Leadership (CIPL). Disponível em: https://www.youtube.com/watch?v=rV15osVmwaE&list=PLfhZjWODW9JVDesdWqEQIVov0sUzLWwfS&index=4. Acesso em: 20 ago. 2020.

na interpretação da temática relacionada à proteção de dados pessoais, mesmo quando essa questão esteja em eventual conflito por mais de um colegitimado apto a tutelá-la. Isso porque, além de ser o órgão tecnicamente mais adequado para a análise da questão, possui nítida influência e papel de coordenação previsto pelo próprio legislador para assumir essa posição.

Informação bibliográfica deste texto, conforme a NBR 6023:2018 da Associação Brasileira de Normas Técnicas (ABNT):

GARCIA, Rafael Silveira. O papel da autoridade nacional de proteção de dados e os colegitimados na defesa dos titulares de dados pessoais. *In*: SEEFELDER FILHO, Claudio Xavier (coord.). *Direito Econômico e Desenvolvimento*: entre a prática e a academia. Belo Horizonte: Fórum, 2023. p. 423-433. ISBN 978-65-5518-487-7.

SIGILO FISCAL NO ESTADO DEMOCRÁTICO DIGITAL

REBECA DRUMMOND DE ANDRADE MÜLLER E SANTOS

1 Introdução

A era digital traz consigo a informação como uma das principais matérias-primas da atualidade, ressignificando as fontes tradicionais que mantêm a sociedade e compõem não apenas as relações pessoais, mas também o processo de tomada de decisões do Estado.

É com o avanço dessa nova realidade que a busca pela proteção da arrecadação tributária e por mecanismos de aperfeiçoamento da persecução penal ganha novos aspectos. A intensificação desse objetivo comum possui reflexo direto no uso do compartilhamento de dados e informações como uma importante ferramenta à disposição do Poder Público, uma verdadeira aliada para que as autoridades exerçam as competências desenhadas pela Constituição Federal ou pelo legislador ordinário.

Conforme o cenário avança no uso intensivo de informações, garantias fundamentais como a privacidade e a intimidade ganham nova dimensão, enquanto o sigilo é revestido por uma nova vertente que o flexibiliza em nome do interesse público, colocando-o em uma posição horizontal – *i.e.*, com carga reduzida – quando do outro lado está uma autoridade estatal. O sigilo fiscal está, portanto, intrinsecamente conectado ao compartilhamento de dados.

Neste artigo iremos percorrer o panorama do universo do sigilo, iniciando pelas informações fiscais por ele protegidas e passando para a sua classificação dentro do ordenamento constitucional. Depois, trataremos da evolução jurisprudencial e de precedentes do Supremo Tribunal Federal, importante para compreendermos como a hermenêutica tem acompanhado as necessidades da era do Estado Democrático Digital de Direito.[1]

---

[1] O termo "Estado Democrático Digital de Direito" é utilizado pelos juristas Ingo Wolfgang Sarlet e Gabrielle Bezerra Sarlet. Para os autores, ele assume, na era de proteção de dados, uma vertente voltada aos cidadãos, conferindo-lhes direitos e garantias fundamentais de forma a vedar "qualquer tipo de prática abusiva, inclusive e principalmente no que diz respeito à segurança cibernética". *Consultor Jurídico*, 13 maio 2022. Disponível

2 Informações fiscais sigilosas

As informações fiscais sigilosas são aquelas obtidas "sobre a situação econômica ou financeira do sujeito passivo ou de terceiros e sobre a natureza e o estado de seus negócios ou atividades" (art. 198 do CTN) e "são colhidas com as chamadas obrigações acessórias (deveres instrumentais), que registram dados da atividade dos sujeitos passivos relevantes à apuração de tributos devidos", além dos levantamentos de "fatos sobre a vida dos contribuintes" realizados pelo próprio Estado por meio das atividades de fiscalização.

No plano exegético da jurisdição constitucional brasileira, o Supremo Tribunal Federal sinalizou que as informações fiscais sigilosas estão voltadas para dois aspectos: o da esfera privada e o da esfera pública. A primeira vertente (esfera privada), a proteção, tem como foco impedir que terceiros acessem os dados que revelem, direta ou indiretamente, o patrimônio ou as atividades do sujeito passivo.

Já na segunda vertente (esfera pública), por sua vez, a restrição imposta pelo sigilo possui o viés funcional, ou seja, "se as informações servem para auxiliar o Fisco a constituir e cobrar créditos tributários, somente os agentes públicos destacados para tal atividade específica é que devem ter acesso aos dados".[2]

Essas são concepções que nos remetem às lições de Hannah Arendt, no plano filosófico. Ao citar Werner Jaeger, Arendt constata que o "surgimento da cidade-Estado significou que o homem recebera, 'além de sua vida privada, uma espécie de segunda vida, o seu *bios politikos*". Desse modo, contrastando com o individualismo, "agora cada cidadão pertence a duas ordens de existência; e há uma nítida diferença em sua vida entre aquilo que lhe é próprio (*idion*) e o que é comum (*koinon*)".[3]

No plano normativo, o Código Tributário Nacional é a lei responsável por cuidar do sigilo fiscal, que não tem previsão expressa na Constituição Federal. Em seu já citado artigo 198, além da vedação à divulgação pelos servidores, também são previstas as exceções ao sigilo, ou seja, as hipóteses em que não estará configurada a quebra daquele, sendo prescindível em alguns casos a autorização judicial.[4]

No âmbito infralegal, a Portaria RFB nº 2.344, de 24 de março de 2011, regulamentou o acesso a informações protegidas por sigilo fiscal constantes de sistemas informatizados da Secretaria da Receita Federal (SRF).[5]

Segundo o ato, elas englobam (i) a situação econômica ou financeira e (ii) a natureza e o estado de negócios ou atividades, sejam referentes ao sujeito passivo[6] ou a terceiros,

---

em: https://www.conjur.com.br/2022-mai-13/direitos-fundamentais-separacao-informacional-poderes-devido-processo-informacional-ordem-juridico-constitucional-brasileira#_ftnref.

[2] Cf. voto do relator, Ministro Joaquim Barbosa, na ACO nº 1.271/RJ, julgada pelo Pleno em 12.02.2014.

[3] ARENDT, Hannah. *A condição humana*. Trad. Roberto Raposo. 13. ed. Rio de Janeiro: Forense Universitária, 2020, p. 82.

[4] São as hipóteses, além da requisição do Poder Judiciário, a de solicitação de autoridade administrativa no interesse da Administração Pública, quando instaurado processo administrativo; a Representação Fiscal para Fins Penais (RFFP); as inscrições em Dívida Ativa; o parcelamento e a moratória, além das informações relativas a incentivos e benefícios fiscais cujo beneficiário seja pessoa jurídica.

[5] Vale destacar que a Portaria RFB nº 1.277, de 9 de julho de 2012, delegou a competência para classificação de informação sigilosa "às autoridades que exerçam cargo em comissão do Grupo-Direção e Assessoramento Superiores – DAS, nível 101.4".

[6] Os arts. 121 e 122 do CTN definem o conceito de sujeito passivo da obrigação principal e da obrigação acessória. O primeiro pode ser entendido como contribuinte, "quando tenha relação pessoal e direta com a situação que

obtidas com o fim de proteger a arrecadação e fiscalizar os tributos (art. 2º da Portaria RFB nº 2.344/2011). São informações que vão abarcar dados como os seguintes, a teor do inciso II do mencionado art. 2º:

(a) relativos a rendas, rendimentos, patrimônio, débitos, créditos, dívidas e movimentação financeira ou patrimonial;
(b) que revelam negócios, contratos, relacionamentos comerciais, fornecedores, clientes e volumes ou valores de compra e venda;
(c) relativos a projetos, processos industriais, fórmulas, composição e fatores de produção.

Desse modo, documentos como o Balanço Patrimonial, a Declaração do Imposto de Renda da Pessoa Física, Declaração de Informações Econômico-Financeiras, Escrituração Fiscal Digital e Notas Fiscais Eletrônicas devem ser protegidos pelo sigilo fiscal, assim como as informações obtidas pela autoridade na apuração de elementos que auxiliarão no lançamento do crédito tributário, como aquelas que revelem fluxo de vendas, valores e o processo produtivo do contribuinte.

Estão fora do rol sigiloso as informações cadastrais, a exemplo de nome, data de nascimento, endereço, filiação, qualificação, composição societária, relativas à regularidade fiscal dentre outras de caráter mais genérico. São dados que, sem a proteção do sigilo fiscal, serão disponibilizados a órgãos e entidades da Administração Pública e podem ser extraídos de bases como as do Cadastro de Imóveis Rurais (CAFIR), das inscrições em Dívida Ativa, entre outros.[7]

A Procuradoria da Fazenda Nacional possui entendimento de que os dados cadastrais, os quais individualizam o contribuinte, se incluem na esfera da vida social e não da intimidade, "sendo dotados de certo grau de publicidade inerente ao seu uso na sociedade". São dados que podem ser fornecidos pelo próprio indivíduo de forma espontânea ou por obrigação legal, encontrados, inclusive, em registros públicos, como ocorre no caso das juntas comerciais.[8]

Entretanto, a era da proteção de dados, um direito fundamental (art. 5º, LXXIX), mostra que o raciocínio não é matemático, isto é, o fato de o contribuinte fornecer as suas informações, ainda que espontaneamente, não pode levar à conclusão de que elas não pertençam mais à esfera íntima do indivíduo. Dados que a rigor seriam meramente cadastrais, como os referentes à religião, sexo e de origem racial ou étnica, são, por exemplo, considerados sensíveis pela Lei Geral de Proteção de Dados (Lei nº 13.709/2018).

Na prática, aqueles dados e informações que não forem classificados como sigilosos podem ser compartilhados com as autoridades sem a necessidade de autorização judicial. Isso não significa, porém, que eles possam circular sem critérios de controle.

---

constitua o respectivo fato gerador", ou responsável, "quando, sem revestir a condição de contribuinte, sua obrigação decorra de disposição expressa de lei". Já a segunda hipótese, de obrigação acessória, o sujeito passivo é aquela "pessoa obrigada às prestações que constituam o seu objeto".

[7] A Portaria RFB nº 34, de 14 de maio de 2021, trata do compartilhamento de dados não protegidos por sigilo fiscal dentro da Administração Pública. Ainda, a Portaria RFB nº 167, de 14 de abril de 2022, autorizou a disponibilização, pelo SERPRO, do acesso a terceiros de dados e informações relativos à Nota Fiscal eletrônica. São atos administrativos que vão de encontro ao previsto nos arts. 28 e 29 do Decreto nº 10.046, de 9 de outubro de 2019.

[8] Parecer PGFN/CDA nº 2.152/2007.

Há margem para que a requisição dirigida à Receita Federal necessite de autorização legal prévia, devendo o fornecimento e o uso atender à finalidade do órgão requerente.[9] Como antevisto por Ingo Wolfgang Sarlet e Gabrielle Bezerra Sarlet,[10] esse, aliás, talvez seja um dos maiores desafios do Estado Democrático Digital – a capacidade de controlar o fluxo das informações de maneira que seja possível analisar a obediência aos limites normativos e constitucionais.

A Representação Fiscal para Fins Penais (RFFP) é um exemplo de informação enquadrada pelo legislador como uma suposta exceção ao sigilo, ao lado das inscrições em Dívida Ativa, do parcelamento ou moratória, e das informações relativas a benefícios e incentivos fiscais auferidos pelas pessoas jurídicas (art. 198, §§1º e 3º, do Código Tributário Nacional).

Todavia, a flexibilização realizada pela lei tem como pressuposto o envio da RFFP ao Ministério Público, que a receberá somente após a constituição definitiva do crédito[11] e deverá assegurar o sigilo. Não se permite, pois, que haja a divulgação ao público.[12]

Do ponto de vista da tecnologia da informação, em ambos os casos – *i.e.*, dados protegidos ou não por sigilo fiscal – a Coordenação de Tecnologia e Segurança da Informação da Receita Federal, por meio da Portaria COTEC nº 21, de 9 de abril de 2020, prevê procedimentos de segurança para a entrega dessas informações a outros entes, autoridades ou cidadãos.

3 Privacidade *lato* e *stricto sensu*, intimidade e a equalização pelo sigilo

Privacidade, intimidade e a inviolabilidade do sigilo de dados são elementos intrinsecamente conectados pela Constituição Federal de 1988 (art. 5º, X e XII), todavia, guardam entre si diferenças importantes para as discussões envolvendo dados fiscais no plano da hermenêutica constitucional e no âmbito das evoluções interpretativas trazidas pela era digital.

A ligação entre intimidade, privacidade e proteção ao sigilo é uma constatação abordada na doutrina de Tércio Sampaio Ferraz Júnior, com base na qual a jurisprudência do Supremo Tribunal Federal, a partir dos anos 1990, se direcionou para sedimentar a interpretação de que a reserva jurisdicional para a "quebra" da inviolabilidade do sigilo, prevista na parte final do inciso XII do art. 5º da Constituição, se lançava apenas aos dados frutos de uma comunicação.

---

[9] A MC nº 13.721/RS é um exemplo de direcionamento da questão, apesar de não se tratar de sigilo fiscal, mas de dados cadastrais dos usuários de telefonia. Conforme o entendimento, as informações (nomes e endereços) poderiam ser fornecidas ao Ministério Público, mas uma vez compartilhadas, deveriam estar restritas ao procedimento investigatório, sob pena de responsabilização criminal por eventual utilização indevida (STJ, Rel. Min. Barros Monteiro, julgada em 11.01.2008).

[10] SARLET, Ingo Wolfgang; SARLET, Gabrielle Bezerra Sales. Separação informacional de poderes e devido processo informacional. Disponível em: https://www.conjur.com.br/2022-mai-13/direitos-fundamentais-separacao-informacional-poderes-devido-processo-informacional-ordem-juridico-constitucional-brasileira#_ftnref.

[11] Cf. STF, ADI nº 4.980, Rel. Min. Nunes Marques, Pleno, julgada em 10.03.2022, a qual tratou da impossibilidade de envio da RFFP antes de constituído, de forma definitiva pela esfera administrativa, o crédito tributário, ainda que se tratasse de contribuições previdenciárias.

[12] No RE nº 1.055.941, Rel. Min. Dias Toffoli, Pleno, Tema nº 990 da Repercussão Geral, prevaleceu o entendimento de que a íntegra do procedimento fiscalizatório poderia ser encaminhada ao Ministério Público.

De outro lado, os dados estáticos, como aqueles armazenados em um banco de dados, teriam a sua proteção não na mencionada inviolabilidade do sigilo (art. 5º, XII), mas no âmbito da privacidade (art. 5º, X), o que autorizaria o acesso pelas autoridades fiscalizadoras sem a necessidade de interferência prévia do Poder Judiciário.

A diferenciação entre dados armazenados e aqueles que permanecem em comunicação já não mais se encaixam na era digital, mas o debate dos anos noventa trouxe critérios de ponderação importantes para a análise constitucional da privacidade e da intimidade, funcionando o sigilo como uma ferramenta de equalização frente a esses dois direitos. Isso significa, pois, que a privacidade resguarda o indivíduo dentro de sua vida social e pública, enquanto o sigilo funciona como um escudo (quase) impenetrável.[13]

Além da dicotomia privacidade e inviolabilidade do sigilo, a intimidade é o outro elemento da equação. Para Ferraz Júnior, "no recôndito da privacidade se esconde, pois, em primeiro lugar, a intimidade. A intimidade não exige publicidade, porque não envolve direitos de terceiros".[14]

É bem verdade, ainda, que não é comum que jurisprudência e doutrina distingam a privacidade da intimidade,[15] contudo, nos alinhando a outra parcela que assim o faz, separamos a privacidade em seu sentido amplo e em seu sentido estrito, sendo neste último onde repousa a intimidade.

A mesma distinção é revisitada por Gilmar Ferreira Mendes ao definir o sentido estrito do direito à privacidade como a pretensão do indivíduo de manter os seus assuntos e informações pessoais fora do campo de observação de terceiros ou ao público.[16]

Nesse seguimento, a intimidade, apesar de não ser revestida por um conceito absoluto, teria como pressuposto o direito de ficar só – e aqui relembramos Samuel Warren e Louis Brandeis com a expressão *the right to be let alone*, lançada pelo juiz Thomas Cooley e pelos autores reavivada –[17], remetendo a um aspecto mais individual do que social. Nela, portanto, o ato de se comunicar com terceiros inexistiria.

A privacidade em seu sentido amplo, igualmente um direito subjetivo fundamental, abrange informações cujo conteúdo, pertencente a um indivíduo, possui repercussão social, não se subsumindo ao "direito de estar só", como ocorre no caso da intimidade.

Os direitos ao nome, à imagem e à reputação, por exemplo, compõem a esfera da privacidade, mas "demarcam a individualidade em face dos outros". Informações desse cunho devem ser protegidas de acordo com o grau de sensibilidade que a reveste

---

[13] Ferraz Júnior relembra que o princípio da exclusividade, a teor do que abordado por Celso Lafer, advém dos ensinamentos de Hannah Arendt com base em Kant. Esse princípio tem como objetivo "assegurar ao indivíduo a sua identidade diante dos riscos proporcionados pela niveladora pressão social e pela incontrastável impositividade do poder político". Além disso, ele possui três atributos principais, quais sejam (i) a solidão; (ii) o segredo; e (iii) a autonomia. FERRAZ JÚNIOR, Tércio Sampaio. Sigilo de dados: o direito à privacidade e os limites à função fiscalizadora do Estado. *Revista da Faculdade de Direito*, Universidade de São Paulo, São Paulo, p. 439-459, 1993, p. 441; QUEIROZ, Rafael Mafei Rabelo; PONCE, Paula Pedigoni. Tércio Sampaio Ferraz Júnior e sigilo de dados: o direito à privacidade e os limites à função fiscalizadora do Estado: o que permanece e o que deve ser reconsiderado. *Internet & Sociedade*, São Paulo, n. 1, v.1, p. 64-90, fev. 2020, p. 69.

[14] FERRAZ JÚNIOR, Tércio Sampaio. Sigilo de dados: o direito à privacidade e os limites à função fiscalizadora do Estado. *Revista da Faculdade de Direito*, Universidade de São Paulo, São Paulo, p. 439-459, 1993, p. 442.

[15] MENDES, Gilmar Ferreira; BRANCO, Paulo Gustavo Gonet. *Curso de direito constitucional*. 7. ed. São Paulo: Saraiva, 2012, p. 420.

[16] MENDES, Gilmar Ferreira; BRANCO, Paulo Gustavo Gonet. *Curso de direito constitucional*. 7. ed. São Paulo: Saraiva, 2012, p. 411.

[17] WARREN, Samuel D.; BRANDEIS, Louis D. The right to privacy. *Harvard Law Review*, v. 5, n. 5, p. 193, 1890.

e, nada obstante sejam de conhecimento de terceiros, "não podem transformar-se em objeto de troca de mercado, salvo se houver consentimento".[18]

A partir desses ensinamentos, entendemos que as informações fiscais não se conectam à intimidade – ou à privacidade em seu sentido estrito –, uma vez que as informações são tratadas por terceiros, a exemplo da Receita Federal. Tampouco os dados bancários poderiam ser encaixados como tal, já que, antes de serem repassados ao Fisco, eles também são tratados por terceiros, como as instituições financeiras.

São informações de teor sigiloso, mas que são compartilhadas, por força de lei, entre o titular e a autoridade que possui o dever de preservar tal sigilo, sendo abraçadas, pois, pela privacidade *lato sensu*, isto é, a sua vertente que não abarca a intimidade já que possuem um valor social, como o da proteção à arrecadação e a manutenção da capacidade contributiva, nos moldes determinantes do §1º do art. 145 da CF.[19]

Na perspectiva do sigilo bancário, os Tribunais Superiores o têm sob a proteção da vida privada. Por exemplo, funcionários de uma instituição financeira possuem acesso às informações dos clientes, mas, por outro lado, devem agir com discrição.[20]

Além disso, há margens para a sua flexibilização nas hipóteses em que haja a relevância dos dados para o contexto social, isto é, uma tensão entre o interesse do indivíduo e o da coletividade, pois não se trata de um direito absoluto.[21]

Desse modo, à luz de Ferraz Júnior, o sigilo não é computado como um direito fundamental, a exemplo do que ocorre com o direito ao nome, à imagem, à reputação, ligados à privacidade. Ele (o sigilo) funcionaria, em verdade, como uma ferramenta que equaliza e efetiva a proteção à privacidade que, como dito, aqui denominamos de *lato sensu* e *stricto sensu* (art. 5º, X), à inviolabilidade do domicílio (art. 5º, XI), da correspondência e das comunicações telegráficas, de dados e telefônicas (art. 5º, XII), e está calcado na faculdade de agir e de resistir à devassa, servindo não apenas ao indivíduo de forma isolada, mas também à sociedade e ao Estado, quando as informações forem sensíveis à segurança de ambos.[22]

Como não se trata de um direito absoluto, a sua inviolabilidade estará à mercê de uma ponderação, na fórmula de Robert Alexy,[23] pelo intérprete, que deverá, quando a Constituição Federal de antemão assim não o fizer, balanceá-lo com os interesses e direitos do indivíduo, a exemplo do direito à privacidade, dos interesses da sociedade e do Estado.

---

[18] FERRAZ JÚNIOR, Tércio Sampaio. Sigilo de dados: o direito à privacidade e os limites à função fiscalizadora do Estado. *Revista da Faculdade de Direito, Universidade de São Paulo*, São Paulo, p. 439-459, 1993, p. 442.

[19] O princípio da capacidade contributiva do art. 145, §1º, da CF/88 teve a sua forma originária na Constituição de 1824, contudo, foi a Constituição de 1946, em seu art. 202, que o assumiu de fato, sendo posteriormente revogado pela Emenda nº 18/1965. Veja em: TORRES, Heleno Taveira. Comentário ao artigo 145. *In*: CANOTILHO, J.J. Gomes *et al*. *Comentários à Constituição do Brasil*. São Paulo: Saraiva/Almedina, 2013, p. 3.396.

[20] MENDES, Gilmar Ferreira; BRANCO, Paulo Gustavo Gonet. *Curso de direito constitucional*. 7. ed. São Paulo: Saraiva, 2012, p. 385.

[21] MENDES, Gilmar Ferreira; BRANCO, Paulo Gustavo Gonet. *Curso de direito constitucional*. 7. ed. São Paulo: Saraiva, 2012, p. 385.

[22] A exemplo do que prevê o inciso XXXIII do art. 5º da CF, que trata do acesso à informação pela sociedade, hipótese em que haverá um dever de sigilo – e não propriamente um direito.

[23] Seguindo a ponderação de Alexy quanto à "restrição das restrições". Em suas palavras, "Da natureza principiológica das normas de direitos fundamentais decorriam não apenas a restrição e a restringibilidade dos direitos fundamentais em face de princípios colidentes, mas também que sua restrição e sua restringibilidade têm limites" (ALEXY, Robert. *Teoria dos direitos fundamentais*. Trad. Virgílio Afonso da Silva. São Paulo: Malheiros Editores, 2008, p. 295-296).

Portanto, como conclusão, temos que a inviolabilidade do sigilo não busca proteger os dados em si, mas, sim, conceder a liberdade de ponderação para que o acesso ao seu conteúdo possa ser negado.

4 O sigilo fiscal pelo Supremo Tribunal Federal: entre a quebra e a transferência

A proteção do sigilo bancário e fiscal ganhou novas nuances à medida que a estrutura jurisprudencial e de precedentes do Supremo Tribunal Federal evoluiu sobre o tema.

É possível identificar que a intensificação do uso de dados pelas autoridades exerceu grande influência nas mudanças ocorridas, que podem ser resumidas (i) na concepção da transferência do sigilo entre autoridades, e não na de sua quebra, o que atrairá a desnecessidade de decisão judicial para o compartilhamento e (ii) na definição de alguns limites para que essa transferência possa acontecer.

Ao lado das leis e decretos regulamentadores, os julgados do STF foram protagonistas por não apenas validar os parâmetros antes previstos por essas normas, mas por também direcioná-los com o uso da hermenêutica. A partir de 2016, o compartilhamento de dados passa a ser utilizado, obedecidas algumas circunstâncias, sem a anuência anterior de um terceiro não interessado (Poder Judiciário).

É o que pode ser observado dos julgamentos (i) de 2016, em que preponderou a proteção da arrecadação tributária – RE nº 601.314, Tema nº 225 da Repercussão Geral, Rel. Min. Edson Fachin; ADIs nºs 2.390, 2.386 e 2.397, Rel. Min. Dias Toffoli); (ii) de 2019, em que a persecução penal prevaleceu – RE nº 1.055.941, Tema nº 990 da Repercussão Geral, Rel. Min. Dias Toffoli.

No fim, os passos foram dados em busca do interesse público, o que acarretou a flexibilização do sigilo, considerando que as discussões permaneceram centradas na necessidade do uso de dados para, via compartilhamento entre órgãos e autoridades, proteger as bases tributárias e combater o crime organizado. Para esse objetivo, seria necessário eliminar entraves que representassem a burocracia e o atraso na coleta de provas, como a necessidade de prévia decisão judicial.

Para além da flexibilização do sigilo fiscal, o que se observa é a ocorrência de sua horizontalização, ou seja, a sua carga é maior quando falamos da relação entre um particular e outro, mas reduzida quando do outro lado figura o Estado.

De toda sorte, os ventos que sopraram para o rumo da consecução das atividades estatais e do bem coletivo hoje se voltam à preocupação do acúmulo de informações nas mãos do Estado. A era digital trouxe consigo o chamamento ao "direito à governança, [à] transparência e sindicabilidade do tratamento de dados",[24] cuja tendência deve influenciar os próximos debates sobre sigilo fiscal no âmbito da Suprema Corte.

O encontro do sigilo com o compartilhamento de informações fiscais tem revelado para o controle de constitucionalidade os entrelaçados tons do debate, os

---

[24] STF, Referendo da Medida Cautelar nas ADIs nºs 6.387, 6.388, 6.390 e 6.393, Pleno, Rel. Min. Rosa Weber, julgado em 06.05.2020, em que foram suspensos os efeitos da Medida Provisória nº 954/2020, a qual dispôs sobre o compartilhamento de dados de usuários de linhas telefônicas com o IBGE.

quais se agravam tendo em vista que, em searas como o Direito Tributário e o Direito Penal, diferentemente do campo privado, as entidades estatais são partes diretamente interessadas.[25]

Tal constatação exigirá o esforço do legislador e da jurisdição em busca da preservação das garantias fundamentais em face da intensificação do uso de dados fiscais sigilosos. Afinal, é preciso que haja o controle do controlador, uma vez que "a experiência eterna mostra que todo homem que tem poder é tentado a abusar dele; vai até onde encontra limites".[26]

4.1 Julgamento de 2016 e a proteção da arrecadação tributária: Tema nº 225 da Repercussão Geral e ADIs nºs 2.390, 2.386 e 2.397

Percorrendo o caminho das decisões do STF, é possível identificar que no período anterior a 2016 o entendimento condutor na Corte era o de que o inciso XII do art. 5º permitiria a quebra de sigilo desde que autorizada pelo Poder Judiciário, enquanto órgão equidistante, e somente para fins penais.[27]

A partir de 2016, o Plenário do STF analisou julgamento conjunto do RE nº 601.314, vinculado ao Tema nº 225 da Repercussão Geral,[28] de relatoria do Ministro Edson Fachin, e das ADIs nº 2.390, 2.386 e 2.397, todas de relatoria do Ministro Dias Toffoli.[29]

A essência do debate envolveu a constitucionalidade dos arts. 5º e 6º da LC nº 105/2001 e, por consequência, dos Decretos nº 3.724/2001 e nº 4.489/2002. Em sede de controle concentrado, também foi questionado o art. 1º da LC nº 104/2001, que inseriu o inciso II do §1º e o §2º ao art. 198 do CTN, e o §3º do art. 3º da LC nº 105/2001.

A discussão dizia respeito a possível quebra do sigilo bancário na proporção do acesso da Receita Federal às informações obtidas por intermédio das instituições financeiras.

Embora o enfoque nos dados protegidos pelo sigilo bancário, vale lembrar que uma vez repassadas à Fazenda Pública, essas informações adquirem a proteção do sigilo fiscal.

O Ministro Edson Fachin, relator do RE paradigma e cujo voto fora acompanhado pela maioria do Tribunal, vencidos os Ministros Marco Aurélio e Celso de Mello, deixou o registro de que o tema era "grave e complexo". Afirmações como essas não são incomuns nos outros julgados que discutem o compartilhamento de dados e a configuração, ou não, de quebra de sigilo bancário e fiscal. São alertas que de fato antecipam a dificuldade da temática.

---

[25] LEÃO, Martha. O Supremo Tribunal Federal e a (in)coerência Interpretativa: o Caso da Quebra de Sigilo Bancário. *Revista Direito Tributário Atual*, 42, p. 332, 2019.

[26] MONTESQUIEU. *O espírito das leis*. São Paulo: Martins Fontes, 2012. p. 165.

[27] Veja-se, por exemplo: STF, RE nº 389.808, Pleno, Rel. Min. Marco Aurélio, julgado em 15.12.2010.

[28] A delimitação do tema foi sinalizada da seguinte forma "a) fornecimento de informações sobre movimentações financeiras ao Fisco sem autorização judicial, nos termos do art. 6º da Lei Complementar nº 105/2001; b) Aplicação retroativa da Lei nº 10.174/2001 para apuração de créditos tributários referentes a exercícios anteriores ao de sua vigência".

[29] O julgamento foi finalizado em 21.02.2016. Por maioria, vencidos os Ministros Marco Aurélio e Celso de Mello, o Tribunal julgou improcedente o pedido formulado nas ADIs. O RE teve o seu provimento negado, pela mesma maioria.

Do julgamento, dentre tantos elementos, destaca-se a premissa contida no art. 145, §1º, da CF, com base na qual ao Fisco é conferido o amplo acesso ao patrimônio, rendimentos e atividades econômicas dos contribuintes. Trata-se de uma busca da proteção da arrecadação e da preservação da isonomia de acordo com a capacidade contributiva.

Esse raciocínio deriva do pressuposto de que a tributação tem por finalidade a produção de igualdade, o financiamento de direitos; ou seja, o nosso modelo constitucional de tributação refletiria um verdadeiro Estado Fiscal.[30] Nas ADIs, o Rel. Ministro Dias Toffoli, seguiu a mesma linha de pensamento.[31]

O Ministro Gilmar Mendes, reconhecendo o papel dos tributos para o Estado Social de Direito, ressaltou que o tema sob julgamento ia além da mera autorização do Fisco para acessar os dados financeiros para alcançar a sua utilização como forma de "promover cruzamentos, averiguações e conferências com outros de que já dispõe e, ao fim, exigir os tributos".

Dito isso, a questão ali posta poderia ser resumida no duelo entre o direito ao sigilo bancário e o dever de pagar tributos, ou seja, a autonomia individual de um lado e, do outro, o autogoverno coletivo, o que transforma o sigilo bancário, o sigilo fiscal e a privacidade em uma norma de caráter não absoluto quando confrontado com as "legítimas expectativas de obtenção de receitas públicas".[32]

Com essa diretriz de interpretação, baseada na dicotomia sigilo, intimidade e privacidade *versus* o dever de pagar tributos, onde este último deve prevalecer, construiu-se o entendimento de que o dever de sigilo segue observado durante todo o fluxo de informações da esfera fiscal para a bancária. Nesse sentido, em resumo, foram três os principais fundamentos da tese vencedora:

> (1) a necessidade de instrumentos eficientes de fiscalização tributária, (2) a estreita conexão entre o acesso à informação e a concretização da Justiça fiscal, por meio da capacidade contributiva (dever fundamental de pagar impostos), e (3) a tendência internacional ao fim do sigilo bancário contra o Fisco e à troca de informações entre países. Haveria, segundo a maioria, não propriamente uma "quebra", mas uma "transferência" de sigilo dos bancos para a Administração Tributária, que se comprometeria a preservá-lo.[33]

---

[30] O alto custo imposto ao Estado para construção e manutenção do Estado Social, que pode se materializar, dentre outros, em forma de hospitais, universidades, escolas e funcionários públicos, gera "a necessidade de adaptar o sistema de financiamento público para atender à demanda de recursos". Além disso, os direitos políticos também demandam "cada vez mais recursos na importante missão de colher a participação popular" (FUCK, Luciano Felício. *Estado Fiscal e Supremo Tribunal Federal*. São Paulo: Saraiva, 2017, p. 49).

[31] Conforme voto proferido no âmbito das ADIs nºs 2.390, 2.386 e 2.397, julgadas em conjunto, o Ministro Dias Toffoli ressaltou: "O tributo corresponde, pois, à contribuição de cada cidadão para a mantença do Estado e, consequentemente, para a realização de atividades que assegurem os direitos fundamentais – notadamente os direitos daqueles que possuem menos condições de contribuir financeiramente com o Estado". Com isso, o Ministro relator, acompanhado pela maioria dos demais Ministros, reconhece o Estado Fiscal, uma vez que a função dos tributos seria a de financiar as atividades, assim como a correlação entre tributo e a capacidade contributiva.

[32] Segundo o Ministro Fachin: "Ao fim e ao cabo, o litígio constitucional posto se traduz em um confronto entre o direito ao sigilo bancário e o dever de pagar tributos, ambos referidos a um mesmo cidadão e de caráter constituinte no que se refere à comunidade política".

[33] CORREIA NETO, Celso de Barros; MÜLLER, Rebeca Drummond de Andrade. Faltam parâmetros para compartilhar informações entre Fisco e MP. *Consultor Jurídico*, 14 set. 2019. Disponível em: https://www.conjur.com.br/2019-set-14/faltam-parametros-compartilhamento-informacoes-entre-fisco-ministerio-publico. Acesso em: 27 abr. 2022.

Mudou-se, portanto, o posicionamento anterior, no qual se lançou mão da interpretação de que primeiro entendia o compartilhamento de dados bancários com a Receita Federal como uma quebra de sigilo e, depois, se apoiava na impossibilidade de estender essa quebra de sigilo a situações outras que não aquelas ligadas à investigação ou instrução penal – e desde que contasse com a autorização do Judiciário.[34]

A alteração da jurisprudência considerou como suficiente, para efeitos da ressignificação da intimidade, privacidade e do sigilo, o fato de a Lei Complementar nº 105/2001 trazer parâmetros para o envio das informações bancárias, tais como os previstos em seu art. 6º (processo administrativo prévio e indispensabilidade do exame de documentos pela autoridade competente), além da preservação e manutenção do sigilo, somadas às diretrizes do Decreto nº 3.724/2001, responsável por regulamentar o dispositivo.

Em 2009, a percepção de que haveria hipóteses em que o sigilo bancário deveria ser relativizado ou mitigado já havia sido capitaneada pelo Ministro Luiz Fux, quando ainda compunha a Primeira Turma do Superior Tribunal de Justiça (STJ).

Ao apreciar o REsp nº 1.134.665/SP, submetido ao rito dos recursos repetitivos, o Rel. Ministro Fux ponderou que, quando do outro lado estivessem "transações bancárias (...) denotadoras de ilicitude", o sigilo bancário não poderia ser enxergado como absoluto.

Ademais, diferentemente do que sinalizou o Ministro Edson Fachin,[35] a oposição de sigilo bancário ao Fisco não se relacionaria com as garantias constitucionais à intimidade e à privacidade e, para além disso, o legislador possui relativa liberdade para restringir, com razoabilidade, o sigilo de informações financeiras – o qual "não se encontra no núcleo essencial do direito à intimidade" ou, "ainda que tenha, não estão no seu núcleo essencial a ponto de apresentarem a eficácia jurídica de regra".[36]

A evolução do debate sobre o compartilhamento de dados bancários e fiscais nos mostra que, mais do que discutirmos a obrigação da prestação de informações pelo contribuinte à autoridade fiscal, a utilização e a finalidade desses dados, em nome da proteção a essas informações, assim como por meio de quais instrumentos esse compartilhamento irá ocorrer, devem ser objeto de preocupação e alerta contínuo.

A modificação do entendimento que prevalecia até antes de 2016 decorre da preocupação externada por quase todos os ministros quanto à movimentação de cooperação global no combate a crimes como o de lavagem de dinheiro e o terrorismo.

Merece destaque, inclusive, a mudança de posicionamento do Ministro Ricardo Lewandowski diante desse novo argumento. Em 2010, no RE nº 389.808, o Ministro proferiu interpretação restritiva ao art. 5º, XII, da CF.

Veja-se que, em 2016, preponderou o enfoque voltado à proteção da arrecadação. Isso é relevante para entendermos o alcance do compartilhamento de dados e a sua evolução, passando a abranger novos atores no fluxo da sistemática.

---

[34] O voto-condutor do Ministro Marco Aurélio, relator do RE nº 389.808 (DJe 10.05.2011), delimita que "apenas se permite o afastamento do sigilo mediante ato de órgão equidistante, mediante ato do Estado-juiz, que não figura em relação jurídica a envolver interesses, e, mesmo assim, para efeito de persecução criminal".

[35] Em seu voto, o Ministro Fachin reconhece que "do ponto de vista da autonomia individual, o sigilo bancário é uma das expressões do direito de personalidade que se traduz em ter suas atividades e informações bancárias livres de ingerências ou ofensas, qualificadas como arbitrárias ou ilegais, de quem quer que seja, inclusive do Estado ou da própria instituição financeira".

[36] Voto do Ministro Roberto Barroso no RE nº 601.314, Plenário, Rel. Ministro Edson Fachin, DJe 21.10.2016, p. 65. A mesma premissa consta dos votos do Ministro nas ADIs nºs 2.390, 2.386 e 2.397.

Para além das ponderações de direitos fundamentais, o elemento crucial se resumiu na sedimentação da premissa de que o compartilhamento de informações, nessas circunstâncias, não tratava de quebra do sigilo, mas mera transferência deste, com a obrigação de os agentes envolvidos o resguardarem.

Nas palavras do Ministro Dias Toffoli, relator das ADIs, "[T]rata-se, desse modo, de uma transferência de dados sigilosos de um determinado portador, que tem o dever de sigilo, para outro, que mantém a obrigação de sigilo". Portanto, "essa utilização não desnatura o caráter sigiloso da movimentação bancária do contribuinte, e, dessa forma, não tem o condão de implicar violação de sua privacidade".

Para o RE, a tese quanto ao compartilhamento de dados bancários com a Receita Federal ficou assim definida:

> O art. 6º da Lei Complementar 105/01 não ofende o direito ao sigilo bancário, pois realiza a igualdade em relação aos cidadãos, por meio do princípio da capacidade contributiva, bem como estabelece requisitos objetivos e o translado do dever de sigilo da esfera bancária para a fiscal.

Já com relação às ações de controle concentrado, prevaleceu o mesmo racional da tese fixada na Repercussão Geral, incluindo o art. 5º da mesma lei, sendo delimitados, ainda, parâmetros que guiarão o compartilhamento de informações bancárias com a Receita, a ser enfrentado nas diretrizes estabelecidas no âmbito dos Três Poderes.

Portanto, os arts. 5º e 6º da LC nº 105/2001, assim como o Decreto nº 4.489, foram reconhecidos como constitucionais e o acesso da Receita Federal às informações protegidas pelo sigilo bancário definido em duas etapas, separadas como acesso amplo ou sistêmico e acesso incidental, à luz da própria lei complementar. São eles:

> 1ª Etapa – Acesso amplo ou sistêmico (art. 5º, §§1º e 2º da Lei Complementar nº 105/2001)
>
> Acesso do Fisco (Federal, Estadual, Distrital ou Municipal) limitado à identificação dos titulares das operações bancárias e dos montantes globais mensalmente movimentados (dados genéricos e cadastrais). Vedado qualquer elemento que identifique a origem ou a natureza dos gastos.
>
> 2º Etapa – Acesso incidental (art. 5º, §4º e art. 6º da Lei Complementar nº 105/2001)
>
> Acesso do Fisco (Federal, Estadual, Distrital ou Municipal), após verificação de indícios de irregularidades, falhas ou incorreções, a informações mais detalhadas, condicionado à instauração de Processo Fiscal e à indispensabilidade do exame dos documentos, livros e registros das instituições financeiras, incluindo os referentes a contas de depósitos e aplicações financeiras.

No caso do acesso incidental, ou seja, na segunda etapa do acesso aos dados bancários, a instauração do procedimento fiscal implica a intimação do contribuinte e todas as garantias processuais inerentes ao procedimento, com apoio da Lei nº 9.784/1999, além, claro, do Decreto nº 3.724/2001, que regulamenta o art. 6º da LC nº 105/2001.

Por fim, o envolvimento de outros órgãos da Administração Pública nessa relação somente ficaria mais claro a partir de 2019, sinalizando que o precedente que analisamos, de 2016, passou a ser o fio condutor dos debates. No próximo tópico, abordamos o panorama do julgamento.

4.2 Julgamento de 2019 e a persecução penal: RE nº 1.055.941, Tema nº 990 da Repercussão Geral

Em 2019, o tema sobre a (im)possibilidade de compartilhamento de dados fiscais sigilosos sem autorização judicial volta à tona por meio do RE nº 1.055.941/SP, Tema nº 990 da Repercussão Geral, de relatoria do Ministro Dias Toffoli. Dessa vez, entretanto, com novos detalhes e com a inclusão de outros atores no fluxo dessa sistemática.

Se em 2016 as delimitações do paradigma levavam em consideração a primeira etapa do fluxo do compartilhamento – das instituições financeiras para a Receita Federal (transformação do sigilo bancário em sigilo fiscal) –, em 2019 o retrato inicial mostrava o envio de dados, já em posse do Fisco, para o Ministério Público Federal (MPF).

Tratava-se, portanto, da utilização de dados para fins penais, ou seja, uma finalidade que atrai contornos cuidadosos em razão da restrição potencial da liberdade de um indivíduo, sobretudo ao considerarmos que o MPF, além de parte interessada no processo, detém poder investigatório e acusatório.

No caso concreto, houve o encaminhamento, após a constituição do crédito tributário, da íntegra da Representação Fiscal para Fins Penais ao MPF, cujo conteúdo incluía dados acobertados pelo sigilo fiscal, inclusive aqueles repassados na etapa anterior, com apoio do art. 6º da LC nº 105/2001, pelas instituições financeiras a pedido da Receita Federal. Estavam sob análise a inviolabilidade de dados (inciso XII do art. 5º da CF) e o direito à intimidade e à vida privada (inciso X do art. 5º da CF), igualmente relacionada à honra.

Um dos elementos de relevo, que influenciou na discussão do caso concreto, trata da expansão para incluir a análise do fluxo de compartilhamento das informações entre o Conselho de Controle de Atividades Financeiras (COAF), e o compartilhamento de informações, via Relatório de Inteligência Financeira (RIF), para o MP, dada a premissa de que o compartilhamento dos dados entre os órgãos de fiscalização e controle também ocorre sob a égide da LC nº 105/2001.

A inclusão do COAF na análise rendeu alguma polêmica, o que levou o Procurador-Geral da República a levantar questão de ordem com o intuito de que o julgamento se limitasse a analisar o fluxo da Receita Federal para o Ministério Público, além de reiterar a possibilidade de, na esteira do precedente de 2016, ser prescindível a reserva de jurisdição para que ocorra o envio das RFFPs. O aparte lançado pela Procuradoria-Geral da República (PGR) naquela oportunidade merece dois destaques.

O primeiro se refere à afirmação de que os relatórios de inteligência produzidos pelo COAF se distinguem dos relatórios fiscais. Isso porque, enquanto estes são acompanhados de processo administrativo fiscal, trazendo consigo um ambiente em que o contribuinte exercera o contraditório, a ampla defesa e o devido processo legal, aqueles, originados do COAF, tratariam de um ato de inteligência, servindo apenas "como elementos informativos para que se busquem provas, que é um outro lado da realidade". Ademais, considerando que supostamente o MPF não requisita as informações, não haveria "interferência humana. Há apenas uma relação passiva de recepção de dados, seja *ex officio* pela UIF, seja pela solicitação também de recepção passiva do MP".

Esse panorama acende o alerta para o desenvolvimento da cultura de proteção de dados, considerando que a concepção atual admite que todas as informações carregam consigo a capacidade de se transmudarem em revelações íntimas do indivíduo. Assim, se torna cada vez mais delicado afirmar – e aqui é um dos grandes desafios dos que estudam o tema –, como constara da manifestação do Procurador-Geral, que apenas alguns dos "elementos mais profundos" é que diriam respeito à privacidade.[37]

O segundo destaque advém da afirmação de que "o MP não requisita" informações ao COAF, rebatida pelo Ministro Dias Toffoli, que, em seu voto, trouxe os dados demonstrando o fluxo do envio de RIF ao MP, incluindo esfera estadual, e à Polícia Federal.[38]

A fala do Ministro relator faz coro com a previsão do inciso VI do art. 129 da CF, apontado pelo próprio MPF como um dos dispositivos violados pelo acórdão recorrido, em que uma das funções institucionais do *parquet* é a de requisitar informações e documentos para instrução dos processos administrativos de sua competência. Essa previsão, vale lembrar, não pode ser interpretada desacompanhada de parâmetros.

De todo modo, os números trazidos em confronto com a afirmação feita pelo PGR convergem com as incertezas sobre como de fato se dá o fluxo de compartilhamento de informações.

Nos tempos atuais, em verdade, todas as formas – troca, compartilhamento, solicitação ou se requisição – ensejam o tratamento de dados, nos moldes do inciso X do art. 5º da LGPD.[39]

Assim, nos parece que, hoje, o enfrentamento dos tribunais tangenciará, mais do que as nomenclaturas que são dadas (troca, compartilhamento, solicitação ou requisição), as discussões e desencadeamos sobre o que está dentro da concepção da mera transferência do sigilo entre uma autoridade e outra, e quais são os seus consequentes freios e parâmetros.

Repassando o enfoque da discussão para o voto do Ministro Alexandre de Moraes, que restou vencedor ao conduzir a divergência parcial, vale o destaque para a afirmação de que a análise "é uma das mais relevantes em relação à persecução penal, ao combate à criminalidade organizada e à corrupção, principalmente em virtude de crimes reflexos, sonegação fiscal, evasão de divisas".

Além disso, também ficou chancelado o reconhecimento de que as informações bancárias, financeiras e fiscais integram a intimidade e a vida privada da pessoa física ou jurídica,[40] um importante recorte que se alinha à necessidade de proteção dos dados e do sigilo fiscal também dos contribuintes pessoas jurídicas.

---

[37] "Ou seja, é possível o compartilhamento das informações sem a reserva de jurisdição, desde que essa reserva de jurisdição não atinja esses elementos mais profundos que dizem respeito à privacidade."

[38] "Pode não ser na forma de requisição, mas faz na forma de requerimento. E, em 3 anos, foram 1.165. Quatorze deles, especificamente, feitos pela Procuradoria-Geral da República. Requerimentos de Ministério Público estaduais: 2.820. As 6 mil RIF que existem envolveriam as tais 600 mil pessoas físicas e jurídicas, pois cada RIF tem umas 100 pessoas envolvidas, 100 CNPJ ou 100 CPF. Vejam, os ministérios públicos estaduais requereram 2.880 e receberam, de ofício, 2.300, ou seja, os ministérios públicos estaduais requerem mais do que recebem de ofício. RIF encaminhados por requerimentos da Polícia Federal - a PF é recordista -: 3.221. Praticamente a metade dos RIF a Polícia Federal recebeu por requerimento próprio. RIF encaminhados de ofício à Polícia Federal: 2.845. Ou seja, a Polícia Federal recebeu menos de ofício e requereu mais por moto-próprio."

[39] "Tratamento: toda operação realizada com dados pessoais, como as que se referem a coleta, produção, recepção, classificação, utilização, acesso, reprodução, transmissão, distribuição, processamento, arquivamento, armazenamento, eliminação, avaliação ou controle da informação, modificação, comunicação, transferência, difusão ou extração".

[40] "Nesse contexto, em regra, não podemos deixar de considerar que as informações bancárias, sejam as constantes nas próprias instituições financeiras, sejam as constantes na Receita Federal, COAF/UIF ou organismos congêneres do Poder Público, constituem parte da intimidade e vida privada da pessoa física ou jurídica".

O sigilo de dados, afiançado pelos incisos XII e X do art. 5º da CF, contou com a possibilidade de sua relativização a partir do estabelecimento da premissa de que, na hipótese de tratamento de informações, não há uma "previsão expressa e absoluta da cláusula de reserva jurisdicional", diferentemente do que ocorre com o sigilo telefônico e a inviolabilidade do domicílio, ocasiões em que o aval prévio do Poder Judiciário é requisito inafastável. Com esse ponto de partida – *i.e.*, ausência de determinação expressa, pela CF, de decisão judicial prévia para acesso a dados sigilosos –, o sigilo de dados, sejam eles bancários ou fiscais, não é um direito absoluto.

Assim, se a situação concreta ensejar critérios como o da excepcionalidade, razoabilidade e proporcionalidade, não apenas o Poder Judiciário pode reconhecer, de forma fundamentada, essa relativização, como também pode o Poder Legislativo, "de maneira abstrata, estabelecendo hipóteses e requisitos", a exemplo do que fez por meio da LC nº 105/2001, reconhecida como constitucional em 2016, e, para as atividades de inteligência financeira, por meio da Lei nº 9.613/1998.

Ainda dentro dos critérios de excepcionalidade, razoabilidade e proporcionalidade, estaria circunscrita a essa esfera, na outra ponta, uma finalidade, digamos, maior. Uma finalidade que evita a utilização de direitos fundamentais como escudo para atividades ilícitas e está, ao mesmo tempo, interligada ao interesse público, como é o combate ao crime organizado e à proteção das bases tributárias.

Comprovando que, no campo do compartilhamento de dados, os parâmetros são similares seja para dados protegidos pelo sigilo fiscal ou bancário, seja para dados outros, o raciocínio baseado no tripé excepcionalidade, razoabilidade e proporcionalidade foi utilizado no julgamento de 2020, no âmbito das ADIs nºs 6.387, 6.388, 6.389, 6.390 e 6.393, onde, ao impedir a transferência de informações de usuários de serviços telefônicos ao IBGE, a Suprema Corte reconheceu a proteção dos dados e a autodeterminação como um direito autônomo e fundamental.

Ressaltamos que os parâmetros são similares, e não idênticos, pois entendemos que, por exemplo, o princípio da autodeterminação informacional encontra entraves face aos dados protegidos por sigilo fiscal.

Além do parâmetro atinente à verificação da constitucionalidade de uma lei ou de decisão judicial que autoriza o acesso a dados sigilosos, as balizas para o compartilhamento, previstas pela LC nº 105/2001 e reconhecidas pelo STF em 2016, refletem também no envio de informações ao MP.

Somente após o acesso amplo ou sistêmico (1ª etapa, com previsão no art. 5º, §2º, da LC nº 105/2001) das instituições financeiras à Receita Federal e da instauração de procedimento administrativo fiscal (2ª etapa, prevista no art. 6º da LC nº 105/2001) é que, havendo indícios de crime, o Ministério Público terá acesso às informações imprescindíveis.

Portanto, o pressuposto é de que as provas obtidas com base no envio de informações pela Receita Federal ou pelo COAF ao MP, por estarem baseadas em leis que foram reconhecidas constitucionais (LC nº 105/2001 e Lei nº 9.613/1998, respectivamente), serão consideradas lícitas até que se prove o contrário, ou seja, até que seja comprovado eventual desvirtuamento na produção probatória.

Pelo registro da corrente vencedora, é importante que analisemos uma lacuna que, em uma primeira análise que aqui fazemos, pode acarretar um novo chamamento do STF. A delimitação do fluxo de compartilhamento de dados fiscais com o MP ficou restrita ao envio com a utilização das RFFPs, alinhando-se com o próprio caso concreto.[41]

A requisição de informações fiscais sigilosas realizadas pelo Ministério Público à Receita Federal permanece em aberto, acobertadAs por balizas antigas, desenhadas no período de 1993 a 2010,[42] quando a proteção de dados ainda passava ao largo da carga de importância que hoje ela tem no Brasil.

O CTN, ao dispor, em seu inciso I do §3º o art. 198, que a RFFP pode veicular informações sigilosas, sem necessidade de decisão judicial, obtidas "em razão do ofício sobre a situação econômica ou financeira do sujeito passivo ou de terceiros e sobre a natureza e o estado de seus negócios ou atividades" (*caput* do art. 198), na linha do que prevaleceu no julgamento ora analisado, não trata das hipóteses em que o fluxo das informações é reverso, ou seja, quando há requisição pelo MPF. Nem mesmo a LC nº 105/2001 prevê essa possibilidade.

Atualmente, o envio de informações protegidas pelo sigilo fiscal a partir da requisição do MPF é um dever da Receita Federal. Esse posicionamento se dá a partir da interpretação feita pela Administração Pública, originada da Nota Técnica nº 179/DENOR/CGU/AGU, aprovada pelo então Advogado-Geral da União, hoje Ministro do STF, Dias Toffoli, na qual, em resumo, consta o entendimento de que o rol do art. 198 do CTN não é exaustivo.[43]

Nesse sentido, é preciso analisar se, nessa modalidade requisitória, o mesmo rigor procedimental que ocorre no âmbito das RFFPs é seguido e se, para além disso, não haveria violação à Súmula Vinculante nº 24, que impede a tipificação de crime contra a ordem tributária enquanto não houver lançamento definitivo do tributo, uma vez que informações com conteúdo probatório podem, em tese, ser enviadas antes que ocorra referido lançamento.

A partir dessas linhas, jamais o MP, recebendo informações da Receita Federal por ele requisitadas, poderia se valer delas para imputar algum crime contra a ordem tributária. Nos resta atentarmos para, por outro lado, quais outras finalidades esses dados são recebidos e utilizados pelo órgão.

Não se ignora que o Ministro Alexandre de Moraes afirma ser favorável à permissão do "amplo compartilhamento, para fins estritamente penais, sem a intermediação do Poder Judiciário", seja como iniciativa do próprio MP, seja para quando ele necessitar complementação das RFFPs já enviadas. Todavia, enxergamos como um *obter dictum*.

As discussões mantidas e a tese que prevaleceu foram claras ao se aterem ao universo das representações e ao fluxo de envio para o MP – e não em sentido contrário. Esse, aliás, é o retrato do caso concreto.

Assim, o Tema nº 990 da Repercussão Geral ficou definido da seguinte forma:

---

[41] Os processos administrativos fiscais que ensejaram o envio das RFFPs e a abertura da ação penal são os de nºs 10865.000762/2006-93 e 10865.000763/2006-38.

[42] BRASIL. MPU, *Nota Técnica nº 179/DENOR/CGU/AGU*, de 21 de dezembro de 2007. Aprovada pelo Consultor-Geral da União, por meio do Despacho CGU nº 428/2007, e pelo Advogado-Geral da União, além da Lei Complementar nº 75, de 20 de maio de 1993 e a Solução de Consulta Interna COSIT nº 24, de 30 de agosto de 2010. Disponível em: https://www.gov.br/receitafederal/pt-br/assuntos/orientacao-tributaria/sigilo-fiscal/ministerio-publico-da-uniao. Acesso em: 25 abr. 2022.

[43] BRASIL. Receita Federal. *Manual eletrônico do sigilo fiscal (e-MSF)*. Disponível em: https://www.gov.br/receita federal/pt-br/assuntos/orientacao-tributaria/sigilo-fiscal. Acesso em: 25 abr. 2022.

1. É constitucional o compartilhamento dos relatórios de inteligência financeira da UIF e da íntegra do procedimento fiscalizatório da Receita Federal do Brasil – em que se define o lançamento do tributo – com os órgãos de persecução penal para fins criminais sem prévia autorização judicial, devendo ser resguardado o sigilo das informações em procedimentos formalmente instaurados e sujeitos a posterior controle jurisdicional;

2. O compartilhamento pela UIF e pela RFB referido no item anterior deve ser feito unicamente por meio de comunicações formais, com garantia de sigilo, certificação do destinatário e estabelecimento de instrumentos efetivos de apuração e correção de eventuais desvios.

Portanto, o STF avaliou a constitucionalidade do compartilhamento direto, *i.e.*, sem a necessidade de intervenção judicial, de informações sigilosas para fins criminais "com os órgãos de persecução penal" – ou seja, além do MP, Federal e Estadual, há ainda a Polícia Judiciária.

O envio de dados, contudo, ocorrerá por intermédio dos RIFs, no caso do COAF e da íntegra da RFFP, no caso da Receita Federal. Reforçando os parâmetros já previstos pela legislação, notadamente pela LC nº 105/2001, o compartilhamento deverá ocorrer por meios formais, mediante procedimentos que possam ser eventualmente valorados pelo Poder Judiciário e que assegurem a manutenção/transferência do sigilo.

Por fim, na seara tributária e da segurança pública, a inclinação da Suprema Corte em chancelar compartilhamentos menos restritivos e com apoio sobretudo da LC nº 105, desenhada a partir de parâmetros gerais discutidos nos anos 2000, deve acender o alerta para a unidade informacional que se constrói.[44]

Essa é uma realidade que vai além da dimensão do debate que hoje orbita a (des)necessidade de autorização judicial, conforme alertado pelos juristas Luís Greco e Alaor Leite, "[n]ão se trata de disputa informacional entre órgãos estatais ou de mera questão de competência ou atribuição, mas de limitação legal do poder informacional do Estado".[45]

A preocupação é mais do que justa e as discussões são cada vez mais necessárias, sendo imprescindível a inclusão, nesse rol de atores, do Poder Legislativo, isso para que, conforme haja o crescimento do tratamento dos dados, as lacunas normativas sejam preenchidas com as leis necessárias, e não por única e exclusivamente convênios ou portarias.

No julgamento que acabamos de analisar, o próprio Ministro Alexandre de Moraes repassou a mensagem. Segundo consta de seu voto, o Brasil deveria ir além para ampliar "a capacidade de análise dessas informações, com programas novos, computadores e algoritmos melhores, pois somente um sistema de inteligência realmente efetivo conseguirá prevenir diversas práticas ilícitas".

---

[44] Conforme Juliano Maranhão e Ricardo Campos mencionam, com base no alerta do Professor alemão Spiros Simitis, a "unidade informacional" é uma ameaça na "era na qual o poder se confunde com o controle da informação", o que motivou o conceito de "divisão informacional de poderes" (ou separação informacional), "segundo o qual a finalidade de coleta e tratamento de dados pessoais por cada órgão público circunscreve-se à estrita definição de sua competência legal, sendo vedado o uso para outra finalidade dentro da Administração. (MARANHÃO, Juliano; CAMPOS, Ricardo. A divisão informacional de poderes e o cadastro base do cidadão. *JOTA*, 18 out. 2019. Disponível em: https://www.jota.info/opiniao-e-analise/artigos/a-divisao-informacional-de-poderes-e-o-cadastro-base-do-cidadao-18102019#sdfootnote4anc.

[45] GRECO, Luís; LEITE, Alaor. Discussão do Supremo sobre caso COAF joga luz em lacuna legislativa. *Folha de S. Paulo*, 19 nov. 2019. Disponível em: https://www1.folha.uol.com.br/poder/2019/11/discussao-do-supremo-sobre-caso-coaf-joga-luz-em-lacuna-legislativa.shtml.

Ou seja, o movimento é dinâmico e ascendente, todavia, da mesma forma deve ser a preocupação com o devido tratamento dos dados fiscais sigilosos e a proteção dos direitos fundamentais dos contribuintes.

5 Conclusão

A era digital é a maior expressão da sociedade da informação e do modo pelo qual a nossa relação com os dados fora completamente reformulada. Em um primeiro momento, os descobrimos como algo valioso para então passar a entender os potenciais riscos diante da poderosa ferramenta que o compartilhamento se tornou no desenho de políticas públicas e na tomada de decisões do Estado.

Ao analisarmos o caminho da jurisdição constitucional quanto ao sigilo (tanto bancário como o fiscal), enxergamos a maior expressão do direito à privacidade e a maximização de sua utilidade para facilitar o compartilhamento de dados.

A demanda por transparência e cooperação movimentou a comunidade internacional, transformando-se na marca registrada da tributação internacional do século XXI. As mudanças com maior impacto foram iniciadas entre 2001 e 2008, período em que o grito por transparência e pelo fim da era do sigilo ecoou não por acaso.

Em 2001, despontou a Guerra ao Terror e, em 2008, foi a vez da crise que tomou a economia mundial. Enquanto a busca pela rede de financiamento terrorista desencadeou a utilização de troca de informações para encontrar os autores do atentado de 11 de setembro e desmantelar as células a eles ligadas, a crise econômica precisou se valer de meios para garantir e proteger a arrecadação tributária, incluindo o combate a pilares de sustentação de paraísos fiscais, como o próprio sigilo. Ali se intensificava a busca pelo rastro do dinheiro.

O Brasil abraçou a cooperação e o multilateralismo não apenas por meio de tratados internacionais, mas sobretudo com a modificação gradual das normas jurídicas internas. Em 2003, a Constituição Federal foi emendada para incluir a previsão de que a administração tributária exercerá a proteção da arrecadação por meio do "compartilhamento de cadastros e de informações fiscais, na forma da lei ou convênio" (art. 37, XXII). Na esfera legislativa, no ano de 2001, entraram em vigor mudanças que alteraram o Código Tributário Nacional (*e.g.* o seu art. 198) e trataram do sigilo bancário para permitir, sob determinadas hipóteses, o compartilhamento de informações sigilosas.

Mas foi no período de 2016 e 2019 que o debate entre o direito fundamental à privacidade e a necessidade de acesso rápido, pelo Estado, às informações dos contribuintes fora incrementado por meio do protagonismo do Supremo Tribunal Federal, que, sob a ponderação de direitos e garantias fundamentais, modificou a estrutura de entendimentos antes formada para sedimentar que o sigilo deveria ser flexibilizado em prol do interesse público. Passou-se a permitir que as informações sigilosas poderiam ser compartilhadas entre instituições financeiras e a Receita Federal, e entre esta e o Ministério Público, sem que fosse necessária autorização judicial prévia.

Em outras palavras, o sigilo assumiu uma vertente de horizontalização, isto é, as suas regras seguem rígidas quando impostas a outro particular, mas flexíveis quando se trata do acesso pelo Estado.

Na era da flexibilização do sigilo, o pressuposto maior é o de que os dados fiscais têm um valor social. É por meio deles que os censos dos países podem ser feitos com maior acuidade. É com eles que políticas públicas podem ser estabelecidas para combater uma pandemia.

Todavia, se também é verdade que falamos de Estados Democráticos de Direito, quem pode muito não pode tudo. Não é à toa que a proteção de dados é discutida e, em países como o Brasil, ela até ganhou *status* de direito fundamental, após a recente emenda à Constituição (EC nº 115/2022).

Qual a consequência do reconhecimento da proteção de dados como direito fundamental? Entendê-la como um interesse público tanto quanto a proteção da arrecadação e o combate ao crime organizado. Isso significa que deverá haver um encontro hermenêutico que representará a nova etapa, ou nova geração, do sigilo. Assumimos a sua flexibilização para que o Estado execute as suas atividades, mas, do outro lado, a sociedade necessita de mecanismos que garantam a não utilização irrestrita de um dos seus bens mais preciosos: as suas próprias informações.

Um dos primeiros passos é, portanto, definir parâmetros e limites. Como mencionou o Ministro Gilmar Mendes, no julgamento da ADI nº 6.387, que tratou da inconstitucionalidade do compartilhamento de dados de usuários de telefonia com o Instituto Brasileiro de Geografia e Estatística (IBGE), a proteção de dados, hoje, migrou da esfera privada para a pública, exigindo a governança, a transparência e a sindicabilidade do tratamento de dados.

Não bastará, portanto, que uma norma jurídica estabeleça que o agente público tem o dever de guardar o sigilo, sob pena de punição administrativa e penal. Tal previsão é um padrão mínimo e pressuposto óbvio. Também não será suficiente dispor de normas e atos infralegais isolados. O que as nações precisam evitar é a formação da chamada unidade informacional, ou seja, a concentração de informações nos órgãos estatais que tanto possibilitem perseguições seletivas quanto o uso desenfreado e deletério à própria democracia.

Desse modo, concluímos que é necessário discutir, sobretudo no âmbito do Poder Legislativo, leis que, dentro da proporcionalidade e da razoabilidade, antecipem a possibilidade de compartilhamento de dados fiscais entre uma autoridade e outra.

São necessárias normas que regulem regras procedimentais, como o prazo em que as informações podem permanecer armazenadas, e quais são as finalidades da coleta e do uso daqueles dados fiscais sigilosos. Precisamos, por fim, nos preocupar com os dados, como já temos feito, mas não podemos deixar de lado os dados fiscais protegidos pelo sigilo, cujo tratamento necessita de uma lei específica, não bastando, no Brasil, a Lei Geral de Proteção de Dados.

Como já alertavam Warren e Brandeis, "é necessário, de tempos em tempos, definir novamente a natureza exata e a extensão de tal proteção". É sempre necessário robustecer as proteções conforme haja a evolução dos sistemas, pavimentando o caminho para a constituição de um arcabouço normativo sólido em busca do fortalecimento das leis, das instituições e da própria sociedade. É para essa direção que o novo passo da era digital aponta.

Informação bibliográfica deste texto, conforme a NBR 6023:2018 da Associação Brasileira de Normas Técnicas (ABNT):

SANTOS, Rebeca Drummond de Andrade Müller e. Sigilo fiscal no Estado Democrático Digital. *In*: SEEFELDER FILHO, Claudio Xavier (coord.). *Direito Econômico e Desenvolvimento*: entre a prática e a academia. Belo Horizonte: Fórum, 2023. p. 435-453. ISBN 978-65-5518-487-7.

O ÂMBITO DA NORMA DOS OBJETIVOS ESPECÍFICOS DA RECUPERAÇÃO JUDICIAL

TADEU ALVES SENA GOMES

1 Introdução

A Lei nº 14.112/2020, que altera e incrementa a redação de diversos dispositivos da Lei nº 11.101/2005, manteve intacto o texto legal original do artigo 47 que inaugura o microssistema da ação de recuperação. Ele assim prescreve:

> Art. 47. A recuperação judicial tem por objetivo viabilizar a superação da situação de crise econômico-financeira do devedor, a fim de permitir a manutenção da fonte produtora, do emprego dos trabalhadores e dos interesses dos credores, promovendo, assim, a preservação da empresa, sua função social e o estímulo à atividade econômica.

O dispositivo referido é o núcleo central, o coração da ação da recuperação judicial.[1] O presente texto visa investigar se os resultados encontrados na realidade estão em consonância com os objetivos previstos pela Lei nº 11.101/2005 – Lei de Recuperação de Empresas e Falências (LREF).[2]

O objeto é delimitado pela sentença que põe fim ao processo de recuperação judicial na forma prevista no art. 63 da Lei nº 11.101/2005. A partir daí, busca-se responder

---

[1] TOLEDO, Paulo Fernando Campos Salles de; PUGLIESI, Adriana V. A preservação da empresa e seu saneamento. *In*: CARVALHOSA, Modesto (coord.). *Tratado de direito empresarial*: recuperação empresarial e falência. v. V. São Paulo: Revista dos Tribunais, 2018, p. 183; LUCCAS, Fernando Pompeu. Aspectos gerais e princípios. *In*: COSTA, Daniel Carnio (coord.). *Comentários completos* à *Lei de Recuperação de Empresas e Falências*. Curitiba: Juruá, 2015, p. 17.

[2] O presente artigo guarda relação com o capítulo 3 da pesquisa de dissertação do autor, com a orientação do Professor Ricardo Morishita Wada. A respeito, ver: GOMES, Tadeu Alves Sena. *A atividade empresarial após a sentença da recuperação judicial*: a concretização da manutenção da fonte produtora, dos empregos e dos interesses dos credores. 2020. Dissertação (Mestrado) – Instituto Brasileiro de Ensino, Desenvolvimento e Pesquisa (IDP), Distrito Federal, 2020.

se foram alcançados os objetivos específicos da manutenção da fonte produtora, dos empregos dos trabalhadores e do interesse dos credores, eleitos no art. 47 da LREF como os bens jurídicos a ser tutelados e que, reunidos, promovem os princípios da preservação da empresa e sua função social.

A manutenção da fonte produtora será analisada pelos atos societários registrados na junta comercial; para a manutenção dos empregos formais, serão utilizados os dados coletados pela denominada Relação Anual de Informações Sociais (RAIS);[3] e, por fim, o interesse dos credores será concretizado pelo escore de adimplência das recuperandas constante dos serviços de informação de cadastro de crédito.

Alguns cenários poderão advir. A primeira hipótese é de que há evidências que permitam concluir que os objetivos declarados pela própria lei foram alcançados; uma segunda hipótese de que há evidências que permitam concluir que não foram alcançados; um terceiro cenário em que tenham sido parcialmente atendidos os objetivos da lei, segundo as evidências dos casos analisados. E, por fim, uma quarta hipótese, uma ausência de dados (acessíveis ao público) que permita afirmar a impossibilidade atual de uma métrica a respeito da concretização dos objetivos do programa normativo.

A fim de permitir simplificações úteis, a metodologia empírica aplicada irá extrair decisões do banco de sentenças da 1ª e 2ª Vara de Falências e Recuperação Judicial da comarca de São Paulo. O Tribunal de Justiça do Estado de São Paulo (TJ/SP) é o maior Tribunal estadual do país, sendo lícito considerar que as experiências observadas nestas varas servem de amostra[4] válida para uma visão panorâmica da população das recuperações judiciais.

A pesquisa de campo utilizará como parâmetro o banco de decisões das varas mencionadas, que tenham sido classificadas como sentença e que tenham sido prolatadas em ações que estejam na classe de recuperação judicial entre 28 de maio de 2010 e 6 de março de 2020.[5]

Na mineração dos dados, será feito o levantamento quantitativo dos achados, quando se observará quantas ações de recuperação judicial foram extintas por cumprimento das obrigações previstas no plano, para a partir daí buscar a realidade da manutenção da fonte produtora, dos empregos dos trabalhadores e do interesse dos credores.

O objetivo é explicar o fenômeno invocado diante dos resultados concretos do mundo real, de sorte que a pesquisa possa cumprir seu papel transformador.[6] Todavia,

---

[3] A RAIS é um importante instrumento instituído pelo Decreto nº 76.900, de 23.12.1975, que permite obter informações sobre a atividade trabalhista sob o regime da consolidação das leis do trabalho. Esse relatório tem também a finalidade de servir à pesquisa e tomada de decisões governamentais, já que serve, por exemplo, como um censo anual do emprego formal no país.

[4] "Amostras apenas permitem, em dadas circunstâncias, o conhecimento por aproximação de algumas características da população". NUNES, Marcelo Guedes. *Jurimetria*: como a estatística pode reinventar o direito. São Paulo: Revista dos Tribunais, 2016, p. 77.

[5] "A concretude de um estudo advém da utilização de sistemas de coordenadas espaciais e temporais como parte do método de análise". NUNES, Marcelo Guedes. *Jurimetria*: como a estatística pode reinventar o direito. São Paulo: Revista dos Tribunais, 2016, p. 154.

[6] Silva e Saito destacam a evolução da literatura, internacional e brasileira, e se ancoram em dados empíricos da Recuperação Judicial e Falência para, ao final, chamar a atenção para a necessidade de explorar mais estudos que objetivem identificar as variações exógenas e a relação de causa e efeito do sucesso ou não da legislação concursal brasileira: "*Future research can explore the determinants of success and failure of companies that have emerged from reorganizations (both in court and out of court). Papers that explore exogenous variations and indicate causal effects*

adverte-se que não é pretensão desse artigo exaurir ou revelar a solução dos problemas enfrentados pela legislação falimentar. Antecipa-se, não há resposta única e solução definitiva para todas as dificuldades da ação de recuperação judicial.

Como toda questão complexa, dificilmente haverá superação dos problemas com um único fator isolado.[7] Reconhece-se a influência multifatorial que envolve o fenômeno da atividade empresarial em crise econômico-financeira aguda, sendo reconhecido que o insucesso ou não de uma determinada lei falimentar depende de variáveis econômicas, políticas e sociais.[8]

2 A "meta-análise" da norma[9]

A Lei nº 11.101/2005, que regula a recuperação judicial da sociedade empresária e do empresário,[10] encontra-se, atualmente, em seu mais elevado grau de utilização. Isso é evidenciado pelo indicador do número de ações ajuizadas nos últimos cinco anos (2015 a 2019), quando foram requeridos 7.365 pedidos de recuperação judicial, ultrapassando-se assim os 5.062 pedidos formulados ao longo dos dez anos anteriores à vigência da Lei (2005 a 2014).[11]

Em 2012, Dione Valesca Xavier de Assis[12] descreveu que a realidade das recuperações judiciais no Tribunal de Justiça do Rio de Janeiro indicava que, até então, nenhuma atividade empresarial conseguiu ser recuperada. Isso porque, nem mesmo no caso da VARIG, única demanda judicial que teria alcançado a sentença extintiva da recuperação judicial até 2012, a empresa poderia ser considerada como recuperada, pois, em menos de um ano após a sentença extintiva da recuperação judicial, teve sua falência decretada.

---

will also be extremely important, as the vast literature in the field is essentially descriptive". SILVA, Vinicius Augusto Brunassi; SAITO, Richard. Corporate Financial Distress and Reorganization: A survey of theoretical and Empirical Contributions. *Revista Brasileira de Gestão de Negócios*, São Paulo, v. 22, p. 401-420, 2020, p. 414. Em uma tradução livre: "Pesquisas futuras podem explorar os determinantes do sucesso e do fracasso de empresas que emergiram de reorganizações (judiciais e extrajudiciais). Artigos que explorem variações exógenas e indiquem efeitos causais também serão extremamente importantes, já que a vasta literatura na área é essencialmente descritiva".

[7] "Então é preciso ter cautela, porque a solução jurídica da reorganização não existe para sanar todos os males, não resolverá todos os problemas. A recuperação judicial não se traduz na fórmula simplista da substituição da iniciativa privada pela atividade do juiz". SALOMÃO, Luis Felipe; SANTOS, Paulo Penalva. *Recuperação judicial, extrajudicial e falência*: teoria e prática. Rio de Janeiro: Forense, 2019, p. 15.

[8] SCALZILLI, João Pedro; SPINELLI, Luis Felipe; TELLECHEA, Rodrigo. *História do direito falimentar*: da execução pessoal à preservação da empresa. São Paulo: Almedina, 2018, p. 24.

[9] Aqui é feita uma alusão a uma metodologia de pesquisa própria das ciências naturais e exatas, mas é fato que a evolução do pensamento científico impõe a acumulação e sistematização das informações.

[10] Não se ignora a existência de decisões judiciais autorizando o processamento de ações de recuperação judicial em favor de agentes econômicos que não estão necessariamente inseridos na moldura da sociedade empresária/empresário, tal como ocorre no Processo nº 0093754-90.2020.8.19.0001, em curso na 5ª Vara Empresarial do Rio de Janeiro, em que figura como recuperandos a Associação Sociedade Brasileira de Instrução (ASBI) e o Instituto Cândido Mendes.

[11] SERASA EXPERIAN. *Indicadores econômicos*. Disponível em: https://www.serasaexperian.com.br/amplie-seus-conhecimentos/indicadores-economicos. Acesso em: 30 mar. 2020.

[12] ASSIS, Dione Valesca Xavier de. *Uma análise empírica sobre o processo de recuperação econômica pela via judicial adotado pelas sociedades empresárias*: a experiência do Tribunal de Justiça do Estado do Rio de Janeiro. 2012. Dissertação (Mestrado Profissional em Poder Judiciário) – Fundação Getúlio Vargas, Direito Rio, Rio de Janeiro, 2012.

Em 2015, Rafael Alves de Oliveira[13] realizou uma pesquisa empírica que teve por campo a 2ª Vara de Falência e Recuperações Judiciais da comarca de São Paulo. O referido autor concluiu que apenas nove empresas chegaram ao fim da recuperação judicial através da sentença de cumprimento do plano, sendo que em face delas não se verificou novo pedido de falência ou execução específica fundado no título executivo originário da concessão da recuperação.

Todavia, uma das nove empresas possuía pendências financeiras significativas no cadastro de proteção ao crédito. Dado o critério adotado pela referida pesquisa, essa constatação empírica permitiu concluir que essa empresa não teria conseguido recuperar a sua atividade empresarial.

O Ministério da Justiça, através da Secretaria de Assuntos Legislativos, em 2009, realizou uma pesquisa sobre as principais mudanças verificadas pela então nova Lei de Falência (Lei nº 11.101/2005). Cuidou-se da série "Pensando o Direito", realizada pela Fundação Getúlio Vargas,[14] que acabou por concluir que a Lei nº 11.101/2005 aperfeiçoou o sistema concursal brasileiro.

O relatório final do referido projeto concluiu que houve aumento da capacidade de recuperação da empresa em comparação com o regime anterior à Lei nº 11.101/2005 pelo fato de ter sido apurada uma redução no tempo médio dos procedimentos concursais. Contribuiu para essa conclusão também a percepção das pessoas entrevistadas dentro da metodologia da pesquisa.

Apesar do propósito da Lei nº 11.101/2005 de buscar minimizar as perdas e maximizar os ativos através da recuperação judicial e da falência, esses ritos processuais diferenciados conduzem a custos suportados por todos.[15]

Fernanda Karoliny Nascimento Jutpetipe, Eliseu Martins, Poeuri do Carmo Mário e Luiz Nelson Guedes de Carvalho consultaram 102 processos de falência e 29 de recuperação judicial, entre 6 de fevereiro de 2013 e 24 de outubro de 2013, nas comarcas de Belo Horizonte, Contagem e São Paulo. Os autores identificaram que:

> Os custos diretos pagos foram de 35% do ativo final da falida; os ativos das falidas perderam 47% do valor; a taxa de recuperação total dos credores foi de 12%; e os processos duraram nove anos. Quanto aos processos de recuperação, os custos diretos foram de 26% do ativo

---

[13] OLIVEIRA, Rafael Alves de. *Recuperação judicial:* uma análise empírica dos processos de recuperação judicial junto a 2ª vara de falência e recuperações judiciais do foro cível central da comarca da capital do Estado de São Paulo, com ênfase nas recuperações judiciais encerradas por cumprimento. 2015. Dissertação (Mestrado em Direito e Desenvolvimento) – Escola de Direito da Fundação Getúlio Vargas de São Paulo, São Paulo, 2015.

[14] FGV. Série Pensando o Direito. Análise da nova Lei de Falência. Convocação 01/2019 do Ministério da Justiça, 2010.

[15] Confira a conhecida lição de Fábio Ulhoa Coelho: "Sempre que um empresário lança mão deste recurso, é inevitável que seus credores e toda a coletividade suportem os respectivos 'custos'. Os credores suportam-nos diretamente, na medida em que o plano de reorganização estabeleça redução do seu crédito ou dilação do prazo de pagamentos. A coletividade suporta os 'custos' indiretamente, porque os empresários em geral, para se preservarem das consequências da recuperação judicial de alguns de seus devedores, com o tempo, passam a acrescer aos preços de seus produtos ou serviço uma taxa de risco associada a esta eventualidade. Ora, só tem sentido racional, econômico, moral e jurídico impor aos credores, num primeiro momento, e à coletividade, em seguida, tais 'custos', na medida em que, sendo o risco inerente a qualquer empreendimento, não se pode imputar exclusivamente ao empresário a responsabilidade pelas crises da empresa". COELHO, Fabio Ulhoa. *Princípios do direito comercial.* São Paulo: Saraiva, 2012, p. 56.

inicial da recuperanda, a taxa de recuperação dos credores foi de 25% e a duração dos processos foi de quatro anos (valores médios).[16]

Os custos que envolvem a empresa em crise econômica podem influenciar significativamente na sua continuidade operacional e, por consequência, na concretização dos objetivos do programa normativo do art. 47 da Lei nº 11.101/2005.

Henrique Avelino Lana, em 2019, advertiu que "de acordo com o Instituto Nacional de Recuperação de empresas (INRE) apenas 5% dos pedidos de recuperação judicial, feitos no Brasil, tiveram êxito e permitiram a efetiva recuperação da atividade".[17] O referido autor afirma, categoricamente, que o regramento da Lei nº 11.101/2005 não se mostrou eficiente.

O levantamento do Banco Mundial de 2020 indica que o Brasil tem um tempo médio de 4 anos para os processos de insolvência, cujo custo é de 12% do patrimônio do devedor, e possui uma taxa de recuperação de $0,18 (dezoito centavos de dólar) para cada $1,00 (um dólar) a que teriam direito os credores,[18] números qualitativamente inferiores aos das economias de países da América Latina e do Caribe.

Considerando essa variedade de dados e resultados, convém realizar um diálogo necessário entre Direito e empirismo, antes de serem apresentados os resultados da pesquisa empírica realizada, a qual, assegurada pela metodologia, servirá para subsidiar a resposta ao debate em torno da concretização dos objetivos da recuperação judicial.

3 Direito e empirismo

Thomas S. Ulen, através de um recurso retórico sobre um ficcional prêmio Nobel para o Direito, provoca a refletir em que medida estaria ocorrendo uma tendência acadêmica que permitiria concluir que o Direito estaria se aproximando do método científico de outras ciências:

> (...) acredito, não obstante, que, por meio do silencioso acréscimo de diversas mudanças nas últimas décadas, o conhecimento jurídico esteja prestes a alcançar uma maneira drasticamente diferente de fazer pesquisa jurídica rotineira. Em suma, a alteração deve tornar o direito muito mais similar às outras disciplinas universitárias que se reconhecem como praticando "ciência" e menos semelhante àquelas que conscientemente driblam o modelo de investigação científica.[19]

---

[16] JUPETIPE, Fernanda Karoliny Nascimento; MARTINS, Eliseu; MÁRIO, Poeuri do Carmo; CARVALHO, Luiz Nelson Guedes de. Custos de falência no Brasil comparativamente aos estudos norte-americanos. *Revista Direito GV*. São Paulo: v. 13, n. 1, p. 20-47, jan/abr. 2017.

[17] LANA, Henrique Avelino. Interação entre direito, economia, recuperação de empresas e falência: Análise econômica do direito e a Lei nº 11.101/2005. *Revista de Defesa da Concorrência*, Brasília, n. 1, v. 7, p. 203-238, maio 2019.

[18] BANCO MUNDIAL. *Doing Business Studies, Resolving Insolvency (2020)*. Disponível em: https://portugues.doingbusiness.org/pt/data/exploreeconomies/brazil#DB_ri. Acesso em: 1 nov. 2020.

[19] ULEN, Thomas S. Um prêmio Nobel para a ciência jurídica: teoria, trabalho empírico e o método científico no estudo do direito. *In*: PORTO, Antonio Maristrello; SAMPAIO, Patrícia (org.). *Direito e economia em dois mundos*: doutrina jurídica e pesquisa empírica. Rio de Janeiro: FGV, 2014, p. 30.

O método científico a que o autor alude é aquele da observação, do teste, da reunião e da manipulação de dados relativos ao exame de determinado fenômeno.

A comunidade jurídica deve concordar não só com o objeto do estudo, mas também com o método que permita uma explicação positiva e não meramente normativa da realidade. Isso deve acontecer por intermédio de evidências que confirmem ou refutem uma teoria, ainda que haja discordância sobre o valor dos resultados específicos encontrados.[20]

A ciência do Direito, ao se preocupar em revelar os dados da realidade empírica,[21] facilita a compreensão do problema[22] e torna a solução mais racional[23] e aderente às exigências da nossa quadra histórica.[24]

Os dados tradicionalmente vistos como extrajurídicos é que compõem o âmbito da norma[25] dentro do paradigma pós-positivista da Teoria Estruturante do Direito de Müller.[26] A norma é contemplada de forma composta pela junção dos dois entes jurídicos (programa[27] e âmbito normativos).

---

[20] ULEN, Thomas S. Um prêmio Nobel para a ciência jurídica: teoria, trabalho empírico e o método científico no estudo do direito. *In*: PORTO, Antonio Maristrello; SAMPAIO, Patrícia (org.). *Direito e economia em dois mundos*: doutrina jurídica e pesquisa empírica. Rio de Janeiro: FGV, 2014, p. 54.

[21] "Se eu estiver correto ao afirmar que a teorização de um tipo em particular está se tornando cada vez mais comum entre os estudiosos do direito, então também acredito que haja outra consequência importante para o futuro da ciência do direito: o aumento do uso de métodos empíricos e experimentais para examinar fenômenos jurídicos. De um modo geral, esta seria uma consequência perfeitamente trivial da teorização do conhecimento jurídico: todas as ciências possuem um componente teórico e empírico central, e se o direito está se tornando cada vez mais teórico, no sentido que aqui proponho, inevitavelmente também se mostrará mis empírico". ULEN, Thomas S. Um prêmio Nobel para a ciência jurídica: teoria, trabalho empírico e o método científico no estudo do direito. *In*: PORTO, Antonio Maristrello; SAMPAIO, Patrícia (org.). *Direito e economia em dois mundos*: doutrina jurídica e pesquisa empírica. Rio de Janeiro: FGV, 2014, p. 80.

[22] "Assim como o erro de diagnóstico de um médico, também o equívoco do jurista pode fazer piorar o quadro do paciente. Quando a intuição conduz o analista a caminhos equivocados, deve-se procurar a tábua de salvação proporcionada pela metodologia confiável. Com teorias caracterizadas pelo pragmatismo, além da ênfase na pesquisa empírica, a análise econômica do Direito pode proporcionar uma visão mais clara sobre a temática dos acordos". FUX, Luiz; BODART, Bruno. *Processo civil & análise econômica*. Rio de Janeiro: Forense, 2019, p. 52.

[23] "O jurista, por mais respeitado e competente que seja em seu mister, não reúne necessariamente condições para contribuir, de modo satisfatório, na elaboração de projetos de lei, de minuta de normas infralegais, na melhoria da gestão da Justiça, na organização de movimentos acadêmicos, no aperfeiçoamento do ensino jurídico ou em qualquer outra política pública de natureza jurídica. Isso porque são saberes distintos. De um lado, os que precisam ser dominados pelo competente profissional do Direito para atuar como advogado, juiz, promotor etc.: e de outro, os necessários aos que se envolvem em mudanças mais amplas do sistema jurídico. É inapropriado, e, em geral, conduz a resultados desastrosos, tentar atuar em política pública jurídica valendo-se apenas dos conhecimentos empregados na aplicação do Direito." Prefácio de Fábio Ulhoa Coelho em NUNES, Marcelo Guedes. *Jurimetria*: como a estatística pode reinventar o direito. São Paulo: Revista dos Tribunais, 2016, p. 15-16.

[24] "É importante destacar que o encontro do Direito com a pesquisa empírica é antigo e de extrema importância para a consolidação de disciplinas como a antropologia jurídica". IGREJA, Rebecca Lemos. O Direito como objeto de estudo empírico: o uso de métodos qualitativos no âmbito da pesquisa empírica em Direito. *Pesquisar empiricamente o Direito*. Organizado por Maíra Rocha Machado. São Paulo: Rede de Estudos Empíricos em Direito, 2017, p. 12.

[25] "O âmbito normativo fornece ao programa normativo alternativas estruturais, fundadas em dados reais para seus modelos, os quais se confirmam ou se alteram. O programa normativo seleciona as abordagens da análise do âmbito normativo". MÜLLER, Friedrich. *O novo paradigma do direito*: introdução à teoria e metódica estruturantes. São Paulo: Revista dos Tribunais, 2013, p. 253.

[26] "Enquanto uma teoria da (norma) jurídica não incluir inteiramente na investigação da estrutura da norma a estrutura da 'coisa' normatizada, a norma no fundo sempre confrontar-se-á ao 'ser' como um 'dever ser'; será concebida como uma estrutura autônoma e independente da realidade, uma estrutura que está em conexão com a realidade apenas de modo genericamente teórico-jurídico, mas que, em suas especificidades, e bem assim para os problemas metódicos, permanece em aberto". MÜLLER, Friedrich. *Teoria estruturante do direito*. Tradução Peter Naumann e Eurides Avance de Souza. 3. ed. São Paulo: Revista dos Tribunais, 2012, p. 105.

[27] "O texto da norma não é aqui nenhum elemento conceitual da norma jurídica, mas o dado de entrada/input mais importante do processo de concretização, ao lado do caso a ser decidido juridicamente". MÜLLER, Friedrich.

Cristiano Carvalho chama atenção exatamente para a necessidade de se observar que o texto de Lei nº é só o dado de entrada do processo de concretização da norma.[28] Luciana Yeung, como economista estudiosa do Direito, defende a metodologia empírica como a candidata ideal para a tarefa da concretização do Direito.[29]

O divórcio entre teoria e empiria é que levou a uma aproximação da economia, em razão do seu método, às demais ciências sociais.[30]

A econometria e as teorias econométricas, das quais a Jurimetria[31] é apenas espécie do gênero, são transnacionais. Romperam uma barreira que a ciência do Direito ainda não havia conseguido ultrapassar.

É preciso ressalvar ainda, com Marcelo Guedes Nunes, que conhecimento científico não significa dizer determinismo.[32] É necessário deixar registrada a observação de que conhecimento científico não é conhecimento absoluto.[33]

Cuida-se de um conhecimento por aproximação,[34] mas nem por isso de menor importância. E é um tipo de conhecimento que está em toda parte a nossa volta.

É só observar o que acontece com o exame de DNA (com 99,9% de "certeza") tão utilizado pelos Tribunais para resolver as lides de reconhecimento de paternidade.

O novo paradigma do direito: introdução à teoria e metódica estruturantes. São Paulo: Revista dos Tribunais, 2013, p. 99.

[28] "O positivismo deveria ser visto apenas como um axioma, um ponto de partida para o desenvolvimento da real epistemologia jurídica. A partir desse marco, juristas poderiam então propor hipóteses passíveis de teste empírico, construindo então a verdadeira ciência do direito". CARVALHO, Cristiano. É possível uma "ciência" do direito? Situação e perspectivas para a dogmática jurídica brasileira. *In*: PORTO, Antonio Maristrello; SAMPAIO, Patrícia (org.). *Direito e economia em dois mundos*: doutrina jurídica e pesquisa empírica. Rio de Janeiro: FGV, 2014, p. 129.

[29] "Responder como "X afeta Y" é uma tarefa não trivial, pois normalmente "cada caso é um caso", e a resposta natural tenderia a ser "depende": "depende de X", "depende de Y", "depende de onde X afetou Y" etc. Com tantos "dependes", nunca seria possível chegar a conclusão alguma, muito menos chegar a algum conhecimento considerado científico. A estatística, baseada na sua *Lei nº dos grandes números*, é o instrumento mais eficaz (apesar de não infalível) para isso. E é por isso que o método empírico é tão bem sucedido em responder a perguntas como essas, que também abundam na economia. Parece trivial, mas não é." YEUNG, Luciana. Direito, economia e empirismo. *In*: PORTO, Antonio Maristrello; SAMPAIO, Patrícia (org.). *Direito e economia em dois mundos*: doutrina jurídica e pesquisa empírica. Rio de Janeiro: FGV, 2014, p. 177-178.

[30] AZEVEDO, Paulo Furquim de. Onde estão as fronteiras entre direito e economia? Comentários a Thomas Ulen: "A Nobel Prize in Legal Science". *In*: PORTO, Antonio Maristrello; SAMPAIO, Patrícia (org.). *Direito e economia em dois mundos*: doutrina jurídica e pesquisa empírica. Rio de Janeiro: FGV, 2014, p. 100.

[31] "A Jurimetria é a aproximação de dois conhecimentos, o jurídico e o estatístico." Prefácio de Fábio Ulhoa Coelho em NUNES, Marcelo Guedes. *Jurimetria*: como a estatística pode reinventar o direito. São Paulo: Revista dos Tribunais, 2016, p. 15.

[32] "O determinismo científico consiste na crença de que o universo é um sistema governado por leis absolutas, que permitem a previsão racional de qualquer evento futuro com qualquer grau de precisão." NUNES, Marcelo Guedes. *Jurimetria*: como a estatística pode reinventar o direito. São Paulo: Revista dos Tribunais, 2016, p. 37.

[33] "(...) é inegável a conclusão de que conhecimento científico não é conhecimento provado, mas representa conhecimento provavelmente verdadeiro que pode se revelar inadequado com o passar do tempo, pela continuidade das observações ou em vista do desenvolvimento de sistemas mais refinados de medição etc." NUNES, Marcelo Guedes. O direito comporta testes empíricos? *In*: PORTO, Antonio Maristrello; SAMPAIO, Patrícia (org.). *Direito e economia em dois mundos*: doutrina jurídica e pesquisa empírica. Rio de Janeiro: FGV, 2014, p. 218.

[34] "Nem sempre (para não dizer nunca) conseguimos construir uma teoria certa, exata e exaustiva a respeito do que observamos, porém a medida que estudamos nosso objeto e reunimos sucessivas informações a seu respeito, temos a consciência nítida de que nos encontramos mais próximos de nossos objetivos do que estávamos no início, e de que, apesar de não determos um domínio completo, compreendemos mais. Cultivamos um ideal de saber exato e absoluto, no entanto, na prática, lidamos com um conhecimento por aproximação, circunstancial, limitado, e essencialmente precário". NUNES, Marcelo Guedes. *Jurimetria*: como a estatística pode reinventar o direito. São Paulo: Revista dos Tribunais, 2016, p. 49.

Verifica-se também na engenharia para construções de edifícios e pontes que até então eram inimagináveis. De igual modo, o conhecimento por aproximação subsidia estudos econômico-financeiros para fins de concessão de empréstimo para a casa própria de muitas famílias. O que falar, então, dos cálculos atuariais dos contratos de seguro e plano de saúde, sem os quais a qualidade de vida, tal como tida atualmente, estaria severamente comprometida.[35]

Portanto, empregando a metodologia empírica ao Direito, é necessário ir a campo para obter os resultados. É isso que se passa a expor no tópico seguinte através da metodologia estatística.[36]

A busca[37] no espaço reservado ao banco de sentenças do *site* do Tribunal de Justiça do Estado de São Paulo permitiu localizar 98 (noventa e oito) processos que tiveram sentença extintiva por cumprimento do plano de recuperação judicial oriundos dos critérios de pesquisa "sentença" da classe "recuperação" das 1ª e 2ª Varas de Falências e Recuperação Judicial da comarca de São Paulo, entre 28 de maio de 2010 e 6 de março de 2020.

Nessa amostragem,[38] obtiveram-se 148 CNPJs (considerando os litisconsórcios ativos) que serviram de base para a pesquisa empírica sobre manutenção da fonte produtora e manutenção dos empregos e dos interesses dos credores, após a sentença da recuperação judicial.

A abordagem envolve uma estatística descritiva, que é uma área de estudo que explora a visualização e a descrição, sumarizada ou exaustiva, dos dados coletados.[39] Observe-se, portanto, que não se busca um silogismo do tipo causa e efeito ou mesmo uma definição probabilística para a ocorrência ou não de um evento futuro (estatística inferencial).

Como sabido e dito aqui na introdução da pesquisa, o insucesso ou não da legislação falimentar envolve variáveis econômicas, políticas e sociais. Por isso, adverte-se para a distinção entre descrição dos dados e a sua pretensa utilização para correlação espúria e/ou casualidade probabilística. Somente seria possível a relação de casualidade com a realização de diversos outros experimentos através de grupos e subgrupos que possam ser controlados em suas variáveis, o que não é o caso desta pesquisa.

A rigor, para o recorte epistemológico desse artigo, importa conhecer dados da realidade empírica para que o método indutivo, através da observação dos fatos, nos revele possibilidades de análise do que ocorreu com a amostragem descritiva utilizada na pesquisa.

---

[35] Todas essas reflexões são extraídas do livro de Marcelo Guedes Nunes.
[36] "A estatística é uma disciplina definida por sua metodologia e que pode ser aplicada a qualquer objeto passível de experimentação e observação". Na definição de Stephen Stigler: "A estatística moderna oferece tecnologia quantitativa para a ciência empírica". NUNES, Marcelo Guedes. *Jurimetria*: como a estatística pode reinventar o direito. São Paulo: Revista dos Tribunais, 2016, p. 55.
[37] Trabalho este que recebeu fundamental ajuda da Associação Brasileira de Jurimetria na pessoa do seu secretário geral Julio Trecenti. O Relatório contendo os números do processo foi extraído do site http://esaj.tjsp.jus.br/cjpg/.
[38] "A amostra corresponde a um subconjunto de indivíduos de uma população separados para análise através de uma determinada metodologia". NUNES, Marcelo Guedes. *Jurimetria*: como a estatística pode reinventar o direito. São Paulo: Editora Revista dos Tribunais, 2016, p. 62.
[39] NUNES, Marcelo Guedes. *Jurimetria*: como a estatística pode reinventar o direito. São Paulo: Revista dos Tribunais, 2016, p. 58.

4 A manutenção da fonte produtora

O objetivo específico da manutenção da fonte produtora exprime o significado de continuidade do fornecimento de bens e serviços ao mercado, para fins de troca e voltado a satisfazer as necessidades do arranjo social.

As sociedades empresariais, independentemente do seu objeto, devem levar a efeito o seu registro de constituição, alteração, dissolução e extinção para arquivamento nas juntas comerciais, o que é disciplinado pela Lei nº 8.934/1994.

A lei de recuperação de empresa e falência, por sua vez, obriga que o Estado-Juiz leve ao conhecimento do registro público de empresas a anotação do processamento da recuperação judicial (art. 69). E, quando da sentença, também é dever do Juiz fazer a devida comunicação ao registro público da referida exclusão (art. 63, V, da Lei nº 11.101/2005).

Em agosto de 2020, foram obtidas certidões simplificadas contendo a data e o conteúdo do último documento arquivado no registro das recuperandas.[40]

Observou-se que 51% (ou seja, 76 casos) dos CNPJs consultados não tiveram arquivamento de atos societários no registro de empresa, mesmo tendo sido proferida a sentença de extinção da recuperação judicial. É como se essas atividades não estivessem interessadas em, minimamente, fazer constar que não seria mais necessário utilizar a expressão "em recuperação judicial".

Essa descrição dos dados da realidade permite a indicação da possibilidade de eventualmente não ter ocorrido a concretização do objetivo específico da manutenção da fonte produtora do art. 47 da lei de recuperação judicial para essas empresas, que sequer tiveram atualizações no órgão de registro de empresa.

As atividades que tiveram algum tipo de arquivamento após a sentença de recuperação judicial foram na quantidade de 66 (sessenta e seis), o que representa 45% dos CNPJs consultados. Remanesceram seis CNPJs (4%) sem informações, visto que não possuíam cadastro na junta comercial de São Paulo, embora as demais empresas do grupo fossem de São Paulo.

Os resultados da pesquisa empírica na junta comercial de São Paulo, coletados em agosto de 2020, também permitem esclarecer o conteúdo do último arquivamento constante do registro da empresa.

Do total de 66 (sessenta e seis) CNPJs que tiveram arquivamento após a sentença da recuperação Judicial, o conteúdo de 15% (quinze por cento) deles permite concluir que houve o encerramento da atividade empresarial (seja por falência – 4 casos –, seja por distrato social – 6 casos).

A grande maioria dos registros (68%) guardava relação com o ofício oriundo da recuperação judicial, dando ciência do encerramento da recuperação, e os demais eram registros societários de alteração, ata de reunião, mudança de endereço ou de penhora de quotas sociais. A natureza desses registros serve de indicativo da possibilidade da continuidade da manutenção da fonte produtora, concretizando-se assim o objetivo específico do programa normativo.

---

[40] A colheita de dados ocorreu por intermédio da certidão simplificada extraída do site https://www.jucesponline.sp.gov.br/Pesquisa.aspx?IDProduto=4.

Pela análise da pesquisa empírica realizada, em 56 casos de um total de 148 CNPJs, é possível verificar o indício da hipótese de que houve a manutenção da fonte produtora, ainda que seja necessária uma pesquisa mais avançada para identificar a efetiva manutenção da atividade empresarial.

Em 38% (trinta e oito por cento) dos casos que conseguiram alcançar a sentença extintiva da recuperação judicial houve o arquivamento na junta comercial do encerramento da recuperação judicial, dando vazão à hipótese da continuidade da operação da atividade em agosto de 2020.

De outro lado, 62% (sessenta e dois por cento) do total de 148 CNPJs não tiveram arquivamentos na junta comercial após a sentença de recuperação judicial ou, quando arquivaram, fizeram informando o encerramento ou a falência da atividade, mesmo após a obtenção da sentença de cumprimento do plano.

5 A manutenção do emprego dos trabalhadores

O objetivo específico da manutenção dos empregos dos trabalhadores foi objeto desta pesquisa através da Lei de Acesso à Informação (Lei nº 12.527/2011).[41] A solicitação feita ao Ministério da Economia foi para ter acesso à quantidade de vínculos empregatícios informados por cada um dos 148 CNPJs indicados na listagem extraída dos processos de recuperação judicial que tiveram a sentença extintiva.

Em 4.9.2020, a resposta encaminhada pelo Ministério da Economia contemplava uma planilha Excel contendo as informações prestadas pelas empresas através da RAIS – Relação Anual de Informações Sociais.

O documento contempla o total de vínculos empregatícios entre 2009 e 2018, haja vista que ainda não havia sido consolidada a RAIS de competência 2019.

A análise dos dados disponibilizados evidenciou que 122 (cento e vinte e dois) CNPJs possuíam a informação de vínculos empregatícios ao menos em algum ano, entre 2009 e 2018. Já 26 (vinte e seis) CNPJs não possuíam qualquer informação de vínculos empregatícios entre 2009 e 2018.

De posse dos CNPJs que efetivamente possuíam informação na RAIS declarada ao governo, elaboraram-se as seguintes análises de estatística descritiva com base na técnica de alinhamento de eixos,[42] para fins de ilustrar a existência ou não de uma tendência.

A mediana[43] extraída dos dados colhidos permite evidenciar que a quantidade de vínculos empregatícios das atividades empresariais é influenciada significativamente pelo evento da sentença extintiva da recuperação judicial. A partir desse referencial, a tendência volta a ser de crescimento ainda que não uniforme, conforme gráfico a seguir:

---

[41] O pedido de informação foi destinado ao Ministério da Economia, através do portal https://www.gov.br/acessoainformacao/pt-br. O protocolado foi tombado sob o número 03006.015242/2002-98 em 17.08.2020 e respondido pelo agente administrativo do gabinete da Subsecretaria de Políticas Públicas de Trabalho – SPPT/STRAB em 04.09.2020.

[42] Trabalho este que só foi possível ser realizado com a fundamental colaboração de Renata Hirota, integrante da Associação Brasileira de Jurimetria.

[43] "A mediana indica o valor central quando os resultados de todos os processos são listados em ordem crescente. Por tal razão, ela é menos afetada por resultados extremados." NUNES, Marcelo Guedes. *Jurimetria*: como a estatística pode reinventar o direito. São Paulo: Revista dos Tribunais, 2016, p. 61.

Gráfico 1 – Mediana de vínculos empregatícios após a sentença

Fonte: RAIS (2009/2018)

Se observado o ano da distribuição do processo, também se observará que a mediana dos resultados obtidos indica a redução dos vínculos empregatícios no curso do processo de recuperação judicial e, posteriormente, indica a tendência de subida com a obtenção da sentença, conforme gráfico a seguir:

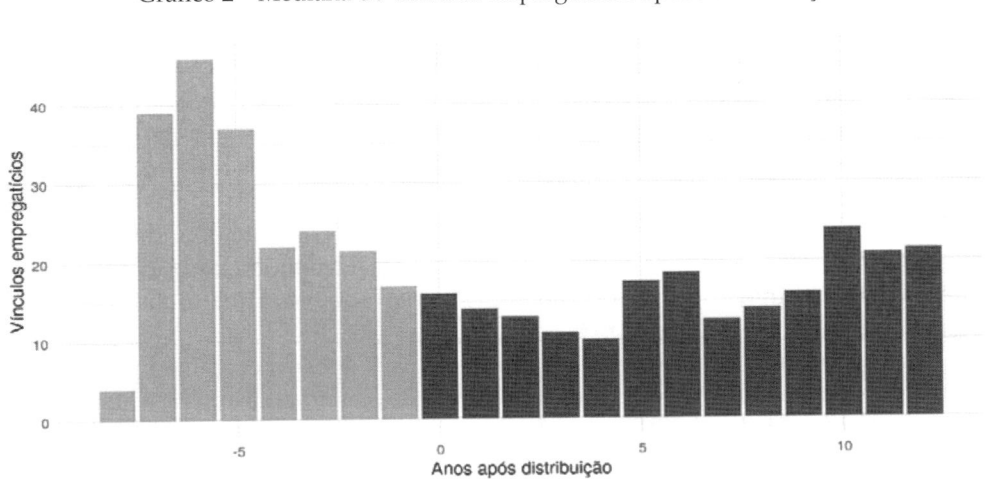

Gráfico 2 – Mediana de vínculos empregatícios após a distribuição

Fonte: RAIS (2009/2018)

A mediana padronizada pelo máximo de cada empresa colabora para esclarecer o que ocorreu com a quantidade de vínculos empregatícios formais informados anualmente pelas recuperandas através da RAIS. Reforça a conclusão de uma tendência de queda seguida por uma tendência de crescimento não uniforme, conforme gráfico a seguir:

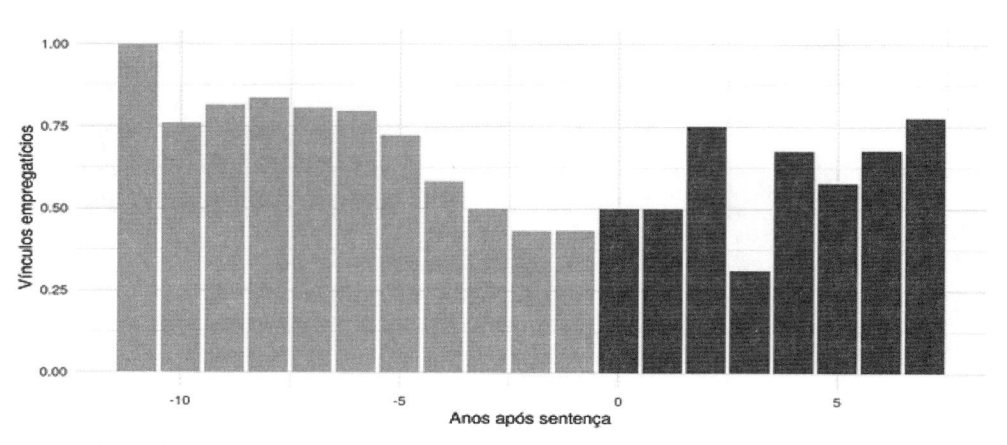

Gráfico 3 – Mediana de vínculos empregatícios pelo máximo após a sentença

Fonte: RAIS (2009/2018)

O valor da mediana se mostra mais próximo de identificar uma tendência da realidade na medida em que ela é menos suscetível de ser influenciada por casos extremos, como pode vir a ocorrer na média aritmética.[44]

A despeito da evidência da tendência de crescimento dos vínculos empregatícios após a ocorrência da sentença da recuperação judicial, o que reforçaria a conclusão sobre a concretização do programa normativo da manutenção dos empregos dos trabalhadores, relevante se faz destacar que somente 45 (quarenta e cinco) CNPJs possuíam informação de dados de vínculos empregatícios em todos os anos compreendidos entre 2009 e 2018.

Esse dado da realidade permite afirmar que tão somente 30% das sociedades (leia-se CNPJs) que chegaram ao final de uma recuperação judicial com extinção por sentença de cumprimento do plano permaneceram informando a quantidade de vínculos empregatícios anuais ao governo.

Caso recortada a análise apenas para esses casos que forneceram os dados anuais por todo o período, também se verifica a tendência de crescimento após a sentença, como demonstrado nos Gráficos 4 e 5 a seguir:

---

[44] Marcelo Guedes Nunes exemplifica: "Quando digo que a média entre dois números é igual a 50, esses dois números podem ser 49 e 51, resultados muitos próximos, ou podem ser 1 e 99, resultados mais distantes". NUNES, Marcelo Guedes. *Jurimetria*: como a estatística pode reinventar o direito. São Paulo: Revista dos Tribunais, 2016, p. 59.

Gráfico 4 – Mediana de vínculos empregatícios após a sentença (considerando apenas CNPJ com informações em todo o período)

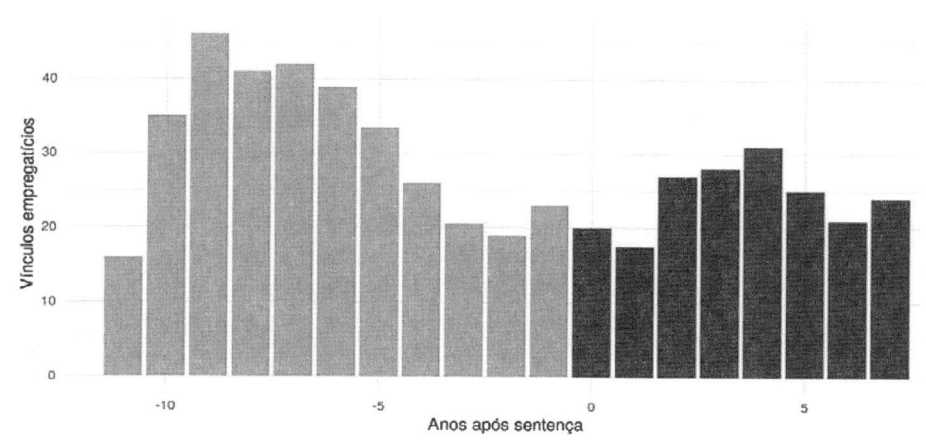

Fonte: RAIS (2009/2018)

Gráfico 5 – Mediana de vínculos empregatícios após a distribuição (considerando apenas CNPJ com informações em todo o período)

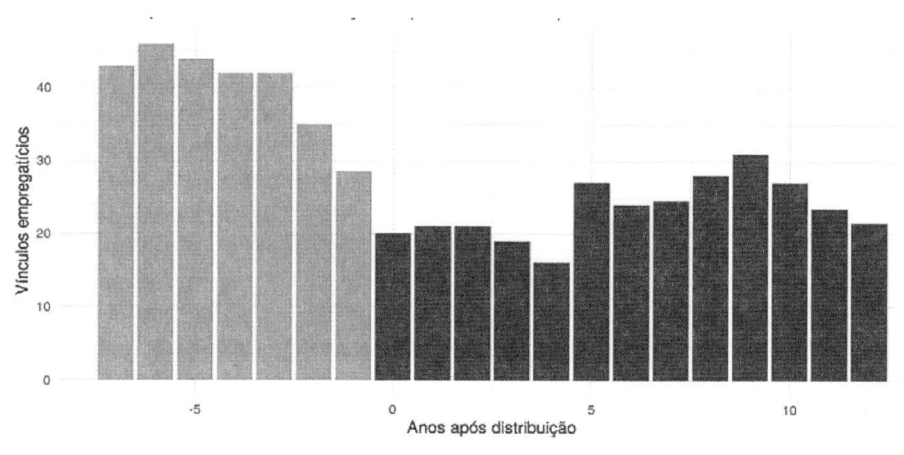

Fonte: RAIS (2009/2018)

A mediana padronizada pelo dado máximo de cada empresa deixa o cenário mais evidente de recuperação dos vínculos de empregos formais após o processo de recuperação judicial. A análise dos Gráficos 6 e 7 a seguir indica a menor quantidade de dados de vínculos empregatícios formais entre a distribuição da ação e a obtenção da sentença:

Gráfico 6 – Mediana de vínculos empregatícios pelo máximo após a sentença
(considerando apenas CNPJ com informações em todo o período)

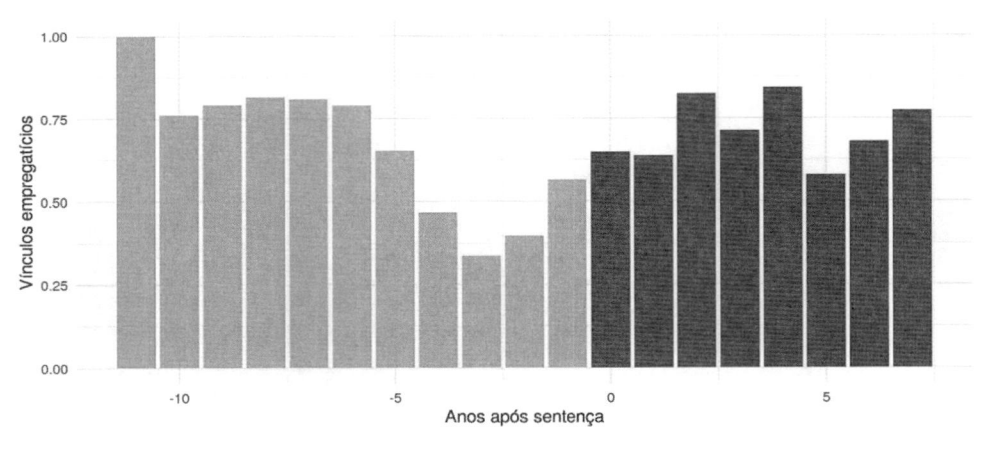

Fonte: RAIS (2009/2018)

Gráfico 7 – Mediana de vínculos empregatícios pelo máximo após a distribuição
(considerando apenas CNPJ com informações em todo o período)

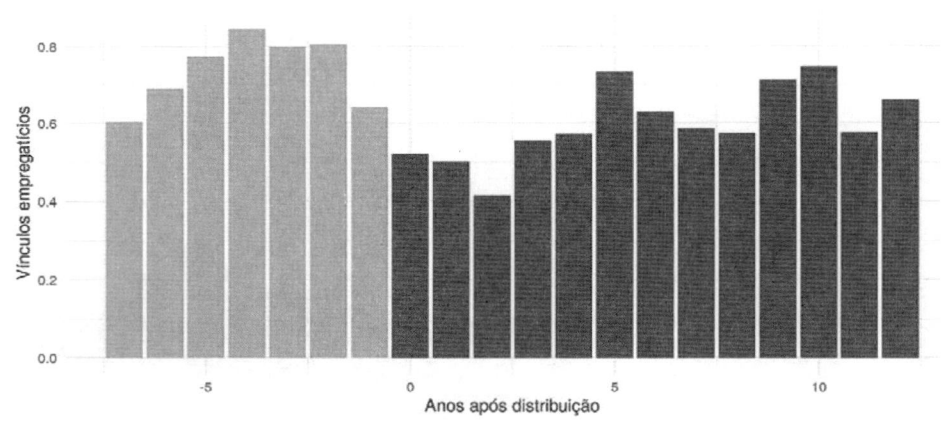

Fonte: RAIS (2009/2018)

A realidade empírica revela que o instrumento da ação de recuperação judicial tem sido capaz de permitir a manutenção e até mesmo o soerguimento dos empregos dos trabalhadores. O cenário é o da hipótese de que o objetivo da lei foi alcançado no que se refere à manutenção dos empregos dos trabalhadores.

Todavia, cabe a advertência de que isso se verificou de maneira estatisticamente inferior ao pretendido pelo programa normativo, considerando a amostragem das empresas que chegaram ao fim do processo com a sentença extintiva.

6 O interesse dos credores

O programa normativo da Lei nº 11.101/2005 dá voz ao interesse dos credores da recuperanda. A recuperação deve ocorrer na medida (alcance, cálculo, proporção) do interesse dos credores em geral.

Observando-se o interesse coletivo do arranjo social como um todo, sob a ótica de risco e do sistema de créditos em geral, foram colhidas, em setembro de 2020, consultas ao Serasa Experian dos 148 CNPJs extraídos da listagem das ações de recuperação judicial extintas por cumprimento do plano.

Após a sentença que indicaria o soerguimento da atividade empresarial, somente 26% dos CNPJs consultados não possuíam negativações, ao passo que 74% possuíam algum tipo de registro de pendência negativa nesse importante cadastro de restrição ao crédito.

Os resultados da pesquisa empírica no Serasa, coletados em setembro de 2020, também permitem esclarecer o conteúdo das negativações encontradas em desfavor das empresas. Das 110 (cento e dez) empresas com negativações, quase a totalidade apresentava protestos (95%), metade apresentava pendências comerciais (51%) e uma quantidade inferior tinha pendências bancárias (27%) e cheques sem fundos (11%).

Entre as 38 (trinta e oito) atividades empresariais (CNPJs) que não possuíam negativações, 4 (quatro) estavam com o CNPJ inapto, o que permite indicar que não mais estariam realizando operações econômicas regulares no mercado.

O Serasa ainda mantém uma tabela de pontuação para fins de melhor subsidiar a análise de risco de crédito e de relacionamento entre as empresas. A pontuação leva em consideração os dados disponíveis sobre pendências financeiras, bancárias, protestos, como também o faturamento e os pagamentos realizados. A informação objetiva indicar tendência de possibilidade de a empresa se tornar inadimplente nos próximos 6 (seis) meses.

Dos 148 (cento e quarenta e oito) CNPJs consultados, apenas 92 (noventa e dois) casos possuíam efetivamente *score* calculado pelo Serasa, distribuídos conforme Gráfico 15 a seguir:

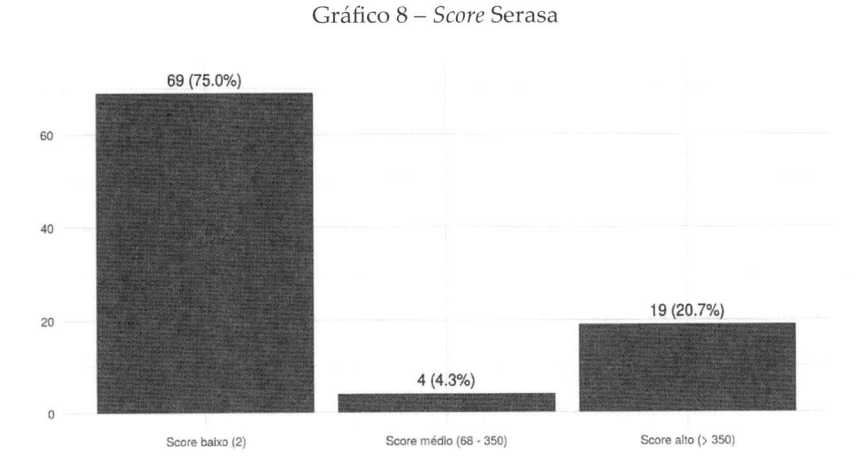

Gráfico 8 – *Score* Serasa

Score baixo (2)	Score médio (68 - 350)	Score alto (> 350)
69 (75.0%)	4 (4.3%)	19 (20.7%)

Fonte: Serasa Experian (setembro 2020)

Os dados da realidade empírica revelaram que, para 69 (sessenta e nove) CNPJs (ou seja, 75% das empresas que possuíam cálculo de score na tabela do Serasa), foi atribuído o *score* mínimo de dois. Isso representa que a empresa está em situação de inadimplência e o mercado só se relacionará com tais atividades através de pagamentos à vista, ou seja, sem possibilidade de celebração de contratos para cumprimento da obrigação no futuro.

No *score* médio, foram identificados apenas quatro CNPJs. Para esse tipo de classificação, é esperado que o mercado exija garantias adicionais para a formalização de um negócio, sendo medida de prudência acompanhar o desenvolvimento da atividade. O negócio, nesses casos, apresenta sinais de vulnerabilidade da sua capacidade de pagamento.

Por fim, no perfil do *score* alto, somente 19 (dezenove), ou seja, 20% (vinte por cento) dos CNPJs com *score* no Serasa, obtiveram uma pontuação em que seria considerado se relacionar com a atividade empresarial sem solicitar garantias adicionais. Nesses casos, a sociedade costuma honrar seus compromissos.

Essa análise fica ainda mais significativa se observarmos que foram 148 (cento e quarenta e oito) CNPJs que conseguiram chegar até a sentença extintiva da recuperação judicial por cumprimento do plano.

A concretização do programa normativo do interesse dos credores previsto no art. 47 da Lei nº 11.101/2005 se confirmou, então, como uma alternativa de ocorrer. É o cenário da hipótese de haver sido atendido o objetivo da lei, segundo as evidências dos casos analisados.

O *score* mais elevado se mostrou realidade em um número estatisticamente reduzido de 13% (treze por cento), considerando-se o campo de amostragem dos CNPJs que atingiram a sentença extintiva da recuperação judicial.

7 Conclusão

O objetivo principal do artigo 47 da Lei nº 11.101/2005 é revelado na metanorma de "viabilizar a superação da situação da crise econômico-financeira do devedor". Superar estado de crise transitório é pressuposto para alcançar os demais objetivos específicos que estão expostos no texto da lei, quais sejam: "a manutenção da fonte produtora", "do emprego dos trabalhadores" e "dos interesses dos credores".

O presente artigo apresentou o âmbito da norma dos objetivos específicos do artigo 47 da LREF através da análise dos dados extralinguísticos que envolvem os elementos econômicos, sociais e políticos, considerados para a concretização da norma jurídica no caso concreto.

A obtenção da descrição dos dados da realidade serviu para subsidiar o debate em torno da concretização dos objetivos do art. 47 da lei de recuperação judicial. A pesquisa investigou se os resultados encontrados na realidade estão em consonância com os objetivos previstos pela Lei nº 11.101/2005.

Os efeitos identificados na atividade empresarial, após a sentença extintiva da recuperação judicial, ocorreram mediante a apuração dos dados da economia real. Os dados extralinguísticos do âmbito se deram através da metodologia empírica.

Os atos societários arquivados na Junta Comercial serviram para subsidiar a análise do objetivo de manutenção da fonte produtora. Os registros da Relação Anual de

Informações Sociais (RAIS) foram utilizados para reflexão da manutenção dos empregos formais. E o interesse dos credores restou materializado pela análise de adimplência das empresas frente ao cadastro de crédito do Serasa.

O cenário advindo da análise é que confirmou a hipótese do soerguimento da atividade empresarial após a sentença extintiva da ação de recuperação judicial, ainda que essa métrica tenha ocorrido dentro de uma frequência reduzida, considerando-se a população da amostragem utilizada.

A conclusão é a hipótese de que há evidências que permitem concluir que os objetivos declarados pela lei foram alcançados na realidade da atividade empresarial após a sentença de recuperação judicial.

Relembre-se, o Direito empresarial concursal está em constante evolução. A concretização da norma no caso concreto com a união dos dados linguísticos e extralinguísticos da realidade é que permitirá o aperfeiçoamento contínuo.

A pesquisa não pretendeu revelar um conhecimento determinístico, de modo a apontar todas as casualidades econômicas, políticas e sociais que se relacionam com o artigo 47 da legislação da recuperação judicial. Cuidou-se de apresentar um conhecimento por aproximação, que se valeu da estatística descritiva da realidade, com a consciência de que o objeto da ciência se renova constantemente.

Após o exame e da realidade empírica subjacente, é possível concluir que o objetivo invocado neste texto foi entregue à sociedade para que esta perpetue a sua missão de seguir em constante transformação através da ciência.

Informação bibliográfica deste texto, conforme a NBR 6023:2018 da Associação Brasileira de Normas Técnicas (ABNT):

GOMES, Tadeu Alves Sena. O âmbito da norma dos objetivos específicos da recuperação judicial. *In*: SEEFELDER FILHO, Claudio Xavier (coord.). *Direito Econômico e Desenvolvimento*: entre a prática e a academia. Belo Horizonte: Fórum, 2023. p. 455-471. ISBN 978-65-5518-487-7.

O DIREITO À LICENÇA-MATERNIDADE PARA CASAIS HOMOAFETIVOS FEMININOS

TULIUS MARCUS FIUZA LIMA

1 Introdução

A licença-maternidade é um direito social concedido às trabalhadoras gestantes, lactantes ou adotantes, nos moldes do art. 7º, inc. XVIII, da CF/88. Tem como principais objetivos concretizar o direito fundamental à maternidade para todas as mulheres; dar prioridade absoluta aos cuidados primários, afetivos, psicológicos e físicos dos recém-nascidos; bem como assegurar e promover a proteção do vínculo materno formado entre mães e filhos.

A Constituição Federal abraçou os novos arranjos familiares, divorciado do antigo modelo patriarcal, hierarquizado e matrimonializado, em que a liberdade ocupava papel secundário para um modelo de entidade familiar escorado na afetividade, estabilidade e ostensibilidade, voltado à realização dos seus membros. O Supremo Tribunal Federal, na ADPF nº 132/2008, julgada conjuntamente com a ADI nº 4.277/2009 do DF, reconheceu as uniões homoafetivas como "entidade familiar" e proibiu qualquer tipo de preconceito e discriminação em razão de gênero ou de orientação sexual na compreensão, interpretação e aplicação de direitos e garantias fundamentais, concretizadores, em certa medida, do princípio da dignidade da pessoa humana, consagrado no artigo 1º, inciso III, da CF/88.

As transformações sofridas pelas famílias contemporâneas, com o reconhecimento dos diversos núcleos familiares existentes; os direitos das mulheres; das crianças; a descoberta de métodos inovadores de reprodução assistida, a exemplo da fertilização *in vitro* por gestação compartilhada (Resolução nº 2.121/2015, do CFM); assim como a possibilidade de mulheres não grávidas amamentarem seus filhos, implicam uma visão e reformulação do conceito de família, onde definições de paternidade e maternidade com base biológica foram superadas. Em face disso, casais homoafetivos formados por mulheres buscam, mediante decisões judiciais, a concretização de direitos fundamentais constitucionais, dentre eles, o direito à maternidade, concretizado mediante a licença-maternidade, à medida que, no âmbito administrativo, o benefício é deferido apenas a uma das mães, seja gestante ou adotante, concedendo-se à companheira a licença-paternidade conferida aos pais, a despeito do gênero feminino. Entendem que a maternidade não é aquela exclusiva da gestação, mas da prestigiada condição materna, sem descuidar, entretanto, do melhor interesse da criança.

O presente artigo tem o objetivo de demonstrar a possibilidade da concessão de dupla licença-maternidade, a partir do direito materno das mães; do direito dos recém-nascidos; e dos casais homoafetivos compostos por duas mulheres.

2 O programa normativo

Com o advento da Constituição Federal, de 1988, o Brasil adotou o Direito Constitucional do Estado Social, que exprime com toda força a tensão entre norma e realidade, havendo necessidade de releitura dos textos constitucionais por meio de constante compreensão, interpretação e aplicação material dos respectivos conteúdos, pois "direito e realidade" não subsistem autonomamente por si só; ao contrário, interagem-se e integram o processo de concretização da norma jurídica diante da situação particular.[1]

Não é possível compreender o constitucionalismo do Estado Social se fecharmos os olhos à Teoria dos Direitos Fundamentais e aos princípios constitucionais, em especial o da dignidade da pessoa humana, da igualdade, da pluralidade das formas de família e do melhor interesse da criança.[2] A dignidade da pessoa humana passa a ser o paradigma do Estado Democrático de Direito a determinar a funcionalização de todos os institutos jurídicos de proteção à pessoa. Qualquer concretização do programa normativo constitucional, ou infraconstitucional, deve estar, em alguma medida, em conformidade com o mencionado princípio. No Direito de Família não é diferente, por a ele se encontrar ligado de forma molecular, seja em face do artigo 227, *caput*, da CF/88, seja em relação à enunciação expressa no art. 226, §7º, da CF/88.

Firmados no princípio fundamental e estruturante da dignidade da pessoa humana é que devem ser concretizados os direitos fundamentais sociais, que "constituem exigência inarredável do exercício efetivo das liberdades e garantia da igualdade", especialmente de oportunidades "inerentes à noção de uma democracia e um Estado de Direito" de conteúdo não apenas formal, mas voltado à Justiça substancial.[3] Destarte, o direito à maternidade deve ser concretizado com a licença-maternidade, de modo a atender os direitos das mulheres e das crianças, ou seja, dos sujeitos que compõem o vínculo maternal, dando-lhes proteção e dignidade. Devem-se levar em consideração os efeitos de tais normas nos "novos" arranjos familiares, com destaque para as relações homoafetivas do sexo feminino.

Enuncia o artigo 6º da Lei Magna os direitos sociais, dentre eles, a proteção à maternidade e à infância. São direitos sociais básicos, que buscam garantir, mediante a compensação das desigualdades sociais, o exercício de liberdade e igualdade real e efetiva. Pressupõe um comportamento ativo do Estado, à medida que a igualdade substancial

---

[1] MULLER, Friedrich. *Teoria estruturante do direito I*. Trad. Peter Naumann e Eurides Avance de Souza. 2. ed. São Paulo: Revista dos Tribunais, 2009, p. 58.
[2] BONAVIDES, Paulo. *Curso de direito constitucional*. 34. ed. São Paulo: Malheiros, p. 382.
[3] SARLET, Ingo Wolfgang. *Dignidade da pessoa humana e direitos fundamentais na Constituição de 1988*. Porto Alegre: Livraria do Advogado, 2001, p. 63.

não se oferece por si mesma, devendo ser implementada diante da problemática do caso concreto.[4] Com efeito, caso o Estado tenha contemplado determinados cidadãos ou grupos com prestações sociais, com esteio em norma definidora de direitos fundamentais, não poderá excluir outros do benefício, de maneira que, com base no princípio da igualdade e do respeito às diferenças, encontram-se proibidas desigualdades tanto a benefícios quanto a encargos.

No Estado Social de Direito, o princípio da igualdade serve à concretização da liberdade e da igualdade substancial, possibilitando o exercício efetivo da liberdade, e não de dever. Objetiva restringir a margem de arbítrio numa exclusão de determinado benefício, para evitar cortes que podem vir a impedir o particular, ou um grupo específico, "de exercer a sua oportunidade de acesso ao sistema prestacional existente".[5]

É inegável que o direito à maternidade apresenta uma dimensão negativa (contra intervenções do Estado às liberdades individuais) e uma dimensão positiva – direito a prestações sociais – a exemplo do exercício da licença-maternidade por todas as mulheres, gestantes ou não. É possível assentar que tanto os direitos negativos possuem repercussão prestacional quanto os direitos a prestações possuem uma dimensão negativa.[6] Tais aspectos possuem importância no campo da exigibilidade e proteção dos direitos e garantias fundamentais das mulheres, das crianças e das famílias homoafetivas do sexo feminino. Com base nisso, o direito social à maternidade, concretizado pela licença-maternidade, em proveito das mulheres, do neonato e da família, obriga o Estado a instituir políticas públicas protetivas para ser exercido de forma plena. Para concretizar tais direitos a CF/88, no artigo 7º, *caput* e inc. XVIII, dispôs:

> Art. 7º São direitos dos trabalhadores urbanos e rurais, além de outros que visem à melhoria de sua condição social: [...] XVIII – licença à gestante, sem prejuízo do emprego e do salário, com duração de cento e vinte dias.

Destaca-se que os direitos elencados no *caput* do artigo são de natureza exemplificativa diante da expressão "[...] além de outros que visem à melhoria de sua condição social", o que permite afirmar que existem outros direitos trabalhistas que não estão nele relacionados. Ao lado disso, a possibilidade de mudança normativa de sentido da disposição legal é aceita pela doutrina "se em seu âmbito surgirem novos fatos não previstos ou se por meio de uma classificação dentro de um padrão global de desenvolvimento, fatos conhecidos aparecerem em uma nova relação ou sentido".[7]

No caso específico da licença-maternidade cita-se: a existência de novos núcleos familiares, antes desconsiderados, a exemplo das famílias homoafetivas do sexo feminino; os direitos das mulheres à maternidade e ao planejamento familiar – substancialmente afetados pelos avanços da medicina e pelos métodos conceptivos e contraceptivos – e o melhor interesse das crianças. Todos de suma importância em nova leitura e interpretação

---

[4] *Ibidem*, p. 310.
[5] SARLET, Ingo Wolfgang. *Dignidade da pessoa humana e direitos fundamentais na Constituição de 1988*. Porto Alegre: Livraria do Advogado, 2001, p. 310.
[6] *Ibidem*, p. 181.
[7] MULLER, Friedrich. *Teoria estruturante do direito I*. Trad. Peter Naumann e Eurides Avance de Souza. 2. ed. São Paulo: Revista dos Tribunais, 2009, p. 171.

do texto constitucional em razão do "[...] prestígio que a igualdade substancial começou a desfrutar no ordenamento jurídico brasileiro onde a força social imprime ao Direito os seus rumos".[8]

Nesse contexto, a interpretação do *caput* do artigo 7º, na qualidade de cláusula geral de abertura, deverá ser feita de maneira sistêmica e coerente, e ao mesmo tempo histórica e sociocultural, considerando as normas fundamentais que orientam as relações jurídicas de família, a fim de permitir a inclusão de outras beneficiárias no âmbito da licença-maternidade, tendo em vista que a condição biológica da mãe não é fator determinante para a concessão do benefício, posição acolhida pelo STF, no RE nº 778.889/PE, ao concretizar o direito à licença-maternidade às mães adotivas.[9] No seu voto, o rel. Min. Luís Roberto Barroso ressaltou a função essencial da licença-maternidade para a proteção do interesse da criança, que, tanto nos casos de filiação biológica quanto adotiva, "precisa adaptar-se à família e estabelecer laços de afeto que são fundamentais para o seu desenvolvimento saudável". Considerou as licenças gestante e adotante espécies do gênero licença-maternidade. Para o relator, o artigo 7º, inciso XVII, da CF/88, deve ser interpretado em consonância com os direitos fundamentais, individuais e sociais, e toda a principiologia constitucional, que engloba a dignidade da pessoa humana, a autonomia e a igualdade das mulheres, reconhecendo que o texto da norma buscou alcançar toda e qualquer licença-maternidade.

Com efeito, a licença-maternidade, direito prestacional voltado à concretização do direito à maternidade, deve ser conciliada e compreendida sob a ótica do direito das famílias homoafetivas do sexo feminino, com reconhecimento de "entidade familiar", cujos conceito e conteúdo foram ampliados pelo Supremo Tribunal Federal na ADI nº 4277 do DF, julgada em conjunto com a ADPF nº 132. No voto condutor, o Min. Carlos Ayres Britto reforça a vedação ao "tratamento discriminatório ou preconceituoso", sem justa causa, em razão do sexo humano, que "se intentado pelo comum das pessoas ou pelo próprio Estado, passa a colidir frontalmente com o objetivo constitucional de prover o bem de todos".[10]

A consequência prática dos julgados da Suprema Corte é de que as famílias homoafetivas e respectivos membros estão respaldados por todos os direitos e garantias constitucionais. A licença-maternidade tem por objetivo dar concretude ao direito à maternidade, de modo a reconhecer os direitos das mães em uma união do sexo feminino, pois ambas podem exercer os atributos da maternidade, dar suporte e prover os cuidados primários, afetivos, psicológicos e físicos do recém-nascido. Estando a mulher e o bebê sob enfoque, é certo que a licença-maternidade não está condicionada e limitada ao estado biológico da mãe, tanto é verdade que o STF estendeu o benefício à mãe adotante, a despeito de parto ou idade da criança. Tal igualdade substancial de direitos entre mães biológicas e adotivas derivam expressamente da concretização de princípios e direitos fundamentais.

---

[8] FACHIN, Luiz Edson. *Direito civil*: sentidos, transformações e fim. Rio de Janeiro: Renovar, 2015, p. 12.

[9] SUPREMO TRIBUNAL FEDERAL. Recurso Extraordinário nº 778.889/PE, Rel. Min. Roberto Barroso, Tribunal Pleno, julgado em: 10 mar. 2016, acórdão eletrônico repercussão geral – mérito *DJE*-159, divulg. 29 jul. 2016, pub. 01 ago. 2016.

[10] SUPREMO TRIBUNAL FEDERAL. ADI nº 4.277/DF, Rel. Min. Ayres Britto, Tribunal Pleno, julgado em 5 maio 2011, *DJE*-198 divulg. 13 out. 2011, pub. 14 out. 2011, ementa vol. 02607-03, p. 00341 RTJ vol. 00219-01, p. 00212.

Com essa visão, o STF, no âmbito do RE nº 898.060/SC, manifestou-se no sentido de que a dignidade da pessoa humana compreende o ser humano como um ser intelectual e moral, apto a determinar-se e desenvolver-se em liberdade, para que "a eleição individual dos próprios objetivos de vida tenha preferência absoluta em relação a eventuais formulações legais definidoras de modelos preconcebidos, destinados a resultados eleitos *a priori* pelo legislador". A ausência de proibição não significa que essa liberdade seja juridicamente protegida, basta observar que, em certas decisões, administrativas e judiciais, que versam sobre a licença-maternidade para casais homoafetivos do sexo feminino, o benefício é concedido apenas à gestante, enquanto a companheira, mãe não gestante, é equiparada à condição biológica de pai, ao receber a licença-paternidade de cinco dias.

Tal entendimento simboliza também o reconhecimento pelo Estado à maternidade como sendo uma função social, verdadeira cláusula pétrea, nos moldes do art. 60, §4º, inc. IV, da CF/88, devendo ser entendida a partir da ótica de direito justo e necessário à proteção da mulher e da infância, sobretudo quando o Estado recomenda ser política pública fundamental o aleitamento materno até dois anos, e exclusivo até o 6º mês de vida do bebê, onde o exercício da licença-maternidade contribuiria para o alcance desse importante propósito.

Ao dedicarem-se aos cuidados dos filhos nos primeiros meses de vida, as mães estão exercendo o direito à licença-maternidade e cumprindo função social que beneficia a mulher, a criança, a família e toda a sociedade. Assim, é de responsabilidade do Estado assegurar esse direito a todas as mulheres trabalhadoras, a despeito da condição biológica ou da configuração familiar escolhida, com uma ou duas mulheres usufruindo do benefício. A beneplácito deriva dos princípios de proteção à maternidade, à criança e à família, fundada no princípio estruturante da dignidade da pessoa humana, com vertente sobre a igualdade, liberdade e solidariedade.

A igualdade, nesse cenário, implica dar tratamento diferenciado em determinadas situações concretas para que o princípio possa se fazer valer.[11] Deve-se considerar, dentro do princípio, as saudáveis e naturais diferenças dos gêneros, bem assim as diferenças entre as unidades familiares.[12] Sem essa consideração, não aplicamos corretamente o princípio da igualdade e, com isso, "fere-se a dignidade da pessoa humana ao retirar da cena jurídica as peculiaridades e singularidades psíquicas e culturais de cada gênero".[13] Nesse aspecto, o tratamento diferenciado é cabível e até mesmo exigível quando o respeito à liberdade coexistencial demandar, tendo em vista que "formas diferentes de autoconstituição podem exigir do Estado diferentes formas de proteção", que não se encaixam obrigatoriamente em modelos legislativos prévios. Todas as entidades familiares têm a mesma dignidade jurídica, sendo igual a exigibilidade de proteção e de incremento da dimensão existencial, centrada na liberdade, não sendo coerente com

---

[11] PEREIRA, Rodrigo da Cunha. *Princípios fundamentais norteadores do direito de família*. 3. ed. São Paulo: Saraiva, 2016, p. 174.

[12] MULLER, Friedrich. *Teoria estruturante do direito I*. Trad. Peter Naumann e Eurides Avance de Souza. São Paulo: Revista dos Tribunais, 2009, p. 156.

[13] PEREIRA, Rodrigo da Cunha. *Princípios fundamentais norteadores do direito de família*. 3. ed. São Paulo: Saraiva, 2016, p. 173.

a Constituição "uma interpretação restritiva que exclua entidades familiares do âmbito da proteção a ser oferecida pelo direito".[14]

Em respeito à personalidade e à dignidade da mulher, mostra-se inaceitável a concessão da licença-paternidade para a mãe não gestante, desconsiderando as particularidades psíquicas e culturais próprias do gênero, sobretudo nos casos em que duas mães, compondo um casal homoafetivo do sexo feminino, pretendem exercer conjuntamente o direito à maternidade. O princípio da igualdade, em todas as dimensões, veda discriminações entre pessoas que merecem idêntico tratamento, isto é, entre duas mulheres, impedindo que o Judiciário, ao interpretar a norma constitucional, dê tratamento distinto a quem a lei, e também a natureza, definiu iguais.[15]

Em função disso, o artigo 7º, inciso XVII, da CF/88, não pode e nem deve ser examinado de forma isolada e distante de historicidade, de facticidade e do atual estágio constitucional, mas, de modo sistêmico, integrativo e coerente, à luz dos princípios constitucionais da dignidade da pessoa humana, da liberdade, da igualdade, em vertente substancial, pois que, não de agora, têm sido reconhecidos à mãe adotiva iguais direitos aos concedidos à mãe biológica, não havendo justificativa plausível para que não seja ampliada à mãe lactante, seja apenas uma ou ambas, a depender do caso concreto.

No âmbito das normas infraconstitucionais, a prestação da licença-maternidade, garantida às trabalhadoras celetistas, foi estendida às servidoras públicas ocupantes de cargos públicos, por força do art. 39, §3º, da CF/88. A Lei nº 8.112/90 dispôs sobre a licença-maternidade no artigo 207, segundo o qual: "Será concedida licença à servidora gestante por 120 (cento e vinte) dias consecutivos, sem prejuízo da remuneração". O dispositivo repete a expressão "gestante" contida no inciso XVIII do art. 7º da CF/88, cujo comando inadvertidamente é subinclusivo, merecendo interpretação integrativa e coerente com os demais enunciados constitucionais invocados e classificados por meio dos elementos do programa normativo dos direitos fundamentais, com a finalidade de ampliar o âmbito de proteção para alcançar todas as mulheres. Destarte, o texto infraconstitucional deve ser avaliado e corrigido a partir do programa normativo e o âmbito da norma dos direitos fundamentais, pois a eles pertence.[16]

A própria lei ordinária concedeu às mães servidoras públicas denominadas "lactantes" a licença-maternidade pretendida ao estipular um período de descanso durante a jornada de trabalho com vista à amamentação do bebê, nos termos do artigo 209: "Para amamentar o próprio filho, até a idade de seis meses, a servidora lactante terá direito, durante a jornada de trabalho, a uma hora de descanso, que poderá ser parcelada em dois períodos de meia hora". O enunciado encontra-se de conformidade com a Constituição, pois não está restrita ou condicionada à literalidade do artigo 207 da Lei nº 8.112/90. Ao interpretar o art. 209, é possível assegurar que o benefício poderá ser concedido também à mãe "lactante", companheira da gestante, pois representa a explicitação, por meio de uma norma infraconstitucional, do direito fundamental

---

[14] RUZYK, Carlos Eduardo Pianovski. *Institutos fundamentais do Direito Civil e liberdade(s):* repensando a dimensão funcional do contrato, da propriedade e da família. Rio de Janeiro: GZ Ed., 2011, p. 334.
[15] MENDES, Gilmar Ferreira *et al. Curso de direito constitucional.* 2. ed. São Paulo: Saraiva, 2008, p. 157.
[16] MULLER, Friedrich. *Teoria estruturante do direito I.* Trad. Peter Naumann e Eurides Avance de Souza. 2. ed. São Paulo: Revista dos Tribunais, 2009, p. 247.

à maternidade. Desse modo, ambas as mães teriam direito ao exercício da licença-maternidade pretendida. O argumento possui relevância ao analisarmos os elementos do âmbito normativo que circundam situações fáticas de mães não gestantes que buscam, no âmbito judicial e/ou administrativo, o benefício da licença-maternidade, onde casais homoafetivos do sexo feminino utilizam-se do método de reprodução medicamente assistida, "gestação compartilhada", para concretizar o direito à maternidade, enquanto a mãe, companheira da gestante, consegue, por meio de procedimentos médicos específicos e substâncias hormonais, a produção de leite materno, possibilitando-lhe amamentar os filhos recém-nascidos.

A interpretação do dispositivo legal, enquanto norma jurídica acabada, nos moldes antes defendidos pelos positivistas, sem observar os direitos fundamentais nela concretizados, leva à interpretação apenas gramatical do enunciado, fixando o texto da norma o limite intransponível da interpretação, despindo-a de qualquer elemento da realidade sociocultural e histórica concreta. Nesse cenário, o CNJ tem atuado e contribuído com importantes medidas para o reconhecimento e concretização dos direitos das famílias homoafetivas femininas. Uma delas foi a publicação da Resolução nº 175/2013, tornando obrigatória aos cartórios de registros civis a celebração, habilitação e conversão da união estável em casamento entre pessoas de idêntico sexo; e, no caso de descumprimento, comunicação ao respectivo juiz corregedor para as providências cabíveis. Outra medida relevante veio com o Provimento nº 63/2017, ao instituir regras para o registro de nascimento em todo o território brasileiro, a exemplo da possibilidade de casais homoafetivos, que optarem pela técnica médica de fertilização *in vitro*, registrarem os bebês, sem a necessidade de ação judicial. Esses provimentos reconhecem e concretizam administrativamente direitos e princípios fundamentais referentes às famílias homoafetivas, ao buscar soluções para problemas concretos, no intuito de ressignificar qualquer dispositivo normativo que não acolha as variedades e as peculiaridades desses núcleos familiares.

Sabe-se que a emancipação dos sujeitos, a redescoberta das questões de gênero e os direitos sexuais e reprodutivos fundamentam-se no reconhecimento de todo casal e de cada indivíduo de decidir livre e responsavelmente sobre o número, o espaçamento e a oportunidade de ter filhos, bem como de ter informação adequada e o direito de gozar do mais elevado padrão de saúde sexual e reprodutiva. Incluindo ainda o direito de tomar decisões sobre a reprodução, livre de discriminação, coerção ou violência, faz surgir novas demandas democráticas e republicanas, "que projetaram a necessidade de responder não só à igualdade na diferença, mas sobretudo a diferença da própria diversidade".[17]

Há mudanças sociais que não foram previstas quando da elaboração dos textos normativos pelo legislador, a exemplo do direito à dupla licença-maternidade para mulheres que compõem um casal do sexo feminino, cuja concretização da maternidade exige a coesão entre os programas constitucionais e infraconstitucionais, a dar prevalência aos valores existenciais e concretude ao princípio da dignidade da pessoa humana, da igualdade e da liberdade. Atento às mudanças históricas, o STF, no RE nº 1.211.446/SP, reconheceu a existência de repercussão geral, em relação à possibilidade de concessão da

---

[17] FACHIN, Luiz Edson. *Direito civil*: sentido, transformações e fim. Rio de Janeiro: Renovar, 2015, p. 32.

licença-maternidade à mãe não gestante, cuja parceira engravidou após procedimento de inseminação artificial. Destacou o rel. Min. Luiz Fux:

> [...] A titularidade da licença-maternidade ostenta uma dimensão plural, recaindo sobre mãe e filho(a), de modo que o alcance do benefício não mais comporta uma exegese individualista, fundada exclusivamente na recuperação da mulher após o parto. Certamente, a licença também se destina à proteção de mães não gestantes que, apesar de não vivenciarem as alterações típicas da gravidez, arcam com todos os demais papeis e tarefas que lhe incumbem após a formação do novo vínculo familiar. Considerando que a Constituição alçou a proteção da maternidade a direito social (CF, art. 6º c/c art. 201), estabelecendo como objetivos da assistência social a proteção "à família, à maternidade, à infância, à adolescência e à velhice" (CF, art. 203, inc. I), revela-se dever do Estado assegurar especial proteção ao vínculo maternal, independentemente da origem da filiação ou da configuração familiar que lhe subjaz.

A concretização do direito da mãe à maternidade, que autoriza o exercício da licença-maternidade, deve estar em consonância com os princípios da dignidade da pessoa humana, da igualdade, da liberdade reprodutiva e do superior interesse da criança, de modo a tutelar o vínculo formado entre mãe e filho, a despeito da origem biológica ou adotiva, com base no afeto e na proteção ao vínculo materno entre mães não gestantes e recém-nascidos. Dar reconhecimento à mãe não gestante, partícipe de relação homoafetiva feminina, é fortalecer o direito à maternidade, à dignidade humana, à liberdade e à igualdade substancial e simbolicamente "exteriorizar o respeito estatal *às* diversas escolhas de vida e configuração familiares existentes",[18] ampliando o contorno do âmbito de proteção.

Por isso, a Supremo Corte, após analisar a licença-maternidade para mães adotantes, cuja base envolve os direitos das mulheres, das crianças e da família, referendou que a única maneira de conciliar o art. 7º, inc. XVIII, da CF/88 com a concretização dos direitos fundamentais à dignidade, à liberdade, à autonomia, à igualdade e à maternidade "*é* aquele que reconhece que o seu comando, em verdade, pretendeu alcançar toda e qualquer licença maternidade".[19] Tem-se que a concretização do direito à maternidade começa com a compreensão e análise linguística dos textos do programa normativo; segue com o exame dos elementos e dados empíricos do respectivo âmbito normativo, chegando-se a norma jurídica propriamente dita que decidirá pela concessão ou não do benefício às mães que formam um casal do sexo feminino.

3 O âmbito normativo

Delimitado o programa normativo aplicado ao direito à licença-maternidade para casais homoafetivos do sexo feminino, passa-se a analisar os elementos fáticos a partir de três bases empíricas: o direito à maternidade para mães que compõem uma relação homoafetiva; a maternidade e os avanços médicos, tecnológicos e científicos; e o

---

[18] SUPERIOR TRIBUNAL FEDERAL. Repercussão Geral no RE nº 1.211.446/SP. *DJ* 251, 19 nov. 2019.
[19] SUPREMO TRIBUNAL FEDERAL. Recurso Extraordinário nº 778.889/PE, Rel. Min. Roberto Barroso, Tribunal Pleno, julgado em 10 mar. 2016, acórdão eletrônico repercussão geral – mérito *DJE*-159, divulg. 29 jul. 2016, pub. 01 set. 2016.

aleitamento materno como um direito fundamental da criança, da mulher e da família homoafetiva do sexo feminino.

3.1 O direito à licença-maternidade para mães que compõem uma relação homoafetiva

A relação entre mulheres e maternidade começa pela escolha livre, desimpedida e consciente de ser mãe e pelo modo que planejam, sentem e vivem a maternidade em todas as etapas, a despeito da configuração familiar. Tem como base aspectos sociais, culturais, psicológicos e biológicos a ser considerados pelo intérprete da lei quando da análise da situação concreta, que reconhecerá, ou não, a licença-maternidade para mães não gestantes.

Encontra-se o direito à maternidade no artigo 6º da CF/88, em benefício da concretização do princípio da dignidade das mulheres e dos neonatos, cabendo ao Estado estabelecer políticas públicas para ser plenamente exercido, sem limitá-lo ou excluí-lo do campo das liberdades constitucionais. A partir disso, a liberdade garantida pelo direito fundamental à maternidade, e todos os demais direitos que com ele dialogam, não aparece no teor a ser plenamente interpretado, "mas como uma justaposição de específicas garantias materiais de liberdade".[20] Maternidade significa "condição de mãe". Na qualidade de ato social, torna-se um processo que envolve planejamento familiar, gestação, parto, puerpério e criação dos filhos. Pela definição percebe-se que o conceito de maternidade não está restrito a fatores biológicos, a exemplo da gestação. Assim, o direito à maternidade pode ser postulado e exercido por meio da licença-maternidade, por qualquer mulher, gestante ou não, que venha a exercer a maternidade. É um dos direitos da mulher que pretende ser mãe. Certo que o processo de constituição da maternidade nas mulheres começa antes da concepção, desde as primeiras relações e identificações da mulher, passando pela atividade lúdica infantil, adolescência, até o desejo de ter filhos. Para muitas, no processo de gestação são relevados aspectos transgeracionais e culturais, relacionados ao que se espera de uma menina e de uma mulher dentro da família ou de determinada sociedade.[21]

Os motivos da escolha podem estar ligados a várias causas que, isoladas ou conjuntas, poderiam ser explicadas no ponto de interseção do biológico, do subjetivo e do social: "o desejo atávico pela reprodução da espécie, ou pela continuidade da própria existência; a busca de um sentido para a vida; a necessidade de uma valorização e reconhecimento social [...]; o amor pelas crianças; a reprodução tradicional do modelo familiar de origem, entre outros".[22] Os aspectos social e histórico, a delinear o caminho de construção da mulher-mãe, cercam-se de perenidade em termos de duração; porquanto, querendo ou não, as mulheres são "construídas" para serem mães, a despeito de outras atividades que casualmente possam desempenhar. Mesmo para mulheres que exercem as

---

[20] MULLER, Friedrich. *Teoria estruturante do direito I*. Trad. Peter Naumann e Eurides Avance de Souza. 2. ed. São Paulo: Revista dos Tribunais, 2009, p. 273.
[21] PICCININI, Cesar Augusto *et al*. Gestação e a constituição da maternidade. Disponível em: http://www.scielo.br/scielo.php?script=sci_arttext&pid=S1413-73722008000100008&lng=en&nrm=iso. Acesso em: 18 abr. 2020.
[22] SCAVONE, Lucila. *Maternidade*: transformação na família e nas relações de gênero. Disponível em: https://www.scielosp.org/article/icse/2001.v5n8/47-59/pt/#ModalArticles Acesso em: 19 abr. 2020.

mais diversas atividades, ser mãe caracteriza-se em atividade laboral das mais sublimes da vida terrena, chamada "mãe tempo integral" e "dedicação exclusiva". Para a maioria delas o ideal seria compatibilizar a maternidade com a realização profissional, o que nem sempre é possível.[23]

Para muitas mulheres, a maternidade é vista sob o prisma da essência da condição feminina, "ser mulher" é igual a "ser mãe", sendo a mãe considerada imprescindível ao bom e saudável desenvolvimento dos filhos.[24] Em consequência, a maternidade continua sendo afirmada por muitas como elemento forte na cultura e identidade feminina pela ligação com o corpo e com a natureza da pessoa humana. A maternidade provoca indiscutivelmente nas mães transformações corporais, psicológicas, na conjugalidade e no "tornar-se mãe", impondo-lhes uma série de mudanças na vida cotidiana daí em diante.

A escolha reflexiva para aceitação, ou não, da maternidade constitui elemento que possibilita às mulheres que a decisão pela reprodução seja feita com base na experiência adquirida, sem medo, culpa ou outro sentimento que não o de realização individual e/ou social. Essa escolha será mais reflexiva e segura quanto maior for a possibilidade de acesso à informação, à cultura e ao conhecimento especializado.[25] Não se olvida que a maternidade, tanto pelas exigências de condições afetivas, financeiras e sociais quanto pelo número de filhos e de "certa" idade para ser mãe, tenha um custo significativo para muitas mulheres.

Não cabe indagar os motivos pelos quais mulheres optam pela não maternidade e muito menos apontar os reflexos das desigualdades econômicas, sociais e culturais sobre a decisão, notadamente em relação às mulheres pertencentes a grupos sociais mais vulneráveis. Também não se ignora que a maternidade pode dificultar as oportunidades de ascensão das mulheres na carreira e na ocupação de espaços de poder e decisão dentro da sociedade. Não se despreza também a necessária busca de maior equidade na responsabilidade parental entre homens e mulheres. Esse não é o debate. O objetivo é garantir às mulheres o exercício pleno das liberdades individuais de manter, conduzir e potencializar o respectivo bem-estar, seres autônomos que são, capazes de autogovernação, de fazer escolhas e de se responsabilizar por elas.

A ideia de liberdade diz respeito àquela para determinar o que se quer, ponto que se valoriza, e, em último estágio, o que se decide escolher.[26] Essa liberdade mostra-se positiva. Uma liberdade "vivida na coexistência, na definição dos rumos de vida da pessoa em relação *à* vida, como espaço de efetiva autoconstituição".[27] O valor atribuído a essa liberdade pelas mulheres e os caminhos a que pode levar não são direcionados pelo jurídico. Ao jurídico cabe, contudo, "oferecer meios para que o exercício da liberdade

---

[23] GRISCI, Carmem Lígia Lochins. Mulher – mãe. *Psicol. cienc. prof.*, Brasília, v. 15, n. 1-3, p. 12-17, 1995. Disponível em: http://www.scielo.br/scielo.php?script=sci_arttext&pid=S1414-98931995000100003&lng=en&nrm=iso. Acesso em: 20 ago. 2020.

[24] COUTINHO, Maria Lúcia Rocha. Variações sobre um antigo tema: a maternidade para mulheres. *In*: FERES-CARNEIRO, Terezinha (org.). *Família e casal*: efeitos da contemporaneidade. Rio de Janeiro: Ed. PUC-Rio, 2005, p. 127-128. Disponível em: https://www.redalyc.org/pdf/799/79943294010.pdf. Acesso em: 6 set. 2019.

[25] SCAVONE, Lucila. Maternidade: transformação na família e nas relações de gênero. Disponível em: https://www.scielosp.org/article/icse/2001.v5n8/47-59/pt/#ModalArticles Acesso em: 19 abr. 2020.

[26] SEN, Amartya. *A ideia de Justiça*. Trad. Denise Bottmann e Ricardo Doninelli Mendes. São Paulo: Companhia da Letras, 2011, p. 266.

[27] RUZYK, Carlos Eduardo Pianovski. *Institutos fundamentais do Direito Civil e liberdade(s)*: repensando a dimensão funcional do contrato, da propriedade e da família. Rio de Janeiro: GZ Ed., 2011, p. 323.

não seja aniquilado da liberdade e dignidade do outro".[28] A liberdade para definir a natureza de nossas vidas é um dos aspectos mais valiosos da experiência de viver e razão para estimar.[29]

Nesse cenário, a família contemporânea, como espaço para as pessoas exercitarem o direito à liberdade de coabitação, não admite mais a interferência do Estado no que tange à intimidade dos respectivos membros. Essa ingerência deve ter o condão de tutelar a família, apenas e tão somente, e de dar-lhe garantias à proteção da mulher e da criança, de modo a admitir manifestação de vontade, ampla e consciente, para que os que a integram possam viver em condições propícias à manutenção do núcleo afetivo.[30] Dispõe o §7º do art. 226 da CF/88:

> [...] Fundado nos princípios da dignidade da pessoa humana e da paternidade responsável, o planejamento familiar é livre decisão do casal, competindo ao Estado propiciar recursos educacionais e científicos para o exercício deste direito, vedada qualquer forma coercitiva por parte de instituições oficiais e privadas.

Pretendeu a Constituição, com a obrigação positiva imposta ao Estado, reconhecer o direito constitucional à concepção. O direito de ser mãe e pai, pelo critério natural ou artificial, mediante a utilização de métodos de reprodução medicamente assistida, é um dos quais as famílias poderão dele se valer.[31] Esse direito está vinculado às liberdades individuais e à capacidade e oportunidade de fazer escolhas. À medida que o Estado, por meio do programa constitucional, assegura o direito fundamental social à maternidade para todas as mulheres, a despeito da configuração familiar, a concretização desse direito não representa apenas obrigação positiva, mas uma obrigação negativa do Estado de não se abster de atuar de forma a garantir peculiar satisfação. O intérprete e aplicador da lei precisa ser fiel ao tratamento igualitário garantido pelo texto constitucional, não podendo "estabelecer diferenciações ou revelar preferências" onde não existem,[32] especialmente quando se trata de duas mães, formando um casal de mulheres, que buscam exercer conjuntamente o lado materno pleno e completamente.

É preciso assegurar às mulheres, a despeito da condição biológica, o direito à liberdade, à igualdade e ao bem-estar, mediante a concretização de direitos fundamentais que lhes conferiu autonomia, dignidade e respeito dentro da família e da sociedade.[33] Entender diferente é obstar a confirmação do direito constitucional à maternidade e contrariar a proteção ao direito das mulheres à dignidade, à igualdade e à liberdade vivida. Portanto, negar às mulheres o direito à licença-maternidade é violar, acima de tudo, o próprio princípio da dignidade da pessoa humana, valor fundamental do Estado Democrático de Direito.

---

[28] *Ibidem*, p. 27.
[29] SEN, Amartya. *A ideia de Justiça*. Trad. Denise Bottmann e Ricardo Doninelli Mendes. São Paulo: Companhia da Letras, 2011, p. 261.
[30] PEREIRA, Rodrigo da Cunha. *Princípios fundamentais norteadores do direito de família*. 3. ed. São Paulo: Saraiva, 2016, p. 188.
[31] ROSENVALD, Nelson; FARIAS, Cristiano Chaves de. *Curso de direito civil*: famílias. 9. ed. Salvador: Juspodivm, 2016, p. 584.
[32] DIAS, Maria Berenice. *Manual de direito das famílias*. 11. ed. São Paulo: Revista dos Tribunais, 2016, p. 54.
[33] RUZYK, Carlos Eduardo Pianovski. *Institutos fundamentais do Direito Civil e liberdade(s)*: repensando a dimensão funcional do contrato, da propriedade e da família. Rio de Janeiro: GZ Ed., 2011, p. 333.

3.2 A maternidade e os avanços médicos, tecnológicos e científicos

Compreendida a importância do direito à maternidade para as mulheres na construção do sujeito mulher-mãe; da capacidade delas planejarem livremente o número, o espaçamento e a oportunidade de ter filhos; e de escolherem o parceiro, seja do sexo que for, passa-se a analisar em que medida os avanços da ciência médica, da biomedicina e da biotecnologia na área da reprodução humana influenciam as estruturas familiares homoafetivas do sexo feminino.

As transformações na sociedade e a descoberta de técnicas de reprodução medicamente assistida implicam nova visão de família, com reformulação dos conceitos, onde definições de paternidade e maternidade com fundamento biológico foram superadas.[34] Dispõe o artigo 1.593 do CC/02 que: "o parentesco é natural ou civil, conforme resulte da consanguinidade ou de outra origem". A expressão linguística "outra origem" inclui o parentesco socioafetivo e aquele proveniente da utilização de técnicas de reprodução assistida.

O conceito de maternidade vai além do vínculo biológico ou da condição de gestante, adotante ou lactante. Mãe será aquela pessoa que desempenha todas as funções que lhe cabe na vida do filho, chamada de maternagem, ou seja, aquela que dá amor, carinho, abrigo e educação aos filhos. Dessa feita, a socioafetividade torna-se vínculo de parentalidade, ao lado do biológico, e, em alguns casos, sobrepondo-se a ele. É a chamada "desbiologização" dos laços familiares, fazendo com que o vínculo materno-filial não esteja aprisionado apenas na transmissão de genes, mas onde a realidade afetiva prevalece sobre a biológica.

Os casais são livres para planejarem os filhos, quanto à forma e quantidade desejada, não cabendo ao Estado, ou à sociedade, impor limites ou condições, nos termos do art. 226, §7º, da CF/88. Acesso aos métodos de reprodução assistida é assegurado pelo programa constitucional, porquanto planejamento familiar igualmente significa concretização do sonho de ter filhos. Assim, casais homoafetivos do sexo feminino podem tê-los por meio da socioafetividade, seja pela adoção ou outra forma de reprodução assistida, de sorte que "o afeto como valor jurídico atua como uma ruptura de paradigma da parentalidade biológica, fortalecendo os direitos de famílias formadas por uniões homoafetivas".[35]

O Código Civil de 2002, no art. 1.597, ao tratar das presunções legais de concepção dos filhos, dispôs sobre a reprodução assistida, gênero de onde brotam duas espécies: a inseminação artificial e a fertilização *in vitro*.[36] Ambas as modalidades podem realizar-se de maneira homóloga ou heteróloga. A primeira utiliza material genético do próprio casal, com expressa anuência de ambos; a segunda usa material genético de um doador, a título gratuito, para a fecundação do óvulo da mulher. Nesse contexto, o CFM, ao

---

[34] SOUZA, Marise Cunha de. Os casais homoafetivos e a possibilidade de procriação com utilização do gameta de um deles e de técnicas de reprodução assistida. Disponível em: https://core.ac.uk/download/pdf/16041216.pdf. Acesso em: 31 ago. 2019

[35] HIRONAKA, Giselda Maria Fernandes Novaes *et al*. O Código Civil de 2002 e a Constituição Federal: 5 anos e 20 anos. *In*: MORAES, Alexandre de. *Os 20 anos da Constituição da República Federativa do Brasil*. São Paulo: Atlas, 2009, p. 506.

[36] ROSENVALD, Nelson; FARIAS, Cristiano Chaves de. *Curso de direito civil*: famílias. 9. ed. Salvador: Juspodivm, 2016, p. 584.

disciplinar a questão na Resolução nº 2.121/2015, adotou normas éticas para a utilização das técnicas de reprodução assistida, inovando ao inserir no texto a modalidade da "gestação compartilhada" nos casos de união homoafetiva de casais femininos, com base na orientação sexual do casal. Com isso, "[...] pode o casal de mulheres utilizar *óvulos* de ambas para serem inseminados com a escolha de uma delas para gerar o filho, mantendo a maternidade com as duas".[37]

Na fertilização *in vitro*, via gestação compartilhada, o óvulo de uma da doadora é fecundado em um tubo de ensaio ou outro compartimento de cultivo – mediante a utilização de sêmens de doador anônimo adquiridos em bancos especializados em reprodução humana – gerando embriões que serão transferidos para o útero materno da companheira receptora, que levará a gestação a termo. Emerge, então, uma "terceira modalidade" de reprodução assistida: aquela em que a fonte do gameta masculino é de doador anônimo, a fonte do feminino é de uma das mulheres da relação estabelecida, o local de fecundação é o laboratório e o de gravidez o útero da outra mulher da relação, de sorte que o neonato possuirá duas mães biológicas.[38] Ao fim, "todas tornam-se mães, o que acaba com a presunção de que a maternidade *é* sempre certa". Para Maria Berenice Dias, o método de gestação compartilhada "corresponde a uma dupla maternidade".[39]

Em complemento, as mulheres não grávidas que doam os seus óvulos acabam utilizando tratamentos hormonais, que buscam estimular o início e manutenção da lactação, promovendo, assim, a produção do leite materno. A aplicação de hormônios começa antes do nascimento da criança, sendo complementada pela estimulação manual do complexo aréolo-mamilar e pela sucção mecânica ou manual dos mamilos, cujos estímulos são interpretados pelo corpo como sinal para começar a produção do leite materno. Após o nascimento do neonato, a estimulação deve continuar, só que, a partir daí, pela sucção da criança, de modo a garantir a manutenção da lactação. A possibilidade de realização dos procedimentos médicos leva casais homoafetivos femininos a buscarem clínicas médicas e hospitais especializados em reprodução assistida, o sonho de conceberem filhos e de realizarem, em conjunto, o projeto de parentalidade: uma cedendo o material genético e a outra, o útero, enquanto aquela que doou o óvulo pode optar por fazer tratamento com o propósito de prover o leite materno ao recém-nascido. Negar ao casal esse direito é "reduzir o princípio da pluralidade de entidades familiares, afrontando a dignidade humana, a igualdade substancial e a liberdade".[40]

Na medida em que, ao optarem pelo procedimento de reprodução por fertilização *in vitro*, casais femininos poderão conceber mais de um filho, o procedimento de indução à lactação para mães não gestantes torna-se de suma importância, seja sob o olhar das mães, que amamentarão os bebês e realizarão a maternidade, seja pela necessidade dos recém-nascidos, que terão leite materno suficiente para se nutrirem e desenvolverem com saúde e segurança, além dos notórios benefícios de terem a companhia de duas mães,

---

[37] PAIANO, Daniela Braga; ESPOLADOR, Rita de Cássia Resquetti Tarifa. As técnicas de reprodução assistida na Resolução nº 2.121/15 do Conselho Federal de Medicina – principais aspectos. *Revista Brasileira de Direito Civil – RBDCivil*, Belo Horizonte, vol. 11, p. 57-71, jan./mar. 2017.

[38] *Ibidem*, 57-71.

[39] DIAS, Maria Berenice. *Manual de direito das famílias*. 11. ed. São Paulo: Revista dos Tribunais, 2016, p. 400.

[40] ROSENVALD, Nelson; FARIAS, Cristiano Chaves de. *Curso de direito civil*: famílias. 9. ed. Salvador: Juspodivm, 2016, p. 584.

cuidando, dando carinho e amor durante todo o período da licença-maternidade. Tal aspecto confere ao neonato prioridade ao direito à plena convivência familiar, de forma a dar concretude ao princípio da proteção e melhor interesse da criança, consagrado pelo artigo 227 da CF/88.

Não se pode olvidar que casais homoafetivos do sexo feminino, na etapa inicial da maternidade, precisam de apoio no cotidiano social. Serão obrigados, no exercício da maternidade, a aprender a lidar, e a resistir, com o preconceito, a discriminação, a rejeição e a perplexidade pelos quais passarão em consultas, parques, etc., merecendo, em contexto de estresse, olhar mais tolerante do Estado. Sem paz aos responsáveis pelo lar, não haverá criança estável e feliz. Portanto, não deve haver distinção entre mãe biológica e afetiva com vistas ao reconhecimento e concretização dos direitos ao livre planejamento familiar e à dupla maternidade, por conseguinte, a concessão do direito à licença-maternidade para ambas as mulheres que compõem uma união homoafetiva. As modernas tecnologias de reprodução assistida, aliadas a procedimentos que contribuem para a indução da lactação em mães não gestantes, constituem duplos direitos, que se conjugam, agrupando e catalisando cuidado e proteção: o direito de as mães conceberem e amamentarem e o direito de a criança ser nutrida pelas duas, e com elas conviver integralmente nesse estágio inicial.

3.3 O aleitamento materno como direito fundamental da criança, da mulher e da família homoafetiva do sexo feminino

O princípio do melhor interesse da criança e do adolescente está consagrado no artigo 227 da CF/88, segundo o qual é "dever da família, da sociedade e do Estado assegurar à criança, ao adolescente e ao jovem, com absoluta prioridade, o direito à vida, à saúde, à alimentação, à educação, ao lazer, à profissionalização, à cultura, à dignidade, ao respeito, à liberdade e à convivência familiar e comunitária, além de colocá-los a salvo de toda forma de negligência, discriminação, exploração, violência, crueldade e opressão. Com efeito, é dever da família, da sociedade e do Estado garantir à criança, com prioridade absoluta, todos os direitos cabíveis ao desenvolvimento adequado, protegendo-a, sobretudo, de todo e qualquer tipo de violência e discriminação, a fim de concretizar os princípios da proteção integral e da prioridade dos direitos das crianças. O ECA consolidou o princípio do melhor interesse e a doutrina da proteção integral nos artigos 3º e 4º. O princípio do melhor interesse significa que a criança, pessoa em desenvolvimento e dotada de dignidade, deve ter os interesses tratados com prioridade, tanto na elaboração quanto na aplicação das normas jurídicas, especialmente aquelas afetas às relações familiares. O que interessa na concretização da norma é que as crianças sejam tratadas com dignidade, vistas como sujeitos de direito e tituladas de identidade própria e também social. Entre os direitos absolutos e prioritários das crianças está o direto à amamentação. O Estado tem por finalidade orientar e qualificar as ações de serviços de saúde da criança e dar proteção e apoio necessários ao aleitamento materno desde a "gestação", considerando-se as vantagens da amamentação para bebês, mães, família e sociedade. A amamentação do lactente é recomendada até os dois anos de idade ou mais, e que, nos primeiros seis meses de vida, o recém-nascido receba exclusivamente leite materno. Quanto mais tempo o bebê mamar no peito da mãe, melhor será para ele e para mãe, em especial sob o ponto de vista nutricional, imunológico e psicossocial.

Amamentar é muito mais do que nutrir a criança, envolve uma interação profunda entre mãe e filho, com repercussões no estado nutricional da criança, em sua habilidade de se defender de infecções, em sua fisiologia e no seu desenvolvimento cognitivo e emocional.

A amamentação propicia o contato físico entre mãe e filho, estimulando pele e sentidos. Ao estabelecer esse importante vínculo maternal com amor, carinho e sem pressa, o bebê sente o conforto de ver suas necessidades satisfeitas "e o prazer de ser segurado pelos braços de sua mãe, de ouvir a sua voz, sentir o seu cheiro e perceber seus embalos e carícias".[41] O aleitamento proporciona ganhos psicológicos importantes no desenvolvimento da personalidade do indivíduo. Nessa perspectiva, mamar não apenas supre a necessidade de alimentação, mas satisfaz duas "fomes":

> a fome de se nutrir, de se sentir alimentado, como também a "fome" de sucção, que envolve componentes emocionais, psicológicos e orgânicos. Essas duas "fomes" devem estar em equilíbrio, caso contrário, a necessidade de sucção pode não ser alcançada, causando uma insatisfação emocional, e assim a criança buscará substitutos como dedo, chupeta, ou objetos, adquirindo hábitos deletérios.[42]

Em 2016, a revista *The Lancet* publicou artigo intitulado: "Amamentação no século 21: epistemologia, mecanismos e efeitos ao longo da vida". Trouxe a publicação dados empíricos sobre os benefícios do aleitamento materno no mundo, chegando à conclusão de que crianças amamentadas por mais tempo têm menor morbidade e mortalidade. Estima-se que a ampliação da amamentação possa prevenir 823.000 mortes de crianças por ano. Os dados apontam os benefícios auferidos pelas crianças quando amamentadas com leite materno durante certo espaço de tempo. A curto prazo foram verificados benefícios como 12% a menos de risco de morte em comparação com crianças não amamentadas; redução de 36% na ocorrência de morte súbita; entre outros. A longo prazo: redução de 26% na chance de desenvolver excesso de peso ou obesidade; redução de 35% dos índices de diabetes tipo 2 e redução de 19% na incidência de leucemia na infância; etc. A pesquisa concluiu que o ato de amamentar traz benefícios também às mães: redução de 7% de incidência de câncer de mama para cada ano a mais de amamentação; redução de 30% de incidência de câncer de ovário; etc. Estima-se que 20.000 mortes por câncer de mama em mulheres poderiam ser evitadas somente com a ampliação do período de amamentação.[43] Com efeito, mães tendem a optar pelo aleitamento materno exclusivo, pois, além de fornecer o alimento ao filho, promovem a saúde, fortalecendo o contato afetivo entre eles, vínculo que começa na concepção, cresce durante a gestação e se fortifica com a amamentação.[44] Para as mães, o processo de lactação tem papel importante na primeira infância: "ao amamentar, o instinto maternal é satisfeito e supre a separação abrupta no momento do parto que pode causar até depressão, reduzida pela formação de uma ligação psíquica duradoura até o desmame progressivo".[45]

---

[41] ANTUNES, Leonardo dos Santos *et al*. Amamentação natural como fonte de prevenção em saúde. Disponível em: http://www.scielosp.org/pdf/csc/v13n1/14.pdf. Acesso em: 6 set. 2019.
[42] *Ibidem*, p.105.
[43] VICTORA, Cesar G. *et al*. Amamentação no século 21: epidemiologia, mecanismos, e efeitos ao longo da vida. Disponível em: http://scielo.iec.gov.br/pdf/ess/v25n1/Amamentacao1.pdf. Acesso em: 22 abr. 2020.
[44] ANTUNES, Leonardo dos Santos *et al*. Amamentação natural como fonte de prevenção em saúde. Disponível em: http://www.scielosp.org/pdf/csc/v13n1/14.pdf. Acesso em: 6 set. 2019.
[45] *Ibidem*, p. 105.

Contudo, a crescente participação da mulher no mercado de trabalho, aliada ao curto período de 120 dias de licença-maternidade, faz com que a necessidade de retorno ao trabalho esteja entre os principais motivos para o desmame entre o 6º e o 12º meses de vida do bebê, período coincidente com o término da licença-maternidade. O estudo da Intenção Materna de Amamentar reforça a necessidade de ampliação das políticas públicas de promoção, proteção e apoio ao aleitamento materno, atentas à realidade das mães trabalhadoras, tendo em vista que a volta ao trabalho é o principal motivo para o desmame precoce.[46] Tais considerações levam a constatações de que a amamentação deve ser estimulada e ampliada, visto que cada mamada representa uma vacina para o bebê. O aleitamento materno fornece todos os nutrientes, proteção, desenvolve estruturas ósseas, psicológicas e neurológicas para o contínuo desenvolvimento saudável dos recém-nascidos. Por isso, é dever da família, da sociedade e do Estado garantir e protegê-los, enquanto sujeitos de direito, com o propósito máximo de concretizar a doutrina da proteção integral e o princípio do melhor interesse das crianças, elencados nos artigos 3º e 4º do ECA e no artigo 227 da CF/88.

Portanto, o direito à amamentação é um dos elementos mais importantes do processo do vínculo maternal, ao gerar benefícios para mães e bebês. No caso específico das uniões homoafetivas do sexo feminino, exige-se que o direito à amamentação seja oportunizado a ambas as mães, caso possam e queiram, diante dos avanços da farmacologia, da biomedicina e da biotecnologia. Amamentar representa para as mulheres a concretização de outro direito fundamental, o da maternidade, significando para muitas delas a essência da condição feminina e o laço perfeito entre mães e filhos, ao cumprir, na prática, a função de cordão umbilical extrauterino com efeitos positivos para o resto de suas vidas.

4 Considerações finais

O presente artigo buscou verificar a possibilidade de reconhecimento do direito à licença-maternidade para mães que compõem uma relação homoafetiva, à luz do programa constitucional e do seu respectivo âmbito normativo. A partir desses pilares normativos, verificou-se que o direito à licença-maternidade, instrumento de concretização do direito à maternidade, deve ser interpretado de modo sistêmico e coerente com os princípios e direitos fundamentais consagrados no texto constitucional.

O estado de gravidez não pode e nem deve ser visto sendo fator limitador e determinante à concreção do direito à maternidade, dado que o texto normativo buscou alcançar qualquer licença-maternidade, na qual estão inseridas as licenças gestante e adotante. O direito à maternidade pretende proteger mães e filhos pela tutela do vínculo maternal, onde os valores constitucionais concretizam-se por meio da garantia do direito ao gozo da licença-maternidade. Se é assim, o reconhecimento da mãe não gestante, partícipe de relação homoafetiva, no âmbito de concessão da licença-maternidade, tem a capacidade de fortalecer a maternidade, a liberdade e a igualdade substancial para todas as mulheres, além de exteriorizar o respeito estatal às diversas escolhas de vida

---

[46] AMARAL, Sheila Afonso do *et al*. *Intenção de amamentar, duração do aleitamento materno e motivos para o desmame*: um estudo de coorte, Disponível em: https://doi.org/10.5123/s1679-49742020000100024. Acesso em: 23 abr. 2020.

e configurações familiares existentes, ampliando o concernente âmbito de proteção. O direito à licença-maternidade para mulheres que compõem relação homoafetiva inicia-se pela livre escolha, desimpedida e consciente de ser mãe, complementada pela garantia constitucional de poderem planejar, sentir e viver a maternidade em todas as etapas, a despeito da configuração familiar escolhida, fundamentadas em aspectos sociais, culturais, psicológicos e biológicos. É direito da mulher que pretende ser mãe, posto que é livre para determinar o que quer, o que valoriza e o que decide escolher, como espaço de efetiva autoconstituição. À medida que o Estado, por meio do programa constitucional, assegura o direito fundamental social à maternidade para todas as mulheres, a concretização desse direito não representa apenas obrigação positiva, mas uma obrigação negativa do Estado de não se abster de atuar de forma a garantir a requerida satisfação.

Ao lado disso, os avanços médicos, tecnológicos e científicos têm grande reflexo nas relações homoafetivas, especialmente, entre mulheres. As novas formas de reprodução assistida, com destaque para a gestação compartilhada, permitem que uma mãe ceda o material genético e a outra, o útero, enquanto aquela que doou o óvulo pode fazer tratamento específico, mediante hormônios e técnicas de manipulação mamária, com vistas a estimular e prover o leite materno. Esses métodos dão concretude ao projeto de parentalidade buscado pelas famílias homoafetivas femininas, permitindo concluir pela existência de duas mães, biológicas e afetivas, que atuam diretamente no processo maternal; e contribuem para que realizem o sonho de participarem juntas da concepção, do aleitamento e do desenvolvimento saudável do recém-nascido, ou seja, de todas as etapas da maternidade. Por fim, a amamentação traz benefícios não só para a saúde dos bebês, mas também às mães. Diante dessa realidade, a licença-maternidade passa a ser uma ferramenta jurídica poderosa para dar concretude ao vínculo materno entre mães e filhos dentro de uma família homoafetiva constituída por mulheres, fato sociocultural e histórico que deve ser compreendido, reconhecido e protegido pelo Estado.

Informação bibliográfica deste texto, conforme a NBR 6023:2018 da Associação Brasileira de Normas Técnicas (ABNT):

LIMA, Tulius Marcus Fiuza. O direito à licença-maternidade para casais homoafetivos femininos. *In*: SEEFELDER FILHO, Claudio Xavier (coord.). *Direito Econômico e Desenvolvimento*: entre a prática e a academia. Belo Horizonte: Fórum, 2023. p. 473-489. ISBN 978-65-5518-487-7.

A INDISPONIBILIDADE DE BENS DA PESSOA JURÍDICA NA MEDIDA CAUTELAR FISCAL

VICTOR RIBEIRO FERREIRA

1 Introdução

A Lei nº 8.397, de 6 de janeiro de 1992, instituiu a medida cautelar fiscal, permitindo às Procuradorias, tanto da Fazenda Nacional quanto as Estaduais e as Municipais, requererem ao Poder Judiciário o bloqueio de bens de contribuintes e de terceiros quando estes adotam práticas que possam frustrar futura execução fiscal.[1]

Atualmente, a primeira instância do Poder Judiciário tem atendido de forma ampla o pedido para bloquear, de imediato, a integralidade dos bens dos requeridos numa medida cautelar fiscal.

Existem casos noticiados como o da empresa Dolly do Brasil Refrigerantes Ltda., que fechou uma de suas fábricas logo após uma decisão, numa medida cautelar fiscal, ter bloqueado todos os ativos financeiros da referida unidade.[2] A empresa alegou que o fechamento da fábrica decorreu da impossibilidade da unidade cumprir com suas obrigações financeiras, pois seu capital de giro foi indisponibilizado na medida cautelar fiscal.[3] Tal decisão foi revertida, mas em razão de decisão favorável da 2ª Vara de Recuperações Judiciais de São Paulo, tendo em vista que o grupo empresarial se encontrava em recuperação judicial;[4] em outras palavras, o desbloqueio decorreu

---

[1] BRASIL. *Lei nº 8.397, de 6 de janeiro de 1992*. Institui medida cautelar fiscal e dá outras providências. Disponível em: https://www.planalto.gov.br/ccivil_03/Leis/l8397.htm. Acesso em: 28 ago. 2022.

[2] SÃO PAULO. 2ª Vara Federal de São Bernardo do Campo. *Ação Cautelar Fiscal nº 0000780-76.2018.4.03.6114*. Requerente: Fazenda Nacional. Requerido: ECOSERV Prestação de serviços de mão de obra Ltda. e outros, 4 jun. 2018.

[3] Dolly fecha fábrica e demite 700 funcionários após bloqueio de contas. *Veja*. Disponível em: https://veja.abril.com.br/economia/dolly-fecha-fabrica-e-demite-700-funcionarios-apos-bloqueio-de-contas. Acesso em: 28 ago. 2022.

[4] Justiça desbloqueia bens da Dolly após empresa pedir recuperação. *G1*. Disponível em: https://g1.globo.com/economia/noticia/justica-desbloqueia-bens-da-dolly-apos-empresa-pedir-recuperacao.ghtml. Acesso em: 28 ago. 2022.

por sobreposição do juízo universal da recuperação judicial sobre o direito de crédito tributário do Fisco.

A Lei nº 8.397/92 define limites na medida cautelar fiscal para realizar as constrições de bens dos contribuintes e de terceiros, sendo que estas vedações às vezes não são seguidas à risca pelo Juízo de primeiro grau, e nem pelo tribunal em sede recursal; muitas vezes afastadas sob justificativas com base em conceitos abstratos como "interesse público" ou em fatos atinentes à própria autuação, como o "indício de existência de fraude à execução fiscal".

Um desses limites, que é o objeto do presente estudo, está expresso na primeira parte do §1º do artigo 4º da Lei nº 8.397/92[5] no sentido de que a indisponibilidade do patrimônio da pessoa jurídica somente poderá recair sobre o seu ativo permanente. Em outras palavras, tudo o que não pertencer ao grupo de contas ativo permanente, pela Lei, estaria livre da decretação da indisponibilidade – incluindo, também, a conta-corrente da pessoa jurídica.

Entretanto, esta proteção ao patrimônio do contribuinte pessoa jurídica tem sido relativizada pela jurisprudência do Poder Judiciário, criando exceções para possibilitar a indisponibilidade dos bens que não integram o ativo permanente.

Este artigo analisará o teor do §1º do artigo 4º da Lei nº 8.397/92 (Lei da Cautelar Fiscal), a fim de estudar os elementos que formam o dispositivo. Também, verificará o que a doutrina discorre sobre a proteção às empresas.

2 A indisponibilidade do ativo permanente

O primeiro ponto de análise do dispositivo legal é a delimitação da indisponibilidade apenas sobre os bens do ativo permanente. O §1º do artigo 4º da Lei nº 8.397/92 especifica que a indisponibilidade recairá sobre bens, restando silente quanto aos direitos da pessoa jurídica.

O ativo permanente faz parte de um grupo de contas do balanço patrimonial de uma empresa, disposto na redação anterior do artigo 178 da Lei das Sociedades Anônimas e que, atualmente, não se encontra mais na legislação. No balanço patrimonial de uma empresa, à época da publicação da Lei da cautelar fiscal, havia na Lei das Sociedades Anônimas os seguintes grupos de contas: ativo circulante, ativo realizável a longo prazo, ativo permanente, passivo circulante, passivo exigível a longo prazo, resultados de exercícios futuros e patrimônio líquido.[6]

---

[5] Art. 4º A decretação da medida cautelar fiscal produzirá, de imediato, a indisponibilidade dos bens do requerido, até o limite da satisfação da obrigação.
§1º Na hipótese de pessoa jurídica, a indisponibilidade recairá somente sobre os bens do ativo permanente, podendo, ainda, ser estendida aos bens do acionista controlador e aos dos que em razão do contrato social ou estatuto tenham poderes para fazer a empresa cumprir suas obrigações fiscais, ao tempo:
a) do fato gerador, nos casos de lançamento de ofício;
b) do inadimplemento da obrigação fiscal, nos demais casos.

[6] Art. 178. No balanço, as contas serão classificadas segundo os elementos do patrimônio que registrem, e agrupadas de modo a facilitar o conhecimento e a análise da situação financeira da companhia.
§1º No ativo, as contas serão dispostas em ordem decrescente de grau de liquidez dos elementos nelas registrados, nos seguintes grupos:
a) ativo circulante;
b) ativo realizável a longo prazo;

O ativo permanente era composto, à época, de investimentos, ativo imobilizado e ativo diferido.[7] Apenas em 2007, com nova redação trazida pela Lei nº 11.638/2007, esta conta se dividiu em 4 subgrupos: investimentos, imobilizado, intangível e diferido.

A Lei das S.A., em seu texto original, define os 3 primeiros subgrupos em seu artigo 179. No inciso III do referido artigo, investimento é definido como:

> (...) participações permanentes em outras sociedades e os direitos de qualquer natureza, não classificáveis no ativo circulante, e que não se destinem à manutenção da atividade da companhia ou da empresa.[8]

Exemplos práticos são as participações em outras pessoas jurídicas e em fundos de investimento.

O ativo imobilizado é definido no inciso IV:

> (...) os direitos que tenham por objeto bens destinados à manutenção das atividades da companhia e da empresa, ou exercidos com essa finalidade, inclusive os de propriedade industrial e comercial.[9]

São os imóveis, móveis, maquinários, veículos, computadores, instalações, terrenos, enfim, todo bem corpóreo que permite o exercício da atividade empresarial.

No inciso V da antiga redação, o ativo diferido era definido como:

> (...) as aplicações de recursos em despesas que contribuirão para a formação do resultado de mais de um exercício social, inclusive os juros pagos ou creditados aos acionistas durante o período que anteceder o início das operações sociais.[10]

Mais especificamente, o ativo diferido era a junção dos seguintes gastos: (i) de implementação e pré-operacional; (ii) com pesquisa e desenvolvimento de produtos; (iii) de implantação de sistemas e métodos e (iv) de reorganização ou restruturação.

---

c) ativo permanente, dividido em investimentos, ativo imobilizado e ativo diferido.
§2º No passivo, as contas serão classificadas nos seguintes grupos:
a) passivo circulante;
b) passivo exigível a longo prazo;
c) resultados de exercícios futuros;
d) patrimônio líquido, dividido em capital social, reservas de capital, reservas de reavaliação, reservas de lucros e lucros ou prejuízos acumulados.

[7] BRASIL. *Lei nº 11.638, de 28 de dezembro de 2007*. Altera e revoga dispositivos da Lei no 6.404, de 15 de dezembro de 1976, e da Lei no 6.385, de 7 de dezembro de 1976, e estende às sociedades de grande porte disposições relativas à elaboração e divulgação de demonstrações financeiras. Disponível em: http://www.planalto.gov.br/ccivil_03/_ato2007-2010/2007/lei/l11638.htm. Acesso em: 28 ago. 2022.

[8] Artigo 179. As contas serão classificadas do seguinte modo:
III - em investimentos: as participações permanentes em outras sociedades e os direitos de qualquer natureza, não classificáveis no ativo circulante, e que não se destinem à manutenção da atividade da companhia ou da empresa;

[9] IV - no ativo imobilizado: os direitos que tenham por objeto bens destinados à manutenção das atividades da companhia e da empresa, ou exercidos com essa finalidade, inclusive os de propriedade industrial ou comercial;

[10] V - no ativo diferido: as aplicações de recursos em despesas que contribuirão para a formação do resultado de mais de um exercício social, inclusive os juros pagos ou creditados aos acionistas durante o período que anteceder o início das operações sociais.

Por último, a Lei nº 11.638/2007 incluiu o intangível dentro do ativo permanente, que se resume nos "direitos que tenham por objeto bens incorpóreos destinados à manutenção da companhia ou exercidos com essa finalidade, inclusive o fundo de comércio adquirido". Os exemplos clássicos de intangíveis são as marcas e as patentes.[11]

Em resumo, pode-se definir o investimento como participações permanentes em outras sociedades, o ativo imobilizado como os direitos sobre bens destinados a manter a atividade da empresa, o intangível como os direitos sobre bens incorpóreos utilizados para manter as atividades empresariais, o ativo diferido como um recurso destinado ao investimento da própria atividade empresarial (excetuando o capital de giro), conforme se extrai do artigo 179 da Lei das S.A.

Da conceituação de cada um dos seus elementos, percebe-se que uma característica típica do ativo permanente é a utilização pela empresa de recursos de longo prazo que exigem uma imobilização patrimonial maior, ou seja, são bens que não serão alienados ou utilizados rapidamente e que permanecerão na empresa por longo período.

Entretanto, o conceito legal de ativo permanente foi extinto pela Lei nº 11.941/2009, que passou a denominar o grupo de contas como ativo não circulante. Para Carlos Henrique Abrão, "o ativo não circulante passou a englobar o ativo realizável a longo prazo, os investimentos, o imobilizado e os intangíveis".[12]

Definido o que é o ativo permanente, é possível extrair que a Lei da Medida Cautelar Fiscal busca proteger os recursos de curto prazo das pessoas jurídicas, relativos ao ativo circulante, como caixa, créditos a receber, estoques, despesas, além de impedir o bloqueio do passivo das empresas, como pagamento de fornecedores, obrigações fiscais, sociais e trabalhistas, contas a pagar, empréstimos bancários, aluguéis etc.

Tudo indica que o legislador teria a intenção de tornar passíveis de indisponibilização apenas os bens que, por natureza, estão imobilizados na empresa e que, *a priori*, não seriam alienados em curto ou médio prazo, causando o menor impacto possível nas atividades empresariais.

3 A extensão da indisponibilidade aos gestores da empresa

O §1º do artigo 4º da Lei nº 8.397/92 possui uma construção curiosa: na sua primeira parte, restringe o objeto da indisponibilidade de bens; na segunda parte, confere ao magistrado a possibilidade de estender a indisponibilidade aos bens aos gestores da pessoa jurídica, mais especificamente o acionista controlador e aqueles que detêm poder para "fazer a empresa cumprir suas obrigações fiscais".

A segunda parte do dispositivo estabelece, ainda, uma limitação temporal para esta responsabilização: a indisponibilidade recairá sobre os bens dos gestores da empresa ao tempo do fato gerador, na hipótese de lançamento de ofício, e, nos demais casos, ao tempo do inadimplemento da obrigação fiscal.

---

[11] ARANTES, Simone da Fonseca; KROENKE, Adriana. *Proteção dos Ativos Intangíveis*. Disponível em: https://adm-portal.appspot.com.storage.googleapis.com/_assets/modules/academicos/academico_4592.pdf. Acesso em: 28 ago. 2022.

[12] ABRÃO, Carlos Henrique. *Da ação cautelar fiscal (Lei 8.397, de 6 de janeiro de 1992) e do arrolamento de bens (Lei 9.532, de 10 de dezembro de 1997)*. 3. ed. São Paulo: Malheiros Editores, p. 68.

O detalhe desta segunda parte do comando legal está na expressão "podendo, ainda, ser estendida", que vem logo após o trecho que determina a restrição da indisponibilidade somente aos bens do ativo permanente.

A lógica trazida pelo legislador parece ser no sentido de, frustrada a tentativa de efetivar a indisponibilidade do ativo permanente, pode o magistrado alcançar os bens dos gestores responsáveis pela empresa à época do fato gerador como uma alternativa para garantir o crédito tributário. Não há, no dispositivo, qualquer outra menção de outros requisitos para o magistrado determinar o bloqueio de bens dessas pessoas (terceiros).

Carlos Henrique Abrão também interpreta o dispositivo no sentido de, sendo insuficientes os bens do ativo permanente, a indisponibilidade alcança o controlador e os que detêm poder de gestão da sociedade. Dessa maneira, a responsabilidade do acionista controlador e dos que "tenham poderes para fazer a empresa cumprir suas obrigações fiscais"[13] seria objetiva, ou seja, independe da comprovação do dolo, e subsidiária, tendo em vista que o seu patrimônio seria indisponibilizado somente se as tentativas de constrição falharem ao arrestar o ativo permanente da pessoa jurídica.

Milton Flaks, por sua vez, entende, de forma crítica, que o referido artigo parece estabelecer um tipo de responsabilidade solidária dos acionistas controladores pela mera falta de pagamento da obrigação fiscal.[14] Em outras palavras, para o autor, da forma que o dispositivo foi escrito, basta alguém deter poder de gestão ao tempo do fato gerador ou do inadimplemento para figurar como sujeito passivo na cautelar fiscal. O autor defende que, inexistindo a responsabilidade do acionista controlador no rol do artigo 135 do CTN, e tratando de processo acessório à execução fiscal, a medida cautelar somente poderia alcançar o patrimônio daquelas pessoas físicas dispostas taxativamente no CTN, e que já constam como corresponsáveis no lançamento de ofício, não cabendo ao magistrado estender a todos os controladores.

Em sentido parecido, André Elali e Evandro Zaranza abordam que a extensão da indisponibilidade somente seria admissível "contra pessoa que tenha de se sujeitar às hipóteses de transferência da responsabilidade tributária", a exemplo do disposto no artigo 135 do Código Tributário Nacional, que prevê a responsabilização de terceiros.[15][16]

Para os autores, se não existem os requisitos legais para que a pessoa física possa ser corresponsável da obrigação tributária, ou seja, não sendo possível configurar como sujeito passivo numa execução fiscal, a indisponibilidade dos seus bens por meio de cautelar fiscal é ineficaz, tendo em vista que não será possível a penhora do patrimônio de pessoa estranha ao crédito tributário.[17]

---

[13] BRASIL. Lei nº 8.397, de 6 de janeiro de 1992. Institui medida cautelar fiscal e dá outras providências. Disponível em: http://www.planalto.gov.br/ccivil_03/leis/L8397.htm. Artigo 4º, §1º. Acesso em: 28 ago. 2022.

[14] FLAKS, Milton. Medida cautelar fiscal. *Revista de Direito Administrativo*, São Paulo, v. 192, p. 61-73, 1993. p. 68 e 69.

[15] ELALI, André; ZARANZA, Evandro. Medida Cautelar Fiscal: requisitos e limites para o seu deferimento. In: MARTINS, Ives Gandra da Silva; MARTINS, Rogério Gandra; ELALI, André (Organizadores) *Medida Cautelar Fiscal*. São Paulo: MP Editora, 2006, p. 28 e 29.

[16] Art. 135. São pessoalmente responsáveis pelos créditos correspondentes a obrigações tributárias resultantes de atos praticados com excesso de poderes ou infração de lei, contrato social ou estatutos:
III - os diretores, gerentes ou representantes de pessoas jurídicas de direito privado;

[17] ELALI, André; ZARANZA, Evandro. Medida Cautelar Fiscal: requisitos e limites para o seu deferimento. In: MARTINS, Ives Gandra da Silva; MARTINS, Rogério Gandra; ELALI, André (org.). *Medida Cautelar Fiscal*. São Paulo: MP Editora, 2006. p. 28-30

Apesar de parecer correta a preocupação dos autores em restringir a indisponibilidade da cautelar fiscal às situações que, de fato, possam servir a uma futura execução fiscal, há um detalhe a ser observado. As hipóteses de solidariedade/corresponsabilidade, constantes no CTN, que podem incidir sobre atos de pessoas físicas na gestão de suas empresas, não se restringem apenas ao rol do artigo 135: o artigo 124 admite a responsabilidade solidária por interesse comum ou em decorrência legal; os artigos 129 a 133 preveem as situações para a responsabilização dos sucessores; os artigos 134 e 135, a responsabilidade de terceiros; e os artigos 136 a 138, a responsabilidade por infrações.[18]

Também é importante verificar se a hipótese de cabimento da cautelar fiscal – disposta em um dos incisos do artigo 2º da Lei nº 8.397/92 – permite futura responsabilização da pessoa com poder de gestão em execução fiscal.

Desta maneira, em tese, o texto mais amplo da segunda parte do §1º do artigo 4º da Lei nº 8.397/92 abarcaria qualquer circunstância de responsabilização de terceiro autorizada pelo CTN que pudesse alcançar o gestor responsável, e não somente o previsto no artigo 135. Essa amplitude normativa permite alcançar não somente aqueles sócios e acionistas que, desde o lançamento, constam como corresponsáveis pelo crédito tributário, mas aqueles que, de alguma forma, agiram para caracterizar uma das hipóteses a justificar o ajuizamento da cautelar fiscal; e que, futuramente, poderão constar como responsáveis na execução fiscal, em razão de tentativa de fraude a credor.

Ademais, um detalhe a se reparar é que, na constrição de bens dos sócios gestores pela cautelar fiscal, a responsabilidade seria subsidiária à pessoa jurídica, pois a indisponibilidade é cabível quando constatada a inexistência de bens do ativo permanente capazes de garantir o crédito tributário; enquanto a responsabilização pelo artigo 135 do CTN é direta, tratando-se de uma corresponsabilização diante de um ato pessoal do gestor, sem benefício de ordem. O *caput* do artigo 135 do CTN imputa ao agente a responsabilidade pessoal pelos atos praticados "com excesso de poderes ou infração de lei, contrato social ou estatutos", enquanto o §1º do artigo 4º da Lei nº 8.397/92 faculta ao magistrado alcançar os bens do acionista controlador ou dos gestores à época do fato gerador apurado, sem qualquer ressalva a atos irregulares cometidos.

A segunda parte do §1º do artigo 4º da Lei nº 8.397/92, que possibilita a extensão da indisponibilidade aos gestores da empresa, não exige expressamente a comprovação descrita no *caput* do artigo 135, tendo em vista tratar de medida que busca assegurar o valor da dívida para futura execução, e não de responsabilização definitiva de terceiros. Contudo, para comprovar a necessidade de alcançar bens dos gestores que não constam no polo passivo do crédito tributário, a fim de incluir novos sujeitos para futura execução fiscal, cabe ao Poder Público autuante demonstrar o dolo dos terceiros responsabilizados, conforme os limites dispostos no artigo 137 do CTN.[19]

---

[18] SCHOUERI, Luís Eduardo. *Direito Tributário*. 11. ed. São Paulo: Saraiva, 2022, p. 625-627, 643.

[19] Art. 137. A responsabilidade é pessoal ao agente:
   I - quanto às infrações conceituadas por lei como crimes ou contravenções, salvo quando praticadas no exercício regular de administração, mandato, função, cargo ou emprego, ou no cumprimento de ordem expressa emitida por quem de direito;
   II - quanto às infrações em cuja definição o dolo específico do agente seja elementar;
   III - quanto às infrações que decorram direta e exclusivamente de dolo específico:
      a) das pessoas referidas no artigo 134, contra aquelas por quem respondem;
      b) dos mandatários, prepostos ou empregados, contra seus mandantes, preponentes ou empregadores;
      c) dos diretores, gerentes ou representantes de pessoas jurídicas de direito privado, contra estas.

Portanto, conclui-se pela possibilidade de haver, no artigo 4º, §1º, da Lei, a indicação de que, na hipótese de ausência ou insuficiência de bens da pessoa jurídica, é permitido ao magistrado estender a indisponibilidade aos bens dos gestores da pessoa jurídica, à época do fato gerador, de forma subsidiária – mas somente em face daqueles que constam como sujeitos passivos do crédito tributário ou daqueles que, de alguma forma, contribuíram para o fato que justificou o ajuizamento da cautelar fiscal, observados os requisitos do artigo 137 do CTN.

4 A proteção dos bens da pessoa jurídica no ordenamento jurídico brasileiro

Importante discorrer sobre quais proteções o ordenamento jurídico nacional, atualmente, confere à pessoa jurídica quando o Poder Judiciário determina a contrição dos seus bens.

Antes de iniciar, destaca-se que, na indisponibilidade de bens, como ocorre na cautelar fiscal, não há a privação desses pelo seu proprietário, como explica Aldemario Araújo Castro. Os bens continuam sob a propriedade da pessoa física ou jurídica, assegurando o exercício da posse e os ganhos decorrentes da sua exploração.[20]

Difere-se da penhora, pois, nesta, os bens passam a se sujeitar à execução, cessando o direito de propriedade.[21] Apesar disso, a medida cautelar fiscal é uma ação acessória à execução fiscal, com o objetivo último de garantir bens passíveis para a penhora. Portanto, a cautelar fiscal deve tramitar de forma a não causar qualquer nulidade à pretensão executiva, ou seja, é ilegal a constrição de bens considerados pela lei como absolutamente impenhoráveis, conforme disposto no artigo 184 do Código Tributário Nacional.[22]

A fim de definir o que são bens absolutamente impenhoráveis, o Direito Tributário se vale dos princípios, conceitos e formas do Direito privado, conforme determinam os artigos 109[23] e 110[24] do Código Tributário Nacional.

---

[20] CASTRO, Aldemario Araujo. Medida Cautelar Fiscal: utilidade e constitucionalidade. *In:* MARTINS, Ives Gandra da Silva; MARTINS, Rogério Gandra e ELALI, André (org.). *Medida Cautelar Fiscal*. São Paulo: MP Editora, 2006. p. 19.

[21] NEVES, Daniel Amorim Assumpção Neves. Impenhorabilidade de bens: análise com vistas à efetiva tutela jurisdicional. *In:* SHIMURA, Sérgio; ASSUMPÇÃO, Neves (coord.). *Execução no processo civil novidades e tendências*. São Paulo: Método, 2005. p. 939.

[22] Art. 184. Sem prejuízo dos privilégios especiais sobre determinados bens, que sejam previstos em lei, responde pelo pagamento do crédito tributário a totalidade dos bens e das rendas, de qualquer origem ou natureza, do sujeito passivo, seu espólio ou sua massa falida, inclusive os gravados por ônus real ou cláusula de inalienabilidade ou impenhorabilidade, seja qual for a data da constituição do ônus ou da cláusula, excetuados unicamente os bens e rendas que a lei declare absolutamente impenhoráveis.

[23] Art. 109. Os princípios gerais de direito privado utilizam-se para pesquisa da definição, do conteúdo e do alcance de seus institutos, conceitos e formas, mas não para definição dos respectivos efeitos tributários.

[24] Art. 110. A lei tributária não pode alterar a definição, o conteúdo e o alcance de institutos, conceitos e formas de direito privado, utilizados, expressa ou implicitamente, pela Constituição Federal, pelas Constituições dos Estados, ou pelas Leis Orgânicas do Distrito Federal ou dos Municípios, para definir ou limitar competências tributárias.

O rol constante no artigo 833 do Código de Processo Civil[25] e no antigo artigo 649 do Código de Processo Civil de 1973 exemplificam algumas hipóteses de impenhorabilidade.

Algumas dessas hipóteses, como "os recursos públicos recebidos por instituições privadas para a aplicação compulsória em educação, saúde ou assistência social", previstos no inciso IX, e "os créditos oriundos de alienação de unidades imobiliárias, sob o regime de incorporação imobiliária, vinculados à execução da obra", dispostos no inciso XII, são absolutamente impenhoráveis e, portanto, não poderiam ser objeto de indisponibilidade em uma medida cautelar.

Outras, como os bens inalienáveis e os declarados não sujeitos à execução (inciso I), são inaplicáveis à medida cautelar fiscal ou à execução fiscal, tendo em vista que o artigo 184 do Código Tributário Nacional torna inoponíveis ao fisco as declarações de vontade de particulares.

Contudo, algumas dessas hipóteses causaram (ou ainda causam) discussão na doutrina e na jurisprudência quanto à possibilidade de constrição.

É o exemplo da proteção aos instrumentos necessários ao exercício da profissão, prevista no artigo 833, inciso V, do Código de Processo Civil de 2015 e no antigo artigo 649, inciso V, do Código de Processo Civil de 1973. Da leitura do texto legal, percebe-se que ao final o legislador utilizou o termo "profissão" como o bem a ser tutelado. Em razão desse termo, a jurisprudência se posicionou no sentido de que o dispositivo do inciso V visa proteger a atividade da pessoa natural, como forma de permitir que exerça livremente sua profissão e, consequentemente, consiga o sustento do mínimo existencial.[26]

---

[25] Art. 833. São impenhoráveis:
I - os bens inalienáveis e os declarados, por ato voluntário, não sujeitos à execução;
II - os móveis, os pertences e as utilidades domésticas que guarnecem a residência do executado, salvo os de elevado valor ou os que ultrapassem as necessidades comuns correspondentes a um médio padrão de vida;
III - os vestuários, bem como os pertences de uso pessoal do executado, salvo se de elevado valor;
IV - os vencimentos, os subsídios, os soldos, os salários, as remunerações, os proventos de aposentadoria, as pensões, os pecúlios e os montepios, bem como as quantias recebidas por liberalidade de terceiro e destinadas ao sustento do devedor e de sua família, os ganhos de trabalhador autônomo e os honorários de profissional liberal, ressalvado o §2º;
V - os livros, as máquinas, as ferramentas, os utensílios, os instrumentos ou outros bens móveis necessários ou úteis ao exercício da profissão do executado;
VI - o seguro de vida;
VII - os materiais necessários para obras em andamento, salvo se essas forem penhoradas;
VIII - a pequena propriedade rural, assim definida em lei, desde que trabalhada pela família;
IX - os recursos públicos recebidos por instituições privadas para aplicação compulsória em educação, saúde ou assistência social;
X - a quantia depositada em caderneta de poupança, até o limite de 40 (quarenta) salários-mínimos;
XI - os recursos públicos do fundo partidário recebidos por partido político, nos termos da lei;
XII - os créditos oriundos de alienação de unidades imobiliárias, sob regime de incorporação imobiliária, vinculados à execução da obra.
§1º A impenhorabilidade não é oponível à execução de dívida relativa ao próprio bem, inclusive àquela contraída para sua aquisição.
§2º O disposto nos incisos IV e X do caput não se aplica à hipótese de penhora para pagamento de prestação alimentícia, independentemente de sua origem, bem como às importâncias excedentes a 50 (cinquenta) salários-mínimos mensais, devendo a constrição observar o disposto no art. 528, §8º, e no art. 529, §3º.
§3º Incluem-se na impenhorabilidade prevista no inciso V do caput os equipamentos, os implementos e as máquinas agrícolas pertencentes à pessoa física ou à empresa individual produtora rural, exceto quando tais bens tenham sido objeto de financiamento e estejam vinculados em garantia a negócio jurídico ou quando respondam por dívida de natureza alimentar, trabalhista ou previdenciária.

[26] BRASIL. Superior Tribunal de Justiça. *Recurso Especial nº 891.703/RS*. Recorrente: Banco Ficrisa Axelrud S/A. Recorridos: Dimas Pereira Gomes e outro. Relatora: Ministra Nancy Andrighi. DJ 27.08.2007. Disponível em: https://scon.stj.jus.br/SCON/GetInteiroTeorDoAcordao?num_registro=200602166951&dt_publicacao=27/08/2007. Acesso em: 28 ago. 2022.

Em relação às pessoas jurídicas, o entendimento jurisprudencial do Superior Tribunal de Justiça é no sentido de que a hipótese da impenhorabilidade dos instrumentos de trabalho somente é aplicável para as microempresas, as empresas de pequeno porte ou a firma individual, caso os bens sejam indispensáveis à continuidade da atividade[27] e quando os sócios trabalharem diretamente na empresa.[28]

No julgado mais antigo do Superior Tribunal de Justiça sobre o tema, o Recurso Especial nº 58.869-3/SP, a 2ª Turma deu provimento, por maioria, ao voto do Relator, Ministro Antônio de Pádua Ribeiro, no qual entendeu que a firma individual (microempresa), apesar de pessoa jurídica, se confunde com a pessoa física dona da empresa. Portanto, a penhora de instrumento necessário para o exercício da atividade da microempresa, em última análise, é uma forma de inviabilizar a atividade profissional da pessoa natural.[29]

Assim, empresas que não sejam individuais ou de pequeno porte não disporiam de proteção à penhora (ou arresto) das ferramentas necessárias para o exercício da atividade empresarial – o que representa um contrassenso, tendo em vista que uma constrição desse tipo pode acarretar graves problemas não só para a empresa, mas para todos os que dependem de sua atividade, direta ou indiretamente, violando princípios constitucionais fundamentais como o da livre-iniciativa e atingindo a própria capacidade contributiva da pessoa jurídica.

Em relação à extensão da impenhorabilidade de conta-poupança, prevista no inciso X do artigo 833 do Código de Processo Civil de 2015 (assim como no inciso X do artigo 649 do Código de Processo Civil de 1973), diferentemente da proteção dada aos instrumentos de trabalho, o entendimento do Superior Tribunal de Justiça tem se dividido em duas posições quanto à aplicação dessa exceção às pessoas jurídicas.

Apesar do texto cru do dispositivo legal não especificar se a exceção é aplicável somente para as pessoas físicas, a premissa dada à impenhorabilidade da conta-poupança é proteger a dignidade da pessoa humana como forma de manter o mínimo existencial para a pessoa natural.[30] Partindo dessa ideia, um dos posicionamentos jurisprudenciais é que, tendo em vista que a proteção da dignidade humana visa proteger as pessoas naturais, e não as pessoas jurídicas, somente as contas-poupanças dos sócios pessoas físicas teriam essa proteção.

---

[27] BRASIL. Superior Tribunal de Justiça. *Recurso Especial nº 1.224.774/MG*. Recorrente: Tropical Palace Hotel Ltda. Recorrido: Juarez Alves. Relatora: Ministra Maria Isabel Gallotti. DJe 17.11.2016. Disponível em: https://scon.stj.jus.br/SCON/GetInteiroTeorDoAcordao?num_registro=201002142296&dt_publicacao=17/11/2016. Acesso em: 28 ago. 2022.

[28] BRASIL. Superior Tribunal de Justiça. *Agravo Regimental no Recurso Especial nº 568.098/PR*. Agravante: MHB Indústria e Comércio de Vidros Ltda. Agravado: Fazenda Nacional. Relator: Ministro Francisco Falcão. DJ 28.04.2004. Disponível em: https://scon.stj.jus.br/SCON/GetInteiroTeorDoAcordao?num_registro=200301320847&dt_publicacao=28/04/2004. Acesso em: 28 ago. 2022.

[29] BRASIL. Superior Tribunal de Justiça. *Recurso Especial nº 58.869-3/SP*. Recorrente: Fazenda do Estado de São Paulo. Recorrido: Saulo José Clemente – Micro Empresa. Relator: Ministro Antônio de Pádua Ribeiro. DJ 23.10.1995. Disponível em: https://scon.stj.jus.br/SCON/GetInteiroTeorDoAcordao?num_registro=199500010119&dt_publicacao=23/10/1995. Acesso em: 28 ago. 2022.

[30] BRASIL. Superior Tribunal de Justiça. *Agravo Interno nos Embargos de Declaração no Recurso Especial nº 1.829.036/SP*. Agravante: Regina Ghisoni Bortoluzzi e outros. Agravado: Almeida Prado, Camerlingo, Zaitz, Rodrigues, Barbosa, Braghetta, Vieira, Marcondes & Lima Advogados Associados. Relator: Ministro Marco Buzzi. DJe 02.04.2020. Disponível em: https://scon.stj.jus.br/SCON/GetInteiroTeorDoAcordao?num_registro=201902228316&dt_publicacao=02/04/2020. Acesso em: 28 ago. 2022.

Outro posicionamento se dá no sentido que a proteção da impenhorabilidade de valores depositados abrange tanto as pessoas físicas quanto as jurídicas, desde que se comprove tratar da única reserva financeira em nome do devedor, que são indispensáveis à atividade empresarial, e desde que se trate de empresa de pequeno porte ou microempresa.[31]

Mais uma vez, o critério utilizado pelo Superior Tribunal de Justiça é a confusão existente entre a atividade empresarial e a pessoa natural, e não a capacidade econômica da empresa.

Em relação à exigência de ser a única reserva financeira, o Superior Tribunal de Justiça tem entendimento majoritário que o termo conta-poupança, disposto no inciso X, seria qualquer tipo de aplicação financeira (ex.: corrente, poupança etc.) que esteja no nome do devedor.[32] Trata-se de entendimento majoritário, ainda dependendo de pacificação, o que ocorrerá com o julgamento dos Recursos Especiais nº 1.660.671/RS e 1.677.144/RS, analisados em conjunto pela Corte Especial do Superior Tribunal de Justiça.[33]

Quanto à atividade empresarial em si, o ordenamento jurídico brasileiro traz maior proteção às empresas em fase de recuperação judicial ou falência, visando, na primeira hipótese, a preservação da continuidade da empresa.[34] Em outras palavras, a legislação somente é expressa quanto à proteção especial da atividade empresarial quando a pessoa jurídica estiver formal e juridicamente em um momento de crise, sob procedimento de recuperação judicial ou de falência.

Nessas hipóteses excepcionais, os bens de capitais essenciais para a manutenção da atividade econômica da pessoa jurídica são impenhoráveis por determinação legal. Até nos casos de créditos devidos à Fazenda Pública, o §7º-B do artigo 6º da Lei de Recuperação Judicial e Falências (Lei nº 11.101, de 2005) define que, apesar da recuperação judicial não suspender as execuções fiscais, o juízo da recuperação é competente para "determinar a substituição dos atos de constrição que recaiam sobre bens de capital essenciais à manutenção da atividade empresarial até o encerramento da recuperação judicial".[35]

---

[31] BRASIL. Superior Tribunal de Justiça. *Agravo Interno no Recurso Especial nº 1.833.911/RS*. Recorrente: Reciclagem e Transporte M. M Oliveira Eireli. Recorrido: Banco do Estado do Rio Grande do Sul S.A. Relator: Ministro Raul Araújo. DJe 17.02.2020. Disponível em: https://scon.stj.jus.br/SCON/GetInteiroTeorDoAcordao?num_registro=201902501374&dt_publicacao=17/02/2020. Acesso em: 28 ago. 2022.

[32] "(...) reveste-se de impenhorabilidade a quantia de até quarenta salários mínimos poupada, seja ela mantida em papel moeda, conta-corrente ou aplicada em caderneta de poupança propriamente dita, CDB, RDB ou em fundo de investimentos, desde que a única reserva monetária em nome do recorrente, e ressalvado eventual abuso, má-fé ou fraude, a ser verificado caso a caso, de acordo com as circunstâncias do caso concreto (inciso X)". BRASIL. Superior Tribunal de Justiça. *Recurso Especial nº 1.230.060/PR*. Recorrente: Janir Floriano Aparecido. Recorrido: Gerson Ari do Amaral Ferreira. Relatora: Ministra Maria Isabel Gallotti. DJe 29.8.2014. Disponível em https://tinyurl.com/ymm2bmf9. Acesso em: 23 dez. 2021.

[33] RACANICCI, Jamile. Bacenjud: Luís Felipe Salomão empata julgamento no STJ sobre penhora de poupança. *Jota*. Disponível em https://tinyurl.com/yyurfnvh. Acesso em: 28 ago. 2022.

[34] SHIMURA, Sérgio; BARROS, João Victor Carvalho de. A constrição de bens do devedor em recuperação judicial para a satisfação de créditos extraconcursais. *Revista de Processo*, São Paulo, vol. 304, p. 203, 2020.

[35] BRASIL. Lei nº 11.101, de 9 de fevereiro de 2005. Regula a recuperação judicial, a extrajudicial e a falência do empresário e da sociedade empresária. Disponível em http://www.planalto.gov.br/ccivil_03/_ato2004-2006/2005/lei/l11101.htm. Acesso em: 28 ago. 2022.

Calixto Salomão Filho, em análise da Lei de Recuperação Judicial e Falências (Lei nº 11.101/2005), escreve que a referida lei impõe a preservação da empresa não somente no período de crise, "mas também durante a sua vida".[36]

Mizabel Derzi ressalta que aplicar a regra da continuidade da atividade empresarial somente em tempos de crise é torná-la ineficaz.[37]

Como se pode notar, a legislação e a jurisprudência não proveem tanta proteção às empresas em plena atividade, desde que essas não sejam individuais ou de pequeno porte, sendo possível o arresto e a penhora dos seus bens, sem qualquer distinção se esses são essenciais para o desenvolvimento da atividade empresarial.

O presente estudo encontrou poucos julgados que admitem o não bloqueio de bens de uma pessoa jurídica em razão do risco à sua atividade econômica, mas, geralmente, a fundamentação para tanto não tem como base a impenhorabilidade, mas a continuidade da empresa, a exemplo do Processo nº 0009032-27.2006.4.01.3307/BA, da Justiça Federal.[38]

De fato, apesar de atualmente não existir norma tributária que diretamente protege a continuidade da atividade econômica pela pessoa jurídica, o ordenamento jurídico veda ao Poder Público se utilizar da cobrança de tributos como meio de impedi-la ou mitigá-la – ato que é chamado de sanção política.

5 Sanções políticas e o bloqueio de bens na medida cautelar fiscal

Sanções políticas são formas indiretas de fazer com que o contribuinte pague um tributo.

Conforme conceitua Édison Freitas de Siqueira, sendo valiosa a transcrição *ipsis litteris*:

> Sanção política é aquele constrangimento, aquela ameaça feita a um cidadão – pessoa física ou jurídica – para que, submetido à coação ou processo psicológico que lhe leve a sentimento de fragilidade e falta de opção tempestiva e/ou economicamente viável, concorde com tudo o que o agente do Poder Executivo deseje, independentemente de um exame de seus próprios direitos.[39]

O autor ressalta que as sanções políticas têm como característica comum a retirada do direito de ampla defesa do contribuinte, impedindo o exercício da sua atividade profissional lícita.[40]

---

[36] SALOMÃO FILHO, Calixto. Recuperação de empresas e interesse social. *In*: SOUZA JUNIOR, Francisco Satiro de; PITOMBO, Antônio Sérgio A. de Moraes (coord.). *Comentários à Lei de recuperação de empresas e falência*: Lei 11.101/2005. São Paulo: Revista dos Tribunais: 2007, p. 54.

[37] DERZI, Misabel Abreu Machado. O princípio da preservação das empresas e o direito a economia de impostos. *In*: ROCHA, Valdir de Oliveira. (Org.) *Grandes Questões atuais do Direito Tributário*. São Paulo: Dialética, 2006, v. 10, p. 336- 359. p. 343.

[38] BRASIL. Tribunal Regional Federal da 1ª Região. Apelação Cível nº 0009032-27.2006.4.01.3307/BA. Apelante: ZOKIS COBERTURAS METALICAS LTDA E OUTRO. Apelada: Fazenda Nacional. Relatora: Desembargadora Federal Ângela Catão. e-DJF1 09/11/2018. Disponível em: https://arquivo.trf1.jus.br/PesquisaMenuArquivo.asp?p1=00090322720064013307. Acesso em: 28 ago. 2022.

[39] SIQUEIRA, Édison Freitas de. *Débito fiscal*: análise crítica e sanções políticas. Tomo 1. Porto Alegre: Sulina, 2001. p. 47.

[40] SIQUEIRA, Édison Freitas de. *Débito fiscal*: análise crítica e sanções políticas. Tomo 1. Porto Alegre: Sulina, 2001. p. 57.

Para Eduardo Fortunato Bim, as sanções políticas (chamadas pelo autor de "sanções indiretas") têm como característica a utilização de meios "restritivos ou impeditivos de aquisição de algum direito, que impeçam ou dificultem a atividade do contribuinte para obrigá-lo a pagar tributo".[41] Em termos claros, atos governamentais que restringem a atividade do contribuinte, com o fim de forçá-lo a pagar tributo, também seriam sanções políticas.

As sanções políticas, por serem meio impróprio de cobrança de tributo, são vedadas pelo ordenamento jurídico brasileiro, pois cabe à lei evitar a arbitrariedade do uso do poder estatal, garantindo os direitos fundamentais dos administrados, seja pessoa física ou jurídica.

Em uma intepretação puramente formalista, a medida cautelar fiscal não seria uma sanção política, pois é um meio de garantir futura execução fiscal quando o contribuinte comete atos dentro das hipóteses estabelecidas no artigo 2º da Lei nº 8.397/92. Em curtas palavras, trata-se de garantir o direito (ou expectativa de direito) do Estado em receber o crédito tributário quando esse está sob o risco de frustração.

Contudo, não se deve negar que bloquear o ativo financeiro de uma empresa, ou impedir a renovação de bens essenciais para o seu funcionamento, impede (ou dificulta) o exercício da atividade econômica; servindo, assim, como uma medida indireta de cobrança do tributo.

Portanto, analisa-se neste tópico se o bloqueio dos ativos financeiros e de bens essenciais à atividade da pessoa jurídica pode, juridicamente, ser uma forma de sanção política.

A vedação às sanções políticas é própria do Estado de Direito e do devido processo legal, dos quais decorrem, também, os princípios da razoabilidade e da proporcionalidade.[42]

O princípio da razoabilidade exige que os instrumentos utilizados sejam razoáveis para atingir o fim pretendido.

Já o princípio da proporcionalidade, segundo Eduardo Bim, é formado por 3 subprincípios: adequação ou idoneidade dos meios; exigibilidade; proporcionalidade em sentido estrito.[43]

O princípio da adequação ou da idoneidade dos meios determina que se deve utilizar o meio juridicamente permitido para a o fim esperado. Para Eduardo Bim, o meio adequado de cobrança do Estado é o executivo fiscal, no qual o contribuinte é intimado para cumprir voluntariamente a obrigação tributária.[44]

---

[41] BIM, Eduardo Fortunato. A Inconstitucionalidade das Sanções Políticas Tributárias no Estado de Direito: Violação ao *substantive Due Process of Law* (Princípios da Razoabilidade e da Proporcionalidade). *In*: ROCHA, Valdir de Oliveira (coord.). *Grandes Questões Atuais de Direito Tributário*. Vol. 8, São Paulo: Dialética, 2004. p. 68.

[42] BIM, Eduardo Fortunato. A Inconstitucionalidade das Sanções Políticas Tributárias no Estado de Direito: Violação ao *substantive Due Process of Law* (Princípios da Razoabilidade e da Proporcionalidade). *In*: ROCHA, Valdir de Oliveira (coord.). *Grandes Questões Atuais de Direito Tributário*. Vol. 8, São Paulo: Dialética, 2004. p. 70 a 74.

[43] BIM, Eduardo Fortunato. A Inconstitucionalidade das Sanções Políticas Tributárias no Estado de Direito: Violação ao *substantive Due Process of Law* (Princípios da Razoabilidade e da Proporcionalidade). *In*: ROCHA, Valdir de Oliveira (coord.). *Grandes Questões Atuais de Direito Tributário*. vol. 8, São Paulo: Dialética, 2004. p. 79 a 82.

[44] BIM, Eduardo Fortunato. A Inconstitucionalidade das Sanções Políticas Tributárias no Estado de Direito: Violação ao *substantive Due Process of Law* (Princípios da Razoabilidade e da Proporcionalidade). *In*: ROCHA,

O princípio da exigibilidade contém similaridades com o princípio da menor onerosidade do devedor, constante no artigo 805 do Código de Processo Civil de 2015.[45] Da mesma forma que o princípio civilista garante ao devedor de boa-fé a satisfação do débito de forma menos gravosa, o princípio da exigibilidade determina que o Estado utilize os meios menos onerosos aos cidadãos para alcançar o fim pretendido. Importante notar que, no princípio da exigibilidade, há o pré-requisito de que o Estado comprove que os meios utilizados foram efetivamente os menos onerosos.[46]

Assim, o princípio da exigibilidade visa garantir que o Estado atue com a menor ingerência possível na vida do cidadão para que não atinja, de alguma forma, direitos fundamentais do administrado, tais como o livre exercício à atividade econômica ou profissional, direito à moradia etc.[47]

O princípio da proporcionalidade em sentido estrito determina que todo ato estatal deva se atentar ao respeito aos direitos fundamentais do homem.[48]

A finalidade do tributo é financiar o Estado.[49] A finalidade do Estado é proteger os direitos fundamentais do homem.[50] Dessa forma, o Estado não pode utilizar meios que ofendam os direitos fundamentais do homem a fim de garantir o seu financiamento, principalmente em casos pontuais, como o da medida cautelar fiscal.

Humberto Ávila, ao analisar o entendimento do Supremo Tribunal Federal sobre restrições administrativas ao livre exercício da atividade dos contribuintes, chegou à conclusão de que o Estado não pode "(a) proibir o exercício de um direito fundamental, inviabilizando-o substancialmente, independentemente do seu motivo" e "(b) restringir em excesso o livre exercício da atividade econômica, ainda que a medida não inviabilize por completo a atividade empresarial". Para o autor, todo ato estatal de restrição deve ter a obrigação de manter a capacidade contributiva dos cidadãos.[51]

O Supremo Tribunal Federal se manifestou algumas vezes sobre o que seria sanção política, mas, na grande maioria, decidindo sobre a constitucionalidade de normas que impediam o exercício de atividade econômica como meio de cobrança indireta de tributo.

Valdir de Oliveira (coord.). *Grandes Questões Atuais de Direito Tributário*. vol. 8, São Paulo: Dialética, 2004. p. 80 e 81.

[45] Art. 805. Quando por vários meios o exequente puder promover a execução, o juiz mandará que se faça pelo modo menos gravoso para o executado.
Parágrafo único. Ao executado que alegar ser a medida executiva mais gravosa incumbe indicar outros meios mais eficazes e menos onerosos, sob pena de manutenção dos atos executivos já determinados.

[46] BIM, Eduardo Fortunato. A Inconstitucionalidade das Sanções Políticas Tributárias no Estado de Direito: Violação ao *substantive Due Process of Law* (Princípios da Razoabilidade e da Proporcionalidade). In: ROCHA, Valdir de Oliveira (coord.). *Grandes Questões Atuais de Direito Tributário*. Vol. 8, São Paulo: Dialética, 2004. p. 81 e 82.

[47] BIM, Eduardo Fortunato. A Inconstitucionalidade das Sanções Políticas Tributárias no Estado de Direito: Violação ao *substantive Due Process of Law* (Princípios da Razoabilidade e da Proporcionalidade). In: ROCHA, Valdir de Oliveira (coord.). *Grandes Questões Atuais de Direito Tributário*. Vol. 8, São Paulo: Dialética, 2004. p. 81 e 82.

[48] BIM, Eduardo Fortunato. A Inconstitucionalidade das Sanções Políticas Tributárias no Estado de Direito: Violação ao *substantive Due Process of Law* (Princípios da Razoabilidade e da Proporcionalidade). In: ROCHA, Valdir de Oliveira (coord.). *Grandes Questões Atuais de Direito Tributário*. Vol. 8, São Paulo: Dialética, 2004. p. 82 e 83.

[49] FUCK, Luciano Felício. *Estado Fiscal e Supremo Tribunal Federal*. São Paulo: Saraiva, 2017, p. 95 e 96.

[50] FUCK, Luciano Felício. *Estado Fiscal e Supremo Tribunal Federal*. São Paulo: Saraiva, 2017, p. 47.

[51] ÁVILA, Humberto. *Sistema Constitucional Tributário*. 5. ed. São Paulo: Saraiva, 2012, p. 399-403, 470 e 471.

No Recurso Extraordinário nº 647.885/RS, analisado sob a sistemática da Repercussão Geral, o Plenário adotou a seguinte definição:

> As sanções políticas consistem em restrições estatais ao exercício da atividade tributante que culminam por inviabilizar injustificadamente o exercício pleno de atividade econômica ou profissional pelo sujeito passivo da obrigação tributária, logo representam afronta aos princípios da proporcionalidade, da razoabilidade e do devido processo legal.[52]

No voto do vogal, Ministro Alexandre de Moraes, é destacado que o Supremo Tribunal Federal entende como ilegítimos os "meios indiretos de coerção para pagamentos de tributos".[53]

Em outro julgado, da Ação Direta de Inconstitucionalidade nº 5.135, de Relatoria do Ministro Roberto Barroso, o Tribunal Pleno do Supremo Tribunal Federal analisou se a inclusão de Certidão de Dívida Ativa (CDA) em protesto seria uma sanção política.[54] O requerente da ADI defendia que esse ato restringiria desproporcionalmente os direitos fundamentais dos contribuintes, forçando-os, indiretamente, a pagar o crédito tributário.

O Ministro relator ressaltou que, para a medida coercitiva ser considerada sanção política, o ato estatal deve violar os postulados da proporcionalidade e da razoabilidade, não bastando a simples restrição dos direitos dos contribuintes devedores. Em poucas palavras, deve-se analisar se a coerção estatal permite o exercício da atividade econômica lícita e da livre concorrência.

No acórdão, lembra-se, ainda, o caráter não absoluto dos direitos fundamentais, permitindo-se mitigações para proteger outros bens e interesses constitucionais.

Com essas considerações, o Ministro relator adotou um critério de duas etapas para verificar se o ato impugnado poderia ser considerado uma sanção política: primeiro analisou "o nível de restrição dos direitos fundamentais supostamente afetados", e depois, aplicou as três dimensões do princípio da proporcionalidade:

> se referidas restrições são adequadas aos fins perseguidos com a medida (adequação), (ii) se há meio alternativo menos gravoso e igualmente idôneo à produção do resultado (necessidade/vedação do excesso), e (iii) se os seus benefícios superam os seus ônus (proporcionalidade em sentido estrito).[55]

---

[52] BRASIL. Supremo Tribunal Federal. *Recurso Extraordinário nº 647.885/RS*. Recorrente: Ministério Público Federal. Recorrido: Ordem dos Advogados do Brasil – Secção do Rio Grande do Sul. Relator: Ministro Edson Fachin. DJe 19.05.2020. Disponível em: https://redir.stf.jus.br/paginadorpub/paginador.jsp?docTP=TP&docID=752690906. Acesso em: 28 ago. 2022.

[53] BRASIL. Supremo Tribunal Federal. *Recurso Extraordinário nº 647.885/RS*. Recorrente: Ministério Público Federal. Recorrido: Ordem dos Advogados do Brasil – Secção do Rio Grande do Sul. Relator: Ministro Edson Fachin. DJe: 19.05.2020. Disponível em: https://redir.stf.jus.br/paginadorpub/paginador.jsp?docTP=TP&docID=752690906. Acesso em: 28 ago. 2022.

[54] BRASIL. Supremo Tribunal Federal. *Ação Direta de Inconstitucionalidade nº 5.135*. Requerente: Confederação Nacional da Indústria – CNI. Intimado: Presidente da República e Congresso Nacional. Relator: Ministro Roberto Barroso. DJe 07.02.2018. Disponível em: https://redir.stf.jus.br/paginadorpub/paginador.jsp?docTP=TP&docID=14308771. Acesso em: 28 ago. 2022.

[55] BRASIL. Supremo Tribunal Federal. *Ação Direta de Inconstitucionalidade nº 5.135*. Requerente: Confederação Nacional da Indústria – CNI. Intimado: Presidente da República e Congresso Nacional. Relator: Ministro Roberto Barroso. DJe 07.02.2018. Disponível em: https://redir.stf.jus.br/paginadorpub/paginador.jsp?docTP=TP&docID=14308771. Acesso em: 28 ago. 2022.

Ao fim, o Pleno do Supremo Tribunal Federal considerou que o protesto de CDA não restringiria desproporcionalmente os direitos fundamentais dos contribuintes, não representando, assim, uma sanção política.

Feito o apanhado geral, pergunta-se: a medida cautelar fiscal é uma sanção política?

Na medida cautelar fiscal, o bloqueio de bens é feito liminarmente pelo juízo competente, conforme determina o artigo 7º da Lei nº 8.397/92,[56] sem a citação/intimação prévia do contribuinte (artigo 8º, parágrafo único, letra "b" da Lei nº 8.397/92).[57] Assim, há a ingerência do Estado no patrimônio do contribuinte antes que esse possa exercer o seu direito de defesa; que é garantido somente após a constrição de bens. Pode-se afirmar, portanto, que é garantido ao contribuinte o direito à ampla defesa; mas somente após ter o seu direito de propriedade mitigado.

O segundo ponto para caracterizar uma sanção política é verificar se o ato impede, em maior ou menor grau, a atividade do contribuinte. É nesse ponto que saber definir o que é sanção política ajuda a entender quais são os limites do §1º do artigo 4º da Lei nº 8.397/92, que restringiria a constrição "somente sobre os bens do ativo permanente".

Como já explicado, o ativo permanente da pessoa jurídica detém bens imobilizados ou que não serão utilizados pela pessoa jurídica num período curto ou médio. Em outras palavras, a leitura do dispositivo leva à interpretação ser vedado o bloqueio daqueles bens que são exigidos para a atividade empresarial, no curto e médio prazo.

No caso da essencialidade do ativo financeiro de uma empresa para a sua atividade econômica é inquestionável: sem dinheiro, não há pagamento de fornecedores, empregados, energia elétrica, água, aluguel etc. O bloqueio abrupto e desmedido dos ativos financeiros pode representar a morte da empresa, por não conseguir arcar com as obrigações necessárias para a continuidade da atividade econômica.

De tal modo, parece que a vedação ao bloqueio dos demais bens que não compõem o ativo permanente tem como finalidade evitar que o Juízo utilize a medida cautelar fiscal como uma sanção política, preservando a continuidade da atividade econômica da empresa, sem que o ato estatal represente um fato que possa prejudicá-la futuramente. Essa ideia ganha força quando a opção expressamente dada pela Lei para garantir o crédito tributário, na hipótese de não serem encontrados bens suficientes, é a extensão da indisponibilidade aos bens dos acionistas controladores e àqueles com poderes de gestão à época do fato gerador e do inadimplemento da obrigação fiscal, evitando ao máximo o bloqueio dos bens essenciais à atividade empresarial. Se o objetivo não fosse a proteção da continuidade da atividade empresarial, a Lei disporia sobre as hipóteses excepcionais que autorizariam ao Juízo buscar bens que não pertencem ao ativo permanente – o que não fez.

Luís Eduardo Schoeuri aponta que o direito dado ao Poder Público para buscar o seu crédito advindo de uma infração administrativa tributária decorre do poder de

---

[56] Art. 7º O Juiz concederá liminarmente a medida cautelar fiscal, dispensada a Fazenda Pública de justificação prévia e de prestação de caução.

[57] Art. 8º O requerido será citado para, no prazo de quinze dias, contestar o pedido, indicando as provas que pretenda produzir.
Parágrafo único. Conta-se o prazo da juntada aos autos do mandado:
a) de citação, devidamente cumprido;
b) da execução da medida cautelar fiscal, quando concedida liminarmente.

tributar, e não do poder de punir. Portanto, no Direito Tributário seriam inaceitáveis medidas de cobrança (ou de punição) que "ultrapassem a capacidade contributiva ou que de algum modo restrinjam o livre exercício de profissão".[58] No caso da cautelar fiscal, uma medida constritiva que impeça a continuidade da atividade econômica tolhe não somente o direito fundamental ao livre exercício da atividade econômica, disposto no parágrafo único do artigo 170 da Constituição Federal, mas atinge a própria capacidade contributiva da pessoa jurídica frente a outros créditos tributários, inclusive os devidos a outros entes federativos.

O Ministro Luiz Fux, quando membro do Superior Tribunal de Justiça, proferiu voto no Recurso Especial nº 789.781/RS no sentido de vedar à Fazenda Pública, ao buscar o seu crédito, restringir a atividade econômica do contribuinte, seja de forma direta ou indireta.[59]

Desse modo, para não incorrer numa sanção política, é importante ao magistrado, antes de determinar o bloqueio dos ativos financeiros da pessoa jurídica, como medida excepcional, verificar se o ato é o menos oneroso ao contribuinte, e se não há outros meios melhores para garantir a futura execução fiscal sem interferir na continuidade da atividade empresarial (ou a sua mitigação), observando o princípio da exigibilidade.

A medida cautelar fiscal, utilizada de forma a garantir futura execução fiscal, na essência, não é uma ferramenta com o fim de cobrança antecipada de tributo. Contudo, é um meio processual que, havendo o menor descuido técnico por parte do Juízo, pode resultar numa sanção política, minando (ou simplesmente extinguindo) a atividade econômica de uma empresa.

Cabe ao Juízo averiguar se os elementos trazidos pela fazenda pública, para justificar o requerimento da cautelar fiscal, realmente existem e se há proporcionalidade entre o pedido e o ato que o justifica.

Por exemplo, uma das hipóteses de cabimento da cautelar fiscal ocorre quando o contribuinte não informa à Fazenda a alienação de um bem que foi arrolado. Contudo, se uma empresa discute um crédito tributário de milhões na via administrativa e, em seu curso, aliena somente um veículo de menor valor sem comunicar à fazenda, não é proporcional utilizar a medida cautelar fiscal para garantir o crédito sob o argumento de tentativa de fraude a credor. Nesse exemplo, muito menos razoável o Juízo determinar o bloqueio dos ativos financeiros da empresa.

Da mesma forma, no caso do bloqueio excepcional do ativo financeiro de uma empresa, é desproporcional a sua decretação com base apenas em indícios. É de extrema importância que o magistrado verifique concretamente, pelos meios disponíveis que possui, se as alegações da fazenda justificam o bloqueio de bens.

Um exemplo hipotético ocorre quando a fazenda pública utiliza o argumento de que a empresa devedora do crédito tributário encerrou as suas atividades – o que denotaria a tentativa de elidir o pagamento do crédito tributário por futura insolvência. É mais do que razoável o magistrado ter o cuidado de verificar se realmente a empresa

---

[58] SCHOUERI, Luís Eduardo. *Direito Tributário*. 11. ed. São Paulo: Saraiva, 2022, p. 902-904, 907.

[59] BRASIL. Superior Tribunal de Justiça. *Recurso Especial nº 5.135*. Recorrente: Irmãos Trespach Ltda. Recorrido: Estado do Rio Grande do Sul. Relator: Ministro Luiz Fux. DJ: 06.02.2007. Disponível em: https://scon.stj.jus.br/SCON/GetInteiroTeorDoAcordao?num_registro=200501741866&dt_publicacao=01/03/2007. Acesso em: 21 ago. 2022.

ainda está em funcionamento. Para tanto, o magistrado tem como determinar a um oficial de justiça que verifique, *in loco*, se a empresa está exercendo as suas atividades antes de adotar qualquer medida constritiva. Caso o magistrado acolha o pedido da fazenda, bloqueando bens essenciais ao exercício da atividade econômica lícita da pessoa jurídica, fica manifesto o uso da cautelar fiscal como forma indireta de cobrança do crédito tributário.

Deste modo, é essencial que o magistrado verifique o que a fazenda utiliza como prova e como argumento para a decretação da indisponibilidade de bens, de modo a evitar que uma medida que visa garantir futura execução fiscal se transforme numa ferramenta de sanção política contra o contribuinte.

6 Conclusão

A Medida Cautelar Fiscal permite à Fazenda Pública assegurar bens para futura execução, em hipóteses expressas no seu artigo 2º.

O problema reside na utilização da ferramenta de forma ampla, em situações em que o Poder Judiciário determina o bloqueio, de imediato, da integralidade dos bens das pessoas jurídicas requeridas; desobedecendo aos limites estabelecidos no §1º do artigo 4º da Lei da Cautelar Fiscal.

O referido dispositivo especifica que a indisponibilidade recairá "somente sobre os bens do ativo permanente", deduzindo-se ter como finalidade proteger os recursos de curto ou médio prazo das pessoas jurídicas, relativos ao ativo circulante, como ativos financeiros, caixa, créditos a receber, estoques, despesas, além de impedir o bloqueio do passivo das empresas, como pagamento de fornecedores, obrigações fiscais, sociais e trabalhistas, contas a pagar, empréstimos bancários, aluguéis etc. Portanto, parece que o objetivo do dispositivo seria tornar passíveis de indisponibilização apenas os bens que, por natureza, estão imobilizados na empresa e que, *a priori*, não seriam alienados em curto ou médio prazo, causando o menor impacto possível nas atividades empresariais.

A hipótese de que a lei visa proteger os bens de curto e médio prazo parece ganhar força com a leitura da segunda parte do §1º do artigo 4º da Lei nº 8.397/92: em vez de dispor sobre exceções à restrição do ativo permanente, a Lei confere ao magistrado a possibilidade de estender a indisponibilidade aos bens dos acionistas e sócios gestores da pessoa jurídica.

Assim, no caso de ausência ou insuficiência de bens da pessoa jurídica, é permitido ao magistrado estender a indisponibilidade aos bens dos gestores da pessoa jurídica, à época do fato gerador, de forma subsidiária – mas somente em face daqueles que constam como sujeitos passivos do crédito tributário ou daqueles que, de alguma forma, contribuíram para o fato que justificou o ajuizamento da cautelar fiscal, observados os requisitos do artigo 137 do CTN.

É importante lembrar que a medida cautelar fiscal é uma ação acessória à execução fiscal, com o objetivo último de garantir bens passíveis para a penhora. Portanto, a cautelar fiscal deve tramitar de forma a não causar qualquer nulidade à pretensão executiva, ou seja, é ilegal a constrição de bens considerados pela lei como absolutamente impenhoráveis, conforme disposto no artigo 184 do Código Tributário Nacional.

Apesar de atualmente não existir norma tributária que diretamente protege a continuidade da atividade econômica pela pessoa jurídica, o ordenamento jurídico veda ao Poder Público se utilizar da cobrança de tributos como meio de impedir ou mitigar o exercício da atividade econômica – ato que é chamado de sanção política.

A medida cautelar fiscal, utilizada de forma a garantir futura execução fiscal, na essência, não é uma ferramenta com o fim de cobrança antecipada de tributo. Contudo, é um meio processual que, havendo o menor descuido técnico por parte do Juízo, possui a capacidade de resultar numa sanção política, minando (ou simplesmente extinguindo) a atividade econômica de uma empresa.

Em razão disso, é mais do que razoável o magistrado ter o cuidado de verificar se os fatos alegados pela Fazenda Pública estão de acordo com a realidade, não bastando a simples análise dos documentos comprobatórios juntados pela parte ativa. O magistrado tem as ferramentas necessárias para realizar as pesquisas de bens e diligências necessárias, com o fim de evitar a utilização do processo como instrumento de cobrança indevida.

Informação bibliográfica deste texto, conforme a NBR 6023:2018 da Associação Brasileira de Normas Técnicas (ABNT):

FERREIRA, Victor Ribeiro. A indisponibilidade de bens da pessoa jurídica na medida cautelar fiscal. *In:* SEEFELDER FILHO, Claudio Xavier (coord.). *Direito Econômico e Desenvolvimento*: entre a prática e a academia. Belo Horizonte: Fórum, 2023. p. 491-508. ISBN 978-65-5518-487-7.

PENALIDADE ADMINISTRATIVA DE ADVERTÊNCIA EM COMPARAÇÃO À SANÇÃO PECUNIÁRIA: UMA ATUALIZAÇÃO DO TIPO DE PUNIÇÃO ADMINISTRATIVA?

WALDIR JOÃO FERREIRA DA SILVA JUNIOR

1 Introdução

O presente estudo pretende lançar uma perspectiva pragmática, com viés quantificável e doutrinário, quanto à sanção administrativa a servidores públicos federais, com olhar para as consequências práticas, tanto nos aspectos positivos quanto nos retrocessos negativos. Foi pautada a *sanção administrativa* como um corolário natural a uma infração administrativa, em razão de conduta funcional de agente público divergente de norma cogente (aquela que é obrigatória).

No combate às más condutas, uma das medidas que se adota é a punição aos servidores públicos, sendo uma das causas os vícios na execução dos serviços públicos, uma gradação tênue do designativo técnico da chamada corrupção administrativa.[1] E é nessa quadra que se buscou avaliar a penalidade de advertência a servidor público, em comparação à pena pecuniária, se é o meio mais adequado de se aplicar uma sanção a servidor público federal por desvios de conduta de gravidade leve.

No primeiro plano, abordaram-se as variáveis teóricas sobre a corrupção, pelo ângulo da repressão, com identificação das interpretações sobre causas e efeitos.

Na sequência do estudo, com estruturação em custo-benefício e eficiência, ancoraram-se como parâmetro métodos da Análise Econômica do Direito (AED), sob o enfoque da AED positiva (descritiva). A AED positiva preocupa-se em analisar os dados e normas jurídicas vigentes, tendo a racionalidade e as consequências prováveis das escolhas, sendo o binômio da descrição/explicação o seu objeto de estudo.[2]

---

[1] BERTONCINI, Mateus. *Ato de Improbidade Administrativa*: 15 anos da Lei 8.429/1992. São Paulo: Revista dos Tribunais, 2007.

[2] RODRIGUES, Fillipe Azevedo. *Análise econômica da expansão do direito penal*. Belo Horizonte: Del Rey, 2014, p. 60-62.

Importante destacar que a perspectiva da AED aceita que "os instrumentos da economia aplicados ao direito não têm a pretensão de predizer o que é melhor, no sentido moral do que 'deve ser', mas sim do que é eficiente".[3]

Referências na matéria, Richard Posner[4] e Gary Stanley Becker,[5] no estudo do crime e das penas, na linha do utilitarismo de Benthan, tentam explicar e prever o comportamento das pessoas envolvidas com a lei, e também procuram melhoras na legislação. Para Becker, decisões "ótimas" (ou favoráveis) são aquelas decisões que minimizam a perda, ou seja, maximizam o bem-estar do agente.

A questão da transgressão a normas de cunho jurídico-administrativo ganha relevância dentro do próprio aparelho estatal na perspectiva de que um dos focos de atuação do Estado se circunscreve ao poder de apenar os agentes públicos que têm condutas desarmônicas com as normas pactuadas com a Administração Pública, na busca de se combater a corrupção.[6]

O ponto nevrálgico desenvolvido no artigo é se as modalidades de penas vigentes atualmente, e seu custo de implementação e vigilância, são os instrumentos adequados frente aos dilemas e avanços jurídicos encontrados sob a perspectiva da Análise Econômica do Direito.

Nos cenários para se analisar as sanções atualmente em vigência no Direito Administrativo disciplinar, usamos como dados primários os quantitativos de penalidades de advertências aplicadas, no período de 2014 a 2017, bem como se o custo da penalidade imposta ao agente infrator é o meio mais adequado para reprimir condutas ilícitas de gravidade leve.

Dentro desse objetivo, delimitou-se a extração de dados para o período entre 2014 e 2017, tendo em vista a introdução, no arcabouço normativo para questões correcionais, no ano de 2017, da possibilidade de pactuação de Termo de Ajustamento de Conduta (TAC)[7] entre a Administração Pública e o servidor público federal, no âmbito do poder executivo Federal. Os resultados da implementação do instrumento, pós-2017, são uma variável que poderia distorcer os dados, pois o TAC substitui a possibilidade da sanção de advertência, fato identificado com um aumento nas exculpações de advertência, conforme tabela extraída do Portal Correição em Dados:

---

[3] DOMINGUES, Victor Hugo. Ótimo de Pareto. *In*: RIBEIRO; KLEIN (coord.). *O que é análise econômica do direito*: uma introdução. Belo Horizonte: Fórum, 2011, p. 45.

[4] POSNER, Richard A. Values and Consequences: An Introduction to Economic Analysis of Law. *In*: POSNER, Eric (ed.). *Chicago Lectures in Law and Economics*. Foundation Press, 2000. p. 2.

[5] BECKER, Gary. Crime and Punishment: An Economic Approach. *Journal of Political Economy*: Essays in the economics of crime and punishment, National Boreau of Economic Research, p. 169-217, 2001, p. 169-172. Disponível em: http://www.jstor. org/discover/10.2307/1830482?uid=3737664&uid=2&uid=4&sid=2110196886 7553. Acesso em: 10 fev. 2019.

[6] BOBBIO, Norberto; MATTEUCCI, Nicola; PASQUINO, Gianfranco. *Dicionário de Política*, Brasília: Editora Universidade de Brasília, 2000.

[7] Instrução Normativa nº 2, de 30.05.2017, do Ministério da Transparência, Fiscalização e Controladoria-Geral da União (CGU).

Exculpação de advertências (2017 e 2018)

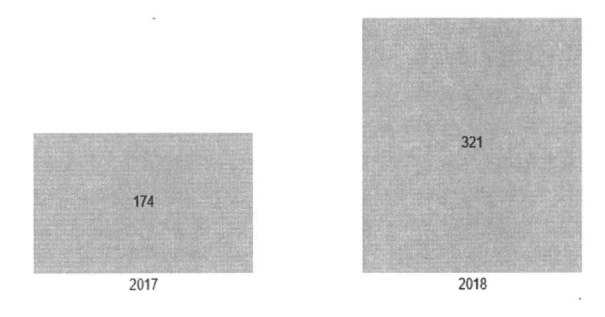

2017	2018
174	321

Destaque-se que a percepção é de que os processos de maior gravidade, que demandam uma robustez de provas mais complexas, com perícias, acareações, cruzamento de dados, troca de informações entre órgãos (Ministério Público, Tribunal de Contas, Receita Federal e outros órgãos da própria administração), têm uma duração maior do processo e denotam gravidade maior da sanção (aplicação de suspensões e/ou demissão). Entretanto, diante da carência de informação estratificada dos processos, pela conclusão a que cada um chegou vinculada à sanção aplicada, optou-se por partir da premissa de que os processos têm duração igual, independente da sanção aplicada, pois, reforce-se, não há informação quantificável sobre esse dado (tempo do processo por sanção) disponível no "Painel Correição em Dados", da Controladoria-Geral da União, fonte primária dos dados.

2 A Administração Pública sancionatória e o regime disciplinar

2.1 Legitimidade do poder punitivo pelo Estado

Na sociedade contemporânea, há, por parte do Estado, o que se pode chamar de uma tendência à apropriação dos mecanismos sociais de controle. De certa maneira, é através desta apropriação que o Estado passa a exercer sobre o indivíduo um controle de suas ações, empenhando-se na sua correção.[8]

A norma não visa apenas a proteger a pessoa como ser unitário, fora de um sistema complexo de relações sociais, mas inserido e partícipe de uma coletividade ordenada para a consecução de um fim comum: a vivência pacífica.

O Estado, conforme nos leciona Bobbio, utiliza de sua interpretação para buscar esta vivência pacífica, e assim é feito em sua leitura: "a relação política por excelência é a relação entre governantes e governados, entre quem tem o poder de obrigar com suas decisões os membros do grupo e os que estão submetidos a essas decisões. Ora, essa relação pode ser considerada do ângulo dos governantes ou do ângulo dos governados. No curso do pensamento político, predominou durante séculos o primeiro ângulo. E o primeiro ângulo é o dos governantes".[9]

---

[8] FOUCAULT, Michel. *A verdade e as formas jurídicas*. Rio de Janeiro: Nau Editora, 2008, p. 93.
[9] BOBBIO, Norberto. *A Era dos Direitos*. Rio de Janeiro: Editora Elsevier, 2004. p. 57.

No século XX, a tradição do pensamento sobre o poder tem um viés dedutivo do fenômeno político, como um fenômeno institucional, com a concentração nas instituições jurídicas e administrativas. Esta abordagem remonta a Aristóteles e é retomada por Locke, Rousseau, Hobbes, Montesquieu e outros, com a sistematização do *contratualismo*, com uma preocupação em regras de como deveriam ser as instituições e a política.[10]

No movimento, surge o *constitucionalismo*, conforme definido por J.J. Gomes Canotilho: "Constitucionalismo é a teoria (ou ideologia) que ergue o princípio do governo limitado indispensável à garantia dos direitos em dimensão estruturante da organização político-social de uma comunidade... técnica específica de limitação do poder...".[11]

Para a organização segura dos direitos e deveres a serem exercidos pelo Estado, inclusive seus agentes, e pelos indivíduos do corpo social, todos se submetem às normas, inclusive o próprio Estado, que aglutina a liberdade da qual cada um dos indivíduos abriu mão para a sua constituição.

Nessa linha, a exteriorização do *poder* por meio do Direito, entendido como norma jurídica ou conjunto de normas jurídicas, tem a função instrumental de regulação do corpo social organizado, pela segurança da previsibilidade dos comportamentos, inserindo as formas de controle do poder de um determinado grupo social.[12]

Max Weber trabalhou conceitos de "Poder" e "Burocracia", termos que procuraremos tangenciar e delimitar seu significado, por meio do entendimento weberiano para possibilitar a estrutura de explicação do poder sancionatório do Estado.

Quanto ao termo "poder", para Weber ele é característica pura das estruturas políticas da sociedade, com as formas de domínio e coerção legitimadas por interesses do Estado. Weber sintetizou o conceito da seguinte forma: "poder significa toda probabilidade de impor a própria vontade numa relação social, mesmo contra resistências, seja qual for o fundamento dessa probabilidade".[13]

A "Burocracia", nessa análise, é no sentido de ser um elemento importante do processo modernizador do Estado e da sociedade, baseada em que ela estabelece normas institucionais que eliminam, ou mitigam, os riscos de sequestro do Estado por pessoas ou corporações com interesses privados, um patrimonialismo. O objetivo é se ter um Estado profissional, com estruturas funcionais especializadas e com processos definidos, assim caracterizado por "precisão, velocidade, clareza, conhecimento dos arquivos, continuidade, discrição, unidade, subordinação rigorosa, redução do atrito e dos custos de material e pessoal",[14] em seu tipo ideal.

2.2 A repressão no Direito Administrativo: de ontem, hoje e amanhã

A dependência do Estado à Constituição, no Estado Democrático de Direito, constitui um ganho para a sociedade, permitindo que o agente público tenha direitos em face da Administração Pública, dentre eles, o direito a um regime sancionador justo.

---

[10] FARR, James; DRYZEK, John; LEONARD, Stephen. *La Ciencia Política en la Historia*. Espanhol, Ed. Istmo. 1999.
[11] CANOTILHO, José Joaquim Gomes. *Direito constitucional e teoria da constituição*. 7. ed. Coimbra: Almedina, 2003 p. 51.
[12] WOLKMER, Antônio Carlos. *Ideologia, estado e direito*. 4. ed. São Paulo: Revista dos Tribunais, 2003. p. 154.
[13] WEBER, Max. *Economia e sociedade*. Brasília: Editora UnB, 1998, p. 33.
[14] WEBER, Max. *Ensaios de Sociologia*. Rio de Janeiro: Ed. LTC, 1982, p. 249.

Em primeiro lugar, aparentemente há enraizado na cultura brasileira o desvirtuamento de que as relações público-privadas se baseiem em articulações patrimonialistas onde o Estado é utilizado como fonte geradora de negócios e/ou privilégios para alguns segmentos da sociedade. Esse fenômeno se deve a um processo histórico no qual, por um lado, o Estado se transformou num ator privilegiado frente aos interesses nacionais e, de forma pragmática, se forjou como um gerador de vantagens para setores econômicos ou mesmo grupos de indivíduos.

Nesse contexto, a corrupção, independentemente de sua magnitude ou impacto, é um elemento catalizador que, ao mesmo tempo, conecta e viabiliza a articulação entre os interesses da iniciativa privada, além de permitir que os agentes públicos estabeleçam suas decisões de dar ou não suporte a tais interesses. É claro que o comportamento corruptivo não é linear, não possui o mesmo ritmo e nem o mesmo efeito prático a cada momento da história, já que de tempos em tempos as exigências, os atributos e as possibilidades do ambiente se transformam. Mas, de toda maneira, a corrupção age como um ímã que viabiliza a auto-organização do sistema, adaptando as características e habilidades dos atores envolvidos para melhor lidarem com a complexidade do ambiente. Assim, se aceita que é a forma de como se acordam os termos da corrupção que dá sentido desvirtuado ao objetivo implícito na relação público-privada.

Hodiernamente a corrupção é entendida como o resultado da soma das fragilidades existentes entre a intervenção estatal na economia com a alocação política de recursos,[15] da discricionariedade de agentes públicos e a baixa institucionalização política que gera incentivos aos grupos sociais para explorarem o poder público com o objetivo de auferir benefícios privados.[16]

Ao agente público infrator, ou qualquer cidadão, para executar uma fraude, pondera, mesmo que inconscientemente, com a racionalização, necessidade e oportunidade,[17] em estudo clássico do americano Donald Cressey,[18] denominado "Triângulo da Fraude". A *racionalização* é vinculada à moral, entre comportamento certo ou errado e seus argumentos lógicos para justificar as ações. O segundo ponto, da *necessidade*, é relacionado aos aspectos que impulsionam o servidor/cidadão a tomar aquela ação, o estado em que a pessoa se encontra, de fatores externos negativos que influenciam a atitude. O terceiro vértice do "triângulo" é a *oportunidade*, ou seja, o potencial de retorno combinado com a capacidade de executar a corrupção tendo os meios ao seu dispor.

Na busca por limitar as três variáveis argumentadas no parágrafo anterior, no embate entre o comportamento e as limitações impostas por normativos, há necessidade de regras e procedimentos, concretizando o culto ao valor da liberdade, cujo poder estatal seria exercido com contornos delimitadores, para a dignidade dos indivíduos sobre os quais ele se exerce.[19]

A constitucionalização do Direito Administrativo, com os princípios e regras, delineando a formação do Direito Administrativo contemporâneo – o *neoadministrativismo*,

---

[15] ROSE-ACKERMAN, Susan. *Corruption and Government: Causes, Consequences and Reform*. London: Cambridge University Press, 1999.
[16] HUNTINGTON, Samuel P. *Political Order in Changing Societies*. New Haven: Yale University Press, 1968.
[17] SANTOS, Renato Almeida dos. *Compliance como ferramenta de mitigação e prevenção da fraude organizacional*. 6º Concurso de Monografias da CGU, Brasília, DF, 2011.
[18] CRESSEY, Donald R. *Other people's money*: a study in the social psychology of embezzlement. Glencoe, Illinois: The Free Press, 1953.
[19] DINAMARCO, Cândido Rangel. *A Instrumentalidade do Processo*. 13. ed. São Paulo: Malheiros Editores, 2008, p. 198.

exige uma adequação dos institutos clássicos ao novo modelo jurídico. No magistério do professor Gustavo Binenbojm, o desgaste da lei nos últimos 70 anos decorre das seguintes características: "desprestígio e descrédito da lei como expressão da vontade geral, pela sua politização crescente ao sabor dos sucessivos governos, pela crise de representação, pelo incremento progressivo da atividade normativa do Poder Executivo e pela proliferação das agências reguladoras independentes".

Alinhado a essa nova "escola", o professor e Ministro Luís Roberto Barroso destaca necessidade de se revisitar e revisar três paradigmas do Direito Administrativo, com o viés do *neoadministrativismo*: a) redefinição da ideia de supremacia do interesse público sobre o privado e a ascensão do princípio da ponderação de direitos fundamentais; b) superação da concepção da legalidade como vinculação positiva do administrador à lei e a consagração da vinculação direta à Constituição; e c) possibilidade de controle judicial da discricionariedade administrativa a partir dos princípios constitucionais, deixando-se de lado o paradigma da insindicabilidade do mérito administrativo".[20]

E dentro dessa perspectiva sancionadora do *neoadministrativismo* existe uma ponte com o sistema judiciário do século XVIII, "com seus objetivos primeiros: fazer da punição e da repressão das ilegalidades uma função regular, coextensiva à sociedade; não punir menos, *mas punir melhor*".[21]

Nesse *giro pragmático*, como se refere Gustavo Binenbojm, é usualmente traduzido em um reclame por eficiência e conexão com a realidade (razoabilidade). Não se tolera mais a ação administrativa protelatória, caprichosa, malconcebida e *excessivamente custosa*. Não deve haver espaço para o desperdício e para modelos pouco operacionais. Cobra-se do gestor público que selecione os meios mais adequados e econômicos para atender ao interesse público, compreendido, aliás, não como um conceito abstrato e *ex ante*, mas de forma concreta.

O Direito Administrativo Sancionador tradicionalmente atua na proteção dos interesses administrativos, a regulação de condutas de perigo abstrato e o controle da "criminalidade de bagatela", sendo este último entendido como as infrações realizadas pelos agentes públicos dentro do aparelho governamental. Esta "criminalidade de bagatela" é o tema que se caracteriza pela gestão das áreas sob a responsabilidade da Administração Pública, pelo exercício das atividades regulares e sistemáticas das esferas de atuação dos agentes governamentais. A sanção, nesse contexto, tem a finalidade de reforçar as exigências e ações obrigatórias da administração, executadas pelos agentes públicos.

Nessa linha de raciocínio, o rigor da punição deve ser refletido se é o melhor meio de combate sobre os atos de corrupção no Brasil, sob o prisma econômico e de eficiência, na linha do contemporâneo Direito Administrativo, o *neoadministrativismo*, com a justificativa para ações sob análises concretas, com métricas e previsibilidade, sem se render a discurso popularmente repetido e moralista.

Com efeito, motivado em se combater a corrupção, a responsabilização de agentes públicos, apenas pela inércia e tradição jurídicas, se molda equivocada pelo momento do *neoadministrativismo*.

---

[20] BARROSO, Luís Roberto. Neoconstitucionalismo e constitucionalização do direito: o triunfo tardio do Direito Constitucional no Brasil. In: *Revista de Direito Administrativo*, Rio de Janeiro, n. 240, p. 31-33, abr./jun. 2015.

[21] FOUCAULT, Michel. *Vigiar e punir*: nascimento da prisão. 42. ed. Petrópolis: Vozes, 2018, p. 81.

2.3 Direito Administrativo Sancionatório

Nas mudanças sensíveis ao Direito Administrativo, um quadrante de análise e reflexão é o que se refere ao aspecto sancionador, em uma arquitetura jurídica de punição eficiente, e não apenas inercial: se fazer da mesma forma.

Entretanto, é necessária uma breve contextualização sobre a inserção da espécie "sanção administrativa" dentro do gênero "combate à corrupção".

A pauta "corrupção" ganha relevância no aspecto social e econômico, com consequências para a legitimidade de processos democráticos, quando a sociedade começa a ter a percepção de que a corrupção tem efeitos deletérios na alocação de recursos públicos e sua consequente ineficiência.[22] A corrupção é vista como prejudicial ao desenvolvimento, inimiga das políticas públicas e como agente alimentador da exclusão social,[23] tornando imperioso aos órgãos públicos implementar eficientes políticas sancionadoras e de combate à corrupção.

A relação frutífera de corrupção pelo agente público se dá pela seguinte lógica: o Estado/governo recruta o agente para fornecer serviços à sociedade ou a si próprio (Estado/governo). O agente público (servidor/empregado) dispõe de discricionariedade sobre os serviços públicos podendo utilizar-se deles ilicitamente, de acordo com a teoria *do rent-seeking*. No desempenho de suas funções, o agente público traduz para seu benefício ou de terceiros, em razão de uma vantagem em recursos financeiros, materiais ou simbólicos (*status*).[24]

Em todas as vertentes, um ponto em comum quanto ao comportamento humano e o que motiva a ação é um só: os homens atuam para sair de uma situação menos satisfatória para uma mais satisfatória.[25]

A questão da transgressão a normas de cunho jurídico-administrativo ganha relevância dentro do próprio aparelho estatal na perspectiva de que um dos focos de atuação do Estado se circunscreve ao poder de apenar os agentes públicos que têm condutas desarmônicas com as normas pactuadas com a Administração Pública, na busca de se combater a corrupção.[26] [27]

Na Administração Pública, os contornos mais amplos das normas de conduta dos agentes públicos são estabelecidos pela Constituição, em conjunto com o que poderíamos chamar de sistema de governança pública. Essa expressão denota o conjunto de normas e instituições que visam alinhar as ações públicas das diversas unidades do governo com os objetivos do Estado, especificamente no que concerne ao atingimento do bem comum.

A governança pública regula o campo de ação dos agentes públicos em suas relações mútuas, com vistas a garantir que a ação coletiva do Estado atinja seus objetivos.

---

[22] SPECK, Bruno W. Mensurando a corrupção: uma revisão de dados provenientes de pesquisas empíricas. *In: Cadernos Konrad Adenauer*, vol. 10, p. 24, 2000.
[23] SILVA JÚNIOR, Ary Ramos da. *Neoliberalismo e Corrupção*: análise comparativa dos ajustes neoliberais no Brasil de Fernando Collor e no México de Carlos Salinas. O incremento da corrupção e seus custos sociais. 2006, Tese (Doutorado em Sociologia) – Universidade Estadual Paulista, p. 97.
[24] DELLA PORTA, D.; A. Vanucci. *Corrupt Exchanges, Actors, Resources and Mechanisms of Political Corruption*. New York: de Gruyter. 1999.
[25] MISES, Ludwig von. *Ação humana*: um tratado de economia. 2. ed. Rio de Janeiro: Instituto Liberal, 1995.
[26] ROMAN CORDERO, Cristián. El derecho administrativo sancionador en Chile. *Revista de Derecho de la Universidad de Montevideo*, ano 8, n. 16, p. 89-101, 2009.
[27] BOBBIO, Norberto; MATTEUCCI, Nicola; PASQUINO, Gianfranco. *Dicionário de Política*. Brasília: Editora Universidade de Brasília, 2000.

Assim, compõem o sistema de governança pública brasileira, entre outros mecanismos, os princípios constitucionais da Administração Pública, os deveres e as proibições dos servidores públicos estabelecidos em leis, bem como os diversos decretos e leis que visam coibir condutas inadequadas ao atingimento dos fins do Estado (opacidade de informações, conflito de interesses, corrupção, improbidade administrativa, nepotismo).[28]

Dentro da perspectiva de sanção clássica, advinda do Direito Penal, tínhamos, segundo as teorias absolutas, a aplicação da pena com um caráter simplesmente retributivo. É a consequência lógica para a conduta que viola os bens jurídicos mais importantes da sociedade, guardando, assim, resquícios da antiga vingança privada vigente nos primórdios da civilização humana. A pena não tem um objetivo específico, senão o de castigar o delinquente. O mal causado à sociedade merece reprovação de mesmo nível, como forma de restaurar o equilíbrio entre a coletividade e o indivíduo infrator.

As teorias relativas, também chamadas utilitaristas, por outro lado, veem na pena unicamente um fim prático, ou seja, destina-se a prevenir o cometimento de novos crimes. O fim da pena, nesse caso, ou é a prevenção geral, quando produz a intimidação aos demais indivíduos, para que, mediante a ameaça da aplicação da pena, não transgridam as regras que lhe impõe o Estado, ou então é a prevenção especial, que consiste em evitar que o próprio homem que delinquiu volte a cometer novas condutas reprováveis do ponto de vista penal, tendo assim o objetivo de livrar a sociedade do convívio maléfico daquele que pode oferecer riscos à sua segurança.[29]

O jurista Ney Moura Teles, em revisão à concepção retributiva da pena, apresenta-nos a teoria unificadora dialética de Claus Roxin, com uma posição moderna em política criminal, nos seguintes termos: "Partindo da verificação da natureza fragmentária, subsidiária do direito penal, vale dizer, de sua missão de proteger apenas os bens jurídicos mais importantes, e, tão somente, das lesões mais graves, o Estado só pode construir tipos de crimes que constituem comportamentos dessa natureza e, ao fazê-lo, estará, certamente, buscando a prevenção generalizada dessas lesões ou ameaças. Este, portanto, o primeiro fim da pena, o de prevenir as lesões mais graves aos bens jurídicos mais importantes. Não alcançado o primeiro objetivo da pena, o que ocorre quando o indivíduo comete o crime, a pena destina-se a prevenir a continuidade do sujeito na atividade agressiva dos bens jurídicos importantes, com a observação da sua responsabilidade individual, ou seja, da sua culpabilidade, que vai limitar a aplicação da resposta penal. Aqui se entremostra a prevenção especial. Finalmente, só é possível compreender e justificar a pena se ela tiver como objetivo a recuperação do agente do crime, o seu aperfeiçoamento, a aprendizagem dos valores ético-sociais cultivados pela sociedade, a fim de, alcançando-os, poder voltar ao convívio social em liberdade. Esta finalidade ética é indispensável para justificar a pena, pois que sem ela a dignidade humana restaria inexoravelmente violada".[30]

Hassemer defende que os problemas da sociedade que envolvam riscos, o seu controle e sua prevenção, introduzidos equivocadamente no Direito Penal modernizado,

---

[28] IPEA – INSTITUTO DE PESQUISA ECONÔMICA APLICADA. Texto para Discussão – 2544. *Análise do Quadro Crescente de Funcionários Públicos Responsabilizados por Irregularidades (2003-2018)*. Brasília – Rio de Janeiro, fevereiro de 2020, p. 11.

[29] FREITAS, Izaias Dantas. A finalidade da pena no Direito Administrativo Disciplinar. *Revista de Informação Legislativa*, Brasília, ano 36, n. 141, p. 121, jan./mar. 1999.

[30] TELES, Ney Moura. *Direito Penal – Parte Geral II*, Editora de Direito, 1ª edição, 1996, p. 35/36.

sejam reconduzidos e tratados por uma nova classe de Direito – o "direito de intervenção" – que esteja situado entre o Direito Penal e o Direito dos ilícitos administrativos, entre o Direito Público e o Direito Civil,[31] onde as sanções a serem impostas aos infratores sejam menos intensas e mais efetivas, com as garantias e meios processuais mais flexíveis e funcionais, menos exigentes que os da seara penal.

As finalidades dissuasórias pautam-se por uma visão utilitária da pena. Pune-se porque é útil e não simplesmente porque é pecado. Ameaça-se punir e pune-se considerando as particularidades do indivíduo porque isso evita novas violações futuras. Sob o aspecto ameaça, repousa a função dissuasória geral da pena: "a concepção preventiva geral da pena busca sua justificação na produção de efeitos inibitórios à realização de condutas delituosas, nos cidadãos em geral, de maneira que deixarão de praticar atos ilícitos em razão do temor de sofrer a aplicação de uma sanção penal".[32]

Tomando por base uma função dissuasória da sanção, uma real observação de dissuasão deve considerar o conjunto de ganhos e o conjunto de custos incorridos pelo infrator, pecuniário ou não. Nessa quadra que a perspectiva econômica se descortina, como uma das modalidades de sanção eficientes.

3 Análise econômica do Direito no âmbito disciplinar

No campo do Direito Administrativo Disciplinar, a prevenção, que é o primeiro dos objetivos da sanção, busca evitar a repetição de faltas disciplinares por outros servidores, funcionando, assim, como remédio efetivo e intimidativo geral. A Administração almeja diminuir as condutas que estão sujeitas à reprovabilidade, por ser essa uma questão de relevante interesse público, impondo, desse modo, a eficiência na prestação dos serviços estatais. Isso fará com que o servidor seja mais diligente na prestação do seu serviço, pois consciente estará que, violando algum dos deveres legais, ficará sujeito à punição administrativa.

Como sanção jurídica que é, a sanção administrativa, incluindo a sanção administrativa disciplinar, consiste em uma consequência negativa (medida aflitiva) imposta ao infrator de um dever jurídico.[33]

As sanções administrativas em geral podem ser classificadas como retributivas (quando a sanção se esgota na aplicação de um mal ao infrator) ou ressarcitórias (quando a sanção, além de impor um mal ao infrator, repara o dano causado à vítima).

Em razão do caráter dinâmico da organização das sociedades e de seus ordenamentos jurídicos, é salutar, até para a sobrevivência do Direito como ciência, que as estratégias de repressão estatal variem no tempo, de acordo com as mudanças nas prioridades e nos valores sociais. Como afirma Ulrich Beck: "... à evidência de um perigo, o direito precisa ajustar as suas velas na direção em que sopra o vento".[34]

E na renovação a que o Direito está inserido a gradação das penas tem se subsidiado de estudos econômicos para dimensionar sanções, corriqueiramente utilizadas nos disciplinamentos antitruste que são utilizados pelos países desenvolvidos.

---

[31] DEMATTÉ, Flavio Rezende. *Responsabilidade de pessoas jurídicas por corrupção*: a Lei nº 12.846/2013 segundo o direito de intervenção. 1. ed. Belo Horizonte: Fórum, 2015, p. 99.
[32] PRADO, Luiz Regis. *Curso de Direito Penal Brasileiro* v. 1. 7. ed. São Paulo: RT, 2007, p. 539.
[33] LORA, Alejandro Huergo. *Las sanciones administrativas*. Madrid: Iustel, 2007, p. 236.
[34] BECK, Ulrich. *Sociedade de risco*: rumo a outra modernidade. 2. ed. São Paulo: Ed. 34, 2011, p. 62.

A Análise Econômica do Direito é um estudo que se origina na década de 1960, de forma sistemática, e que se utiliza de instrumental analítico e empírico da economia, em especial da microeconomia e da economia do bem-estar social, para tentar compreender, explicar e prever as implicações fáticas do ordenamento jurídico, bem como da lógica (racionalidade) do próprio ordenamento jurídico. É a utilização da abordagem econômica para tentar compreender o direito "real" e a "realidade" no direito.

A doutrina tradicional que trata do tema é atribuída ao professor Gary Becker,[35] que inicia o artigo precursor da tese afirmando que a otimização do *enforcement* depende do montante de outros fatores, como o custo de captura e condenação do agente, da natureza da punição, se pena pecuniária ou restritiva de liberdade, e da capacidade dos agentes mudarem em função do *enforcement*.

Becker afirma que, para os juízes que têm experiência em julgamentos, um aumento na probabilidade de condenação possui um maior efeito na diminuição dos ilícitos do que um aumento na pena, fala ainda que a quantidade de ilícito cometido está diretamente relacionada com a probabilidade de detecção, o montante da pena e outras variáveis, como os *payoffs* do setor legal e do setor ilegal, a frequência das prisões e a tendência do indivíduo de cometer ilícito, com a determinação que a punição deve ser superior aos ganhos obtidos pelo infrator, ajustada ainda para cima com base na probabilidade de detecção do ilícito.

A Análise Econômica do Direito (AED) tem por característica a aplicação da metodologia econômica a todas as áreas do Direito, de contratos a constitucional, de regulação a processo civil, de direito ambiental a família e é justamente essa amplitude de aplicação que qualifica sua abordagem[36] pela simples aplicação de conhecimentos econômicos na efetividade da dissuasão de ações que acarretarão sanções.

Desta forma, a metodologia é eminentemente comportamental, dissociando-se da visão mínima que a Análise Econômica é exclusivamente a análise de números, lucros, juros e perspectivas de mercado. Isto significa abarcar a possibilidade de análise de toda a ação humana que envolva a realização de uma escolha (ainda que não econômica): o ato de escolher envolve o sopesamento de possibilidades, um julgamento pelo qual influenciam inúmeras variáveis apreensíveis pela Análise Econômica.[37]

No presente artigo nos ateremos à questão da AED sob o prisma da "Teoria Econômica do Crime", em que se aponta que é atingida a situação ótima quando "o custo social marginal da redução adicional do crime é igual ao benefício social marginal".[38]

Bentham inicia a discussão com o conceito de que só é possível dissuadir práticas ilícitas se a punição esperada for superior ao benefício potencialmente obtido com a prática: "O lucro do crime é o fator que leva o homem para a delinquência: o sofrimento da punição é a força empregada para refreá-lo. Se a primeira dessas forças for maior, o crime será cometido, se a segunda for maior, não".[39]

---

[35] BECKER, G. Crime and punishment – economic approach. *Journal of Political Economy* 76(2):169-217, 1968.
[36] GICO JR., Ivo Teixeira. Metodologia e Epistemologia da Análise Econômica do Direito. *Economic Analysis of Law Review*, vol. 1, n. 1, p. 7-32, 2010, p. 14.
[37] OLSON, Gustavo André; TIMM, Luciano Benetti. Análise econômica do crime no Brasil. *In:* BOTINO, Thiago (org.). *Direito Penal e Economia*. Rio de Janeiro: Elsevier FGV, 2012, p. 133-144.
[38] COOTER, Robert; ULEN, Thomas. *Direito e Economia*. 5. ed. Porto Alegre: Bookman, 2010, p. 490.
[39] BENTHAM, Jeremy. Principles of Penal Law. *In: The Works of Jeremy Bentham*, vol. 1. Edinburgh: 1843.

Becker evolui o respectivo conceito, relacionando o potencial benefício da prática ilícita ao ganho que o indivíduo poderia obter dispendendo o mesmo tempo numa prática lícita: "A abordagem aqui adotada segue a análise de escolha usual dos economistas e assume que uma pessoa comete um ilícito se a utilidade esperada desta atividade excede a utilidade que ele poderia obter usando seu tempo e outros recursos em outras atividades. Algumas pessoas se tornam "criminosos" dessa forma, não porque a sua motivação básica é diferente da das outras pessoas, mas porque seus custos e benefícios são diferentes".[40]

A equação de Becker nos diz que a decisão de cometer o ilícito é uma análise dos custos do ilícito em relação dos benefícios que ele pode gerar. Ao aumentar o custo do ilícito, ou seja, pena e probabilidade de detecção, teremos consequentemente um maior efeito dissuasório ou um aumento do prêmio do ilícito.[41]

Diante desse quadro, dois conceitos fundamentais para a compreensão da utilização das ferramentas que são parte da Análise Econômica e funcionam como método de investigação do Direito: (i) a maximização de resultados e dos benefícios e (ii) a eficiência.

A maximização supõe que as pessoas são racionais e, diante disto, a racionalidade busca a maximização para atingir suas metas. Uma concepção de racionalidade sustenta que o agente racional pode classificar alternativas conforme o grau de satisfação proporcionado. Deste modo, ofensores cometerão mais ou menos crimes se as penas forem mais ou menos brandas, se as chances de condenação forem maiores ou menores, se houver mais ou menos oportunidades em outras atividades mais atrativas.[42]

Avançando o conceito para sua aplicação no Direito, a eficiência busca a otimização do custo-benefício, ou seja, a decisão do agente será eficiente quando assegurar o maior retorno possível em atenção aos custos envolvidos.[43]

Uma sanção administrativa disciplinar que promova a dissuasão da prática delituosa com o menor emprego de recursos torna-se uma sanção eficiente. Do ponto de vista normativo, o Direito pode gerar resultados de relações socioeconômicas eficientes, além de outros produtos eficientes, sendo a eficiência um critério geral para aferir se uma norma jurídica é desejável ou não.[44]

Se o legislador tem pleno conhecimento efetivo e completo das preferências e utilidades que levam o agente à incidência de condutas proibidas, a confecção de normas e suas sanções administrativas podem apresentar medida de eficiência quando se entendem seus custos e benefícios, bem como quando se racionaliza a real eficácia de sua aplicação na dissuasão da prática irregular passível de sanção de advertência.

As sanções administrativas são equiparadas aos preços na medida em que os servidores reagem aos maiores preços optando por não efetuar determinada transação

---

[40] BECKER, Gary S. Crime and Punishment: An Economic Approach. *Journal of Political Economy*, Columbia, v. 76, p. 169-217, 1968, p. 176.

[41] MACEDO, A. C.; RODRIGUES, E. F. *Dimensionamento de sanções antitruste a cartéis*. A Revolução do Antitruste no Brasil: a era dos cartéis. São Paulo: Singular, 2018.

[42] GICO JR., Ivo Teixeira. Metodologia e Epistemologia da Análise Econômica do Direito. *Economic Analysis of Law Review*, vol. 1, n. 1, p. 7-32, 2010, p. 22.

[43] RAMOS, Samuel Ebel Braga. *Análise Econômica do Direito Penal*: o crime, a sanção penal e o criminoso sob a ótica da Economia. 1. ed. Artelogy, 2021. p. 52.

[44] BOTELHO, Martinho Martins. A eficiência e o efeito Kaldor-Hicks: A questão da compensação social. *In: Revista de Direito, Economia e Desenvolvimento Sustentável*, v. 2, n. 1, p. 27-45, jan./jun. 2016, p. 29.

ou pela mudança de um padrão de consumo quando da certeza de melhores opções custo-benefício do mesmo produto, bem como os servidores podem repensar atitudes ilegais quando da certeza da aplicação de uma sanção administrativa, praticando menos dessas condutas.

A aplicação da eficiência econômica ao Direito Administrativo Disciplinar é útil em dois papéis diferentes. Em primeiro lugar, juntamente com a suposição de racionalidade, ele tem um papel positivo, propondo uma explicação do comportamento real dos indivíduos e da estrutura das normas legais. O segundo papel refere-se a uma análise normativa, sugerindo regras e instituições que poderiam ser melhoradas – neste caso, a implementação de sanções administrativas.

Importando-se o conceito para o processo disciplinar, pode-se concluir que a sua máxima efetividade dissuasória será obtida quando o custo marginal de se aumentarem elementos que proporcionem a dissuasão (o que engloba os custos das apurações, dos controles para identificação de irregularidades e decorrentes das próprias imposições legais que atribuem deveres) tornar-se igual ao benefício marginal da redução de práticas ilícitas.

Portanto, a efetividade da dissuasão depende, em primeiro lugar, de uma combinação de máxima eficiência dos fatores: controles, apurações e imposições legais. Isto é, devem ser combinados de forma a produzir o máximo poder dissuasivo com o menor custo.

E em segundo lugar depende do estabelecimento de um nível adequado de utilização desses fatores. Isto é, depende da sua utilização em um ponto de equilíbrio que, no caso de redução de utilização desses fatores, os custos minorados sejam inferiores ao dano decorrente do aumento das práticas ilícitas; e, no caso de aumento de utilização desses fatores, os custos majorados sejam superiores àqueles gerados pela minoração do dano decorrente da diminuição dos ilícitos.

Uma das características dissociativas da análise econômica do direito – quanto à sanção – é seu foco na dissuasão, nos fins sociais que são promovidos pela imposição da punição, e não na retribuição e culpabilidade moral.[45]

No tocante às sanções de multa, estas podem ser iguais ou maiores do que o dano causado, por possuírem o condão de ataque específico ao patrimônio do servidor. O benefício das sanções de multas na dissuasão é que tais penas podem desencorajar os potenciais ofensores racionais em sua busca pelos objetivos clássicos dos crimes patrimoniais e econômicos. Becker afirmou que a mera possibilidade da aplicação desta sanção, por haver a investida ao patrimônio do ofensor, pode ser mais dissuasiva do que outra sanção ao servidor, o qual, em tese, teria mais apreço ao seu capital do que a sua reputação.[46]

É reconhecido que a maioria daqueles que comentem injustos penais típicos no Brasil não é possuidora de capital suficiente para ser dissuadida por penas de multas.[47]

---

[45] GIAMBERARDINO, André Ribeiro. *Crítica da pena e justiça restaurativa*: a censura pra além da punição. Florianópolis: Empório do Direito Editora, 2015, p. 70.
[46] RAMOS, Samuel Ebel Braga. *Análise Econômica do Direito Penal:* o crime, a sanção penal e o criminoso sob a ótica da Economia. 1. ed. Artelogy, 2021. p. 122.
[47] BECHARA, Ana Elisa Liberatore S. O sentido da pena e a racionalidade de sua aplicação no estado democrático de direito brasileiro. *In: Revista da Faculdade Mineira de Direito*, v. 21, n. 41, p. 01-31, 2018.

Entretanto, para os atores envolvidos – servidores públicos – há uma homogeneidade, em razão de receberem salários regulares e não se interromper esse fluxo para uma executividade da pena de multa, além do que não haverá rompimento de vínculo com a Administração, com a imposição da sanção pecuniária em razão de infração de baixo potencial ofensivo.

4 O diagnóstico e propostas: penas de advertência e pecuniária

Em linha ao que foi colocado nos tópicos anteriores, conforme dados da Controladoria-Geral da União (CGU), órgão central do Sistema de Correição do Poder Executivo Federal, os dados de sanções a servidores públicos federais, no Executivo, entre 2003 e 2020, são os expostos na tabela:

Total de sanções a servidores públicos federais (2003 a 2020)

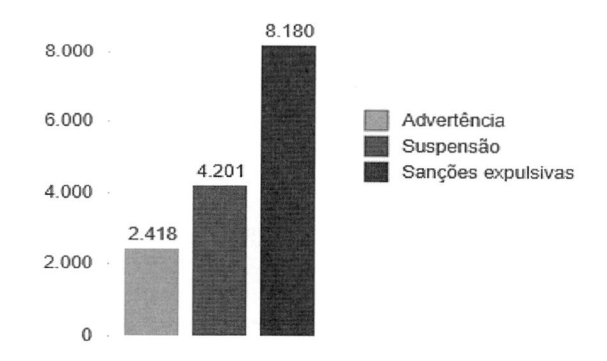

- Advertência: 2.418
- Suspensão: 4.201
- Sanções expulsivas: 8.180

Apresenta-se a seguir, com o intuito de limitar ao objeto temporal do presente estudo (2014 a 2017), o número de processos instaurados e concluídos (processos concluídos: total x apenação), bem como o número de processos que acarretou ao menos uma penalidade (advertência, suspensão ou demissão):

Processos concluídos: total x apenação

Ano	Total	Apenação	%
2014	2.930	809	28%
2015	2.795	779	28%
2016	2.674	752	28%
2017	2.695	677	25%

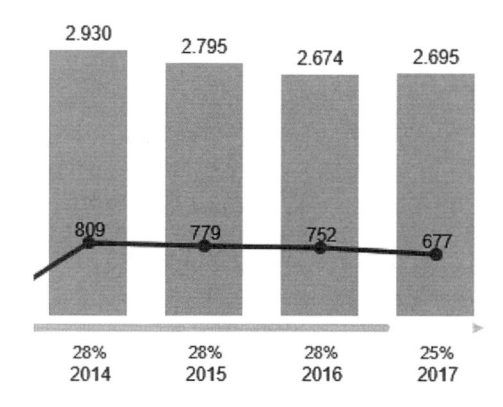

No intervalo sob análise se percebe uma variação entre 25% e 28%, com uma moda de 28%, no percentual de processos que acarretam algum tipo de punição. Ou seja, um em cada quatro processos disciplinares acusatórios, nessa faixa temporal, acarretou alguma sanção.

Além do custeio de servidores, o processo disciplinar possui outros custos altos, o que se constitui numa fonte de ineficiência de uma parte importante da ação pública. Baseado em dados da Advocacia-Geral da União (AGU), Cunha estimou o tempo médio de tramitação de um PAD em 791 (setecentos e noventa e um) dias, ao custo médio de R$70.800,29 (setenta mil oitocentos reais e vinte e nove centavos), em trabalho de 2013.[48]

Um dado importante para se utilizar são os de custo médio do processo, de acordo com o ano, sintetizado na tabela:

ANO	DURAÇÃO (em dias)	VALOR (em reais, por processo)
2014	444	R$ 39.741,08
2015	518	R$ 46.364,79
2016	559	R$ 50.034,59
2017	567	R$ 50.750,65

Utilizando-se das informações dos processos que geraram punição, do valor por ano de cada processo, do percentual de processos com sanção de advertência, tem-se os dados agregados da seguinte forma:

ANO	PROCESSOS COM PUNIÇÃO	VALOR (em reais, por processo)	TOTAL DO CUSTO DOS PROCESSOS COM SANÇÃO	ADVERTÊNCIAS (%) EM RELAÇÃO AO TOTAL DE PUNIÇÕES	CUSTO DA SANÇÃO DE ADVERTÊNCIA
2014	809	R$ 39.741	R$ 32.150.533	18,7%	R$ 6.012.149
2015	779	R$ 46.364	R$ 36.118.171	17,9%	R$ 6.465.152
2016	752	R$ 50.034	R$ 37.626.011	16,3%	R$ 6.133.039
2017	677	R$ 50.750	R$ 34.358.190	14,6%	R$ 5.016.295
TOTAL DO CUSTO (2013 – 2017)					R$ 23.626.638

Face aos dados coletados e sistematizados, conota-se, com as ressalvas devidas às limitações de extração dos dados de tempo de processos, por tipo de apenação, se chega ao dado de que, para aplicar 634 (seiscentos e trinta e quatro) advertências, o Executivo federal dispendeu em seus processos R$23.626.638,10 (vinte e três milhões seiscentos e vinte e seis mil seiscentos e trinta e oito reais e dez centavos), onde se infere que cada sanção de advertência aplicada saiu a um custo de R$37.265,99 (trinta e sete mil duzentos e sessenta e cinco reais e noventa e nove centavos).

---

[48] CUNHA, A. dos S. *Custo e tempo do processo administrativo disciplinar promovido pela Advocacia-Geral da União.* Brasília: Ipea, 2013 (Nota Técnica).

O ponto a se reforçar quanto ao custo de se aplicar advertência (e não se ter repercussão em progressões e/ou promoções na vida funcional) e a aplicação pecuniária ser mais efetiva é a capacidade de assimilar a sanção de multa, por parte do servidor público federal, com base em dados do Painel Estatístico de Pessoal,[49] mantido pelo Ministério da Economia. Nos dados do referido painel se extraiu a seguinte informação, quanto à média salarial dos servidores em 2017, divididos entre os de nível intermediário (NI) (nível médio) e os de nível superior (NS):

Média salarial de servidores no final da carreira (NS)

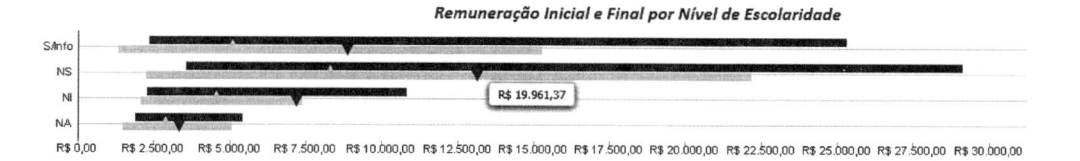

Remuneração Inicial e Final por Nível de Escolaridade

R$ 19.961,37

Média salarial de servidores no final da carreira (NI)

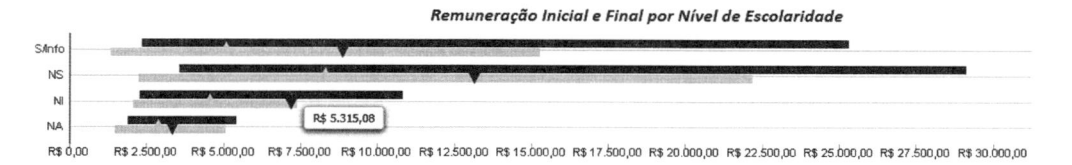

Remuneração Inicial e Final por Nível de Escolaridade

R$ 5.315,08

Desta forma, no escopo econômico, penalidade pecuniária alternativa à de advertência se apresenta como sanção administrativa ótima, pois são penas que poderiam mitigar o custo de aplicação e mantêm a meta de dissuasão e prevenção de delitos futuros, com a preocupação de não agravar a condição do servidor, melhorando sua condição de cumprimento da sanção imposta através da ressocialização no corpo funcional e menor incidência do estigma de "advertido".

A certeza da detecção e da sanção é muito mais importante do que a severidade da punição[50] e, aliado a isso, se tem estudos e dados sobre a reincidência, onde se permite concluir que a pena de multa tem obtido melhores resultados dissuasivos do que a suspensão.[51]

---

[49] Disponível em: http://painel.pep.planejamento.gov.br/QvAJAXZfc/opendoc.htm?document=painelpep.qvw&lang=en-US&host=Local&anonymous=true, acesso em: 23 ago. 2021.

[50] RAMOS, Samuel Ebel Braga. *Análise Econômica do Direito Penal*: o crime, a sanção penal e o criminoso sob a ótica da Economia. 1. ed. Artelogy, 2021. p. 105.

[51] NETO, Armando de Nardi. *A capacidade de dissuasão das penas disciplinares no regime jurídico da lei nº 8.112/90*. Monografia de pós-graduação no UniCEUB, 2014, p. 55.

Conclusão

Com as considerações, análises e críticas apresentadas ao longo do presente trabalho, pretendeu-se, precipuamente, a releitura do instituto da sanção administrativa disciplinar de advertência, à luz dos postulados da Análise Econômica do Direito, e um novo modelo de sanção pecuniária.

Partiu-se do presente estudo da Administração Pública e sua capacidade punitiva, legítima em exercer o poder, para se conformar às demandas da sociedade por mais probidade, com abordagem tangencial quanto à corrupção, que, apesar da racionalidade, há elementos da teoria da complexidade em que a corrupção não se reproduz por condutas lineares. Ao contrário, atua racionalmente sim, só que em ambientes caóticos e, portanto, em condições voláteis e até ambíguas.

No passo seguinte foi abordado o ponto da Administração Pública sancionatória e o regime disciplinar, com viés de prevenção, detecção e sanção de comportamentos irregulares, com abordagens teóricas quanto ao aspecto econômico-administrativo. Foi possível expor as características da sanção disciplinar, os efeitos da sanção e a necessidade de renovação, também, na seara disciplinar.

Por fim, à guisa de conclusões precipitadas, não se coloca como "receita de bolo" o ressarcimento do custo do processo disciplinar como pena de sanção, e sim que a pena pecuniária tem características mais adequadas à situação em que o Estado se encontra, devendo serem observadas gradações, proporcionalidade e parâmetros que não foram objeto do presente trabalho de conclusão do curso. Ou seja, sem ter a intenção de exaurir o tema, e sim iniciar a discussão com novos parâmetros, pois a imposição de uma sanção administrativa se justifica, dentro do *neoadministrativismo*, por promover princípios em vez de regras, como a eficiência, com a prestação do serviço público, com a qualidade e produtividade desejadas.

Informação bibliográfica deste texto, conforme a NBR 6023:2018 da Associação Brasileira de Normas Técnicas (ABNT):

SILVA JUNIOR, Waldir João Ferreira da. Penalidade administrativa de advertência em comparação à sanção pecuniária: uma atualização do tipo de punição administrativa? *In*: SEEFELDER FILHO, Claudio Xavier (coord.). *Direito Econômico e Desenvolvimento*: entre a prática e a academia. Belo Horizonte: Fórum, 2023. p. 509-524. ISBN 978-65-5518-487-7.

A (IM)POSSIBILIDADE DA PACTUAÇÃO DE PRÊMIOS NÃO PREVISTOS NA LEI Nº 12.850/13: UMA ANÁLISE DIALÉTICA À LUZ DA LEI Nº 13.954/19

YURI COELHO DIAS

Introdução

A figura da colaboração premiada adentra no ordenamento jurídico brasileiro em um cenário de grande expansão da chamada justiça criminal negocial, de maneira que o Direito Penal cada vez mais alarga sua função de mecanismo de controle social incentivado pelo combate à criminalidade organizada.

Partindo-se da premissa da constitucionalidade da figura da colaboração premiada prevista na Lei nº 12.850/13, a qual já está plenamente integrada ao ordenamento jurídico e conta com o aval do Supremo Tribunal Federal, conforme o paradigmático acórdão do HC nº 127.483/PR, é necessária a indagação sobre alguns dos limites desse novo espaço de consenso.

Neste sentido, a Lei nº 12.850/13, em seu artigo 4º, previu de maneira genérica que as partes poderão pactuar os seguintes prêmios: (i) perdão judicial, (ii) redução da pena em até 2/3 (dois terços), e (iii) substituição da pena privativa de liberdade por restritiva de direitos. No mais, também poderá o órgão acusatório não oferecer a denúncia para o colaborador que não seja líder da organização criminosa, for o primeiro a prestar a colaboração efetiva e desde que se trate de infrações das quais o Ministério Público não tenha prévio conhecimento. Considera-se ainda a redução da metade da pena e a progressão de regime para aquele que colaborar após a sentença.

Contudo, a prática forense tem demonstrado que os acordos de colaboração premiada vêm sendo pactuados com uma plêiade de benefícios não previstos em Lei, como o cumprimento de regime disciplinar diferenciado, a liberação de bens originários das atividades ilícitas, acordos sobre a pena de multa, entre outros, de maneira que aqueles que foram delatados passaram a contestar a legalidade dos acordos firmados, um dos motivos pelos quais a jurisprudência tem se pronunciado diversas vezes sobre o instituto.

As inovações trazidas pela Lei nº 13.964/19 significaram um grande avanço na regulamentação da colaboração premiada, contudo, ainda pairam diversas dúvidas sobre sua operacionalidade, sendo certo que a pesquisa sobre a delimitação da pactuação de suas cláusulas legais surge como uma necessidade não só teórica, mas prática, a justificar a presente pesquisa.

O objetivo da pesquisa foi analisar os principais argumentos utilizados tanto por aqueles que defendem um maior espaço de negociação dentro da colaboração premiada quanto por aqueles que defendem a ideia de um sistema mais restrito, adequando o instituto às formalidades legais.

1 Aspectos legais da colaboração premiada – um breve panorama sobre os aspectos jurídicos do instituto

Pode-se dizer que a colaboração premiada faz parte de um universo de medidas políticas e judiciais de combate ao crime organizado, o qual acompanhou a globalização mundial e o crescimento da complexidade da sociedade, de maneira que, conforme indicado por Pereira (2019, p. 89), "não há como negar que os expedientes de reforço investigativo como a colaboração processual não se inspiram, primordialmente, em aprofundamentos teóricos ou projetos racionalmente orientados; eles advêm muito mais de razões utilitarísticas".

Deste modo, pode-se perceber um esforço global com o intuito de prevenção e repressão às novas formas de criminalidade[1] através da elaboração e da adesão de países a tratados internacionais,[2] os quais visam a cooperação mútua entre seus membros, tendo em vista que a prática criminosa não está mais restrita a um único território e os proveitos do crime também transpõem as barreiras nacionais.

Entretanto, cada nação possui sistema jurídico com características próprias, de maneira que os instrumentos legais, apesar de criados em um panorama internacional de debate, devem respeitar as peculiaridades do organismo que os incorporam. De acordo com Langer (2004), após o fim da Segunda Guerra Mundial, tem-se assistido a uma influência do modelo judiciário americano por todo o mundo, contudo, o autor alerta para a forma que cada ordenamento jurídico transplanta esse ideário, uma vez que as diferenças culturais entre os países são deveras profundas, daí a importância de não se confundir a colaboração premiada com o instituto de *plea bargaining* e de se entender e estabelecer seus limites no ordenamento jurídico pátrio.[3]

---

[1] "A evolução natural da humanidade, decorrente da modernização dos meios de comunicação, equipamentos tecnológicos de toda natureza, dos meios de transporte e de processamento de dados, trouxe também a reboque o incontrolável incremento da criminalidade, mas, em especial, da criminalidade organizada. A sociedade transformou-se sobremaneira nas últimas décadas e a legislação criminal também se vê diante da emergencial necessidade de adaptação. Já não são suficientes somente os métodos de investigação previstos no Código de Processo Penal de 1942, e, até que não seja revisto, mister a edição de leis especiais que possam suplementar as suas lacunas" (MENDRONI, 2016. p. 5).

[2] Vilares aponta que desde o início do século XIX, com a criação da Sociedade das Nações, existe um esforço para combater a criminalidade organizada transnacional, contudo as cooperações internacionais realmente ganham força quando "a partir de 1998, as Nações Unidas instituíram um Comitê especial para elaborar uma convenção de combate ao crime organizado, resultando na Convenção das Nações Unidas contra o Crime Organizado Transnacional" (VILARES, 2015, p. 14).

[3] Aponta Langer, em relação ao modelo de *plea bargaining*, em artigo estudando a introdução do modelo norte-americano na Alemanha, Itália, Argentina e França, que "A influência do *plea bargaining* norte-americano nestas

Conforme Zilli (2019. p. 102), "a revolução negociada, operou-se inicialmente nos crimes de menor gravidade". Certo que para tais crimes as medidas de solução consensual eram mais modestas, contudo, prossegue o autor que tais espaços de negociação foram revolucionários para desconstruir certos dogmas que pairavam sobre os papéis reservados aos atores dentro do processo penal. Em um primeiro momento, o responsável pela adoção de um processo com medidas de negociação foi o juizado especial, estabelecido pela Lei nº 9.099/95.

Entretanto, além do ambiente em que a colaboração premiada está inserida ser bem diferente daquele dos juizados especiais, ao menos terminologicamente, a principal diferença reside no fato de que, ao contrário dos institutos de solução consensual em que se aplicam medidas restritivas em troca de uma sumarização do procedimento,[4] nas colaborações premiadas, o prêmio está condicionado ao resultado obtido pelo órgão acusatório em troca da postura colaborativa do agente, de modo que "a colaboração premiada é favor de resultado, e não de conduta. Premia-se proporcionalmente ao resultado exigido – pela lei ou negociação –, e não em razão da boa intenção do colaborador" (CORDEIRO, 2020, p. 15).

Ocorre que, com o advento da Lei nº 12.850/13, passa-se a ter todo um novo arcabouço jurídico sobre como se dão os acordos de colaboração. Além de prever diversas hipóteses de prêmio, a Lei nº 12.850/13, alterada pela Lei nº 13.964/19, traça todo o procedimento para a confecção do acordo, inovação nunca antes vista na legislação brasileira.

É dizer que a partir de então tem-se um novo marco no sistema processual penal brasileiro, o que pode ser facilmente demonstrado com os números da Operação Lava Jato e suas inéditas prisões, principalmente se utilizando dos acordos de colaboração premiadas como meio de produção de provas.[5]

1.1 A colaboração premiada como meio de obtenção de prova

A Lei nº 12.850/13, em seu artigo 3º, traz a colaboração premiada expressamente como um dos meios de obtenção de prova, de forma que esta será admitida em qualquer fase da persecução penal, aliás, os prêmios estabelecidos para a colaboração mudam de acordo com a fase em que esta é oferecida,[6] tendo em vista que para os acordos realizados ainda na fase de investigação poderão ser oferecidos todos os prêmios dispostos no artigo 4º, enquanto para a colaboração realizada após a sentença somente poderá ser oferecida a progressão de regime ou a redução de metade da pena.

---

quatro jurisdições é inegável. Apesar da influência, entretanto, a importação do *plea bargaining* em tais jurisdições, não é provável que elas irão reproduzir o modelo de procedimento criminal norte-americano" (LANGER, 2004 [tradução nossa]).

[4] "Os mecanismos descritos, introduzidos pela Lei nº 9.099/95, caracterizam um modelo de justiça criminal negocial direcionado a infrações de pequeno e médio potencial ofensivo, possibilitando a aplicação de sanções penais sem o devido transcorrer do processo para formação da culpa por meio da produção probatória. Contudo, por meio desses institutos, não havia autorização para imposição de penas privativas de liberdade (prisão), mas somente restritiva de direitos" (VASCONCELLOS, 2020, p. 29).

[5] Existem diversas críticas ao *modus operandi* da Operação Lava Jato, por todos (BOTTINO, 2016).

[6] Na colaboração realizada durante as investigações ou o processo, admite-se que existem três fases: a proposta, a homologação pelo juízo e a sentença, dando eficácia ao que foi pactuado (BORRI; SOARES, 2017).

Seguindo o entendimento jurisprudencial, a Lei nº 13.964/19 modificou a lei das organizações criminosas e adicionou o artigo 3º-A, o qual estabelece que "o acordo de colaboração premiada é negócio jurídico processual e meio de obtenção de prova, que pressupõe utilidade e interesse públicos", não deixando qualquer dúvida para outra possível interpretação.

Aqui se faz necessária uma elementar compreensão trazida por Callegari e Linhares (2019, p. 35),tendo em vista que "o acordo de colaboração premiada é um instrumento a serviço da tarefa de produção de elementos de prova, mas não se constitui ele próprio em um elemento de prova". É dizer que o acordo de colaboração premiada em si é um meio de obtenção de prova que, quando homologado pelo juiz, permite que os elementos constantes no acordo adentrem no processo ou investigação como meios ou elementos de prova.

Veja-se que é de extrema importância, portanto, a conceituação e diferenciação do que é: (i) fonte de prova; (ii) meio de prova; e (iii) elemento de prova. O critério clássico de diferenciação entre tais elementos irá permitir a correta avaliação dos elementos contidos na colaboração premiada.

Para tanto, conforme Badaró (2019, p. 391), a fonte de prova é o elemento apto a fornecer dados que serão apreciáveis pelo juízo, de forma que se pode dizer que as fontes de prova preexistem ao processo. Este é o caso de uma pessoa que assiste ao acaso a prática de um crime, de uma coisa ou documento que possa servir de base para a persecução penal.

Já os meios de prova são instrumentos por meio dos quais as fontes de prova são conduzidas ao processo. É o caso da perícia realizada no instrumento do crime, do depoimento prestado pela pessoa (testemunha) que presenciou o delito.

Elementos de prova, de acordo com Magalhães Filho (2005, p. 307), são "dados objetivos que confirmam ou negam uma asserção que interessa à decisão da causa". Combinando os elementos anteriormente citados, temos que a fonte de prova será trazida ao processo através de algum meio de prova, produzindo então elementos de prova para que se produza o resultado da prova. Para exemplificar: a pessoa que viu o crime (fonte de prova) será arrolada como testemunha (meio de prova) e então prestará seu depoimento (elemento de prova) do qual será analisada sua pertinência (resultado da prova) com os demais elementos de prova presentes no processo.

Voltando à Lei nº 12.850/13, esta define a colaboração premiada como meio de obtenção de prova, de maneira que "os meios de obtenção de provas (por exemplo, uma busca e apreensão) são instrumento para a colheita de elementos ou fontes de prova, estes, sim, aptos a convencer o julgador" (BADARÓ, 2017, p. 130). Conclui-se que, enquanto os meios de prova interferem diretamente no convencimento do juízo, os meios de obtenção de prova somente o fazem de maneira indireta.

Portanto, logo se vê um problema, já que a colaboração premiada é, *ab initio*, um meio de obtenção de prova, porém traz consigo fontes e elementos de prova que merecem um maior cuidado por parte dos operadores do Direito. Não por outro motivo que houve a modificação do artigo 4º, §16, da Lei de Organizações Criminosas, para constar expressamente que não se pode decretar medida cautelar, receber denúncia ou proferir sentença com base apenas nas declarações do colaborador:

§16. Nenhuma das seguintes medidas será decretada ou proferida com fundamento apenas nas declarações do colaborador: I - medidas cautelares reais ou pessoais; II - recebimento de denúncia ou queixa-crime; III - sentença condenatória.

A modificação veio em boa hora, uma vez que a jurisprudência do Supremo Tribunal Federal, instada a se manifestar por diversas vezes – especialmente diante do alto número de colaborações premiadas que envolviam figuras políticas com foro privilegiado no âmbito da Operação Lava Jato –, vinha vacilando sobre a possibilidade de recebimento de denúncia baseada unicamente nos depoimentos prestados pelo colaborador ou quando houvesse colaborações cruzadas, ou seja, o depoimento de um colaborador em ressonância com o depoimento de outro colaborador.[7] Até que no já citado HC nº 127.483/PR foram estabelecidas as primeiras bases sólidas sobre os elementos contidos nos acordos, o voto condutor do Ministro Dias Toffoli dissecou a matéria no seguinte sentido:

> Outrossim, o acordo de colaboração não se confunde com os depoimentos prestados pelo agente colaborador. Enquanto o acordo de colaboração é meio de obtenção de prova, os depoimentos propriamente ditos do colaborador constituem meio de prova, que somente se mostrarão hábeis à formação do convencimento judicial se vierem a ser corroborados por outros meios idôneos de prova.

Não obstante, diante da natureza de negócio jurídico processual e meio de obtenção de prova,[8] o acordo de colaboração premiada traz consigo ao menos três elementos: (i) o termo de colaboração firmado entre as partes, no qual devem constar as cláusulas pactuadas; (ii) as declarações do colaborador e (iii) os elementos de corroboração. As declarações e os elementos de corroboração são divididos em anexos, de maneira que cada anexo faz referência a um fato determinado, a título de exemplificação, pode-se pensar em um colaborador que delata esquemas de cobrança e recebimento de propina em diversas pessoas jurídicas através de diferentes negócios, de forma a não se tratar da mesma organização criminosa.

No termo de colaboração deverá constar, de acordo com o artigo 6º, da Lei nº 12.850/13: I - o relato da colaboração e seus possíveis resultados;[9] II - as condições da

---

[7] Em relação às colaborações cruzadas, no mesmo Habeas Corpus nº 127,483/PR, apesar de não ser a mérito de fundo a ser decidida, a Ministra Carmem Lúcia abriu divergência no sentido da possibilidade de se proferir sentença condenatória baseada nas declarações do colaborador, pois entendidas como meios de prova: "Reconhecido que o acordo de delação premiada tem natureza jurídica dúplice, sendo, além de meio de obtenção de prova, elemento de prova ou, no mínimo, indício probatório, peço vênia ao Ministro Relator para dele divergir, nesse ponto, quanto à premissa de que vários acordos de colaboração premiada são, por si sós, insuficientes a ensejar condenação criminal".

[8] Badaró critica a tentativa de classificação do instituto, pois: "Em suma, não é possível extrair do regime jurídico dado à colaboração premiada uma conclusão segura e, sobretudo, praticamente útil, em classificar a colaboração premiada exclusivamente como um meio de prova, ou apenas como meio de obtenção de prova. Por outro lado, considera-la como um instituto de natureza "mista", isto é, como meio de prova e também como meio de obtenção de provam pouco ou nada representa" (BADARÓ, 2017, p. 137).

[9] Os depoimentos prestados pelo colaborador estão sujeitos ao que se chama de 'duplo registro', pois, para melhor aferir sua voluntariedade, o artigo 4º, §13º, determina que os depoimentos deverão ser gravados por meio audiovisual, sobre o tema: "Nestes moldes, a imposição legal de se realizar o registro audiovisual das declarações do colaborador deve ser estritamente seguida pelo delegado e Ministério Público, excepcionando-

proposta do Ministério Público ou do delegado de polícia; III - a declaração de aceitação do colaborador e de seu defensor; IV - as assinaturas do representante do Ministério Público ou do delegado de polícia, do colaborador e de seu defensor; V - a especificação das medidas de proteção ao colaborador e à sua família, quando necessário. Inclui-se aqui também o termo de confidencialidade, que é um pacto entre os acordantes para que não vazem as negociações.

Logo, enquanto o termo de colaboração premiada é a representação do negócio jurídico processual em si que contém as cláusulas do acordo, em seus anexos constam o depoimento do colaborador para cada fato e seus elementos de corroboração. Com esse intento, Vasconcellos traz uma classificação de cada um desses elementos:

> Resumidamente, em termos gerais, a colaboração premiada, como método de investigação, que se caracteriza como um acordo para cooperação do acusado na produção probatória, é um meio de obtenção de provas. Tal visão parece ter sido adotada nos termos inseridos pela Lei nº 13.964/19: "O acordo de colaboração premiada é negócio jurídico processual e meio de obtenção de prova, que pressupõe utilidade e interesse públicos" (art. 3ª-A, Lei nº 12.850/13). Sob outra perspectiva, seu interrogatório/oitiva será o meio de prova, juntamente com eventuais produções de provas documentais, por exemplo. Por fim, a confissão do delator e as declarações incriminatória a terceiros serão elementos de prova, como resultados da oitiva do colaborador. Tal mecanismo negocial é, portanto, um fenômeno complexo, que envolve diversos atos e situações processuais, o que ressalta a necessidade de especificação do elemento de que se está a tratar quando da análise de sua natureza (VASCONCELLOS, 2020, p. 72).

Portanto, trata-se de instrumento com várias particularidades e cabe aos operadores do Direito desvendá-las. No entanto, como o propósito da pesquisa está relacionado à pactuação dos benefícios, passemos a analisá-los.

2 Dos prêmios estipulados pela Lei nº 12.850/13

A Lei nº 12.850/13, em seu artigo 4º, previu de maneira genérica que as partes poderão pactuar os seguintes prêmios: (i) perdão judicial, (ii) redução da pena em até 2/3 (dois terços) e (iii) substituição da pena privativa de liberdade por restritiva de direitos. No mais, também poderá o órgão acusatório não oferecer a denúncia para o colaborador que não seja líder da organização criminosa, for o primeiro a prestar a colaboração efetiva e desde que se trate de infrações das quais o Ministério Público não tenha prévio conhecimento. Considera-se ainda a redução da metade da pena e a progressão de regime para aquele que colaborar após a sentença.

Contudo, a prática forense tem demonstrado que os acordos de colaboração premiada vêm sendo pactuados com uma plêiade de benefícios não previstos em lei,[10]

---

se as obrigações apenas em casos peculiares, sob pena de nulidade do acordo de colaboração premiada, em decorrência do descumprimento de atos e fórmulas previstas na lei de organização criminosa (art. 564, IV, CPP), e, por sua vez, a ilegalidade da prova" (BORRI; SOARES, 2017, p. 183).

[10] Um dos casos mais emblemáticos é a colaboração premiada realizada por Alberto Youssef em que se definiu, entre outras coisas, a pena mínima de multa. Disponível em: https://politica.estadao.com.br/blogs/fausto-macedo/wp-content/uploads/sites/41/2015/01/acordodela%C3%A7%C3%A3oyoussef.pdf. Acesso em: 25 jul. 2020.

como o cumprimento de regime disciplinar diferenciado, a liberação de bens originários das atividades ilícitas, acordos sobre a pena de multa, entre outros, de maneira que aqueles que foram delatados passaram a contestar a legalidade dos acordos firmados, um dos motivos pelos quais a jurisprudência tem se pronunciado diversas vezes sobre o instituto.[11]

Em contrapartida, a Lei nº 13.964/19, quase como uma resposta aos operadores do Direito, inseriu no artigo 4º o §7º, II, com a seguinte redação:

> §7º Realizado o acordo na forma do §6º deste artigo, serão remetidos ao juiz, para análise, o respectivo termo, as declarações do colaborador e cópia da investigação, devendo o juiz ouvir sigilosamente o colaborador, acompanhado de seu defensor, oportunidade em que analisará os seguintes aspectos na homologação:
> I - regularidade e legalidade;
> II - adequação dos benefícios pactuados àqueles previstos no caput e nos §§4º e 5º deste artigo, sendo nulas as cláusulas que violem o critério de definição do regime inicial de cumprimento de pena do art. 33 do Decreto-Lei nº 2.848, de 7 de dezembro de 1940 (Código Penal), as regras de cada um dos regimes previstos no Código Penal e na Lei nº 7.210, de 11 de julho de 1984 (Lei nº de Execução Penal) e os requisitos de progressão de regime não abrangidos pelo §5º deste artigo;

Neste sentido, parece que o legislador caminha para preencher as vaguezas da lei e regulamentar os acordos de colaboração premiada. Sobre o ponto, a doutrina se divide, basicamente, em duas fundamentações distintas: aqueles que aceitam uma maior liberdade entre os acordantes, de maneira a adotar um sistema mais aberto e amplo, baseado, entre outras, na ideia de um modelo de um devido processo consensual.

Enquanto outra parte da doutrina entende pela aplicação mais limitada da colaboração premiada, de forma que, ainda que haja certa liberdade dada pela lei para o oferecimento de benefícios, devem-se respeitar os limites estabelecidos pelo legislador, vez que "é incontornável que o postulado de interesse público do combate à criminalidade tem de manter-se nos 'níveis de tolerância' ditados pela juridicidade estatal, ou seja, pelos princípios fundamentais do ordenamento jurídico interno" (CANOTILHO; BRANDÃO, 2017, p. 137).

Em relação ao primeiro grupo, suas principais fundamentações se baseiam em (i) um sistema de justiça negocial com ampla liberdade dada pelas partes para negociarem; (ii) a busca por uma maior eficiência do processo penal, ou o chamado 'estado de necessidade de investigação' (PEREIRA, 2019. p. 89); e (iii) uma faceta do princípio da obrigatoriedade, onde 'quem pode o mais pode o menos'.

Já os que defendem um sistema de colaboração premiada mais rígido, baseiam-se no (i) devido processo legal como norteador do sistema processual brasileiro; (ii) a proporcionalidade em sentido estrito como baliza para o uso da colaboração premiada;

---

[11] "Em contraposição à sistemática prevista no ordenamento brasileiro, os acordos formalizados no âmbito da operação Lava Jato têm inovado em diversos aspectos, como a previsão de 'regimes diferenciados de penas', a liberação de bens provenientes de atividades ilícitas, a regulação da imunidade a familiares e terceiros ao acordo, a renúncia ao acesso à justiça e aos recursos e a imprecisão de um dever genérico de colaboração" (VASCONCELLOS, 2020, p. 177).

e (iii) o princípio da *nulla poena sine judicio* em que cabe ao magistrado decidir sobre os benefícios.[12]

3 A possibilidade do oferecimento de prêmios não previstos na Lei nº 12.805/13 – um sistema de colaboração premiada que permite às partes o poder de pactuação sobre os prêmios

O termo consenso significa consentimento ou acordo, representando um ponto em comum para o qual os interesses das partes convergem, o que parece, à primeira vista, pouco compatível com o processo penal. Dentro do consenso há quem diferencie justiça penal consensual e justiça negociada. O modelo consensual seria mais marcado pela submissão de medidas da pessoa acusada à sua prévia anuência, enquanto a justiça negociada tem como mote o poder de negociação das partes, conferindo maior autonomia para os atores envolvidos, em termos de comparação, a justiça consensual estaria para um contrato de adesão enquanto a justiça negociada se assemelharia a um contrato sinalagmático (LEITE, 2009, p. 31).

O sustentáculo da nova justiça penal negociada reside no chamado princípio do devido processo consensual, o qual resulta da noção de que a autonomia da vontade está atrelada à própria dignidade da pessoa humana, e de que a criação de espaços de consenso no processo penal provocaria a ascensão de um novo paradigma processual pautado nos valores da liberdade, da eficiência, da boa-fé objetiva e da lealdade (MENDONÇA, 2017, p. 64).

A indisponibilidade de um direito não se confunde, portanto, com a impossibilidade de sua negociação. Ademais, a nova justiça penal negociada não tem por finalidade a relativização do interesse público, mas a proposição de uma perspectiva penal baseada no consenso, que está lastreada pelos parâmetros da autonomia da vontade e da boa-fé (MENDONÇA, 2017, p. 68). Não se trata, portanto, de renunciar aos princípios, mas de propor uma nova perspectiva para eles, de modo a adequá-los ao contexto jurídico contemporâneo.

Conforme aponta Brandalise (2016, p. 229), há uma evidente dicotomia em questão, uma vez que de um lado temos um colaborador e órgão acusatório interessados na colaboração processual, já com a aceitação das consequências, como a produção de prova para a persecução penal, o estabelecimento da pena para o colaborador, a devolução de pecúnia e o pagamento de multa para os cofres públicos, dentre outras medidas passíveis de negociação, enquanto do outro lado tem-se uma criminalidade que cresce exponencialmente de forma violenta e organizada, que não possui qualquer interesse em colaborar com o Estado.

A justiça penal consensual se situa em um espaço dentro da legalidade, de maneira que a possibilidade de negociação não se traduz em poderes irrestritos ao órgão acusatório ou como abstenção do colaborador a seus direitos fundamentais, pelo contrário,

---

[12] "Pensa-se que a justiça criminal negocial no processo penal pátrio precisa, necessariamente, respeitar critérios definidos na legislação, em atenção à legalidade, fomentando um modelo limitado de acordos no âmbito criminal" (VASCONCELLOS, 2020, p. 179).

quando se trata de colaboração premiada, tem-se um Ministério Público realizando acordo com um único objetivo, o de levar abaixo uma organização criminosa.

O colaborador busca uma situação que lhe é mais favorável perante a acusação, apesar de correr riscos perante os demais membros criminosos que foram delatados, contudo, a plêiade de benefícios que lhe são oferecidos é elemento crucial para que o instrumento da colaboração premiada tenha utilidade, portanto, para que o processo penal consensual se concretize, é necessário que se estabeleçam balizas mínimas, mas seus operadores podem e devem agir com liberdade.

Por certo que o processo penal consensual está estabelecido dentro de um sistema processual penal, assim, nosso ordenamento jurídico, conforme pode ser visto no artigo 3º-A do Código de Processo Penal,[13] adotou o sistema processual penal acusatório.[14] Passa-se a analisar agora os motivos pelos quais tal sistema condiz com a possibilidade de as partes realizarem o acordo de colaboração premiada com maior liberdade, que, por consequência, perpassa pelo estabelecimento de prêmios não previstos na lei.

É preciso que se faça uma verdadeira adequação do Direito e do processo penal à realidade que o circunda, de forma que o processo penal necessita de uma maior efetividade no enfrentamento da complexa criminalidade moderna (BEDÊ JUNIOR; SENNA, 2009, p. 26), que, por se situar à margem da lei, está sempre um passo à frente dos órgãos públicos que visam o combate ao crime. Retirar a possibilidade de oferecimento de benefícios ao Ministério Público acaba por reduzir seu poder de convencimento perante o colaborador e, consequentemente, diminui a efetividade da colaboração premiada, que, por sua vez, é instrumento de efetividade do processo penal.

As questões dos benefícios legais estão intrinsecamente ligadas aos poderes do titular da ação penal, o Ministério Público, de maneira que este sempre foi obrigado a perseguir todo e qualquer crime através do oferecimento de uma ação penal, o que se chamou de princípio da obrigatoriedade,[15] contudo, uma vez que a própria lei permite ao Ministério Público deixar de oferecer a ação penal, é preciso perquirir se este órgão também não poderia propor outros benefícios não previstos em lei, pois, se se pode deixar de exercer seu maior múnus constitucionalmente estabelecido, a pactuação de outros benefícios parece ser consequência lógica.

---

[13] Art. 3º-A. O processo penal terá estrutura acusatória, vedadas a iniciativa do juiz na fase de investigação e a substituição da atuação probatória do órgão de acusação.

[14] "Antes da promulgação da lei 13.964/2019, não havia norma jurídica que expressasse que o Brasil adotou o sistema acusatório como modelo de processo penal, entretanto, desde a Constituição de 1988, a doutrina e a jurisprudência, em sua grande maioria, entendem que a partir de sua promulgação, o processo penal brasileiro aderiu ao sistema acusatório" (PRADO, 2001, p. 199).

[15] "De acordo com o princípio da obrigatoriedade da ação penal pública, também denominado de legalidade processual, cada vez mais questionado no âmbito do próprio Ministério Público, aos órgãos persecutórios criminais não se reserva qualquer critério político ou de utilidade social para decidir se atuarão ou não. Não contam com nenhuma disponibilidade, ao contrário, vale o dever de persecução e acusação. Assim, diante da notícia de uma infração penal, da mesma forma que as autoridades policiais têm a obrigação de proceder à apuração do fato delituoso, ao órgão do Ministério Público se impõe o dever de oferecer denúncia caso visualize elementos de informação quanto à existência de fato típico, ilícito e culpável, além da presença das condições da ação penal e de justa causa para a deflagração do processo criminal" (LIMA, 2020, p. 323).

3.1 Do princípio da obrigatoriedade como possibilidade da pactuação de benefícios não previstos em lei

Quando o Estado proibiu a vingança privada e monopolizou a atividade pública de prestar jurisdição, percebeu-se que cabe ao Estado o combate à criminalidade, seja de maneira repressiva ou de maneira preventiva (JARDIM, 1998, p. 12).[16]

Através do Ministério Público, o Estado assumiu a titularidade da persecução criminal sem precisar comprometer sua neutralidade judicial, de maneira que desaparece a acusação privada, entregando as funções do processo a três sujeitos distintos: defesa, Ministério Público e juiz (JARDIM, 1998, p. 25).

O dever legal de o Ministério Público exercitar a ação penal é, na verdade, uma decorrência do próprio princípio da legalidade, que, numa perspectiva mais ampla, informa a atuação dos órgãos públicos no chamado Estado de Direito (JARDIM, 1998, p. 48). Em uma acepção mais estrita, informa o princípio da legalidade que a persecução penal não pode depender de uma vontade subjetiva dos órgãos, pois estes têm o dever de atuar segundo o ordenamento jurídico vigente (GIACOMOLLI, 2006, p. 50).

Em uma análise histórica sobre o princípio da obrigatoriedade, Cabral (2020, p. 28) aponta que a obrigatoriedade ou princípio da legalidade processual penal tem sua origem no ideário iluminista, servindo como uma espécie de freio contra os abusos e perseguições cometidos pelo antigo regime, no entanto, a garantia acabou por se virar contra o próprio cidadão, uma vez que se solidificou a ideia de que a única resposta possível para as práticas delitivas seria a pena judicializada por meio de um processo.

Prossegue o autor propondo uma nova concepção do princípio da obrigatoriedade, de forma que este não pode mais ser visto como uma imposição cega de se fazer sempre a mesma coisa e a todo o custo, a principal ideia é a de que não pode o Ministério Público, sem justa causa, perseguir ou deixar de perseguir arbitrariamente alguns, é preciso legitimação (CABRAL, 2020, p. 33).

Já de tempos, a doutrina processual tem denunciado que a obrigatoriedade da ação penal é um mito, vez que completamente inoperante na prática. Concluindo-se até mesmo que é insustentável a ideia de uma obrigatoriedade absoluta, por violar as premissas de igualdade de tratamento entre os sujeitos (VASCONCELLOS, 2017, p. 8).

Afirma-se que o princípio da obrigatoriedade é indubitavelmente voltado para evitar arbitrariedades do poder de punir do Estado, no entanto, nada impede que tal princípio seja utilizado para favorecer o acusado, uma vez que, ao invocar o princípio da legalidade para impedir a concessão de benefícios extralegais para aquele que colabora, está se praticando uma lógica inversa dos direitos fundamentais, pois prejudica aquele que deveria ser beneficiado (MENDONÇA, 2017, p. 88).

---

[16] O fato do autor ser citado neste capítulo não tem relação com seu posicionamento sobre a possibilidade de pactuação de benefícios não previstos em lei, pois este já se manifestou em sentido contrário: "em trabalho anterior, apresentado ao XXI Congresso do Ministério Público, realizado no ano passado, na cidade do Rio de Janeiro, sustentamos que o Ministério Público não pode oferecer ao delator 'prêmio' que não esteja expressamente previsto na lei específica. Tal limitação se refere não só ao tipo de benefício (prêmio), como também se refere à sua extensão, mesmo que temporal. Assim, o membro do Ministério Público não pode oferecer ao indiciado ou réu algo que importe em 'afastamento' do Código Penal, Lei nº de Execução Penal ou Código de Processo Penal. Esta manifestação de vontade não pode se colocar acima do nosso sistema processual" (JARDIM, 2016, p. 3).

E é justamente no caso da colaboração premiada, quando o Estado não está em busca de punir o colaborador de maneira mais severa, pelo contrário, são benefícios concedidos em uma situação em que não há, ao menos frontalmente, um conflito de interesses, já que ambas as partes possuem vontade de fazer o negócio.

Quando se afirma que o Ministério Público pode desistir da ação penal em um acordo, é consequência lógica que este poderá pactuar outros benefícios, pois serão de menor monta, restringindo-se a pactuação de benefícios que possam piorar a situação do colaborador, pois somente isso poderia configurar uma afronta ao princípio da legalidade.

4 A impossibilidade do oferecimento de prêmios extralegais – a colaboração premiada deve ser guiada por um regime estritamente legal em face do ordenamento jurídico

O princípio do devido processo legal é uma das normas mais basilares e fundamentais do Direito Processual Penal e sua origem remonta à Magna Carta de 1215[17] através de uma clara tentativa de arrefecer o poder absoluto dos monarcas ingleses, submetendo-o aos preceitos legais com o objetivo de evitar a prisão e a perda de bens com lastro tão somente no próprio alvedrio de tais governantes.

As formalidades impostas pelo princípio do devido processo legal, entretanto, não devem constituir meros entraves à duração razoável do processo ou ao correto deslinde dos feitos, porquanto tal princípio não possui fim em si mesmo, haja vista que se trata de um instrumento para a realização dos anseios democráticos e, sobretudo, sociais de punição, mas sem prescindir da ideia de que o Direito Penal (bem como o Processo Penal) deve garantir ao acusado o direito de ser sancionado sob os pressupostos e dentro dos limites legais (ROXIN, 2002, p. 8).

A noção fundamental do *due process of law* não é conduzir a uma verdade real por meio do processo – princípio este que, na realidade, integra uma mitologia processual –, mas tão somente assegurar o correto deslinde procedimental do feito, aliado ao exercício do contraditório e da ampla defesa, sem prescindir dos outros princípios processuais penais e garantias fundamentais que garantem validade à persecução judicial do crime (FERNANDES, 2010, p. 17).

Neste sentido, nem sempre a maior proximidade entre as partes para criar espaços de consenso aptos a promover a negociação com base na autonomia da vontade – premissa básica do devido processo legal consensual – mostra-se como elemento pertinente para construir um sistema penal acusatório eficiente; ao contrário: pode, muitas vezes, subvertê-lo em prol das utilidades pretendidas, porquanto não se pode presumir, apenas por envolver maior contato entre as partes, que os negócios jurídico-processuais celebrados pelo investigado e pelo Ministério Público de fato correspondem à efetiva vontade do primeiro.

Ora, o alto potencial de negociação pode gerar uma mercantilização do processo, que colabora para que diversas garantias do investigado sejam relativizadas em prol

---

[17] "Nenhum homem pode ser preso ou privado de sua propriedade a não ser pelo julgamento de seus pares ou pela lei da terra".

da utilidade do acordo, contribuindo para gerar condenações injustas e, sobretudo, que atentam contra a separação das funções típicas do sistema acusatório, já que o promotor passa a concentrar muito poder em suas mãos.

Por isso, mostra-se extremamente perigoso atribuir ao Ministério Público maior potencial de oferecimento de benefícios ao investigado, já que isto pode contribuir para tornar ainda mais vulnerável sua situação e, em certa medida, desvirtuar até mesmo a natureza do acordo de colaboração premiada, que mais se aproximaria, para fins de comparação prática, de uma espécie de *plea bargaining*.

O desgaste da pena de prisão e a insuficiência dos meios convencionais de prova no ordenamento jurídico influenciaram a ascensão de mecanismos paralelos para desmantelar as organizações criminosas, dando origem à chamada terceira via do processo penal (SILVA, 2017, p. 295) – capitaneada no Brasil pelo acordo de colaboração premiada –, cujo fulcro consiste justamente na redução dos danos provocados pela atividade criminosa.

A bem da verdade, o aumento da amplitude dos espaços consensuais no processo penal é uma tendência mundial da realidade contemporânea, de modo a aumentar o contato entre as partes e simplificar a rigorosidade dos procedimentos (FERNANDES, 2005, p. 265), aproximando a heterocomposição da autocomposição, em prol da tentativa de alinhamento de interesses entre as partes para garantir benefícios recíprocos e, no caso do acordo de colaboração premiada: de um lado, uma pena mais branda, e, de outro, a reparação do dano e o desmantelamento da organização criminosa

Trata-se, portanto, de instituto que não é direito subjetivo do investigado, mas acordo de vontades cuja celebração traduz um sopesamento anterior entre dois pilares: a futura punição do agente e a utilidade das informações que ele é capaz de prestar. Neste sentido, a incidência da colaboração premiada no caso concreto pressupõe a observância da utilidade, isto é, da proporcionalidade em sentido estrito, que constitui uma limitação de seu uso, haja vista que, se no caso concreto a cooperação do investigado for dispensável, não há motivo para a concessão de benefícios a ele.

A utilização irrestrita do acordo de colaboração premiada acabaria por desvirtuar completamente a natureza do instituto, que deixaria de ser uma medida extremamente excepcional, um meio de obtenção de prova singular exigido ante a necessidade e o interesse processuais do caso concreto, para se converter, conforme já mencionado, numa espécie de *plea bargaining* à brasileira, construída sob os resquícios do mito da verdade real e do viés inquisitório que ainda existe no país.

Por isso, se não há que se falar em acordo de colaboração premiada senão nas hipóteses taxativas previstas pela lei – em que a utilidade e o interesse públicos assim o demandam –, tampouco seria razoável defender que os benefícios decorrentes da celebração e do cumprimento dos termos convencionados possam se dar livremente, em detrimento das disposições normativas que foram positivadas.

Isso porque a lei, já de início, dispôs sobre quais são os benefícios aceitáveis e quais são aqueles que não podem ser concedidos em sede do acordo de colaboração premiada – o que já é, por si só, resultado de um sopesamento entre o interesse público em punir o investigado e a importância de seus depoimentos para o deslinde do processo penal –, como se pode perceber pela leitura dos incisos do art. 4º, §7º, da Lei nº 12.850/2013.

Não se trata, portanto, de aplicação da lógica do "se pode o mais, pode o menos", pois um Estado Democrático de Direito é movido por interesses públicos que não podem ceder aos anseios utilitaristas e pragmáticos da negociação, visto que uma maior possibilidade de negociar os benefícios em sede do acordo de colaboração premiada promoveria uma verdadeira mercantilização do processo, que acabaria por retirar não só o controle da legalidade pelo juiz, mas também tornaria inútil a previsão taxativa dos benefícios pelo legislador.

4.1 O princípio da *nulla poena sine judicio*

Assim como não existe pena que não pressuponha a ocorrência de um delito (*nulla poena sine crimine*), tampouco se poderia cogitar em aplicar uma sanção sem o prévio processo para apurar o ilícito (*nulla poena sine judicio*), haja vista que tais consequências e implicações lógicas constituem verdadeiros axiomas para o Direito Penal e Processual Penal (FERRAJOLI, 2002, p. 75), na medida em que, sobre tais parâmetros, constroem-se diversos institutos jurídicos, como é o caso da pena privativa de liberdade.

Ademais, a necessidade de instaurar um processo para apurar o ilícito e, por conseguinte, verificada sua presença, adequar o *quantum* de pena que deve incidir sobre o caso concreto é um reflexo do princípio da individualização da pena e da nevrálgica importância em assegurar ao acusado a possibilidade de exercer as garantias fundamentais do contraditório e da ampla defesa.[18]

Trata-se, portanto, de uma garantia construída histórica e paulatinamente para cercear o poder do Estado e impedir que seu emprego venha a ser arbitrário. Ademais, a necessidade de lei que preveja a sanção penal é também um mecanismo para proporcionar segurança jurídica aos cidadãos que, com anterioridade, tornam-se cientes das consequências jurídicas as quais dimanarão de seus atos caso cometam infrações penais.

Ora, se fosse lícito empreender negociações para além daquilo que foi disposto pela Lei nº 12.850/2013, o legislador não teria criado uma série de critérios e limites outrora já analisados. Ainda que a pena eventualmente negociada possa ser mais favorável ao investigado, há de se ter em vista a violação que se promove à legalidade, à segurança jurídica e, sobretudo, ao axioma da *nulla poena sine judicio*.

Sendo assim, tanto a sanção premial quanto a sanção punitiva necessitam observar a legalidade, de modo que se mostra inviável que o Ministério Público negocie com o investigado, nos termos do acordo de colaboração premiada, benefícios à margem da lei – ainda que tal medida seja, aparentemente, mais benéfica a ele –, haja vista que, muito maior que o pragmatismo utilitarista, é a coerência sistêmica que deve ser mantida pelo ordenamento jurídico, sob pena de vilipendiar toda sua estrutura e princípios.

---

[18] Na Idade Média, o arbítrio judicial, imposto por exigências políticas da tirania, era produto de um regime penal que não estabelecia limites para a determinação da sanção penal. Se outra fosse a natureza humana, talvez esse fosse o sistema mais conforme à ideia retribucionista, isto é, à justa e rigorosa adequação da pena ao crime e ao delinquente. Contudo, a segurança jurídica e a garantia dos direitos fundamentais do cidadão exigem, com precisão e clareza, a definição de crimes e a determinação das respectivas sanções. A primeira reação do Direito Penal moderno ao arbítrio judicial dos tempos medievais foi a adoção da pena fixa, representando o "mal justo" na exata medida do "mal injusto" praticado pelo delinquente. Na verdade, um dos maiores males do Direito Penal anterior ao Iluminismo foi o excessivo poder dos juízes, exercido arbitrariamente, em detrimento da justiça e a serviço da tirania medieval (BITENCOURT, 2020, p. 839).

5 Conclusões

Ao contrário dos demais espaços de consenso estabelecidos no processo penal brasileiro – sendo os mais notórios as figuras da suspensão penal, transação penal, suspensão do processo, todas previstas na Lei nº 9.099/95, e o acordo de não persecução penal –, a colaboração premiada não se insere numa lógica de supressão de procedimento com o intuito de celeridade processual, pelo contrário, ainda que haja o não oferecimento da denúncia em relação ao colaborador, não haverá desafogo do Poder Judiciário, já que o Ministério Público oferecerá a denúncia contra os demais membros da organização criminosa.

Quando se fala em um devido processo consensual entre as partes, está a se tentar estabelecer parâmetros mínimos para o estabelecimento de acordos entre acusação e colaborador/acusado. Não obstante, os parâmetros devem seguir os contornos legais, uma vez que estão dentro de um ordenamento jurídico preestabelecido, de modo que não há como sustentar a possibilidade de um processo penal consensual independente e fora dos parâmetros do devido processo legal.

O sistema acusatório, formalmente adotado pelo Brasil no Código de Processo Penal, representa, principalmente, a separação dos poderes entre as partes, sendo que o Ministério Público se constitui em um acusador imparcial que levará o pleito a um juiz também imparcial. Desta maneira, não se pode utilizar o sistema acusatório como fundamento para a adoção de um sistema mais aberto ou restrito de pactuação de benefícios nos acordos de colaboração premiada, uma vez que este é compatível com os dois modelos.

A eficiência como mote do processo penal também não parece ser uma razão que indique a possibilidade de pactuação de benefícios extralegais, pois o legislador estabeleceu que a colaboração premiada pressupõe necessidade e interesse público, de maneira que utilizá-la de maneira desenfreada sob a fundamentação de se obter um processo mais efetivo acaba por desvirtuar o instituto, já que se trata de verdadeira mercantilização do processo penal.

O princípio da obrigatoriedade não pode ser utilizado sob a ótica de quem pode o mais pode o menos. O legislador tratou de estabelecer espaços de discricionariedade para a atuação do Ministério Público de maneira que a razão de ser da obrigatoriedade da ação penal está suplantada por um princípio de ordem maior, o da legalidade, que representa a maneira que os órgãos públicos devem agir; portanto, só há discricionariedade conforme os espaços determinados por lei.

A promulgação da Lei nº 13.964/19 demonstra que o legislador não aceita a pactuação de benefícios relacionados a penas extralegais, de maneira que atualmente podem ser pactuados os seguintes benefícios: não oferecimento da denúncia, perdão judicial, redução em até 2/3 (dois terços) da pena, substituição da pena privativa de liberdade por restritiva de direitos e progressão de regime.

Entendido que apenas as cláusulas previstas em lei podem ser objeto de pactuação no acordo de colaboração premiada, em razão do princípio da segurança jurídica, do princípio da proteção da confiança, bem como pelo entendimento esposado no HC nº 127.483/PR – que previu a possibilidade de pactuar o produto do ilícito –, entende-se que os acordos de colaboração premiada pactuados antes do advento da Lei nº 13.964/19, com benefícios extralegais, não podem ser considerados ilegais.

Os acordos pactuados sob a égide da Lei nº 13.964/19 que prevejam benefícios não previstos na Lei nº 12.850/13, nos moldes anteriormente citados, devem ser coimados como ilegais, não podendo ser homologados pelo Poder Judiciário, haja vista que a legalidade é aspecto essencial do acordo, conforme artigo 4º, §7º, I, da Lei nº 12.850/13.

Caso o juiz homologue um acordo que contenha cláusulas ilegais, abre-se espaço para os terceiros delatados profligarem o acordo. A possibilidade tem razão de ser no fato de a colaboração premiada ser primordialmente um meio de obtenção de prova que é introduzido no processo através de um acordo feito entre o Ministério Público e o acusador. Desta maneira, se o acordo é ilegal, por conseguinte o meio de obtenção de prova também o é, o que, por sua vez, faz com que as provas que adentraram o processo através de tal negócio jurídico processual também o sejam, logo, aqueles que foram atingidos por provas obtidas de maneira ilegal possuem legitimidade de contestar o acordo de colaboração premiada, podendo também o juiz reconhecer tal ilegalidade de ofício, ainda que em sede de revisão.

Informação bibliográfica deste texto, conforme a NBR 6023:2018 da Associação Brasileira de Normas Técnicas (ABNT):

DIAS, Yuri Coelho. A (im)possibilidade da pactuação de prêmios não previstos na Lei nº 12.850/13: uma análise dialética à luz da Lei nº 13.954/19. In: SEEFELDER FILHO, Claudio Xavier (coord.). *Direito Econômico e Desenvolvimento*: entre a prática e a academia. Belo Horizonte: Fórum, 2023. p. 525-539. ISBN 978-65-5518-487-7.

SOBRE OS AUTORES

André Torres dos Santos
Mestre em Direito Tributário e Desenvolvimento Econômico pelo IDP, pós-graduado *lato sensu* em Direito Tributário pelo IBET, advogado tributarista com atuação perante os Tribunais Superiores.

Andrey de Sousa Nascimento
Mestre em Direito Tributário e Desenvolvimento Econômico pelo IDP, pós-graduado *lato sensu* em Direito Tributário e Contabilidade Tributária pelo Ibmec. Advogado, contador e servidor público.

Bernardo Fenelon
Mestre em Direito Penal Econômico e *Compliance* pelo IDP. Pós-graduado *lato sensu* em Direito Penal e Direito Processual Penal pelo IDP. Advogado criminalista. Autor da obra: A Colaboração Premiada Unilateral – 2022, Editora Dialética.

Caroline Maria Vieira Lacerda
Advogada, doutoranda em Direito pela Universidade de Brasília (UnB). Mestre em Direito pelo Instituto Brasileiro de Desenvolvimento e Pesquisa (IDP). Graduada pelo Centro Universitário de Brasília (UniCEUB). Professora de Direito Administrativo (graduação) e Direito Eleitoral (pós-graduação), no Instituto Brasileiro de Desenvolvimento e Pesquisa (IDP), e de Direito Eleitoral (graduação) na Universidade de Brasília (UnB).

Claudenir Brito Pereira
Mestre em Direito Penal Econômico pelo IDP. Pós-graduado *lato sensu* em *Compliance* Digital pela Faculdade Mackenzie. Auditor Federal de Finanças e Controle da CGU. Atualmente é Diretor de *Compliance* e Riscos do BNDES.

Claudio Xavier Seefelder Filho
Mestre em Direito Tributário e Desenvolvimento Econômico pelo Instituto de Direito Público de Brasília (IDP). Pós-graduado *lato sensu* em Direito Tributário e Finanças Públicas pelo Instituto Brasiliense de Direito Público (IDP). Bacharel em Direito pela Faculdade de Direito de Marília/SP, FEESR, XXX Turma. Professor de Direito Constitucional, Direito Tributário e Direito Processual Civil. Professor nas Pós-Graduações de Direito Tributário do Instituto de Direito Público de Brasília (IDP) e da Faculdade Presbiteriana Mackenzie – Rio. Procurador da Fazenda Nacional desde 2000. Na Procuradoria-Geral da Fazenda Nacional, liderou a Coordenadoria-Geral de Representação Judicial da Procuradoria-Geral da Fazenda Nacional (PGFN) e a Procuradoria-Geral Adjunta de Consultoria e Contencioso Tributário, além de ter ocupado o posto de Procurador-Geral Substituto. Desde 2004 atua intensamente na defesa da Fazenda Nacional perante o Superior Tribunal de Justiça e o Supremo Tribunal Federal. Já realizou mais de uma centena de sustentações orais na atuação perante o CARF, o STJ e o STF. Atualmente é Advogado-Geral Adjunto da União (AGU). Integrante da Comissão de Advocacia nos Tribunais Superiores da Ordem dos Advogados do Brasil. Autor da obra *Jurisdição Constitucional e a eficácia temporal da coisa julgada nas relações jurídico-tributárias de trato continuado* (Fórum, 2022); e Coordenador das obras *Teori na Prática. Uma biografia intelectual* (Fórum, 2022); *Barristers, como atuar em Tribunais no Brasil* (Revista dos Tribunais, 2022), *Comentários sobre transação tributária* (Revista dos Tribunais, 2021), *Constituição e Código Tributário Comentados sob a ótica da Fazenda Nacional* (Revista dos Tribunais, 2020) e *Novo Código de Processo Civil comentado na prática da Fazenda Nacional* (Revista dos Tribunais, 2017).

Cleber Jair Amaral
Mestre em Direito com ênfase em Direito Penal e Processo Penal pelo IDP. Pós-graduado *lato sensu* em Direito Penal e Processo Penal pela FARO e em Administração Pública e Orçamentária pela Faculdade Interamericana de Porto Velho. Advogado com atuação nas áreas Criminal, Administrativa, Cível, Tributária e Trabalhista. Professor Universitário de 2005 a 2022.

Daniela Rodrigues Teixeira
Advogada. Mestre em Direito Econômico e Desenvolvimento pelo IDP. Pós-graduada *lato sensu* em Direito Penal Econômico pela Fundação Getúlio Vargas DF.

Eduardo Maia da Silveira
Mestre em Direito Econômico pelo Instituto Brasileiro de Ensino, Desenvolvimento e Pesquisa (IDP). Consultor legislativo da Câmara dos Deputados e advogado.

Elder Loureiro de Barros Correia
Técnico Legislativo, Área Administração, do Senado Federal. Advogado. Mestre em Direito Administrativo e Desenvolvimento Econômico pelo Instituto Brasiliense de Direito Público (IDP). Graduado em Direito pelo Centro Universitário Unifacear. Graduado em Administração pela Universidade de Pernambuco (UPE). Graduado em Ciências Contábeis pela Universidade Cruzeiro do Sul (UNICSUL). Bachelor of Science in Foreign Legal Studies pela American College of Brazilian Studies (AMBRA). Pós-graduado em Direito Constitucional e em Direito Administrativo pela AVM Educacional.

Emílio Carlo Teixeira de França
Economista, advogado, mestre em Direito Econômico e Desenvolvimento e doutorando em Direito Constitucional pelo Instituto Brasileiro de Ensino, Desenvolvimento e Pesquisa (IDP).

Frederico Mota de Medeiros Segundo
Mestre em Direito Tributário e Desenvolvimento Econômico pelo IDP, pós-graduado *lato sensu* em Direito Público pela Universidade Salvador, exerceu a função de Procurador Municipal, advogado especialista em Direito Financeiro com ênfase em petróleo e gás.

Iuri do Lago Nogueira Cavalcante Reis
Doutorando em Direito (IDP/Brasília) e mestre em Direito Econômico e Desenvolvimento (IDP/Brasília). Master of Laws (LLM) em Direito Empresarial pela Fundação Getúlio Vargas (FGV/RJ). Integrante da Comissão de Juristas do Senado Federal criada para elaborar a proposta do novo Código Comercial Brasileiro. Advogado e consultor jurídico.

Julia de Baére C. d'Albuquerque
Advogada. Mestre pelo IDP. Especialista em Direito Empresarial pela FGV/RJ.

Kédina de Fátima Gonçalves Rodrigues
Mestre em Direito da Empresa, dos Negócios e do Consumo pelo IDP (2021). MBA em Direito da Economia e da Empresa pela FGV. Formada em Jornalismo e Direito. Atualmente é Ouvidora da CNP Seguros Holding Brasil. Com experiência na área de Seguros, Direito do Seguro e do Consumidor e Ouvidoria.

Leandro Cabral e Silva
Mestre em Direito pelo Instituto Brasileiro de Ensino, Desenvolvimento e Pesquisa (IDP), Brasília/DF. Bacharel em Ciências Contábeis pela Fundação Escola de Comércio Álvares Penteado (FECAP) de São Paulo em 2009. Especialista em Direito Tributário pela Pontifícia Universidade Católica de São Paulo em 2007. Bacharel em Direito pela PUC-SP em 2004. Advogado em Brasília/DF.

Luiz Felipe Bezerra Almeida Simões
Mestre em Direito Econômico e Desenvolvimento pelo IDP. Pós-graduado *lato sensu* em Controle Externo pela FGV. Auditor Federal de Controle Externo do Tribunal de Contas da União.

Márcio Messias Cunha
Mestre pelo Instituto Brasileiro de Ensino, Desenvolvimento e Pesquisa (IDP). Advogado e professor universitário há mais de 10 anos. Coordenador do livro "Expoentes da Advocacia em Goiás I e II", escritor da obra "Código de Processo Civil – Lei de Execução de Títulos Extrajudiciais", que foi destaque em 2008 na comunidade jurídica. Autor do "Manual de Cumprimento da Sentença", publicado pela Editora Juruá, lançado em fevereiro de 2010. Autor do livro "Constitucionalidade das Associações de Proteção Veicular e sua atuação no mercado brasileiro".

Marlon Tomazette
Mestre e doutor em Direito pelo Centro Universitário de Brasília (UniCEUB). Professor de Direito Comercial no UniCEUB e no IDP. Procurador do Distrito Federal e advogado.

Paula Ferro Costa de Sousa
Assessora-chefe de gabinete do Conselho Nacional de Justiça. Integrante do grupo de trabalho constituído para implantação do LIODS no CNJ. Mestre em Direito pelo Instituto de Direito Público (IDP).

Paulo Henrique Marinho Borges
Mestre em Direito Tributário e Desenvolvimento Econômico pelo IDP. Pós-graduado *lato sensu* em Direito Tributário e Finanças Públicas pelo IDP. Pós-graduado *lato sensu* em Registros Públicos pela Faculdade AVM. Tabelião e Registrador atuando perante o 2º Ofício de Rosário e 1º Tabelionato de Protesto de Títulos, ambos no Estado do Maranhão.

Rafael Silveira Garcia
Mestre em Direito e Desenvolvimento Econômico pelo IDP. Integrante do grupo de pesquisa "Regulação Econômica e Privacidade da Internet" do Instituto Brasiliense de Direito Público. Especialista em Direito Processual Civil, pela Faculdade de Direito da Pontifícia Universidade Católica de São Paulo (PUC-SP). Advogado e analista de política pública sobre proteção de dados do Governo do Reino Unido – Department for Digital, Culture, Midia and Sport.

Rebeca Drummond de Andrade Müller e Santos
Advogada. Mestre em Direito Tributário e Desenvolvimento Econômico pelo IDP. Pesquisadora visitante da Universidade Humboldt de Berlim, Alemanha.

Tadeu Alves Sena Gomes
Pós-graduado em Processo Civil pelo Centro de Cultura Jurídica da Bahia (CCJB). LL.M em Direito Empresarial pela Fundação Getúlio Vargas (FGV). Mestre em Direito pelo Instituto Brasiliense de Direito Público (IDP). Advogado.

Tulius Marcus Fiuza Lima
Mestre em Direito pelo IDP. Pós-graduado *lato sensu* em Contratos e Responsabilidade Civil pelo IDP. Graduado em Direito. Membro da Comissão de Direito de Família e Sucessões da OAB-DF. Membro do Instituto Brasileiro de Direito de Família (IBDFAM).

Victor Ribeiro Ferreira
Mestre em Direito Tributário e Desenvolvimento Econômico pelo IDP. Pós-graduado *lato sensu* em Direito Tributário e Finanças Públicas pelo IDP. LLM em Direito Empresarial pela FGV. Advogado tributarista com atuação ampla na esfera administrativa federal e Poder Judiciário, neste, predominantemente perante a Justiça Federal, o Superior Tribunal de Justiça e o Supremo Tribunal Federal.

Waldir João Ferreira da Silva Junior
Mestre em Direito Administrativo Contemporâneo pelo IDP, com especialização em Direito Disciplinar na Administração Pública (UnB), bacharel em Ciências Políticas (UnB) e Direito (UNIEURO), Auditor Federal da Controladoria-Geral da União (CGU).

Yuri Coelho Dias
Mestre em Direito pelo Instituto Brasiliense de Direito Público de Brasília. Pós-graduado *lato sensu* pela Fundação Escola Superior do Ministério Público do Distrito Federal. Advogado. Professor universitário na Universidade do Distrito Federal (UDF). Advogado.